AF906323

Das Gebot fairen Verhandelns beim Abschluss eines arbeitsrechtlichen Aufhebungsvertrags

Zivilrechtliche Schriften

Beiträge zum Wirtschafts-, Bank- und Arbeitsrecht

Herausgegeben von Arnd Arnold, Dorothee Einsele, Jan Lieder und Hartmut Oetker

Begründet von Peter Kreutz und Dieter Reuter

Band 80

PETER LANG

Fabian Gräf

Das Gebot fairen Verhandelns beim Abschluss eines arbeitsrechtlichen Aufhebungsvertrags

PETER LANG

Bibliografische Information der Deutschen Nationalbibliothek
Die Deutsche Nationalbibliothek verzeichnet diese Publikation in der Deutschen Nationalbibliografie; detaillierte bibliografische Daten sind im Internet über http://dnb.d-nb.de abrufbar.

Zugl.: Kiel, Univ., Diss., 2021

D 8
ISSN 0941-147X
ISBN 978-3-631-87058-7 (Print)
E-ISBN 978-3-631-87173-7 (E-PDF)
E-ISBN 978-3-631-87174-4 (EPUB)
DOI 10.3726/b19406

© Peter Lang GmbH
Internationaler Verlag der Wissenschaften
Berlin 2021
Alle Rechte vorbehalten.

Peter Lang – Berlin · Bern · Bruxelles · New York · Oxford · Warszawa · Wien

Das Werk einschließlich aller seiner Teile ist urheberrechtlich geschützt. Jede Verwertung außerhalb der engen Grenzen des Urheberrechtsgesetzes ist ohne Zustimmung des Verlages unzulässig und strafbar. Das gilt insbesondere für Vervielfältigungen, Übersetzungen, Mikroverfilmungen und die Einspeicherung und Verarbeitung in elektronischen Systemen.

Diese Publikation wurde begutachtet.

www.peterlang.com

Vorwort

Diese Arbeit wurde im Wintersemester 2021/22 von der Rechtswissenschaftlichen Fakultät der Christian-Albrechts-Universität zu Kiel als Dissertation angenommen. Sie wurde im März 2021 im Promotionsverfahren eingereicht. Rechtsprechung und Schrifttum konnten bis zum 31.10.2021 berücksichtigt werden. Die UWG-Novelle (BGBl. 2021 Teil I S. 3504 ff.), welche im Mai 2022 in Kraft tritt, konnte lediglich als Ausblick in die Arbeit aufgenommen werden.

Ich bedanke mich zunächst herzlich bei meinem Doktorvater Herrn Prof. Dr. Oetker, welcher mich seit dem zweiten Semester des Studiums förderte. Während meiner Zeit als wissenschaftlicher Mitarbeiter bei ihm ist diese Arbeit entstanden. Mein Dank gilt auch meiner Zweitberichterstatterin Frau Prof. Dr. Lettmaier, B.A. (Oxford), LL.M., S.J.D. (Harvard) für ihre zügige Begutachtung. Ebenfalls möchte ich den Herausgebern der „Zivilrechtlichen Schriften zum Wirtschafts-, Bank- und Arbeitsrecht“ für die Aufnahme in die Schriftenreihe und dem Verlag für die angenehme Zusammenarbeit danken. Darüber hinaus möchte ich Philipp Zelmer und Lena-Marie Nath danken, welche nicht nur zum Gelingen des ersten Examens, sondern auch zu dem dieser Dissertation beigetragen haben. Zuletzt gilt mein Dank meiner Familie, meinen Eltern, meinen Schwestern und Madeleine.

Inhalt

Kapitel 1: Einleitung

§ 1 Gang und Gegenstand der Untersuchung

„Schrankenlose Vertragsfreiheit zerstört sich selbst. Eine furchtbare Waffe in der Hand des Starken, ein stumpfes Werkzeug in der Hand des Schwachen, wird sie zum Mittel der Unterdrückung des Einen durch den Anderen, der schonungslosen Ausbeutung geistiger und wirtschaftlicher Übermacht.“[1]

A. Gegenstand der Untersuchung und Problemstellung

Mit diesen Worten plädierte *Otto von Gierke* im Jahre 1889 für eine materielle Absicherung der Vertragsfreiheit. An dieser Mahnung setzt das Gebot fairen Verhandelns an. Es soll ein Mindestmaß an Fairness in der Verhandlungssituation vor Abschluss eines Vertrags sicherstellen, um vor unzulässiger Einflussnahme auf die Entscheidungsfreiheit durch die Gegenseite zu schützen.[2] Kürzlich erfuhr das Gebot fairen Verhandelns große Aufmerksamkeit durch eine bemerkenswerte Entscheidung des Bundesarbeitsgerichts aus dem Jahr 2019.[3] Das

---

1 *Gierke* S. 28 f.

2 BAG 7.2.2019, NZA 2019, 688 Rn. 34; LAG Mecklenburg Vorpommern 19.5.2020, NZA-RR 2020, 520 Rn. 24; *Heinkel* ZTR 2020, 261 (266); *Reinecke* FS Düwell, 410 (410); *Thüsing* RdA 2005, 257 (268); Formulierung „Mindestmaß an Fairneß“ bereits in BGH 10.3.1982, NJW 1982, 1457 (1457).

3 BAG 7.2.2019, NZA 2019, 688 Rn. 30 ff.; dazu folgende Entscheidungsbesprechungen: *Adam* EzA § 312 BGB 2002 Nr. 4, S. 18 (18 ff.); *Bachmann/Ponßen* NJW 2019, 1966 (1969 f.); *Bauer* ArbRAktuell 2019, 93 (93); *ders./Romero* ZfA 2019, 608 (608 ff.); *Boemke* JuS 2019, 1204 (1204 ff.); *Däubler* NZA 2020, 10 (11); *Eckert* DStR 2019, 1213 (1218); *Esser* ArbRB 2019, 164 (164 f.); *Fischer* jurisPR-ArbR 23/2019 Anm. 5; *Fischinger* NZA 2019, 729 (730 ff.); *Frank* AuA 2019, 616 (616); *Gundel/Sartorius* ZAP 2019, 1241 (1241 ff.); *Heinkel* ZTR 2020, 261 (264 ff.); *Holler* NJW 2019, 2206 (2206 ff.); *Hördt* ArbRAktuell 2019, 289 (289 ff.) „wird die Praxis nachhaltig beeinflussen“; *Kamanabrou* RdA 2020, 201 (201 ff.); *Langkamp/Ruckh* RÜ 2019, 485 (485 ff.); *Ley* BB 2019, 1600 (1600); *Lingemann/Chakrabarti* NJW 2019, 2445 (2447); *Martin* IBR 2019, 1118 (1118); *S. Müller* DB 2019, 1792 (1792 ff.); *Notzon* öAT 2020, 4 (5 f.); *Ostermaier* GWR 2019, 350 (350); *Petersen* NWB 2019, 1682 (1691 f.); *Plum* MDR 2020, 69 Rn. 1 ff.; *Reufels/Pütz* ArbRB 2020, 253 ff.; *Roos/Wulf* notar 2019, 389 (393); *Schmidt* AP BGB § 620 Aufhebungsvertrag Nr. 50, S. 1180 (1183 ff.); *Schmitt-Rolfes* AuA 2019, 207 (207); *Schubert* EWiR 2019, 537 (537 f.); *Schwarze* JA 2019, 789 (789 ff.); *Spilger* NZA 2020, 357 (357 f.); *Spitz* jurisPR-ITR 13/2019 Anm. 5; *Steinau-Steinrück/Benkert* NJW Spezial Heft 12/2019, 370 (371); *Tiedemann* ArbRB 2020, 61 (61 ff.); *Zimmer* JZ

Urteil und seine Rezeption zeigen das Bedürfnis der Untersuchung und Weiterentwicklung dieser Rechtsfigur auf. Das Gebot fairen Verhandelns nimmt sich der komplexen Frage an, wann eine unzulässige Einflussnahme auf die Willensbildung der Gegenseite während Vertragsverhandlungen vorliegt, welche nicht mehr im Einklang mit den Grundsätzen der Privatautonomie steht und welche Konsequenzen aus einer solchen unzulässigen Einflussnahme zu ziehen sind.

Es werden mithin Grundfragen der deutschen Vertragsrechtsordnung berührt. Das Gebot fairen Verhandelns sichert die Abschlussfreiheit, also die Frage, ob überhaupt und mit wem ein Vertrag geschlossen werden soll. Es ist demnach ein Instrument der weniger untersuchten Abschlusskontrolle und nicht der viel diskutierten Inhaltskontrolle. Ausschlaggebend ist infolgedessen die konkrete Verhandlungssituation als solche und nicht der Inhalt des Vertrags. *Bydlinski* bietet eine wertvolle Orientierungshilfe, wenn er feststellt: „Je unmittelbarer die Rechtsfolge vom Willen getragen ist und je besser die Willensbildung qualifiziert ist, umso weniger kommt es auf die Äquivalenz der Leistungen und Rechtspositionen an“[4].

Die Abschlusssituation wird in diesem Sinne vielfach auch in einer Inhaltskontrolle berücksichtigt[5] (vgl. § 310 Abs. 3 Nr. 3 BGB) und erweist sich dort als wichtiges Element einer ausgewogenen Vertragskontrolle. Bei dem Einsatz von unfairen Verhandlungsmethoden wird der Druck jedoch ausschließlich in der Abschlusssituation ausgeübt, ohne dass der Inhalt des Vertrags nachteiliger Natur sein muss. Es wird bereits die Willensbildung der überrumpelten Seite „überschrieben“, weshalb im logischen Umkehrschluss dem konkreten Inhalt des Vertrags in einer Abschlusskontrolle keine Relevanz mehr zuzumessen ist. Anzusetzen ist daher bei der Entscheidungsfreiheit im Sinne einer selbstbestimmten Ausübung der Privatautonomie.

Aufgrund der Vielzahl von möglichen Lebenssachverhalten, in denen eine Verhandlungsseite der anderen in irgendwie gearteter Weise in der Abschlusssituation überlegen ist und diese Vorteile ausnutzt, indem sie die andere Seite gezielt unter Druck setzt, ist das Gebot fairen Verhandelns von hoher praktischer Relevanz. Die Entscheidung des Bundesarbeitsgerichts[6] stellt insofern einen

---

2019, 897 (897 ff.); *Zimmermann/Völkerding* DB 2019, 1628 (1628); vgl. auch zu einer danach ergangenen instanzgerichtlichen Entscheidung *Eufinger* DB 2020, 2695 (2695); *Fischinger* NZA-RR 2020, 516 (516 ff); *Hamann* jurisPR-ArbR 30/2020 Anm. 4.

4 *Bydlinski* S. 174.

5 *Lorenz* S. 4 sieht dies als gängigen Anknüpfungspunkt für Inhaltskontrollen an.

6 BAG 7.2.2019, NZA 2019, 688 Rn. 30 ff.

Meilenstein für mehr tatsächliche Gerechtigkeit dar. Sei es insbesondere bei Aufhebungs- oder Änderungsverträgen,[7] Schuldanerkenntnissen,[8] Immobilienkäufen,[9] der Beteiligung an Immobilienfonds,[10] familienrechtlichen Verträgen,[11] wozu auch erbrechtliche Verzichtserklärungen (§§ 2346 ff. BGB)[12] gehören, der Übernahme von Bürgschaften[13] oder auch Zuliefererverträgen, beziehungsweise einfachen Kaufverträgen – in diesen alltäglichen Bereichen kann und soll das Gebot fairen Verhandelns der schwächeren Seite eine Absicherung bieten und ein Mindestmaß an freier Willensbildung und Äußerung garantieren. Unfaire Verhandlungsmethoden können in vielerlei Gewandung auftreten. Einleitend seien typischerweise insbesondere Überraschung, Zeitdruck, fehlende Beratung, autoritatives Verhalten und Druckausübung durch Drohungen genannt. Ob diese Methoden bereits nach den anerkannten Schutznormen des BGB berücksichtigt werden und inwieweit die Berücksichtigung jenseits dieser Normen überhaupt zulässig ist, ist Frage dieser Arbeit.

---

7 Vgl. an dieser Stelle nur BAG 7.2.2019, NZA 2019, 688 Rn. 30 ff.

8 Für das Arbeitsrecht LAG Mecklenburg-Vorpommern 4.12.2018 – 2 Sa 143/18, BeckRS 2018, 46462; *Zimmer* JZ 2019, 897 (900).

9 OLG München 11.4.2002 – 24 U 428/01, BeckRS 2002, 30252535 zu A. 3. der Gründe; *Lorenz* FS Canaris, 777 (789 f.). Beachte dort aber § 17 Abs. 2a Nr. 2 BeurkG. Bei einem Verstoß ist die Folge jedoch nur die Amtshaftung des Notars und eine disziplinarrechtliche Ahndung, vgl. §§ 19, 93 ff. BNotO, *Zimmer* JZ 2019, 897 (899).

10 *Lorenz* FS Canaris, 777 (790).

11 *Lettmaier* FS Koch, 375 (384 ff.); *Zimmer* JZ 2019, 897 (899 f.); allg. *Röthel* NJW 2012, 337 (338).

12 An einer überzeugenden Lösung fehle es im Rahmen dieser Konstellation noch. Deshalb für das Gebot fairen Verhandelns *Lettmaier* FS Koch, 375 (375, 384 ff.); *Zimmer* JZ 2019, 897 (899); ähnlich *Plum* MDR 2020, 69 Rn. 7; siehe dazu auch allg. *Röthel* NJW 2012, 337 (338), die hier zurecht „situationstypische Durchsetzungsgefälle und verzichtstypische Rationalitätsdefizite" sowie eine in hohem Maße bestehende Gefahr von „Rücksichtslosigkeit" und „Übervorteilung und Überforderung" (341) sieht.

13 BGH 16.1.1997, NJW 1997, 1980 (1981 f.) löste die „Überrumpelung" über § 138 Abs. 1 BGB. Möglicherweise wäre auch über das Gebot fairen Verhandelns eine Lösung zu erzielen gewesen, da die Bank den Bürgen „in eine Lage brachte, in der […] eine eigenverantwortliche Abwägung der für und gegen eine Bürgschaftsübernahme sprechenden Gründe nicht möglich war".

B. Gang der Untersuchung

Durch diese Arbeit soll eine ausführliche und einheitliche dogmatische Auseinandersetzung mit dem Gebot fairen Verhandelns vorgenommen werden. Die nachfolgende Arbeit bezieht sich auf das den Diskurs auslösende Feld des arbeitsrechtlichen Aufhebungsvertrags, ordnet das Gebot fairen Verhandelns aber auch im allgemeinen Zivilrecht ein und betrachtet dort seine Zulässigkeit als allgemeine Maxime. Dafür werden arbeitsrechtliche Anknüpfungen gewählt. Dies hat seinen Grund nicht nur in der das Thema anstoßenden Entscheidung des Bundesarbeitsgerichts,[14] sondern ist auch der vornehmlich arbeitsrechtlichen Entwicklung des Gebots fairen Verhandelns geschuldet.[15] Denn im Arbeitsrecht finden sich regelmäßig Verhandlungsungleichgewichte gepaart mit strengeren Nebenpflichten als bei anderen Vertragsverhältnissen.[16] Ziel der Arbeit ist es, die grundsätzliche Notwendigkeit und Zulässigkeit des Gebots fairen Verhandelns, dessen Tatbestandsvoraussetzungen und die Rechtsfolge anhand der Lage beim arbeitsrechtlichen Aufhebungsvertrag zu ergründen.

Als Erstes werden dafür rechtstheoretisch die Grundlagen der Vertragsfreiheit und ihre anerkannten Voraussetzungen in den Blick genommen. Im Anschluss erfolgt eine kurze Darstellung der wegweisenden Entscheidung des Bundesarbeitsgerichts[17] und eine Bestandsaufnahme der Situation beim arbeitsrechtlichen Aufhebungsvertrag, welcher der Entscheidung zugrunde liegt. Zunächst werden dann die bestehenden Schutzmechanismen des BGB in Hinblick auf ihre Tauglichkeit zum Schutz vor Überrumpelungen untersucht. Hierbei wird der Schwerpunkt auf den der Entscheidung des Bundesarbeitsgerichts zugrunde liegenden Fall des arbeitsrechtlichen Aufhebungsvertrags gelegt. Die Prüfung der bestehenden Schutzmechanismen ist notwendig, um eventuelle Schutzlücken und damit das potenzielle Anwendungsfeld und die Notwendigkeit des Gebots fairen Verhandelns zu ermitteln.

Danach erfolgt eine Darstellung der Rechtsprechung des Bundesverfassungsgerichts zur Sicherung der Vertragsfreiheit. Insbesondere sind in diesem Zusammenhang die Konsequenzen der Unterscheidung von Inhalts- und

---

14 BAG 7.2.2019, NZA 2019, 688 Rn. 30 ff.

15 Vgl. *Fischinger* NZA 2019, 729 (734); *Holler* NJW 2019, 2206 (2206 f.); s. zur Entwicklung Kap. 5 § 8.

16 Andere Vertragsverhältnisse, in denen häufig Verhandlungsungleichgewichte vorliegen, sind beispielsweise Mietverträge, Kreditverträge oder Zuliefererverträge.

17 BAG 7.2.2019, NZA 2019, 688 Rn. 30 ff.

Abschlusskontrolle einzuordnen. Dort ist außerdem die Frage zu klären, ob eine strukturelle Unterlegenheit für die Anwendbarkeit des Gebots fairen Verhandelns vorauszusetzen ist und inwiefern für das Gebot fairen Verhandelns an die Vorgaben der Bürgschaftsentscheidung des Bundesverfassungsgerichts[18] angeknüpft werden kann.

Sodann wird das Gebot fairen Verhandelns mit der culpa in contrahendo verknüpft. An dieser Stelle wird der dogmatische Ansatzpunkt für das Gebot fairen Verhandelns auch in bereits bestehenden Vertragsverhältnissen festgestellt. Es folgt eine Darstellung der Entwicklung des Gebots fairen Verhandelns im deutschen Recht. Daran schließt sich eine Beleuchtung der englischen Rechtsfigur der „undue influence" und einiger Vorschläge im Rahmen der Bestrebungen einer Privatrechtsvereinheitlichung als mögliche Vorbilder eines materielleren Willensschutzes an. Danach wird die Anwendbarkeit des Gebots fairen Verhandelns im allgemeinen Zivilrecht ergründet.

Um Erkenntnisse über die Ausgestaltung des Gebots fairen Verhandelns zu gewinnen, wird anschließend eine Untersuchung von vorvertraglichen Aufklärungspflichten vorgenommen, welche ebenfalls als Rücksichtnahmepflichten nach § 241 Abs. 2 BGB über § 311 Abs. 2 BGB geltend gemacht werden können. Weiterhin wird das Lauterkeitsrecht auf Anhaltspunkte für die tatbestandliche Ausgestaltung des Gebots fairen Verhandelns in Augenschein genommen. Nachfolgend werden die Voraussetzungen für eine Verletzung des Gebots fairen Verhandelns ausführlich unter Berücksichtigung der Rechtsprechung des Bundesarbeitsgerichts und den zahlreichen punktuellen Ansätzen der Forschung als Typusbegriff erarbeitet.

Alsdann erfolgt eine Einbettung des Gebots fairen Verhandelns in den allgemeinen Rahmen der culpa in contrahendo. Unter umfangreicher Berücksichtigung aller Probleme wird der gesamte Tatbestand der vorvertraglichen Haftung wegen Verletzung des Gebots fairen Verhandelns erörtert. Hiernach erfolgt eine kritische Prüfung der Rechtsfolge einer Verletzung des Gebots fairen Verhandelns. Im Anschluss ist die Darlegungs- und Beweislast für die einzelnen Tatbestandsmerkmale sowie die problematische Verjährungsdauer Gegenstand der Betrachtung.

Zuletzt wird sich der Frage der Zulässigkeit des Gebots fairen Verhandelns in abstrakter sowie konkreter Konkurrenz zu den im BGB bereits bestehenden Schutzmechanismen angenommen. Dafür werden die jeweiligen Normen sowohl einzeln als auch in einer Gesamtschau unter Berücksichtigung

18 BVerfG 19.10.1993, BVerfGE 89, 214 ff.

der Rechtssicherheit, der Vertragstreue und der historischen Konzeption des BGB in ihrer Beziehung zum Gebot fairen Verhandelns betrachtet. Die Arbeit schließt mit Überlegungen zu den Auswirkungen der Anerkennung des Gebots fairen Verhandelns für das diskutierte, aber de lege lata nicht existente Widerrufsrecht bei arbeitsrechtlichen Aufhebungsverträgen und einem Resümee.

Kapitel 2: Die rechtstheoretischen Voraussetzungen der Privatautonomie im Überblick

Die Privatautonomie ist der dem Gebot fairen Verhandelns zugrunde liegende rechtstheoretische Ausgangspunkt. Aus diesem Grund werden die Privatautonomie und ihre zentralen Komponenten Selbstverantwortung und Selbstbestimmung einführend dargestellt.

§ 2 Selbstverantwortung und Selbstbestimmung

Im Mittelpunkt der rechtstheoretischen Herleitung eines Schutzes vor Einflussnahme auf die Willensbildung und der Bindung an den Vertrag stehen die Gedanken der Selbstverantwortung und Selbstbestimmung des Einzelnen im Rechtsverkehr.

A. Verfassungsrechtliche Ausgangslage der Privatautonomie

Das Grundgesetz enthält im Gegensatz zu Art. 152 WRV keine ausdrückliche Anerkennung des Grundrechts der Privatautonomie. Es bietet aber mit dem Grundrecht der allgemeinen Handlungsfreiheit des Art. 2 Abs. 1 GG dessen Grundlage.[19] Eine Ausnahme hiervon ist dann anzuerkennen, wenn in bestimmten Konstellationen bereits andere Grundrechte einen entsprechenden Schutz gewähren, denn dann tritt Art. 2 Abs. 1 GG als Auffanggrundrecht hinter diesen zurück.[20] Im Bereich der Arbeitsverhältnisse ist beispielsweise Art. 12 GG

---

19 BVerfG 12.11.1958, BVerfGE 8, 274 (328); BVerfG 16.5.1961, BVerfGE 12, 341 (347); BVerfG 19.10.1983, BVerfGE 65, 196 (210); BVerfG 23.4.1986, BVerfGE 73, 261 (270); BVerfG 19.10.1993, BVerfGE 89, 214 (231); BVerfG 2.5.1996, NJW 1996, 2021 (2021); BVerfG 26.7.2005, BVerfGE 114, 1 (34); *Barnert* S. 6; *Becker* S. 32; *Boemke* NZA 1993, 532 (532); *Burkardt* S. 33; MüKoBGB/*Busche* Vor § 145 Rn. 3; *Ernst* S. 14; *Franz* S. 16; *Flume* FS DJT I, 135 (140); MD/*Di Fabio* Art. 2 Abs. 1 GG Rn. 108; *Gamillscheg* S. 42 f.; *Glahe* S. 18; *Heinrich* S. 80; *Höfling* S. 18 f.; *Junker* NZA 1997, 1305 (1306); *Lorenz* S. 18; *Rehm* S. 105; *Ritgen* JZ 2002, 114 (116); *Schmidt-Westphal* S. 34; *Weiler* S. 109; *Wendland* S. 17, 30; *Wolf* S. 21; *Zeller-Müller* S. 42.

20 BVerfG 12.11.1958, BVerfGE 8, 274 (328); BVerfG 16.5.1961, BVerfGE 12, 341 (347); BVerfG 4.6.1985, BVerfGE 70, 115 (123); *Barnert* S. 6; *Becker* S. 32; *Franz* S. 16; *Gamillscheg* S. 42 f.; *Heinrich* S. 80, 85; *Höfling* S. 18 f. mit Aufzählung der Sonderfälle ab S. 14;

spezieller, sodass dort vorrangig dieser die Privatautonomie des Arbeitgebers und Arbeitnehmers schützt.[21] Da im Folgenden nur die Vertragsfreiheit als Unterfall der Privatautonomie[22] thematisiert wird, werden die Begriffe Vertragsfreiheit und Privatautonomie teilweise synonym zueinander verwendet.[23]

B. Der Inhalt der Privatautonomie

Die Privatautonomie ist das „Prinzip der eigenen Gestaltung der Rechtsverhältnisse durch den Einzelnen nach seinem Willen"[24]. Sie räumt dem Einzelnen im Wege der Vertragsfreiheit das Recht ein, Verträge abzuschließen oder nicht abzuschließen und über ihren Inhalt, die Form und eine etwaige Auflösung oder Änderung selbstbestimmt zu entscheiden.[25] Privatautonomie bedeutet insoweit Freiheit von Fremdbestimmung.[26] Die Vertragsfreiheit betrifft immer beide Kontrahenten und kann deshalb auch als Freiheit beider Seiten bezeichnet werden.[27]

Lorenz S. 19; *Ritgen* JZ 2002, 114 (116); *Ruffert* S. 301; *Schmidt-Westphal* S. 34; *Weiler* S. 109; *Zeller-Müller* S. 42.

21 BVerfG 7.2.1990, BVerfGE 81, 242 (253 f.); BAG 30.9.1993, NZA 1994, 209 (211); *Becker* S. 32 f.; *Bengelsdorf* NZA 1994, 193 (194); *Boemke* NZA 1993, 532 (534); *Ernst* S. 16; *Franz* S. 17 ff.; *Glahe* S. 19; *Heinrich* S. 85 ff.; *Höfling* S. 17; *Junker* NZA 1997, 1305 (1306); *Lorenz* S. 19 Fn. 23; *Ritgen* JZ 2002, 114 (116); *Schacht* S. 37; *Söllner* RdA 1989, 144 (147 f.); *Zeller-Müller* S. 42; **abweichend** auf Art. 2 Abs. 1 GG stützend: BVerfG 19.5.1992, BVerfGE 86, 122 (130);.

22 Andere Fälle der Privatautonomie sind die Testierfreiheit, die Vereinigungsfreiheit und das Eigentumsrecht, *Barnert* S. 3 f.; MüKoBGB/*Busche* Vor § 145 Rn. 2; Palandt/*Ellenberger* Überbl v § 104 Rn. 1; *Rehm* S. 106.

23 Vgl. *Barnert* S. 7 „Privatautonomie bedeutet […] in erster Linie Vertragsfreiheit"; ähnlich *Flume* § 1/8; MüKoBGB/*Busche* Vor § 145 Rn. 2; **krit**. *Glahe* S. 18.

24 BVerfG 13.5.1986, BVerfGE 72, 155 (170); BVerfG 19.10.1993, BVerfGE 89, 214 (231); BVerfG 2.5.1996, NJW 1996, 2021 (2021); BAG 23.6.1994, NJW 1995, 275 (277); vgl. auch *Barnert* S. 3; *Dieterich* RdA 1995, 129 (130); *Fastrich* S. 36; *Flume* § 1/1; *ders.* FS DJT I, 135 (136); *Franz* S. 15; *Hillgruber* Selbstverantwortung S. 168; *Junker* NZA 1997, 1305 (1305); *Knobel* S. 17; *Lorenz* S. 15; *Neuner* § 2 Rn. 14; *Rehm* S. 106; *Ruffert* S. 55; *Singer* S. 1; *Thies* S. 30; *Weiler* S. 191; *Wendland* S. 16; *Wiedenmann* S. 93; *Winter* S. 27 f.; *Wolf* S. 19; *Zeller-Müller* S. 41.

25 *Barnert* S. 7; *Becker* S. 69; Staudinger/*Feldmann* (2018) § 311 Rn. 1; *Franz* S. 15, 19 ff.; *Heinrich* S. 55 ff.; *Höfling* S. 3 Fn. 18; *Hönn* S. 134 f.; *Lorenz* S. 15, 17; *Ruffert* S. 56; *Schmidt-Westphal* S. 34; *Wendland* S. 85 ff.; *Zeller-Müller* S. 45 f.

26 *Lorenz* S. 15; *Ritgen* JZ 2002, 114 (116); *Singer* S. 1 „idealiter frei von Fremdbestimmung"; *Wendland* S. 13.

27 *Franz* S. 71; *Schimansky* WM 1995, 461 (462); ähnlich *Wiedemann* JZ 1990, 695 (697).

C. Der ideale Vertragsschluss vor dem Hintergrund der Vertragsfreiheit

Das grundsätzliche Instrument zur freien Gestaltung der eigenen Verhältnisse ist der Vertrag. In diesem bringen die Vertragspartner ihre individuellen Interessen in einen Ausgleich zueinander.[28] Der Vertrag soll deshalb Folge beiderseitig in Anspruch genommener Selbstbestimmung sein.[29]

I. Der Grundsatz der sog. „Richtigkeitsgewähr" von Verträgen

Da die Vertragsparteien den Vertrag selber ausgehandelt und geschlossen haben, ist grundsätzlich von einem sachgerechten Interessenausgleich auszugehen.[30] Dies bedeutet eine grundsätzliche „Richtigkeitsvermutung" zugunsten des Vertrags, das heißt, dass der Vertrag unter Würdigung aller relevanten Umstände gerecht für die Parteien ist.[31] Diesen privaten Interessenausgleich hat der Staat

---

28 BVerfG 6.2.2001, BVerfGE 103, 89 (100); BVerfG 26.7.2005, BVerfGE 114, 1 (34).

29 *Becker* S. 69; *Flume* § 1/6; *Grigoleit* S. 35; *Schacht* S. 51 „Idealfall des Zustandekommens von Verträgen".

30 BVerfG 19.10.1993, BVerfGE 89, 214 (232); BVerfG 6.2.2001, BVerfGE 103, 89 (100); BVerfG 27.7.2005, NJW 2006, 596 (598); BVerfG 26.7.2005, BVerfGE 114, 1 (34); *Lorenz* S. 27 f.; *Preis* FS Dieterich, 429 (440); *Ritgen* JZ 2002, 114 (117); *Winter* S. 63 f.; krit. zust. *Schwarze* S. 82.

31 Statt einer Vermutung wird oftmals auch von einer „Richtigkeitschance" gesprochen; BVerfG 6.2.2001, NJW 2001, 957 (958); Erman/*Armbrüster* Vor § 145 Rn. 36; *Barnert* S. 11; *Becker* S. 69 f.; *Bengelsdorf* ZfA 1995, 229 (258); *ders.* BB 1995, 978 (981); *Brox* JZ 1966, 761 (762); *Bydlinski* S. 62 f., 122; *Canaris* AcP 200 (2000), 273 (282 ff.); *Coester-Waltjen* AcP 190 (1990), 1 (14 f.); Palandt/*Ellenberger* Einf v § 145 BGB Rn. 13; *Fastrich* S. 79; *ders.* RdA 1997, 65 (76); *Fikentscher/Heinemann* Rn. 117; *Franz* S. 16, 204; *Habersack* AcP 189 (1989), 403 (406 ff.); Soergel/*Hefermehl* Vor § 116 Rn. 4; *Hönn* S. 94 f.; *Kramer* ZHR 146 (1982) 105 (105); *Lieb* AcP 178 (1978), 196 (206); *Looschelders* § 3 Rn. 4; *Preis* AuR 1994, 139 (141); *ders./Rolfs* DB 1994, 261 (265); *Rehm* S. 116; *Reinhardt* FS Schmidt-Rimpler, 115 (116); *Rittner* AcP 188 (1988), 101 (128, 133); *Schacht* S. 50 f.; *Schmidt-Rimpler* AcP 147 (1941), 130 (156 f., 165); *ders.* FS Nipperdey, 1 (6); *ders.* FS Raiser, 3 (5 ff.); *Schumacher* S. 32; *Singer* S. 39 f.; *ders.* JZ 1995, 1133 (1137); *Spieß* DVBl. 1994, 1222 (1223, 1228); *Thüsing* RdA 2005, 257 (259) „Indiz der Angemessenheit"; *v. Koppenfels* WM 2001, 1360 (1366); *Zeller-Müller* S. 44 f.; **verhalten** in diese Richtung *Wendland* S. 61; *Winter* S. 64; *Wolf* S. 73 f., 292 f., der aber maßgeblich auf die Selbstbestimmung abstellt und einen (wohl objektiven) gerechten Interessenausgleich bei Vorliegen der Selbstbestimmung für irrelevant hält, vgl. auch *ders.* S. 20; *Zöllner* AcP 176 (1976), 221 (246); speziell zum arbeitsrechtlichen Aufhebungsvertrag *Bauer* FS Däubler, 143 (157); nur auf den Prozess der Einigung abstellend *Flume* FS

zu respektieren, indem er die Gültigkeit des Vertrags grundsätzlich nicht infrage stellt.[32] In der Vielzahl der Fälle, in denen die Privatautonomie funktioniert, bedarf es keiner Kontrolle des Vertrags.[33] Die individuellen Präferenzen der Kontrahenten werden von der Privatautonomie dadurch berücksichtigt, dass sie einen weitläufigen Gestaltungsspielraum lässt. Dieser wird inhaltlich lediglich eingegrenzt durch Normen wie §§ 134, 138 Abs. 1 und Abs. 2 BGB. Die umfassende Gestaltungsfreiheit hat ihren Grund in dem der Privatautonomie zugrunde liegenden Gedanken der Selbstbestimmung.

II. Einschränkungen der sog. „Richtigkeitsgewähr" von Verträgen

Wegen der enormen Gestaltungsfreiheit ist die Vertragsfreiheit jedoch wiederum anfällig für ungleiche Verhandlungslagen und Ergebnisse aufgrund einer unterschiedlichen Machtverteilung.[34] Deshalb wird für die „Richtigkeitsvermutung" des Vertrags vielfach noch ein annäherndes Machtgleichgewicht bei der Verhandlung vorausgesetzt.[35] Im durch die Verfassung legitimierten Wirtschafts- und Rechtssystem Deutschlands ist eine völlige Machtgleichheit allerdings weder zwingend vorgeschrieben noch möglich, vielmehr sind gewisse Unterschiede zwingende Folge.[36] Nicht jede Störung vermag deshalb die Vermutung des voll privatautonomen Handelns zu erschüttern,[37] denn ein tatsächliches

---

DJT I, 135 (143); *ders.* § 1/7; zu Gerechtigkeitstheorien im Recht *Oechsler* S. 54 ff.; **aA** *Adomeit* NJW 1994, 2467 (2468).

32 BVerfG 7.2.1990, BVerfGE 81, 242 (254); BVerfG 6.2.2001, BVerfGE 103, 89 (100); BVerfG 26.7.2005, BVerfGE 114, 1 (34); *Preis* S. 41; *ders.* FS Dieterich, 429 (441); *Winter* S. 64; *Wolf* S. 292 f.

33 *Becker* S. 69; *Preis* FS Dieterich, 429 (440, 442).

34 *Flume* § 1/7; *v. Koppenfels* WM 2001, 1360 (1366); *Schmidt-Rimpler* FS Raiser, 3 (13).

35 Vgl. BVerfG 7.2.1990, BVerfGE 81, 242 (254); BVerfG 19.10.1993, BVerfGE 89, 214 (233); Erman/*Armbrüster* Vor § 145 Rn. 36; *Bengelsdorf* BB 1995, 978 (981); *Bydlinski* S. 62 f.; *Coester-Waltjen* AcP 190 (1990), 1 (18 ff.); *Fastrich* RdA 1997, 65 (76); *Kramer* ZHR 146 (1982) 105 (105); *Lieb* AcP 178 (1978), 196 (206); *Looschelders* § 3 Rn. 5; *Mankowski* S. 1138 f.; *Preis* AuR 1994, 139 (141); Staudinger/*Sack/Fischinger* (2017) § 138 Rn. 98; *Schmidt-Rimpler* AcP 147 (1941), 130 (157 f.) Fn. 34; *ders.* FS Raiser, 3 (13); *v. Koppenfels* WM 2001, 1360 (1366); ähnlich *Bengelsdorf* ZfA 1995, 229 (258); *Habersack* AcP 189 (1989), 403 (410 f.); *Winter* S. 64.

36 Vgl. *Franz* S. 421; *Kursawe* NZA 1997, 245 (247).

37 BVerfG 19.10.1993, BVerfGE 89, 214 (232); LAG Brandenburg 30.10.2002, NZA 2003, 503 (505); *Bengelsdorf* BB 1995, 978 (981); *Fastrich* RdA 1997, 65 (67); *Fikentscher* FS Hefermehl, 41 (51); *Franz* S. 80, 99; *Kamanabrou* RdA 2020, 201 (205); *Lorenz* S. 253;

Gleichgewicht ist kaum herstellbar.[38] Daraus folgt, dass nach Rechtsprechung des Bundesverfassungsgerichts in Situationen, in denen eine strukturelle Unterlegenheit vorliegt und der Inhalt des Vertrags besonders belastend ist, das Sozialstaatsprinzip des Grundgesetzes (Art. 20 Abs. 1, 28 Abs. 1 GG) und die Privatautonomie (Art. 2 Abs. 1 GG) es gebieten, dass der schwächere Vertragsteil geschützt wird.[39] Die Anknüpfung an das Sozialstaatsprinzip ist nur durch das typische Machtgefälle zu begründen.

D. Die Bindung an den Vertrag als Folge der Vertragsfreiheit

Die einseitige Beendigung eines Vertragsverhältnisses ist, mit Ausnahme bei Dauerschuldverhältnissen, genauso wie der einseitige Schluss eines Vertrags grundsätzlich nicht möglich.[40] Das folgt bereits aus dem Erfordernis der Rechtssicherheit und des Vertrauensschutzes[41] und findet seinen Ausdruck in dem für das Vertragsrecht essenziellen Prinzip „pacta sunt servanda".[42] Ein allgemeines Reuerecht ist dem deutschen Schuldrecht dadurch naturgemäß fremd.[43] Üblicherweise überwiegt aufgrund des gegebenen Wortes das Interesse des Erklärungsadressaten an dem Fortbestand des Vertrags das Lösungsinteresse des Erklärenden.[44] Ist dies nicht der Fall, so kann der Vertrag ausnahmsweise

---

Rehm S. 124; Staudinger/*Sack/Fischinger* (2017) § 138 Rn. 98; ähnlich *Künzl* ZTR 2004, 16 (20).

38 *Dieterich* RdA 1995, 129 (131); *Drexl* S. 276; *Fastrich* RdA 1997, 65 (67); *Franz* S. 99; *Grunsky* S. 12 ff. verweist auf den Kauf jeglicher Massenware, bei dem der Hersteller wirtschaftlich zumeist deutlich überlegen ist und die ausgleichende Funktion des Wettbewerbs; *Hönn* S. 105; *Nicklisch* BB 1974, 941 (943); *Rehm* S. 120, 131, 222; *Winter* S. 64; vgl. weiter *Preis* S. 218.

39 BVerfG 19.10.1993, BVerfGE 89, 214 (232); BVerfG 5.8.1994, NJW 1994, 2749 (2750); BVerfG 6.2.2001, BVerfGE 103, 89 (100 f.); BVerfG 26.7.2005, BVerfGE 114, 1 (34); *Lorenz* S. 21; *Thies* S. 32; *Winter* S. 29, 42; die Anknüpfung ans Sozialstaatsprinzip **ablehnend** *Hemming* S. 14; *Ruffert* S. 164 f.; s. dazu in Bezug zum Gebot fairen Verhandelns ausführlich Kap. 4 § 6 IV.

40 *Barnert* S. 107; *Becker* S. 70; *Heinrich* S. 249; *Medicus* JuS 1988, 1 (2); *Schmidt-Westphal* S. 43, 49; *Singer* S. 55.

41 *Canaris* AcP 200 (2000), 273 (279); *Heinrich* S. 53; *Lorenz* S. 1; *Neuner* § 10 Rn. 82; *Preis* S. 26; ähnlich *Hübner* FS Börner, 717 (719 f.).

42 BAG 12.1.2005, NZA 2005, 465 (467); *Barnert* S. 107 f.; *Becker* S. 70; Palandt/*Ellenberger* Einf v § 145 BGB Rn. 4a; Staudinger/*Olzen* (2019) Einl. zum SchuldR Rn. 65; *Riesenhuber* Selbstverantwortung S. 9; *Schmidt-Westphal* S. 43.

43 *Heinkel* ZTR 2020, 261 (265).

44 *Hillgruber* AcP 191 (1991), 69 (74).

beseitigt werden.[45] Dabei ist zu beachten, dass auch das Vertrauen des Erklärenden, nicht gegen seinen Willen in Rechtsgeschäfte gedrängt zu werden, schutzwürdig ist.[46] Gleichzeitig kann eine überrumpelnde Partei nicht auf den Bestand des von ihr pflichtwidrig herbeigeführten Vertrags vertrauen.[47]

Die theoretische Grundlage für die Bindung an getätigte Willenserklärungen liegt primär aber im fundamentalen Verständnis von Selbstverantwortung und Selbstbestimmung. Das Korrelat zur Privatautonomie ist die Selbstverantwortung der Person.[48] Aufgrund der Selbstverantwortung sind die Vertragspartner im Nachhinein jeweils an den Vertrag gebunden.[49] Weil das rechtsverbindliche Wort gegeben wurde, muss es grundsätzlich Bestand haben. Die Selbstverantwortung erwächst allerdings erst aus erfolgter Selbstbestimmung. Privatautonome Bindung ist konzeptionell nur dann gerechtfertigt, wenn diese aus Selbstbestimmung folgt.[50] Vertragstreue kann demnach von der Rechtsordnung grundsätzlich nicht ohne vorherige Selbstbestimmung, also einer freien, selbstbestimmten Entscheidung beim Vertragsschluss verlangt werden.[51] Selbstverantwortung

---

45 *Mankowski* S. 435 ff.

46 Vgl. zum fehlenden Erklärungsbewusstsein *Bydlinski* System S. 166.

47 Vgl. allgemein zur Unbeachtlichkeit des Vertrauens bei vorangegangenem Verschulden *Mankowski* S. 443 f.; *Preis* S. 27; in diese Richtung auch *Thüsing* RdA 2005, 257 (259); ähnlich zur Drohung *Wolf* S. 266, 268.

48 *Barnert* S. 4; *Bork* Rn. 106; *Fastrich* RdA 1997, 65 (68); *Heinrich* S. 350 f.; *Knobel* S. 217; *Preis* S. 28; *Winter* S. 28; ähnlich *Hübner* FS Börner, 717 (720); *Neuner* § 30 Rn. 8; *Rieble/Klumpp* ZIP 2002, 2153 (2158); *Schmidt-Westphal* S. 44; vgl. auch als Korrelat zur Selbstbestimmung *Hillgruber* Selbstverantwortung S. 165, 171; *Müller-Graff* Selbstverantwortung S. 145; *Zöllner* Privatrechtsgesellschaft S. 25.

49 *Boemke* AP BGB § 123 Nr. 37, S. 1244 (1244); *Bork* Rn. 106; *Franz* S. 71; *Neuner* § 10 Rn. 23, § 30 Rn. 8; *Rehm* S. 108; *Riesenhuber* Selbstverantwortung S. 1; *Schacht* S. 99; *Winter* S. 29; vertiefend zur Selbstverantwortung *Bydlinski* System S. 99 ff.

50 BVerfG 7.2.1990, BVerfGE 81, 242 (254 f.); BVerfG 6.2.2001, BVerfGE 103, 89 (100); BVerfG 27.7.2005, NJW 2006, 596 (598); BVerfG 26.7.2005, BVerfGE 114, 1 (34); *Flume* FS DJT I, 135 (143, 147); *ders.* § 1/7; *Franz* S. 72, 80; *Habersack* S. 42; Soergel/*Hefermehl* Vor § 116 Rn. 4; Staudinger/*Klumpp* (2017) Vorbem. zu §§ 104 ff. Rn. 7; *Köhler* § 5 Rn. 3; *Looschelders* § 3 Rn. 2; *Lorenz* S. 232; *Nicklisch* BB 1974, 941 (942); *Preis* S. 27; *Ritgen* JZ 2002, 114 (119); Staudinger/*Sack/Fischinger* (2017) § 138 Rn. 98; *Schacht* S. 51, 99; *Schmidt-Westphal* S. 44; *Singer* S. 1; *Thies* S. 32; *Weiler* S. 52; *Wolf* S. 3, 19, 292.

51 BVerfG 7.2.1990, BVerfGE 81, 242 (254 f.); ähnlich PWW/*Ahrens* § 123 Rn. 1; *Bydlinski* System S. 164; *Canaris* AcP 200 (2000), 273 (296); *Heinrich* S. 57 zu Dauerschuldverhältnissen, 355; *Hillgruber* Selbstverantwortung S. 175; Staudinger/*Klumpp* (2017) Vorbem. zu §§ 104 ff. Rn. 16; *Knobel* S. 151 f.; *Lorenz* S. 1, 29, 38 f.; *Preis* S. 27 f., 222; *ders.* FS Dieterich, 429 (441); *Rehm* S. 107; *Sack* S. 15; *Schacht* S. 55; *Schmidt-Westphal*

kann deshalb nicht ohne Berücksichtigung der Selbstbestimmung bedacht werden.[52]

E. Der Grundsatz der Eigenverantwortlichkeit im Rechtsverkehr

Der Gedanke der Verantwortlichkeit für eigenes Handeln ruht jedem Rechtssystem inne.[53] Die Privatautonomie beinhaltet deshalb den Grundsatz, dass jeder selbst für die von ihm geschlossenen Verträge verantwortlich ist und dafür Sorge zu tragen hat, sich vor dem Vertragsschluss ausreichend zu informieren und abzuwägen, welche Folgen der Vertragsschluss hat und ob dieser vorteilhaft ist.[54] Bei später nicht mehr gewollten Erklärungen ist darum zwischen solchen, die schlicht unüberlegt und unvernünftig gefallen sind und solchen, die aus einer Fremdbestimmung, beziehungsweise unzulässigen Beeinflussungen resultieren, zu unterscheiden. Erstere müssen ihre Geltung behalten,[55] Letztere hingegen sind mit der Privatautonomie nicht zu vereinbaren und bedeuten eine Beschneidung der Grundrechte.[56]

Selbstbestimmung und Selbstverantwortung sind insofern die entscheidenden Pfeiler der Privatautonomie.[57] Es ist deshalb festzuhalten, dass es legitim ist, sich mittels geschickter Verhandlungsführung Vorteile zu verschaffen.[58] So

---

S. 44; *Schimansky* WM 1995, 461 (465); *Thies* S. 31 f.; *v. Koppenfels* WM 2001, 1360 (1366); *Winter* S. 28 f.; *Wolf* S. 3, 75 f., 81 f.

52 *Boemke* AP BGB § 123 Nr. 37, S. 1244 (1244); *Flume* § 4/8; *Glahe* S. 147; Soergel/*Hefermehl* Vor § 116 Rn. 5; *Hillgruber* Selbstverantwortung S. 171; Schmidt-*Westphal* S. 43; *Weiler* S. 427; *Zöllner* Privatrechtsgesellschaft S. 25.

53 *Riesenhuber* Selbstverantwortung S. 5, 7.

54 *Hillgruber* Selbstverantwortung S. 174; *Kursawe* NZA 1997, 245 (246); *Thies* S. 32; ähnlich *Kamanabrou* RdA 2020, 201 (201); *Weiler* S. 227; zu Aufklärungspflichten BGH 13.7.1988, NJW 1989, 763 (764); *Winter* S. 29.

55 Ähnlich LAG Mecklenburg-Vorpommern 6.7.1995, NZA 1996, 535 (538); *Becker* S. 70; *Franz* S. 72; *Giesing* S. 21; *Heinkel* ZTR 2020, 261 (265); *Kamanabrou* RdA 2020, 201 (201); *Schacht* S. 55, 123; *Singer* S. 41; *Thüsing* RdA 2005, 257 (261); *ders.* FS Wiedemann, 559 (568); *Wolf* S. 4.

56 *Franz* S. 72; *Krings* S. 342 f.

57 *Barnert* S. 4; *Bydlinski* S. 54 f.; *Coester-Waltjen* AcP 190 (1990), 1 (14); *Fastrich* S. 3, 36; *Franz* S. 425; *Germelmann* NZA 1997, 236 (239); *Rehm* S. 108; *Riesenhuber* Selbstverantwortung S. 1; *Wiedenmann* S. 67; *Wolf* S. 83, 292.

58 LG Mainz 30.6.1967, BB 1967, 1180 (1181); *Sabbagh-Farshi* S. 71; *Preis* S. 133; *Tiedemann* ArbRB 2020, 61 (63); vgl. auch anschaulich RG 24.3.1930, RGZ 128, 92 (97): „Im Wirtschaftskampf kann es niemand verwehrt werden, seine eigenen Belange auch dann zu verfolgen, wenn dadurch ein anderer geschädigt wird. Gegen die guten Sitten verstößt solches Vorgehen nur beim Hinzutritt besonderer Umstände, insbesondere wenn

wie einer allumfassenden vorvertraglichen Aufklärungspflicht des Arbeitgebers Art. 2 Abs. 1, 12 Abs. 1 und möglicherweise auch 14 Abs. 1 GG entgegenstehen,[59] ist eine völlig neutrale und vorteilslose Verhandlungspflicht nicht mit der Privatautonomie zu vereinbaren.

Das Vorliegen von Ungleichgewichtslagen, aus denen eine Seite bis zu einem gewissen Maße im Einzelfall Vorteile ziehen kann und dadurch das vorteilhaftere Geschäft abschließt, ist vielmehr prägendes Merkmal der Privatautonomie.[60] Eine Einschränkung der Privatautonomie soll nach der Konzeption des BGB, welches die freiheitliche Selbstbestimmung zugrunde legt, deshalb die Ausnahme bleiben.[61] Das zeigt sich auch daran, dass der Gesetzgeber in bestimmten Bereichen auf typisierbare Ungleichgewichtslagen reagiert hat, sei es mit dem AGB-Recht, dem Arbeitnehmerschutzrecht, dem sozialen Mietrecht oder auch den verschiedenen Verbraucherschutzrechten und dem AGG.[62] Die Privatautonomie ist in diesen Bereichen weiterhin das Leitbild, sie wird jedoch von den schützenden Gesetzen gelenkt.[63]

In Gebieten, in denen ebenfalls ein großes Risiko von Ungleichgewichtslagen besteht, der Gesetzgeber sich aber gegen die Normierung spezifischer Schutzmechanismen entschieden hat, besteht ein besonderes Spannungsverhältnis zwischen der Privatautonomie und der Schutzbedürftigkeit des schwächeren Teils.[64] Zur Lösung dieses Konflikts ist vornehmlich auf die allgemeinen zivilrechtlichen Generalklauseln abzustellen.[65] Neben speziellen Schutzregeln sind deshalb unter anderem auch die §§ 123 Abs. 1, 138 Abs. 1 und 2, 241 Abs. 2 BGB als Grenzen der legitimen Verhandlungsführung zu beachten.[66]

---

unlautere Mittel angewendet werden oder das Verhalten die wirtschaftliche Vernichtung des anderen zur Folge hat oder doch eine übermäßige wirtschaftliche Schädigung, die in keinem Verhältnis zum Vorteil des Schädigers steht, oder eine übermäßige Einschränkung der wirtschaftlichen Freiheit"; vgl. auch RG 15.5.1920, RGZ 99, 107 (110); vgl. zu Aufklärungspflichten *Fleischer* S. 1 f.; *Winter* S. 63; allg. Staudinger/*Feldmann* (2018) § 311 Rn. 2.

59 *Winter* S. 22.

60 *Loges* S. 104; *Winter* S. 21; ähnlich *Rehm* S. 125 ff.

61 *Thies* S. 33; s. u., Kap. 2 § 2 F. I., Kap. 4 § 6, Kap. 7 § 18 B. IV.

62 Staudinger/*Feldmann* (2018) § 311 Rn. 4; *Looschelders* § 3 Rn. 7 ff.; *Singer* S. 12; *Thies* S. 32; ähnlich *Becker* S. 73; *Burkardt* S. 33; *Flume* § 1/9; *Preis* S. 219 ff.

63 *Flume* § 1/9; *Thies* S. 32; ähnlich *Burkardt* S. 33.

64 *Thies* S. 33.

65 *Thies* S. 33.

66 *Kamanabrou* RdA 2020, 201 (202).

F. Das Problem der Fremdbestimmung bei formeller und materieller Vertragsfreiheit

Vertragsfreiheit als Unterfall der Privatautonomie garantiert nach alledem für sich genommen noch nicht, dass der spezifische Vertragsschluss tatsächlich frei erfolgt.[67]

I. Formelle Betrachtungsweise der Vertragsfreiheit

Durch das historische BGB wird der Gedanke der formellen Selbstbestimmung vorgezogen.[68] Im Regelfall soll die formelle Privatautonomie in Form des Konsens deshalb bereits ausreichen, um auch die materielle Verwirklichung der Privatautonomie zu sichern.[69] Wird ein formeller Maßstab zugrunde gelegt, stimmen der Wille und die Rechtsfolge trotz intensiver Beeinflussung der Willensbildung überein. Es ergibt sich bei formeller Betrachtungsweise kein Problem bei der Selbstbestimmung.[70] Nach *Singer* gilt deshalb bezüglich Störungen bei der Willensbildung im Grundsatz: „Die Selbstbestimmung ist zwar möglicherweise fehlerhaft, hört aber darum noch nicht auf, Selbstbestimmung zu sein."[71]

II. Materielle Betrachtungsweise der Vertragsfreiheit

Allerdings setzt die Privatautonomie wie oben gezeigt die freie Willensbildung und Betätigung in gewissen Grenzen voraus. Ohne Selbstbestimmung fehlt dem rechtlichen Handeln letztlich die Legitimation zur Geltung.[72] Es darf infolgedessen nicht nur formal auf den erzielten Konsens der Willenserklärungen abgestellt werden.[73] Vielmehr gilt es, materiell auch das Stadium der Willensbildung selbst

---

67 *Becker* S. 71; *Canaris* AcP 200 (2000), 273 (277 ff.); *Schimansky* WM 1995, 461 (462); *Wiedenmann* S. 68 f.; vgl. auch *Hillgruber* Selbstverantwortung S. 176; *Lorenz* S. 232; ähnlich Erman/*Armbrüster* Vor § 145 Rn. 36 und Palandt/*Ellenberger* Einf v § 145 BGB Rn. 7 mit Blick auf die „Vertragsgerechtigkeit".

68 *Canaris* AcP 200 (2000), 273 (287 f.); *Schindler* S. 24 verweist exemplarisch auf die Irrelevanz der Intensität einer Drohung im Rahmen des § 123 Abs. 1 Alt. 2 BGB; *Singer* S. 39 ff., 207 f.; *Wolf* S. 11; vgl. auch die grundrechtliche Begründung der Bevorzugung der formellen Vertragsfreiheit von *Hillgruber* Selbstverantwortung S. 176.

69 *Drexl* S. 269; *Franz* S. 99.

70 *Weiler* S. 10; ähnlich *Looschelders* § 3 Rn. 5.

71 *Singer* S. 207; ähnlich *Weiler* S. 23.

72 S. o., Kap. 2 § 2 D.

73 Ähnlich Erman/*Armbrüster* Vor § 145 Rn. 26; *Becker* S. 70; *Canaris* AcP 200 (2000), 273 (286 f.); *Grunsky* S. 15; *Habersack* S. 47; Soergel/*Hefermehl* Vor § 116 Rn. 4a; *Hillgruber* Selbstverantwortung S. 176; *Looschelders* § 3 Rn. 5; *Schmidt-Rimpler* AcP 147 (1941),

miteinzubeziehen.[74] Denn wer infolge des Einsatzes unfairer Verhandlungsmethoden einen Vertrag schließt, hat unter Umständen nicht selbstbestimmt, sondern fremdbestimmt gehandelt.[75] Dann liegt nur scheinbar ein Vertrag vor, der Ausdruck freier Willensbildung ist.[76]

Zum Schutze davor reicht das Konsensprinzip nicht aus,[77] geht es doch gerade um eine Beeinträchtigung vor der Abgabe der Willenserklärung, also eine Störung der Willensbildung. Nach allgemeiner Ansicht besteht ein Bedürfnis zum korrigierenden Eingriff deshalb dann, wenn einer Seite der Vertrag aufgrund einer erheblich ungleichen Verhandlungslage trotz formal gültigem Vertragsschluss faktisch oktroyiert wird.[78] Dann handelt es sich nicht mehr um Selbstbestimmung, sondern um Fremdbestimmung, welche mit der Privatautonomie nicht mehr zu vereinen ist.[79] Die Vertragsfreiheit wäre nur noch formell, nicht mehr materiell verwirklicht.[80]

---

130 (157 f.) Fn. 34; Staudinger/*Sack/Fischinger* (2017) § 138 Rn. 90; HWK/*Thüsing* Vor § 611a BGB Rn. 2; *ders.* RdA 2005, 257 (258 f.); *Wendland* S. 97 f.; *Wiedenmann* S. 66; **krit**. den Schwerpunkt auf die formale Selbstbestimmung setzend *Bydlinski* System S. 754, der jedoch eine Optimierung nach materiellen Gesichtspunkten (reale Entscheidungsfreiheit) begrüßt; *Heinrich* S. 348.

74 HWK/*Thüsing* Vor § 611a BGB Rn. 2.

75 Vgl. *Krings* S. 346 zur „Überrumpelung"; generell zu Ungleichgewichtslagen *Becker* S. 72.

76 *Becker* S. 81.

77 *Dieterich* RdA 1995, 129 (130); *Franz* S. 79; **krit**. *Zöllner* AcP 196 (1996), 1 (14).

78 BVerfG 7.2.1990, BVerfGE 81, 242 (255); BVerfG 19.10.1993, BVerfGE 89, 214 (232); BVerfG 6.2.2001, BVerfGE 103, 89 (100 f.); BVerfG 27.7.2005, NJW 2006, 596 (598); BVerfG 26.7.2005, BVerfGE 114, 1 (34); Erman/*Armbrüster* Vor § 145 Rn. 36; *Feuerborn* S. 61; *Hemming* S. 10; *Hillgruber* Selbstverantwortung S. 176; *Preis* FS Dieterich, 429 (441); *Rieble* Rn. 843; Staudinger/*Sack/Fischinger* (2017) § 138 Rn. 98; *Schacht* S. 55; *Thüsing* FS Wiedemann, 559 (564); *Wendland* S. 23.

79 BVerfG 19.10.1993, BVerfGE 89, 214 (232); BVerfG 6.2.2001, BVerfGE 103, 89 (100 f.); BVerfG 26.7.2005, BVerfGE 114, 1 (34); ähnlich Palandt/*Ellenberger* Einf v § 145 BGB Rn. 7; *Habersack* S. 48; *ders.* AcP 189 (1989), 403 (405); *Hillgruber* Selbstverantwortung S. 176; *Lorenz* JZ 1997, 277 (277); *Preis* S. 222.

80 *Barnert* S. 17; *Mankowski* S. 1139; ähnlich *Grunsky* S. 15; *Rieble* Rn. 843; vgl. zur Gewichtung von formeller und materieller Vertragsfreiheit *Heinrich* S. 348 ff.; zu den Unterschieden *Ruffert* S. 327 f.; zur Präferenz einer materiellen Betrachtung *Wiedenmann* S. 66.

Es ist die Aufgabe des Staates sicherzustellen, dass der Bürger nicht unter dem Diktat eines anderen steht.[81] Vertragsfreiheit darf nicht zum „Instrument zur Unterdrückung“[82] werden. Ansonsten kann Freiheit zur „Unfreiheit“[83] werden. Privatautonomie und Zwang stehen aber im Widerspruch zueinander.[84] Die pauschale Aussage „Vertrag ist Vertrag“ ist dann nicht möglich.[85] Darum braucht es eine Möglichkeit in diesen Fällen, die Freiheit des Beeinträchtigten wiederherzustellen.[86] Die Entfaltung der materiellen Vertragsfreiheit des einen Teils kann deshalb eine Beschränkung der formellen Vertragsfreiheit des anderen Teils bedeuten.[87] Es wird letztlich die Vertragsfreiheit der einen Seite geschützt, indem die der anderen Seite eingeschränkt wird.[88] Die materielle Vertragsfreiheit wird vom BGB primär im Anfechtungsrecht, der Störung der Geschäftsgrundlage, der Sittenwidrigkeit und durch andere Schutzgesetze wie das AGB-Recht berücksichtigt.[89] In diese Kategorie fällt auch die culpa in contrahendo.

III. Der Schutzmaßstab für die Grenze zwischen Selbst- und Fremdbestimmung

Ein großes Problem des Vertragsrechts im Allgemeinen und auch des Gebots fairen Verhandelns im Speziellen ist, inwieweit der positive Inhalt der Vertragsfreiheit des einen Teils durch Eingriff in die negative Vertragsfreiheit

81 *Becker* S. 73; *Hillgruber* AcP 191 (1991), 69 (75 f.); *Isensee* FS Großfeld, 485 (496); *Krings* S. 346; *Mankowski* S. 303 f.; *Nicklisch* BB 1974, 941 (943); ähnlich *Germelmann* NZA 1997, 236 (237); *Preis* FS Dieterich, 429 (440); Staudinger/*Sack/Fischinger* (2017) § 138 Rn. 90.

82 *Becker* S. 72; Erman/*Armbrüster* Vor § 145 Rn. 26; ähnlich *Hubersack* S. 47; *Mankowski* S. 1139; *Thüsing* RdA 2005, 257 (258).

83 *Franz* S. 79; *Heinrich* S. 565.

84 *Flume* § 1/7; *ders.* FS DJT I, 135 (143); MüKoBGB/*Säcker* Einl. Rn. 39; *S. Müller* DB 2019, 1792 (1795); *Thies* S. 32; *Winter* S. 29.

85 *Busemann/Schäfer* Rn. 72; *Dieterich* RdA 1995, 129 (135); *Franz* S. 79; *Schacht* S. 129; ähnlich *Dieterich* RdA 1995, 129 (135); *Keppeler* AuR 1996, 263 (265); *Mankowski* S. 4; s. vertiefend Kap. 4 § 6.

86 *Dieterich* RdA 1995, 129 (130); *Franz* S. 79; allg. *Hillgruber* AcP 191 (1991), 69 (75).

87 *Canaris* AcP 200 (2000), 273 (300); *Thüsing* FS Wiedemann, 559 (567).

88 BVerfG 7.2.1990, BVerfGE 81, 242 (255); *Becker* S. 74; *Höfling* S. 54; *Hönn* S. 298; *Preis* S. 37, 43 f., 47; *ders.* FS Dieterich, 429 (441).

89 *Singer* S. 208.

des anderen Teils gesichert werden muss und kann.[90] Die Frage, wann Fehler im Bereich der materiellen Selbstbestimmung eine Berücksichtigung trotz des formell erzielten Konsens finden können oder müssen, ist jeder Rechtsordnung immanent.[91] Das Stadium der Willensbildung unterliegt stets verschiedenen Einflüssen, anhand derer der Wille gebildet wird.[92] Störungen der Willensbildung können nach der liberalen Konzeption des BGB nur in schwerwiegenden Ausnahmefällen beachtet werden.[93] In diesen Ausnahmefällen darf der Beeinträchtigte dann aber nicht an der formell fehlerfreien Selbstbestimmung festgehalten werden.[94]

Die Anforderungen an die Selbstverantwortung dürfen nicht utopisch sein, sondern müssen den tatsächlichen Fähigkeiten und Möglichkeiten der Vertragsparteien entsprechen.[95] Das Bundesverfassungsgericht sieht im Ausgleich von Schwankungen der Parität eine der „Hauptaufgaben des geltenden Zivilrechts“[96]. Der Schutz der Schwachen ist somit ein grundlegendes Ziel der Rechtsordnung, welches im Vertragsrecht vorsichtig unter Berücksichtigung der stark zu gewichtenden Selbstbestimmung beider Parteien realisiert werden muss.[97] Dies wird von *Flume* treffend als „ewiges Dilemma der Privatautonomie“[98] bezeichnet, da der formale Konsens regelmäßig durch unterschiedliche Machtverteilung materiell infrage zu stellen ist.[99] Aufgrund des Ursprungs der Privatautonomie

---

90 Vgl. *Wolf* S. 11 f.; anreißend BVerfG 7.2.1990, BVerfGE 81, 242 (25) „[Der Gesetzgeber] muß dann aber beachten, daß jede Begrenzung der Vertragsfreiheit zum Schutze des einen Teils gleichzeitig in die Freiheit des anderen Teils eingreift.“

91 *Singer* S. 207.

92 *Wackerbarth* AcP 200 (2000), 45 (67); *Weiler* S. 1, 157 f.; ähnlich *Singer* JZ 1999, 342 (344) „Kaum je ein Vertrag käme zustande, wenn die […] Gewährleistung vollkommener Entscheidungsfreiheit zur Vertragsbedingung gemacht würde“.

93 *Canaris* AcP 200 (2000), 273 (287 f.); *Singer* S. 207 f.; ähnlich *Hillgruber* Selbstverantwortung S. 175 zu § 123 Abs. 1 BGB, der auf eine psychische Zwangslage abstellt; *Weiler* S. 227.

94 Vgl. *Hillgruber* Selbstverantwortung S. 176; *Singer* S. 208; Staudinger/*Singer/v. Finckenstein* (2017) § 123 Rn. 1 für § 123 BGB.

95 Vgl. für den „durschnittlichen Verkehrsteilnehmer“ *Wolf* S. 4.

96 BVerfG 19.10.1993, BVerfGE 89, 214 (233).

97 *Becker* S. 71; ähnlich *Dieterich* RdA 1995, 129 (130 f.); *Medicus* JuS 1996, 761 (761); *Stern* III/1 § 76 IV 8 e.

98 *Flume* § 1/7; *ders.* DJT I S. 135 (143); zust. *Rehm* S. 116; *Spieß* DVBl. 1994, 1222 (1223); *Wiedenmann* S. 70.

99 *Flume* § 1/7.

in Art. 2 Abs. 1 GG, geht es letztlich um die Wahrung der Grundrechte.[100] Die Freiheit des Einen, wirksame Verträge abschließen zu können, stellt schließlich stets auch eine Freiheitsbeschränkung des Anderen dar, sich an diese halten zu müssen.[101]

Der Ausgleich der Interessen geschieht im Rahmen der „praktischen Konkordanz“, bei welcher die kollidierenden Grundrechte in ihrer Wechselwirkung zu betrachten sind und eine möglichst weitreichende Verwirklichung der Interessen beider Parteien erfolgt.[102] Deshalb gilt es nur dort Schutz zuzusprechen, wo die Selbstbestimmung tatsächlich nicht mehr gegeben ist.[103] Es ist mithin dem Grundsatz „Soviel Freiheit wie möglich, so wenig Begrenzung wie nötig“[104] zu folgen, um weder ein Übermaß noch ein Untermaß der Vertragskontrolle[105] zu erreichen.[106] Es darf darum nicht vorschnell wegen einer leichten Schieflage in Sachen Verhandlungsmacht einer Seite die Fähigkeit, selbstbestimmte Entscheidungen zu treffen, abgesprochen werden.[107] Dagegen spricht bereits die Rechtssicherheit.[108] Das Untermaßverbot wird wiederum erst verletzt, wenn durch die Rechtsordnung kein dem Grundgesetz entsprechender Mindestschutz vor der einseitigen Durchsetzung überlegener Vertragsmacht gewährt wird.[109]

Die Vertragsfreiheit und ihre Kontrolle befinden sich nach alledem nicht in einem Konkurrenzverhältnis zueinander, sondern der Schutz der

---

100 BVerfG 19.10.1993, BVerfGE 89, 214 (232); BVerfG 6.2.2001, BVerfGE 103, 89 (101); BVerfG 26.7.2005, BVerfGE 114, 1 (34 f.); ähnlich LAG Brandenburg 30.10.2002, NZA 2003, 503 (505).

101 *Becker* S. 71; ähnlich *Preis* FS Dieterich, 429 (440); *Spieß* DVBl. 1994, 1222 (1225 f.).

102 BVerfG 19.10.1993, BVerfGE 89, 214 (232); *Dieterich* RdA 1995, 129 (130 f.); *Fastrich* RdA 1997, 65 (68); *Hönn* S. 283 f.; *Kursawe* NZA 1997, 245 (246); *Lorenz* S. 21; ähnlich *Heinkel* ZTR 2020, 261 (264); *Höfling* S. 40; *Mankowski* S. 5; vgl. zu Aufklärungspflichten *Burkardt* S. 98; *Rehm* S. 125 ff.; **aA** *Zöllner* AcP 196 (1996), 1 (14).

103 *Wolf* S. 3.

104 *Preis* FS Hanau, 53 (63); *Reuter* DZWir 1993, 45 (50); in diese Richtung auch *Canaris* JuS 1989, 161 (163); *Franz* S. 81; *Heinrich* S. 174

105 Dazu *Dieterich* RdA 1995, 129 (134).

106 *Fischer* DRiZ 1974, 209 (209, 212); *Franz* S. 81; *Preis* FS Dieterich, 429 (441 f.); *Ritgen* JZ 2002, 114 (116); vgl. auch BVerfG 7.2.1990, BVerfGE 81, 242 (261); *Wiedemann* JZ 1990, 695 (697).

107 BVerfG 19.10.1993, BVerfGE 89, 214 (232); LAG Brandenburg 30.10.2002, NZA 2003, 503 (505), vgl. auch *Hillgruber* Selbstverantwortung S. 173 f.; *Preis* S. 218; s. o., Kap. 2 § 2 C II.

108 *Hillgruber* Selbstverantwortung S. 174; *Weiler* S. 227.

109 *Franz* S. 81; *Preis* FS Hanau, 53 (71).

Selbstbestimmung durch Kontrolle bedingt das Funktionieren der Vertragsfreiheit.[110] Aufgrund der berührten Grundprinzipien muss im Rahmen des Gebots fairen Verhandelns sensibel nach den Grenzen der Selbstbestimmung, beziehungsweise der Selbstverantwortung[111] und damit nach dem Beginn der unzulässigen Einflussnahme[112] getastet werden.

110 Vgl. *Fischer* DRiZ 1974, 209 (212); *Franz* S. 80; ähnlich *Becker* S. 71; *Heinrich* S. 173, 565; *Lorenz* S. 1; *Preis* FS Dieterich, 429 (441); *Rieble* Rn. 844; *Singer* S. 44; *Thüsing* FS Wiedemann, 559 (567); im Ansatz *Drexl* S. 269.

111 Dazu allg. *Heinrich* S. 353 f., der §§ 119 und 123 BGB anführt; *Weiler* S. 158, 227; *Riesenhuber* Selbstverantwortung S. 6 ff. sieht dies allgemein als zeitgenössisches Problem und verweist auf die Bürgschaftsrechtsprechung des BVerfG 19.10.1993, BVerfGE 89, 214 (214 ff.).

112 Vgl. hierzu auch das ähnliche Problem im UWG KBF/*Köhler* § 1 UWG Rn. 19. S. dazu noch u., Kap. 3 § 5 P. I.

Kapitel 3: Der etablierte Schutz des BGB

Die allgemeinen Schutzmechanismen des BGB sollen anhand des Urteils des Bundesarbeitsgerichts vom 7.2.2019,[113] welches das Gebot fairen Verhandelns erstmals obergerichtlich ausführlich thematisierte, auf ihren Schutzbereich und ihre Schutzlücken untersucht werden.

§ 3 Die Entscheidung des Bundesarbeitsgerichts vom 7.2.2019 zum Gebot fairen Verhandelns

Am 7.2.2019 entschied das Bundesarbeitsgericht, dass arbeitsrechtliche Aufhebungsverträge im Fall einer Überrumpelung wegen der Verletzung des Gebots fairen Verhandelns unwirksam sein können.[114]

A. Der Sachverhalt vor dem Bundesarbeitsgericht

Das Bundesarbeitsgericht entschied über folgenden Fall. Die Klägerin war beim Beklagten seit dem 1.7.2014 als Reinigungshilfe beschäftigt. Es kam bereits in der Mitte des Jahres 2015 zu einer Kündigung. Das Arbeitsverhältnis wurde aber über den Kündigungstermin (22.6.2015) einvernehmlich fortgesetzt. Am 15.2.2016 suchte der Lebenspartner der Beklagten, welcher deren Geschäfte tatsächlich führte, die Klägerin am späten Nachmittag in ihrer Privatwohnung auf. Er legte der Klägerin dort einen vorformulierten Aufhebungsvertrag mit sofortiger Wirkung ohne Abfindungsabrede vor. Im Gegenzug sollte die Klägerin ein wohlwollendes qualifiziertes Zeugnis erhalten. Ansprüche aus dem Arbeitsverhältnis sollten bis auf solche, die zu viel bezahlte Arbeitsstunden betrafen, beidseitig erlöschen. Die Klägerin stimmte zu.

Am 17.2.2016 erklärte die Klägerin Anfechtung wegen Irrtums, arglistiger Täuschung und widerrechtlicher Drohung sowie einen hilfsweisen Widerruf des Aufhebungsvertrags. Die Beklagte verwies auf die Wirksamkeit des Vertrags und war nicht bereit, sich von diesem zu lösen. Die Klägerin hielt dem entgegen, dass sie von dem Lebenspartner der Beklagten aufgesucht wurde, als sie erkrankt im Bett gelegen habe. Sie selbst habe den Verhandlungspartner nicht hereingelassen, sondern die Wohnungstür sei von ihrem Sohn geöffnet worden, der sie

113 BAG 7.2.2019, NZA 2019, 688 ff.

114 BAG 7.2.2019, NZA 2019, 688 Rn. 30 ff.

sogleich aus dem Schlaf geweckt habe. Daraufhin hätte ihr der Lebenspartner der Beklagten vorgehalten, dass er ihre Faulheit nicht mehr unterstützen würde und den Vertrag vorgelegt. Sie habe den Aufhebungsvertrag dann unter dem Einfluss von Schmerzmitteln „im Tran" unterzeichnet und erst hinterher die Bedeutung ihres Handelns erkannt.

Demgegenüber trug die Beklagte vor, dass die Klägerin am Vormittag des 15.2.2016 telefonisch um den Abschluss des Aufhebungsvertrags gebeten habe, sodass nur ihrer Bitte nachgekommen worden sei. Eine Beeinträchtigung der Klägerin infolge der Krankheit oder der Einnahme von Medikamenten sei nicht aufgefallen. Auch die Äußerung bezüglich der Faulheit sei nicht gefallen.

B. Der Sachverhalt in den Vorinstanzen

Die Klägerin trug vor dem Arbeitsgericht Celle noch im angeblich exakten Wortlaut des Verhandlungspartners vor, dass dieser ihr für den Fall der nicht sofortigen Unterzeichnung des Aufhebungsvertrags finanzielle Probleme angedroht habe.[115] Des Weiteren hätte sie unter Fieber und Schmerzen gelitten, weshalb sie auch infolge des abrupten Weckens nicht voll bei Bewusstsein gewesen sei.[116]

Vor dem LAG Niedersachsen trug die Klägerin dann vor, dass aus der typisierenden Betrachtung der Interessenlagen im Arbeitsverhältnis aus den Rücksichtnahmepflichten ein Widerrufsrecht für zu Hause abgeschlossene Aufhebungsverträge anzuerkennen sei.[117] Darüber hinaus hätte die Klägerin Angst vor Schikanen durch den Arbeitgeber gehabt, da ihr in der Vergangenheit für eine leichte Beschädigung eines Fahrzeugs 800 € vom Verdienst abgezogen worden seien.[118] Sie habe in der Vergangenheit trotz bescheinigter Arbeitsunfähigkeit bei der Beklagten gearbeitet, da diese sie ansonsten gekündigt hätte.[119]

Die Vorinstanzen haben die Klage abgewiesen und die Wirksamkeit des Aufhebungsvertrags bestätigt.[120] Wegen der grundsätzlichen Bedeutung der entscheidungserheblichen Rechtsfrage hat das LAG Niedersachsen aber die Revision zum Bundesarbeitsgericht zugelassen. Dabei dürfte es die Frage nach dem

---

115 ArbG Celle 20.9.2016 – 1 Ca 77/16, BeckRS 2016, 130361 Rn. 6; so erneut LAG Niedersachsen 7.11.2017, NZA-RR 2018, 361 (361).

116 ArbG Celle 20.9.2016 – 1 Ca 77/16, BeckRS 2016, 130361 Rn. 6.

117 LAG Niedersachsen 7.11.2017, NZA-RR 2018, 361 (361).

118 LAG Niedersachsen 7.11.2017, NZA-RR 2018, 361 (361).

119 LAG Niedersachsen 7.11.2017, NZA-RR 2018, 361 (361).

120 LAG Niedersachsen 7.11.2017, NZA-RR 2018, 361 (361 ff.); ArbG Celle 20.9.2016 – 1 Ca 77/16, BeckRS 2016, 130361 Rn. 11 ff.

Widerrufsrecht bei arbeitsrechtlichen Aufhebungsverträgen, nicht jedoch das Gebot fairen Verhandelns im Sinn gehabt haben.

C. Die Entscheidungen der Gerichte

Die Gerichte verneinten aus Beweisgründen das Vorliegen einer widerrechtlichen Drohung als Anfechtungsgrund nach § 123 Abs. 1 BGB.[121] Eine Anfechtung nach § 119 Abs. 1 BGB komme mangels entsprechenden Vorbringens nicht in Betracht.[122] Ebenfalls scheide eine Geschäftsunfähigkeit nach § 105 Abs. 1 BGB aus Beweisgründen aus.[123] Auch ein Widerrufsrecht nach §§ 355 Abs. 1, 312g Abs. 1, 312b, 312 BGB sei nicht gegeben.[124] Dies wurde mit einer fehlenden Anwendbarkeit des Widerrufsrechts bei außerhalb von Geschäftsräumen geschlossenen Verträgen für arbeitsrechtliche Aufhebungsverträge begründet.[125] Darüber hinaus sei eine Inhaltskontrolle nach § 307 Abs. 1 S. 1 BGB erfolglos, da die Beendigungsabrede als Hauptinhalt des Aufhebungsvertrags der Inhaltskontrolle entzogen sei.[126]

Das Bundesarbeitsgericht hob das Urteil des LAG Niedersachsen allerdings auf und ordnete eine weitere Erforschung des Verhandlungsverlaufes an, da die Vorinstanzen das Gebot fairen Verhandelns nicht bedacht hatten.[127] Dieses habe die Unwirksamkeit eines unter seiner Missachtung geschlossenen Vertrags zur Folge.[128] Bei dem Gebot fairen Verhandelns soll es sich um eine aus der Aufnahme von Vertragsverhandlungen nach § 311 Abs. 2 BGB entstehende Nebenpflicht nach § 241 Abs. 2 BGB handeln.[129] Durch das Gebot fairen Verhandelns soll die Entscheidungsfreiheit bei Vertragsverhandlungen auch jenseits der anerkannten Vorschriften zum Schutz vor Willensmängeln gesichert werden.[130]

121 BAG 7.2.2019, NZA 2019, 688 Rn. 11; LAG Niedersachsen 7.11.2017, NZA-RR 2018, 361 Rn. 12 ff.; ArbG Celle 20.9.2016 – 1 Ca 77/16, BeckRS 2016, 130361 Rn. 15.

122 BAG 7.2.2019, NZA 2019, 688 Rn. 11; ArbG Celle 20.9.2016 – 1 Ca 77/16, BeckRS 2016, 130361 Rn. 16.

123 BAG 7.2.2019, NZA 2019, 688 Rn. 10; LAG Niedersachsen 7.11.2017, NZA-RR 2018, 361 Rn. 18; ArbG Celle 20.9.2016 – 1 Ca 77/16, BeckRS 2016, 130361 Rn. 17 f.

124 BAG 7.2.2019, NZA 2019, 688 Rn. 13 ff.; LAG Niedersachsen 7.11.2017, NZA-RR 2018, 361 Rn. 20 ff.; ArbG Celle 20.9.2016 – 1 Ca 77/16, BeckRS 2016, 130361 Rn. 19 f.

125 BAG 7.2.2019, NZA 2019, 688 Rn. 13 ff.; LAG Niedersachsen 7.11.2017, NZA-RR 2018, 361 Rn. 20 ff.; ArbG Celle 20.9.2016 – 1 Ca 77/16, BeckRS 2016, 130361 Rn. 19 f.

126 BAG 7.2.2019, NZA 2019, 688 Rn. 12.

127 BAG 7.2.2019, NZA 2019, 688 Rn. 9, 47.

128 BAG 7.2.2019, NZA 2019, 688 Rn. 30, 36 ff.

129 BAG 7.2.2019, NZA 2019, 688 Rn. 31.

130 BAG 7.2.2019, NZA 2019, 688 Rn. 32.

Entsprechend sei anhand des jeweiligen Einzelfalls zu prüfen, ob der Rücksichtnahmepflicht nach § 241 Abs. 2 BGB entsprochen wurde.[131]

Für einen Verstoß gegen das Gebot fairen Verhandelns genügen sowohl die einfache Nichtankündigung des Gesprächs als auch die bloße Verweigerung einer Bedenkzeit oder die Nichteinräumung eines vertraglichen Widerrufs- oder Rücktrittsrechts nach Ansicht des Bundesarbeitsgerichts nicht.[132] Stattdessen liege ein Verstoß gegen das Gebot fairen Verhandelns erst dann vor, „wenn eine psychische Drucksituation geschaffen oder ausgenutzt wird, die eine freie und überlegte Entscheidung des Vertragspartners erheblich erschwert oder sogar unmöglich macht."[133] Dies wird durch das Bundesarbeitsgericht präzisiert, indem es als Beispiele für eine solche Drucksituation die Schaffung „besonders unangenehmer Rahmenbedingungen", die Ausnutzung von Schwächen oder Sprachunkenntnissen des anderen Teils oder die Überrumpelung nennt.[134]

Für die Kausalitätsprüfung zwischen der Pflichtverletzung durch die Verletzung des Gebots fairen Verhandelns und dem Schaden in Form des Vertragsschlusses zieht das Bundesarbeitsgericht eine Parallele zur Vermutung aufklärungsrichtigen Verhaltens bei vorvertraglichen Aufklärungspflichtverletzungen.[135]

Als Rechtsfolge der Verletzung der Rücksichtnahmepflicht nach § 241 Abs. 2 BGB nimmt das Bundesarbeitsgericht sodann die automatische Unwirksamkeit des unter Verletzung des Gebots fairen Verhandelns geschlossenen Vertrags an.[136] Im Fall von arbeitsrechtlichen Aufhebungsverträgen geht es von einem automatischen Wiederaufleben des Arbeitsverhältnisses aus.[137] Dieses Vorgehen begründet das Gericht mit dem Zweck der Naturalrestitution nach § 249 Abs. 1 BGB.[138]

§ 4 Aufhebungsverträge im Arbeitsrecht

Arbeitsrechtliche Aufhebungsverträge dienen oftmals als Lupe für Probleme, die in der Abschlusssituation eines Vertrags allgemein auftreten können. Ein Großteil der Diskussion und Entwicklung des Schutzes vor unzulässiger

131 BAG 7.2.2019, NZA 2019, 688 Rn. 33.
132 BAG 7.2.2019, NZA 2019, 688 Rn. 34.
133 BAG 7.2.2019, NZA 2019, 688 Rn. 34.
134 BAG 7.2.2019, NZA 2019, 688 Rn. 34.
135 BAG 7.2.2019, NZA 2019, 688 Rn. 38.
136 BAG 7.2.2019, NZA 2019, 688 Rn. 35 ff.
137 BAG 7.2.2019, NZA 2019, 688 Rn. 37.
138 BAG 7.2.2019, NZA 2019, 688 Rn. 42.

Einflussnahme durch das Gebot fairen Verhandelns fand deshalb anlässlich des arbeitsrechtlichen Aufhebungsvertrags statt.[139] Als Ausgangspunkt der maßgeblichen Entscheidung des Bundesarbeitsgerichts sollen darum zunächst dessen Kernpunkte beleuchtet werden.

A. Allgemeines zu Aufhebungsverträgen im Arbeitsrecht

Aufhebungsverträge sind als actus contrarius zum Vertragsschluss[140] im Angesicht der Vertragsfreiheit (Art. 2 Abs. 1 GG) und speziell im Arbeitsrecht der Berufsfreiheit (Art. 12 Abs. 1 GG) zulässig.[141] Sie sind jederzeit und mit jedem Inhalt möglich, obwohl die Rechtsfolgen möglicherweise weitergehen als bei einer Kündigung oder einer anderen Beendigung des Verhältnisses, wie beispielsweise durch Befristungsende, welche deutlich detaillierter geregelt sind.[142] Schutz erfahren die Vertragsparteien lediglich durch das allgemeine Vertragsrecht.[143] Der Grund liegt darin, dass in Aufhebungsverträgen jedweder Art das Konsensprinzip verwirklicht wird, was einen für beide Parteien befriedigenden Interessenausgleich vermuten lässt.[144]

Ein Aufhebungsvertrag ist ein Schuldverhältnis nach § 311 Abs. 1 BGB und birgt entsprechende Pflichten nach § 241 BGB.[145] Der Hauptinhalt besteht darin, die Beendigung des Verhältnisses zu regeln.[146] Ein Aufhebungsvertrag hat häufig eine verpflichtende und eine verfügende Komponente.[147] Der verpflichtende

---

139 S. u., Kap. 5 § 8.

140 DDZ/*Däubler* Aufhebungsvertrag Rn. 2; HK-ArbR/*ders.* §§ 611, 611a BGB Rn. 589.

141 St. Rspr. BAG 8.12.1955, RdA 1956, 120 Nr. 38; BAG 14.2.1996, NZA 1996, 811 (811 ff.); *Bengelsdorf* NZA 1994, 193 (194); *Butz* S. 68 ff.; *Ehrich* DB 1992, 2239 (2239); *Gamillscheg* S. 54; *Giesing* S. 19; *Glahe* S. 19; *Heinkel* ZTR 2020, 261 (265); BLDH/*Lingemann* Kap. 23 Rn. 1, 3; *C. Müller* S. 29; *S. Müller* DB 2019, 1792 (1793); ErfK/*Müller-Glöge* § 620 BGB Rn. 5; LKB/*Krause* § 1 Rn. 16; Staudinger/*Oetker* (2019) Vorbem. zu §§ 620 ff. Rn. 55, 58; SPV/*Preis* Rn. 34; APS/*Rolfs* AufhebVtr Rn. 1; *Schacht* S. 33 ff.; *Schmidt-Westphal* S. 36 f.; *Thies* S. 2; BTM/*Trittin* § 611 BGB Rn. 127; *Winter* S. 15 f.

142 *Thies* S. 5.

143 *Adam* EzA § 312 BGB 2002 Nr. 4, S. 18 (19); *Butz* S. 69; *Junker* NZA 1997, 1305 (1310); *Schacht* S. 38; *Thies* S. 6.

144 *Ernst* S. 5; *Franz* S. 5; *Kuby* AiB 12/2018, 40 (40); vgl. außerdem oben, Kap. 2 § 2 C. I.

145 *Giesing* S. 19; KR/*Spilger* AufhebungsV Rn. 3.

146 *Butz* S. 18; *Giesing* S. 19; *Glahe* S. 20; *Kuby* AiB 12/2018, 40 (40).

147 Vgl. ArbG Siegburg 9.2.2010, NZA-RR 2010, 345 (346); *Bauer* NZA 2002, 169 (170); ausführlich *Glahe* S. 32 ff.; *Holler* NJW 2019, 2206 (2206); *Lorenz* JZ 1997, 277 (278);

Aufhebungsvertrag bildet in der Regel den Rechtsgrund für die Verfügung, durch die das Rechtsverhältnis beendet wird.[148]

Aufhebungsverträge im arbeitsrechtlichen Bereich haben eine gesteigerte Bedeutung.[149] Sie stellen knapp unter 10% aller Fälle der Beendigung des Arbeitsverhältnisses dar.[150] Es ist jedoch zusätzlich von einer hohen Dunkelziffer auszugehen, welche einerseits aus der Motivation folgen kann, sozialrechtliche Nachteile für den Arbeitnehmer zu vermeiden oder andererseits schlicht durch unbewusste Falschbezeichnung als einvernehmliche Kündigung.[151]

Die Gründe für eine Beendigung des Arbeitsverhältnisses durch einen Aufhebungsvertrag können vielfältig sein. Arbeitnehmer können beispielsweise wegen eines vorzeitigen, nahtlosen Übergangs auf eine andere Stelle bei einem anderen Arbeitgeber daran interessiert sein,[152] um Schadensersatzansprüche nach §§ 280 Abs. 1, 3, 281 Abs. 1 BGB zu vermeiden[153] oder um einer verhaltensbedingten Kündigung zuvorzukommen[154]. Arbeitgeber hingegen ziehen den

---

ähnlich *Tschöpe/Pirscher* RdA 2004, 358 (363); **aA** *Ernst* S. 53 ff.; Staudinger/*Olzen* (2016) Einl. zu §§ 362 ff. Rn. 49.

148 ArbG Siegburg 9.2.2010, NZA-RR 2010, 345 (346); *Glahe* S. 40 ff.: Es kommen auch reine Aufhebungsverfügungen bei Aufhebungsverträgen ohne weitergehende rechtliche Ausgestaltung in Betracht; *Holler* NJW 2019, 2206 (2206).

149 *Benecke* RdA 2004, 147 (147); DDZ/*Däubler* Aufhebungsvertrag Rn. 1; *Hromadka* FS Zöllner, 785 (785) „Aufhebungsverträge haben weithin die Funktion der Kündigung durch den Arbeitgeber übernommen"; ebenso *ders./Maschmann* § 10 Rn. 6; *Krause* § 20 Rn. 1; *Lembke* NJW 2004, 2941 (2941); *Pauly* MDR 1995, 1081 (108 f.); *Reichold* § 10 Rn. 23; KassHdb/*Welslau* 6.1 Rn. 14.

150 HK-ArbR/*Däubler* §§ 611, 611a BGB Rn. 89; MEL/*Mues* Rn. 701; *Pfarr/Bothfeld/Peuker/Ullmann/Kimmich* S. 8 (Jahr 1999–2000: 10%) abrufbar unter https://www.boeckler.de/pdf/wsi_regam_projektvortrag_forum_13_03_2003.pdf (zuletzt abgerufen 26.7.2021); Statista (Jahr 2013 – 8,7%) abrufbar unter https://de.statista.com/statistik/daten/studie/179935/umfrage/jobverlust-gruende-fuer-die-beendigung-der-beschaeftigung/ (zuletzt abgerufen 26.7.2021).

151 *Ernst* S. 6; *Franz* S. 2; *C. Müller* S. 31.

152 *Adam* EzA § 312 BGB 2002 Nr. 4, S. 18 (18); *Becker* S. 89; *Franz* S. 5, 29; *Hemming* S. 88; BLDH/*Lingemann* Kap. 23 Rn. 1; *Petersen* NWB 2019, 1682 (1683); APS/*Rolfs* AufhebVtr Rn. 3; *Schacht* S. 46; BTM/*Trittin* § 611 BGB Rn. 124; LSSW/*Löwisch* Vor § 1 Rn. 128.

153 *Becker* S. 90; *Bengelsdorf* NZA 1994, 193 (194); *ders.* ZfA 1995, 229 (232); *Butz* S. 2 f.; *Franz* S. 29; APS/*Rolfs* AufhebVtr Rn. 3; *Winter* S. 17.

154 *Adam* EzA § 312 BGB 2002 Nr. 4, S. 18 (18); *Bengelsdorf* ZfA 1995, 229 (232); *Ehrich* DB 1992, 2239 (2239); *Franz* S. 5, 30; *Hemming* S. 88; BLDH/*Lingemann* Kap. 23 Rn. 1; *Winter* S. 18.

Aufhebungsvertrag häufig der Kündigung vor, weil er nicht unter das strenge Regiment des Kündigungsschutzes fällt.[155] Dadurch vermeiden sie die Rechtsunsicherheit einer Kündigung.[156] Der Aufhebungsvertrag stellt grundsätzlich eine flexible, beide Interessenlagen berücksichtigende Lösungsmöglichkeit vom Arbeitsverhältnis dar. Gleichwohl liegt aufseiten des Arbeitnehmers eine Vielzahl von Nachteilen in der Waagschale, von welchen der bedeutendste der Verlust des Arbeitsplatzes ist,[157] gefolgt von einer möglichen Sperrzeit für Arbeitslosengeld nach § 159 Abs. 1 Nr. 1 SGB III.[158] Nennenswerte Nachteile des Arbeitgebers sind hingegen nicht existent.[159]

B. Übereilungsgefahr beim Abschluss eines arbeitsrechtlichen Aufhebungsvertrags

Die geringe Kontrolle des Aufhebungsvertrags ist darin begründet, dass es sich bei ihm um gelebte Privatautonomie handelt.[160] Der Arbeitnehmer kann dem Verlangen des Arbeitgebers theoretisch ein einfaches „Nein" entgegensetzen und die Möglichkeit eines Aufhebungsvertrags scheidet aus.[161] Vor daran anknüpfenden Repressionen durch den Arbeitgeber ist der Arbeitnehmer durch das Kündigungsschutzgesetz geschützt. Die Weigerung des Arbeitnehmers einem Aufhebungsvertrag zuzustimmen, stellt regelmäßig keinen Kündigungsgrund dar.[162]

---

155 *Adam* EzA § 312 BGB 2002 Nr. 4, S. 18 (18); *Bengelsdorf* ZfA 1995, 229 (230); *Burkardt* S. 30; *Butz* S. 1 f.; *Franz* S. 3, 58 ff.; *Glahe* S. 20; BLDH/*Lingemann* Kap. 23 Rn. 1; LSSW/*Löwisch* Vor § 1 Rn. 128; *Petersen* NWB 2019, 1682 (1683); APS/*Rolfs* AufhebVtr Rn. 2; *Schacht* S. 45; BTM/*Trittin* § 611 BGB Rn. 126; *Winter* S. 16.

156 *Becker* S. 90.

157 *Franz* S. 32; APS/*Rolfs* AufhebVtr Rn. 4; *Schacht* S. 47; weitergehende Auflistungen finden sich bei *Becker* S. 185 ff.; *Hemming* S. 87 f.; BTM/*Trittin* § 611 BGB Rn. 125.

158 *Adam* EzA § 312 BGB 2002 Nr. 4, S. 18 (19); *Bengelsdorf* ZfA 1995, 229 (231); Moll/*ders.* § 49 Rn. 436; *Burkardt* S. 31; *Butz* S. 2; *Franz* S. 48 ff.; *Kuby* AiB 12/2018, 40 (40); *C. Müller* S. 30; Staudinger/*Oetker* (2019) Vorbem. zu §§ 620 ff. Rn. 60; *Petersen* NWB 2019, 1682 (1683); *Schacht* S. 47 f.; *Winter* S. 20 f.

159 BTM/*Trittin* § 611 BGB Rn. 126; siehe auch das Fehlen bei *Burkardt* S. 30 f.; eine Auflistung der Nachteile findet sich bei *Franz* S. 61 ff., welcher hauptsächlich auf die Abfindung abstellt, aber dies selbst auf S. 62 Fn. 280 relativiert.

160 S. Kap. 3 § 4 A.

161 S. nur BAG 14.2.1996, NZA 1996, 811 (812); *Kamanabrou* RdA 2020, 201 (202); vertiefend Kap. 4 § 6 IV. 1. b) bb).

162 BAG 5.11.2009, NZA 2010, 277 Rn. 13 f.; KR/*Spilger* AufhebungsV Rn. 3.

I. *Nachträglicher Lösungswunsch durch den Arbeitnehmer*

Dennoch möchte sich der Arbeitnehmer nicht selten im Nachhinein von dem Vertrag lösen.[163] Der Abschluss eines Aufhebungsvertrags wird vom Arbeitnehmer regelmäßig bereut, häufig wegen Zeitdruck bei der Entscheidungsfindung, unzulänglichen Informationen oder einer psychischen Drucksituation.[164] Allerdings handelt es sich beim Aufhebungsvertrag um einen einfachen Vertrag, von dem sich eine Partei im Nachhinein grundsätzlich nicht einseitig lösen kann (pacta sunt servanda).[165] Aus diesem Grund besteht von Teilen der Literatur die Forderung nach einem wirksamen Übereilungsschutz.[166] Dem Interesse des Arbeitgebers das Verhältnis zügig zu beenden, steht das Interesse des Arbeitnehmers auf Information und die Möglichkeit, eigene Überlegungen anzustellen gegenüber.[167]

II. *Mangelnde Information des Arbeitnehmers vor dem Vertragsschluss*

Ein Grund für das nachträglich auftretende Lösungsinteresse des Arbeitnehmers kann sein, dass er sich über die Folgen seiner Handlung insbesondere in sozialrechtlicher Hinsicht nicht im Klaren war.[168] Um dem entgegentreten zu können, sind Aufklärungs- und Hinweispflichten des Arbeitgebers aus §§ 241

---

163 *Bauer* NJW 1994, 980 (980); *Benecke* RdA 2004, 147 (148); *Brors* DB 2002, 2046 (2046); *Butz* S. 104; DDZ/*Däubler* Aufhebungsvertrag Rn. 55; HK-ArbR/*ders.* §§ 611, 611a BGB Rn. 609; *Ehrich* DB 1992, 2239 (2239); *Franz* S. 5; *Hemming* S. 87; *Hromadka* FS Zöllner, 785 (785); *Hümmerich* NZA 2004, 809 (810); *ders.* NJW 2004, 2921 (2929); *ders.* RdA 2005, 315 (315); *Keppeler* AuR 1996, 263 (263); *Krause* § 20 Rn. 2; *Lorenz* JZ 1997, 277 (277); *Richter/Richter* AiB 1988, 140 (141); *Thüsing* RdA 2005, 257 (266); MHdBArbR/*Wank* § 115 Rn. 32.

164 Exemplarisch für die zahllose Rechtsprechung LAG Düsseldorf 26.1.1993, NZA 1993, 702 (702 ff.); *Butz* S. 104; DDZ/*Däubler* Aufhebungsvertrag Rn. 55; HK-ArbR/*ders.* §§ 611, 611a BGB Rn. 609; *Dieterich* RdA 1995, 129 (135) äußert sich dahin gehend, dass der „Akt der Selbstschädigung" häufig nur durch „situationsbedingte Unbedachtheit" oder Unkenntnis der rechtlichen Folgen zu erklären ist; *Hördt* ArbRAktuell 2019, 289 (289); *Hromadka* FS Zöllner, 785 (785); *Krause* § 20 Rn. 2; *Reinecke* FS Küttner, 327 (328); ähnlich *Singer* RdA 2003, 194 (196).

165 S. o., Kap. 2 § 2 D.; vgl. auch *Franz* S. 5.

166 *Franz* S. 64; *Schacht* S. 55 f., 67; s. zu einem Widerrufsrecht de lege ferenda Kap. 7 § 19.

167 *Kamanabrou* RdA 2020, 201 (202).

168 *Franz* S. 6; WEBF/*Ehrich* Teil 1 Rn. 90; *Hoß/Ehrich* DB 1997, 625 (625); *Waltermann* Rn. 291.

Abs. 2, 242 BGB anerkannt.[169] Es gilt jedoch der Grundsatz der Eigeninformation,[170] sodass die Verantwortung des Vertragsschlusses zunächst bei jeder Seite selbst liegt.[171] Deshalb gilt eine vorvertragliche Aufklärungspflicht nur, wenn die Abwägung der beiderseitigen Interessen unter Billigkeitsgesichtspunkten und der Abwägung aller Gesichtspunkte des jeweiligen Einzelfalls darin resultiert,

---

169 BAG 3.7.1990, NZA 1990, 971 (972); BAG 13.11.1996, NJW 1997, 3043 (3045); BAG 11.12.2001, NZA 2002, 1150 (1152 f.); HK-ArbR/*Boemke* §§ 611, 611a BGB Rn. 425; *Junker* Rn. 431; BLDH/*Lingemann* Kap. 23 Rn. 7; ErfK/*Müller-Glöge* § 620 BGB Rn. 12; *Moll/Reufels* MDR 2001, 361 (363); APS/*Rolfs* AufhebVtr Rn. 6 ff.; TRL/*Lembke* § 623 BGB Rn. 67; LKB/*Krause* § 1 Rn. 17; Wedde/*Lakies* § 123 BGB Rn. 17; Schaub/*Linck* § 122 Rn. 9; SPV/*Preis* Rn. 39; Staudinger/*Oetker* (2019) Vorbem. zu §§ 620 ff. Rn. 60; NK-GA/*Schöne* § 611 BGB Rn. 1025; KR/*Spilger* AufhebungsV Rn. 5; KassHdb/*Welslau* 6.1 Rn. 40.

170 BAG 13.11.1984, AP BetrAVG § 1 Zusatzversorgungskassen Nr. 5; BAG 10.3.1988, NZA 1988, 837 (838); BAG 3.7.1990, NZA 1990, 971 (972); BAG 11.12.2001, NZA 2002, 1150 (1152); BAG 22.4.2004, NJOZ 2004, 4096 (4098); PWW/*Ahrens* § 123 Rn. 8; *Becker* S. 425, 435 ff.; *Blomeyer* SAE 2001, 315 (315); HK-ArbR/*Boemke* §§ 611, 611a BGB Rn. 425; *Bork* Rn. 866; *Burkardt* S. 102 ff.; *Busemann/Schäfer* Rn. 69; *Butz* S. 112; *Emmerich* § 7 Rn. 8; MüKoBGB/*ders.* § 311 Rn. 64; *Ernst* S. 123 ff.; *Franz* S. 399; *Germelmann* NZA 1997, 236 (241); BeckOGK/*Herresthal* (1.1.2021) § 311 BGB Rn. 389; BeckOKArbR/*Hesse* § 620 BGB Rn. 84; *Hromadka/Maschmann* § 10 Rn. 12; HWK/*Kliemt* Anh. § 9 KSchG Aufhebungsverträge Rn. 17; LKB/*Krause* § 1 Rn. 17; Wedde/*Lakies* § 123 BGB Rn. 17; TRL/*Lembke* § 623 BGB Rn. 67; BLDH/*Lingemann* Kap. 23 Rn. 7; *Lorenz* JZ 1997, 277 (280); *ders./Riehm* Rn. 382; Schaub/*Linck* § 122 Rn. 9; *Moll/Reufels* MDR 2001, 361 (363); *S. Müller* DB 2019, 1792 (1795); ErfK/*Müller-Glöge* § 620 BGB Rn. 12; Staudinger/*Oetker* (2019) Vorbem. zu §§ 620 ff. Rn. 60; Wedde/*Paki* § 611a BGB Rn. 48; ErfK/*Preis* § 611a BGB Rn. 634; *Rehm* S. 128; APS/*Rolfs* AufhebVtr Rn. 9; *Schacht* S. 153 f.; NK-GA/*Schöne* § 611 BGB Rn. 1013; Tschöpe/*Schulte* 3. Teil C. Rn. 49; KR/*Spilger* AufhebungsV Rn. 5; BeckOKBGB/*Sutschet* § 311 Rn. 76; HWK/*Thüsing* § 123 BGB Rn. 44, § 611a Rn. 402; KassHdb/*Welslau* 6.1 Rn. 40; *ders.* LAGE § 611 BGB Aufhebungsvertrag Nr. 9, S. 13 (14); **aA** ArbG Freiburg 20.6.1991, DB 1991, 2600 (2600); ArbG Hamburg 10.12.1990, BB 1991, 625 (625); ArbG Wetzlar 7.8.1990, DB 1991, 976 (976); ArbG Wetzlar, 29.8.1995, NZA-RR 1996, 84 (84); eine umfassende Aufklärung für den Fall der Initiative durch den Arbeitgeber fordert ein Teil der Literatur: DHZ/*Bachner/Callsen* § 86 Rn. 105; DDW/*Däubler* Einleitung Rn. 151; DDZ/*ders.* Aufhebungsvertrag Rn. 98; HK-ArbR/*ders.* §§ 611, 611a BGB Rn. 627.

171 S. dazu bereits o., Kap. 2 § 2 E.

dass der redliche Arbeitgeber den Arbeitnehmer vor einer Selbstschädigung zu bewahren hat.[172]

III. Überrumpelung des Arbeitnehmers zur Herbeiführung des Vertrags

Abgesehen von dem Informationsgefälle, welches durch die Hinweispflichten eingeschränkt wird, besteht jedoch noch eine weitere Gefahr, welche oftmals ein nachträgliches Lösungsinteresse des Arbeitnehmers begründet: die Gefahr der Überrumpelung des Arbeitnehmers durch den Arbeitgeber mit dem Ansinnen des Vertragsschlusses. Hier helfen die Informationspflichten nicht. Nicht selten drängt der Arbeitgeber auf einen Vertragsschluss, ohne eine Bedenkzeit zu gewähren oder beeinflusst den Arbeitnehmer auf andere Weise.[173]

Teilweise wird von einem „Austricksen", dem systematischen Überraschen und Überrumpeln der Arbeitnehmer[174] und vom Einsatz von „'Zuckerbrot' und ‚Peitsche'"[175] gesprochen, um diese dazu zu bringen, den Aufhebungsvertrag zu unterzeichnen. Personalgespräche werden möglicherweise kurzfristig terminiert und mitgeteilt, ohne die Gelegenheit für den Arbeitnehmer, einen Zeugen oder Berater hinzuzuziehen.[176] In diesen Gesprächen werden dann in manchen Fällen geschulte Mitarbeiter eingesetzt, welche ihre Verhandlungstaktik der Persönlichkeit und den Schwächen des jeweiligen Mitarbeiters anpassen.[177] Zudem werden häufig die Möglichkeit der Kündigung, in manchen Fällen Strafanzeigen und seltenst auch sogenannte „Schwarze Listen" in den Raum gestellt, wodurch auf den Arbeitnehmer ein enormer Druck ausgeübt wird.[178]

---

172 BAG 13.11.1984, AP BetrAVG § 1 Zusatzversorgungskassen Nr. 5; BAG 10.3.1988, NZA 1988, 837 (838); BAG 13.11.1996, NJW 1997, 3043 (3045); BAG 11.12.2001, NZA 2002, 1150 (1152); BAG 12.12.2002, NJOZ 2003, 1602 (1603); BAG 22.4.2004, NJOZ 2004, 4096 (4098); *Becker* S. 425; *Bengelsdorf* AuA 1993, 46 (48); *Heinkel* ZTR 2020, 261 (263); Schaub/*Linck* § 122 Rn. 9; *Lorenz* JZ 1997, 277 (280); Staudinger/*Oetker* (2019) Vorbem. zu §§ 620 ff. Rn. 60 f.; *Petersen* NWB 2019, 1682 (1686); *Schacht* S. 153; HWK/*Thüsing* § 123 BGB Rn. 44, § 611a Rn. 402; vgl. allg. BGH 12.10.1989, NJW-RR 1990, 431 (432); BGH 15.4.1997, NJW 1997, 3230 (3231).

173 *Franz* S. 5, 346; *Richter/Richter* AiB 1988, 140 (145); *Schuster* AiB 2002, 274 (275).

174 *Franz* S. 5; *Hoyer* AiB 1992, 365 (365).

175 *Franz* S. 5; *Schoof* AiB 1993, 288 (291).

176 *Franz* S. 5; *Gamillscheg* S. 221; *Hoyer* AiB 1992, 365 (365); *Hümmerich* NZA 2004, 809 (810, 815).

177 *Franz* S. 5 f., 344; *Hoyer* AiB 1992, 365 (365); ähnlich *Hümmerich* NZA 2004, 809 (811); *Reinecke* FS Küttner, 327 (328 f.); *Thies* S. 172.

178 *Franz* S. 6; *Hoyer* AiB 1992, 365 (365).

Auch kommt es regelmäßig vor, dass der Arbeitnehmer nicht nur einem, sondern mehreren Vertretern der Arbeitgeberseite gegenübersitzt,[179] ohne dass dem Arbeitnehmer selbst gestattet wird, sich Unterstützung zu organisieren.[180] Sodann ist das Unterbreiten von „jetzt oder nie“ Angeboten eine verbreitete Methode, um Druck auszuüben.[181] Teilweise wird der Arbeitnehmer sogar in seiner Privatwohnung mit dem Abschluss eines Aufhebungsvertrags überraschend konfrontiert.[182] Darüber hinaus ist bereits das bloße Herantragen des Wunsches, sich von dem Arbeitnehmer zu lösen, wegen der massiven Bedeutung des Arbeitsverhältnisses in der persönlichen Lebensgestaltung ein den Arbeitnehmer verunsichernder Faktor. Häufig gehen Arbeitnehmer davon aus, dass der Arbeitgeber nur ihr Bestes wolle.[183]

Infolge dieser verschiedenen Umstände fühlt sich der durchschnittliche Arbeitnehmer oftmals mit der Situation überfordert,[184] und verhält sich aufgrund der emotionalen Zwangssituation irrational.[185] Es ist ein psychologisch typisches Verhalten, auf durch Autoritäten[186] ausgeübten Druck mittels Nachgeben zu reagieren.[187] Zudem kann sich der Arbeitnehmer am Arbeitsplatz dem Gespräch nur begrenzt entziehen, würde doch eine Entfernung vom Arbeitsplatz

179 S. zum numerisch-personellen Ungleichgewicht Kap. 5 § 11 D. I. 6.

180 LAG Hamm 23.5.2001, MDR 2001, 1361 (1361); *Franz* S. 344 f.; *Hümmerich* NZA 2004, 809 (810, 815).

181 *Hümmerich* NZA 2004, 809 (811, 815); *Thies* S. 172; ähnlich *Gamillscheg* S. 222.

182 Vgl. BAG 14.2.1996, NZA 1996, 811 (811 ff.); BAG 7.2.2019, NZA 2019, 688 (688).

183 *Franz* S. 347.

184 BAG 5.4.1978, AP BGB § 123 Nr. 20 („aufgeregt und abgespannt“, „starke Spannung und Unruhe“, „schlechte körperliche und seelische Verfassung“, Störung der Konzentrationsfähigkeit); BAG 16.2.1983, NJW 1983, 2958 (2959) („vollkommen verwirrt“); BAG 30.1.1986, NZA 1987, 91 (93) („erheblich verwirrt“), LAG Mecklenburg-Vorpommern 4.12.2018 – 2 Sa 143/18, BeckRS 2018, 46462 Rn. 65 („völlig von der Rolle [...] beschämt [...] und hätte mutmaßlich in diesem Zustand jede ihr vorgelegte Erklärung unterschrieben“); LAG Mecklenburg-Vorpommern 19.5.2020, NZA-RR 2020, 520 Rn. 29 („völlig verzweifelt [...] mit den Nerven am Ende“); *Franz* S. 7, 344–348; *Gamillscheg* S. 221; *Wank* RdA 1992, 225 (234).

185 *Franz* S. 346; vgl. weiter zur Überforderung generell *Brors* DB 2002, 2046 (2047 f.); *Mankowski* S. 222 f.

186 S. exemplarisch BGH 27.10.1967, BGHZ 48, 396 (397 f.), der es als möglich erachtete, dass ein „früherer Prinzipal eine besondere Autorität verkörperte, [wodurch es] nahezu unmöglich war, auf der Einhaltung der gesetzlichen Form zu bestehen“.

187 *Franz* S. 346 f.; *Hümmerich* NZA 2004, 809 (810 f., 815); *ders.* RdA 2005, 315 (316); *Reinecke* FS Küttner, 327 (330 f.); ähnlich *Singer* RdA 2003, 194 (196).

als Arbeitsverweigerung[188] aufgefasst werden können.[189] Es ist für die folgende Untersuchung deshalb das zentrale Problem, ob ein Vertrag mit der Begründung der Überrumpelung beseitigt werden kann. Diese Frage stellt sich im Bezug zum arbeitsrechtlichen Aufhebungsvertrag besonders häufig, sodass dieser den idealen Anknüpfungspunkt für die Erörterung der anerkannten Schutzvorschriften des BGB bietet.

§ 5 Der zivilrechtliche Schutz der Willensfreiheit vor Überrumpelungen

Im folgenden Abschnitt werden die Schutzvorschriften des Zivilrechts, schwerpunktmäßig des BGB, untersucht, welche möglicherweise einen Schutz vor Verträgen bieten können, die ohne die Bindung rechtfertigende Selbstbestimmung geschlossen wurden. Einschränkend kommt es für den Untersuchungsgegenstand des Gebots fairen Verhandelns auf eine Verantwortung der fehlenden Selbstbestimmung durch Einflussnahme von der anderen Seite an. Konkret wird deshalb der Überrumpelungsschutz des allgemeinen Zivilrechts anhand des Falls des Bundesarbeitsgerichts vom 7.2.2019[190] auf seine Grenzen überprüft. Da nur die Abschlusssituation untersucht wird, werden nach Vertragsschluss eintretende Änderungen der Sach- oder Interessenlage nicht behandelt.

A. Entscheidungsfreiheit als Wirksamkeitsvoraussetzung einer Willenserklärung

Eine größtmögliche Realisierung der Selbstbestimmung im Rechtsverkehr würde erreicht werden, wenn die tatsächliche freie Handlung in Form des Durchsetzens des eigenen Willens nach dem Entwickeln und Abwägen von eben diesem zum konstitutiven Tatbestand einer Willenserklärung erhoben würde.[191]

Aus diesem Grund soll nach *M. Wolf* die Entscheidungsfreiheit eine funktionale Voraussetzung der Willenserklärung als Ausübung der Privatautonomie sein.[192] *M. Wolf* erhebt hierfür die Entscheidungsfreiheit zum Tatbestandsmerkmal der Willenserklärung und ist der Ansicht, dass bei einem Fehlen der

---

188 ArbG Berlin 6.9.2000, AuR 2002, 193 (194).

189 *Franz* S. 347; *Giesing* S. 237 f.

190 BAG 7.2.2019, NZA 2019, 688 ff.

191 Vgl. *Wolf* S. 59; aufgreifend aber **ablehnend** *Lorenz* S. 88 „idealtypisch" und S. 213; *Singer* S. 18.

192 *Wolf* S. 123 ff.

Entscheidungsfreiheit bereits die Willenserklärung grundsätzlich unwirksam ist.[193] Hierfür beruft er sich auf die Motive des BGB, wonach die Entscheidungsfreiheit Voraussetzung für die Wirksamkeit einer Willenserklärung sei.[194] Der Schutz der rechtsgeschäftlichen Entschließungsfreiheit sei deshalb bereits bei allgemeinen Zwangslagen und nicht nur bei Zwangslagen durch widerrechtliche Drohung vorzunehmen.[195] Dass die Entscheidungsfreiheit nicht in jedem Fall geschützt wird, sei auf ein Versäumnis bei der Schaffung des BGB zurückzuführen, das seine Ursache in dem liberalen Menschenbild der damaligen Zeit findet.[196] Dieser mangelnde Schutz sei aufgrund der Gefahren für die Entscheidungsfreiheit jedoch nicht mehr zeitgemäß.[197]

Zur dogmatischen Umsetzung trennt *M. Wolf* zwischen dem „Willen" als solchem und der Selbstbestimmung.[198] Rechtsgeschäftliches Handeln sei danach nicht bloß vom Willen, der sich als einfaches „Ja" manifestieren kann, sondern auch von einer dahinterstehenden selbstbestimmten Entscheidung abhängig.[199] Einfache Störungen der Willensbildung durch unliebsame äußere Faktoren sollen jedoch auch nach *M. Wolf* noch nicht genügen, um eine Unwirksamkeit der Willenserklärung zu bewirken.[200] Dies würde eine zu starke Beeinträchtigung des Rechtsverkehrs bedeuten.[201] Deshalb müsse eine Abgrenzung anhand des Maßstabs der alltäglichen Gefahren der Beeinflussung bei der Teilnahme am Rechtsverkehr vorgenommen werden.[202] Es müsse unterschieden werden zwischen solchen Gefahren, welchen sich eine selbstbestimmte Person nach Zumutbarkeitserwägungen widersetzen können muss, und solchen Gefahren, bei denen dies nicht der Fall ist.[203] Es obliege damit grundsätzlich dem Erklärenden, äußere Einflüsse in die Willensbildung ein- oder auszuschließen.[204]

Gleichwohl setzt *M. Wolf* gerade keine zurechenbare Beeinträchtigung der Entscheidungsfreiheit durch die andere Seite voraus. Dogmatisch in sich stimmig

193 *Wolf* S. 123 ff., 278 ff.
194 *Wolf* S. 121, 123 mit Verweis auf Motive I S. 204, 206.
195 *Wolf* S. 121 f., 123 mit Verweis auf Motive I S. 206.
196 *Wolf* S. 122.
197 *Wolf* S. 122.
198 *Wolf* S. 27.
199 *Wolf* S. 27.
200 *Wolf* S. 149.
201 *Wolf* S. 149.
202 *Wolf* S. 81, 130.
203 *Wolf* S. 81, 130
204 *Wolf* S. 130, 133.

genügt es nach seinem Vorschlag bereits, wenn die Entscheidungsfreiheit objektiv nicht gegeben ist.[205] Erfolge jedoch eine Beeinflussung durch die andere Seite, sei solange keine unzulässige Beeinflussung zu befinden, wie berechtigte Interessen der beeinflussenden Seite verfolgt werden würden.[206] Auch könne das Vertrauen der anderen Seite in die Wirksamkeit des Vertrags unter Umständen einer Unwirksamkeit entgegenstehen.[207]

Wäre *M. Wolf* zuzustimmen, dann würde im Fall der Überrumpelung von vorneherein keine bindende Willenserklärung vorliegen. Zwar wäre der Wille momentan auf den Vertragsschluss gerichtet, aber aufgrund der fehlenden Selbstbestimmung würde eine Bindung, vorbehaltlich des Vertrauensschutzes,[208] ausscheiden.[209] Allerdings missversteht *M. Wolf* die Motive zum BGB. Diese sehen als Rechtsfolge bei fehlender Entscheidungsfreiheit die Auflösungsmöglichkeit des Geschäfts, nicht aber schon die Unwirksamkeit der Willenserklärung vor.[210] Dafür spricht insbesondere die bloße Anfechtbarkeit im Fall des § 123 BGB statt der von *M. Wolf* geforderten Unwirksamkeit bei unfreier Entscheidung.[211]

Gegen eine umfassende Einzelfallprüfung einer jeden Willenserklärung spricht schließlich auch die Rechtssicherheit.[212] Eine „schwebende Unwirksamkeit" ist grundsätzlich nicht in ihrem Interesse.[213] Wird bereits an die Willenserklärung die Anforderung der Selbstbestimmung geknüpft, muss eine Prüfung in jedem Fall, unabhängig von der Ausübung etwaiger Gestaltungsrechte oder sonstiger Rechte, erfolgen. Es ist für die Rechtsordnung aber nicht untypisch statt problematisch zustande gekommenen Verträgen von Anfang an die Gültigkeit zu versagen, ein einseitiges Lösungsmittel zu gewähren (vgl. §§ 119

---

205 *Wolf* S. 146, 271.

206 *Wolf* S. 114, 173.

207 *Wolf* S. 266 ff.

208 *Wolf* S. 266 ff.

209 Vgl. *Lorenz* S. 213.

210 *Heinrich* S. 194; *Lorenz* S. 227; *Sack* S. 20; *ders.* WRP 1974, 445 (452); *Schindler* S. 177 f.; ähnlich *Wendland* S. 208; **aA** *Weiler* S. 619, der dies jedoch nicht im Widerspruch zu einer Lösung über die Anfechtung stehen sieht.

211 MüKoBGB/*Armbrüster* § 123 Rn. 138; *Fastrich* S. 40; *Habersack* AcP 189 (1989), 403 (423); *Heinrich* S. 194; *Lorenz* S. 231; *Sack* S. 20; *ders.* WRP 1974, 445 (452); *Schindler* S. 177; *Wendland* S. 208.

212 *Fastrich* S. 40; *Fikentscher* FS Hefermehl, 41 (49); *Heinrich* S. 193 f.; *Hönn* S. 295 f.; *Lieb* AcP 178 (1978), 196 (221); *Lorenz* S. 232; *Sack* S. 21; *ders.* WRP 1974, 445 (452 f.); *Singer* S. 19; *ders.* JZ 1995, 1133 (1140); *Wendland* S. 206 f.; *Wiedenmann* S. 73 f.

213 *Weiler* S. 559 f.; *Wendland* S. 207.

ff. BGB).[214] Dadurch wird auch der Fall berücksichtigt, dass der Vertrag doch aufrechterhalten werden soll.[215]

Darüber hinaus wird eingewandt, dass das geltende Recht die Willensfreiheit nur vor speziellen Beeinträchtigungen, aber nicht generell vor jeder Art von Beeinflussung schütze.[216] Die Freiheit der Willensbildung vor Fremdeinflüssen ist bereits über §§ 123, 138 BGB, die Widerrufsrechte und die culpa in contrahendo geschützt.[217] Weil *M. Wolf* keine zurechenbare Beeinträchtigung durch die andere Seite voraussetzt, müsste zuletzt auch ein redlicher Vertragspartner das Risiko der Unwirksamkeit tragen. Dieses ist ihm jedoch wegen mangelnden eigenen Einflusses hierauf jenseits gesetzlich geregelter Fälle nicht zuzumuten.[218] Infolgedessen wird der Vorschlag von *M. Wolf* in der Literatur zurecht geschlossen abgelehnt.[219] Die Entscheidungsfreiheit im Einzelfall gehört demnach nicht zu den Wirksamkeitserfordernissen einer Willenserklärung.[220]

Außerdem befasst sich *M. Wolf* hauptsächlich mit der Kopplung von Vertragsschluss und den diesen begleitenden Bedingungen, insbesondere AGB, statt mit allgemeinen Beeinflussungen der Willensbildung.[221] Er zielt damit primär auf die Gestaltungsfreiheit und nicht auf die Abschlussfreiheit der Akteure ab.[222] Aus diesem Grund wäre seine Theorie für das Gebot fairen Verhandelns ohnehin nur begrenzt zu nutzen. Die Idee von *M. Wolf* berührt allerdings das schon damals wichtige Problem der unzulässigen Einflussnahme jenseits der klassischen Schutzmechanismen des BGB. Die Lösung, die Entscheidungsfreiheit zum Tatbestandsmerkmal zu erheben, ist jedoch abzulehnen. Stattdessen sollte die Lösung bei unzulässiger Einflussnahme im vorvertraglichen Stadium in der Hand des Beeinträchtigten liegen.[223]

---

214 Vgl. *Lorenz* S. 245.

215 *Lorenz* S. 245; *Sack* S. 21; *ders.* WRP 1974, 445 (452).

216 *Lorenz* S. 232; ähnlich *Singer* S. 20.

217 *Lorenz* S. 232.

218 *Wendland* S. 207.

219 MüKoBGB/*Armbrüster* § 123 Rn. 138; *Fastrich* S. 40; *Fikentscher* FS Hefermehl, 41 (49 f.); *Habersack* AcP 189 (1989), 403 (423); *Hönn* S. 259; *Lieb* AcP 178 (1978), 196 (221); *Lorenz* S. 231; *Sack* S. 19 ff.; *ders.* WRP 1974, 445 (452); *Schindler* S. 177 ff.; *Singer* S. 19 ff.; *ders.* JZ 1995, 1133 (1140); *Wiedenmann* S. 73 f.

220 *Lorenz* S. 227; *Singer* S. 19 f.

221 *Weiler* S. 17, 558 mit Verweis auf *Wolf* S. 126 ff.

222 *Weiler* S. 557 mit Verweis auf *Wolf* S. 118.

223 Ähnlich *Lorenz* FS Canaris, 777 (787).

B. Geschäftsunfähigkeit nach den §§ 104 ff. BGB

Das BGB stellt mit den §§ 104 ff. BGB einen grundlegenden Schutz für diejenigen auf, die situativ oder dauerhaft nicht in der Lage sind rechtswirksam zu handeln. Geschäftsfähigkeit bedeutet, mit eigener Handlung wirksam Rechtsgeschäfte abschließen zu können.[224] Nach § 104 Nr. 2 BGB fehlt sie demjenigen, der sich in einem die freie Willensbestimmung ausschließenden Zustand krankhafter Störung der Geistestätigkeit befindet, sofern nicht der Zustand seiner Natur nach ein vorübergehender ist. Gemäß § 105 Abs. 1 BGB sind die von einem Geschäftsunfähigen abgegebenen Willenserklärungen nichtig. Nichtig sind aber auch solche Willenserklärungen, die in einem Zustand vorübergehender Störung der Geistestätigkeit abgegeben wurden, § 105 Abs. 2 BGB.

Eine gängige Behauptung von Arbeitnehmern nach dem Abschluss von Aufhebungsverträgen ist, dass sie sich beim Vertragsschluss in einem Zustand der Verwirrung befunden haben.[225] Damit § 105 Abs. 2 BGB greift, darf die Fähigkeit, sich einen eigenen Willen zu bilden und danach zu handeln, jedoch nicht nur gemindert sein, sondern muss komplett ausscheiden.[226]

---

224 HK-BGB/*Dörner* Vorbemerkung zu §§ 104–113 Rn. 2; *Ernst* S. 103; Staudinger/*Klumpp* (2017) Vorbem. zu §§ 104 ff. Rn. 5; *Lorenz* S. 89.

225 BAG 5.4.1978, AP BGB § 123 Nr. 20 („aufgeregt und abgespannt“, „starke Spannung und Unruhe“, „schlechte körperliche und seelische Verfassung“, Störung der Konzentrationsfähigkeit); BAG 16.2.1983, NJW 1983, 2958 (2959) („vollkommen verwirrt“); BAG 30.1.1986, NZA 1987, 91 (93) („erheblich verwirrt“); LAG Mecklenburg-Vorpommern 6.7.1995, NZA 1996, 535 (536) („überrascht und aufgeregt“); LAG Mecklenburg-Vorpommern 4.12.2018 – 2 Sa 143/18, BeckRS 2018, 46462 Rn. 65 („völlig von der Rolle […] beschämt […] und hätte mutmaßlich in diesem Zustand jede ihr vorgelegte Erklärung unterschrieben“); LAG Mecklenburg-Vorpommern 19.5.2020, NZA-RR 2020, 520 Rn. 29 („völlig verzweifelt […] mit den Nerven am Ende“); LAG Rheinland-Pfalz 14.1.2004, MDR 2004, 580 (580) („Vorliegen einer Erschöpfungsdepression, nervöser Erschöpfungszustände und einer fiebrigen Colitis“); LAG Rheinland-Pfalz 3.8.2020 – 3 Sa 90/19, BeckRS 2020, 38974 Rn. 98 („ganz aufgelöst und hat keinen richtigen Satz mehr zusammengebracht“); *Ernst* S. 103; *Franz* S. 7, 133; NK-GA/*Mestwerdt* §§ 104–113 BGB Rn. 8; *Schmidt-Westphal* S. 62; ähnlich zum Schuldanerkenntnis BAG 21.4.2016, NZA 2016, 1409 Rn. 35 „völlig überfordert, […] vor Angst gezittert, einen Schweißausbruch gehabt und ihm sei übel gewesen“.

226 BGH 14.7.1953, NJW 1953 1342 (1342); BGH 5.6.1982, WM 1972, 972 (972); BAG 14.2.1996, NZA 1996, 811 (812); *Bauer* FS Däubler, 143 (154); Moll/*Bengelsdorf* § 49 Rn. 335; DDZ/*Däubler* Aufhebungsvertrag Rn. 68; HK-BGB/*Dörner* § 105 Rn. 4; WEBF/*Ehrich* Teil 3 Rn. 2; *Ernst* S. 103; *Franz* S. 133; Soergel/*Hefermehl* § 105 Rn. 7; HWK/*Kliemt* Anh. § 9 KSchG Aufhebungsverträge Rn. 11; Staudinger/*Klumpp* (2017)

Das bedeutet, dass „das Erkennen von Inhalt und Wesen der Handlung ganz oder in bestimmter Richtung“[227] ausgeschlossen sein muss. Einflüsse Dritter müssen von einem solchen Gewicht sein, dass eine Bestimmung des eigenen Willens durch von Vernunft getragene Überlegungen ausgeschlossen ist.[228] Starker Stress oder Verwirrung und große Überzeugungskraft des Anderen beziehungsweise eigene Willensschwäche genügen für sich genommen nicht,[229] vielmehr muss die daraufhin getroffene Entscheidung krankhaft oder persönlichkeitsfremd und damit nicht mehr nachvollziehbar und verständlich erscheinen.[230] Auch ein „Schock“ wegen des unerwarteten Verlaufes des Personalgesprächs zu einem Aufhebungsvertrag genügt nicht.[231]

Zwar kann ein Personalgespräch den Arbeitnehmer durchaus unter Druck setzen, doch ist dies nicht mit anderen von §§ 104 f. BGB geregelten Fällen der Willensstörung wie der Bewusstlosigkeit vergleichbar.[232] Regelmäßig wird deshalb ein auf Abschluss eines Aufhebungsvertrags gerichtetes Gespräch nicht ausreichen, um – am Maßstab des § 105 Abs. 2 BGB gemessen – der Erklärung die Wirksamkeit zu versagen.[233] Solange der Arbeitnehmer sich seiner Handlung und ihrer Bedeutung bewusst ist, scheidet eine vorübergehende Geschäftsunfähigkeit aus.[234] Es ist aber durchaus vorstellbar, dass in enormen Drucksituationen

---

§ 105 Rn. 27; NK-GA/*Mestwerdt* §§ 104–113 BGB Rn. 8; Erman/*Müller* § 105 Rn. 6; APS/*Rolfs* AufhebVtr Rn. 69; *Schacht* S. 101 f.; BTM/*Trittin* § 611 BGB Rn. 123; PWW/*Völzmann-Stickelbrock* § 105 Rn. 4.

227 LAG Mecklenburg-Vorpommern 6.7.1995, NZA 1996, 535 (536); ebenso Palandt/*Ellenberger* § 105 BGB Rn. 2; **aA** HWK/*Kliemt* Anh. § 9 KSchG Aufhebungsverträge Rn. 11.

228 BAG 14.2.1996, NZA 1996, 811 (812); WEBF/*Ehrich* Teil 3 Rn. 2; *Franz* S. 133; HWK/*Kliemt* Anh. § 9 KSchG Aufhebungsverträge Rn. 11; NK GA/*Mestwerdt* §§ 104–113 BGB Rn. 8; APS/*Rolfs* AufhebVtr Rn. 69; *Schmidt Westphal* S. 62; *Weber/Ehrich* NZA 1997, 414 (419).

229 BAG 14.2.1996, NZA 1996, 811 (812); *Bauer* FS Däubler, 143 (154); Moll/*Bengelsdorf* § 49 Rn. 335; WEBF/*Ehrich* Teil 3 Rn. 2; HWK/*Kliemt* Anh. § 9 KSchG Aufhebungsverträge Rn. 11; NK-GA/*Mestwerdt* §§ 104–113 BGB Rn. 8; *Schmidt-Westphal* S. 62; *Schacht* S. 101; *Weber/Ehrich* NZA 1997, 414 (419).

230 LAG Köln 13.11.1998, NZA-RR 1999, 232 (233); *Busemann/Schäfer* Rn. 68; NK-GA/*Mestwerdt* §§ 104–113 BGB Rn. 8.

231 Zum Abwicklungsvertrag: LAG Rheinland-Pfalz BeckRS 2015, 72559 Rn. 19; APS/*Rolfs* AufhebVtr Rn. 70.

232 *Franz* S. 133.

233 *Franz* S. 133; *Schacht* S. 101; *Schmidt-Westphal* S. 63.

234 Ausführlich LAG Mecklenburg-Vorpommern 6.7.1995, NZA 1996, 535 (536).

bei psychischer Schwäche des Arbeitnehmers, beispielsweise einer Störung im Umgang mit Autoritäten, einem Aufhebungsvertrag wegen § 105 Abs. 2 BGB die Wirkung zu versagen ist.[235] Behauptet eine Vertragspartei sich beim Abschluss des Vertrags in einem die freie Willensbildung ausschließenden Zustand befunden zu haben, so ist sie dafür darlegungs- und beweispflichtig.[236] Dies ist praktisch mit erheblichen Problemen verbunden.[237]

Zudem hat die Geschäftsunfähigkeit konzeptionell ihren Ursprung in der beeinträchtigten Person selbst.[238] Es ist kein externes Hinwirken auf die Entscheidung erforderlich. Das Gebot fairen Verhandelns hingegen soll die schuldhafte Beeinträchtigung der Willensbildung durch die andere Seite verhindern, sodass die Schutzrichtung des § 105 BGB damit nicht übereinstimmt.[239] Ein Überrumpelungsschutz, der an ein Verschulden der Gegenseite im Einzelfall anknüpft, kann über die starren Regeln zur Geschäftsunfähigkeit deshalb nicht begründet werden.

C. Fehlendes Erklärungsbewusstsein

Auch könnte erwogen werden, dass im Fall einer Überrumpelung der Überrumpelte innerlich derart gegen die Erklärung ist, dass ihm das entsprechende rechtsgeschäftliche Erklärungsbewusstsein fehlt.[240] Das Erklärungsbewusstsein ist der Wille rechtsgeschäftlich zu handeln.[241] Es fehlt, wenn zwar ein Handlungswille vorliegt, dem Erklärenden aber nicht bewusst ist, dass sein Handeln

235 *Franz* S. 133.

236 BGH 5.6.1982, WM 1972, 972 (972); BAG 14.2.1996, NZA 1996, 811 (812); LAG Mecklenburg-Vorpommern 6.7.1995, NZA 1996, 535 (536); *Bauer* FS Däubler, 143 (155); Moll/*Bengelsdorf* § 49 Rn. 336; HK-BGB/*Dörner* § 105 Rn. 5; *Franz* S. 133; HWK/*Kliemt* Anh. § 9 KSchG Aufhebungsverträge Rn. 11; Erman/*Müller* § 104 Rn. 8; Staudinger/*Klumpp* (2017) § 105 Rn. 31; *Schacht* S. 101; BTM/*Trittin* § 611 BGB Rn. 123; BeckOKBGB/*Wendtland* § 105 Rn. 16.

237 *Ernst* S. 103; *Franz* S. 133; *Schacht* S. 101; *Schmidt-Westphal* S. 63; *Richter/Richter* AiB 1988, 140 (142), s. auch LAG Mecklenburg-Vorpommern 6.7.1995, NZA 1996, 535 (536).

238 Vgl. *Schacht* S. 149; *Weiler* S. 229; *Wolf* S. 115.

239 Ohne Bezug zum Gebot fairen Verhandelns, sondern allgemein zur Schutzrichtung der Geschäftsunfähigkeit *Weiler* S. 229.

240 So die Erwägung für die Drohung *Manigk* S. 218 f.; vgl. dazu allg. Staudinger/*Singer* (2017) Vorbem. zu § 116 ff. Rn. 33 ff.

241 *Köhler* § 6 Rn. 3; BeckOKBGB/*Wendtland* § 133 Rn. 6.

aus objektiver Sicht mit Rechtsbindungswillen erfolgt.[242] Diese Konstellation wurde vom Gesetzgeber nicht geregelt.[243]

Die der Lösung des Problems des fehlenden Erklärungsbewusstseins zugrunde liegende Frage ist, wen das Risiko dieses Fehlens trifft. Grundsätzlich richtet sich dies nach der herrschenden Meinung danach, ob der Handelnde bei gehöriger Sorgfalt hätte erkennen können, dass er aus objektiver Sicht rechtsgeschäftlich handelt und, ob der Empfänger der Erklärung dies auch so verstanden hat. Ist dies der Fall, so wird nach der herrschenden Meinung die Erklärung trotz fehlenden Erklärungsbewusstseins wirksam („Erklärungstheorie").[244] Die Erklärung kann aufgrund der dann gleichen Interessenlage zur Situation der „anders" gewollten statt der „nicht" gewollten rechtsgeschäftlichen Handlung allerdings durch eine Anfechtung analog § 119 Abs. 1 Alt. 2 BGB (mit Anwendung der Rechtsfolge des § 122 BGB analog) beseitigt werden.[245] Für die herrschende Meinung spricht die Tatsache, dass sie zum einen der Pflicht jedes Einzelnen zur Selbstverantwortung im Rechtsverkehr und dem Grundsatz des Vertrauensschutzes gerecht wird und zum anderen durch die Anfechtungsmöglichkeit gleichzeitig auch die Selbstbestimmung berücksichtigt.[246] Zudem schafft sie eine Ausnahme, wenn die andere Seite nicht schutzwürdig ist.

Wird eine Willenserklärung unter Druck abgegeben, ist einer Einordnung als Fall des fehlenden Erklärungsbewusstseins jedoch von vornherein entgegenzuhalten, dass der Überrumpelte auch unter Druckausübung weiß, dass er eine mit Rechtsfolgen bewährte Erklärung abgibt.[247] Es liegt deshalb bereits kein Fall des

242 Instruktiv MüKoBGB/*Armbrüster* § 119 Rn. 99 ff.; *Köhler* § 7 Rn. 5.

243 MüKoBGB/*Armbrüster* Vor § 116 Rn. 27; *Köhler* § 7 Rn. 5.

244 BGH 7.6.1984, BGHZ 91, 324 (329 f.); BGH 2.11.1989, BGHZ 109, 171 (177); BGH 29.11.1994, NJW 1995, 953 (953); BGH 13.7.2005, NJW 2005, 2620 (2621); BGH 16.12.2009, BGHZ 184, 35 Rn. 19; MüKoBGB/*Armbrüster* § 119 Rn. 107; *Köhler* § 7 Rn. 5; BeckOKBGB/*Wendtland* § 133 Rn. 6; vgl. auch zur betrieblichen Übung BAG 4.9.1985, NJW 1987, 2101 (2102); BAG 4.5.1999, NJW 2000, 308 (309); **aA** „Willenstheorie": für das Erklärungsbewusstsein als zwingender Teil der Willenserklärung nach § 118 BGB analog exemplarisch *Canaris* NJW 1984, 2281 (2281 f.); **allg.** zu den verschiedenen Ansichten MüKoBGB/*Armbrüster* Vor § 116 Rn. 27 Fn. 105, § 119 Rn. 100.

245 BGH 7.6.1984, BGHZ 91, 324 (329 f.); MüKoBGB/*Armbrüster* § 119 Rn. 107; *Köhler* § 7 Rn. 5; BeckOKBGB/*Wendtland* § 133 Rn. 6; ähnlich BGH 7.6.1984, BGHZ 91, 324 (330).

246 S. zu diesen wichtigen Pfeilern der Privatautonomie bereits Kap. 2 § 2 D., E.; vgl. auch *Köhler* § 7 Rn. 5.

247 Für die Drohung *Singer* S. 212; ähnlich *Neuner* § 41 Rn. 4.

fehlenden Erklärungsbewusstseins vor, sodass über das fehlende Erklärungsbewusstsein keine Abhilfe bei Überrumpelungen geschaffen wird.

D. Totaldissens

Bei einem gesetzlich nicht geregelten „Totaldissens“ sind die auf den Vertragsschluss gerichteten Erklärungen nicht in Einklang zu bringen.[248] Dass dann kein Vertragsschluss vorliegt, folgt schon aus dem grundsätzlichen Verständnis des Vertrags. Der Inhalt der Willenserklärung bestimmt sich allerdings nicht nach dem möglicherweise innerlich abweichenden, wirklichen Willen, sondern normativ.[249] Darum kann auch der Totaldissens keinen Schutz vor unfairen Verhandlungsmethoden bieten.

E. Nichtigkeit wegen geheimen Vorbehalts gem. § 116 S. 2 BGB

§ 116 S. 2 BGB ordnet die Nichtigkeit einer Willenserklärung an, wenn der Vertragspartner den geheimen Vorbehalt des Erklärenden kannte. Wäre bei einer Verletzung des Gebots fairen Verhandelns eine Mentalreservation des Erklärenden und eine entsprechende Kenntnis des Empfängers gegeben, würde der Fall der unzulässigen Einflussnahme bereits durch § 116 S. 2 BGB geregelt werden. Damit § 116 S. 2 BGB greift, muss der Erklärungsempfänger aber den geheimen Vorbehalt positiv gekannt haben.[250] Dies ist trotz vorsätzlicher Beeinträchtigung des Willens nicht eindeutig.[251] Zudem besteht ohnehin schon keine Mentalreservation im Sinne des § 116 S. 1 BGB, da der in seiner Entscheidungsfreiheit Beeinträchtigte sich dem Druck gerade durch Nachgeben in Form einer vorbehaltlosen Erklärung entziehen will.[252] Der Beeinflusste kann sich deshalb durchaus gebunden fühlen und die Erklärung in dem Moment ernsthaft abgeben wollen, obwohl eine gravierende Störung der Entschließungsfreiheit vorliegt.[253]

Außerdem geht der Grundfall des § 116 BGB davon aus, dass der Erklärende der „unrecht“ Handelnde ist. § 116 S. 1 BGB knüpft an die rechtsethische Missbilligung an, das gegebene Wort zu brechen.[254] So verhält es sich aber nicht bei

248 MüKoBGB/*Busche* § 155 Rn. 2; *Lorenz* S. 236.

249 Vgl. Staudinger/*Bork* (2020) § 155 Rn. 4; MüKoBGB/*Busche* § 155 Rn. 1; *Lorenz* S. 237.

250 BeckOGK/*Rehberg* (1.9.2021) § 116 BGB Rn. 227; Jauernig/*Mansel* § 116 Rn. 4; BeckOKBGB/*Wendtland* § 116 Rn. 6; vgl. auch *Singer* S. 213.

251 Allgemein *Fabricius* JuS 1966, 1 (7); Soergel/*Hefermehl* § 116 Rn. 11; *Singer* S. 213.

252 Vgl. MüKoBGB/*Armbrüster* § 116 Rn. 14 zum Fall der Drohung.

253 Vgl. *Singer* S. 213; im Ansatz *Fabricus* JuS 1966, 1 (7).

254 *Singer* S. 213.

Verletzungen des Gebots fairen Verhandelns. Dort erfolgt die zu missbilligende Handlung durch den Erklärungsempfänger.[255] Dass auch der Gesetzgeber den § 116 S. 2 BGB nicht als geeignet ansieht vor unzulässiger Einflussnahme zu schützen, zeigt die Normierung des § 123 Abs. 1 BGB. Dieser gewährt ein nachträgliches Lösungsrecht für den Fall einer auf bestimmte Weise erfolgenden unzulässigen Einflussnahme. Er ist neben § 116 BGB anwendbar.[256] Auch das Gebot fairen Verhandelns soll eine nachträgliche Lösungsmöglichkeit gewähren, die in der Hand des Beeinflussten liegt. § 116 S. 2 BGB stellt infolgedessen keine Alternative zum Gebot fairen Verhandelns dar.

F. Schutz durch die Schriftform

Arbeitsrechtliche Aufhebungsverträge bedürfen nach § 623 BGB der Schriftform. Ein Verstoß führt zur Nichtigkeit des Vertrags, § 125 S. 1 BGB.[257] Die Schriftform des § 623 BGB dient in erster Linie der Beweisfunktion.[258] Dass der Übereilungsschutz nur eine Nebenfunktion des § 623 BGB ist, sieht mittlerweile auch das Bundesarbeitsgericht so.[259] Nichtsdestotrotz schafft auch das Schriftformerfordernis des § 623 BGB einen gewissen Übereilungsschutz in Form einer psychologischen Hemmschwelle durch reale Manifestation des Willens auf Papier.[260] Diese Übereilungsschutzfunktion wurde auch vom Gesetzgeber anerkannt, indem er die elektronische Form bei Kündigungen und

255 Vgl. zu diesem Gedanken zur Drohung Staudinger/*Singer* (2017) § 116 Rn. 15.

256 PWW/*Ahrens* § 116 Rn. 6; MüKoBGB/*Armbrüster* § 116 Rn. 14; Erman/*Arnold* § 116 Rn. 3; HK-BGB/*Dörner* § 116 Rn. 4; Palandt/*Ellenberger* § 116 Rn. 6; *Flume* § 27/1; Soergel/*Hefermehl* § 116 Rn. 11; Jauernig/*Mansel* § 116 Rn. 4; BeckOKBGB/*Wendtland* § 123 Rn. 4; **weitergehend** für einen grundsätzlichen Vorrang des § 123 BGB *Fabricius* JuS 1966, 1 (7); *Singer* S. 213; Staudinger/*ders.* (2017) § 116 Rn. 15;

257 MüKoBGB/*Einsele* § 125 Rn. 42; Jauernig/*Mansel* § 125 Rn. 10; BeckOKBGB/*Wendtland* § 125 Rn. 15.

258 Begr. BR-Entwurf BT-Drucks. 14/626 S. 11; BAG 16.9.2004, NZA 2005, 162 (162 f.); *Giesing* S. 209; *Kamanabrou* RdA 2020, 201 (206); ErfK/*Müller-Glöge* § 623 BGB Rn. 1; Staudinger/*Oetker* (2019) § 623 Rn. 6 „vor allem" m. w. N.

259 BAG 28.11.2007, NZA 2008, 348 Rn. 23; ähnlich Palandt/*Weidenkaff* § 623 BGB Rn. 1 nennt dies nicht als Zweck.

260 Ähnlich BAG 16.9.2004, NZA 2005, 162 (162); BAG 19.4.2007, NZA 2007, 1227 (1229); *Becker* S. 155; BeckOKArbR/*Gotthardt* § 623 BGB Rn. 53; APS/*Greiner* § 623 BGB Rn. 2; MüKoBGB/*Henssler* § 623 Rn. 2; *Junker* Rn. 426; *Kamanabrou* RdA 2020, 201 (206); *Krause* § 20 Rn. 2; BLDH/*Lingemann* Kap. 23 Rn. 5; ErfK/*Müller-Glöge* § 623 BGB Rn. 1; Staudinger/*Oetker* (2019) § 623 Rn. 7.

Aufhebungsverträgen im Arbeitsrecht nicht zuließ.[261] In der Formvorschrift ist auch wegen seines Ausnahmecharakters im Privatrecht eine besondere Schutzvorkehrung zu sehen.[262]

Soweit allerdings eine besondere Wirksamkeit mit dem Argument behauptet wird, dass nicht nur ein einfaches „Nein" den Vertrag verhindern würde, sondern ein „Ja" zudem einer bestimmten Form bedürfe,[263] ist dem entgegenzutreten. Dass der Übereilungsschutz durch einfache Formvorschriften nicht zu hoch bewertet werden darf, zeigt sich bereits daran, dass der Gesetzgeber bei Geschäften außerhalb von geschlossenen Geschäftsräumen ein Widerrufsrecht anstelle eines Schriftformerfordernisses geschaffen hat.[264] In Überrumpelungssituationen ist ein einfaches Schriftformerfordernis wegen der Eigendynamik der Situation nicht genug, um eine überlegte Entscheidung zu sichern.[265] Wenn ein vorformulierter Aufhebungsvertrag unter Druck vorgelegt wird, vermag die benötigte Unterschrift deshalb keinen ernsthaften Beitrag zur Willensfreiheit zu leisten.[266] Überrumpelungssituationen kann die Schriftform nach § 623 BGB deshalb nichts von Relevanz entgegensetzen.[267]

G. Widerrufsrecht bei außerhalb von Geschäftsräumen geschlossenen Verträgen gem. §§ 355 Abs. 1, 312g Abs. 1, 312b, 312 BGB

Möglicherweise vermag das Widerrufsrecht bei außerhalb von Geschäftsräumen geschlossenen Verträgen gemäß §§ 355 Abs. 1, 312g Abs. 1, 312b, 312 BGB einen wirksamen, allgemeinen Überrumpelungsschutz zu begründen.

---

261 Begr. RegE BT-Drucks. 14/4987 S. 22 „Das Schriftformerfordernis soll im Hinblick darauf, dass für den größten Teil aller Arbeitnehmerinnen und Arbeitnehmer der Arbeitsplatz die einzige Einnahmequelle bedeutet und damit die Existenzgrundlage für sich und ihre Familien ist, die Rechtssicherheit erhöhen und insbesondere vor einer übereilten Aufgabe des Arbeitsplatzes schützen."; zust. *Kamanabrou* RdA 2020, 201 (206).

262 *Kamanabrou* RdA 2020, 201 (206).

263 *Kamanabrou* RdA 2020, 201 (206).

264 *Becker* S. 155.

265 *Becker* S. 155 mit Verweis auf *Honsell* JZ 1989, 495 (496) zu Bürgschaftsversprechen.

266 Vgl. *Giesing* S. 209 f.; KR/*Spilger* AufhebungsV Rn. 29; *Weiler* S. 636 f.

267 *Giesing* S. 209 f.; *Glahe* S. 110 f.; KR/*Spilger* AufhebungsV Rn. 29; *Weiler* S. 636; **aA** ErfK/*Müller-Glöge* § 623 BGB Rn. 1; *Rieble/Klumpp* ZIP 2002, 2153 (2160); *Tschöpe/Pirscher* RdA 2004, 358 (366).

I. Entstehungshintergrund

Ein Widerrufsrecht ist grundsätzlich ein wirksames Mittel zum Schutz vor unerwünschten Verträgen. Das bei außerhalb von Geschäftsräumen geschlossenen Verträgen geschaffene Widerrufsrecht des BGB wurde ursprünglich wegen der steigenden Beliebtheit des Direktvertriebs als Verkaufsform geschaffen.[268] Ausschlaggebend für die Schaffung des Widerrufsrechts war, dass das Verkaufspersonal im Direktvertrieb in der Regel besonders psychologisch geschult ist, keine Überlegungszeit eingeräumt wird und deshalb Geschäfte abgeschlossen werden, die für den Überrumpelten sinnlos sind.[269] Dieses Geschäftsmodell gilt darum als besonders anfällig für unseriöse Praktiken, welche durch die Anwendung der damals sonst bestehenden Rechtsinstitute (insbesondere §§ 119, 123, 134, 138 BGB) nicht befriedigend unterbunden werden konnten.[270] Die notwendige rechtsgeschäftliche Entscheidungsfreiheit könne deshalb, so die Begründung, in Fällen der Überrumpelung[271] nicht durch die bestehenden Instrumente des BGB, sondern nur durch die Schaffung einer gesetzlichen Überlegungsfrist im Wege eines Widerrufsrechts sichergestellt werden.[272]

II. Widerrufsrecht bei arbeitsrechtlichen Aufhebungsverträgen

Das Zivilrecht bietet in bestimmten Konstellationen die Möglichkeit, sich einseitig vom geschlossenen Vertrag durch Widerruf zu lösen. Wäre dies in der Fallgruppe des arbeitsrechtlichen Aufhebungsvertrags regelmäßig möglich, so wäre jedenfalls für diese sehr praxisrelevante Konstellation die Schutzlücke beseitigt und ein wirksamer Überrumpelungsschutz etabliert. Deshalb wird ein Widerrufsrecht für arbeitsrechtliche Aufhebungsverträge kontrovers diskutiert. Ein

---

268 Begr. BR-Entwurf BT-Drucks. 10/2876 S. 6 ff.; *Lorenz* S. 123.

269 Begr. BR-Entwurf BT-Drucks. 10/2876 S. 6; ähnlich bereits Begr. BR-Entwurf BT-Drucks. 7/4078 S. 1, 7.

270 Begr. BR-Entwurf BT-Drucks. 10/2876 S. 7; bereits Begr. BR-Entwurf BT-Drucks. 7/4078 S. 6 f.; *Lorenz* S. 123; vgl. weiter zur Anwendung der Sittenwidrigkeit bei Haustürgeschäften vor Schaffung des Widerrufsrechts BGH 10.3.1982, NJW 1982, 1455 (1457); BGH 27.1.1988, ZIP 1988, 582 (582 ff.); OLG Frankfurt 1.7.1987, NJW-RR 1988, 501 (501).

271 Begr. BR-Entwurf BT-Drucks. 10/2876 S. 6.

272 Begr. BR-Entwurf BT-Drucks. 10/2876 S. 7; bereits Begr. BR-Entwurf BT-Drucks. 7/4078 S. 1 f., 8; damals schon verhalten für die culpa in contrahendo *Gilles* NJW 1986, 1131 (1134 f.).

solches Widerrufsrecht wird jedoch zurecht mit breiter Mehrheit abgelehnt,[273] wenngleich sich im Einzelfall bei den vertretenen Positionen ein recht differenziertes Bild ergibt.

273 BAG 7.2.2019, NZA 2019, 688 Rn. 13 ff.; LAG Hamm 17.5.2021 – 18 Sa 1124/20, BeckRS 2021, 15285 Rn. 60; LAG Niedersachsen 7.11.2017, NZA-RR 2018, 361 Rn. 21 ff.; ArbG Celle 20.9.2016 – 1 Ca 77/16, BeckRS 2016, 130361 Rn. 20; *Adam* EzA § 312 BGB 2002 Nr. 4, S. 18 (22); *Bachmann/Ponßen* NJW 2019, 1966 (1970); *Bauer/Arnold/Zeh* NZA 2016, 449 (451); *Bauer* ArbRAktuell 2019, 93 (93); *ders./Romero* ZfA 2019, 608 (611 ff.); Moll/*Bengelsdorf* § 49 Rn. 400; *Brox/Rüthers/Henssler* Rn. 679; *Busemann/Schäfer* Rn. 76; *Dütz/Thüsing* Rn. 348; *Fischer* jurisPR-ArbR 23/2019 Anm. 5 unter C.; ausführlich *Glahe* S. 128 ff.; *Gundel/Sartorius* ZAP 2019, 1241 (1242); Palandt/*Grüneberg* § 312 Rn. 2; *Hamann* jurisPR-ArbR 30/2020 Anm. 4 A.; *Heinkel* ZTR 2020, 261 (264); ZLH/*Hergenröder* § 24 Rn. 22; MüKoBGB/*Hesse* Vor § 620 Rn. 32; BeckOKArbR/*ders.* § 620 BGB Rn. 82; *Holler* NJW 2019, 2206 (2206); *Hördt* ArbRAktuell 2019, 289 (289); *Hromadka/Maschmann* § 10 Rn. 15; *Junker* Rn. 428; *Kamanabrou* Rn. 1506; *dies.* NZA 2016, 919 (919 ff.); *dies.* RdA 2020, 201 (205); HWK/*Kliemt* Anh. § 9 KSchG Aufhebungsverträge Rn. 29; LCK/*Klumpp* Rn. 663; Erman/*Koch* § 312 Rn. 22; LKB/*Krause* § 1 Rn. 16; *Krause* § 20 Rn. 5; *Kuby* AiB 12/2018, 40 (41); Wedde/*Lakies* § 123 BGB Rn. 16; *Langkamp/Ruckh* RÜ 2019, 485 (486 f.); *Laskawy/Lomb* DB 2018, 965 (965); TRL/*Lembke* § 623 BGB Rn. 71; *ders.* BB 2016, 3125 (3128); Schaub/*Linck* § 122 Rn. 7; BLDH/*Lingemann* Kap. 23 Rn. 23; LSSW/*Löwisch* Vor § 1 Rn. 134; BeckOKBGB/*Martens* § 312 Rn. 13; *S. Müller* DB 2019, 1792 (1792); ErfK/*Müller-Glöge* § 620 BGB Rn. 14; Staudinger/*Oetker* (2019) Vorbem. zu §§ 620 ff. Rn. 69; *Ostermaier* GWR 2019, 350 (350); *Otto/Bieder* Rn. 310; *Petersen* NWB 2019, 1682 (1690); SPV/*Preis* Rn. 35; *Reichold* § 10 Rn. 24; HWK/*Rennpferdt* § 620 BGB Rn. 23; *Roos/Wulf* notar 2019, 389 (393); *Schmidt* AP BGB § 620 Aufhebungsvertrag Nr. 50, S. 1180 (1180R ff.); *Schmitt-Rolfes* AuA 2019, 207 (207); NK-GA/*Schöne* § 611 BGB Rn. 1042; Tschöpe/*Schulte* 3. Teil C. Rn. 52b; HK-BGB/*Schulte-Nölke* § 312b Rn. 10; *Schwarze* JA 2019, 789 (790); KR/*Spilger* AufhebungsV Rn. 30; *Spitz* jurisPR-ITR 9/2018 Anm. 4; Jauernig/*Stadler* § 312b Rn. 16; *Steinrau-Steinrück/Benkert* NJW Spezial Heft 12, 2019, 370 (371); *Tiedemann* ArbRB 2020, 61 (61); *Waltermann* Rn. 291; MHdBArbR/*Wank* § 135 Rn. 38; Palandt/*Weidenkaff* Einf v § 611 Rn. 7b; *Zimmer* JZ 2019, 897 (898); **zur Rechtslage vor 12.6.2014**: BAG 27.11.2003, NJW 2004, 2401 (2403 ff.); BAG 22.4.2004, NJOZ 2004, 4096 (4099 ff.); LAG Brandenburg 30.10.2002, NZA 2003, 503 (504); LAG Hamm 1.4.2003, NZA-RR 2003, 401 (402 f.); LAG Rheinland-Pfalz 12.7.2006 – 9 Sa 324/06, BeckRS 2006, 44943 zu 3.; *Bauer* NZA 2002, 169 (171); *ders.* FS Däubler, 143 (143); *ders./Kock* DB 2002, 42 (45 f.); *Benecke* RdA 2004, 147 (148); *Bengelsdorf* AuA 1993, 46 (48 f.); *Brors* S. 190 f.; *dies.* DB 2002, 2046 (2048); *Butz* S. 109; *Ehrich* DB 1992, 2239 (2242); WEBF/*ders.* Teil 3 Rn. 74; *Ernst* S. 114; *Feuerborn* S. 170; *Henssler* RdA 2002, 129 (133 f.); *Kienast/Schmidl* DB 2003, 1440 (1442); *Krause* EzA § 312 BGB 2002 Nr. 1, S. 21 (22 ff.); *Lembke*

1. *Gesetzliches Widerrufsrecht bei arbeitsrechtlichen Aufhebungsverträgen*

Das Widerrufsrecht muss für einen wirksamen, unabdingbaren Schutz gesetzlicher Natur sein. Einzig möglicher Anknüpfungspunkt ist das Widerrufsrecht bei außerhalb von Geschäftsräumen geschlossenen Verbraucherverträgen nach §§ 355 Abs. 1, 312g Abs. 1, 312b, 312 BGB. Dieses setzt einen bei gleichzeitiger körperlicher Anwesenheit außerhalb von Geschäftsräumen geschlossenen Vertrag zwischen Verbraucher und Unternehmer voraus, § 312b Abs. 1 S. 1 Nr. 1 BGB. Der Vertrag muss weiterhin entgeltlich sein, § 312 Abs. 1 BGB.

NJW 2004, 2941 (2943); *Mengel* BB 2003, 1278 (1280); *Moll/Reufels* MDR 2001, 361 (364); MEL/*Mues* Rn. 1024; *Künzl* ZTR 2004, 16 (17 ff.); *Reinecke* Sonderbeil. NZA 18/2004, 27 (36); *Rieble/Klumpp* ZIP 2002, 2153 (2158 ff.); *Thüsing/Leder* BB 2004, 42 (42 f.); *Tödtmann/Schauer* AiB 2005, 357 (359); *Tschöpe/Pirscher* RdA 2004, 358 (359, 362 ff.); *Winter* S. 171; **solange** der Aufhebungsvertrag nicht in einer Privatwohnung geschlossen worden ist: *Gotthardt* Rn. 216 f.; *Gamillscheg* S. 215; *Giesing* S. 177; *Preis/Temming* Rn. 3396; *Thies* S. 177; *Thüsing* RdA 2005, 257 (266 f.); ähnlich Widerrufsrecht wenn **Vertrag außerhalb der Geschäftsräume des Arbeitgebers** geschlossen wurde BeckOGK/*Busch* (1.6.2021) § 312 BGB Rn. 21; MHdBArbR/*Fischinger* § 9 Rn. 12; *ders./Werthmüller* NZA 2016, 193 (193 ff.); APS/*Rolfs* AufhebVtr Rn. 87; *Schulze/Kittel/Pfeffer* ArbRAktuell 2017, 105 (107 f.); Staudinger/*Thüsing* (2019) § 312 Rn. 11; Staudinger/*Sack/Fischinger* (2017) § 138 Rn. 599; KassHdb/*Welslau* 6.1 Rn. 52; **aA** *Beck* ArbRAktuell 2018, 186 (186); HK-ArbR/*Däubler* §§ 611, 611a BGB Rn. 618; BTM/*Trittin* § 611 BGB Rn. 142 f. (bei Überrumpelung; Berufsfreiheit und Privatautonomie des Arbeitnehmers soll diesem eine Bedenkzeit und ein Widerrufsrecht gewährleisten, die betroffenen GR müssen abgewogen werden [Rn. 141]); **zur Rechtslage vor 12.6.2014:** LAG Hamburg 3.7.1991, NZA 1992, 309 (310) über § 242 BGB (s. dazu unten Kap. 3 § 5 O.); ArbG Freiburg 20.6.1991, DB 1991, 2600 (2600); *Becker* S. 369; *Burkardt* S. 242; *Franz* S. 364; *Hansen* ZGS 2003, 373 (375 ff.) Widerrufsrecht im Fall einer Überrumpelung; *Holtkamp* AuA 2002, 250 (252 f.); *Hümmerich* AnwBl 2002, 671 (676 ff.); *Hümmerich* NZA 2004, 809 (812 ff.); *Lorenz* JZ 1997, 277 (277 ff.); *Pauly* ZTR 2003, 541 (543); *Reim* DB 2002, 2434 (2437 f.); *Schleusener* NZA 2002, 949 (949 ff.); *Singer* RdA 2003, 194 (196 f.); für eine Betrachtung der Überrumpelung im **konkreten Einzelfall** *Schmidt-Westphal* S. 248 ff.; ebenso MüKoBGB/*Wendehorst* § 312 Rn. 17, der eine Ausnahme im Wege einer Analogie bei einer konkreten Überrumpelungssituation vorsieht.

a) *Verbrauchervertrag beim Abschluss eines arbeitsrechtlichen Aufhebungsvertrags*

Zunächst muss es sich beim arbeitsrechtlichen Aufhebungsvertrag um einen Verbrauchervertrag handeln.

aa) *Unternehmereigenschaft des Arbeitgebers*

Der Arbeitgeber muss Unternehmer nach § 14 BGB sein. Danach ist Unternehmer, wer als eine natürliche oder juristische Person oder eine rechtsfähige Personengesellschaft bei Abschluss eines Rechtsgeschäfts in Ausübung ihrer gewerblichen oder selbstständigen beruflichen Tätigkeit handelt. Ein Gewerbe betreibt, wer am Markt dauerhaft und planmäßig selbstständig Leistung gegen Entgelt anbietet.[274] Eine Gewinnerzielungsabsicht ist im Verbraucherschutzrecht nicht erforderlich.[275] Der Vertragsschluss muss im sachlichen Bezug zur gewerblichen Tätigkeit stehen.[276] Dies ist bei den Arbeitsvertrag beim Unternehmen betreffenden Angelegenheiten anzunehmen. Es handelt sich deshalb beim Arbeitgeber in aller Regel um einen Unternehmer nach § 14 BGB.[277] Nicht einzubeziehen sind lediglich Arbeitgeber, die für rein private Zwecke, beispielsweise eine Tätigkeit im Haushalt, einstellen.[278]

bb) *Verbrauchereigenschaft des Arbeitnehmers*

Zu der Verbrauchereigenschaft des Arbeitnehmers gibt es im Wesentlichen zwei Ansichten. Nach der absoluten Verbrauchereigenschaft ist der Arbeitnehmer im Verhältnis zum Arbeitgeber stets als Verbraucher einzuordnen.[279] Nach der

---

274 BGH 7.7.1960, BGHZ 33, 321 (324); BGH 24.6.2003, BGHZ 155, 240 (245 f.); BGH 29.3.2006, BGHZ 167, 40 Rn. 14; *Bauer/Kock* DB 2002, 42 (43); MüKoBGB/*Micklitz* § 14 Rn. 19 ff.; *Thies* S. 124 f.

275 BGH 24.6.2003, BGHZ 155, 240 (245 f.); BGH 29.3.2006, BGHZ 167, 40 Rn. 16; *Bauer/Kock* DB 2002, 42 (43); Jauernig/*Mansel* § 14 Rn. 2; MüKoBGB/*Micklitz* § 14 Rn. 23 ff.; *Thies* S. 125 f.

276 *Bauer/Kock* DB 2002, 42 (43); *Thies* S. 126.

277 *Becker* S. 299.

278 BAG 11.6.2020, NZA 2020, 1241 Rn. 14; BeckOGK/*Alexander* (1.10.2021) § 14 BGB Rn. 195; BeckOKBGB/*Martens* § 13 Rn. 48; *Becker* S. 299; *Thies* S. 127.

279 BVerfG 23.11.2006, NZA 2007, 85 (86); st Rspr. BAG 25.5.2005, NZA 2005, 1111 (1115 f.); BAG 31.8.2005, NZA 2006, 324 Rn. 46; BAG 15.2.2007, NZA 2007, 614 Rn. 14; LAG Niedersachsen 7.11.2017, NZA-RR 2018, 361 Rn. 22; BeckOKBGB/*Martens* § 13 Rn. 47 f.; *Becker* S. 287; *Brors* S. 190; Palandt/*Ellenberger* § 13 Rn. 3; *Glahe* S. 127; *Gotthardt* Rn. 10 ff.; *Hansen* ZGS 2003, 373 (374); *Hümmerich* AnwBl 2002, 671 (671 ff.); MüKoBGB/*Micklitz* § 13 Rn. 58; ErfK/*Preis* § 611a BGB Rn. 182;

relativen Verbrauchereigenschaft soll der Arbeitnehmer dem Arbeitgeber nur bei Rechtsgeschäften außerhalb des Arbeitsverhältnisses als Verbraucher gegenüberstehen.[280] Bereits dem Wortlaut des § 13 BGB nach ist der Arbeitnehmer im Verhältnis zum Arbeitgeber zwingend stets ein Verbraucher.[281] Auch der Gesetzgeber geht von der absoluten Verbrauchereigenschaft des Arbeitnehmers aus.[282] Der relative Verbraucherbegriff ist deshalb abzulehnen. Mithin handelt es sich beim arbeitsrechtlichen Aufhebungsvertrag um einen Verbrauchervertrag nach § 310 Abs. 3 BGB.[283]

b) *Außerhalb von Geschäftsräumen geschlossener Vertrag*

Außerhalb von Geschäftsräumen geschlossene Verträge sind solche Verträge, die bei gleichzeitiger körperlicher Anwesenheit des Verbrauchers und des Unternehmers an einem Ort geschlossen werden, der kein Geschäftsraum des Unternehmers im Sinne des § 312b Abs. 2 BGB ist. Dem Unternehmer entsprechen solche Personen, die in seinem Namen oder Auftrag handeln (vgl. § 312b Abs. 1 S. 2 BGB). Der Arbeitsplatz stellt trotz in der Literatur geäußerten Zweifeln aufgrund des Unionsrechts einen Geschäftsraum dar.[284] Die Wohnung des Arbeitnehmers hingegen nicht.[285]

Schmidt-Westphal S. 226 ff.; BeckOGK/*Sutschet* (1.9.2021) § 620 BGB Rn. 428; *Wedde* AiB 2002, 267 (269 f.); Palandt/*Weidenkaff* Einf v § 611 Rn. 7b.

280 MüKoBGB/*Basedow* § 310 Rn. 77; *Bauer/Kock* DB 2002, 42 (43 f.); *Mankowski* S. 258 ff.; Soergel/*Pfeiffer* § 13 BGB Rn. 44; *Zeller-Müller* S. 139.

281 *Becker* S. 293, *Glahe* S. 127; *Schmidt-Westphal* S. 222; *Wedde* AiB 2002, 267 (269).

282 Vgl. Begr. RegE. BT-Drucks. 14/6040 S. 243; Bericht BT-Ausschuss für Recht BT-Drucks. 14/7052 S. 190.

283 BAG 24.9.2015, NZA 2016, 351 Rn. 13; BAG 24.2.2016, NZA 2016, 762 Rn. 22; BAG 7.2.2019, NZA 2019, 688 Rn. 15; *Bauer/Arnold/Zeh* NZA 2016, 449 (450); *Heinkel* ZTR 2020, 261 (264); *Lembke* BB 2016, 3125 (3126); *Schmidt* AP BGB § 620 Aufhebungsvertrag Nr. 50, S. 1180 (1180R); *Schulze/Kittel/Pfeffer* ArbRAktuell 2017, 105 (106); *Thies* S. 153; **aA** *Laskawy/Lomb* DB 2018, 965 (965).

284 *Bauer/Arnold/Zeh* NZA 2016, 449 (452); *Bauer/Romero* ZfA 2019, 608 (609); MHdBArbR/*Fischinger* § 9 Rn. 12; LCK/*Klumpp* Rn. 663; *Preis/Temming* Rn. 3394; *Reichold* § 10 Rn. 24; BeckOGK/*Sutschet* (1.9.2021) § 620 BGB Rn. 430; in diese Richtung auch Erman/*Koch* § 312 Rn. 22; **zweifelnd** Schaub/*Linck* § 122 Rn. 7; **aA** unter Berufung auf Erwägungsgrund Nr. 22 der RL 2011/83/EU (wobei dies im Kontext von arbeitsrechtlichen Aufhebungsverträgen keinen Sinn ergibt, ebenso *Preis/Temming* Rn. 3394) *Lembke* BB 2016, 3125 (3126); Staudinger/*Thüsing* (2019) § 312 Rn. 11; ähnlich aber krit. *Kamanabrou* NZA 2016, 919 (919).

285 BAG 7.2.2019, NZA 2019, 688 Rn. 15; BeckOGK/*Sutschet* (1.9.2021) § 620 BGB Rn. 430; so auch *Thies* S. 176 zum „Haustürgeschäft“.

c) *Die problematische Entgeltlichkeit des arbeitsrechtlichen Aufhebungsvertrags*

Weiterhin setzt § 312 Abs. 1 BGB eine entgeltliche Leistung des Unternehmers voraus. Die Richtlinie, auf der die deutsche Umsetzung beruht, sieht jedoch keine Entgeltlichkeit vor, vgl. Art. 3 Abs. 1 der RL 2011/83/EU.[286] Aus diesem Grund wird im Allgemeinen vielfach eine sehr weite Auslegung des Begriffs der Entgeltlichkeit vertreten, wobei je nach Nuancierung bereits ein gegenseitiger Vertrag oder schlicht alles, was dem Unternehmer in irgendeiner Weise nützt, genügt.[287] Da die Richtlinie das innerstaatliche Arbeitsrecht unberührt lassen wollte, kommt diesbezüglich allerdings eine gespaltene Auslegung in Betracht.[288] Ein erweitertes Verständnis der Entgeltlichkeit im Rahmen des arbeitsrechtlichen Aufhebungsvertrags ist unionsrechtlich nicht vorgegeben.

Aus Gründen der Gleichbehandlung ist es problematisch, wenn zwischen Aufhebungsverträgen mit Vereinbarung einer Abfindung und solchen Verträgen ohne Abfindung differenziert wird.[289] Teilweise wird deshalb von einer fehlenden Entgeltlichkeit des Aufhebungsvertrags unabhängig von einer Abfindungsabrede ausgegangen.[290] Dafür spricht, dass der Aufhebungsvertrag eigenständig

---

286 Vertiefend *Lembke* BB 2016, 3125 (3126); *Preis/Temming* Rn. 3390; *Schulze/Kittel/Pfeffer* ArbRAktuell 2017, 105 (106); Staudinger/*Thüsing* (2019) § 312 Rn. 5; *Schmidt* AP BGB § 620 Aufhebungsvertrag Nr. 50, S. 1180 (1180R f.); MüKoBGB/*Wendehorst* § 312 BGB Rn. 37.

287 Palandt/*Grüneberg* § 312 BGB Rn. 3; *Lembke* BB 2016, 3125 (3126); *Schulze/Kittel/Pfeffer* ArbRAktuell 2017, 105 (106); Staudinger/*Thüsing* (2019) § 312 Rn. 5; MüKoBGB/*Wendehorst* § 312 BGB Rn. 37.

288 *Bauer/Arnold/*Zeh NZA 2016, 449 (451); *Fischinger/Werthmüller* NZA 2016, 193 (196 f.); *Kamanabrou* NZA 2016, 919 (919 f.); *Preis/Temming* Rn. 3390; *Schmidt* AP BGB § 620 Aufhebungsvertrag Nr. 50, S. 1180 (1181 f.).

289 BAG 7.2.2019, NZA 2019, 688 Rn. 17; *Bauer/Arnold/Zeh* NZA 2016, 449 (451); *Fischinger/Werthmüller* NZA 2016, 193 (197); HWK/*Kliemt* Anh. § 9 KSchG Aufhebungsverträge Rn. 29; *Künzl* ZTR 2004, 16 (18); *Preis/Temming* Rn. 3391; *Schmidt* AP BGB § 620 Aufhebungsvertrag Nr. 50, S. 1180 (1181).

290 LAG Brandenburg 30.10.2002, NZA 2003, 503 (504); LAG Niedersachsen 7.11.2017, NZA-RR 2018, 361 Rn. 26, das jedoch auf eine arbeitgeberseitige Entgeltlichkeit abstellt; *Adam* EzA § 312 BGB 2002 Nr. 4, S. 18 (23); *Benecke* RdA 2004, 147 (148); Moll/*Bengelsdorf* § 49 Rn. 401; *Giesing* S. 170; *Künzl* ZTR 2004, 16 (18); ErfK/*Müller-Glöge* § 620 BGB Rn. 14; *Schacht* S. 78 f.; *Schmitt-Rolfes* AuA 2019, 207 (207); *Zeller-Müller* S. 268; **zweifelnd** auch HWK/*Kliemt* Anh. § 9 KSchG Aufhebungsverträge Rn. 29; Schaub/*Linck* § 122 Rn. 7; **aA** *Bauer/Kock* DB 2002, 42 (45); *Bauer/Romero* ZfA 2019, 608 (611 f.); *Beck* ArbRAktuell 2018, 186 (186); *Becker* S. 350; MHdBArbR/*Fischinger* § 9 Rn. 12; *Franz* S. 331; *Glahe* S. 132 f. nur bei Verträgen mit Abfindung;

im Verhältnis zum Arbeitsvertrag steht und die spiegelnde Rechtsnatur von Eingehung und Entgeltlichkeit durch Verzicht auf den Lohn zu mittelbar ist.[291] Darüber hinaus würde bei diesem Verständnis eine Abfindung als solche auch keine Entgeltlichkeit begründen, da der Vertrag für den Arbeitnehmer entgeltlich sein muss.[292] Dies ist auf den intendierten Verbraucherschutz der Norm zurückzuführen. Eine Abfindung stellt hingegen das Entgelt des Arbeitgebers dar. Der Arbeitnehmer erbringt auch bei Abfindungsabrede deshalb kein Entgelt.

d) Anwendungsbereich des Widerrufsrechts bereits nicht eröffnet

Die Frage nach der Entgeltlichkeit kann jedoch unbeantwortet bleiben, wenn bereits der Anwendungsbereich des Widerrufsrechts bei arbeitsrechtlichen Aufhebungsverträgen nicht eröffnet ist. Dies lässt sich durch eine Auslegung feststellen.

aa) Wortlaut

Wie gezeigt kann, trotz soeben dargestellter verschiedener Ansichten zu den Tatbestandsmerkmalen, in vielen Fällen eine Anwendung des Widerrufsrechts bei außerhalb von Geschäftsräumen geschlossenen Verträgen nach den §§ 355 Abs. 1, 312g Abs. 1, 312b, 312 BGB auch bei arbeitsrechtlichen Aufhebungsverträgen bei bloßer Subsumtion unter den Gesetzestext in vertretbarer Weise angenommen werden. Der Wortlaut der Normen lässt insoweit keine eindeutigen Einschränkungen in Hinblick auf den Anwendungsbereich erkennen und erlaubt ein Widerrufsrecht bei außerhalb von Geschäftsräumen geschlossenen Verträgen nach umstrittener Ansicht auch bei arbeitsrechtlichen Aufhebungsverträgen.

Gotthardt Rn. 215; *Hansen* ZGS 2003, 373 (375); *Lorenz* JZ 1997, 277 (277 f.); *Pauly* ZTR 2003, 541 (543); BeckOGK/*Sutschet* (1.9.2021) § 620 BGB Rn. 428 f.; *Thies* S. 162 ff.; Staudinger/*Thüsing* (2019) § 312 Rn. 11 mangels Entgeltlichkeit für den Verbraucher eine Analogie befürwortend; krit. auch *Fuhlrott* EWiR 2018, 507 (508); **offenlassend** BAG 7.2.2019, NZA 2019, 688 Rn. 17; *Schmidt* AP BGB § 620 Aufhebungsvertrag Nr. 50, S. 1180 (1181 f.).

291 LAG Brandenburg 30.10.2002, NZA 2003, 503 (504); *Giesing* S. 170; *Künzl* ZTR 2004, 16 (18); *Preis/Temming* Rn. 3390; *Schacht* S. 79 f.; *Zeller-Müller* S. 267; ähnlich *Bauer/Arnold/Zeh* NZA 2016, 449 (450 f.); *Rieble/Klumpp* ZIP 2002, 2153 (2159); **aA** *Schleusener* NZA 2002, 949 (951); *Schmidt-Westphal* S. 237 f.; *Schulze/Kittel/Pfeffer* ArbRAktuell 2017, 105 (106).

292 In diese Richtung *Bauer/Arnold/Zeh* NZA 2016, 449 (450).

bb) Telos: Schutz vor typischen Überrumpelungssituationen

Möglicherweise stehen aber Sinn und Zweck des Widerrufsrechts einer Anwendung entgegen. Ein Aufhebungsvertrag wird normalerweise im Betrieb und nicht in einer besonders atypischen Umgebung geschlossen, sodass die Überrumpelungssituation im Normalfall nicht durch den Ort hervorgerufen wird.[293] Darauf zielt jedoch der § 312b BGB ab, sodass im Falle arbeitsrechtlicher Aufhebungsverträge Sinn und Zweck der Regelung grundsätzlich keine Anwendung verlangt.[294] Diese Erwägung spricht jedoch gleichzeitig für eine Anwendbarkeit bei Aufhebungsverträgen, die nicht in den Räumen des Arbeitgebers initiiert und geschlossen werden.[295] Aufgrund der Typisierung des Widerrufsrechts ergibt sich allerdings, dass auf den Grundfall abzustellen ist. Dieser ist ein Vertragsschluss am Arbeitsplatz.

Der Arbeitnehmer ist in der Situation des arbeitsrechtlichen Aufhebungsvertrags damit nicht per se schutzwürdig genug, um ein dem klassischen Konzept des BGB widersprechendes Widerrufsrecht zu erhalten. Zudem widerspricht die lange Frist von 12 Monaten und 14 Tagen bei Unterlassen der Widerrufsbelehrung gemäß § 356 Abs. 3 S. 2 BGB dem Beschleunigungsinteresse des arbeitsrechtlichen Aufhebungsvertrags.[296] Der Arbeitgeber muss schließlich auch nicht

---

293 BAG 27.11.2003, NZA 2004, 597 (602 f.); *Künzl* ZTR 2004, 16 (19); *Laskawy/Lomb* DB 2018, 965 (965); *Preis/Temming* Rn. 3395; APS/*Rolfs* AufhebVtr Rn. 85; MHdBArbR/*Wank* § 135 Rn. 38; *Zeller-Müller* S. 270 f.; **aA** *Hümmerich* NZA 2004, 809 (815); *Schmidt-Westphal* S. 248.

294 BAG 27.11.2003, NZA 2004, 597 (602 f.); BAG 22.4.2004, NJOZ 2004, 4096 (4100); *Brox/Rüthers/Henssler* Rn. 679; *Dütz/Thüsing* Rn. 348; *Henssler* RdA 2002, 129 (135); *Hromadka/Maschmann* § 10 Rn. 15; *Kamanabrou* NZA 2016, 919 (921 f.); *Krause* § 20 Rn. 5; Erman/*Koch* § 312 Rn. 22; *Reichold* § 10 Rn. 24; Staudinger/*Oetker* (2019) Vorbem. zu §§ 620 ff. Rn. 69; *Zeller-Müller* S. 270 f.; ähnlich *Otto/Bieder* Rn. 310; **aA** *Burkardt* S. 242 f.; *Hümmerich* NZA 2004, 809 (811 f.); *Lorenz* JZ 1997, 277 (279) wegen der Typisierung; *Schulze/Kittel/Pfeffer* ArbRAktuell 2017, 105 (107).

295 BeckOGK/*Busch* (1.6.2021) § 312 BGB Rn. 21; *Fischinger* NZA 2019, 729 (729 f.); MHdBArbR/*ders.* § 9 Rn. 12; APS/*Rolfs* AufhebVtr Rn. 87.

296 BAG 27.11.2003, NZA 2004, 597 (601); LAG Niedersachsen 7.11.2017, NZA-RR 2018, 361 Rn. 22 f.; ArbG Celle 20.9.2016 – 1 Ca 77/16, BeckRS 2016, 130361 Rn. 20; *Bauer/Arnold/Zeh* NZA 2016, 449 (451); *Bauer/Romero* ZfA 2019, 608 (612); *Kienast/Schmidl* DB 2003, 1440 (1443); *Laskawy/Lomb* DB 2018, 965 (965); *Lembke* BB 2016, 3125 (3128); *Reinecke* Sonderbeil. NZA 18/2004, 27 (36); *Spitz* jurisPR-ITR 9/2018 Anm. 4; ähnlich *Adam* EzA § 312 BGB 2002 Nr. 4, S. 18 (22); *Tschöpe/Pirscher* RdA 2004, 358 (364); **aA** *Fuhlrott* EWiR 2018, 507 (508) mit Verweis auf die Unsicherheit bei fehlenden Belehrungen zu Massenentlassungen und Betriebsänderungen; *Schmidt* AP BGB § 620 Aufhebungsvertrag Nr. 50, S. 1180 (1182 f.).

über die Fristen nach § 4 S. 1 KSchG belehren, sodass eine Belehrung über Fristen, bei denen der Arbeitnehmer mitgewirkt hat, erst recht ausscheiden muss.[297]

cc) Systematik: „Besondere Vertriebsformen"

Eventuell steht auch die Systematik einer Anwendung der §§ 312b, 312g BGB entgegen. Der Untertitel 2 „Grundsätze bei Verbraucherverträgen und besondere Vertriebsformen" teilt ersichtlich zwischen Kapitel 1, welches den „Anwendungsbereich und Grundsätze bei Verbraucherverträgen" abdeckt und Kapitel 2 und 3, welches die „besondere[n] Vertriebsformen" sind.[298] Die besonderen Vertriebsformen werden in der Neufassung nunmehr konkretisiert als „Außerhalb von Geschäftsräumen geschlossene Verträge und Fernabsatzverträge" (Kapitel 2). Der Aufhebungsvertrag ist keine „besondere Vertriebsform" im Sinne der amtlichen Überschrift des Abschnitts.[299] Dieses Ergebnis bleibt von der Gesetzesänderung im Jahr 2014 unberührt.[300]

Die anderen Normen in Kapitel 2 haben zudem keinen sinnvoll herstellbaren Bezug zu arbeitsrechtlichen Aufhebungsverträgen.[301] Auch die Rechtsfolgen

---

297 *Adam* EzA § 312 BGB 2002 Nr. 4, S. 18 (22); **aA** *Hümmerich* NZA 2004, 809 (811).

298 LAG Niedersachsen 7.11.2017, NZA-RR 2018, 361 Rn. 25.

299 BAG 7.2.2019, NZA 2019, 688 Rn. 18 ff.; LAG Niedersachsen 7.11.2017, NZA-RR 2018, 361 Rn. 25; ArbG Celle 20.9.2016 – 1 Ca 77/16, BeckRS 2016, 130361 Rn. 20; *Bauer* ArbRAktuell 2019, 93 (93); *Glahe* S. 134; Erman/*Koch* § 312 Rn. 22; Staudinger/*Oetker* (2019) Vorbem. zu §§ 620 ff. Rn. 69; *Otto/Bieder* Rn. 310; *Reichold* § 10 Rn. 24; Jauernig/*Stadler* § 312b Rn. 16; MHdBArbR/*Wank* § 135 Rn. 38; ähnlich *Kamanabrou* RdA 2020, 201 (205); *Steinrau-Steinrück/Benkert* NJW Spezial Heft 12, 2019, 370 (371); **zur Rechtslage vor 12.6.2014**: BAG 27.11.2003, NZA 2004, 597 (602); BAG 22.4.2004, NJOZ 2004, 4096 (4099 f.); LAG Brandenburg 30.10.2002, NZA 2003, 503 (504); *Bauer* NZA 2002, 169 (171); *Bauer/Kock* DB 2002, 42 (45); *Henssler* RdA 2002, 129 (135); *Krause* EzA § 312 BGB 2002 Nr. 1, S. 21 (22 f.); *Künzl* ZTR 2004, 16 (19); *Reinecke* Sonderbeil. NZA 18/2004, 27 (36); *Schmidt-Westphal* S. 241 f.; *Thüsing* RdA 2005, 257 (267); *Tödtmann/Schauer* AiB 2005, 357 (359); *Tschöpe/Pirscher* RdA 2004, 358 (364); *Zeller-Müller* S. 273 f.; **aA** gegen die Anknüpfung an der Unterüberschrift auch schon *Burkardt* S. 243; *Hümmerich* AnwBl 2002, 671 (677); *ders.* NZA 2004, 809 (813); *Reim* DB 2002, 2434 (2438); *Schleusener* NZA 2002, 949 (951); *Thies* S. 154 ff.

300 Erman/*Koch* § 312 Rn. 22; HK-BGB/*Schulte-Nölke* § 312b Rn. 10; Jauernig/*Stadler* § 312b Rn. 16; wohl auch *Reichold* § 10 Rn. 24; **aA** MHdBArbR/*Fischinger* § 9 Rn. 12; *ders./Werthmüller* NZA 2016, 193 (14 f.); *Kamanabrou* NZA 2016, 919 (920); *Preis/Temming* Rn. 3392; *Schulze/Kittel/Pfeffer* ArbRAktuell 2017, 105 (106); Staudinger/*Thüsing* (2019) § 312 Rn. 11.

301 BAG 7.2.2019, NZA 2019, 688 Rn. 20 ff. ausführlich zu den einzelnen Normen; *Bauer/Arnold/Zeh* NZA 2016, 449 (451); *Bauer/Romero* ZfA 2019, 608 (612); *Heinkel* ZTR

des Widerrufs nach § 312b i. V. m. §§ 312g, 355, 357 BGB sind nicht auf den arbeitsrechtlichen Aufhebungsvertrag ausgelegt.[302] Die Systematik spricht deshalb gegen eine Anwendung des Widerrufsrechts bei außerhalb von Geschäftsräumen geschlossenen Verträgen auf arbeitsrechtliche Aufhebungsverträge.

dd) Unionsrechtskonforme Auslegung

Der Untertitel 2 des Abschnitts diente ursprünglich der Umsetzung der RL 1985/577/EWG, die nicht für arbeitsrechtliche Verträge galt.[303] Die jüngste Gesetzesänderung vom 13.6.2014 erfolgte zur Umsetzung der Verbraucherrechterichtlinie RL 2011/83/EU, welche ebenfalls das innerstaatliche Arbeitsrecht unberührt lassen sollte.[304] Nach Art. 2 Nr. 1 der RL 2011/83/EU ist der Arbeitnehmer bei Abschluss eines arbeitsrechtlichen Aufhebungsvertrags kein Verbraucher, da der Inhalt des Vertrags den Beruf des Arbeitnehmers regelt.[305] Durch die Richtlinie sollte ein echter Binnenmarkt für Verbraucher gefördert werden, in dem ein angemessenes Verhältnis zwischen Verbraucherschutz und Wettbewerbsfähigkeit herrscht.[306] Dies lässt sich auf Art. 2 Nr. 5 und 6 der RL 2011/83/EU stützen, die nur Kauf- und Dienstverträge definieren.[307] Dieser Zweck zielt nicht auf ein Widerrufsrecht beim arbeitsrechtlichen Aufhebungsvertrag ab.

ee) Historie des Widerrufsrechts

Entscheidend gegen eine Anwendbarkeit des Widerrufsrechts auf arbeitsrechtliche Aufhebungsverträge spricht schließlich die deutsche Entstehungsgeschichte

---

2020, 261 (264); *Junker* Rn. 428; *Lembke* BB 2016, 3125 (3127); *Reinecke* Sonderbeil. NZA 18/2004, 27 (36); ähnlich *Glahe* S. 133 f.; **aA** *Fischinger/Werthmüller* NZA 2016, 193 (195).

302 BAG 7.2.2019, NZA 2019, 688 Rn. 23 ff.; *Tschöpe/Pirscher* RdA 2004, 358 (364); **aA** *Schmidt* AP BGB § 620 Aufhebungsvertrag Nr. 50, S. 1180 (1181R); *Schürnbrand* WM 2014, 1157 (1159).

303 BAG 27.11.2003, NZA 2004, 597 (601); LAG Niedersachsen 7.11.2017, NZA-RR 2018, 361 Rn. 22 ff.; *Bauer* ArbRAktuell 2019, 93 (93);

304 Erwägungsgrund Nr. 8 der RL 2011/83/EU; BAG 7.2.2019, NZA 2019, 688 Rn. 27; *Adam* EzA § 312 BGB 2002 Nr. 4 S. 18 (23); *Bauer/Romero* ZfA 2019, 608 (613).

305 Vgl. *Schmidt* AP BGB § 620 Aufhebungsvertrag Nr. 50, S. 1180 (1181); ebenso Erman/*Koch* § 312 Rn. 22.

306 Erwägungsgrund Nr. 4 der RL 2011/83/EU; BAG 7.2.2019, NZA 2019, 688 Rn. 27; *Bauer/Romero* ZfA 2019, 608 (612 f.).

307 *Bauer/Romero* ZfA 2019, 608 (613); *Heinkel* ZTR 2020, 261 (264); *Lembke* BB 2016, 3125 (3128).

des Widerrufsrechts bei außerhalb von Geschäftsräumen geschlossenen Verträgen. Zwar besteht grundsätzlich die Möglichkeit des Gesetzgebers, die infrage stehende Richtlinie über ihren intendierten Anwendungsbereich hinaus umzusetzen.[308] Die deutschen Materialien[309] ergeben aber, dass der Gesetzgeber bei § 312 Abs. 1 BGB die Lieferung von Waren oder die Erbringung von Dienstleistungen durch einen Unternehmer an den Verbraucher regeln wollte, sodass eine Anwendung auf arbeitsrechtliche Aufhebungsverträge ausscheidet.[310] Der Gesetzgeber hat demnach die Verbraucherrichtlinie nicht überschießend umgesetzt.[311]

ff) Zwischenergebnis

Beim arbeitsrechtlichen Aufhebungsvertrag steht dem Arbeitnehmer mangels Eröffnung des Anwendungsbereichs aus teleologischen, systematischen und historischen Gründen kein gesetzliches Widerrufsrecht zu.

e) Ergebnis

Neben fehlender Entgeltlichkeit des Aufhebungsvertrags ist der Anwendungsbereich der Vorschrift bereits nicht eröffnet. Ein gesetzliches Widerrufsrecht nach § 312g Abs. 1 BGB scheidet mithin aus.

2. Analogie des Widerrufsrechts bei außerhalb von Geschäftsräumen geschlossenen Verträgen

Eine Analogie setzt eine planwidrige Regelungslücke und eine vergleichbare Interessenlage voraus.[312] Dem Gesetzgeber war bewusst, dass es andere Situationen geben kann, in denen das Schutzbedürfnis des Überrumpelten ähnlich stark ist. Er hat sich aber auf eine Anknüpfung an den Vertragstyp beschränkt.

---

308 Erwägungsgrund Nr. 13 der RL 2011/83/EU.

309 Begr. RegE BT-Drucks. 17/12637 S. 45; Bericht BT-Ausschuss für Recht BT-Drucks. 17/13951 S. 72.

310 BAG 7.2.2019, NZA 2019, 688 Rn. 28; LAG Niedersachsen 7.11.2017, NZA-RR 2018, 361 Rn. 24; *Adam* EzA § 312 BGB 2002 Nr. 4, S. 18 (22); *Bauer/Romero* ZfA 2019, 608 (612 f.); *Glahe* S. 129, 133 f.; *Glatzel* NZA-RR 2018, 363 (363); *Heinkel* ZTR 2020, 261 (264); BeckOKArbR/*Hesse* § 620 BGB Rn. 82; *Kamanabrou* RdA 2020, 201 (205); HWK/*Kliemt* Anh. § 9 KSchG Aufhebungsverträge Rn. 29; Schaub/*Linck* § 122 Rn. 7; *Schmidt* AP BGB § 620 Aufhebungsvertrag Nr. 50, S. 1180 (1182R f.).

311 *Heinkel* ZTR 2020, 261 (264); **aA** Erman/*Koch* § 312 Rn. 22.

312 *Wank* § 15 Rn. 121; ähnlich *Weiler* S. 617 f.

Der Gesetzgeber ist damit dem Vorschlag von *Medicus*[313] nicht gefolgt.[314] Die Überrumpelung oder Gefahr der Überrumpelung wurde gerade nicht zu einem Tatbestandsmerkmal des Widerrufsrechts erhoben.[315] Mithin fehlt es an der Planwidrigkeit der bestehenden Regelungslücke, sodass eine Analogie zu den gesetzlichen Vorschriften ausscheidet.[316]

3. *Konkludente Vereinbarung eines vertraglichen Widerrufsrechts*

Außerhalb des gesetzlichen Widerrufsrechts besteht auch die Option eines vertraglichen Widerrufsrechts als individuell vereinbarter Teil des Aufhebungsvertrags oder durch Tarifvertrag.[317] Wird ein Aufhebungsvertrag im Rahmen eines Kündigungsschutzverfahrens gerichtlich geschlossen, ist häufiger Inhalt ein vertragliches Widerrufsrecht.[318] Ein solches vertragliches Widerrufsrecht könnte gerade vor dem Hintergrund der häufig im Nachhinein entstehenden Reue regelmäßig konkludent vereinbart werden. Dies ist jedoch wegen der Zielrichtung des Aufhebungsvertrags abzulehnen. Sinn und Zweck ist es, das Arbeitsverhältnis schnell und sicher abzuwickeln. Dazu stünde ein konkludent vertraglich vereinbartes Widerrufsrecht im Widerspruch.

III. Ergebnis

Aus der lebhaften Diskussion über die Anwendung des Widerrufsrechts bei außerhalb von Geschäftsräumen geschlossenen Verträgen auf den arbeitsrechtlichen Aufhebungsvertrag und der vielfachen Bejahung dessen lassen sich trotz

---

313 *Medicus* Gutachten S. 479 (531, 534); s. ausführlich unten Kap. 7 § 17 G. VI.

314 Vgl. *Giesing* S. 172.

315 *Giesing* S. 172, 176; *Lorenz* S. 159.

316 IE ArbG Köln 1.6.1993, DB 1993, 2135 (2135); *Bauer* NZA 1992, 1015 (1015); *ders.* AnwBl 1993, 58 (61); *ders.* FS Däubler, 143 (144); Moll/*Bengelsdorf* § 49 Rn. 401; *Ehrich* DB 1992, 2239 (2242); *Germelmann* NZA 1997, 236 (240); *Giesing* S. 176; *Kaiser* EzA § 611 BGB Aufhebungsvertrag Nr. 13, S. 11 (19); *Lorenz* JZ 1997, 277 (279); *Nägele* BB 1992, 1274 (1276); *Lorenz* S. 158; Staudinger/*Oetker* (2019) Vorbem. zu §§ 620 ff. Rn. 69; *Schacht* S. 83 ff.; *Schleusener* NZA 2002, 949 (949 f.); *Zeller-Müller* S. 275 ff.; **aA** *Däubler* NZA 2001, 1329 (1334); *Mankowski* S. 1150 ff.; *Schuster* AiB 2002, 274 (274 f.).

317 Moll/*Bengelsdorf* § 49 Rn. 404 ff.; *Burkardt* S. 246 ff.; *Butz* S. 109; *Ehrich* DB 1992, 2239 (2242); detailliert *Franz* S. 65 ff., 217; BLDH/*Lingemann* Kap. 23 Rn. 25; *Moll/Reufels* MDR 2001, 361 (364); APS/*Rolfs* AufhebVtr Rn. 84; *Schacht* S. 69 f. mit Beispielen; *Winter* S. 169.

318 Moll/*Bengelsdorf* § 49 Rn. 405.

fehlender Einschlägigkeit wertvolle Schlüsse ziehen. Es handelt sich nicht nur aus rechtsdogmatischen Gründen um einen Brennpunkt, sondern mindestens genauso aufgrund des Wunsches nach einem Überrumpelungsschutz in nicht nur vereinzelten Teilen der Literatur. Die Befürworter des Widerrufsrechts sehen in diesem eine Möglichkeit, den ihrer Meinung nach nötigen Schutz des Arbeitnehmerverbrauchers vor einer aufgedrängten, unüberlegten Entscheidung zu sichern. Auch wenn der herrschenden Meinung aus rechtsdogmatischen Gründen zu folgen ist, zeigt sich deutlich, dass der Konfliktlage bei unzulässiger Einflussnahme mit dem abstrakt-typischen Widerrufsrecht nicht im Einzelfall interessengerecht Rechnung getragen werden kann.

H. Rücktrittsrecht nach §§ 323 f. BGB

Die §§ 323 f. BGB erlauben den Rücktritt vom Vertrag durch § 323 Abs. 1 BGB im Fall einer nicht vertragsmäßig erbrachten Leistung und durch § 324 BGB wegen der Verletzung einer Rücksichtnahmepflicht.

I. Rücktritt wegen nicht vertragsgemäß erbrachter Leistung, § 323 Abs. 1 BGB

Der Aufhebungsvertrag ist jedenfalls bei Vereinbarung einer Abfindung unstreitig ein gegenseitiger Vertrag nach § 320 BGB.[319] Der Rücktritt nach § 323 Abs. 1 BGB ist nur bei vertraglicher Vereinbarung oder Nichterfüllung einer Verpflichtung aus dem Vertrag möglich.[320] Die Aufhebung des Arbeitsvertrags wird normalerweise direkt mit Abschluss des Aufhebungsvertrags verfügt.[321] Als Nichterfüllung kommt deshalb regelmäßig nur die Nichtzahlung einer Abfindung[322] oder unter Umständen die Nichtausstellung eines bestimmten

319 BAG 25.6.1987, NZA 1988, 466 (467); BAG 10.11.2011, NZA 2012, 205 Rn. 18; ArbG Siegburg 9.2.2010, NZA-RR 2010, 345 (346); *Bauer* NJW 1994, 980 (981); *Becker* S. 38 f., 421; Moll/*Bengelsdorf* § 49 Rn. 398; HK-ArbR/*Däubler* §§ 611, 611a BGB Rn. 619; *Giesing* S. 179; *Petersen* NWB 2019, 1682 (1688); APS/*Rolfs* AufhebVtr Rn. 105; *Roos/Wulf* notar 2019, 389 (393); BeckOGK/*Sutschet* (1.9.2021) § 620 BGB Rn. 344; *Thies* S. 180; MHdBArbR/*Wank* § 135 Rn. 39; *Winter* S. 171.

320 DHZ/*Bachner/Callsen* § 86 Rn. 95; *Bauer* NZA 1992, 1015 (1015); DDZ/*Däubler* Aufhebungsvertrag Rn. 57; HK-ArbR/*ders.* §§ 611, 611a BGB Rn. 619; *Giesing* S. 178 f.; BLDH/*Lingemann* Kap. 23 Rn. 26; LSSW/*Löwisch* Vor § 1 Rn. 136; SPV/*Preis* Rn. 37; KR/*Spilger* AufhebungsV Rn. 27; *Winter* S. 171.

321 *Thies* S. 180.

322 DHZ/*Bachner/Callsen* § 86 Rn. 95; *Bauer* AnwBl 1993, 58 (61); *ders.* FS Däubler, 143 (143); *Bernhardt* Rn. 318; Moll/*Bengelsdorf* § 49 Rn. 398; *Ehrich* DB 1992, 2239 (2242);

Zeugnisses in Betracht,[323] falls dies vereinbart ist. Grundsätzlich muss bei der Nichterfüllung noch eine Frist gesetzt werden. Das Rücktrittsrecht der Vertragspartner hat jedoch keine Schnittstelle mit dem Gebot fairen Verhandelns. Im Gegensatz zu einer Rückabwicklung wegen der Verletzung des Gebots fairen Verhandelns resultiert das Rücktrittsrecht aus einer Pflichtverletzung nach Abschluss des Vertrags und kann bei Überrumpelung oder anderen unfairen Verhandlungsmethoden vor Abschluss des Vertrags keinen Schutz bieten.[324] Tatbestandlich kann an den § 323 Abs. 1 BGB deshalb kein Überrumpelungsschutz geknüpft werden.

II. Rücktritt wegen Verletzung einer Pflicht nach § 241 Abs. 2 BGB gem. § 324 BGB

Teilweise wird jedoch vertreten, dass ein Rücktritt auch bei Pflichtverletzungen vor Abschluss des Vertrags nach § 324 BGB in Betracht kommt.[325] Wäre dies der Fall, könnte über den § 324 BGB möglicherweise ein Überrumpelungsschutz begründet werden. Dies ist allerdings abzulehnen. Die Gesetzesmaterialien sehen eine Regelung des vorvertraglichen Schuldverhältnisses in § 311 Abs. 2, 3 BGB vor.[326] Auch der Wortlaut des § 324 BGB („bei") spricht gegen ein solches Verständnis.[327] Ebenso ist die Überschrift (Titel 2), welche einen

---

DDZ/*Däubler* Aufhebungsvertrag Rn. 57; HK-ArbR/*ders.* §§ 611, 611a BGB Rn. 619; BeckOKArbR/*Hesse* § 620 BGB Rn. 83; HWK/*Kliemt* Anh. § 9 KSchG Aufhebungsverträge Rn. 30; *Kuby* AiB 12/2018, 40 (41); BLDH/*Lingemann* Kap. 23 Rn. 26; *ders./Chakrabarti* NJW 2019, 2445 (2448); Schaub/*Linck* § 122 Rn. 37; Staudinger/*Oetker* (2019) Vorbem. zu §§ 620 ff. Rn. 68; *Petersen* NWB 2019, 1682 (1688); APS/*Rolfs* AufhebVtr Rn. 105; *Schacht* S. 56; BeckOGK/*Sutschet* (1.9.2021) § 620 BGB Rn. 497; *Thies* S. 181.

323 BeckOGK/*Sutschet* (1.9.2021) § 620 BGB Rn. 500 f.

324 Vgl. *Becker* S. 423; *Giesing* S. 179; *Schacht* S. 56.

325 Dafür MüKoBGB/*Ernst* § 324 Rn. 6; Soergel/*Gsell* § 324 Rn. 6; *Grunewald* FS Wiedemann, 75 (76 f.), wenn der Gläubiger im Rahmen der Vertragsdurchführung sich immer wieder den Einwirkungsmöglichkeiten des Schuldners aussetzen muss und ihm erst nach Vertragsschluss klar wird, dass damit Risiken verbunden sind; *Looschelders* § 8 Rn. 18; BeckOGK/*Riehm* (1.4.2021) § 324 BGB Rn. 10 ff., 40.1 ff.; BeckOKBGB/*H. Schmidt* § 324 Rn. 7; wohl auch *Plum* MDR 2020, 69 Rn. 30 als Alternative zu § 280 Abs. 1 bei Verletzung des Gebots fairen Verhandelns.

326 Bericht BT-Ausschuss für Recht BT-Drucks. 14/7052 S. 186, 192.

327 *Mankowski* ZGS 2003, 91 (93); *Mertens* ZGS 2004, 67 (68); Staudinger/*Schwarze* (2020) § 324 Rn. 16.

gegenseitigen Vertrag, also kein vorvertragliches Verhältnis verlangt, entgegenstehend zu berücksichtigen.[328] Die Pflichtverletzung des § 324 BGB muss deshalb nach dem Vertragsschluss erfolgen.[329] Nach hier vertretener Auffassung kann aus dem Rücktrittsrecht des § 324 BGB deshalb kein Überrumpelungsschutz hergeleitet werden.

III. Konkludente Abbedingung des Rücktrittsrechts

Wird der anderen Ansicht gefolgt, stellt sich die Frage nach einer konkludenten Abbedingung des dispositiven[330] gesetzlichen Rücktrittsrechts. Dafür wird vorgebracht, dass der Aufhebungsvertrag eine schnelle und rechtssichere Beendigung des Arbeitsvertrags bezweckt.[331] Dagegen ist anzuführen, dass der Arbeitnehmer nur im Gegenzug zur Abfindung (wenn vereinbart) das Arbeitsverhältnis beendet. Erfolgt die Auszahlung nicht, möchte er in der Regel sämtliche rechtliche Mittel ergreifen können.[332] Außerdem könnte mit den gleichen Argumenten auch das Anfechtungsrecht jedenfalls nach dem dispositiven[333] § 119 BGB konkludent auszuschließen sein, was zurecht nicht vertreten wird.[334]

328 *Muthers* MDR 2004, 492 (493).

329 So auch Erman/*Arnold* § 123 Rn. 9; *Becker* S. 422 f.; *Glahe* S. 98 f.; *Mankowski* ZGS 2003, 91 (91 ff.); *Mertens* ZGS 2004, 67 (68 f.); *Muthers* MDR 2004, 492 (493); *Schacht* S. 56; HK-BGB/*Schulze* § 324 Rn. 2; Staudinger/*Schwarze* (2020) § 324 Rn. 15 f., 37; Jauernig/*Stadler* § 324 Rn. 4; *Weiler* SchuldR § 30 Rn. 22.

330 BAG 10.11.2011, NZA 2012, 205 Rn. 19; *Bauer/Haußmann* BB 1996, 901 (901); Moll/*Bengelsdorf* § 49 Rn. 398; MüKoBGB/*Ernst* § 323 Rn. 281; ErfK/*Müller-Glöge* § 620 BGB Rn. 15; Staudinger/*Oetker* (2019) Vorbem. zu §§ 620 ff. Rn. 68; *Reinfelder* NZA 2013, 62 (63).

331 LAG Köln 5.1.1996, BB 1996, 907 (908) bei Prozessvergleich; *Brox/Rüthers/Henssler* Rn. 679; APS/*Rolfs* AufhebVtr Rn. 64, 105; Staudinger/*Schwarze* (2020) Vorbem. zu §§ 320–326 Rn. 46; **offenlassend** BAG, 10.11.2011, NZA 2012, 205 Rn. 19; **aA** ArbG Siegburg 9.2.2010, NZA-RR 2010, 345 (346); *Bauer/Haußmann* BB 1996, 901 (901 f.); *Besgen/Velten* NZA-RR 2010, 561 (562); *Burkardt* S. 25; *Glahe* S. 94 ff.; Schaub/*Linck* § 122 Rn. 37; Staudinger/*Oetker* (2019) Vorbem. zu §§ 620 ff. Rn. 68; *Reinfelder* NZA 2013, 62 (63); BeckOGK/*Sutschet* (1.9.2021) § 620 BGB Rn. 509 f.; *Thies* S. 185.

332 *Bauer/Haußmann* BB 1996, 901 (901 f.); *Besgen/Velten* NZA-RR 2010, 561 (562); BeckOGK/*Sutschet* (1.9.2021) § 620 BGB Rn. 510.

333 MüKoBGB/*Armbrüster* § 119 Rn. 155.

334 Vgl. *Thies* S. 185 f.

Dementsprechend ist die konkludente Abbedingung des Rücktrittsrechts abzulehnen. Es benötigt dafür vielmehr gewichtige Anhaltspunkte im Einzelfall.[335]

I. Störung der Geschäftsgrundlage nach § 313 BGB

§ 313 Abs. 1 BGB gewährt das Recht Anpassung des Vertrags zu verlangen, wenn unter Berücksichtigung der Umstände des Einzelfalls wegen Änderung der Umstände, die bei Vertragsschluss vorausgesetzt wurden, das Festhalten am Vertrag nicht mehr zugemutet werden kann.[336] Eine Störung der Geschäftsgrundlage ist im Bereich des arbeitsrechtlichen Aufhebungsvertrags, insbesondere bei einem betrieblich bedingten Aufhebungsvertrag, grundsätzlich möglich.[337] Sie hilft jedoch nicht bei einer Überrumpelung.[338] In der zu behandelnden Konstellation geht es nicht um die Folgen von sich (gegebenenfalls nachträglich) ändernden tatsächlichen Umständen, sondern schlicht um die Entscheidungsfreiheit des Überrumpelten in der Abschlusssituation. Insofern vermag § 313 Abs. 1 BGB keinen Schutz zu gewähren.

J. Anfechtungsrecht nach den §§ 119 ff. BGB

Die von Arbeitnehmer und Arbeitgeber abgegebenen Erklärungen sind wie jede andere Willenserklärung anfechtbar.[339]

---

335 *Besgen/Velten* NZA-RR 2010, 561 (562); *Glahe* S. 95; Staudinger/*Oetker* (2019) Vorbem. zu §§ 620 ff. Rn. 68.

336 BGH 10.10.1984, NJW 1985, 313 (314); BAG 25.7.1990, NZA 1991, 16 (17); DHZ/*Bachner/Callsen* § 86 Rn. 98; APS/*Rolfs* AufhebVtr Rn. 107.

337 Ausführlich *Becker* S. 276 ff.; außerdem DHZ/*Bachner/Callsen* § 86 Rn. 96 ff.; *Burkardt* S. 256 ff.; DDZ/*Däubler* Aufhebungsvertrag Rn. 58; WEBF/*Ehrich* Teil 3 Rn. 94 ff.; *Moll/Reufels* MDR 2001, 361 (365 f.); SPV/*Preis* Rn. 37; KR/*Spilger* AufhebungsV Rn. 28 (Wegfall der angenommenen Kündbarkeit); BeckOGK/*Sutschet* (1.9.2021) § 620 BGB Rn. 533 ff.; BTM/*Trittin* § 611 BGB Rn. 149; **krit**. *Germelmann* NZA 1997, 236 (240).

338 *Becker* S. 285.

339 *Bauer* FS Däubler, 143 (145); *Becker* S. 212; *Ernst* S. 196; *Franz* S. 446; *Giesing* S. 180; *Heinkel* ZTR 2020, 261 (262); *C. Müller* S. 114; ErfK/*Müller-Glöge BGB* § 620 Rn. 11; *Schacht* S. 140.

I. *Anfechtung wegen Inhalts-, Erklärungs- oder Eigenschaftsirrtum gem. § 119 BGB*

1. *Inhaltsirrtum gem. § 119 Abs. 1 Alt. 1 BGB*

Ein Inhaltsirrtum nach § 119 Abs. 1 Alt. 1 BGB ist gegeben, wenn der Erklärende sich hinsichtlich des objektiven Inhalts der Erklärung irrt.[340] Bloß ungewollte Nebenfolgen, die nicht Inhalt des Vertrags sind, fallen deshalb nicht unter den Schutz des § 119 Abs. 1 S. 1 Alt. 1 BGB.[341] In der Regel liegen darum lediglich unbeachtliche Motiv- oder Rechtsfolgenirrtümer vor, beispielsweise wenn es um sozialrechtliche Folgen der Beendigung des Arbeitsverhältnisses geht (z. B. Sperrzeit nach § 159 Abs. 1 Nr. 1 SGB III).[342] Ansonsten besteht die Möglichkeit der Anfechtung, wenn der Umstand, über den eine Fehlvorstellung vorlag, explizit Vertragsinhalt geworden ist.[343] Beugt sich der Vertragspartner schlicht dem durch Überrumpelung erzeugten Druck, so liegt kein Inhaltsirrtum vor.[344]

2. *Erklärungsirrtum gem. § 119 Abs. 1 Alt. 2 BGB*

Im Falle des Erklärungsirrtums fällt die Erklärung anders als gewollt aus, weil der Erklärende sich eines Erklärungszeichens bedient, welches er gar nicht

---

340 BGH 27.10.1994, NJW 1995, 190 (191); Moll/*Bengelsdorf* § 49 Rn. 360; HK-BGB/*Dörner* § 119 Rn. 7; *Franz* S. 446; *Giesing* S. 180; *C. Müller* S. 114; *Schmidt-Westphal* S. 71; Staudinger/*Singer* (2017) § 119 Rn. 38; *Thies* S. 196 ff. zu beachtlichen Inhaltsirrtümern beim Abschluss eines arbeitsrechtlichen Aufhebungsvertrags.

341 *Burkardt* S. 213; *Ernst* S. 197 f.; *Giesing* S. 180; *Lehmann* S. 122; *Schacht* S. 142 ff.; Staudinger/*Singer* (2017) § 119 Rn. 67 ff.; MHdBArbR/*Wank* § 135 Rn. 33.

342 Vgl. BAG 16.2.1983, NJW 1983, 2958 (2958); BAG 10.3.1988, NZA 1988, 837 (837); BAG 14.2.1996, NZA 1996, 811 (811); DHZ/*Bachner/Callsen* § 86 Rn. 80; *Becker* S. 214; Moll/*Bengelsdorf* § 49 Rn. 360 ff.; *Burkardt* S. 213 f.; *Dütz/Thüsing* Rn. 348; *Ehrich* DB 1992, 2239 (2239 f.); *Ernst* S. 197; *Franz* S. 446; *Giesing* S. 180; *Hromadka/Maschmann* § 10 Rn. 17; *Hümmerich* § 3 Rn. 43; *Kamanabrou* Rn. 1501; LKB/*Krause* § 1 Rn. 28; *Krause* § 20 Rn. 6; Wedde/*Lakies* § 123 BGB Rn. 16; Schaub/*Linck* § 122 Rn. 26; *Moll/Reufels* MDR 2001, 361 (364); *C. Müller* S. 115; APS/*Rolfs* AufhebVtr Rn. 91; *Thies* S. 191 ff.; *Schacht* S. 144 f.; *Schmidt-Westphal* S. 71 ff.; NK-GA/*Schöne* § 611 BGB Rn. 1005; KassHdb/*Welslau* 6.1 Rn. 78; *Winter* S. 172.

343 BAG 16.2.1983, NJW 1983, 2958 (2958); BAG 6.2.1992, NJW 1992, 2173 (2173 f.); MüKoBGB/*Armbrüster* § 119 Rn. 86; *Becker* S. 214; Moll/*Bengelsdorf* § 49 Rn. 364; *Burkardt* S. 214; Palandt/*Ellenberger* § 119 Rn. 17; *Franz* S. 449; Soergel/*Hefermehl* § 119 Rn. 24; *Heinkel* ZTR 2020, 261 (262); *C. Müller* S. 116 f.; *Singer* S. 229; *Thies* S. 190 f.; MHdBArbR/*Wank* § 135 Rn. 33.

344 Ähnlich *Becker* S. 215 für den arbeitsrechtlichen Aufhebungsvertrag.

benutzen will (Versprechen, Verschreiben, Verklicken etc.).[345] Die Beeinflussung des anderen Teils wird durch diese Vorschrift nicht abgedeckt.[346] Aus diesen Gründen spielt der § 119 Abs. 1 Alt. 2 BGB keine nennenswerte Rolle bei dem durch Überrumpelung herbeigeführten Abschluss eines Vertrags.[347] Gerade bei Zeitdruck wird der überrumpelnde Teil ein vorgefertigtes Dokument vorlegen, welches nur noch der Unterschrift als Erklärung bedarf, sodass bereits von vornherein kein Raum für einen Erklärungsirrtum vorliegt.[348]

3. *Eigenschaftsirrtum gem. § 119 Abs. 2 BGB*

Liegt ein Irrtum über eine verkehrswesentliche Eigenschaft nach § 119 Abs. 2 BGB vor, so kann grundsätzlich angefochten werden. Eigenschaften sind alle tatsächlichen oder rechtlichen Faktoren, die infolge ihrer Beschaffenheit auf Dauer für die Brauchbarkeit und den Wert der Sache oder Person relevant sind.[349] Für die Verkehrswesentlichkeit kommt es darauf an, ob die Eigenschaft für den typischen Zweck des Geschäfts relevant ist.[350] Auch § 119 Abs. 2 BGB ist demnach nicht geeignet, einer Drucksituation zu begegnen. In einer solchen liegt zumeist kein Eigenschaftsirrtum vor.

4. *Ergebnis zu § 119 BGB*

§ 119 BGB eröffnet mithin keine Möglichkeit auf Überrumpelungen zu reagieren, welche sich nicht in einem Irrtum niederschlagen. Dann handelt es sich aber nicht mehr um einen Überrumpelungsschutz, sondern um einen Irrtumsschutz, welcher nicht Gegenstand der Untersuchung ist. Irrtum und Überrumpelung sind durch die unterschiedliche Verantwortlichkeit für die Willensmängel und deren Natur grundverschieden.

---

345 Moll/*Bengelsdorf* § 49 Rn. 365; *Burkardt* S. 212; HK-BGB/*Dörner* § 119 Rn. 6; *Lehmann* S. 118 f.; *Neuner* § 41 Rn. 38; Staudinger/*Singer* (2017) § 119 Rn. 34.

346 *Lorenz* S. 264.

347 *Bauer* NZA 1992, 1015 (1015); *Becker* S. 212; *Giesing* S. 180, 198; *Lehmann* S. 119 f.; *Lorenz* S. 264; *Moll/Reufels* MDR 2001, 361 (364); vgl. auch *Winter* S. 172; Relevanz für Aufhebungsverträge generell verneinend *Richter/Richter* AiB 1988, 140 (142).

348 *Becker* S. 213.

349 BGH 18.12.1954, BGHZ 16, 54 (57); BGH 18.11.1977, NJW 1978, 370 (370); BGH 18.12.1954, BGHZ 16, 54 (57); Erman/*Arnold* § 119 Rn. 35; *Burkardt* S. 212; Soergel/*Hefermehl* § 119 Rn. 37; *C. Müller* S. 117; Staudinger/*Singer* (2017) § 119 Rn. 87; *Weiler* S. 415.

350 BGH 22.9.1982, BGHZ 88, 240 (245 f.); *Neuner* § 41 Rn. 63; Staudinger/*Singer* (2017) § 119 Rn. 80; *Weiler* S. 415.

II. Anfechtungsrecht nach § 123 Abs. 1 BGB

§ 123 Abs. 1 BGB regelt die Anfechtung einer Willenserklärung, welche unter dem Einfluss einer arglistigen Täuschung (§ 123 Abs. 1 Alt. 1 BGB) oder einer widerrechtlichen Drohung (§ 123 Abs. 1 Alt. 2 BGB) erfolgte. Die Willenserklärung, welche eine rechtswirksame Einigung begründet, soll idealiter frei von Zwang und Täuschung sein.[351] § 123 BGB schützt grundlegend „die freie Selbstbestimmung auf rechtsgeschäftlichem Gebiete“[352]. In den durch § 123 Abs. 1 BGB geregelten Fällen liegt zum einen in der Regel kein schutzwürdiges Vertrauen aufseiten des Anfechtungsgegners vor[353] und zum anderen eine nicht mehr unter die eigene Selbstverantwortung des Anfechtenden fallende Beeinträchtigung der Selbstbestimmung.[354] § 123 Abs. 1 BGB könnte deshalb einen allgemeinen Überrumpelungsschutz statuieren.

1. Arglistige Täuschung gem. § 123 Abs. 1 Alt. 1 BGB

Der Tatbestand des § 123 Abs. 1 Alt. 1 BGB verlangt in objektiver Hinsicht, dass eine arglistige Täuschung beim Gegenüber einen Irrtum erregt, welcher diesen zur Abgabe einer Willenserklärung bewegt.[355] Eine Täuschung kann durch aktives Tun, also das Vorspiegeln falscher Tatsachen als auch durch Unterlassen (Unterdrücken wahrer Tatsachen) erfolgen.[356] Ein Unterlassen kommt allerdings nur dann in Betracht, wenn vorvertragliche Aufklärungspflichten bestehen.[357]

---

351 *Ernst* S. 195; *Flume* § 19; *S. Müller* DB 2019, 1792 (1795); *Schacht* S. 51, 123

352 Motive I S. 204; zust. Soergel/*Hefermehl* § 123 Rn. 1; *Heinrich* S. 353; *Lehmann* Vertragsanbahnung S. 137; *Lorenz* S. 314; *Popp* BlStSozArbR 1981, 17 (17); *Schmidt-Westphal* S. 87; Staudinger/*Singer/v. Finckenstein* (2017) § 123 Rn. 1.

353 Ausnahme: arglistige Täuschung durch einen Dritten, vgl. § 123 Abs. 2 BGB oder Drohung durch einen Dritten.

354 *Lorenz* S. 314 f.; *Singer* S. 209; ähnlich Staudinger/*Singer/v. Finckenstein* (2017) § 123 Rn. 1: kein Verweis auf die formale Selbstbestimmung aufgrund der Intensität des Mangels in der Willensbildung möglich.

355 BAG 5.10.1995, NZA 1996, 371 (371); BAG 29.1.1997, NJW 1997, 1940 (1941); BAG 22.4.2004, NJOZ 2004, 4096 (4097); *Becker* S. 218; *Franz* S. 499, 502; *Giesing* S. 182; Soergel/*Hefermehl* § 123 Rn. 2; APS/*Rolfs* AufhebVtr Rn. 94; Staudinger/*Singer/v. Finckenstein* (2017) § 123 Rn. 48; *Winter* S. 174.

356 BAG 29.1.1997, NJW 1997, 1940 (1941); *Becker* S. 218; Moll/*Bengelsdorf* § 49 Rn. 366; *Burkardt* S. 215; *Ehrich* DB 1992, 2239 (2240); *Franz* S. 499; *Neuner* § 41 Rn. 103; APS/*Rolfs* AufhebVtr Rn. 93; Staudinger/*Singer/v. Finckenstein* (2017) § 123 Rn. 6.

357 BAG 29.1.1997, NJW 1997, 1940 (1941); BAG 22.4.2002, NJOZ 2004, 4096 (4098); PWW/*Ahrens* § 123 Rn. 8; *Becker* S. 218; Moll/*Bengelsdorf* § 49 Rn. 366; *Burkardt* S. 215; DDZ/*Däubler* Aufhebungsvertrag Rn. 78; *Franz* S. 500; *Giesing* S. 181; Soergel/

Der Arbeitgeber könnte über die wirtschaftliche Lage des Betriebs oder über steuer- und sozialrechtliche Folgen des Aufhebungsvertrags täuschen.

Arglist des Täuschenden liegt vor, wenn der Täuschende die Unrichtigkeit seiner Behauptungen kennt und zumindest billigend die Beeinflussung des Geschäftspartners durch die Täuschung in Kauf nimmt.[358] Auch unwahre Behauptungen ins Blaue hinein reichen aus, wenn der Erklärende mit ihrer Unrichtigkeit rechnet.[359]

Täuschungen Dritter sind dem Vertragspartner zuzurechnen, wenn er die Täuschung kannte oder kennen musste, § 123 Abs. 2 BGB. „Dritter" ist nicht, wer dem „Lager" des Anfechtungsgegners zuzurechnen ist.[360]

Die Beweislast hinsichtlich der Voraussetzungen des § 123 Abs. 1 Alt. 1 BGB trifft den Anfechtenden, wozu insbesondere die Arglist des anderen zählt.[361] Hieran, sowie an dem Nachweis der Kausalität wird der Anfechtende im Regelfall scheitern.[362] Jedenfalls bezüglich der Kausalität ist aber eine Beweislasterleichterung in Form des Anscheinsbeweises möglich.[363]

Ein Verstoß gegen das Gebot fairen Verhandelns im Sinne einer Überrumpelung erfordert allerdings keine Täuschung. Eine solche geht zwar womöglich

---

Hefermehl § 123 Rn. 6; *Heinkel* ZTR 2020, 261 (263); *Lorenz* S. 317; *Neuner* § 41 Rn. 106; APS/*Rolfs* AufhebVtr Rn. 93; Staudinger/*Singer/v. Finckenstein* (2017) § 123 Rn. 10.

358 BAG 20.5.1999, NZA 1999, 875 (977); BAG 6.7.2000, NZA 2001, 317 (320); *Burkardt* S. 216; Soergel/*Hefermehl* § 123 Rn. 25; *Heinkel* ZTR 2020, 261 (263); *Lorenz* S. 315; *Mankowski* S. 339; APS/*Rolfs* AufhebVtr Rn. 95; *Schmidt-Westphal* S. 89 f.; *Winter* S. 174.

359 BGH 21.1.1975, BGHZ 63, 382 (386); BGH 18.3.1981, NJW 1981, 1441 (1442); *Burkardt* S. 216; APS/*Rolfs* AufhebVtr Rn. 95; DDZ/*Däubler* Aufhebungsvertrag Rn. 79; *Franz* S. 501; *Giesing* S. 182; *Lorenz* S. 315; *Neuner* § 41 Rn. 110; *Winter* S. 175.

360 MüKoBGB/*Armbrüster* § 123 Rn. 74; *Bork* Rn. 879; *Lorenz* S. 324; ähnlich BGH 8.12.1989, NJW 1990, 1661 (1662) Zurechnung nach Billigkeitsgesichtspunkten; BeckOKBGB/*Wendtland* § 123 Rn. 22 f.

361 BAG 15.5.1997, NZA 1998, 33 (35); MüKoBGB/*Armbrüster* § 123 Rn. 95; *Franz* S. 503; *Giesing* S. 182; *Heinkel* ZTR 2020, 261 (263); *Lorenz* S. 329; *Weber/Ehrich* NZA 1997, 414 (418); BeckOKBGB/*Wendtland* § 123 Rn. 41.

362 *Giesing* S. 182; *Lehmann* S. 138, 145; ähnlich *Weber/Ehrich* NZA 1997, 414 (418).

363 Für die schwankende Rspr. BGH 12.11.1957, NJW 1958, 177 (177); BGH 12.5.1995, NJW 1995, 2361 (2362); strenger aber BGH 13.5.1957, NJW 1957, 988 (989); BGH 20.11.1995, BGH 20.11.1995, NJW 1996, 1051 (1051); MüKoBGB/*Armbrüster* § 123 Rn. 96; HK-BGB/*Dörner* § 123 Rn. 13; Palandt/*Ellenberger* § 123 BGB Rn. 30; Jauernig/*Mansel* § 123 Rn. 18; BeckOKBGB/*Wendtland* § 123 Rn. 41.

mit unfairem Verhalten einher, dies ist aber nicht zwingend. Im Überrumpelungsfall ist § 123 Abs. 1 Alt. 1 BGB ohne Täuschung nicht einschlägig.[364] Werden bewusst unwahre Vorwürfe gemacht, um Druck aufzubauen, so ist nicht die Täuschung, sondern die Drohung die vorzuwerfende Handlung. In diesen Fällen ist die Anfechtung wegen widerrechtlicher Drohung deshalb vorrangig.[365] Durch § 123 Abs. 1 Alt. 1 BGB kann somit kein Überrumpelungsschutz begründet werden.

2. Widerrechtliche Drohung gem. § 123 Abs. 1 Alt. 2 BGB

Im privaten Rechtsverkehr wird oftmals in der einen oder anderen Form Druck ausgeübt, um einen Vertragsschluss zu erzielen. Die Möglichkeiten des Druckaufbaus sind mannigfaltig und viele sind von der Rechtsordnung gebilligt. Regelmäßig fechten Arbeitnehmer Aufhebungsverträge mit der Begründung an, sie seien während der Verhandlungen massiv unter Druck gesetzt worden,[366] worauf die Arbeitgeber in der Regel mit der Behauptung reagieren, dass das Gespräch in ruhiger, sachlicher Atmosphäre abgelaufen sei.[367] Aus diesem Grund ist die Anfechtung wegen widerrechtlicher Drohung die in der Praxis am meisten bemühte Beseitigungsmethode bei Aufhebungsverträgen.[368]

a) Der feststehende und abschließende Begriff der Drohung

Eine Drohung setzt die Ankündigung eines künftigen Übels voraus, dessen Verwirklichung nach Vorgabe des Drohenden in seiner Macht zu stehen scheint.[369]

---

364 So auch *Becker* S. 219; in diese Richtung ebenfalls *Schacht* S. 152.

365 LAG Baden-Württemberg 6.5.1999, BB 1999, 1439 (1440); *Becker* S. 218 f.

366 *Bauer* AnwBl 1993, 58 (62); *ders.* NJW 1994, 980 (980); *ders.* FS Däubler, 143 (145); *ders.* NZA-RR 1999, 1 (1); *Benecke* RdA 2004, 147 (148); *Burkardt* S. 218; *Franz* S. 415, 495; *Ehrich* DB 1992, 2239 (2240); *Hromadka/Maschmann* § 10 Rn. 17; *Richter/Richter* AiB 1988, 140 (142); Tschöpe/*Schulte* 3. Teil C. Rn. 58; vgl. dazu auch *Giesing* S. 23, 182.

367 *Ehrich* DB 1992, 2239 (2240) Fn. 18; *Reinecke* Sonderbeil. NZA 18/2004, 27 (34); *ders.* FS Düwell, 410 (413); vgl. dazu auch *Giesing* S. 23.

368 *Burkardt* S. 216; HK-ArbR/*Däubler* §§ 611, 611a BGB Rn. 613; *Ehrich* DB 1992, 2239 (2240); WEBF/*ders.* Teil 3 Rn. 23; *Germelmann* NZA 1997, 236 (241); *Hümmerich* § 3 Rn. 48; *Heinkel* ZTR 2020, 261 (262); *Krause* § 20 Rn. 6; *Petersen* NWB 2019, 1682 (1689); ähnlich DHZ/*Bachner/Callsen* § 86 Rn. 85; *Bauer* NJW 1994, 980 (980); ZLH/*Hergenröder* § 24 Rn. 22; *Kuby* AiB 12/2018, 40 (41); vgl. dazu auch *Giesing* S. 23, 182.

369 BGH 7.6.1988, NJW 1988, 2599 (2600 f.); BAG 8.12.1955, BAGE 2, 233 (236); BAG 22.10.1998, NZA 1999, 417 (418); BAG 21.4.2016, NZA 2016, 1409 Rn. 52; MüKoBGB/*Armbrüster* § 123 Rn. 111; *Becker* S. 220; *Burkardt* S. 216; *Busemann/Schäfer* Rn. 62;

Als Übel kommt jeder Nachteil in Betracht.[370] Es genügt eine subjektive Zwangslage des Bedrohten.[371] Eine objektive Schwere der Drohung ist deshalb nicht erforderlich.[372] Damit liegt eine Abkehr von der gegründeten Furcht eines standhaften Mannes noch aus Zeiten des römischen Rechts vor. Eine Drohung mit sehr geringfügiger Intensität kann allerdings im Rahmen der Kausalität zu Problemen führen.[373]

Das bloße Ausnutzen einer bereits bestehenden Zwangslage erfüllt den Tatbestand der Drohung nicht.[374] Die Drohung muss nicht explizit geäußert werden. Es reicht, wenn sie sich aus dem Kontext des Gesprächs ergibt, dass der Empfänger „vor die Wahl gestellt wird".[375] Die Person des Drohenden ist irrelevant.[376] Eine § 123 Abs. 2 BGB gleichkommende Regel gibt es für die widerrechtliche Drohung nicht. Die Drohung ist kausal, wenn der Bedrohte die Erklärung ohne die Drohung überhaupt nicht oder nur mit einem anderen Inhalt abgegeben hätte.[377]

Ernst S. 204; Soergel/*Hefermehl* § 123 Rn. 40; *Heinkel* ZTR 2020, 261 (262); *Lorenz* S. 349; *C. Müller* S. 121; *Petersen* NWB 2019, 1682 (1689); APS/*Rolfs* AufhebVtr Rn. 97; *Schmidt-Westphal* S. 127; Staudinger/*Singer/v. Finckenstein* (2017) § 123 Rn. 69; *Weiler* S. 252; BeckOKBGB/*Wendtland* § 123 Rn. 25.

370 PWW/*Ahrens* § 123 Rn. 33; *Becker* S. 220.

371 *Becker* S. 220; MüKoBGB/*Armbrüster* § 123 Rn. 115.

372 PWW/*Ahrens* § 123 Rn. 33; MüKoBGB/*Armbrüster* § 123 Rn. 115; Soergel/*Hefermehl* § 123 Rn. 41; *Schindler* S. 22 f. m. w. N.; BeckOKBGB/*Wendtland* § 123 Rn. 27.

373 PWW/*Ahrens* § 123 Rn. 33; MüKoBGB/*Armbrüster* § 123 Rn. 115; BeckOKBGB/*Wendtland* § 123 Rn. 27.

374 BGH 26.6.1952, BGHZ 6, 348 (351); MüKoBGB/*Armbrüster* § 123 Rn. 112; Soergel/*Hefermehl* § 123 Rn. 40; BLDH/*Lingemann* Kap. 23 Rn. 27b; Jauernig/*Mansel* § 123 Rn. 12.

375 BAG 30.9.1993, NZA 1994, 209 (210); BAG 9.3.1995, NZA 1996, 875 (876); *Becker* S. 223; Palandt/*Ellenberger* § 123 Rn. 17; *Franz* S. 456 f.; *Schmidt-Westphal* S. 130; **krit.** *Adam* SAE 2000, 204 (207 f.); *Bauer* FS Däubler, 143 (147 f.); *G. Popp* AuA 2001, 148 (149); *Schacht* S. 147 f. nur „Hinweis- und Mitteilungsfunktion", wenn der Wunsch zu Beendigung des Verhältnisses geäußert wird.

376 BGH 6.7.1966, NJW 1966, 2399 (2399 f.); MüKoBGB/*Armbrüster* § 123 Rn. 129; *Becker* S. 222; Palandt/*Ellenberger* § 123 Rn. 18; *Franz* S. 459.

377 APS/*Rolfs* AufhebVtr Rn. 98.

aa) *Kündigung, Strafanzeige, Geltendmachung von Ansprüchen als Drohung*

Unter den Drohungsbegriff fällt das Inaussichtstellen einer Kündigung[378], der Geltendmachung von Schadensersatzansprüchen oder der Strafanzeige.[379] Auf den Problemfall der bereits ausgesprochenen außerordentlichen oder ordentlichen Kündigung, mit welcher gegebenenfalls auch noch während der

---

378 Zum Arbeitsrecht: st. Rechtsprechung zur **außerordentlichen** Kündigung: BAG 8.12.1955, BAGE 2, 233 (236); BAG 30.3.1960, AP BGB § 123 Nr. 8; BAG 20.11.1969, NJW 1970, 775 (775); BAG 16.11.1979, AP BGB § 123 Nr. 21 zu II. 1.; BAG 12.8.1999, JuS 2000, 620 (620); BAG 21.4.2016, NZA 2016, 1409 Rn. 52; *Bauer* FS Däubler, 143 (145); *Brox/Rüthers/Henssler* Rn. 678; *Ernst* S. 206; *Heinkel* ZTR 2020, 261 (262); Schaub/*Linck* § 122 Rn. 27; MHdBArbR/*Wank* § 135 Rn. 35; zur **ordentlichen** Kündigung BAG 24.1.1985, NZA 1986, 25 (27); BAG 16.1.1992, NZA 1992, 1023 (1024); *Kamanabrou* Rn. 1502; Schaub/*Linck* § 122 Rn. 30 nur wenn das Arbeitsverhältnis schon unter das KSchG fällt; nur eingeschränkt zustimmend *Ernst* S. 207 f.; **insgesamt** DHZ/*Bachner/Callsen* § 86 Rn. 86; *Becker* S. 220 f.; *Bengelsdorf* AuA 1993, 46 (49); Moll/*ders.* § 49 Rn. 372; *Burkardt* S. 217, 226 f.; *Busemann/Schäfer* Rn. 62; *Butz* S. 113; DDZ/*Däubler* Aufhebungsvertrag Rn. 81; HK-ArbR/*ders.* §§ 611, 611a BGB Rn. 613; *Ehrich* DB 1992, 2239 (2240); WEBF/*ders.* Teil 3 Rn. 24; *Franz* S. 453 ff. mit Ausnahme des Falles, dass der Arbeitnehmer sich die Beendigung des Arbeitsverhältnisses um jeden Preis wünscht; *Galperin* DB 1961, 238 (238); BeckOKArbR/*Hesse* § 620 BGB Rn. 80; MüKoBGB/*ders.* Vor § 620 Rn. 29; *Hümmerich* § 1 Rn. 38, § 3 Rn. 48; *Junker* Rn. 429; *Keppeler* AuR 1996, 263 (264); LKB/*Krause* § 1 Rn. 22; *Moll/Reufels* MDR 2001, 361 (364); *C. Müller* S. 122; MEL/*Mues* Rn. 1004; Staudinger/*Oetker* (2019) Vorbem. zu §§ 620 ff. Rn. 66; *Schacht* S. 145; *Schmidt-Westphal* S. 130 f.; KR/*Spilger* AufhebungsV Rn. 32; Staudinger/*Singer/v. Finckenstein* (2017) § 123 Rn. 81; BeckOGK/*Sutschet* (1.9.2021) § 620 BGB Rn. 445; *Thies* S. 216; **aA** bei ordentlicher Kündigung *Bauer* NZA 1992, 1015 (1015 f.); *ders.* AnwBl 1993, 58 (62): „ordentliche Kündigung [ist] eine Alltagerscheinung", weshalb es an der psychischen Zwangslage fehle; ähnlich *ders.* NJW 1994, 980 (981); *ders.* FS Däubler, 143 (146) [dediziert dagegen *Becker* S. 221 f.; *Benecke* RdA 2004, 149 (150); *Butz* S. 115; *Franz* S. 455 f.; *Giesing* S. 187; *Burkardt* S. 217, 227: Arbeitslosigkeit erzeugt stets psychischen Druck und Aufhebungsvertrag ist dann das „kleinere Übel"]; ohne zwischen außerordentlicher und ordentlicher Kündigung zu differenzieren *Adam* SAE 2000, 204 (207 f.).

379 Zur Strafanzeige: BAG 30.1.1986, NZA 1987, 91 (91); BAG 21.4.2016, NZA 2016, 1409 Rn. 52; LAG Düsseldorf 26.1.1993, NZA 1993, 702 (703); DHZ/*Bachner/Callsen* § 86 Rn. 89; *Burkardt* S. 229 f.; *Heinkel* ZTR 2020, 261 (262); *Moll/Reufels* MDR 2001, 361 (364); **insgesamt**: *Bauer* FS Däubler, 143 (145); *Becker* S. 224 f.; *Bengelsdorf* AuA 1993, 46 (49); DDZ/*Däubler* Aufhebungsvertrag Rn. 81; HK-ArbR/*ders.* §§ 611, 611a BGB Rn. 613; *Ehrich* DB 1992, 2239 (2241); *Ernst* S. 206; *Franz* S. 485 ff.; Staudinger/*Oetker* (2019) Vorbem. zu §§ 620 ff. Rn. 66; *Thies* S. 221 ff.

Verhandlungen Druck erzeugt werden kann, soll hier nicht weiter eingegangen werden.[380] Denn wenn die Kündigung bereits im Vorfeld erklärt wurde, ist der Kündigungsempfänger auf eine Beendigung des Verhältnisses vorbereitet. Eine Überrumpelung erscheint unwahrscheinlich. Das Inaussichtstellen eines schlechten Arbeitszeugnisses ist nur dann eine Drohung, wenn ein Anspruch auf ein gutes Zeugnis besteht.[381] Das Angebot bei Abschluss des Vertrags ein besseres als verdientes Zeugnis auszustellen, ist keine Drohung, weil es an der Ankündigung eines Übels fehlt.[382] Auch die Verweigerung einer Abfindung ist keine Drohung.[383] Auf diese besteht beim Abschluss eines Aufhebungsvertrags mangels gesetzlicher Vorschrift kein Anspruch.[384]

bb) Zeitdruck als Drohung

Wie eingangs erwähnt sind die Anfechtungsfälle wegen Zeitdruck die mit der praktisch höchsten Relevanz. Nach Ansicht einiger weniger Befürworter schützt § 123 Abs. 1 Alt. 2 BGB auch vor Überrumpelungen durch bloßen Zeitdruck, um dem Überrumpelten dadurch einen Schutz vor übereilter Entscheidung bieten.[385]

---

380 S. zum Meinungsspektrum BAG 12.8.1999, NZA 2000, 27 (28); BAG 23.11.2006, NZA 2007, 466 (469); LAG Berlin 28.4.2000, NZA-RR 2001, 85; LAG Brandenburg 16.10.1997, NZA-RR 1998, 248 (250); *Adam* SAE 2000, 204 (205); *Bauer* FS Däubler, 143 (147); *Becker* S. 226 f.; Moll/*Bengelsdorf* § 49 Rn. 373; *Burkardt* S. 217; *Franz* S. 458 f.; MüKoBGB/*Hesse* Vor § 620 Rn. 29; BLDH/*Lingemann* Kap. 23 Rn. 27f.; *Moll/Reufels* MDR 2001, 361 (364); APS/*Rolfs* AufhebVtr Rn. 97; Tschöpe/*Schulte* 3. Teil C. Rn. 60; BeckOGK/*Sutschet* (1.9.2021) § 620 BGB Rn. 447; *Thies* S. 245 f.

381 *Becker* S. 225; Moll/*Bengelsdorf* § 49 Rn. 392; BeckOGK/*Sutschet* (1.9.2021) § 620 Rn. 464.

382 LAG Brandenburg 16.10.1997, NZA-RR 1998, 248 (250); *Becker* S. 225; Moll/*Bengelsdorf* § 49 Rn. 392; BeckOGK/*Sutschet* (1.9.2021) § 620 BGB Rn. 464; ähnlich MEL/*Mues* Rn. 1017.

383 LAG Brandenburg 16.10.1997, NZA-RR 1998, 248 (250); *Becker* S. 225; Moll/*Bengelsdorf* § 49 Rn. 391; *Hümmerich* § 3 Rn. 55; MEL/*Mues* Rn. 1018.

384 BAG 7.5.1987, NZA 1988, 15 (15); LAG Brandenburg 16.10.1997, NZA-RR 1998, 248 (250); DHZ/*Bachner/Callsen* § 86 Rn. 28; *Becker* S. 225; *Bengelsdorf* BB 1995, 978 (980); Moll/*ders.* § 49 Rn. 192; DDZ/*Däubler* Aufhebungsvertrag Rn. 26; HK-ArbR/*ders.* §§ 611, 611a BGB Rn. 594; *Ernst* S. 159; *Franz* S. 100, 142; MEL/*Mues* Rn. 1018; *Schacht* S. 121; *Schmidt-Westphal* S. 176; *Zwanziger* BB 1996, 903 (904).

385 **Dafür**: *Flume* § 28/2; *Popp* BlStSozArbR 1981, 17 (21); restrikitv bei Unterdrucksetzung, die über Zeitdruck hinausgeht *Wisskirchen/Worzalla* DB 1994, 577 (582); *Weiler* S. 635 ff. befürtwortet unter Umständen eine analoge Anwendung der Norm; *Benecke* RdA 2004, 149 (150 ff.) will dies über die Zweck-Mittel-Relation erreichen, s. dazu Kap. 3 § 5 J. II. 2. b) bb); **unklar** *Kienast/Schmidl* DB 2003, 1440 (1442)

Eine widerrechtliche Drohung ist mit der herrschenden Meinung jedoch nicht schon deshalb zu bejahen, weil eine Partei unter Zeitdruck gesetzt wurde und keine Bedenkzeit eingeräumt bekommen hat.[386] Dies ist bereits deshalb naheliegend, weil es mangels Äußerung von negativen Konsequenzen keine Drohung

---

Überrumpelungssituation „wird […] durch das Anfechtungsrecht nach § 123 BGB abgedeckt"; *Rieble* Rn. 847, 927 Vertrag ist nach § 123 BGB anfechtbar, wenn die „allgemeine Schwelle unzulässiger Beeinträchtigung der freien Willenbildung überschritten ist"; **offenlassend** für Extremfälle KassHdb/*Welslau* 6.1 Rn. 77.

386 BAG 16.2.1983, NJW 1983, 2958 (2559); BAG 30.9.1993, NZA 1994, 209 (210); BAG 14.2.1996, NZA 1996, 811 (812); LAG Berlin-Brandenburg 4.9.1997, LAGE § 123 BGB Nr. 25, S. 2; LAG Baden-Württemberg 18.1.1999 – 14 Sa 101/98, BeckRS 1999, 30862542; LAG Düsseldorf 26.1.1993, NZA 1993, 702 (703); LAG Hamburg 3.7.1991, NZA 1991, 309 (311); LAG Hessen 29.3.1994 – 7 Sa 1063/98, BeckRS 1994, 30901655; LAG Mecklenburg-Vorpommern 6.7.1995, NZA 1996, 535 (538); LAG Mecklenburg-Vorpommern 4.12.2018 – 2 Sa 143/18, BeckRS 2018, 46462 Rn. 66; *Adam* SAE 2000, 204 (208); MüKoBGB/*Armbrüster* § 123 Rn. 111; DHZ/*Bachner/Callsen* § 86 Rn. 88; *Bauer* NZA 1992, 1015 (1017); *ders.* AnwBl 1993, 58 (63); *ders.* FS Däubler, 143 (148 f.); *Becker* S. 253 ff.; *Bengelsdorf* AuA 1993, 46 (49); Moll/*ders.* § 49 Rn. 390; *Boemke* AP BGB § 123 Nr. 37, S. 1244 (1244R); *Burkardt* S. 218, *Busemann/Schäfer* Rn. 64; DDZ/*Däubler* Aufhebungsvertrag Rn. 87 (mit Hinweis auf ein stattdessen mögliches Verschulden bei Vertragsschluss); HK-ArbR/*ders.* §§ 611, 611a BGB Rn. 615; *Ehrich* DB 1992, 2239 (2243 f.); *ders.* NZA 1994, 438 (440); WEBF/*ders.* Teil 3 Rn. 58; *Ernst* S. 114 f., 205, 240 f.; *Feuerborn* S. 168; *Germelmann* NZA 1997, 236 (241); *Haller* BB 1994, 787 (789); *Hansen* ZGS 2003, 373 (375); *Herschel* AP BGB § 123 Nr. 22, S. 252 (252R); *v Hoyningen-Huene* EWiR 1994, 115 (115); *Hromadka/Maschmann* § 10 Rn. 17; *Hümmerich* § 3 Rn. 45; *Kaiser* EzA § 611 BGB Aufhebungsvertrag Nr. 13, S. 11 (17); LKB/*Krause* § 1 Rn. 24; BLDH/*Lingemann* Kap. 23 Rn. 27g; *ders./Chakrabarti* NJW 2019, 2445 (2447); Schaub/*Linck* § 122 Rn. 30; *Lorenz* JZ 1997, 277 (280) Fn. 49; *ders.* S. 349 allgemein zur Überrumpelung; *Mankowski* S. 1153; *Moll/Reufels* MDR 2001, 361 (365); *C. Müller* S. 122; MEL/*Mues* Rn. 1015; *Otto/Bieder* Rn. 309; *Pauly* MDR 1995, 1081 (1085); *Petersen* NWB 2019, 1682 (1689); SPV/*Preis* Rn. 51; BeckOGK/*Rehberg* (1.9.2021) § 123 BGB Rn. 188 f.; APS/*Rolfs* AufhebVtr Rn. 100; *Schacht* S. 148 f.; *Schiefer/Köster* WiB 1995, 489 (496); Küttner/*Schmidt* Aufhebungsvertrag Rn. 22; *Schmidt-Westphal* S. 135; Tschöpe/*Schulte* 3. Teil C. Rn. 58; Staudinger/*Singer/v. Finckenstein* (2017) § 123 Rn. 69; BeckOGK/*Sutschet* (1.9.2021) § 620 BGB Rn. 470; HWK/*Thüsing* § 123 BGB Rn. 43; MHdBArbR/*Wank* § 135 Rn. 35; *ders.* EzA § 611 BGB Aufhebungsvertrag Nr. 21, S. 5 (5); *Weber/Ehrich* NZA 1997, 414 (417); BeckOKBGB/*Wendtland* § 123 Rn. 26; *Winter* S. 113, 134; *Wisskirchen/Worzalla* DB 1994, 577 (581); *Zwanziger* DB 1994, 982 (983); ähnlich *Schindler* S. 178.

gibt.[387] Aus diesem Grund stellt auch die Nichtankündigung des Gesprächs keinen Anfechtungsgrund dar. Zudem entspricht das Bestehen auf die sofortige Annahme des Angebots dem rechtlichen Leitbild nach § 147 BGB.[388] Stattdessen solle der Arbeitnehmer, wenn ihm „alles zu schnell geht", naheliegender Weise das Angebot des Arbeitgebers auf die Aufhebung des Arbeitsvertrags einfach ablehnen.[389]

Auch wenn eine explizit gewünschte Bedenkzeit abgelehnt wird, liegt keine widerrechtliche Drohung vor.[390] Dies ergibt sich aus den gleichen Gründen wie bei der nicht eingeforderten Bedenkzeit. Es gibt gerade keinen allgemeinen Grundsatz, dass immer bei beschleunigten Verhandlungssituationen eine Bedenkzeit einzuräumen ist.[391] *Ernst* stimmt der herrschenden Meinung grundsätzlich zu, räumt jedoch ein, dass bei Hinzutreten besonderer Umstände eine verweigerte Bedenkzeit zu einem Anfechtungsrecht führen könnte.[392] Dies ist allerdings dogmatisch unschlüssig und nicht näher begründet und daher eher

387 LAG Düsseldorf 26.1.1993, NZA 1993, 702 (703); Moll/*Bengelsdorf* § 49 Rn. 390; *Burkardt* S. 218 f.; *Ehrich* DB 1992, 2239 (2243); WEBF/*ders.* Teil 3 Rn. 59; *Ernst* S. 114, 205, 240 f.; *Feuerborn* S. 168; *Franz* S. 497; *Germelmann* NZA 1997, 236 (241); *Giesing* S. 194; *Haller* BB 1994, 787 (790); *Lingemann/Chakrabarti* NJW 2019, 2445 (2447); *Moll/Reufels* MDR 2001, 361 (365); *C. Müller* S. 122; *Schacht* S. 148 f.; *Schmidt-Westphal* S. 135; MHdBArbR/*Wank* § 135 Rn. 35; *Weber/Ehrich* NZA 1997, 414 (418); *Winter* S. 134; *Zwanziger* DB 1994, 982 (983); ähnlich BLDH/*Lingemann* Kap. 23 Rn. 27g.

388 *Ernst* S. 114, 241; *Feuerborn* S. 168; *Franz* S. 497; *Mankowski* S. 1153; ähnlich *Burkardt* S. 110 „keine Anhaltspunkte [im Gesetz], dass eine Willenserklärung unwirksam ist, wenn ihr keine ausreichende Überlegung vorausgegangen ist."

389 *Bauer* NZA 1992, 1015 (1017 f.); *ders.* AnwBl 1993, 58 (63); *ders.* FS Däubler, 143 (149); *Burkardt* S. 219; *Ehrich* DB 1992, 2239 (2244); *Franz* S. 499; *Germelmann* NZA 1997, 236 (241); *Haller* BB 1994, 787 (789).

390 Moll/*Bengelsdorf* § 49 Rn. 390; *Boemke* AP BGB § 123 Nr. 37, S. 1244 (1244R); *Burkardt* S. 219; *Ehrich* DB 1992, 2239 (2244); WEBF/*ders.* Teil 3 Rn. 59; *Ernst* S. 114 f., 205, 240 f.; *Haller* BB 1994, 787 (789); MEL/*Mues* Rn. 1015; *Schacht* S. 148; *Schmidt-Westphal* S. 135; Tschöpe/*Schulte* 3. Teil C. Rn. 58; *Weber/Ehrich* NZA 1997, 414 (418); **krit.** *Bauer* NZA 1992, 1015 (1017); ebenso *C. Müller* S. 130; **offenlassend** noch BAG 30.1.1986, NZA 1987, 91 (93); BAG 16.1.1992, NZA 1992, 1023 (1023); LAG Düsseldorf 26.1.1993, NZA 1993, 702 (703).

391 *Bauer* AnwBl 1993, 58 (63); *Ehrich* DB 1992, 2239 (2243); *Franz* S. 499; *Rieble/Klumpp* ZIP 2002, 2153 (2160).

392 *Ernst* S. 241.

auf ein grundlegendes Unwohlgefühl gegenüber Überrumpelungen zu verstehen, welche *Ernst* in Extremfällen als unrechtmäßig ansieht.

b) Widerrechtlichkeit der Drohung

Die Drohung muss weiterhin widerrechtlich sein.[393] Wenn Zeitdruck keine Drohung begründen kann, so könnte er doch gegebenenfalls in Kombination mit weiteren Umständen zu einer Widerrechtlichkeit einer ansonsten rechtmäßigen Drohung führen.

aa) Die Rechtsfigur des verständigen Arbeitgebers

Die Beeinflussung der Willensbildung durch Drohung ist widerrechtlich, wenn ein rechtswidriges Verhalten (Mittel) im Raum steht, der Zweck verboten oder sittenwidrig ist oder die Verbindung zwischen eigentlich erlaubtem Mittel und erlaubtem Zweck (Zweck-Mittel-Relation) gegen das Anstandsgefühl aller billig und gerecht Denkenden verstößt.[394]

Bei der Drohung mit einer Kündigung kann die Widerrechtlichkeit in aller Regel nur aus der Zweck-Mittel-Relation folgen.[395] Denn weder das Mittel das Arbeitsverhältnis durch eine Kündigung zu beenden, noch der Zweck das Arbeitsverhältnis durch einen Aufhebungsvertrag zu beenden, sind als solche missbilligt. Ebenso verhält es sich bei der Drohung mit Schadensersatzansprüchen oder Strafanzeigen.[396]

---

393 PWW/*Ahrens* § 123 Rn. 36; MüKoBGB/*Armbrüster* § 123 Rn. 117; *Heinkel* ZTR 2020, 261 (262); *Lorenz* S. 351; Staudinger/*Singer/v. Finckenstein* (2017) § 123 Rn. 75.

394 BAG 21.4.2016, NZA 2016, 1409 Rn. 52; MüKoBGB/*Armbrüster* § 123 Rn. 117; *Bauer* FS Däubler, 143 (145); *Becker* S. 227; Soergel/*Hefermehl* § 123 Rn. 43 ff.; *Heinkel* ZTR 2020, 261 (262); BLDH/*Lingemann* Kap. 23 Rn. 27b; *Lorenz* S. 353 f.; *Mankowski* S. 355 f.; *C. Müller* S. 123 f.; *Neuner* § 41 Rn. 133; *Petersen* NWB 2019, 1682 (1689); APS/*Rolfs* AufhebVtr Rn. 100; *Schmidt-Westphal* S. 128; Staudinger/*Singer/v. Finckenstein* (2017) § 123 Rn. 76 ff.; *Thies* S. 223 f.; MHdBArbR/*Wank* § 135 Rn. 35.

395 BAG 30.3.1960, SAE 1961, 180 (181); BAG 20.11.1969, NJW 1970, 775 (775); BAG 5.12.2002, NJOZ 2003, 2491 (2492 f.); BAG 28.11.2007, NZA 2008, 348 Rn. 48; *Bauer* NZA-RR 1999, 1 (1); Moll/*Bengelsdorf* § 49 Rn. 374; *Benecke* RdA 2004, 149 (150); *Burkardt* S. 220; *Franz* S. 460 ff.; LKB/*Krause* § 1 Rn. 23; *C. Müller* S. 125; Staudinger/*Oetker* (2019) Vorbem. zu §§ 620 ff. Rn. 66; APS/*Rolfs* AufhebVtr Rn. 100; **aA** *Adam* SAE 2000, 204 (208); *Kaiser* EzA § 611 BGB Aufhebungsvertrag Nr. 13, S. 11 (13); *Schlüter/Schröder* SAE 1981, 123 (124).

396 Vgl. zur Strafanzeige: BGH 23.9.1957, BGHZ 25, 217 (220); LAG Hamm 25.10.2013 – 10 Sa 99/13, BeckRS 2014, 65099 unter II. 2. a) (2) (b); *Burkardt* S. 230; *C. Müller*

Die Drohung mit einer Kündigung (ordentlich wie außerordentlich) ist nach herrschender Meinung widerrechtlich, wenn ein verständiger Arbeitgeber dieses Mittel zur Auflösung des Arbeitsverhältnisses nicht in Erwägung gezogen hätte.[397] Eine Widerrechtlichkeit ist deshalb dann zu bejahen, wenn der

S. 134; **insgesamt** *Franz* S. 486 ff.; Staudinger/*Oetker* (2019) Vorbem. zu §§ 620 ff. Rn. 66.

397 St. Rechtsprechung BAG 30.3.1960, SAE 1961, 180 (181); BAG 20.11.1969, NJW 1970, 775 (775); BAG 22.12.1982, NJW 1983, 2782 (2783); BAG 30.1.1986, NZA 1987, 91 (91 f.); BAG 16.1.1992, NZA 1992, 1023 (1024); BAG 5.12.2002, NJOZ 2003, 2491 (2492); BAG 27.11.2003, NJW 2004, 2401 (2402); BAG 28.11.2007, NZA 2008, 348 Rn. 48; LAG Düsseldorf NZA 1993, 702 (703); LAG Mecklenburg-Vorpommern 6.7.1995, NZA 1996, 535 (537); zust.: Erman/*Arnold* § 123 Rn. 52; DHZ/*Bachner/Callsen* § 86 Rn. 87; *Bengelsdorf* AuA 1993, 46 (50); Moll/*ders.* § 49 Rn. 374; *Bernhardt* Rn. 310; *Brox/Rüthers/Henssler* Rn. 678; *Busemann/Schäfer* Rn. 62a; *Butz* S. 115; *Dütz/Thüsing* Rn. 348; Palandt/*Ellenberger* § 123 Rn. 22; *Ernst* S. 219; *Glatzel* NZA-RR 2018, 363 (363) zur außerordentlichen Kündigung; BeckOKArbR/*Hesse* § 620 BGB Rn. 80; MüKoBGB/*ders.* Vor § 620 Rn. 29; *Hümmerich* § 3 Rn. 48 f.; *Junker* Rn. 429; *Kamanabrou* Rn. 1502; *Keppeler* AuR 1996, 263 (264); HWK/*Kliemt* Anh. § 9 KSchG Aufhebungsverträge Rn. 25; LCK/*Klumpp* Rn. 663; LKB/*Krause* § 1 Rn. 23; *ders.* EzA § 312 BGB 2002 Nr. 1, S. 21 (26); Wedde/*Lakies* § 123 BGB Rn. 19; Schaub/*Linck* § 122 Rn. 28; BLDH/*Lingemann* Kap. 23 Rn. 27c; *ders./Chakrabarti* NJW 2019, 2445 (2446); LSSW/*Löwisch* Vor § 1 Rn. 130; *Lorenz* S. 355 ff., der die Kündigung mit der Einleitung eines Gerichtsverfahrens vergleicht (dezidiert dagegen *Weiler* S. 281 f.); *Mankowski* S. 376 f.; Jauernig/*Mansel* § 123 Rn. 15; BeckOGK/*Maties* (1.8.2021) § 611a BGB Rn. 1855; *Moll/Reufels* MDR 2001, 361 (364); *C. Müller* S. 127 ff. modifizierend in dem er auch den Begriff des verständigen Arbeitnehmers mit einbezieht; *S. Müller* DB 2019, 1792 (1795); MEL/*Mues* Rn. 1005; Staudinger/*Oetker* (2019) Vorbem. zu §§ 620 ff. Rn. 66; *Otto/Bieder* Rn. 309; *Petersen* NWB 2019, 1682 (1689); *Preis/Temming* Rn. 3386; *Reichold* § 10 Rn. 24; APS/*Rolfs* AufhebVtr Rn. 101; Staudinger/*Sack/Fischinger* (2017) § 138 Rn. 599; Küttner/*Schmidt* Aufhebungsvertrag Rn. 22; NK-GA/*Schöne* § 611 BGB Rn. 1006; KR/*Spilger* AufhebungsV Rn. 32; *Waltermann* Rn. 291; MHdBArbR/*Wank* § 135 Rn. 35 zur außerordentlichen Kündigung; *ders.* EzA § 611 BGB Aufhebungsvertrag Nr. 21, S. 5 (5); nur zur außerordentlichen Kündigung: BAG 21.4.2016, NZA 2016, 1409 Rn. 54; *Heinkel* ZTR 2020, 261 (262); Wedde/*Paki* § 611a BGB Rn. 58; vgl. im Allg. die Rspr. des BGH zur Kündigung: BGH 19.4.2005, NJW 2766 (2768 f.); **kritisch** *Bauer* NZA 1992, 1015 (1015 f.); wegen der Unbestimmtheit des Begriffs des „verständigen Arbeitgebers" DDZ/*Däubler* Aufhebungsvertrag Rn. 84; HK-ArbR/*ders.* §§ 611, 611a BGB Rn. 614; *Ehrich* DB 1992, 2239 (2241): „Leerfloskel" und „nichtssagend"; WEBF/*ders.* Teil 3 Rn. 29 ff.; *Germelmann* NZA 1997, 236 (242); Soergel/*Hefermehl* § 123 Rn. 54; *Richter/Richter* AiB 1988, 140 (143); *Singer* RdA 2003, 194 (197); *Weber/Ehrich* NZA 1997, 414 (416);

Kündigung eine Abmahnung hätte vorausgehen müssen.[398] Vorausgesetzt ist aber nicht, dass die Kündigung rechtswirksam gewesen wäre.[399] Der Anfechtungsprozess soll nicht einem Kündigungsprozess gleichgestellt sein.[400] Hierfür spricht insbesondere die Befriedungsfunktion des Aufhebungsvertrags, welcher nicht schon bei minimalen Abweichungen von den Rechtmäßigkeitsanforderungen einer Kündigung unwirksam sein soll und die Tatsache, dass der Arbeitnehmer seine eigene Willenserklärung anficht und nicht die Kündigung.[401]

Bei der Drohung mit Strafanzeige oder der Geltendmachung von Schadensersatzansprüchen ist zum einen ein innerer Bezug zwischen der Arbeitstätigkeit und dem verfolgten Ziel erforderlich und zum anderen, dass keine offensichtliche Erfolglosigkeit vorliegt, also ein Tatverdacht von gewissem Umfang gegeben

---

gänzlich ablehnend *Adam* SAE 2000, 204 (208 f.) [dagegen *Giesing* S. 187]; ausführlich *Becker* S. 231 ff. wegen einer Umgehung des Kündigungsschutzes und einer unzulässigen Subjektivierung des § 123 für einen fiktiven Kündigungsschutzprozess; *Benecke* RdA 2004, 149 (150 ff.); *Franz* S. 477 ff. für eine Abwägung unter Betrachtung der konkreten Verhandlungssituation unter Einbezug der Faktoren Bedenkzeit und Rechtsbeistand; *Gamillscheg* S. 214; *Schlüter/Schröder* SAE 1981, 123 (124); *Singer* RdA 2003, 194 (197); BeckOGK/*Sutschet* (1.9.2021) § 620 BGB Rn. 455 ff. für eine Gesamtbetrachtung.

398 BAG 16.1.1992, NZA 1992, 1023 (1024); DHZ/*Bachner/Callsen* § 86 Rn. 87; Moll/*Bengelsdorf* § 49 Rn. 377; *Burkardt* S. 228; DDZ/*Däubler* Aufhebungsvertrag Rn. 83; WEBF/*Ehrich* Teil 3 Rn. 42; *Franz* S. 470; *Kamanabrou* Rn. 1503; HWK/*Kliemt* Anh. § 9 KSchG Aufhebungsverträge Rn. 25; *Kuby* AiB 12/2018, 40 (41); BLDH/*Lingemann* Kap. 23 Rn. 27c; *ders./Chakrabarti* NJW 2019, 2445 (2446); LSSW/*Löwisch* Vor § 1 Rn. 130; MEL/*Mues* Rn. 1009; *Weber/Ehrich* NZA 1997, 414 (417).

399 BAG 30.3.1960, SAE 1961, 180 (181); BAG 20.11.1969, NJW 1970, 775 (775); BAG 22.12.1982, NJW 1983, 2782 (2783); BAG 16.11.1979, AP BGB § 123 Nr. 21 siehe II. 1; BAG 27.11.2003, NJW 2004, 2401 (2402); BAG 21.4.2016, NZA 2016, 1409 Rn. 54; LAG Düsseldorf NZA 1993, 702 (703); Moll/*Bengelsdorf* § 49 Rn. 375; *Bernhardt* Rn. 310; *Burkardt* S. 224 f.; *Ehrich* DB 1992, 2239 (2241); *Ernst* S. 219, 223 ff.; *Giesing* S. 187 f.; *Heinkel* ZTR 2020, 261 (262); LKB/*Krause* § 1 Rn. 23; Wedde/*Lakies* § 123 BGB Rn. 19; Schaub/*Linck* § 122 Rn. 28; BLDH/*Lingemann* Kap. 23 Rn. 27d; MEL/*Mues* Rn. 1006; Staudinger/*Oetker* (2019) Vorbem. zu §§ 620 ff. Rn. 66; *Petersen* NWB 2019, 1682 (1689); APS/*Rolfs* AufhebVtr Rn. 101; enger *Becker* S. 247 f.: nur wenn die Straftat oder der Anspruch zudem objektiv feststeht.

400 BAG 22.12.1982, NJW 1983, 2782 (2783); DHZ/*Bachner/Callsen* § 86 Rn. 87; Moll/*Bengelsdorf* § 49 Rn. 375; *Burkardt* S. 224; *Butz* S. 115; *Ehrich* DB 1992, 2239 (2241); *Mankowski* S. 375; *Moll/Reufels* MDR 2001, 361 (364); *C. Müller* S. 131; **aA** *Gamillscheg* S. 214.

401 *Giesing* S. 187.

ist.[402] Faustformelartig kann auch hier die Figur des verständigen Arbeitgebers verwendet werden.[403]

bb) *Über die Zweck-Mittel-Relation zum fairen Verhandeln*

Demgegenüber will eine andere Ansicht durch eine Gesamtbetrachtung der Umstände des Einzelfalls in der Widerrechtlichkeit einen Überrumpelungsschutz über § 123 Abs. 1 Alt. 2 BGB schaffen.

(1) Vorschlag von M. Benecke

Nach *M. Benecke* soll ein Überrumpelungsschutz aus einer Zweck-Mittel Relation folgen, die bei unfairer Verhandlung zu der Widerrechtlichkeit einer Drohung führt.[404] Notwendig ist deshalb auch nach dieser Ansicht das Vorliegen einer Drohung nach dem Verständnis der herrschenden Meinung. *Benecke* räumt ein, dass bei der Androhung einer Kündigung sowohl Mittel als auch Zweck für sich genommen nicht widerrechtlich sind.[405] Gleichwohl lehnt sie es ab, lediglich die Kündigung als Anknüpfungspunkt für die Drohung zu wählen, da diese weder verboten noch sittenwidrig sei.[406] Stattdessen solle die Abschlusssituation

---

402 BAG 30.1.1986, NZA 1987, 91 (92 f.) bejaht im Fall der Vermutung des Lohnfortzahlungsmissbrauchs; LAG Düsseldorf NZA 1993, 702 (703); LAG Hamm 17.5.2021 – 18 Sa 1124/20, BeckRS 2021, 15285 Rn. 53 ff.; DHZ/*Bachner/Callsen* § 86 Rn. 89; *Burkardt* S. 230 f.; DDZ/*Däubler* Aufhebungsvertrag Rn. 85 f.; HK-ArbR/*ders.* §§ 611, 611a BGB Rn. 615; WEBF/*Ehrich* Teil 3 Rn. 54 f.; *Franz* S. 486 ff.; *Giesing* S. 191 f.; *Hümmerich* § 3 Rn. 53; Schaub/*Linck* § 122 Rn. 30; *C. Müller* S. 134 f.; MEL/*Mues* Rn. 1020 ff.; Staudinger/*Singer/v. Finckenstein* (2017) § 123 Rn. 82 f.; *Thies* S. 241 f.; vgl. allg. Staudinger/*Singer/v. Finckenstein* (2017) § 123 Rn. 79; vgl. auch Moll/*Bengelsdorf* § 49 Rn. 384 ff. 388; **aA** abhängig davon, ob die Straftat gegen den Drohenden oder einen Dritten gerichtet war BeckOGK/*Sutschet* (1.9.2021) § 620 BGB Rn. 462.

403 LAG Hamm 25.10.2013 – 10 Sa 99/13, BeckRS 2014, 65099 unter II. 2. a) (2) (a); LAG Hamm 17.5.2021 – 18 Sa 1124/20, BeckRS 2021, 15285 Rn. 50; LAG Rheinland-Pfalz 24.1.2017 – 8 Sa 353/16, BeckRS 2017, 106871 Rn. 64; Moll/*Bengelsdorf* § 49 Rn. 386; Palandt/*Ellenberger* § 123 BGB Rn. 22; *Giesing* S. 191, *Hümmerich* § 3 Rn. 53; BLDH/*Lingemann* Kap. 23 Rn. 27h; *Moll/Reufels* MDR 2001, 361 (364); MEL/*Mues* Rn. 1021; Staudinger/*Oetker* (2019) Vorbem. zu §§ 620 ff. Rn. 66; modifizierend BeckOGK/*Sutschet* (1.9.2021) § 620 BGB Rn. 459, 466.

404 *Benecke* RdA 2004, 147 (150 ff.); bereits ähnlich *Flume* § 28/2.

405 *Benecke* RdA 2004, 149 (150).

406 *Benecke* RdA 2004, 149 (151).

in ihrer Gesamtheit mit einbezogen werden. Anhand dieser sei die Androhung der Kündigung zu beurteilen.[407]

Infolgedessen schlägt sie vor, dass die Kündigungsandrohung dann widerrechtlich ist, „wenn der Arbeitnehmer dadurch zu einer überstürzten Entscheidung gezwungen wird"[408]. Damit soll dem Arbeitnehmer die Möglichkeit der Abwägung der Vor- und Nachteile einer Kündigung im Vergleich mit denen eines Aufhebungsvertrags ermöglicht werden.[409] Entsprechend seien in der Zweck-Mittel-Relation Gesprächsatmosphäre, Zeitdruck, Überrumpelung, weitere Drohungen und Beratungsmöglichkeiten zu berücksichtigen.[410] Daraus würde eine bessere Lösung gegenüber der herrschenden Meinung folgen, da selbst in dem Fall, dass die Kündigung von einem verständigen Arbeitgeber nicht hätte erwogen werden dürfen, bei ausreichender Überlegungszeit des Arbeitnehmers eine Anfechtbarkeit ausscheide.[411] Außerdem sei das Abstellen auf die Gesamtsituation für den Arbeitnehmer in Bezug auf die Zwangslage deutlich sinnvoller, als die Betrachtung aus der Perspektive eines „verständigen Arbeitgebers".[412]

(2) Ähnliche Vorschläge aus der Literatur

Dem ähnlich sind andere Vorschläge, welche ebenfalls an eine Gesamtwürdigung der Widerrechtlichkeit anknüpfen, dabei aber im Gegensatz zum Vorschlag *Beneckes* hauptsächlich darauf abzielen, die Anfechtungsmöglichkeiten einzuschränken. Bei der Feststellung der Widerrechtlichkeit soll danach eine erfolgte Beratung mit einem Rechtsanwalt oder sonstigen Rechtsbeistand negativ zu berücksichtigen sein.[413] Es genüge dann bereits die bloße Anwesenheit des Rechtsbeistands zum Zeitpunkt der Drohung, um die Widerrechtlichkeit abzulehnen.[414] Ebenso soll durch eine dreitägige Bedenkzeit oder Widerrufsfrist

---

407 *Benecke* RdA 2004, 149 (151).

408 *Benecke* RdA 2004, 149 (151).

409 *Benecke* RdA 2004, 149 (151).

410 *Benecke* RdA 2004, 149 (151).

411 *Benecke* RdA 2004, 149 (151).

412 *Benecke* RdA 2004, 149 (151).

413 *Franz* S. 480; BeckOGK/*Sutschet* (1.9.2021) § 620 BGB Rn. 457; ähnlich *Popp* BlStSozArbR 1981, 17 (21); so auch *Benecke* RdA 2004, 147 (151);

414 *Bauer* NZA 1992, 1015 (1016); *ders.* AnwBl 1993, 58 (63); *ders.* FS Däubler, 143 (147); *Bengelsdorf* DB 1997, 874 (879 Fn. 95); *Franz* S. 480; sympathisierend noch BAG 15.12.2005, NZA 2006, 841 Rn. 30.

die Widerrechtlichkeit entfallen.[415] Neben der Drohung soll aber auch sonstiger Druck in die Abwägung mit einbezogen werden.[416]

(3) Rezeption der Vorschläge in der Literatur

Die Rezeption in der Literatur zum Vorschlag *Beneckes* ist in Bezug auf die Grundidee, dass auch der Ablauf des Gesprächs beachtet wird, teilweise dahin gehend positiv, dass die Rechtsprechung, indem sie auf den verständigen Arbeitgeber abstellt, das Augenmerk letztlich dennoch auf die Wirksamkeit der Kündigung legt. Diese ist für den Arbeitnehmer aber nicht so wichtig, wie die konkrete Abschlusssituation selbst.[417] *Giesing* sieht die Lösung der Problematik jedoch zurecht in der Entwicklung von Nebenpflichten des Arbeitgebers und lehnt den Vorschlag von *Benecke* daher mit Verweis auf das Gebot fairen Verhandelns ab.[418]

Auch *Thüsing* stellt sich gegen *Beneckes* Verständnis des § 123 Abs. 1 Alt. 2 BGB. Der Vorschlag fügt sich schwerlich in die Regel des § 123 BGB ein und schafft in den Fällen ohne Drohung, in welchen Hilfe nötig ist, keine Abhilfe.[419] Bloßer Zeitdruck, eine Überrumpelung oder die fehlende Möglichkeit den Vertrag absprachebasiert rückabzuwickeln genügen nicht, um eine Widerrechtlichkeit aus der Zweck-Mittel-Relation zu begründen – Zweck (Abschluss eines Aufhebungsvertrags) und Mittel (Drohung mit Kündigung) sind nämlich mit Abschlusssituationen, in welchen Bedenkzeit und Beratung eingeräumt wird, identisch, sodass sich auch die Relation nicht ändern könne.[420] Zudem stellt die Systematik des § 123 BGB eben nicht auf die äußeren Umstände des Vertragsschlusses ab, wenn es nicht für den Inhalt der Drohung relevant ist.[421]

---

415 *Bauer* AnwBl 1993, 58 (63); ohne Vorgabe einer zeitlichen Dauer BeckOGK/*Sutschet* (1.9.2021) § 620 BGB Rn. 457 im Widerspruch zu Rn. 470; **offenlassend** noch BAG 15.12.2005, NZA 2006, 841 Rn. 30; **aA** BAG 28.11.2007, NZA 2008, 348 Rn. 59; DHZ/*Bachner/Callsen* § 86 Rn. 87; MüKoBGB/*Hesse* Vor § 620 Rn. 29; *Hromadka/Maschmann* § 10 Rn. 17; Schaub/*Linck* § 122 Rn. 28; SPV/*Preis* Rn. 51.

416 BeckOGK/*Sutschet* (1.9.2021) § 620 BGB Rn. 457.

417 *Giesing* S. 189; im Ansatz *Krause* EzA § 312 BGB 2002 Nr. 1, S. 21 (26 f.).

418 *Giesing* S. 189.

419 *Thüsing* RdA 2005, 257 (267).

420 *Thüsing* RdA 2005, 257 (267); HWK/*ders.* § 123 BGB Rn. 43; zust. *Giesing* S. 189.

421 *Thüsing* RdA 2005, 257 (267); HWK/*ders.* § 123 BGB Rn. 43; zust. *Giesing* S. 189; so auch *Becker* S. 255.

(4) Stellungnahme

Die Ansicht *Beneckes* läuft auf einen reinen Überrumpelungsschutz hinaus. Dieser ist aber vom Wortlaut des § 123 BGB nicht gedeckt.[422] Es kann nicht auf die Zweck-Mittel-Relation ohne tragende Berücksichtigung des Mittels selbst, also die Drohung abgestellt werden.[423] Diese bleibt jedoch wie von *Thüsing* treffend festgestellt von der Art der Gesprächsführung unbeeinträchtigt. § 123 Abs. 1 Alt. 2 BGB soll nicht vor jeder denkbaren Art der Willensbeeinträchtigung schützen, sondern nur vor widerrechtlichen Drohungen, welche Zwangslagen schaffen.[424] Zudem ist eine Überrumpelung, vor welcher *Benecke* schützen will auch dann möglich, wenn keine Kündigung angedroht wird.[425] Sie kann stattdessen durch fehlende Bekanntgabe des Gesprächsthemas, Gesprächsführung zu ungewöhnlichen Zeiten oder an ungewöhnlichen Orten, fehlende Bedenkzeit oder die fehlende Bereitschaft zu verhandeln geschaffen werden.[426] Mangels Drohung scheidet dann jedoch die Möglichkeit einer Anfechtung aus.

Außerdem besteht bereits nach der herrschenden Meinung die Möglichkeit, im Rahmen der Kausalität von der Drohung unabhängige Entscheidungen dem Anfechtungsregime zu entziehen. Die ähnlichen Gesamtbetrachtungsansätze verkennen, dass durch die Anwesenheit von Beratern oder einer Bedenkzeit nicht die Weichen bei der Widerrechtlichkeit zu stellen sind, sondern eine genaue Kausalitätsprüfung erfolgen muss.[427]

cc) Ergebnis zur Widerrechtlichkeit der Drohung

Der herrschenden Meinung ist bezüglich der Voraussetzungen einer Drohung und deren Widerrechtlichkeit zu folgen. Die Überrumpelung begründet ohne das Vorliegen einer rechtswidrigen Drohung deshalb kein Anfechtungsrecht nach § 123 Abs. 1 Alt. 2 BGB. Da auf die Anfechtung im Folgenden aber noch Bezug genommen werden wird,[428] sind weitere Bemerkungen zu dieser erforderlich.

---

422 Ähnlich BAG 16.2.1983, NJW 1983, 2958 (2959); BAG 30.9.1993, NZA 1994, 209 (210); *Schindler* S. 25; *Thies* S. 228 f.; HWK/*Thüsing* § 123 BGB Rn. 43; *Zwanziger* DB 1994, 982 (983); **aA** anscheinend *Wisskirchen/Worzalla* DB 1994, 577 (582).

423 *Thies* S. 229 f.

424 *Thies* S. 229, s. auch die Ausführungen zur Analogie unter Kap. 3 § 5 J. II. 2. f).

425 *Giesing* S. 190; in diese Richtung auch *Thüsing* RdA 2005, 257 (267).

426 Vgl. *Giesing* S. 190; ausführlich Kap. 5 § 11 D.

427 S. dazu sogleich Kap. 3 § 5 J. II. 2. c).

428 S. u. bei der Verjährung, Kap. 6 § 15 (277 ff.) und bei den Konkurrenzen, Kap. 7 § 17 F.

c) Kausalität der widerrechtlichen Drohung für die Erklärung

§ 123 Abs. 1 Alt. 2 BGB setzt voraus, dass der Anfechtende durch die Drohung zur Abgabe der Willenserklärung „bestimmt" wurde. Das bedeutet, dass die Drohung für die Willenserklärung mitursächlich gewesen sein muss.[429] Aus diesem Grund fehlt die Kausalität zwischen widerrechtlicher Drohung und Abgabe der Willenserklärung, wenn der Bedrohte, trotz der versuchten Beeinträchtigung seines Willens, unbehelligt dessen seine eigene Meinung bildet und danach handelt.[430] Davon ist regelmäßig auszugehen, wenn der Bedrohte ohne Zeitdruck anwaltlichen Rat sucht und mit diesem die tatsächlichen rechtlichen Hintergründe der Drohung erforscht und mögliche Alternativen erörtert, sodass er in seiner Entscheidung nicht mehr durch die Drohung geleitet wird.[431] Gleiches wird bei dem Abschluss des Vertrags nach Einräumung einer substanziellen Bedenkzeit vertreten.[432] Dies muss allerdings unter dem Vorbehalt der

---

429 BGH 14.6.1951, BGHZ 2, 287 (299); BAG 22.12.1982, AP BGB § 123 Nr. 23 unter B. I. 3.; BAG 15.12.2005, NZA 2006, 841 Rn. 19; PWW/*Ahrens* § 123 Rn. 35; MüKoBGB/*Armbrüster* § 123 Rn. 126; Erman/*Arnold* § 123 Rn. 43; DHZ/*Bachner/Callsen* § 86 Rn. 91; *Becker* S. 249; *Ernst* S. 208; *Franz* S. 491; Soergel/*Hefermehl* § 123 Rn. 43; *Heinkel* ZTR 2020, 261 (263); *C. Müller* S. 123; *Schindler* S. 207; Staudinger/*Singer/v. Finckenstein* (2017) § 123 Rn. 74.

430 BGH 6.6.1974, WM 1974, 1023 (1023); BAG 23.11.2006, NJW 2007, 1831 Rn. 45; PWW/*Ahrens* § 123 Rn. 35; MüKoBGB/*Armbrüster* § 123 Rn. 127; Erman/*Arnold* § 123 Rn. 43; *Franz* S. 492; Soergel/*Hefermehl* § 123 Rn. 43; *Heinkel* ZTR 2020, 261 (263); Wedde/*Lakies* § 123 BGB Rn. 20; Schaub/*Linck* § 122 Rn. 29; APS/*Rolfs* AufhebVtr Rn. 98; BeckOKBGB/*Wendtland* § 123 Rn. 37.

431 BAG 23.11.2006, NZA 2007, 466 Rn. 46; BAG 28.11.2007, NZA 2008, 348 Rn. 59; LAG Frankfurt aM 24.11.1983, BB 1984, 1555 (1555); DHZ/*Bachner/Callsen* § 86 Rn. 91; *Becker* S. 251 f.; *Franz* S. 492; *Heinkel* ZTR 2020, 261 (263); HWK/*Kliemt* Anh. § 9 KSchG Aufhebungsverträge Rn. 25; LKB/*Krause* § 1 Rn. 26; Wedde/*Lakies* § 123 BGB Rn. 20; Schaub/*Linck* § 122 Rn. 29; APS/*Rolfs* AufhebVtr Rn. 98; Tschöpe/*Schulte* 3. Teil C. Rn. 59; *Thies* S. 243 f.; HWK/*Thüsing* § 123 BGB Rn. 43; iE auch das Anfechtungsrecht verneinend *Bauer* NZA 1992, 1015 (1016); *ders.* AnwBl 1993, 58 (63): *Bengelsdorf* DB 1997, 874 (879 Fn. 95); NK-GA/*Schöne* § 611 BGB Rn. 1008.

432 *Becker* S. 250 f.; *Thies* S. 244; iE auch *Bauer* NZA 1992, 1015 (1016 f.); *ders.* AnwBl 1993, 58 (63); *ders.* FS Däubler, 143 (147): 3 Tage; NK-GA/*Schöne* § 611 BGB Rn. 1008; **offen** SPV/*Preis* Rn. 51; **aA,** wonach es richtigerweise das Hinzutreten weiterer Umstände braucht: BAG 28.11.2007, NZA 2008, 348 Rn. 59; Erman/*Arnold* § 123 Rn. 43; DHZ/*Bachner/Callsen* § 86 Rn. 91; Moll/*Bengelsdorf* § 49 Rn. 371; BeckOKArbR/*Hesse* § 620 BGB Rn. 80; HWK/*Kliemt* Anh. § 9 KSchG Aufhebungsverträge Rn. 25; LKB/*Krause* § 1 Rn. 26; Schaub/*Linck* § 122 Rn. 29; BLDH/*Lingemann* Kap. 23 Rn. 27d; ErfK/*Müller-Glöge* § 620 BGB Rn. 11a; APS/*Rolfs* AufhebVtr Rn. 98; Küttner/

Möglichkeit der Beratung während der Bedenkzeit stehen, unabhängig davon, ob diese tatsächlich erfolgte.[433]

d) *Subjektive Voraussetzungen*

Weiterhin muss der Drohende zumindest mit Eventualvorsatz gehandelt haben, den Drohungsempfänger in eine Zwangslage zu versetzen und zur Abgabe der Willenserklärung zu bewegen.[434] Dies ist relevant dafür, ob der Drohende schutzbedürftig ist. Vom Eventualvorsatz ist in den oben genannten Konstellationen regelmäßig auszugehen.[435]

e) *Darlegungs- und Beweislast*

Die Drohung sowie deren Widerrechtlichkeit müssen grundsätzlich vom Anfechtenden dargelegt und bewiesen werden.[436] Bereits der Beweis der Drohung führt in der Praxis jedoch zu Problemen, da der Arbeitnehmer bei den Verhandlungen in der Regel allein ist.[437] Aus diesem Grund werden teilweise Beweiserleichterungen vertreten.[438] Danach muss der Arbeitgeber nach einem

---

Schmidt Aufhebungsvertrag Rn. 22; Tschöpe/*Schulte* 3. Teil C. Rn. 59; HWK/*Thüsing* § 123 BGB Rn. 43; widersprüchlich Wedde/*Lakies* § 123 BGB Rn. 19 f.

433 DHZ/*Bachner/Callsen* § 86 Rn. 91; *Heinkel* ZTR 2020, 261 (263); APS/*Rolfs* AufhebVtr Rn. 98.

434 BGH 23.9.1957, NJW 1957, 1796 (1798); zust. *Bengelsdorf* AuA 1993, 46 (49 f.); *Lorenz* S. 358 f.; *C. Müller* S. 123; *Neuner* § 41 Rn. 129; Staudinger/*Singer/v. Finckenstein* (2017) § 123 Rn. 85; BeckOKBGB/*Wendtland* § 123 Rn. 35; **aA** *Weiler* S. 254 ff.

435 *Becker* S. 253.

436 BAG 24.1.1985, NZA 1986, 25 (28); BAG 28.11.2007, NZA 2008, 348 Rn. 55; MüKoBGB/*Armbrüster* § 123 Rn. 133; DHZ/*Bachner/Callsen* § 86 Rn. 92; Moll/*Bengelsdorf* § 49 Rn. 393; *Ehrich* DB 1992, 2239 (2241); *Ernst* S. 208; Soergel/*Hefermehl* § 123 Rn. 57; *Heinkel* ZTR 2020, 261 (263); MüKoBGB/*Hesse* Vor § 620 Rn. 29; HWK/*Kliemt* Anh. § 9 KSchG Aufhebungsverträge Rn. 25; LKB/*Krause* § 1 Rn. 29; Schaub/*Linck* § 122 Rn. 35; MEL/*Mues* Rn. 993; *Richter/Richter* AiB 1988, 140 (145); *Schmidt-Westphal* S. 129; NK-GA/*Schöne* § 611 BGB Rn. 1006; Staudinger/*Singer/v. Finckenstein* (2017) § 123 Rn. 89; *Thies* S. 244.

437 *Becker* S. 258 f.; *Brox/Rüthers/Henssler* Rn. 678; WEBF/*Ehrich* Teil 3 Rn. 69; *Franz* S. 493; *Hoyer* AiB 1992, 365 (365); *Reinecke* Sonderbeil. NZA 18/2004, 27 (37); *ders.* FS Küttner, 327 (331); *Richter/Richter* AiB 1988, 140 (145); *Schoof* AiB 1993, 288 (291); ähnlich *Hamann* jurisPR-ArbR 30/2020 Anm. 4 A.; *Schulze/Kittel/Pfeffer* ArbRAktuell 2017, 105 (105); **aA** *Hümmerich* § 3 Rn. 56 sieht keine praktischen Probleme.

438 BAG 28.11.2007, NZA 2008, 348 Rn. 55; *Becker* S. 258; *Grigoleit* NJW 1999, 900 (904); Schaub/*Linck* § 122 Rn. 35; BeckOKBGB/*Wendtland* § 123 Rn. 41; ähnlich *Richter/Richter* AiB 1988, 140 (145); weitergehend für eine Beweislastumkehr AG Augsburg

schlüssigen Vortrag des Arbeitnehmers selbst substanziiert darlegen, wie die Verhandlung konkret abgelaufen ist.[439] Dies soll sich in die Vorgaben des Bundesverfassungsgerichts einfügen, wonach eine Abstufung der Beweislast verfassungsrechtlich geboten ist, wenn sonst eine grundrechtlich geschützte Position nicht durchgesetzt werden kann.[440] Alternativ wird bei einer Drohung im Vier-Augen-Gespräch eine Parteivernehmung nach § 448 ZPO oder jedenfalls eine persönliche Anhörung nach § 141 ZPO gefordert.[441]

Auch der Beweis der Widerrechtlichkeit ist für den Arbeitnehmer aufgrund der Schwierigkeiten eines Negativbeweises kaum möglich.[442] Entsprechend ist auch hier im Wege der abgestuften Darlegungs- und Beweislast nach einem plausiblen Vortrag des Arbeitnehmers ein substanziiertes Bestreiten des Arbeitgebers erforderlich.[443] Die Kausalität zwischen Drohung und Willenserklärung kann gegebenenfalls durch einen Anscheinsbeweis vermutet werden.[444]

13.6.1962, MDR 1963, 48 (48); im Ansatz *Brox/Rüthers/Henssler* Rn. 678; **krit.** *Franz* S. 493 f., der sich lediglich für einen Anscheinsbeweis im Rahmen der Kausalität ausspricht.

439 BAG 28.11.2007, NZA 2008, 348 Rn. 55; *Becker* S. 258; Schaub/*Linck* § 122 Rn. 35; für eine Beweislastumkehr *Grigoleit* NJW 1999, 900 (904).

440 BVerfG 6.10.1999, NJW 2000, 1483 (1484).

441 Moll/*Bengelsdorf* § 49 Rn. 393 Fn. 426 aE; MüKoBGB/*Hesse* Vor § 620 Rn. 29; Schaub/*Linck* § 122 Rn. 35.

442 BAG 28.11.2007, NZA 2008, 348 Rn. 55; WEBF/*Ehrich* Teil 3 Rn. 71; *Heinkel* ZTR 2020, 261 (263); Schaub/*Linck* § 122 Rn. 35; ErfK/*Müller-Glöge* § 620 BGB Rn. 11b; vgl. allg. BGH 19.4.2005, NJW 2766 (2768); für unbeachtlich hält dies *Schlüter/Schröder* SAE 1981, 123 (125).

443 BAG 28.11.2007, NZA 2008, 348 Rn. 55; LAG Hamm 17.5.2021 – 18 Sa 1124/20, BeckRS 2021, 15285 Rn. 31; WEBF/*Ehrich* Teil 3 Rn. 71; *Heinkel* ZTR 2020, 261 (263); MüKoBGB/*Hesse* Vor § 620 Rn. 29; ErfK/*Müller-Glöge* § 620 BGB Rn. 11b; MEL/*Mues* Rn. 993; vgl. allg. BGH 19.4.2005, NJW 2766 (2768); BeckOKBGB/*Wendtland* § 123 Rn. 41.

444 BGH 30.1.1963, BB 1963, 448 (448); *Becker* S. 260 f.; Palandt/*Ellenberger* § 123 Rn. 24; *Ernst* S. 208; Soergel/*Hefermehl* § 123 Rn. 43; *Hümmerich* § 3 Rn. 49; Jauernig/*Mansel* § 123 Rn. 18; BeckOGK/*Rehberg* (1.9.2021) § 123 BGB Rn. 204.3; *Schindler* S. 219 ff. bei Fehlen vernünftiger Verhandlungsalternativen; BeckOKBGB/*Wendtland* § 123 Rn. 41; **nur in Ausnahmefällen** für einen Anscheinsbeweis aufgrund des Fehlens einer typischen Lage Erman/*Arnold* § 123 Rn. 60 f.; Staudinger/*Singer/v. Finckenstein* (2017) § 123 Rn. 89; s. auch Kap. 3 § 5 J. II. 1. zur Beweislast bei der arglistigen Täuschung.

f) Analogie des § 123 Abs. 1 BGB im Fall einer Überrumpelung

Der Zweck des § 123 Abs. 1 BGB liegt im Schutz der freien Selbstbestimmung des Erklärenden im Rechtsverkehr.[445] Diese kann im Fall der Überrumpelung gefährdet sein. Darum geht *Sack* von einer Analogie des Anfechtungsregimes aus, wenn die Willenserklärung Folge einer widerrechtlichen Beeinflussung, wie zum Beispiel einer Überrumpelung, unterhalb der Schwelle des § 123 Abs. 1 BGB war.[446] Er sieht den Grund für das Anfechtungsrecht des BGB insgesamt darin, vor unfrei abgegebenen Willenserklärungen generell zu schützen und will diesen Rechtsgedanken erweitert anwenden.[447] Zwischen § 119 BGB und § 123 BGB würde eine dogmatische Lücke bestehen, da aus § 119 BGB im Gegensatz zu § 123 BGB hervorgehe, dass nicht die Schwere der Beeinträchtigung, sondern nur die Beeinträchtigung selbst für ein Anfechtungsrecht ausschlaggebend sei.[448]

Dabei verkennt er, dass der Gesetzgeber für das Anfechtungsrecht gerade durch den § 123 Abs. 1 BGB statuiert hat, welche Beeinflussungen im Anfechtungsrecht widerrechtlich sind.[449] Zudem regeln § 119 BGB und § 123 BGB verschiedene Sachverhalte, sodass keinesfalls von einer dogmatischen Lücke gesprochen werden kann.[450] Bei § 119 Abs. 1 liegt der Fehler in der Willensäußerung und nur bei § 119 Abs. 2 BGB ist der Fehler wie bei § 123 Abs. 1 BGB der Willensbildung zuzuordnen. Wegen der grundsätzlichen Unbeachtlichkeit des Motivirrtums[451] kann daraus aber kein Schluss auf eine Ausweitung des Anfechtungsrechts auf alle Fälle der Fehlerhaftigkeit der Willensbildung gezogen werden.[452]

Die rechtsgeschäftliche Entscheidungsfreiheit des Einzelnen wird durch das Anfechtungsregime nicht generell gegen jede Beeinflussung geschützt, sondern nur bei besonders schwerwiegenden Formen, welche § 123 Abs. 1 BGB in der arglistigen Täuschung und der widerrechtlichen Drohung erblickt.[453] Die

---

445 Mot. I S. 204; BAG 16.2.1983, NJW 1983, 2958 (2559); MüKoBGB /*Armbrüster* § 123 Rn. 1; *Mankowski* S. 303.

446 *Sack* S. 16 ff.; *ders.* WRP 1974, 445 (446, 450 f.); ähnlich *Eidenmüller* Störungen S. 103 (112); *Weiler* S. 619 ff.

447 *Sack* S. 16 f.; *ders.* WRP 1974, 445 (450 f.).

448 *Sack* S. 16; *ders.* WRP 1974, 445 (450 f.).

449 *Lorenz* S. 245 Fn. 782; in diese Richtung auch *Barnert* S. 202 f.

450 *Lorenz* S. 346; *Schumacher* S. 53 f.

451 S. o., Kap. 3 § 5 J. I. 1.

452 *Grigoleit* S. 152; *Heinrich* S. 265; *Lorenz* S. 346; *Schumacher* S. 53.

453 BAG 16.2.1983, NJW 1983, 2958 (2559); BAG 7.6.1988, NJW 1988, 2599 (2601); BAG 20.9.1993, NZA 1994, 209 (210); BGH 7.6.1988, NJW 1988, 2599 (2601); so auch *Barnert* S. 202 f.; *Boemke* AP BGB § 123 Nr. 37, S. 1244 (1244R); *Burkardt* S. 218;

konkrete Begrenzung des § 123 Abs. 1 BGB zeigt, dass die Rechtsfolge des § 123 Abs. 1 BGB nur für die geregelten Fälle gelten soll. Eine analoge Anwendung des § 123 Abs. 1 BGB scheidet danach grundsätzlich aus.[454] § 123 Abs. 1 BGB ist lediglich in sehr engem Rahmen analogiefähig, da er nur die konkret genannten Beeinträchtigungen für relevant im Rahmen der Anfechtung erklärt und deshalb nicht die ratio der Norm verwendet werden kann, um die Wertentscheidung des Gesetzgebers im Anfechtungsrecht zu umgehen.[455] In drohungsähnlichen Fällen besteht deshalb generell kein Raum für eine Analogie.[456] Statt einer analogen Anwendung des § 123 Abs. 1 BGB lässt sich ein Überrumpelungsschutz dogmatisch besser im Rahmen des vorvertraglichen Verschuldens verankern.

3. *Ergebnis zur Anfechtung nach § 123 Abs. 1 BGB*

Auch über § 123 Abs. 1 BGB lässt sich weder direkt noch im Wege einer Analogie ein Überrumpelungsschutz begründen.

III. *Anfechtungsfrist, §§ 121, 124 BGB*

Die Anfechtungsfrist richtet sich für den Fall des § 123 Abs. 1 BGB nach § 124 Abs. 1 BGB und beträgt somit ein Jahr ab Entdeckung der Täuschung beziehungsweise dem Ende der Zwangslage durch die Drohung. Ist der Anfechtungsgrund in § 119 BGB zu finden, so muss der Berechtigte nach Kenntniserlangung des Grundes sofort, d. h. ohne schuldhaftes Zögern die Anfechtung erklären, § 121 Abs. 1 S. 1 BGB. Wenn nach Abgabe der Willenserklärung zehn Jahre

---

DDZ/*Däubler* Aufhebungsvertrag Rn. 106; HK-ArbR/*ders.* §§ 611, 611a BGB Rn. 630; *Ehrich* DB 1992, 2239 (2243); WEBF/*ders.* Teil 3 Rn. 58; *Franz* S. 498; *Glahe* S. 107; *v Hoyningen-Huene* EWiR 1994, 115 (115); *Kaiser* EzA § 611 BGB Aufhebungsvertrag Nr. 13, S. 11 (18); *C. Müller* S. 122; *Schacht* S. 150; *Schindler* S. 178 f.; *Schmidt-Westphal* S. 135; *Weber/Ehrich* NZA 1997, 414 (417 f.); *Winter* S. 134; *Wisskirchen/Worzalla* DB 1994, 577 (582); **aA** *Weiler* S. 620 ff., der darauf abstellt, dass der moderne Gesetzgeber und die Rechtsprechung die Willensbildung durch c. i. c. (jedenfalls faktisch) und Widerrufsrechte vor mehr als Drohung und Täuschung schützen. Dem ist engegenzuhalten, dass dies außerhalb des Anfechtungsrechts passiert.

454 BAG 16.2.1983, NJW 1983, 2958 (2559); BAG 7.6.1988, NJW 1988, 2599 (2601); BAG 30.9.1993, NZA 1994, 209 (210); zust.: MüKoBGB/*Armbrüster* § 123 Rn. 138; *Burkardt* S. 218; *Franz* S. 498 f.; *C. Müller* S. 122; *Schacht* S. 149 f.; *Winter* S. 134; in diese Richtung auch *Becker* S. 255; *Mankowski* S. 1160 f.

455 *Giesing* S. 194; *Schacht* S. 150.

456 *Giesing* S. 194; für eine erweiterte Neufassung der Vorschrift ist aber *Hübner* FS Börner, 717 (725 f.), um psychischen Druck als solchen zu erfassen.

vergangen sind, scheidet die Anfechtung aus Gründen der Rechtssicherheit nach §§ 121 Abs. 2, 124 Abs. 3 aus.

Die analoge Anwendung des § 4 KSchG bei arbeitsrechtlichen Aufhebungsverträgen ist abzulehnen.[457] Es fehlt sowohl an einer vergleichbaren Interessenlage,[458] da der Arbeitgeber durch die Drohung oder Täuschung die längere Frist selbst zu verantworten hat,[459] als auch an einer planwidrigen Regelungslücke.[460]

IV. Wirkungen der Anfechtung, § 142 Abs. 1 BGB

Eine erfolgreiche Anfechtung führt zur ex tunc Nichtigkeit der angefochtenen Willenserklärung (§ 142 Abs. 1 BGB) und damit des Rechtsgeschäfts. Die Anfechtung erfasst im Fall der widerrechtlichen Drohung sowohl das Verpflichtungs- als auch das Verfügungsgeschäft.[461] Damit besteht bei erfolgreicher Anfechtung das Verhältnis ununterbrochen fort.[462] Vorgenommene Leistungen sind nach Bereicherungsrecht rückabzuwickeln.[463]

---

457 IE auch BAG 6.11.1997, NZA 1998, 374 (375); BAG 28.11.2007, NZA 2008, 348 Rn. 42; LAG Schleswig-Holstein 15.8.1983 – 5 (2) Sa 759/82, BeckRS 1983, 30819793; *Becker* S. 255 f.; *Bernhardt* Rn. 315; *Burkardt* S. 232; *Franz* S. 504 f.; HWK/*Kliemt* Anh. § 9 KSchG Aufhebungsverträge Rn. 24; LKB/*Krause* § 1 Rn. 27; Wedde/*Lakies* § 123 BGB Rn. 21; Schaub/*Linck* § 122 Rn. 34; *Mankowski* S. 831 f.; ausführlich *ders.* EzA § 242 BGB Prozeßverwirkung Nr. 2, S. 9 (10 ff.); *C. Müller* S. 135 f.; *Popp* BlStSozArbR 1981, 17 (21 f.); APS/*Rolfs* AufhebVtr Rn. 103; BeckOGK/*Sutschet* (1.9.2021) § 620 BGB Rn. 491; **aA** *Bauer* NZA 1992, 1015 (1017); *ders.* AnwBl 1993, 58 (63); *ders.* FS Däubler, 143 (150) „erst-recht-Schluss" für konsensualen Aufhebungsvertrag im Vergleich zur einseitigen Kündigung; *Hromadka* FS Zöllner, 785 (791 f., 796 ff.); *Schlüter/Schröder* SAE 1981, 123 (125).

458 *Becker* S. 256; *Mankowski* S. 832.

459 BeckOGK/*Sutschet* (1.9.2021) § 620 BGB Rn. 491.

460 BAG 28.11.2007, NZA 2008, 348 Rn. 42.

461 *Becker* S. 261; MüKoBGB/*Busche* § 142 Rn. 15; *Lorenz* JZ 1997, 277 (280); Staudinger/*Roth* (2020) § 142 Rn. 22.

462 *Becker* S. 261; DDZ/*Däubler* Aufhebungsvertrag Rn. 89; *Ehrich* DB 1992, 2239 (2239); WEBF/*ders.* Teil 3 Rn. 123; *Ernst* S. 196; *Franz* S. 509; *Heinkel* ZTR 2020, 261 (262); Wedde/*Lakies* § 123 BGB Rn. 23; Schaub/*Linck* § 122 Rn. 25; *Mankowski* EzA § 242 BGB Prozeßverwirkung Nr. 2, S. 9 (12); *Schacht* S. 140.

463 *Becker* S. 261; MüKoBGB/*Busche* § 142 Rn. 15; Staudinger/*Singer/v. Finckenstein* (2017) § 123 Rn. 97; Staudinger/*Roth* (2020) § 142 Rn. 31, 42.

V. Ergebnis

Das Anfechtungsrecht ist nur bei widerrechtlichen Drohungen oder vorsätzlicher falscher Information geeignet, einen Überrumpelungsschutz zu begründen. Drohungen und Täuschungen sind aber nur ein austauschbares Zahnrad in der Maschine der Überrumpelung, weshalb viele Fälle durch das Anfechtungsrecht nicht erfasst werden. Aufgrund der strengen Anforderungen des § 123 Abs. 1 wegen der scharfen Rechtsfolge des § 142 Abs. 1 BGB ist auch eine Analogie abzulehnen. Mithin ist das Anfechtungsrecht de lege lata nicht in der Lage, einen wirksamen Überrumpelungsschutz zu etablieren.[464]

K. Schutz vor Überrumpelung durch eine AGB-Kontrolle

Wenn der vorformulierte Vertrag eines Unternehmers ohne Aushandeln im Vertragsschluss mündet, ist eine AGB-Kontrolle durchzuführen. Dies ist bei arbeitsrechtlichen Aufhebungsverträgen regelmäßig der Fall.[465] Bei der AGB-Kontrolle unterliegen unmittelbare Hauptleistungspflichten jedoch keiner Inhaltskontrolle. Sie weichen nicht von Rechtsvorschriften ab, § 307 Abs. 3 S. 1 BGB. Der Grund hierfür liegt in der Vertragsfreiheit.[466] Die Beendigungsvereinbarung ist die Essenz eines Aufhebungsvertrags. Sie ist mithin Hauptleistung und damit kontrollfrei.[467] Auch die Höhe und das „Ob“

---

464 *Giesing* S. 210; *Krause* EzA § 312 BGB 2002 Nr. 1, S. 21 (31); *Lorenz* S. 449, 481; *Reinecke* FS Düwell, 410 (411); unklar *Ley* BB 2019, 1600 (1600), der davon ausgeht, dass die Lösung vom Vertrag im Fall des BAG vom 7.2.2019 über die gängigen Schutzmittel lediglich an den Sachverhaltsangaben der Klägerin gescheitert sind.

465 BLDH/*Lingemann* Kap. 23 Rn. 29.

466 BAG 7.2.2019, NZA 2019, 688 Rn. 12; *Gundel/Sartorius* ZAP 2019, 1241 (1242); *Heinkel* ZTR 2020, 261 (261).

467 BAG 27.11.2003, NZA 2004, 597 (603 f.); BAG 22.4.2004, NJOZ 2004, 4096 (4101); BAG 8.5.2008, NZA 2008, 1148 Rn. 22; BAG 21.6.2011, NJW 2012, 103 Rn. 42; BAG 12.3.2015, NZA 2015, 676 Rn. 23; BAG 7.2.2019, NZA 2019, 688 Rn. 12; LAG Hamm 1.4.2003, NZA-RR 2003, 401 (401); LAG Hamm 17.5.2021 – 18 Sa 1124/20, BeckRS 2021, 15285 Rn. 62; LAG Rheinland-Pfalz 12.7.2006 – 9 Sa 324/06, BeckRS 2006, 44943 zu 4.; *Bauer* NZA 2002, 169 (172); *Becker* S. 315; Moll/*Bengelsdorf* § 49 Rn. 354; *Bernhardt* Rn. 291; DDZ/*Däubler* Aufhebungsvertrag Rn. 46; *Franz* S. 178 ff.; *Heinkel* ZTR 2020, 261 (261); ZLH/*Hergenröder* § 24 Rn. 22; BeckOKArbR/*Hesse* § 620 BGB Rn. 81; *Hromadka/Maschmann* § 10 Rn. 12; *Junker* Rn. 430; *Krause* § 20 Rn. 3; *Kamanabrou* Rn. 1499; LCK/*Klumpp* Rn. 663; LKB/*Krause* § 1 Rn. 19; *ders.* EzA § 312 BGB 2002 Nr. 1, S. 21 (27); *Kroeschell* NZA 2008, 560 (561); Wedde/*Lakies*

einer Abfindung sind Gegenstand der Hauptabrede und der Inhaltskontrolle entzogen.[468]

Aus dem gleichen Grund kommt auch die Kontrolle nach § 307 Abs. 1 S. 1 BGB in Hinblick auf eine unangemessene Benachteiligung des Arbeitnehmers nicht in Betracht, wenn ihm im Falle einer Überrumpelung, welche nach § 310 Abs. 3 Nr. 3 BGB für die Beurteilung einer unangemessenen Benachteiligung zu berücksichtigen ist, durch die AGB kein vertragliches Widerrufs- oder Rücktrittsrecht gewährt wird. Denn durch die Nichteinräumung eines vertraglichen Widerrufs- oder Rücktrittsrechts wird nicht von Rechtsvorschriften gem. § 307 Abs. 3 S. 1 BGB abgewichen. Das ist aber eine zwingende Voraussetzung für eine Inhaltskontrolle wegen unangemessener Benachteiligung nach den §§ 307 ff. BGB. Ein vertragliches Lösungsrecht würde schließlich freiwillig vereinbart werden und stünde grundsätzlich in keinem verdrängenden Verhältnis zu etwaigen gesetzlichen Lösungsrechten. Diese bleiben als Rechtsvorschriften im Sinne des § 307 Abs. 3 S. 1 BGB von der Regelung oder vielmehr Nichtregelung eines vertraglichen Lösungsrechts unberührt.

Es gibt auch keinen Grund für die AGB-Kontrolle von in den AGB „nicht geregelten" Rechtsfragen, da sich die Antwort auf diese bereits aus dem Gesetz selbst ergibt. Erweist sich das Gesetz im Einzelfall dann als „unfair", beispielsweise weil eine Überrumpelung stattfand und es ein Lösungsrecht trotz mangelnder Selbstbestimmung als Voraussetzung für eine funktionierende Privatautonomie nicht anerkannt wird, so ist der Gesetzgeber gefordert, Abhilfe zu schaffen. Eine AGB-Kontrolle kann in diesen Fällen hingegen nicht helfen.

---

§ 305 BGB Rn. 9; TRL/*Lembke* § 623 BGB Rn. 40; Schaub/*Linck* § 122 Rn. 13; BLDH/*Lingemann* Kap. 23 Rn. 30; *ders.* NZA 2002, 181 (185); ErfK/*Müller-Glöge* § 620 BGB Rn. 15; BeckOKBGB/*Plum* § 620 Rn. 81; SPV/*Preis* Rn. 36; *Preis/Roloff* ZfA 2007, 43 (53); HWK/*Rennpferdt* § 620 BGB Rn. 23; *Reinecke* FS Küttner, 327 (333); Erman/*Riesenhuber* § 620 Rn. 177; *Rolfs* FS Reuter, 825 (832); *Schmidt-Westphal* S. 182 f.; *Schmitt-Rolfes* AuA 2019, 207 (207); KR/*Spilger* AufhebungsV Rn. 36; *Thies* S. 271 ff.; *Thüsing* RdA 2005, 257 (267); HWK/*ders.* § 123 BGB Rn. 41; *Tschöpe*/Pirscher RdA 2004, 358 (366); iE auch *Glahe* S. 65 f.

468 BAG 12.3.2015, NZA 2015, 676 Rn. 23; BAG 7.2.2019, NZA 2019, 688 Rn. 12; LAG Hamm 17.5.2021 – 18 Sa 1124/20, BeckRS 2021, 15285 Rn. 62; Moll/*Bengelsdorf* § 49 Rn. 354; Schaub/*Linck* § 122 Rn. 13; BeckOKArbR/*Hesse* § 620 BGB Rn. 81; Erman/*Riesenhuber* § 620 Rn. 177; zur Höhe BLDH/*Lingemann* Kap. 23 Rn. 30; vgl. auch zum Äquivalenzverhältnis von Aufhebung und Abfindung: BAG 10.11.2011, NZA 2012, 205 Rn. 18; BAG 21.6.2011, NJW 2012, 103 Rn. 42.

Doch auch ohne Abweichung vom gesetzlichen Leitbild ist eine Kontrolle nach §§ 305–306a BGB und dem Transparenzgebot nach § 307 Abs. 1 S. 2 BGB möglich, vgl. § 307 Abs. 3 S. 2 BGB.[469] Eine Überrumpelung kann zwar nach § 310 Abs. 3 Nr. 3 BGB im Rahmen der AGB-Kontrolle mitberücksichtigt werden. Sie kann aber keinesfalls allein für eine Unwirksamkeit des Aufhebungsvertrags genügen, wenn die Bestimmungen den Anforderungen des § 307 Abs. 1 S. 2 BGB i. V. m. § 307 Abs. 3 S. 2 BGB entsprechend hinlänglich klar formuliert sind.[470] Dies ist der Fall, wenn die Vertragsformulierung eindeutig dahin gehend zu verstehen ist, dass der Arbeitnehmer sich mit der Beendigung des Arbeitsverhältnisses einverstanden erklärt.[471] Das wird sich in aller Regel deutlich aus dem Vertrag ergeben, sodass an dieser Stelle keine Möglichkeit für einen Schutz vor Überrumpelungen durch das AGB-Recht besteht.

Davon zu trennen ist die Kontrolle der Nebenbestimmungen des Aufhebungsvertrags. Diese weichen normalerweise von den gesetzlichen Regelungen ab, wenn sie nicht eine reine Klarstellungsfunktion haben. Darum ist bei diesen eine uneingeschränkte AGB-Kontrolle unter Berücksichtigung der Überrumpelung nach § 310 Abs. 3 Nr. 3 BGB möglich. Allerdings geht es bei dem Gebot fairen Verhandelns um das Zustandekommen, nicht um den Inhalt des Vertrags. Bei einer Überrumpelung kann ein ganz normaler Aufhebungsvertrag angestrebt und abgeschlossen worden sein.[472] Infolgedessen kann das Recht der AGB keinen Schutz vor Vertragsschlüssen als solchen wegen Überrumpelungen begründen.

L. Wucher gem. § 138 Abs. 2 BGB

Aufgedrängte Verträge können unter Umständen wegen Wucher nach § 138 Abs. 2 BGB nichtig sein. Wucher setzt ein Umstandsmoment, welches ausgenutzt wird und ein Missverhältnis zwischen Leistung und Gegenleistung voraus. Es handelt sich beim Wucher um einen Beispielsfall der Sittenwidrigkeit nach § 138 Abs. 1 BGB.[473]

---

469 Vgl. *Becker* S. 316; *Heinkel* ZTR 2020, 261 (261 f.); vgl. auch *Kroeschell* NZA 2008, 560 (561); nur für § 305c Abs. 1 BGB LKB/*Krause* § 1 Rn. 19; nur für § 307 Abs. 1 S. 2 BGB *Rolfs* FS Reuter, 825 (832).

470 Moll/*Bengelsdorf* § 49 Rn. 354; vgl. auch LAG Hamm 17.5.2021 – 18 Sa 1124/20, BeckRS 2021, 15285 Rn. 76.

471 *Rolfs* FS Reuter, 825 (832).

472 *Thies* S. 291 f.

473 Soergel/*Hefermehl* § 138 Rn. 73.

I. Umstandsmoment des Wuchers

Das Gesetz sieht als Wucher begründende Umstände die Ausbeutung von Zwangslagen, Unerfahrenheit, den Mangel an Urteilsvermögen oder eine erhebliche Willensschwäche an.

1. Zwangslage bei Abschluss des Geschäfts

Eine Zwangslage liegt vor, wenn der Bewucherte sich in ernsthafter Bedrängnis sieht, sodass das Wuchergeschäft als Weg aus der Zwangslage heraus vergleichsweise attraktiv erscheint.[474] Die Drohung mit einer Kündigung genügt für sich genommen noch nicht, um eine Zwangslage im Sinne des § 138 Abs. 2 BGB zu begründen,[475] denn eine Kündigung ist im Vergleich zum Aufhebungsvertrag nicht derart schädlich, dass dadurch eine Zwangslage begründet werden würde, zumal das wirtschaftliche Ergebnis in Form der Kündigung nicht zwangsweise schlechter ist.

2. Unerfahrenheit eines Vertragspartners

Die Unerfahrenheit muss sich als erheblicher Mangel an Lebenserfahrung im Allgemeinen oder jedenfalls als Mangel an Geschäftserfahrung darstellen.[476] In Bezug auf das Gebot fairen Verhandelns kommt hier insbesondere ein geringes Alter[477] in Betracht, welches den Beeinträchtigten einer Beeinflussung leichter zugänglich macht.

---

474 MüKoBGB/*Armbrüster* § 138 Rn. 273; Staudinger/*Sack/Fischinger* (2017) § 138 Rn. 267 ff.

475 *Franz* S. 134; weiter auch *Giesing* S. 204 f. zum Aufhebungsvertrag: In der Regel liegt kein Missverhältnis im Vertrag vor und der Arbeitnehmer hat immer die Möglichkeit dem Vertrag nicht zuzustimmen, sodass er seinen Arbeitsplatz vorerst behält, weshalb auch keine Zwangslage gegeben ist.

476 Begr. RegE. BT-Drucks. 7/3441 S. 40 (41); OLG Köln 27.11.1991, OLGZ 1993, 193 (195); MüKoBGB/*Armbrüster* § 138 Rn. 274; Soergel/*Hefermehl* § 138 Rn. 79; Staudinger/*Sack/Fischinger* (2017) § 138 Rn. 279 ff.

477 Als Fallgruppe des § 138 Abs. 2 BGB anerkannt, vgl. BGH 25.3.1966, NJW 1966, 1451 (1451); MüKoBGB/*Armbrüster* § 138 Rn. 274.

3. *Mangel an Urteilsvermögen eines Vertragspartners*

Ein Mangel an Urteilsvermögen liegt vor, wenn die Fähigkeit des Bewucherten sich durch Vernunft leiten zu lassen eingeschränkt ist.[478] Hierunter fallen beispielsweise ein niedriger Bildungsstand oder Verwirrung aufgrund gehobenen Alters.[479] Ein Mangel an Urteilsvermögen kann durchaus die Folge vom Einsatz unfairer Verhandlungsmethoden sein.

4. *Erhebliche Willensschwäche eines Vertragspartners*

Die erhebliche Willensschwäche ist in Abgrenzung zum Mangel an Urteilsvermögen dann gegeben, wenn die Nachteile des Geschäfts zwar korrekt verstanden werden, dem Bewucherten wegen seiner erheblich reduzierten geistigen Widerstandsfähigkeit jedoch trotzdem die Fähigkeit fehlt, sich vernünftig zu verhalten und dem Vertragsschluss zu entziehen.[480] Auch hier erscheint eine Anknüpfung für das Gebot fairen Verhandelns zunächst möglich.

II. Missverhältnis zwischen Leistung und Gegenleistung

Allerdings ist für § 138 Abs. 2 BGB ein Missverhältnis zwischen Leistung und Gegenleistung konstituierend.[481] Ein solches muss bei Verträgen, welche unter Verletzung des Gebots fairen Verhandelns entstanden sind, jedoch nicht zwangsweise vorliegen. Gerade bei arbeitsrechtlichen Aufhebungsverträgen geht es in aller Regel um den Vertragsschluss als solchen, um das Arbeitsverhältnis zu beenden. Damit dieses Ziel erreicht wird, werden häufig normale Konditionen angeboten. Auch außerhalb arbeitsrechtlicher Aufhebungsverträge wird sich dies oftmals ähnlich darstellen. Bereits inhaltlich unauffällige Geschäfte, wie beispielsweise Immobilientransaktionen oder Aufhebungs- oder Änderungsverträge im Bereich des Miet- und Pachtrechts sind in der Regel profitabel, ohne das von üblichen Konditionen abgewichen werden muss. Die Äquivalenzprüfung erfolgt nur anhand von objektiven Faktoren.[482] Der reine Vertragsabschlussschaden,

---

478 Begr. RegE. BT-Drucks. 7/3441 S. 40 (41); OLG Köln 27.11.1991, OLGZ 1993, 193 (195); MüKoBGB/*Armbrüster* § 138 Rn. 275; Soergel/*Hefermehl* § 138 Rn. 80; Staudinger/*Sack/Fischinger* (2017) § 138 Rn. 282.

479 MüKoBGB/*Armbrüster* § 138 Rn. 275.

480 OLG Köln 27.11.1991, OLGZ 1993, 193 (195); MüKoBGB/*Armbrüster* § 138 Rn. 277; Staudinger/*Sack/Fischinger* (2017) § 138 Rn. 284.

481 Vgl. Soergel/*Hefermehl* § 138 Rn. 72; Staudinger/*Sack/Fischinger* (2017) § 138 Rn. 242; *Schindler* S. 27.

482 *Lorenz* S. 258 f.; Staudinger/*Sack/Fischinger* (2017) § 138 Rn. 242.

das heißt die Bindung an den Vertrag, begründet keine Äquivalenzstörung und kann deshalb durch § 138 Abs. 2 BGB nicht berücksichtigt werden.[483]

III. Ergebnis zum Wucher

Aufgrund des kumulativen Erfordernisses von einem Missverhältnis von Leistung und Gegenleistung und einem Umstandsmoment scheidet Wucher regelmäßig aus.[484] Zum einen fehlt es häufig bereits an einem Missverhältnis zwischen Leistung und Gegenleistung. Zum anderen setzt § 138 Abs. 2 BGB von der Konzeption her bei einer Schwäche des Bewucherten an, welche in ihm selbst oder jedenfalls in seiner Sphäre ihren Ursprung hat.[485] Das Gebot fairen Verhandelns hingegen will eine Überbeeinflussung aus fremder Sphäre verhindern. Aus diesem Grund ist § 138 Abs. 2 BGB als Mittel der Inhaltskontrolle keine Lösung für das Problem der unzulässigen vorvertraglichen Beeinflussung, solange die Konditionen nicht intensiv von dem im Verkehr Üblichen abweichen.

M. Sittenwidrigkeit gem. § 138 Abs. 1 BGB

Ein bedeutender Schutzmechanismus des deutschen Zivilrechts ist die Sittenwidrigkeit nach § 138 Abs. 1 BGB. Diese stellt ein ethisches Mindestmaß sicher, an welches sich die am Rechtsleben beteiligenden Personen halten müssen.[486] Dadurch führt die Sittenwidrigkeit erst im „absoluten Grenzbereich"[487] zur Nichtigkeit.[488]

I. Allgemeines zur Sittenwidrigkeit nach § 138 Abs. 1 BGB

§ 138 Abs. 1 BGB fordert ein Rechtsgeschäft, welches gegen die guten Sitten verstößt. Dies ist der Fall, wenn der Vertrag gegen das Anstandsgefühl aller billig und gerecht Denkenden verstößt.[489] Damit liegt eine Anknüpfung an die

---

483 *Lorenz* S. 259; *Lehmann* S. 164.

484 *Franz* S. 134.

485 Vgl. allg. *Schindler* S. 27.

486 BAG 24.1.1963, AP GG Art. 12 Nr. 29; *Burkardt* S. 187; *Ernst* S. 156; *Franz* S. 138; *Giesing* S. 198; *Preis* S. 176; *Schmidt-Westphal* S. 174; BeckOKBGB/*Wendtland* § 138 Rn. 2; ähnlich *Feuerborn* S. 67.

487 *Franz* S. 138; *Preis/Rolfs* DB 1994, 261 (266).

488 *Franz* S. 138; *Heinrich* S. 296 f.; *Preis/Rolfs* DB 1994, 261 (266); vgl. allg. Staudinger/*Sack/Fischinger* (2017) § 138 Rn. 70 ff. zum Meinungsstand m. w. N.

489 BGH 9.6.1953, BGHZ 10, 228 (232); BGH 29.9.1977, NJW 1977, 2356 (2357); BAG 23.11.1961, RdA 1962, 87 (87); PWW/*Ahrens* § 138 Rn. 15; *Becker* S. 269 f.; *Burkardt* S. 187; *Ernst* S. 156; *Feuerborn* S. 68; *Preis* S. 177 f.; APS/*Rolfs* AufhebVtr Rn. 78;

herrschende Sozialmoral vor.[490] Über die Generalklausel des § 138 Abs. 1 BGB kann das Grundgesetz im Wege der mittelbaren Drittwirkung auf das Zivilrecht einwirken.[491]

Rechtsfolge der Sittenwidrigkeit ist die Nichtigkeit des Rechtsgeschäfts ex tunc.[492] Die Beweislast trifft denjenigen, der die Sittenwidrigkeit des Rechtsgeschäfts behauptet; er muss alle die Sittenwidrigkeit begründenden Umstände darlegen und beweisen.[493] Ihm können aber die Grundsätze des Anscheinsbeweises zugutekommen.[494] In der folgenden Untersuchung wird die streitige Frage der Sittenwidrigkeit, welche sich lediglich gegen die Allgemeinheit richtet außer Acht gelassen.[495]

II. *Inhaltssittenwidrigkeit eines Rechtsgeschäfts*

Damit ein Vertrag wegen seines Inhalts sittenwidrig ist, muss dieser unmittelbar auf ein ethisch ungewünschtes Verhalten oder einen ethisch ungewünschten Zweck abzielen.[496] Wenn die Sittenwidrigkeit schon aus dem Inhalt des Vertrags folgt, sind die den Vertragsschluss begleitenden Umstände nicht mehr von Belang.[497] Bei einem Aufhebungsvertrag ist die Beendigung des

---

Staudinger/*Sack/Fischinger* (2017) § 138 Rn. 56 ff.; *Schmidt-Westphal* S. 174. Die Formulierung wurde von der Rechtsprechung bereits in RG 11.4.1901, RGZ 48, 114 (124) zu § 826 BGB aufgegriffen und hat ihren Ursprung in den Motiven zu § 826 BGB (Motive II S. 727).

490 *Burkardt* S. 187; vertiefend Soergel/*Hefermehl* § 138 Rn. 9; Staudinger/*Sack/Fischinger* (2017) § 138 Rn. 62 ff.; *Schmidt-Westphal* S. 174; in diesem Sinne auch *Franz* S. 137.

491 BVerfG 19.10.1993, BVerfGE 89, 214 (229); *Burkardt* S. 187; Staudinger/*Sack/Fischinger* (2017) § 138 Rn. 3.

492 PWW/*Ahrens* § 138 Rn. 40; *Becker* S. 270.

493 BGH 17.5.1995, NJW 1995, 1019 (1022); MüKoBGB/*Armbrüster* § 138 Rn. 298; *Becker* S. 270; Soergel/*Hefermehl* § 138 Rn. 62.

494 BGH 31.3.1970, BGHZ 53, 369 (379); *Becker* S. 270.

495 Hauptfall ist die Datierung des Aufhebungsvertrags auf einen in der Vergangenheit liegenden Zeitpunkt, um Sperrfristen für das Arbeitslosengeld zu umgehen, vgl. hierzu ablehnend LAG Baden-Württemberg 22.5.1991 – 12 Sa 160/90, BB 1991, 2225 (2225); bejahend ArbG Wetzlar 24.8.1993 – 1 Ca 209/93, ARST 1994, 26 (26); insgesamt dazu *Burkardt* S. 189 ff.

496 PWW/*Ahrens* § 138 Rn. 25; *Franz* S. 138; Soergel/*Hefermehl* § 138 Rn. 20; BeckOKBGB/*Wendtland* § 138 Rn. 20.

497 BGH 8.5.1985, BGHZ 94, 268 (272); *Becker* S. 270 f.; *Bork* Rn. 1183; HK-BGB/*Dörner* § 138 Rn. 4; *Flume* § 18/2; *Franz* S. 138; Soergel/*Hefermehl* § 138 Rn. 20, 31; *Neuner* § 46 Rn. 19; *Preis* S. 177; APS/*Rolfs* AufhebVtr Rn. 78.

Arbeitsverhältnisses kein ethisch unerwünschter Zweck, sondern für sich genommen wertneutral.[498] Da eine Abfindung von Gesetzes wegen für Aufhebungsverträge nicht vorgesehen ist,[499] reicht eine niedrige oder nicht vorhandene Abfindung ebenfalls nicht aus.[500] Auch die sofortige Beendigung des Verhältnisses bedeutet keinen Nachteil.[501] Zudem vollzieht sich der Aufhebungsvertrag außerhalb des Kündigungsrechts, sodass eine fehlende Kündbarkeit im konkreten Fall keine Sittenwidrigkeit begründen kann.[502]

Unausgewogene Ausgleichsklauseln können hingegen als Nachteil zu berücksichtigen sein.[503] Es kommt dabei auf den jeweiligen Einzelfall an, beispielsweise auf den Verzicht auf Anwartschaften.[504] Ausgleichsklauseln sind aber im Regelfall, wie auch im Fall des Bundesarbeitsgerichts vom 7.2.2019,[505] zu vernachlässigen. Etwaige Nachteile für den Arbeitnehmer[506] können deshalb regelmäßig erst in den mittelbaren Folgen des Aufhebungsvertrags erblickt werden. Da es bei der Inhaltssittenwidrigkeit des § 138 Abs. 1 BGB jedoch lediglich um unmittelbar unerwünschte Ziele geht, können diese nicht berücksichtigt werden.[507] Eine Inhaltssittenwidrigkeit des Aufhebungsvertrags ist deshalb kaum vorstellbar.[508]

---

498 *Becker* S. 271; *Franz* S. 138 f.; ähnlich *Schmidt-Westphal* S. 175.

499 S. o., Kap. 3 § 5 J. II. 2. a) aa).

500 *Bengelsdorf* ZfA 1995, 229 (256); *ders.* BB 1995, 978 (980); Moll/*ders.* § 49 Rn. 349; *Burkardt* S. 188; WEBF/*Ehrich* Teil 3 Rn. 5; *Ernst* S. 159; *Franz* S. 139, 142; Staudinger/*Sack/Fischinger* (2017) § 138 Rn. 600; *Schacht* S. 121 f., 124; *Schmidt* AP BGB § 620 Aufhebungsvertrag Nr. 50, S. 1180 (1183R); *Schmidt-Westphal* S. 175 f.; NK-GA/*Schöne* § 611 BGB Rn. 1014; BeckOGK/*Sutschet* (1.9.2021) § 620 BGB Rn. 526; *Weber/Ehrich* NZA 1997, 414 (419); **aA** für eine Berücksichtigung als Nachteil *Bauer/Romero* ZfA 2019, 608 (614); *Fischinger* NZA 2019, 729 (730).

501 Vgl. BeckOGK/*Sutschet* (1.9.2021) § 620 BGB Rn. 526; **aA** *Bauer/Romero* ZfA 2019, 608 (614); *Fischinger* NZA 2019, 729 (730).

502 *Giesing* S. 200; *Schacht* S. 121; vgl. auch *Ernst* S. 159.

503 Dafür *Fischinger* NZA 2019, 729 (730).

504 Vgl. *Bengelsdorf* ZfA 1995, 229 (255 f.); *Franz* S. 143; zu Anwartschaften BAG 30.7.1985, NZA 1986, 519 (520).

505 BAG 7.2.2019, NZA 2019, 688 ff.

506 S. o., Kap. 3 § 4 A.

507 *Franz* S. 139; ähnlich *Schacht* S. 121, 124, der von einem nicht zu berücksichtigenden, außerhalb des Vertrags liegenden Umstands spricht; vgl. dazu auch *Gernhuber* JZ 1995, 1086 (1088) zur Bürgschaft.

508 Vgl. auch *Becker* S. 271 „arbeitsrechtlicher Aufhebungsvertrag kann grundsätzlich keine Inhaltssittenwidrigkeit begründen"; *Bengelsdorf* ZfA 1995, 229 (256); Moll/*ders.* § 49 Rn. 347; WEBF/*Ehrich* Teil 3 Rn. 5; MEL/*Mues* Rn. 990; Staudinger/*Sack/Fischinger* (2017) § 138 Rn. 600, 602; *Schacht* S. 121 f. „allein hinsichtlich des Inhalts

III. Umstandssittenwidrigkeit eines Rechtsgeschäfts wegen Überrumpelung

Ein Vertrag kann aber auch wegen der den Vertragsschluss begleitenden Umstände nach § 138 Abs. 1 BGB nichtig sein.

1. Keine Abschlusskontrolle durch § 138 Abs. 1 BGB

Die Entstehung des Vertrags, beziehungsweise die Verhandlungen gehören jedoch nicht zum Regelungsbereich des § 138 Abs. 1 BGB, denn diese Vorschrift regelt den Vertrag selbst.[509] § 138 Abs. 1 BGB bezieht sich stets primär auf das Rechtsgeschäft als inhaltliche Regelung, nicht aber auf das schlichte rechtsgeschäftliche Handeln, wie es bei § 826 BGB der Fall ist.[510] § 138 Abs. 1 BGB ist damit kein Instrument der Abschlusskontrolle,[511] sondern der Inhaltskontrolle[512].

Grund dafür ist die Konkurrenz zum vorrangigen § 123 Abs. 1 BGB, welcher die Abschlusssituation regelt.[513] Im Umkehrschluss zu diesem können Mängel in

---

[…] kommt eine Sittenwidrigkeit jedoch nicht in Betracht."; *Weber/Ehrich* NZA 1997, 414 (419).

509 BGH 7.6.1988, NJW 1988, 2599 (2602); BAG 15.3.2005, NJW 2005, 3164 (3167); *Becker* S. 271; *Heinrich* S. 296; *Sack* S. 11; *ders.* WRP 1974, 445 (448); *Schacht* S. 122; Erman/*Schmidt-Räntsch* § 138 Rn. 15; KR/*Spilger* AufhebungsV Rn. 34; ähnlich *Lorenz* FS Canaris, 777 (778); *Schmidt-Westphal* S. 177; **aA** noch LG Mainz 30.6.1967, BB 1967, 1180 (1181) für eine Sittenwidrigkeit, wenn „die ‚Bearbeitung' eines Kunden zu einer Beschränkung seiner Überlegungsmöglichkeiten und seiner Entschlußfreiheit führt"; ebenso OLG Frankfurt 1.7.1987, NJW-RR 1988, 501 (501) zum Haustürgeschäft vor Schaffung des Widerrufsrechts; ähnlich AG Trier 22.7.1971, NJW 1972, 160 (160 f.) zu Kaufverträgen auf Kaffeefahrten.

510 MüKoBGB/*Armbrüster* § 138 Rn. 42; *Flume* § 18/2; Soergel/*Hefermehl* § 138 Rn. 29, 65; *Lorenz* FS Canaris, 777 (778); ähnlich *Giesing* S. 202; Erman/*Schmidt-Räntsch* § 138 Rn. 15; *Schumacher* S. 61 f.; vgl. auch BGH 31.3.1970, BGHZ 53, 369 (375).

511 *Giesing* S. 201; *Lorenz* S. 246; *Schindler* S. 28.

512 Vgl. nur HK-BGB/*Dörner* § 138 Rn. 2; Staudinger/*Sack/Fischinger* (2017) § 138 Rn. 4, 8, 10, 13, 28; *Schindler* S. 28; *Schumacher* S. 61 f.; ähnlich *Lorenz* FS Canaris, 777 (777).

513 RG 11.1.1927, RGZ 115, 378 (383); BGH 9.2.1977, DB 1977, 766 (767); BGH 14.12.1987, NJW 1988, 902 (903); BGH 7.6.1988, NJW 1988, 2599 (2601); BAG 30.9.1993, NZA 1994, 209 (210); BAG 15.3.2005, NJW 2005, 3164 (3167); MüKoBGB/*Armbrüster* § 123 Rn. 134; Soergel/*Hefermehl* § 123 Rn. 60, § 138 Rn. 29, 64; *Burkardt* S. 189; *Franz* S. 140; *Lorenz* FS Canaris, 777 (777); *Neuner* § 46 Rn. 5; Staudinger/*Singer/v. Finckenstein* (2017) § 123 Rn. 101; BeckOKBGB/*Wendtland* § 138 Rn. 5; ähnlich *Lehmann* S. 154 f.; nach iE gleicher **aA** ist bereits der Anwendungsbereich

der Entschlussfreiheit, die nicht unter § 123 Abs. 1 BGB fallen, nicht durch den in der Rechtsfolge einschneidenderen § 138 Abs. 1 BGB bedacht werden, wenn die schwerwiegenderen Fälle der Beeinflussung der Willensbildung des § 123 Abs. 1 BGB noch keine Sittenwidrigkeit begründen.[514] Es liegt ein „Weniger" im Bereich des Tatbestands des § 123 Abs. 1 BGB vor, aber ein „Mehr" in der Rechtsfolge des § 138 Abs. 1 BGB im Vergleich zu § 123 Abs. 1 BGB aufgrund des Verlusts des Wahlrechts.[515]

Diese inhaltliche Begrenzung des § 138 Abs. 1 BGB ist sinnvoll, da bei einer unzulässigen Einflussnahme im Vorfeld trotzdem ein Interesse am Bestand des Vertrags vonseiten des Überrumpelten vorliegen kann, was bei einem Vertrag mit sittenwidrigem Inhalt fernliegender ist.[516] Trotz einer unzulässigen Beeinflussung im Vorfeld kann ein Vertrag nämlich inhaltlich ausgewogen sein, genauso wie er auch ohne eine Überrumpelung im Einzelfall sehr nachteilig für den Arbeitnehmer sein kann.[517] Zudem spricht die Historie des § 138 Abs. 1 BGB dagegen, ihn als Instrument der Abschlusskontrolle zu begreifen: Im ersten Entwurf bezog sich die Norm noch ausdrücklich auf den Vertragsinhalt.[518] Die Sittenwidrigkeit kann damit nicht allein durch das Zustandekommen des Vertrags begründet werden.[519]

---

des § 138 nicht eröffnet, da dieser keine Abschlusskontrolle erfasst *Sack* WRP 1974, 445 (448); Staudinger/*Sack/Fischinger* (2017) § 138 Rn. 13, 29.

514 BGH 9.2.1977, DB 1977, 766 (767); BAG 15.3.2005, NJW 2005, 3164 (3167); LAG Brandenburg 16.10.1997, NZA-RR 1998, 248 (248 f.); LAG Hamm 24.2.1995, LAGE § 611 BGB Inhaltskontrolle Nr. 2, S. 4; *Becker* S. 274; *Bork* Rn. 1183; *Burkardt* S. 189; *Giesing* S. 201; *Lehmann* S. 154 f.; *Lorenz* S. 247; *ders.* FS Canaris, 777 (777 f.); *Schindler* S. 30.

515 Vgl. BGH 7.6.1988, NJW 1988, 2599 (2602); BAG 15.3.2005, NJW 2005, 3164 (3167); Jauernig/*Mansel* § 123 Rn. 2; ähnlich *Lorenz* FS Canaris, 777 (777 f.).

516 *Lorenz* S. 246.

517 Vgl. *Franz* S. 140; *Wank* EzA § 611 BGB Aufhebungsvertrag Nr. 21, S. 5 (7); ähnlich *Lorenz* FS Canaris, 777 (778).

518 Motive I S. 211; *Lorenz* S. 247; *ders.* FS Canaris, 777 (777); *Schindler* S. 29.

519 BGH 9.2.1977, DB 1977, 766 (767); BGH 7.6.1988, NJW 1988, 2599 (2602); BAG 15.3.2005, NJW 2005, 3164 (3167); *Burkardt* S. 189; *Franz* S. 140; *Giesing* S. 201; *Lehmann* S. 157 ff.; *Lorenz* S. 245; *ders.* FS Canaris, 777 (777); *Neuner* § 46 Rn. 5; *Sack* WRP 1974, 445 (449); Staudinger/*Sack/Fischinger* (2017) § 138 Rn. 13; *Schacht* S. 122; Erman/*Schmidt-Räntsch* § 138 Rn. 15; *Schmidt-Westphal* S. 177; *Schumacher* S. 61 f.; KR/*Spilger* AufhebungsV Rn. 34; **aA** iE und dabei in sich widersprüchlich BGH 26.5.2005, NJW 2005, 2991 (2992 f.) (s. dazu *Lorenz* FS Canaris, 777 (782 f.)).

2. *Möglichkeit der Berücksichtigung der Abschlusssituation in § 138 Abs. 1 BGB*

§ 138 Abs. 1 BGB kann jedoch neben § 123 Abs. 1 BGB anwendbar sein.[520] Für eine Anwendbarkeit des § 138 Abs. 1 BGB neben der Abschlusskontrolle nach § 123 Abs. 1 BGB braucht es neben einer Beeinflussung in der Abschlusssituation zusätzlich ein Missverhältnis von Leistung und Gegenleistung, beziehungsweise eine sonstige inhaltliche Missbilligung des Vertrags.[521] Möglicherweise kann durch eine Berücksichtigung der Abschlusssituation deshalb § 138 Abs. 1 BGB doch einen Überrumpelungsschutz bieten.

a) Die Gesamtbetrachtung der herrschenden Meinung

Diese Abschlusssituation kann nach dem oben Gesagten für sich genommen nicht ausreichen, um eine Sittenwidrigkeit zu begründen. Allerdings bestimmt sich die Sittenwidrigkeit des Inhalts vom Vertrag nach allen Umständen, sodass das Zustandekommen des Vertrags hierfür durchaus relevant sein kann.[522] In die Feststellung der Sittenwidrigkeit eines Vertrags werden neben der primären Komponente des Vertragsinhalts damit verschiedene weitere Umstände, wie auch die Abschlusssituation miteinbezogen.[523] Die Sittenwidrigkeit

---

520 BGH 9.2.1977, DB 1977, 766 (767); BGH 7.6.1988, NJW 1988, 2599, (2601); BAG 30.9.1993, NZA 1994, 209 (210); BGH 26.9.1995, NJW 1995, 3315 (3315); BGH 24.10.1996, NJW 1997, 254 (254); BAG 30.9.1993, NZA 1994, 209 (210); BAG 21.4.2016, NZA 2016, 1409 Rn. 48; *Burkardt* S. 189; Soergel/*Hefermehl* § 123 Rn. 64; *Lorenz* FS Canaris, 777 (779); *Schindler* S. 30; Staudinger/*Singer/v. Finckenstein* (2017) § 123 Rn. 101; Erman/*Schmidt-Räntsch* § 138 Rn. 5; BeckOKBGB/*Wendtland* § 138 Rn. 5.

521 MüKoBGB/*Armbrüster* § 123 Rn. 134; *Lorenz* FS Canaris, 777 (779); Erman/*Schmidt-Räntsch* § 138 Rn. 5; BeckOKBGB/*Wendtland* § 138 Rn. 5.

522 BGH 1.2.1956, NJW 1956, 585 (585); BGH 31.3.1970, BGHZ 53, 369 (375); BGH 7.6.1988, NJW 1988, 2599 (2602); BGH 29.3.1995, NJW 1995, 2284 (2284); BAG 15.3.2005, NJW 2005, 3164 (3167); BAG 21.4.2016, NZA 2016, 1409 Rn. 31; *Burkardt* S. 187 f.; *Fischinger* NZA 2019, 729 (730); Soergel/*Hefermehl* § 138 Rn. 32 ff.; *Lehmann* S. 154; *Lorenz* S. 246, 248; *ders.* FS Canaris, 777 (778); *Schacht* S. 122; Erman/*Schmidt-Räntsch* § 138 Rn. 20; KR/*Spilger* AufhebungsV Rn. 34; BeckOKBGB/*Wendtland* § 138 Rn. 21; *Wolf* S. 27; weitergehend BGH 2.2.2012, NJOZ 2013, 260 Rn. 20.

523 Vgl. BGH 1.2.1956, NJW 1956, 585 (585); BGH 10.3.1982, NJW 1982, 1455 (1455); BGH 7.6.1988, NJW 1988, 2599 (2602); BGH 24.11.1992, BGHZ 120, 272 (276); BGH 25.2.1994, NJW 1994, 1344 (1347); BGH 29.3.1995, NJW 1995, 2284 (2284); BGH 2.2.2012, NJOZ 2013, 260 Rn. 20; BAG 22.10.1998, NZA 1999, 417 (419) berücksichtigt

kann sich deshalb auch aus einer sog. „Gesamtbetrachtung" des Vertrags ergeben.[524]

Dies folgt u. a. aus § 138 Abs. 2 BGB, welcher auf das Vorliegen einer Zwangslage, Unerfahrenheit, ein mangelndes Urteilsvermögen oder erhebliche Willensschwäche bei Vertragsschluss abstellt,[525] und damit Störungen in der Verhandlungssituation als Anknüpfungspunkt für die Sittenwidrigkeit anerkennt. Ebenfalls fordert § 310 Abs. 3 Nr. 3 BGB im Rahmen der Inhaltskontrolle von AGB zwischen Unternehmer und Verbraucher die Einbeziehung der Abschlusssituation.[526] Ein an und für sich (noch) nicht sittenwidriger Inhalt des Vertrags kann damit in der Gesamtbetrachtung aufgrund der Umstände in der Abschlusssituation, als inhaltlich sittenwidrig eingestuft werden.[527]

Als zu beachtende Abschlussfaktoren sind beispielsweise strukturelle Unterlegenheit, fehlende Geschäftserfahrung, Überrumpelung und soziale, wirtschaftliche und intellektuelle Unterlegenheit zu nennen.[528] Aufgrund der weiterhin erforderlichen inhaltlichen Missbilligung des Geschäfts reicht es für die Sittenwidrigkeit im Wege der Gesamtbetrachtung aber nicht aus, wenn nur ein Verhandlungsungleichgewicht besteht oder durch Zeitdruck oder fehlende Ankündigung des Gesprächs eine Zwangslage geschaffen wird.[529]

Zeitdruck; BAG 15.3.2005, NJW 2005, 3164 (3167); BAG 21.4.2016, NZA 2016, 1409 Rn. 35 berücksichtigt Zeitdruck; MüKoBGB/*Armbrüster* § 138 Rn. 45 f. „beweglicher Elemente"; *Fischinger* NZA 2019, 729 (730); *Franz* S. 139; Soergel/*Hefermehl* § 138 Rn. 29; *Heinrich* S. 371, 374; *Lehmann* NJW 1981, 1233 (1237); *Lorenz* S. 248; *Neuner* § 46 Rn. 21; Preis/*Rolfs* DB 1994, 261 (266); *Richter/Richter* AiB 1988, 140 (142); *Schindler* S. 28; BeckOKBGB/*Wendtland* § 138 Rn. 21.

524 BAG 30.9.1993, NZA 1994, 209 (210); BAG 15.3.2005, NJW 2005, 3164 (3167); PWW/*Ahrens* § 138 Rn. 27; *Becker* S. 271 f.; *Franz* S. 139; Soergel/*Hefermehl* § 138 Rn. 19, 29, 45; *Preis* S. 177; Staudinger/*Sack/Fischinger* (2017) § 138 Rn. 8, 310; Erman/*Schmidt-Räntsch* § 138 Rn. 14; NK-GA/*Schöne* § 611 BGB Rn. 1014; *Schumacher* S. 61 f.; BeckOKBGB/*Wendtland* § 138 Rn. 21.

525 *Giesing* S. 201; *Lorenz* FS Canaris, 777 (778).

526 *Lorenz* FS Canaris, 777 (778).

527 *Lorenz* FS Canaris, 777 (778 f.).

528 *Fischinger* NZA 2019, 729 (730).

529 BGH 7.6.1988, NJW 1988, 2599 (2601); BAG 30.9.1993, NZA 1994, 209 (210); Moll/*Bengelsdorf* § 49 Rn. 348; *Burkardt* S. 188 f.; WEBF/*Ehrich* Teil 3 Rn. 5; *Franz* S. 140 f.; *Giesing* S. 201; MEL/*Mues* Rn. 990; APS/*Rolfs* AufhebVtr Rn. 79.

Gerade bei Aufhebungsverträgen ist ein besonders nachteiliger Vertrag jedoch schwer festzustellen.[530] Die Bedeutung des § 138 Abs. 1 BGB ist für Aufhebungsverträge damit sehr begrenzt.[531] In Fällen, in welchen eine besonders unsittliche Einflussnahme im Vorfeld erfolgt, sind die Anforderungen an das Missverhältnis zwischen Leistung und Gegenleistung im Vertrag jedoch geringer.[532] Damit ist auch bei arbeitsrechtlichen Aufhebungsverträgen eine Nichtigkeit nach § 138 Abs. 1 BGB möglich, wenn der Arbeitgeber eine extreme Beeinträchtigung der Entscheidungsfreiheit des Arbeitnehmers vorgenommen hat und der Vertrag eine klar erkennbare Schlagseite zugunsten des Arbeitgebers hat.[533]

Im Rahmen der Umstandssittenwidrigkeit müssen mindestens die Tatsachen bekannt sein, aus denen sich die Sittenwidrigkeit ergibt, die Parteien müssen ihr Handeln nicht selbst für sittenwidrig halten.[534] Alternativ muss sich dieser Kenntnis bewusst oder grob fahrlässig verschlossen worden sein.[535]

b) Das weite Verständnis der Umstandssittenwidrigkeit von Fischinger

Entgegen *Fischinger*[536] liegt keine Umstandssittenwidrigkeit in der diskutierten Entscheidung des Bundesarbeitsgerichts[537] vor.[538] *Fischinger* betont sogar selbst, dass § 138 Abs. 1 BGB in erster Linie ein Instrument der Inhaltskontrolle ist, bei welchem die Umstände „vor und bei Vertragsschluss berücksichtigt werden

---

530 WEBF/*Ehrich* Teil 3 Rn. 5; APS/*Rolfs* AufhebVtr Rn. 81; *Schacht* S. 124; ähnlich *Richter/Richter* AiB 1988, 140 (142); s. bereits oben, Kap. 3 § 5 M. II.

531 *Bengelsdorf* BB 1995, 978 (979); Moll/*ders.* § 49 Rn. 347; Staudinger/*Sack/Fischinger* (2017) § 138 Rn. 600, 602.

532 BGH 12.12.1975, DB 1976, 573 (573): "Die planmäßige Herbeiführung, aber auch die nachträgliche Ausnutzung einer solchen Beschränkung der Entscheidungsfreiheit kann ein Geschäft sittenwidrig machen, auch wenn das Mißverhältnis der Leistungen nicht besonders grob erscheint."; so auch *Giesing* S. 202.

533 *Giesing* S. 202; **aA** Staudinger/*Sack/Fischinger* (2017) § 138 Rn. 600, 602.

534 BAG 11.9.1984, NJW 1985, 2661 (2662); BGH 19.1.2001, NJW 2001, 1127 (1127); BGH 29.6.2005, NJW 2005, 2991 (2992); BAG 10.10.1990, NZA 1991, 264 (265); *Becker* S. 272; *Franz* S. 139; APS/*Rolfs* AufhebVtr Rn. 78.

535 BAG 11.9.1984, NJW 1985, 2661 (2662); BGH 19.1.2001, NJW 2001, 1127 (1127); BGH 29.6.2005, NJW 2005, 2991 (2992); *Becker* S. 272; APS/*Rolfs* AufhebVtr Rn. 78.

536 *Fischinger* NZA 2019, 729 (730); ähnlich aber verhaltener ErfK/*Müller-Glöge* § 620 BGB Rn. 15; Staudinger/*Richardi/Fischinger* (2020) § 611a Rn. 1959.

537 BAG 7.2.2019, NZA 2019, 688 ff.

538 *Schmidt* AP BGB § 620 Aufhebungsvertrag Nr. 50, S. 1180 (1183R).

können."[539] Der entscheidende Punkt liegt darin, dass die Umstände um den Vertragsschluss nur mit „berücksichtigt werden können", alleine aber keine Sittenwidrigkeit begründen können.[540] Bei Aufhebungsverträgen kann regelmäßig nicht „zusätzlich" auf eine inhaltliche Benachteiligung abgestellt werden.[541] Lediglich die den Arbeitgeber präferierende Ausgleichsklausel ist im Fall des Bundesarbeitsgerichts als nachteilig zu berücksichtigen,[542] diese hat jedoch nicht die erforderliche Intensität.[543] Eine Umstandssittenwidrigkeit ist deshalb abzulehnen.

c) Die weite Ansicht des LAG Thüringen zum Schuldanerkenntnis

Noch weiter als *Fischinger* ging das LAG Thüringen im beschränkt übertragbaren Fall, in dem ein Schuldanerkenntnis dadurch erzeugt wurde, dass die Anerkennende unter anfänglicher Täuschung über den eigentlichen Gesprächsinhalt am späten Nachmittag drei bis vier Stunden in einer Kreuzverhör ähnlichen Situation festgehalten wurde, in der sie den Raum nicht verlassen und keinen Kontakt nach außen haben durfte, bis ein Schuldeingeständnis und ein Schuldanerkenntnis unterzeichnet war. In der Zeit bis zum nächsten Tag, an dem das Schuldanerkenntnis nochmals notariell erstellt wurde, durfte die damals 19-jährige Anerkennende unter dem Druck des Arbeitgebers mit niemandem über die Sache reden.[544]

Nach Ansicht des LAG Thüringen hatte der Arbeitgeber dadurch für die Anerkennende Bedingungen geschaffen, in denen ihre Entschließungs- und Überlegungsfreiheit auf null reduziert war.[545] Zudem war dem Schuldanerkenntnis ein höherer Geldbetrag zugrunde gelegt, als der Arbeitgeber an Schaden davon getragen hatte, sodass es möglicherweise auch inhaltlich zu missbilligen war.[546] Ein Schuldanerkenntnis ist aber auch bei einer zu hoch angesetzten Schuldsumme dann nicht sittenwidrig, wenn von einem Bestehen der Schuld in der

539 Staudinger/*Richardi/Fischinger* (2020) § 611a Rn. 1959; vgl. auch Staudinger/*Sack/Fischinger* (2017) § 138 Rn. 600, 602.

540 S. o., Kap. 3 § 5 M. III.

541 Vgl. *Becker* S. 273; *Schmidt* AP BGB § 620 Aufhebungsvertrag Nr. 50, S. 1180 (1183R); s. o., Kap. 3 § 5 M. II.

542 S. o., Kap. 3 § 5 M. II.; **aA** *Fischinger* NZA 2019, 729 (730), der zusätzlich die sofortige Beendigung des Arbeitsverhältnisses und die fehlende Abfindung als Nachteil ansieht.

543 *Schmidt* AP BGB § 620 Aufhebungsvertrag Nr. 50, S. 1180 (1183R).

544 LAG Thüringen 10.9.1998, NZA-RR 1999, 399 (400).

545 LAG Thüringen 10.9.1998, NZA-RR 1999, 399 (400).

546 Vgl. hierzu *Becker* S. 273.

entsprechenden Höhe ausgegangen werden durfte.[547] Inwieweit wegen dieser inhaltlichen, ggf. einer Äquivalenzstörung unterliegenden Komponente deshalb bei Aufhebungsverträgen auf diese Entscheidung zurückgegriffen werden kann, ist fraglich.

Bemerkenswert ist, dass das LAG Thüringen den Vertragsinhalt nur als weiteren Erwägungspunkt hinzuzieht („darüber hinaus"), die Sittenwidrigkeit aber primär durch die Abschlusssituation begründet.[548] Die Lösung des Gerichts dürfte jedoch eine von der Dogmatik losgelöste Einzelfallentscheidung darstellen, welche sich womöglich daraus ergab, dass das „Bauchgefühl" die Wirksamkeit des Vertrags versagen wollte und ein anderer Lösungsweg nicht gefunden wurde. Die korrekte Wertung des LAG Thüringen kann im Rahmen des Gebots fairen Verhandelns allerdings dogmatisch besser umgesetzt werden.

d) Andere abweichende Teile der Literatur

Vereinzelt wird in der Literatur für ein weiteres Verständnis des § 138 Abs. 1 BGB beim arbeitsrechtlichen Aufhebungsvertrag plädiert. *Zwanziger* fordert den Verlust des Arbeitsplatzes nach § 138 Abs. 1 BGB dann als sittenwidrig anzusehen, wenn kein angemessener Ausgleich vorliegt und die Asymmetrie des Ausgleichs Folge des ungleichen Verhandlungsgewichts ist.[549] Der Ausgleich sei bereits unangemessen, wenn entweder keine ausreichende Abfindung gezahlt wurde oder ein verständiger Arbeitgeber keinen Aufhebungsvertrag angestrebt hätte.[550] Die Unangemessenheit des Ausgleichs würde aus dem ungleichen Verhandlungsgleichgewicht folgen, wenn der Arbeitgeber kraft seines Direktionsrechts eine Verhandlungssituation schafft, in welcher der Arbeitnehmer dazu gedrängt wird, einen Aufhebungsvertrag abzuschließen und eine Bedenkzeit nicht zugestanden wird.[551] Auch die erweiterte Auffassung *Zwanzigers* schafft jedoch keine Abhilfe bei „bloßen" Überrumpelungen, die sich nicht inhaltlich spürbar im Vertrag niederschlagen. Zudem bezieht er mit der Abfindung einen Faktor in die Äquivalenzprüfung ein, welcher nicht zu berücksichtigen ist.[552]

---

547 BAG 11.9.1984, NJW 1985, 2661 (2661 f.); BAG 21.4.2016, NZA 2016, 1409 Rn. 37 ff.; *Weber/Ehrich* NZA 1997, 414 (419).

548 LAG Thüringen 10.9.1999, NZA-RR 1999, 399 (400 und 401 f.).

549 *Zwanziger* DB 1994, 982 (983 f.); dediziert **dagegen** *Bengelsdorf* BB 1995, 978 (979 ff.).

550 *Zwanziger* DB 1994, 982 (983 f.).

551 *Zwanziger* DB 1994, 982 (984).

552 S. o., Kap. 3 § 5 M. II.

In Ausnahmefällen, beispielhaft dargestellt an einem jungen, unerfahrenen Arbeitnehmer, welcher um Bedenkzeit bittet, ist auch *Ernst* der Auffassung, dass die Verweigerung, Bedenkzeit einzuräumen, zu einer Sittenwidrigkeit nach § 138 Abs. 1 BGB führen kann.[553] *Ernst* verweist allerdings selbst darauf, dass der Regelfall die sofortige Annahme eines Angebots ist und eine emotionale Erregung nicht ohne Weiteres zur Unwirksamkeit einer Willenserklärung führt.[554]

Becker setzt für eine von einem missbilligten Inhalt losgelöste Sittenwidrigkeit einen Anfechtungsgrund nach § 123 Abs. 1 BGB voraus, zu welchem noch zusätzliche Faktoren wie Zeitdruck und das Verbot, den Raum zu verlassen, treten müssen, sodass eine „extreme" Situation entsteht.[555] Wenn jemand für den Vertragspartner erkennbar unter „schwerstem psychischen Druck" stünde, könne die Vereinbarung deshalb sittenwidrig sein.[556] Besteht jedoch bereits ein Anfechtungsrecht, so birgt diese Ansicht für einen echten Überrumpelungsschutz nichts Fruchtbares.

Jedoch ist eine Äquivalenzstörung aus den oben genannten Gründen für § 138 Abs. 1 BGB zwingend, weshalb die abweichenden Ansichten der Literatur auch für „Extremfälle" abzulehnen sind. Davon abgesehen begründen die abweichenden Ansichten in der Literatur bis auf die des sich selbst relativierenden *Ernst* ohnehin keinen Überrumpelungsschutz, der sich nur auf die Abschlusssituation bezieht und nicht auch den Anforderungen des § 123 Abs. 1 BGB unterliegt.

e) Ergebnis

§ 138 Abs. 1 BGB statuiert nur eine Inhaltskontrolle. Aus diesem Grund bildet er kein taugliches Mittel der Abschlusskontrolle.[557] § 138 Abs. 1 BGB stellt nur die „äußerste Grenze der Vertragsfreiheit"[558] dar. Aufgrund der zwingenden

---

553 *Ernst* S. 160.

554 *Ernst* S. 160.

555 *Becker* S. 274.

556 *Becker* S. 274 f. mit Verweis auf BGH 22.1.1991, NJW 1991, 1046 (1047): Entschädigungsvereinbarung für die Rücknahme einer Strafanzeige wegen Vergewaltigung. Der Vorwurf war bis dahin der Öffentlichkeit noch nicht bekannt. Eine solch drastische Situation ist außerhalb der Intimsphäre allerdings nicht vorstellbar. Zudem konnte dort inhaltlich auf eine „gewinnsüchtige Ausnutzung der Situation" abgestellt werden, vgl. *Lorenz* S. 246 Fn. 188.

557 Vgl. *Giesing* S. 204 f.; *Wank* EzA § 611 BGB Aufhebungsvertrag Nr. 21, S. 5 (7).

558 *Becker* S. 275; *Reinecke* Sonderbeil. NZA 18/2004, 27 (29); **krit.** *Wolf* S. 38, nach dem der Maßstab der Sittenwidrigkeit zur Äquivalenzstörung bei Beeinträchtigung der Selbstbestimmung zu weit ist.

inhaltlichen Anknüpfung ist § 138 Abs. 1 BGB nicht geeignet, dem Einsatz von unfairen Verhandlungsmethoden, welche sich nicht mindestens in einem nicht unerheblich inhaltlich äquivalent gestörten oder missbilligten Vertrag niederschlagen, zu begegnen. Zwar kann die unzulässige Einflussnahme im Vorfeld ausschlaggebend für die Annahme der Sittenwidrigkeit des Vertrags sein. Doch kann eine Nichtigkeit nur angenommen werden, wenn auch ein inhaltliches Ungleichgewicht vorliegt. § 138 Abs. 1 BGB ist deshalb nicht geeignet, einen Überrumpelungsschutz zu begründen.[559]

IV. Rechtsfortbildung des § 138 Abs. 1 BGB zur Abschlusskontrolle

Der vage Wortlaut des § 138 Abs. 1 BGB lässt grundsätzlich eine weite Kontrolle zu.[560] Jenseits der bereits getätigten Ausführungen könnte § 138 Abs. 1 BGB deshalb das Potenzial zur Abschlusskontrolle haben. Doch bereits die Rechtsfolge der zwingenden Nichtigkeit ipso iure spricht gegen eine Erweiterung des § 138 Abs. 1 BGB. Sie widerspräche dem Grundsatz des BGB, dass bei einer unzulässigen Beeinträchtigung im Vorfeld des Vertragsschlusses dieser erst nachträglich durch Willensakt beseitigt werden kann, vgl. §§ 119 ff. und hier insbesondere § 123 Abs. 1 BGB,[561] sowie die Widerrufsrechte. Dies trägt der Tatsache Rechnung, dass trotz Überrumpelung der Vertrag gewollt sein kann, da er womöglich inhaltlich ausgewogen ist.[562] Zudem würde durch eine Funktion als Abschlusskontrolle das Verhältnis von § 138 Abs. 1 BGB zu § 123 Abs. 1 BGB und der culpa in contrahendo gestört werden.[563] Eine Rechtsfortbildung zur Abschlusskontrolle ist deshalb aus den gleichen Gründen wie eine Abschlusskontrolle ohne Rechtsfortbildung abzulehnen.[564]

V. Ergebnis zu § 138 Abs. 1 BGB

Es kann auch bei der Umstandssittenwidrigkeit nur von einer „erweiterten Inhaltskontrolle“[565] gesprochen werden. § 138 Abs. 1 BGB ist ein Mittel zur

559 So auch *Giesing* S. 205; ähnlich *Schacht* S. 124 „als Ansatzpunkt für einen Übereilungsschutz ungeeignet“; *Wank* EzA § 611 BGB Aufhebungsvertrag Nr. 21, S. 5 (7).

560 *Lorenz* S. 251; Staudinger/*Sack/Fischinger* (2017) § 138 Rn. 69, 94 ff.: Die bewusste offen gelassene Gesetzgebung legitimiert zur Rechtsfortbildung.

561 Ähnlich *Lorenz* S. 252 der darauf abstellt, dass das Gesetz Mängel in der Willensbildung nicht als „unerträglich“ ansieht.

562 *Lehmann* S. 165; *Lorenz* S. 251.

563 *Lorenz* S. 251 f.; ähnlich *Schindler* S. 29; s. auch oben, Kap. 3 § 5 M. III. 1.

564 *Lorenz* S. 251 ff.; *Schindler* S. 29.

565 *Lorenz* S. 248; *Schindler* S. 28; ähnlich *Lorenz* FS Canaris, 777 (777).

Inhaltskontrolle und zieht die Abschlusssituation nur hilfsweise hinzu.[566] § 138 Abs. 1 BGB kann die Überrumpelung nur als Faktor mit einbeziehen, sich aber nicht auf diese stützen, um allein daraus eine Nichtigkeit herzuleiten. Es stellt deshalb keine Alternative zum Gebot fairen Verhandelns dar.[567]

N. Schutz vor Überrumpelungen durch das Deliktsrecht

I. Überrumpelungsschutz durch § 823 Abs. 1 BGB

Die rechtsgeschäftliche Entscheidungsfreiheit wird nicht von dem Freiheitsbegriff des § 823 Abs. 1 BGB erfasst.[568] Auch als sonstiges Recht lässt sich die allgemeine rechtsgeschäftliche Entscheidungsfreiheit nicht fassen.[569] Soweit die Entscheidungsfreiheit deshalb als Unterfall des allgemeinen Persönlichkeitsrechts geschützt werden soll,[570] überschreitet dies die Grenzen der

---

566 Ähnlich *Lorenz* S. 250; soweit auch noch *Fischinger* NZA 2019, 729 (730).

567 Vgl. *Schmidt* AP BGB § 620 Aufhebungsvertrag Nr. 50, S. 1180 (1183R); ähnlich als Mittel zur Inhaltskontrolle zur Abschlusskontrolle untauglich: *Giesing* S. 210; *Lorenz* S. 449, 481; **aA** *Fischinger* NZA 2019, 729 (730f.); *Kamanabrou* RdA 2020, 201 (209) bei arbeitsrechtlichen Aufhebungsverträgen, die nach einem Schwäche- oder Trauerfall geschlossen werden; wohl auch *Holler* NJW 2019, 2206 (2210).

568 BeckOKBGB/*Förster* § 823 Rn. 117; Staudinger/*Hager* (2017) § 823 Rn. C 240; *Lorenz* S. 380 f.; *ders.* ZIP 1998, 1053 (1055 f.); *ders.* NZM 1998, 359 (362); Soergel/*Spickhoff* § 823 Rn. 53; BeckOGK/*Spindler* (1.9.2021) § 823 BGB Rn. 117; HK-BGB/*Staudinger* § 823 Rn. 11; Jauernig/*Teichmann* § 823 Rn. 5; MüKoBGB/*Wagner* § 823 Rn. 239; Erman/*Wilhelmi* § 823 Rn. 23, wonach dies eine unerwünschte deliktische Generalklausel zur Folge hätte.

569 *Lorenz* S. 382; *ders.* ZIP 1998, 1053 (1056); *ders.* NZM 1998, 359 (362); *Reinicke* JA 1982, 1 (2); HK-BGB/*Staudinger* Vorbemerkung zu §§ 823–853 Rn. 8; letztlich wohl auch Staudinger/*Hager* (2017) § 823 Rn. C 240, der nur für die „engere persönliche Lebenssphäre" einen Schutz vor Offenbarungen durch andere im Rahmen der allgemeinen Handlungsfreiheit annimmt und in Rn. C 242 nur die Entscheidungsfreiheit hinsichtlich des eigenen Körpers beleuchtet; **aA** *Fikentscher* FS Hefermehl, 41 (54) will bei Überrumpelung eine Verletzung des allgemeinen Persönlichkeitsrechts annehmen, ähnlich zu Werbung mit Zwangswirkung, wobei nicht einleuchtend ist, warum sich nur auf Werbung zu beschränken wäre (dazu *Lehmann* S. 270 ff., 273). Auch das BVerfG ließ in der Bürgschaftsentscheidung eine Verletzung des allgemeinen Persönlichkeitsrechts durch das Drängen auf den Vertragsschluss unter Verharmlosung der Risiken offen, vgl. BVerfG 19.10.1993, BVerfGE 89, 214 (235).

570 So *Fikentscher* FS Hefermehl, 41 (54), vgl. dazu die Ausführungen in Fn. 569.

Schutzintention des allgemeinen Persönlichkeitsrechts.[571] § 823 Abs. 1 BGB bietet darum keinen Überrumpelungsschutz.

II. Überrumpelungsschutz durch § 823 Abs. 2 BGB i. V. m. Schutzgesetz

§ 823 Abs. 2 BGB ist in Verbindung mit dem richtigen Schutzgesetz in der Lage, auch Entscheidungsbeeinträchtigungen, beispielsweise durch Nötigung (§ 240 StGB), Betrug (§ 263 oder § 264a StGB) oder Erpressung (§ 253 StGB) abzudecken.[572] Die Fälle des § 823 Abs. 2 BGB erfordern aufseiten des Schutzgesetzes aber jeweils mindestens Vorsatz und setzen teilweise das Vorliegen eines Vermögensschadens voraus.[573] Die strafrechtlichen Vorschriften realisieren im Fall ihres Vorliegens aber stets einen Fall des § 123 Abs. 1 BGB und sind deshalb darüber hinaus, abgesehen von einer anderen Verjährungsfrist und flexibleren Rechtsfolge nicht von gesteigerter Bedeutung.[574] § 823 Abs. 2 BGB bietet aus diesem Grund genau so wenig einen echten Überrumpelungsschutz wie § 123 Abs. 1 BGB.

III. Überrumpelungsschutz durch § 826 BGB

§ 826 BGB schützt im Gegensatz zu § 823 Abs. 1 BGB auch vor Beeinträchtigungen der rechtsgeschäftlichen Entschließungsfreiheit als solchen.[575] Dadurch deckt § 826 BGB Schäden jenseits der Differenzhypothese ab, also auch solche Verträge, denen zwar ein Äquivalenzverhältnis zugrunde liegt, die aber subjektiv nicht gewollt sind.[576] Der Sittenwidrigkeitsbegriff entspricht regelmäßig dem des § 138 Abs. 1 BGB.[577] Die Norm schützt im Gegensatz zum § 138 Abs. 1 BGB aber bereits vor dem sittenwidrigen Handeln selbst, unabhängig

---

571 *Lorenz* S. 383.

572 BAG 24.9.1974, NJW 1975, 708 (709); *Lehmann* S. 284 ff.; *Lorenz* S. 383.

573 *Ernst* S. 129; *Lorenz* S. 383 f.

574 *Lorenz* S. 384.

575 *Grigoleit* S. 19 ff. zu Täuschungen: "die vosätzliche Störung der Entscheidungsfreiheit [muß] den Makel der Sittenwidrigkeit tragen" (S. 21); *Lorenz* S. 384.

576 BGH 19.7.2004, NJW 2004, 2971 (2972); BGH 21.12.2004, NJW-RR 2005, 611 (612); *Grigoleit* S. 20; Staudinger/*Oechsler* (2018) § 826 Rn. 149; MüKoBGB/*Wagner* § 826 Rn. 44.

577 RG 11.4.1901, RGZ 48, 114 (124); BGH 19.7.2004, NJW 2004, 2668 (2673); *Lorenz* S. 384; vertiefend BeckOKBGB/*Förster* § 826 Rn. 9 ff.; mit differenzierenden Ausführungen Staudinger/*Oechsler* (2018) § 826 Rn. 43 f.

vom Vertragsinhalt.[578] Ein Verstoß gegen das Gebot fairen Verhandelns kann demnach unter Umständen die Haftung nach § 826 BGB auslösen, wenn der Vertragsschluss in einer gegen die guten Sitten verstoßenden Weise herbeigeführt wird.[579]

Um die Sittenwidrigkeit festzustellen, müssen die Interessen beider Seiten unter Einbeziehung grundrechtlicher und gesetzlicher Wertungen miteinander abgewogen werden.[580] Besteht ein Vertragsverhältnis zwischen den Parteien beeinflusst dieses den Inhalt der guten Sitten.[581] Eine Verletzung der Rücksichtnahmepflichten nach § 241 Abs. 2 BGB kann deshalb in einer Gesamtschau eine Verletzung des § 826 BGB begründen.[582] Die Abgrenzung von zulässiger und unzulässiger, in diesem Fall sittenwidriger Einflussnahme erweist sich deshalb als äußerst schwierig.[583]

Die Zurechnung Dritter erfolgt für Unternehmen nach §§ 31, 831 BGB.[584] Es ist Vorsatz aufseiten des Überrumpelnden erforderlich.[585] Praktisch erhebliche Probleme bereitet der Nachweis, dass der Überrumpelnde den Überrumpelten mit dem Vertragsschluss vorsätzlich sittenwidrig schädigen wollte.[586] Dolus eventualis genügt zwar,[587] doch wird die überrumpelnde Partei regelmäßig vorbringen, dass sie nur einen für sich günstigen Vertrag schließen wollte. Zudem können die Vertragskonditionen bei einem unter unzulässiger Einflussnahme geschlossenen Vertrag normal sein, sodass ein Schädigungsvorsatz auch aus diesem Grund problematisch sein kann. Lässt sich das Ziel jedoch nicht ohne den entsprechenden Schaden erreichen, liegt eine billigende Inkaufnahme vor.[588]

---

578 S. bereits o., Kap. 3 § 5 M. III. 1.; MüKoBGB/*Armbrüster* § 138 Rn. 42; *Lorenz* S. 385.

579 Vgl. BGH 17.5.1982, NJW 1982, 2815 (2816) zum Verstoß gegen das allgemeine Gebot der Fairness durch Ausnutzen eines Erfahrungs- und Wissensvorteils; *Lorenz* S. 386 f.; wohl auch allg. MüKoBGB/*Wagner* § 826 Rn. 20 „Missbrauch der Vertragsfreiheit".

580 *Lorenz* S. 385 f.; ähnlich MüKoBGB/*Wagner* § 826 Rn. 20 f.

581 Staudinger/*Oechsler* (2018) § 826 Rn. 37.

582 Staudinger/*Oechsler* (2018) § 826 Rn. 37.

583 *Lorenz* S. 386.

584 MüKoBGB/*Wagner* § 826 Rn. 38.

585 *Ernst* S. 129.

586 *Lehmann* S. 289; Staudinger/*Oechsler* (2018) § 826 Rn. 9, 135; MüKoBGB/*Wagner* § 826 Rn. 29.

587 *Grigoleit* S. 22; Soergel/*Hönn* § 826 Rn. 64; *Lehmann* S. 289; MüKoBGB/*Wagner* § 826 Rn. 28.

588 Soergel/*Hönn* § 826 Rn. 64.

Durch die culpa in contrahendo kann sich jedoch ein genauerer Prüfungsmaßstab durch eine direkte Anknüpfung an die Rücksichtnahmepflichten ergeben, welcher durch die Zurechnungsmöglichkeit von fremden Verschulden nach § 278 BGB, dem erleichterten Verschuldensbeweis und dem Fehlen des Erfordernisses einer Schädigungsabsicht einen besseren Schutz als § 826 BGB verspricht.[589] Dass die vorvertragliche Pflichtverletzung im Gegensatz zu § 826 BGB auch fahrlässiges Handeln erfasst,[590] ist darüber hinaus im Rahmen von Überrumpelungen kaum von Relevanz.[591] Die Ablehnung des § 826 BGB als primärer Schutz vor Überrumpelungen deckt sich damit, dass § 826 BGB als Instrument des Überrumpelungsschutzes nicht diskutiert wird.[592] Wenn ohnehin eine Verletzung des § 241 Abs. 2 BGB vorliegt, besteht hierzu auch kein Bedarf.

IV Ergebnis zum Deliktsrecht

Durch das Deliktsrecht kann kein am Einzelfall orientierter Überrumpelungsschutz begründet werden. In Ausnahmefällen kann die Entscheidungsfreiheit jedoch ansatzweise durch § 826 BGB geschützt werden.

O. Treuwidrigkeit der Berufung auf den Vertrag nach § 242 BGB

§ 242 BGB statuiert, dass sich jede Rechtsausübung im Rahmen eines Schuldverhältnisses nach Treu und Glauben zu richten hat. Aus § 242 BGB folgt grundsätzlich ein „Gebot der Fairness im Rechtsverkehr".[593] Demnach kann auch das Berufen auf grundsätzlich rechtswirksam zustande gekommene Verträge treuwidrig sein.[594] Im Zuge dessen könnte nach § 242 BGB ein Überrumpelungsschutz bei treuwidrig herbeigeführten Verträgen gegeben sein.

---

589 Vgl. *Lorenz* S. 387.

590 *Lorenz* S. 387 stellt auch hierauf ab, nimmt aber im Gegensatz zu dieser Arbeit Aufklärungspflichtverletzungen als Grund für einen unerwünschten Vertrag in den Blick.

591 S. dazu unten zur Konkurrenz zu § 123 Abs. 1 BGB, Kap. 7 § 17 F. II. 2. b) (3).

592 Siehe exemplarisch die fehlende Behandlung in Soergel/*Hönn* § 826 Rn. 112 ff.; Staudinger/*Oechsler* (2018) § 826 Rn. 149 ff.; MüKoBGB/*Wagner* § 826 Rn. 68 ff.

593 PWW/*Kramme* § 242 Rn. 2; ähnlich MüKoBGB/*Schubert* § 242 Rn. 2.

594 MüKoBGB/*Schubert* § 249 Rn. 202, 256.

I. Die Entscheidung des LAG Hamburg vom 3.7.1991

In einer aufsehenerregenden[595] Entscheidung vom 3.7.1991 griff das LAG Hamburg auf § 242 BGB zurück, um einem arbeitsrechtlichen Aufhebungsvertrag aufgrund der Abschlusssituation die Wirkung zu versagen.[596]

1. Der Sachverhalt vor dem LAG Hamburg

Die Arbeitsvertragsparteien befanden sich bereits in einem angespannten Verhältnis, da vier Tage vor dem Abschluss des Aufhebungsvertrags Gespräche über Unstimmigkeiten im Kassensystem geführt worden waren. Dem gingen bereits Abmahnungen wegen zu spät eingereichter Arbeitsunfähigkeitsbescheinigungen voraus, welche von der Arbeitnehmerin mit Unterstützung des Betriebsrats jedoch angegriffen wurden.[597] Im unangekündigten Einzelgespräch wurde dem Arbeitnehmer ein vorgefertigtes Dokument vorgelegt, in dem jedoch der Tag des Inkrafttretens des Aufhebungsvertrags (selber Tag) sowie die Abfindungssumme noch nicht eingetragen waren. Der Ablauf der Verhandlungen ist streitig.[598]

Fest steht, dass die Abfindung von 1800 DM auf 2000 DM hochverhandelt wurde, eine Bedenkzeit nicht eingefordert wurde, und die Erklärung einer Kündigung, deren Zulässigkeit unklar war, als Alternative zum Aufhebungsvertrag vorgebracht wurde.[599]

2. Das Urteil des LAG Hamburg

Das LAG Hamburg sprach zuerst eine Lösung über das Schadensrecht an.[600] Es sah in der Verweigerung einer Bedenkzeit bei einem überraschend durchgeführten Gespräch über den arbeitsrechtlichen Aufhebungsvertrag eine Verletzung

---

595 „[S]pektakuläre Entscheidung“ WEBF/*Ehrich* Teil 3 Rn. 117; „aufsehenserregend“ *Gamillscheg* S. 219; „spektakulär“ *Giesing* S. 205; „viel Beachtung“ *Winter* S. 132.

596 LAG Hamburg 3.7.1991, NZA 1992, 309 (309 ff.); ähnlich auch schon ArbG Hamburg 10.5.1989, AiB 1990, 427 (428), welches gleichwohl anerkennt, dass die Verweigerung einer Bedenkzeit nicht unter § 123 Abs. 1 BGB fällt; LG Oldenburg 8.1.1969, MDR 1969, 392 (392) zu einer über § 242 BGB begründeten Bedenkzeit bei Haustürgeschäften durch geschulte Schreibmaschinenvertreter: „[pacta sunt servanda] muß dort Durchbrechungen erfahren, wo die Sache nach Abwägung aller Umstände sie erfordert“, zust. zum LG Oldenburg *Mittelstein* MDR 1970, 18 (18).

597 LAG Hamburg 3.7.1991, NZA 1992, 309 (309).

598 LAG Hamburg 3.7.1991, NZA 1992, 309 (309).

599 LAG Hamburg 3.7.1991, NZA 1992, 309 (311).

600 LAG Hamburg 3.7.1991, NZA 1992, 309 (310).

der Fürsorgepflicht, welche grundsätzlich zu einem Schadensersatzanspruch führe.[601] Im Rahmen der Rechtsfolge zweifelte es aber aufgrund der herrschenden Meinung zur Rechtsfolge bei vorvertraglichen Aufklärungspflichtverletzungen beim arbeitsrechtlichen Aufhebungsvertrag, welche lediglich Schadensersatz in Geld zugesteht,[602] an der Möglichkeit der Rückabwicklung des unter Verletzung von Fürsorgepflichten geschlossenen Vertrags.[603] Das LAG Hamburg stufte infolgedessen sowohl den Anknüpfungspunkt für den Schaden (hier nennt es: Abfindungshöhe, sozialversicherungsrechtliche Nachteile, unglücklich gewählter Beendigungszeitpunkt oder schlichter Verlust des Arbeitsplatzes) als auch der Kausalität der Fürsorgepflichtverletzung für den Vertrag als „fraglich“ ein.[604]

Stattdessen behalf sich das Gericht mit der direkten Anwendung des § 242 BGB: Die Berufung des Arbeitgebers auf den geschlossenen (Aufhebungs-)vertrag stelle in aller Regel eine unzulässige Rechtsausübung dar, „wenn diese Vereinbarung in der Weise zustande gekommen ist, daß der Arbeitgeber den Arbeitnehmer zu einem Gespräch bittet, das Thema dieses Gesprächs jedoch nicht mitteilt, in diesem Gespräch den Arbeitnehmer zu einer Vereinbarung über die einvernehmliche Auflösung des Arbeitsverhältnisses veranlaßt und dem Arbeitnehmer weder eine angemessene Bedenkzeit in Abwesenheit des Arbeitgebers, beziehungsweise dessen Vertreters noch ein Rücktritts- oder Widerrufsrecht einräumt.“[605] Das Gericht führte weiter aus, dass ein solches Vorgehen nur dazu dienen konnte, den Arbeitnehmer zu einer Entscheidung zu verleiten, die bei redlichem Verhalten nie möglich gewesen wäre.[606]

Insbesondere sei „kein vernünftiger Grund dafür ersichtlich, daß der Arbeitgeber dem Arbeitnehmer das Gesprächsthema nicht so rechtzeitig mitteilt, daß sich dieser auf diese [sic] seine wirtschaftliche Existenz betreffende Gespräch vorbereiten und rechtlichen und fachlichen Rat einholen kann, oder alternativ auch ohne ausdrückliches diesbezügliches Begehren des Arbeitnehmers nicht eine entsprechende Bedenkzeit oder ein angemessen befristetes Widerrufsrecht einräumt“[607].

---

601 LAG Hamburg 3.7.1991, NZA 1992, 309 (310).
602 S. u., Kap. 6 § 13 A. II. 1.
603 LAG Hamburg 3.7.1991, NZA 1992, 309 (310).
604 LAG Hamburg 3.7.1991, NZA 1992, 309 (310).
605 LAG Hamburg 3.7.1991, NZA 1992, 309 (310).
606 LAG Hamburg 3.7.1991, NZA 1992, 309 (310).
607 LAG Hamburg 3.7.1991, NZA 1992, 309 (310).

Auch bei einem sehr kurzfristig auftretenden Trennungswunsch sei dem Arbeitgeber eine Mitteilung des Gesprächsthemas zumutbar.[608] Hierfür stützte sich das Gericht auf § 102 Abs. 2 S. 3 BetrVG, wonach der Betriebsrat selbst bei Sachverhalten, die eine außerordentliche Kündigung rechtfertigen, eine dreitägige Bedenkzeit hat, sodass der Arbeitgeber den Arbeitnehmer wie in dieser Konstellation notfalls von der Arbeit freistellen müsse.[609] Eine Verschärfung der Situation trete dadurch ein, dass der Wunsch sich zu trennen beim Arbeitnehmer eine intensive psychische Belastung hervorrufen würde.[610]

Das Gericht stützte sich darüber hinaus auf die geringe Höhe der Abfindung, welche keinen äquivalenten Ausgleich zum Arbeitsplatzverlust darstellen würde.[611] Jedoch stellte das LAG Hamburg klar, dass vornehmlich auf die Überrumpelung abgestellt wurde und deshalb auch bessere Konditionen an der Fehlerhaftigkeit des Vertrags nichts ändern würden.[612]

Aufgrund der ausgeführten Erwägungen habe der Arbeitgeber den Aufhebungsvertrag durch unredliches Verhalten herbeigeführt.[613] Ein anderes Ergebnis würde in Betracht kommen, wenn dem Arbeitnehmer der Inhalt des Gesprächs aus anderen, vorangegangenen Gründen klar sein musste.[614] Nach allgemeinen Grundsätzen sei die Ausübung eines Rechts dann missbräuchlich, wenn der Betreffende es durch unredliches Verhalten erworben habe, weshalb hier die Ausübung des Rechts einen Rechtsmissbrauch darstelle, welcher über § 242 BGB zu verhindern sei.[615] Dabei betonte das LAG, dass die enge Verbindung von Arbeitgeber und Arbeitnehmer als rechtliche Sonderverbindung eine besondere Fürsorgepflicht hervorbringe, sodass der Arbeitnehmer grundsätzlich ein faires Verhalten des Arbeitgebers unter Achtung der Fürsorgepflichten erwarten dürfte.[616] Die Anforderungen an die Redlichkeit würden steigen, wenn eine „rechtliche Sondervereinbarung“ zwischen den Parteien besteht.[617] Anders

608 LAG Hamburg 3.7.1991, NZA 1992, 309 (310).
609 LAG Hamburg 3.7.1991, NZA 1992, 309 (310).
610 LAG Hamburg 3.7.1991, NZA 1992, 309 (310).
611 LAG Hamburg 3.7.1991, NZA 1992, 309 (311).
612 LAG Hamburg 3.7.1991, NZA 1992, 309 (311).
613 LAG Hamburg 3.7.1991, NZA 1992, 309 (310).
614 LAG Hamburg 3.7.1991, NZA 1992, 309 (310).
615 LAG Hamburg 3.7.1991, NZA 1992, 309 (310 f.).
616 LAG Hamburg 3.7.1991, NZA 1992, 309 (310 f.).
617 LAG Hamburg 3.7.1991, NZA 1992, 309 (310).

könne die Situation deshalb im Kontakt mit einem bis dato unbekannten Dritten zu beurteilen sein.[618]

Allerdings müsse der Arbeitnehmer seinen dem Vertrag entgegenstehenden Willen unverzüglich nach Abschluss des Vertrags zum Ausdruck bringen.[619] Das LAG Hamburg stellte sodann fest, dass der Vertrag formal ordnungsgemäß zustande gekommen war und Anfechtungsgründe nicht vorlagen.[620] Insbesondere erkannte es an, dass bloßer Zeitdruck keine Drohung im Sinne des § 123 Abs. 1 Alt. 2 BGB begründet.[621] Die behauptete Drohung („Sie kommen hier nicht eher raus, bis Sie diese Aufhebungsvereinbarung unterzeichnet haben." sowie das Fehlen von Kündigungsmöglichkeiten trotz entsprechendes Inaussichtstellens) könne aufgrund der Lösung über § 242 BGB offenbleiben.[622] Das Gericht erachtete es außerdem als angemessen, dem Überrumpelten ein Widerrufsrecht einzuräumen, welches als Gegenstück zur Verpflichtung des Überrumpelnden dienen soll, das durch Überrumpelung gewonnene Recht nicht auszuüben.[623]

II. Die Ablehnung des Urteils des LAG Hamburg durch die weitere Rechtsprechung

In der Revision ließ das Bundesarbeitsgericht die Rechtslage um den § 242 BGB ungeklärt, indem es bereits die Möglichkeit der Anfechtung wegen widerrechtlicher Drohung mit einer ordentlichen Kündigung zuließ.[624] Die Instanzgerichte folgten der Auffassung des LAG Hamburg nicht.[625] Aufgegriffen und abgelehnt wurde die Entscheidung des LAG Hamburg auch im Bereich der Schuldanerkenntnisse im Arbeitsrecht nach Diebstählen.[626] Ebenso lehnte später auch das Bundesarbeitsgericht eine derartige Anwendung des § 242 BGB ab, welches in einem anderen Verfahren Bezug auf die Entscheidung des LAG Hamburg nahm.[627]

618 LAG Hamburg 3.7.1991, NZA 1992, 309 (310 f.).
619 LAG Hamburg 3.7.1991, NZA 1992, 309 (310).
620 LAG Hamburg 3.7.1991, NZA 1992, 309 (311).
621 LAG Hamburg 3.7.1991, NZA 1992, 309 (311).
622 LAG Hamburg 3.7.1991, NZA 1992, 309 (311).
623 LAG Hamburg 3.7.1991, NZA 1992, 309 (310 f.).
624 BAG 16.1.1992, NZA 1992, 1023 (1023 f.).
625 LAG Düsseldorf 26.1.1993, NZA 1993, 702 (703) nennt § 242 BGB nicht; ArbG Köln 1.6.1993, DB 1993, 2135 (2135).
626 LAG Hamm 24.2.1995, LAGE § 611 BGB Inhaltskontrolle Nr. 2, S. 5 ff.
627 BAG 30.9.1993, NZA 1994, 209 (211 f.).

Das Bundesarbeitsgericht urteilte, dass ein Aufhebungsvertrag nicht allein deshalb unwirksam sei, „weil der Arbeitgeber dem Arbeitnehmer weder eine Bedenkzeit noch ein Rücktritts- bzw. Widerrufsrecht eingeräumt und ihm auch das Thema des beabsichtigen Gesprächs vorher nicht mitgeteilt hat".[628] Ein hieraus im Wege der Rechtsfortbildung abgeleitetes Widerrufsrecht sei als Verstoß gegen den Grundsatz „pacta sunt servanda" de lege late unzulässig.[629] § 242 BGB sei nicht geeignet einen „derart schwerwiegenden Eingriff in die Privatautonomie, wie ihn die Gewährung eines gesetzlich nicht vorgesehenen Widerrufsrechts bei Aufhebungsverträgen darstellt, zu begründen".[630]

Die allgemeinen zivilrechtlichen Generalklauseln sollten keinen Ausgangspunkt einer freien richterlichen Rechtsschöpfung darstellen, dies sei die primäre Aufgabe des Gesetzgebers.[631] Ein anderes Vorgehen sei rechtstaatlich bedenklich.[632] Das Bundesarbeitsgericht wies damit primär das vom LAG Hamburg aus § 242 BGB entwickelte Widerrufsrecht zurück.[633] Der entschiedene Sachverhalt war im Fall des Bundesarbeitsgerichts nämlich derart anders gestaltet, dass ein Verstoß gegen § 242 BGB sich keinesfalls aufdrängte,[634] sodass das Bundesarbeitsgericht sich nicht eingehend damit beschäftigen musste. Der höchstrichterlichen Entscheidung wurde in der Instanzrechtsprechung gefolgt.[635]

III. Rezeption des Urteils des LAG Hamburg in der Literatur

Der Entscheidung des LAG Hamburg wurde in der Literatur vereinzelt zugestimmt.[636] Weitestgehend erfuhr die „Überrumpelungs-Entscheidung" allerdings auch im Schrifttum Ablehnung.[637]

---

628 BAG 30.9.1993, NZA 1994, 209 Leitsatz.

629 BAG 30.9.1993, NZA 1994, 209 (211).

630 BAG 30.9.1993, NZA 1994, 209 (211).

631 BAG 30.9.1993, NZA 1994, 209 (211 f.)

632 BAG 30.9.1993, NZA 1994, 209 (212).

633 *Giesing* S. 208; *Schacht* S. 60.

634 *Giesing* S. 208 f.; *Hümmerich* § 3 Rn. 108; vgl. BAG 30.9.1993, NZA 1994, 209 (212).

635 LAG Baden-Württemberg 18.1.1999 – 14 Sa 101/98, BeckRS 1999, 30862542; LAG Hamm 20.11.2002 – 18 Sa 946/02, BeckRS 2003, 41167 Rn. 53 ff.; LAG Köln 6.6.1997 – 11 Sa 1328/96, BeckRS 1997, 30463097; LAG Köln 27.6.1997, LAGE § 123 BGB Nr. 24, S. 3; LAG Mecklenburg-Vorpommern 6.7.1995, NZA 1996, 535 (537 f.).

636 *Becker-Schaffner* BB 1993, 1281 (1281 f.); *Falkenberg* ZTR 1994, 410 (416); *Hoyer* AiB 1992, 365 (366); *Hümmerich* § 3 Rn. 108; verhalten MHdBArbR/*Wank* § 135 Rn. 37.

637 *Adam* SAE 2000, 204 (208 f.); *Barnert* S. 200 ff.; *Bauer.* AnwBl 1993, 58 (63); *ders.* NJW 1994, 980 (981); *ders.* FS Däubler, 143 (149); *ders./Diller* DB 1995, 1810 (1813); *ders.* NZA-RR 1999, 1 (2); Moll/*Bengelsdorf* § 49 Rn. 353, 402; *ders.* LAGE § 611 BGB

1. *Gegen die vom LAG Hamburg behauptete unzulässige Rechtsausübung*

Die Ansicht des LAG Hamburg würde zu einem Bedeutungsverlust der Anfechtungsbestimmungen nach §§ 119, 123 BGB führen,[638] und widerspreche dem BGB, welches einseitige Beseitigung nur unter engen Voraussetzungen erlaube.[639] Dass der sofortige Vertragsschluss nicht gegen § 242 BGB verstoße, ergebe sich insbesondere aus den §§ 104 ff. und den §§ 119 ff. BGB, welche zeigen, dass nicht jede Art von Mangel in der Willensbildung relevant ist.[640] Zudem sei die Aufforderung zum sofortigen Vertragsschluss und das Verneinen einer Bedenkzeit der gesetzliche Regelfall, wonach ein Angebot unter Anwesenden grundsätzlich nur sofort angenommen werden kann, vgl. § 147 BGB.[641] Deshalb seien fehlende Bedenkzeit und die Nichtgewährung von Lösungsrechten vonseiten des Arbeitgebers noch kein unredliches Verhalten.[642]

Die Tatsache, dass dem Überrumpelten der Inhalt des Gesprächs nicht vorher mitgeteilt wurde, sei grundsätzlich auch keine gegen Treu und Glauben verstoßende Handlung.[643] Insbesondere finde dies keinen Anhaltspunkt im Gesetz.[644]

Aufhebungsvertrag Nr. 6, S. 11 (11 ff.); *ders.* NZA 1994, 193 (195 ff.); *ders.* BB 1996, 904 (906); *Boemke* NZA 1993, 532 (537); *Butz* S. 110; *Ehrich* DB 1992, 2239 (2243 ff.); *ders.* NZA 1994, 438 (440); WEBF/*ders.* Teil 3 Rn. 120; *Feuerborn* S. 171; *Germelmann* NZA 1997, 236 (240) spricht stattdessen eine schadensrechtliche Lösung an; *Glahe* S. 106 f.; *Haller* BB 1994, 787 (789); *Hoß/Ehrich* DB 1997, 625 (627); *v Hoyningen-Huene* EWiR 1994, 115 (115 f.); *Kaiser* EzA § 611 BGB Aufhebungsvertrag Nr. 13, S. 11 (18 f.); LKB/*Krause* § 1 Rn. 16; Schaub/*Linck* § 122 Rn. 7; *Lorenz* JZ 1997, 277 (279 f.); *Nägele* BB 1992, 1274 (1276, 1278); *Pauly* MDR 1995, 1081 (1084 f.); *ders.* ZRP 1997, 228 (229); *ders.* ZTR 2003, 541 (541); *Schacht* S. 97 ff.; *Schmidt-Westphal* S. 191 f.; NK-GA/*Schöne* § 611 BGB Rn. 1008, 1014; *Thies* S. 72; *Winter* S. 133; *Weber/Ehrich* NZA 1997, 414 (421); *Wisskirchen/Worzalla* DB 1994, 577 (580); *Zwanziger* DB 1994, 982 (983).

638 *Bengelsdorf* BB 1996, 904 (906); *Ehrich* DB 1992, 2239 (2243); *Glahe* S. 107; *Pauly* MDR 1995, 1081 (1084); *ders.* ZRP 1997, 228 (229); *ders.* ZTR 2003, 541 (541); *Schacht* S. 139; *Winter* S. 133, 134; ähnlich auch *Franz* S. 215; *Thies* S. 72.

639 Dazu zählen §§ 104 ff, 119 ff., 138 BGB und Widerrufsrechte im Verbraucherrecht. *Bengelsdorf* NZA 1994, 193 (195); *Ehrich* DB 1992, 2239 (2243); *Franz* S. 215; *Glahe* S. 107; *Haller* BB 1994, 787 (789); *Winter* S. 134.

640 *Franz* S. 215; ähnlich *Pauly* MDR 1995, 1081 (1084); *Schacht* S. 98.

641 *Franz* S. 215.

642 *Ehrich* DB 1992, 2239 (2243 f.); *Giesing* S. 207; *Haller* BB 1994, 787 (788).

643 *Haller* BB 1994, 787 (789 f.).

644 *Winter* S. 134.

Es sei darüber hinaus auch die Privatautonomie des Arbeitgebers zu beachten, sowie die Tatsache, dass der Arbeitnehmer den Arbeitgeber vor dem Gespräch einfach bezüglich dessen Inhalt befragen könne.[645]

Zudem sei der Arbeitnehmer nicht schutzwürdig, könne er doch einfach „Nein“ sagen.[646] Der Überrumpelte sei ein für sich selbst Verantwortung tragendes Individuum, das sowohl den Vertragsschluss ablehnen und auf den starken Kündigungsschutz vertrauen als auch Bedenkzeit erbitten könne.[647] § 242 BGB würde nur dann Wirkung entfalten, wenn andernfalls ein mit Recht und Gerechtigkeit nicht in Einklang zu bringendes Ergebnis entstünde, wofür ein schnelles Verhandlungstempo nicht ausreiche.[648]

2. *Gegen das vom LAG Hamburg vorgeschlagene Widerrufsrecht*

Darüber hinaus wurde schwerpunktmäßig ebenso wie vom Bundesarbeitsgericht die Schaffung eines Widerrufsrechts aus § 242 BGB kritisiert.[649] Aus der Literatur wurde bemerkt, dass selbst, wenn rechtspolitisch ein Widerrufsrecht gewünscht werde, dieses nicht über die Generalklausel des § 242 BGB künstlich geschaffen werden kann.[650] Die Folge wäre, dass der sowohl zivilrechtlich als auch qua Verfassung geschützte Grundsatz der „Vertrags(beendigungs)freiheit“ umgangen würde.[651]

Weiterhin wird zu bedenken gegeben, dass ein Widerrufsrecht aus § 242 BGB unzulässige Rechtsfortbildung sei, da es für den Aufhebungsvertrag schließlich kein gesetzliches Widerrufsrecht gebe.[652] *Haller* sieht ebenfalls eine

645 *Winter* S. 134.

646 *Ehrich* DB 1992, 2239 (2244); *Haller* BB 1994, 787 (789); *Winter* S. 135.

647 *Feuerborn* S. 170; *Giesing* S. 208.

648 *Giesing* S. 207.

649 *Barnert* S. 200 ff.; *Boemke* NZA 1993, 532 (537); *Ehrich* DB 1992, 2239 (2244); *ders.* NZA 1994, 438 (440); WEBF/*ders.* Teil 3 Rn. 120; *Franz* S. 212 f.; *Germelmann* NZA 1997, 236 (240); *Giesing* S. 208; *Haller* BB 1994, 787 (789); *Kaiser* EzA § 611 BGB Aufhebungsvertrag Nr. 13, S. 11 (19); *Pauly* ZRP 1997, 228 (229); *Schacht* S. 139; f.; *Schmidt-Westphal* S. 214.

650 *Ehrich* NZA 1994, 438 (440); WEBF/*ders.* Teil 3 Rn. 120.

651 WEBF/*Ehrich* Teil 3 Rn. 120; *Feuerborn* S. 171; *Winter* S. 133; kritisch auch *Franz* S. 209.

652 *Bauer* NJW 1994, 980 (981); *ders.* FS Däubler, 143 (144); *Bengelsdorf* NZA 1994, 193 (195 f.); *ders.* LAGE § 611 BGB Aufhebungsvertrag Nr. 6, S. 11 (28) spricht vom missglückten Versuch der Rechtsfortbildung; *Kaiser* EzA § 611 BGB Aufhebungsvertrag Nr. 13, S. 11 (19).

unzulässige richterliche Rechtsfortbildung, weil das Widerrufsrecht den Werten der §§ 104 ff. BGB zuwiderlaufe, wonach Geschäftsfähige für ihre Willenserklärung grundsätzlich voll verantwortlich sein.[653] Des Weiteren wird vorgebracht, dass § 242 BGB keine Ansprüche zu begründen vermag, sondern lediglich Ansprüche versagen kann.[654] Dies geschähe automatisch und ohne Gestaltungserklärung.[655]

3. *Zugeständnisse an die Entscheidung des LAG Hamburg*

Diese Position wird teilweise durch die Forderung relativiert, dass das Gespräch ruhig und sachlich unter Wahrung der Hinweispflichten des Arbeitgebers geführt werden soll und es die Möglichkeit geben soll, den Vertrag in Ruhe durchzulesen.[656] Es wird eingeräumt, dass in Einzelfällen der Grundsatz von Treu und Glauben durchaus bewirken kann, dass der Arbeitgeber sich nicht mehr auf den Vertrag berufen kann. Dies soll dann der Fall sein, wenn die Bindung an den Vertrag „unzumutbar, mit Recht und Gerechtigkeit offensichtlich unvereinbar" ist.[657] Das sei bei einer bloßen Überrumpelung jedoch nicht gegeben.[658]

Eine Korrektur über § 242 BGB müsse darum auf extreme Ausnahmefälle beschränkt bleiben.[659] Hierunter fasst *Franz* den der Praxis wohl nicht gänzlich fernliegenden Fall, dass der Arbeitgeber unter eindeutiger Überschreitung des Weisungsrechts den Arbeitnehmer zur Fortsetzung des Gesprächs über den Aufhebungsvertrag nötigt, bis dieser ihn unterzeichnet hat, obwohl der Arbeitnehmer das Gespräch beenden möchte und der Meinungsaustausch abgeschlossen ist.[660]

---

653 *Haller* BB 1994, 787 (789).

654 *Pauly* ZRP 1997, 228 (229) **aA** zurecht *Giesing* S. 208, welcher der Auffassung ist, dass im Einzelfall Gestaltungsrechte aus § 242 BGB folgen können, aber mangels Vergleichbarkeit zum Widerrufsrecht bei außerhalb von Geschäftsräumen geschlossenen Verträgen bei Aufhebungsverträgen dies gerade nicht der Fall sei; so im allg. auch MüKoBGB/*Schubert* § 249 Rn. 201: „ausnahmsweise" können Rechte über § 242 BGB begründet werden.

655 *Germelmann* NZA 1997, 236 (240); *Schacht* S. 139 f.; **aA** *Ehrich* DB 1992, 2239 (2244).

656 *Haller* BB 1994, 787 (789).

657 WEBF/*Ehrich* Teil 3 Rn. 121.

658 WEBF/*Ehrich* Teil 3 Rn. 121.

659 *Butz* S. 110; *Feuerborn* S. 70; *Franz* S. 214 f.; *Giesing* S. 207; *Haller* BB 1994, 787 (789); *Schacht* S. 99, 138 f.; *Weber/Ehrich* NZA 1997, 414 (421).

660 *Franz* S. 215.

IV. Stellungnahme

Der Sachverhalt der Entscheidung des LAG Hamburg lässt keinen dringenden Korrekturbedarf erkennen. Außerdem überträgt das LAG Hamburg in unzulässiger Weise Wertungen des Kündigungs- beziehungsweise Betriebsverfassungsrechts auf den individuell abgeschlossenen Aufhebungsvertrag, indem es auf § 102 Abs. 2 S. 3 BetrVG abstellt. Darüber hinaus ist § 242 BGB vom Wortlaut her als Korrekturinstrument zur Ausübung von Rechten aus korrekt zustande gekommenen Verträgen, statt auf das Zustandekommen des Vertrags selbst anzuwenden, sodass bei Fehlern beim Vertragsschluss primär auf das Vertragsrecht zu rekurrieren ist.[661] § 242 BGB hat diesem gegenüber nur eine subsidiäre Funktion.[662]

Teile der Literatur sehen in der Entscheidung des LAG Hamburg trotz ihrer dogmatischen Mängel und der zu niedrig angesetzten Schwelle für den Eingriff in die Vertragsfreiheit indes zurecht einen wichtigen Anhaltspunkt für den Umgang mit durch Überrumpelung herbeigeführten Verträgen.[663] Eine schadensrechtliche Anknüpfung wurde vom LAG Hamburg durch eine „Verletzung der arbeitsrechtlichen Fürsorgepflicht" zwar bedacht, leider aber bereits eingangs aufgegeben.[664] Diese angedachte, aber letztlich abgelehnte Lösung über das Schadensersatzrecht wurde schließlich circa dreißig Jahre später vom Bundesarbeitsgericht aufgegriffen und zum Gebot fairen Verhandelns ausgeformt.[665] Das durch unzulässige Rechtsfortbildung geschaffene Widerrufsrecht ist entschieden abzulehnen. Das relevante Element der Entscheidung des LAG Hamburg ist deshalb nicht die konkrete Gestaltung der Lösungsmöglichkeit vom Vertrag, sondern, dass eine Überrumpelung als solche überhaupt als rechtlich beachtlich anerkannt wurde.[666] Eine Überrumpelung ergibt sich jedoch nicht nur aus der Nichtmitteilung des Gesprächsinhalts und dem Fehlen einer Bedenkzeit, sondern aus einer Gesamtschau aller Umstände,[667] weshalb es weiterer Anknüpfungspunkte bedarf.

---

661 So auch für das Gebot fairen Verhandelns *Glahe* S. 107; vgl. allg. *Sack* S. 23; *ders.* WRP 1974, 445 (446, 453); ähnlich *Lehmann* S. 166; sympathisierend auch *Schacht* S. 139.

662 *Bengelsdorf* LAGE § 611 BGB Aufhebungsvertrag Nr. 6, S. 11 (26).

663 *Giesing* S. 208; *Pauly* ZRP 1997, 228 (230); im Ansatz *Krause* EzA § 312 BGB 2002 Nr. 1, S. 21 (32).

664 LAG Hamburg 3.7.1991, NZA 1992, 309 (310).

665 Vgl. BAG 7.2.2019, NZA 2019 688 Rn. 30 ff.

666 Vgl. *Giesing* S. 209.

667 *Winter* S. 135; s. u., Kap. 7 § 11 D.

Die culpa in contrahendo bietet aufgrund ihrer Einbettung im Schadensrecht und den klaren sonstigen Voraussetzungen neben der Pflichtverletzung einen besseren, gesetzlich fester verankerten Anknüpfungspunkt[668] als eine möglicherweise über die unzulässige Rechtsausübung begründbare Lösung[669] nach § 242 BGB. Nichtsdestotrotz sind das Gebot fairen Verhandelns und die unzulässige Rechtsausübung miteinander „verwandt“[670].

P. Schutz der Willensbildung durch das UWG

Neben dem BGB bietet in bestimmten Konstellationen das Gesetz gegen den unlauteren Wettbewerb (UWG) einen gewissen Schutz vor unlauterer Einflussnahme.

I. Unzulässige Einflussnahme auf die Willensbildung im UWG

Dass auch dem UWG nach nicht jede „unsachliche“ Beeinflussung unlauter ist, ergibt sich bereits aus den Materialien des Gesetzgebers zum UWG,[671] und bestätigt das bereits allgemein gefundene Ergebnis.[672] Die Beeinflussung anderer ist dem Wesen des Wettbewerbs immanent.[673] Das Gesetz stuft erst Beeinträchtigungen, welche die Entscheidungsfreiheit „wesentlich“ einschränken als wettbewerbswidrig ein, §§ 3 Abs. 2, 4a Abs. 1 S. 3 UWG. Das UWG stellt als Maßstab auf den durchschnittlichen Verbraucher ab, passt bei geschäftlichen Maßnahmen, die sich auf bestimmte Gruppen beziehen allerdings den Maßstab auf ein durchschnittliches Mitglied dieser Gruppe an, § 3 Abs. 4 UWG. Damit wird zwar im gewissen Maße Rücksicht auf die jeweilige Situation genommen,

---

668 Zwar gibt es auch bei § 242 BGB Voraussetzungen bezüglich der Zurechenbarkeit von Verhalten einer Partei, s. MüKoBGB/*Schubert* § 249 Rn. 209, doch ist eine Anknüpfung an §§ 276, 278 BGB direkt auf das Gesetz gestützt.

669 MüKoBGB/*Schubert* § 249 Rn. 202 „Im Grundsatz erlaubt [...] [die Lehre von der unzulässigen Rechtsausübung] die Berücksichtigung jeder atypischen Interessenlage, die ein Abweichen von den Rechtsfolgen des geltenden Rechts geboten erscheinen lässt.“ Dazu auch Rn. 256 „Wer durch unredliches Handeln [...] einen Vertragsschluss herbeiführt. Kann daraus keine Rechte herleiten“.

670 *Reinecke* FS Küttner, 327 (335); ähnlich *ders.* FS Düwell, 410 (411).

671 Begr. RegE BT-Drucks. 15/1487 S. 17; ebenso Götting/Nordemann/*Götting* § 1 UWG Rn. 9; KBF/*Köhler* § 4a UWG Rn. 1.28; Ohly/Sosnitza/*Sosnitza* § 1 UWG Rn. 21; ähnlich UWG-GK/*Fritzsche* § 1 Rn. 210; KBF/*Köhler* § 1 UWG Rn. 17.

672 S. o., Kap. 2 § 2 E.

673 Harte/Henning/*Picht* § 4a UWG Rn. 21; Ohly/Sosnitza/*Sosnitza* § 4a UWG Rn. 36; *Weiler* S. 213 f.

doch entspricht sie nicht dem Maßstab des Gebots fairen Verhandelns, welches sich jeweils nach dem konkreten Einzelfall richtet.[674]

Die für die Beeinflussung durch Überrumpelung relevante Norm im Lauterkeitsrecht ist § 4a UWG.[675] §§ 5, 5a UWG entsprechen der Täuschung und §§ 6 f. UWG beziehen sich auf unlautere Werbung und sind deshalb im vorliegenden Kontext nicht von Belang. § 4a UWG regelt aggressive geschäftliche Handlungen, welche vom Gesetz als unlauter eingestuft werden. Ausschlaggebend ist die Eignung der Handlung zur Herbeiführung einer Entscheidung des Abnehmers, die dieser anderenfalls nicht getroffen hätte, § 4a Abs. 1 S. 1 UWG.[676] Aggressiv ist die Handlung dann, wenn sie die Entscheidung des Abnehmers im konkreten Fall unter Berücksichtigung aller Umstände erheblich beeinträchtigen kann, indem sie diesen belästigt, nötigt oder unzulässig beeinflusst, § 4a Abs. 1 S. 2 UWG.[677]

Im Fall der unzulässigen Beeinflussung muss der Unternehmer eine Machtposition zur Ausübung von Druck, auch ohne Drohung, derart ausnutzen, dass die Fähigkeit des Entscheidungsträgers zu einer informierten Entscheidung wesentlich eingeschränkt wird, § 4a Abs. 1 S. 3 UWG.[678] Die Machtposition kann sowohl auf strukturellen Gründen beruhen als auch aus der konkreten Situation folgen und sich beispielsweise aus rechtlichen, wirtschaftlichen, sozialen oder beruflichen Gründen ergeben.[679] Sie ist aufgrund der unionsrechtlichen Vorgaben weit zu verstehen.[680] Die Möglichkeit der rationalen Entscheidung

674 S. u., Kap. 5 § 7 B. III. 2. d).

675 Vgl. Götting/Nordemann/*Götting* § 4a UWG Rn. 1, wonach § 4a UWG den Entscheidungsprozess schützen soll; ebenso KBF/*Köhler* § 4a UWG Rn. 1.2; MüKoUWG/*Raue* § 4a Rn. 1.

676 S. dazu auch *Emmerich/Lange* § 12 Rn. 8; Götting/Nordemann/*Götting* § 4a UWG Rn. 9; Ohly/Sosnitza/*Sosnitza* § 4a UWG Rn. 7 ff.

677 Vertiefend dazu Büscher/*Büscher* § 4a UWG Rn. 22 ff.; *Emmerich/Lange* § 12 Rn. 9 ff.; Götting/Nordemann/*Götting* § 4a UWG Rn. 9.

678 Büscher/*Büscher* § 4a UWG Rn. 53 ff.; Götting/Nordemann/*Götting* § 4a UWG Rn. 12 ff.; KBF/*Köhler* § 4a UWG Rn. 1.55 ff.; MüKoUWG/*Raue* § 4a Rn. 161 ff.; Ohly/Sosnitza/*Sosnitza* § 4a UWG Rn. 35 ff.

679 KBF/*Köhler* § 4a UWG Rn. 1.58; MüKoUWG/*Raue* § 4a Rn. 165; offen auch Ohly/Sosnitza/*Sosnitza* § 4a UWG Rn. 36.

680 KBF/*Köhler* § 4a UWG Rn. 1.57; MüKoUWG/*Raue* § 4a Rn. 163; Ohly/Sosnitza/*Sosnitza* § 4a UWG Rn. 36.

muss aufgrund des Drucks erheblich eingeschränkt sein.[681] Entsprechend ist eine restriktive Handhabung des § 4a UWG naheliegend.[682]

Für die Druckintensität zu berücksichtigen sind u. a. Zeitpunkt, Ort, Art oder Dauer der Handlung (Nr. 1), die Verwendung von drohenden Verhaltensweisen (Nr. 2) und das bewusste Ausnutzen von Umständen, welche das Urteilsvermögen des Abnehmers beeinträchtigen (Nr. 3), § 4a Abs. 2 S. 1 UWG. Für Nr. 1 ist entscheidend, ob der Verbraucher damit rechnen musste, unter diesen Umständen (Zeit und Ort) auf die gewählte Art und Weise einen Vertragsschluss angetragen zu bekommen.[683] Aus dem Zusammenspiel von § 4a Abs. 2 S. 1 Nr. 2 und Nr. 5 UWG ergibt sich, dass Drohungen nach Nr. 2 nicht rechtswidrig sein müssen.[684] Zu den Umständen, welche das Urteilsvermögen beeinträchtigen (§ 4a Abs. 2 S. 1 Nr. 3 UWG), gehören nach § 4a Abs. 2 S. 2 UWG geistige wie körperliche Beeinträchtigungen, Alter, geschäftliche Unerfahrenheit, Leichtgläubigkeit, Angst und Zwangslagen des Abnehmers.[685] Des Weiteren wird bei der Einstufung des Drucks als unlauter der Einschaltung von Autoritätspersonen eine besondere Bedeutung beigemessen.[686] Ist keine per se unzulässige Handlung gegeben, kommt es stets auf den Einzelfall an.[687]

---

681 Büscher/*Büscher* § 4a UWG Rn. 73 ff.; KBF/*Köhler* § 4a UWG Rn. 1.65 f.; Harte/Henning/*Picht* § 4a UWG Rn. 25; MüKoUWG/*Raue* § 4a Rn. 66 ff., 81 ff.; im Allgemeinen Ohly/Sosnitza/*Sosnitza* § 1 UWG Rn. 21; **enger** *Emmerich/Lange* § 12 Rn. 11; Götting/Nordemann/*Götting* § 4a UWG Rn. 14.

682 *Emmerich/Lange* § 12 Rn. 11, 14; Ohly/Sosnitza/*Sosnitza* § 4a UWG Rn. 36.

683 Götting/Nordemann/*Götting* § 4a UWG Rn. 37; vgl. auch Büscher/*Büscher* § 4a UWG Rn. 82; KBF/*Köhler* § 4a UWG Rn. 1.85; MüKoUWG/*Raue* § 4a Rn. 212 „[...] haben im Regelfall einen großen Einfluss auf die Intensität der Druckausübung"; Ohly/Sosnitza/*Sosnitza* § 4a UWG Rn. 149 ff.

684 Ebenso Büscher/*Büscher* § 4a UWG Rn. 84; KBF/*Köhler* § 4a UWG Rn. 1.112, 1.86; MüKoUWG/*Raue* § 4a Rn. 201, 270; Ohly/Sosnitza/*Sosnitza* § 4a UWG Rn. 155. Deshalb für ein restriktives Verständnis Harte/Henning/*Picht* § 4a UWG Rn. 29, welcher jedoch ebenfalls rechtmäßige Drohungen insbesondere in Kombination mit einer sehr kurzen Bedenkzeit als unlauter ansieht.

685 Vgl. Büscher/*Büscher* § 4a UWG Rn. 111 ff.; *Emmerich/Lange* § 12 Rn. 14; Harte/Henning/*Picht* § 4a UWG Rn. 124 ff.; Ohly/Sosnitza/*Sosnitza* § 4a UWG Rn. 156 ff.

686 Dies erfasst auch das Verhältnis von Arbeitgeber und Arbeitnehmer. Büscher/*Büscher* § 4a UWG Rn. 156 ff.; Götting/Nordemann/*Götting* § 4a UWG Rn. 29 ff.; KBF/*Köhler* § 4a UWG Rn. 1.67; Harte/Henning/*Picht* § 4a UWG Rn. 30, 105 ff.; MüKoUWG/*Raue* § 4a Rn. 291 ff.; s. auch Ohly/Sosnitza/*Sosnitza* § 4a UWG Rn. 127 ff., nach dem es zurecht primär auf das Vertrauen ankommt.

687 Vgl. Harte/Henning/*Picht* § 4a UWG Rn. 25; Ohly/Sosnitza/*Sosnitza* § 4a UWG Rn. 36.

Eine beispielhafte Aufzählung von unlauteren aggressiven geschäftlichen Handlungen findet sich in der sog. „Schwarzen Liste" im Anhang des UWG zu § 3 Abs. 3.[688] Danach ist es insbesondere unlauter, wenn der Eindruck erweckt wird, dass der Verbraucher bestimmte Räumlichkeiten nicht ohne Vertragsschluss verlassen könne (Nr. 25 Anhang UWG = künftig Nr. 24 Anhang UWG n. F.) oder wenn der Unternehmer den Wunsch des Verbrauchers missachtet, dessen Wohnung zu verlassen (Nr. 26 Anhang UWG = künftig Nr. 25 Anhang UWG n. F.).[689]

II. Rechtsfolge eines Verstoßes gegen das UWG

Die Rechtsfolge eines Verstoßes gegen das UWG ist nach §§ 8, 9 UWG begrenzt auf einen Anspruch auf Unterlassung und Beseitigung, welcher jedoch nur durch die Mitbewerber und qualifizierte Verbände, Einrichtungen und Kammern (§ 8 Abs. 3 UWG) geltend gemacht werden kann sowie einen Anspruch auf Schadensersatz durch die Mitbewerber .[690]

Die Wirksamkeit des Geschäfts bleibt hingegen unangetastet.[691] Ein Schadensersatzanspruch des Beeinflussten, der den Vertrag selbst als Schaden anerkennt, wurde vom Gesetzgeber bis vor Kurzem nicht realisiert.[692]

Dies ändert sich künftig durch § 9 Abs. 2 UWG n. F., welcher zum 28.05.2022 in Kraft tritt und dem Verbraucher einen individuellen Schadensersatzanspruch einräumt.[693] Dieser kommt insbesondere bei einer aggressiven geschäftlichen

---

688 S. dazu auch *Emmerich/Lange* § 12 Rn. 13.

689 Vertiefend *Beater* Rn. 1573 ff.; Buscher/*Büscher* § 4a UWG Rn. 37 f.; Götting/Nordemann/*Götting* § 4a UWG Rn. 17; Harte/Henning/*Henning-Bodewig UWG* Anhang zu § 3 Abs. 3 Nr. 25, 26; KBF/*Köhler* Anhang zu § 3 III UWG Rn. 25 ff.; UWG-GK/*Pahlow* § 3 (F) Anh. Nr. 25, 26; Ohly/Sosnitza/*Sosnitza* Anhang (zu § 3 Absatz 3) Rn. 67 f.

690 S. zur Einschränkung der möglichen Gläubiger der Ansprüche noch unten, Kap. 7 § 17 N.

691 KBF/*Köhler* § 1 UWG Rn. 39; MüKoUWG/*Raue* § 4a Rn. 45 f.; MüKoUWG/*Sosnitza* § 1 Rn. 14; *Weiler* S. 212; ähnlich Büscher/*Büscher* Einleitung Rn. 330.

692 Die Drucksachen sahen in der Vergangenheit darin ein Schutzdefizit: Begr. RegE BT-Drucks. 8/2145 S. 16; Begr. RegE BT-Drucks. 9/1707 S. 20 f.; anders mittlerweile Begr. RegE BT-Drucks. 15/1487 S. 14, 22; s. dazu auch Ohly/Sosnitza/*Sosnitza* § 1 UWG Rn. 11.

693 Vgl. BGBl. I (2021) S. 3507 zu § 9 Abs. 2 UWG n. F.: „Wer vorsätzlich oder fahrlässig eine nach § 3 unzulässige geschäftliche Handlung vornimmt und hierdurch Verbraucher zu einer geschäftlichen Entscheidung veranlasst, die sie andernfalls nicht getroffen hätten, ist ihnen zum Ersatz des daraus entstehenden Schadens verpflichtet.

Handlung nach § 4a UWG in Betracht.[694] Die Rechtsfolge richtet sich sodann nach §§ 249 ff. BGB und erfasst unter Umständen ein Lösungsrecht vom Vertrag.[695] Trotz dieses neuen Schadensersatzanspruchs für Verbraucher führt ein Verstoß gegen das UWG für sich genommen auch in Zukunft weiterhin nicht über den Umweg der Sittenwidrigkeit (§ 138 Abs. 1 BGB) oder als Verstoß gegen ein gesetzliches Verbot (§ 134 BGB) zur Nichtigkeit.[696] Auch sind die Vorschriften des UWG trotz der Gesetzesänderung grundsätzlich keine Schutzgesetze im Sinne des § 823 Abs. 2 BGB.[697] Eine prinzipielle Verknüpfung des Lauterkeitsrechts mit den Schutznormen des BGB fehlt deshalb.

Trotz des künftigen Schadensersatzanspruchs des Verbrauchers aus § 9 Abs. 2 UWG n. F. wird das UWG wegen seines Zuschnitts in einer Vielzahl von Konstellationen, welche vom Gebot fairen Verhandelns geregelt werden können, nicht eingreifen. Der Schadensersatzanspruch des § 9 Abs. 2 UWG n. F. knüpft zum einen an eine nach § 3 UWG unzulässige geschäftliche Handlung an, welche sich wiederum auf die Definition der „geschäftlichen Handlung" in § 2 Abs. 1 Nr. 2 UWG n. F. bezieht.[698] So liegt aber beispielsweise bei arbeitsrechtlichen

---

Dies gilt nicht für unlautere geschäftliche Handlungen nach den §§ 3a, 4 und 6 sowie nach Nummer 32 des Anhangs."

694 Begr. RegE BT-Drucks. 19/27873 S. 40; *Heinze/Engel* NJW 2021, 2609 Rn. 4 ff.

695 Begr. RegE BT-Drucks. 19/27873 S. 41; *Heinze/Engel* NJW 2021, 2609 Rn. 10 ff., 21; *Köhler* WRP 2021, 129 Rn. 30 ff.; sehr krit. und restriktiv *Maaßen* GRUR-Prax 2021, 7 (8, 10).

696 BGH 25.1.1990, BGHZ 110, 156 (174 f.) m. w. N.; OLG Hamburg 25.3.1993, NJW-RR 1993, 1456 (1456); *Beater* Rn. 87, 1088; Büscher/*Büscher* Einleitung Rn. 327 ff., 391 f.; Götting/Nordemann/*Götting* Einleitung Rn. 63; Soergel/*Hefermehl* § 138 Rn. 65; Ohly/Sosnitza/*Ohly* D. Rn. 67 f.; ausführlich *UWG*-GK/*Schünemann/Pfeifer* Einleitung Teil G. Rn. 149 ff.; *Weiler* S. 213

697 Begr. RegE BT-Drucks. 19/27873 S. 40 f.; vgl. auch *Köhler* WRP 2021, 129 Rn. 52 zur n.F.; s. bereits Begr. RegE BT-Drucks. 15/1487 S. 22; BGH 14.5.1974, GRUR 1975, 150 (150); Büscher/*Büscher* Einleitung Rn. 316; Götting/Nordemann/*Götting* Einleitung Rn. 61; KBF/*Köhler* § 1 UWG Rn. 39; Ohly/Sosnitza/*Ohly* D. Rn. 62; Harte/Henning/*Podszun* § 1 UWG Rn. 53; MüKoUWG/*Raue* § 4a Rn. 46; MüKoUWG/*Sosnitza* § 1 Rn. 14; Ohly/Sosnitza/*ders.* § 1 UWG Rn. 11; ausführlich und krit. dazu UWG-GK/*Schünemann/Pfeifer* Einleitung Teil G. Rn. 124 ff.; **aA** noch *Sack* WRP 1974, 445 (457 f.).

698 Danach ist eine „'geschäftliche Handlung' jedes Verhalten einer Person zugunsten des eigenen oder eines fremden Unternehmens vor, bei oder nach einem Geschäftsabschluss, das mit der Förderung des Absatzes oder des Bezugs von Waren oder Dienstleistungen oder mit dem Abschluss oder der Durchführung eines Vertrags über Waren oder Dienstleistungen unmittelbar und objektiv zusammenhängt; als Waren

Aufhebungs- und Änderungsverträgen oder familien- und erbrechtlichen Verzichtsverträgen keine geschäftliche Handlung im Sinne des UWG vor. Zum anderen verlangt das UWG, dass ein Verbraucher Opfer der unzulässigen geschäftlichen Handlung geworden ist, vgl. § 9 Abs. 2 S. 1 UWG n. F. Deshalb ist das UWG unabhängig von der Tatsache, ob es ein individuelles Beseitigungsrecht gewährt, als allgemeiner Überrumpelungsschutz ungeeignet.

Q. Zusammenfassung des Schutzniveaus der untersuchten Vorschriften

Wie gezeigt ist das Anfechtungsrecht eng umgrenzt und nicht geeignet auf unzulässige Einflussnahme außerhalb seines Anwendungsbereichs zu reagieren.[699] § 138 Abs. 1 BGB ist ein Mittel zur Inhaltskontrolle und daher zur Abschlusskontrolle untauglich.[700] Auch die anderen Schutzmechanismen des BGB versagen im Falle der unzulässigen Einflussnahme in Form einer Überrumpelung.[701] Die Widerrufsrechte knüpfen nicht an die Situation im Einzelfall an und die §§ 104 ff. BGB sind nicht für den Fall der unzulässigen Einflussnahme konstruiert. Die klassischen Schutznormen des BGB vernachlässigen damit tendenziell den Bereich der individuellen vorvertraglichen Willensbildung und konzentrieren sich stattdessen auf den Moment des Vertragsschlusses selbst oder auf den Inhalt.[702] Darum ist der Blick auf eine Lösung nach der vorvertraglichen Haftung zu richten.[703] Diese bietet einen über das Deliktsrecht hinausgehenden Rechtsgüterschutz bezüglich der „Interessen" des anderen Teils[704] und ist deshalb in der Lage bestehende Schutzlücken dogmatisch korrekt zu schließen.[705]

---

gelten auch Grundstücke und digitale Inhalte, Dienstleistungen sind auch digitale Dienstleistungen, als Dienstleistungen gelten auch Rechte und Verpflichtungen", vgl. § 2 Abs. 1 Nr. 2 UWG n. F.

699 S. o., Kap. 3 § 5 J. V.

700 S. o., Kap. 3 § 5 M. V.

701 *Reinecke* FS Düwell, 410 (411); *Thüsing* RdA 2005, 257 (268); *Winter* S. 112; ähnlich *Weiler* S. 515, der von einer Schutzlücke zwischen Widerrufsrecht und Anfechtungsrecht spricht. S. auch

702 *Gilles* NJW 1986, 1131 (1134 f.); *Lehmann* S. 144 f.; ähnlich *Lorenz* S. 481.

703 *Giesing* S. 210; *Krause* EzA § 312 BGB 2002 Nr. 1, S. 21 (31); *Lettmaier* FS Koch, 375 (384 ff.); *Lorenz* S. 387, 482.

704 Ähnlich Erman/*Martens* Einl § 241 Rn. 8.

705 Vgl. ArbG Berlin 30.1.2015 – 28 Ca 12971/14, BeckRS 2015, 66780 zu II. 2. b. der Gründe; *Reinecke* FS Düwell, 410 (411).

Kapitel 4: Die Rechtsprechung des Bundesverfassungsgerichts

Nachdem die etablierten Schutznormen des BGB untersucht wurden, ist die Rechtsprechung des Bundesverfassungsgerichts zu den Anforderungen der Vertragsfreiheit an das Zivilrecht in Augenschein zu nehmen. Denn Störungen in der Privatautonomie sind nicht lediglich zivilrechtlich, sondern auch verfassungsrechtlich problematisch.[706] Durch Auswertung wichtiger Entscheidungen des Bundesverfassungsgerichts zu ungleichen Machtverhältnissen im Verhandlungsstadium soll untersucht werden, inwieweit das Bundesverfassungsgericht die Selbstbestimmung und Selbstverantwortung der schwächeren Partei als Grundpfeiler der Privatautonomie würdigt und deren Verwirklichung sicherstellt.

§ 6 Verfassungsrechtliche Anforderungen an die Vertragsfreiheit

Die Möglichkeit der freien Gestaltung der rechtlichen Verhältnisse ist Kernbestandteil des deutschen Privatrechts.[707] Doch um diese Freiheit zu gewährleisten, muss sie in manchen Konstellationen eingeschränkt werden, um die schwächeren Akteure zu schützen.[708] Die Begrenzung der Privatautonomie um ihrer selbst willen ist ein schwer zu konturierendes Feld, scheint es doch auf den ersten Blick widersprüchlich.

A. „Handelsvertreterentscheidung" vom 7.2.1990, BVerfGE 81, 242 ff.

Im sogenannten „Handelsvertreterfall" hatte ein Handelsvertreter einem nachvertraglichen Wettbewerbsverbot ohne Karenzentschädigung im Fall der Beendigung des Dienstverhältnisses durch außerordentliche Kündigung wegen einer schuldhaften Pflichtverletzung des Handelsvertreters zugestimmt. Diese Vereinbarung stand im Einklang mit dem damals geltenden § 90a Abs. 2 S. 2 HGB. Später wurde der Handelsvertreter tatsächlich außerordentlich gekündigt und

706 *Becker* S. 75, s. o., Kap. 2 § 2.
707 *Franz* S. 71; *Zöllner* AcP 176 (1976), 221 (223).
708 S. o., Kap. 2 § 2 F. III.

in der ordentlichen Gerichtsbarkeit erfolgreich auf Wettbewerbsunterlassung verklagt.[709]

I. Entscheidung des Bundesverfassungsgerichts

Das Bundesverfassungsgericht hingegen erklärte § 90a Abs. 2 S. 2 HGB für verfassungswidrig. Zwar erkannte es, dass das entschädigungslose Wettbewerbsverbot nicht einseitig, sondern im Rahmen einer Vereinbarung getroffen wurde und damit grundsätzlich als privatautonomes Handeln zu respektieren sei.[710] Doch es stellte mit seinem Urteil das Problem der gestörten Parität in den Mittelpunkt und hinterfragte die Freiwilligkeit des abgeschlossenen Vertrags. Privatautonomie bestehe nur im Rahmen der geltenden Gesetze, welche unter dem Vorbehalt der verfassungsgetreuen Ausgestaltung stünden.[711] Hierbei sei zu beachten, dass das Grundgesetz keine wertneutrale Ordnung, sondern eine objektive Werteordnung für das gesamte deutsche Recht darstelle.[712]

Es stellte sodann fest, dass Verträge mitunter Resultat eines einseitigen Diktats seien, welches aus einer Position der Stärke erfolge.[713] In diesen Fällen sei die Privatautonomie zu begrenzen.[714] Denn „Privatautonomie [beruht] auf dem Prinzip der Selbstbestimmung […], [das] voraussetzt, dass auch die Bedingungen freier Selbstbestimmung tatsächlich gegeben sind. Hat einer der Vertragsteile ein so starkes Übergewicht, dass er vertragliche Regelungen faktisch einseitig setzen kann, bewirkt dies für den anderen Vertragsteil Fremdbestimmung."[715] Daraus folgert das Bundesverfassungsgericht, dass in den Fällen, in denen es an einem annähernden Gleichgewicht der Parteien fehlt, das Vertragsrecht seine Funktion des sachgerechten Interessenausgleichs nicht mehr erfüllen kann.[716] Dann müsse, wenn der Vertrag grundgesetzlich abgesicherte Positionen berührt, der Staat regelnd eingreifen, um die betroffenen Grundrechte zu sichern.[717]

Das Bundesverfassungsgericht greift auch die Problematik der Intensität der Störung auf, welche eine Korrektur erforderlich macht.[718] Es gesteht dem

709 BGH 6.10.1983, BB 1984, 235 (235 ff.).
710 BVerfG 7.2.1990, BVerfGE 81, 242 (253 f.).
711 BVerfG 7.2.1990, BVerfGE 81, 242 (254).
712 BVerfG 7.2.1990, BVerfGE 81, 242 (254).
713 BVerfG 7.2.1990, BVerfGE 81, 242 (254 f.).
714 BVerfG 7.2.1990, BVerfGE 81, 242 (254 f.).
715 BVerfG 7.2.1990, BVerfGE 81, 242 (254 f.).
716 BVerfG 7.2.1990, BVerfGE 81, 242 (255).
717 BVerfG 7.2.1990, BVerfGE 81, 242 (255).
718 BVerfG 7.2.1990, BVerfGE 81, 242 (255).

Gesetzgeber hier zunächst eine große Gestaltungsfreiheit zu,[719] betont jedoch auch, dass bei Untätigkeit des Gesetzgebers eine Lösung über die zivilrechtlichen Generalklauseln im Wege des Übermaßverbotes zu erfolgen habe.[720] Die Generalklauseln seien einer Einbeziehung der grundrechtlichen Wertvorstellungen besonders zugänglich und deshalb zur Umsetzung geeignet.[721] Der Ausgleich der gestörten Privatautonomie habe dann durch den an die Grundrechte gebundenen Richter zu erfolgen.[722] Infolgedessen sei „die Vertragspraxis [keineswegs] dem freien Spiel der Kräfte unbegrenzt ausgesetzt".[723]

II. Bedeutung der „Handelsvertreterentscheidung"

Das Bundesverfassungsgericht statuierte mit dieser Entscheidung, dass der Staat zwar grundsätzlich privatautonom getroffene Entscheidungen zu akzeptieren hat. Allerdings ist bei Fremdbestimmung, also wenn ein sachgerechter Interessenausgleich über den Mechanismus des Vertragsschlusses nicht möglich ist, das Vertragsrecht allein defizitär, sodass eine Korrektur zugunsten der schwächeren Partei vorzunehmen ist. Das Bundesverfassungsgericht hat mit dieser Entscheidung anerkannt, dass die privatautonome Gestaltung der Rechtsverhältnisse einer Partei gleichzeitig ein Eingriff in die privatautonome Gestaltung der anderen Seite sein kann,[724] und es eine gegenüber dem Grundsatz „pacta sunt servanda" differenzierende Sichtweise braucht.[725] Überspitzt lässt sich formulieren, dass privatautonom getroffene Entscheidungen zu respektieren sind, diese aber tatsächlich privatautonom geschlossen sein müssen, was wiederum echte Selbstbestimmung voraussetzt.

B. „Bürgschaftsentscheidung" vom 19.10.1993, BVerfGE 89, 214 ff.

Ausführlicher beschäftigte sich das Bundesverfassungsgericht im Anschluss in der sogenannten „Bürgschaftsentscheidung" mit dem verfassungsrechtlichen Umgang mit Ungleichgewichtslagen im Rahmen der Privatautonomie. Der

---

719 BVerfG 7.2.1990, BVerfGE 81, 242 (255).
720 BVerfG 7.2.1990, BVerfGE 81, 242 (255 f.).
721 BVerfG 7.2.1990, BVerfGE 81, 242 (256).
722 BVerfG 7.2.1990, BVerfGE 81, 242 (256).
723 BVerfG 7.2.1990, BVerfGE 81, 242 (255 f.).
724 *Franz* S. 74; *Preis/Rolfs* DB 1994, 261 (261).
725 *Franz* S. 74; *Lorenz* JZ 1997, 277 (281); *ders.* NJW 1997, 2578 (2579); ähnlich *Schimansky* WM 1995, 461 (465); **aA** *Isensee* FS Großfeld, 485 (509).

zugrunde liegende Sachverhalt basiert auf dem Abschluss einer Bürgschaft über 100.000 DM unter Abbedingung nahezu aller Schutzvorschriften und Verharmlosung der wirtschaftlichen Bedeutung seitens der Bank durch eine gerade volljährige Person ohne Berufsausbildung mit einem sehr geringen Einkommen.[726] Bis dahin waren nach Ansicht der ordentlichen Gerichtsbarkeit auch unerfahrene und finanziell krass überforderte Bürgen für die Risiken des Geschäfts voll verantwortlich und mussten nicht durch den Bürgschaftsnehmer aufgeklärt werden.[727]

I. Entscheidung des Bundesverfassungsgerichts

Dieser Rechtsprechung trat das Bundesverfassungsgericht entgegen.[728] Es erkannte eine grundsätzlich fehlerhafte Anwendung der zivilrechtlichen Generalklauseln der Instanzgerichte, indem durch diese die objektive Werteordnung des Grundgesetzes nicht ausreichend gewürdigt wurde.[729] Der Bundesgerichtshof habe namentlich die Bedeutung der Frage nach der freien Entscheidung und damit die grundrechtlich gewährleistete Privatautonomie in seinen Entscheidungen verkannt.[730] Der Verfassungsverstoß lag demnach gerade darin, dass durch die Instanzgerichte nicht kontrolliert wurde, „ob und inwieweit beide Vertragspartner über den Abschluß und den Inhalt des Vertrags tatsächlich frei entscheiden konnten".[731]

In der Entscheidung führte das Bundesverfassungsgericht aus, dass die Privatautonomie beider Teile zu schützen sei und aus diesem Grund gegebenenfalls stark einseitig bevorteilenden Absprachen die Wirkung zu versagen sei.[732] Die in der Regel nach Art. 2 Abs. 1 GG geschützte Privatautonomie sei demnach unter Umständen im Wege der praktischen Konkordanz für eine Seite zu begrenzen, um sie für die andere Seite sicherzustellen.[733] Eine uneingeschränkte Ausübung und Anwendung der Privatautonomie begründe die Gefahr, dass sich

726 BVerfG 19.10.1993, BVerfGE 89, 214 (218).

727 BGH 16.3.1989, NJW 1989, 1605 (1606); BGH 16.5.1991, NJW 1991, 2015 (2016); BGH 16.1.1992, NJW 1992, 896 (898); s. darstellend auch BVerfG 19.10.1993, BVerfGE 89, 214 (216 f.).

728 BVerfG 19.10.1993, BVerfGE 89, 214 (229 ff.).

729 BVerfG 19.10.1993, BVerfGE 89, 214 (229 f.).

730 BVerfG 19.10.1993, BVerfGE 89, 214 (231).

731 BVerfG 19.10.1993, BVerfGE 89, 214 (231).

732 BVerfG 19.10.1993, BVerfGE 89, 214 (232).

733 BVerfG 19.10.1993, BVerfGE 89, 214 (232).

das „Recht des Stärkeren"[734] durchsetzt.[735] Nur im Falle eines annähernd gleichen Machtverhältnisses könne die Vertragsfreiheit deshalb ein taugliches Mittel zum Interessenausgleich sein.[736] Könne eine Seite den Vertragsschluss und Inhalt einseitig bestimmen, so liege keine Selbstbestimmung mehr vor, sondern Fremdbestimmung.[737]

Daraus folgerte das Bundesverfassungsgericht, dass in Fällen der strukturellen Unterlegenheit einer Seite, welche in einem ungewöhnlich belastenden Vertragsschluss resultiert, das Zivilrecht regelnd eingreifen muss.[738] Es könne dann nicht mehr der Grundsatz „Vertrag ist Vertrag" gelten.[739] Denn dies sei mit dem Schutz der Privatautonomie (Art. 2 Abs. 1 GG) der schwächeren Seite und dem Sozialstaatsprinzip (Art. 20 Abs. 1, 28 Abs. 2 GG) nicht vereinbar.[740]

Es müsse vornehmlich über die Generalklauseln des Zivilrechts auf die gestörte Vertragsparität reagiert werden.[741] Gleichwohl solle aus Gründen der Rechtssicherheit nicht jede Störung des Verhandlungsgleichgewichts eine nachträgliche Kontrolle des Vertrags begründen.[742] Diese Rechtsprechung hat das Bundesverfassungsgericht in Folgeentscheidungen bestätigt. Es kontrollierte verschiedene Verträge anhand des entwickelten Maßstabs.[743] Das Gericht betonte nochmals, dass im Zivilrecht nicht das „Recht des Stärkeren" gelten dürfe.[744]

II. Rezeption der „Bürgschaftsentscheidung" in der Literatur

Der „Bürgschaftsentscheidung" folgte Zuspruch aus der Literatur.[745] Nach *Franz* ergibt sich aus der Position des Bundesverfassungsgerichts treffend, dass dieses

---

734 BVerfG 19.10.1993, BVerfGE 89, 214 (232).

735 BVerfG 19.10.1993, BVerfGE 89, 214 (232).

736 BVerfG 19.10.1993, BVerfGE 89, 214 (233).

737 BVerfG 19.10.1993, BVerfGE 89, 214 (232).

738 BVerfG 19.10.1993, BVerfGE 89, 214 (232, 234).

739 BVerfG 19.10.1993, BVerfGE 89, 214 (234).

740 BVerfG 19.10.1993, BVerfGE 89, 214 (232).

741 Das BVerfG nannte hier §§ 138, 242 BGB, vgl. BVerfG 19.10.1993, BVerfGE 89, 214 (233).

742 BVerfG 19.10.1993, BVerfGE 89, 214 (232).

743 BVerfG 5.8.1994, NJW 1994, 2749 (2750) zur Bürgschaft; BVerfG 15.7.1998, BVerfGE 98, 365 (395 ff.) zur betrieblichen Altersversorgung; BVerfG 6.2.2001, BVerfGE 103, 89 (100 f.) zum Ehevertrag; BVerfG 29.3.2001, NJW 2001, 2248 (2248) zum Ehevertrag; BVerfG 27.7.2005, NJW 2006, 596 (597 f.) zum Künstlervertrag.

744 BVerfG 5.8.1994, NJW 1994, 2749 (2750); ebenso *Franz* S. 72, *Zeller-Müller* S. 47.

745 *Feuerborn* S. 60 ff.; *Gamillscheg* S. 219; *Grün* WM 1994, 713 (719); *Honsell* NJW 1994, 565 (566); *Löwe* ZIP 1993, 1759 (1759); *Preis/Rolfs* DB 1994, 261 (264 ff.); *Wiedemann*

die Freiheit der Vertragspartner nicht nur „formal […], sondern auch material" schützt.[746] Doch das Urteil zog naturgemäß auch Ablehnung mit sich.[747] Die Vorgaben des Bundesverfassungsgerichts seien zu ungenau, insbesondere der Begriff der strukturellen Unterlegenheit musste sich dieser Kritik aussetzen.[748] Durch die Entscheidung würde das Zivilrecht vom „Reich der Privatautonomie" zum „Reich der Kontrolle".[749] Darüber hinaus könne ein Vertrag schlicht nicht fremdbestimmt zustande kommen, da der Vertrag Konsens erfordere und mithin stets selbstbestimmt sein müsse.[750]

III. Würdigung der „Bürgschaftsentscheidung"

Der Entscheidung ist in ihrem Kern zuzustimmen. Das Spannungsfeld zwischen Parität in der Abschlusssituation und Vertragsfreiheit wurde vom Bundesverfassungsgericht erkannt. Gerade die Tatsache, dass „zu viel" Privatautonomie, womit eine unbeschränkte, unkontrollierte Privatautonomie gemeint ist, immer auch ein „zu wenig" an Privatautonomie für die schwächere Partei bedeuten kann, wird von denjenigen, die sich wegen der gesteigerten Kontrolldichte gegen das Urteil wenden, nicht ausreichend gewürdigt. Das Bundesverfassungsgericht respektiert die Privatautonomie und möchte diese nicht beseitigen, sondern behüten.[751] Dabei betrachtet es korrekterweise die privatautonome Gestaltung

---

JZ 1994, 411 (411 ff.); *Wiedenmann* S. 110 ff.; *Zwanziger* BB 1996, 903 (903 f.); s. auch den an der Entscheidung als Richter beteiligten *Dieterich* RdA 1995, 129 (133), nach dem es eine „reine Fiktion" wäre, noch von einer „autonomen Entscheidung zu sprechen"; **kritisch** hingegen *Lorenz* S. 255 welcher nur einen geringen Mehrwert in der Entscheidung erblickt „bare Selbstverständlichkeiten", *ders.* NJW 1997, 2578 (2579); *ders.* JZ 1997, 277 (281); ebenso *Schimansky* WM 1995, 461 (466) „nichts Neues".

746 *Franz* S. 75.

747 *Adomeit* NJW 1994, 2467 (2467 f.); *Barnert* S. 263 ff.; *Germelmann* NZA 1997, 236 (240); *Isensee* FS Großfeld, 485 (489 ff.); *Zöllner* AcP 196 (1996), 1 (2 ff.); *ders.* FS 100 Jahre GmbH-Gesetz, 85 (113 ff.); *ders.* Privatrechtsgesellschaft S. 36 ff.; krit. auch *Fastrich* RdA 1997, 65 (69 f.); *Ruffert* S. 339 ff.; krit. in Bezug auf die strukturelle Unterlegenheit als zu eng *Brors* RdA 2004, 273 (277).

748 *Adomeit* NJW 1994, 2467 (2468); *Barnert* S. 263 ff.; *Fastrich* RdA 1997, 65 (69 f.); *Germelmann* NZA 1997, 236 (239 f.); *Hillgruber* Selbstverantwortung S. 180 f.; *Isensee* FS Großfeld, 485 (489) „läßt sich […] getrost ignorieren"; *Schacht* S. 128 f.

749 *Adomeit* NJW 1994, 2467 (2467).

750 *Barnert* S. 276 ff.; *Zöllner* Privatrechtsgesellschaft S. 37; im Ansatz *Bengelsdorf* DB 1997, 874 (878).

751 So auch *Becker* S. 81.

beider Parteien unter dem Gesichtspunkt der von der Verfassung vorausgesetzten Selbstbestimmung.

IV. Relevanz der „Bürgschaftsentscheidung" für das Gebot fairen Verhandelns

Das Gebot fairen Verhandelns lässt sich möglicherweise anhand der Vorgaben des Bundesverfassungsgerichts herleiten und daran messen. Es wird deshalb untersucht, inwieweit die Vorgaben des Bundesverfassungsgerichts für die Begründung und Rechtfertigung des Gebots fairen Verhandelns herangezogen werden können. Dafür ist entscheidend, ob sich das Gebot fairen Verhandelns in die Vorgaben des Bundesverfassungsgerichts einfügt.

1. Direkte Anknüpfung an die Entscheidung durch das Gebot fairen Verhandelns

In Anschluss an die das Gebot fairen Verhandelns in das Bewusstsein der breiten Fachöffentlichkeit holende Entscheidung des Bundesarbeitsgerichts vom 7.2.2019,[752] soll exemplarisch die Situation des arbeitsrechtlichen Aufhebungsvertrags ergründet werden. Auf den ersten Blick erscheint eine direkte Anknüpfung an die Rechtsprechung des Bundesverfassungsgerichts naheliegend.[753] Voraussetzung dafür ist aber, dass der arbeitsrechtliche Aufhebungsvertrag einen ungewöhnlich belastenden Inhalt hat und eine strukturelle Unterlegenheit in der Abschlusssituation vorliegt.

a) Ungewöhnlich belastender Inhalt bei ordinärem arbeitsrechtlichen Aufhebungsvertrag

Die Aufgabe des Arbeitsverhältnisses durch Vertrag ist jedoch keine ungewöhnliche Belastung des Arbeitnehmers.[754] Sie ist der normale Inhalt dieses Vertrags und nicht mit dem Abschluss einer existenzbedrohenden Bürgschaft vergleichbar, sodass keine erweiterte Inhaltskontrolle nach dem Maßstab der Bürgschaftsentscheidung des Bundesverfassungsgerichts vorgenommen werden

752 BAG 7.2.2019, NZA 2019, 688 ff.

753 Dafür ausführlich *Becker* S. 87 ff.; 122 ff.; in diese Richtung ohne weitere Ausführungen auch BAG 7.2.2019, NZA 2019, 688 Rn. 34; DDW/*Däubler* Einleitung Rn. 154; DDZ/*ders.* Aufhebungsvertrag Rn. 105; HK-ArbR/*ders.* §§ 611, 611a BGB Rn. 629; *Stoffels* SAE 1995, 176 (181); HWK/*Thüsing* § 123 BGB Rn. 46.

754 S. o., Kap. 3 § 5 M. II.; **aA** *Becker* S. 184 ff.

muss.[755] Die möglicherweise infolgedessen auftretende längere Arbeitslosigkeit ist als mittelbare Folge vielmehr unbeachtlich,[756] zumal sich diese nicht nach dem Inhalt des Vertrags, sondern nach der Lage auf dem Arbeitsmarkt richtet.[757] Der mögliche Nachteil des Aufhebungsvertrags ergibt sich deshalb erst bei einer gesamtwirtschaftlichen Betrachtung, welche aber der Regelungsmacht der Parteien entzogen ist.[758] Auch das Fehlen einer Abfindung stellt keine ungewöhnliche Belastung dar,[759] da es keine Vorschrift gibt, die die Notwendigkeit einer Abfindung vorschreibt.[760]

Im Aufhebungsvertrag selbst liegt deshalb regelmäßig keine ungewöhnlich starke Belastung. Dieses Ergebnis ändert sich auch nicht dadurch, dass das Bundesverfassungsgericht die bloße Gefahr einer intensiven Belastung ausreichen lässt. Dass die Gefahr genügen kann, ergibt sich aus den Bürgschaftsfällen, in welchen die Bürgschaften kontrolliert wurden, ohne dass der Bürgschaftsfall eingetreten war.[761] Die Zahlungspflicht als Nachteil ist aber unmittelbarer Bestandteil des Vertrags, abhängig von einer Bedingung. Aus der Aufhebung eines Rechtsverhältnisses resultiert im Gegensatz dazu nur die Aufhebung des Rechtsverhältnisses als solche, welche für sich genommen nicht nachteilig ist. Ein Aufhebungsvertrag kann deshalb nicht unter die Vorgabe des ungewöhnlich belastenden Inhalts subsumiert werden.

b) Strukturelle Unterlegenheit bei Abschluss eines arbeitsrechtlichen Aufhebungsvertrags

Statt einer Anknüpfung an die Vorgabe des ungewöhnlich belastenden Vertragsinhalts könnte das Gebot fairen Verhandelns mit den Vorgaben des

---

755 *Bauer/Diller* DB 1995, 1810 (1811); *Dieterich* DB 1995, 1813 (1814) betont Ausnahmen mit Blick auf den Verlust von Ruheanwartschaften und der Kürzung von Sozialversicherungsrenten; *Franz* S. 100 f.; *Hemming* S. 95; *Krause* § 20 Rn. 4; *ders.* EzA § 312 BGB 2002 Nr. 1, S. 21 (29); kritisch auch *Schacht* S. 133; **aA** *Becker* S. 184 ff.; *Stoffels* SAE 1995, 176 (181).

756 *Schacht* S. 132.

757 *Franz* S. 100 f.; **aA** *Becker* S. 201 f.

758 *Schacht* S. 132.

759 *Franz* S. 100; *Krause* § 20 Rn. 4; *ders.* EzA § 312 BGB 2002 Nr. 1, S. 21 (29); *Schacht* S. 132; ähnlich *Bauer/Diller* DB 1995, 1810 (1811); *Dieterich* DB 1995, 1813 (1814).

760 S. o., Kap. 3 § 5 J. II. 2. a) aa).

761 Vgl. BVerfG 19.10.1993, BVerfGE 89, 214 (214 ff.). Den Schluss, dass die Gefahr den Tatbestand des „ungewöhnlich belastenden Inhalts" erfüllt, ziehen *Franz* S. 101; *Schacht* S. 132.

Bundesverfassungsgerichts aber das Erfordernis der strukturellen Unterlegenheit gemein haben.

aa) Allgemeines zur strukturellen Unterlegenheit

Der Arbeitnehmer ist aufgrund seiner grundsätzlichen Austauschbarkeit dem Arbeitgeber beim Abschluss des Arbeitsvertrags strukturell unterlegen.[762] Ein nachdrückliches Beharren auf das Aushandeln der Arbeitsbedingungen kann den Arbeitnehmer regelmäßig den potenziellen Arbeitsplatz kosten.[763] Der Arbeitnehmer ist auf ein Arbeitsverhältnis allerdings in aller Regel angewiesen, um seinen Lebensunterhalt zu sichern.[764] In dieser Konstellation kann das Vertragsrecht den sachgerechten Interessenausgleich der Parteien durch das Konsensprinzip nicht mehr sicherstellen.[765] Dies hat auch der Gesetzgeber anerkannt, indem er nur kollektive Vereinbarungen nach § 310 Abs. 4 S. 3 BGB von der Inhaltskontrolle durch das Recht der AGB ausgenommen hat. Nur dort vermutet er Parität.[766]

Gleichzeitig hat der Gesetzgeber Schutzvorkehrungen getroffen, um den Bestand des Arbeitsverhältnisses zu sichern. Besonders hervorzuheben ist hier das Kündigungsschutzgesetz.[767] Das Arbeitsrecht insgesamt ist deshalb ein Kontrollmechanismus gegenüber der Vertragsfreiheit.[768] Es kommt für die strukturelle Unterlegenheit jedoch nicht auf die Situation im allgemeinen arbeitsrechtlichen Verhältnis an, sondern auf die typische Situation beim Abschluss eines arbeitsrechtlichen Aufhebungsvertrags.[769]

---

762 BVerfG 26.6.1991, BVerfGE 84, 212 (229) zum „Abschluss von Arbeitsverträgen"; BVerfG 4.7.1995, BVerfGE 92, 365 (395); allgemein BAG 16.3.1994, NZA 1994, 937 (940); BAG 6.9.1995, NZA 1996, 437 (439); BAG 25.4.1997, NZA 2007, 853 (854); *Becker* S. 93 ff.; *Busemann/Schäfer* Rn. 72; *Fastrich* RdA 1997, 65 (77); *Thies* S. 11 ff.; *Wank* EzA § 611 BGB Aufhebungsvertrag Nr. 21, S. 5 (7); *Wiedemann* JZ 1994, 411 (413); *Zöllner* Privatrechtsgesellschaft S. 42; **diff.** *Dieterich* NZA 1996, 673 (675 f.).

763 *Bauer/Diller* DB 1995, 1810 (1812); *Franz* S. 90.

764 *Becker* S. 94, 114 f.; ErfK/*Oetker* § 1 KSchG Rn. 3.

765 *Becker* S. 94.

766 Undeutlich Begr. RegE. BT-Drucks. 14/6857 S. 54; *Becker* S. 95 f.; allg. ErfK/*Preis* § 310 BGB Rn. 8.

767 Ausführlich zu den weiteren Schutzvorkehrungen *Becker* S. 98 ff, 110 ff.

768 *Becker* S. 107 f.; *Boemke* NZA 1993, 532 (534); *Fastrich* S. 201; *Franz* S. 290; *Hanau/Adomeit* Rn. 60; *Stoffels* SAE 1995, 176 (176).

769 *Bengelsdorf* BB 1995, 978 (981 f.); *ders.* DB 1997, 874 (876); *Franz* S. 89; allgemein LAG Brandenburg 30.10.2002, NZA 2003, 503 (505); *Dieterich* NZA 1996, 673 (676); *Krings* S. 330.

bb) Keine strukturelle Unterlegenheit nach Ansicht der Rechtsprechung

Der Zweite Senat des Bundesarbeitsgerichts lehnt eine strukturelle Unterlegenheit des Arbeitnehmers beim Abschluss eines Aufhebungsvertrags wegen der schlichten Möglichkeit des „Nein" ab. Der Arbeitnehmer könne das „Ob", „Wie" und „Wann" der Beendigung des Arbeitsverhältnisses wählen.[770] Er habe deshalb eine gute Verhandlungsposition, um seinen Interessen entsprechend zu handeln.[771]

cc) Der Rechtsprechung zustimmende Literatur

Die Entscheidung des Bundesarbeitsgerichts ist in der Literatur überwiegend auf Zustimmung gestoßen.[772] Neben dem rechtlichen Gleichgewicht bestünde auch dadurch Verhandlungsgleichgewicht in tatsächlicher Hinsicht, dass der Arbeitgeber sein Direktionsrecht nicht dazu nutzen könne, ein Gespräch über die freiwillige Aufhebung des Arbeitsverhältnisses festzulegen.[773] Dieses erlaube

---

770 BAG 14.2.1996, NZA 1996, 811 (812); ebenso LAG Hamm 1.4.2003, DB 2003, 1443 (1445); LAG Köln 6.6.1997 – 11 Sa 1328/96, BeckRS 1997, 30463097; LAG Köln 27.6.1997, LAGE § 123 BGB Nr. 24, S. 3; LAG Mecklenburg-Vorpommern 6.7.1995, NZA 1996, 535 (538); **offenlassend** LAG Brandenburg 30.10.2002, NZA 2003, 503 (505), welches ein anderes Ergebnis bei einer „Überrumpelungslage" sieht; **aA** ArbG Osnabrück 21.2.1995, AiB 1995, 466 (467).

771 Vgl. BAG 14.2.1996, NZA 1996, 811 (812).

772 *Adam* SAE 2000, 204 (209); *Bauer* FS Däubler, 143 (157); *Bauer/Diller* DB 1995, 1810 (1812); *Bengelsdorf* NZA 1994, 193 (197 ff.); *ders.* ZfA 1995, 229 (260 ff.); *ders.* BB 1995, 978 (982); *ders.* BB 1996, 904 (906); *ders.* DB 1997, 874 (876 f.); *ders.* LAGE § 611 BGB Aufhebungsvertrag Nr. 6, S. 11 (13f.); *ders.* NZA-RR 1999, 1 (2); *Boemke* NZA 1993, 532 (537); *Butz* S. 109 ff.; *Coester* SAE 2001, 222 (223); *Dütz/Thüsing* Rn. 347; WEBF/*Ehrich* Teil 3 Rn. 120; *Feuerborn* S. 171; *Fischinger* NZA-RR 2020, 516 (517); *Heinkel* ZTR 2020, 261 (265); *Henssler* RdA 2002, 129 (139); ZLH/*Hergenröder* § 24 Rn. 22; MüKoBGB/*Hesse* Vor § 620 Rn. 31; BeckOKArbR/*ders.* § 620 BGB Rn. 82; *Holler* NJW 2019, 2206 (2208 f.); *Hoß/Ehrich* DB 1997, 625 (627); *Junker* NZA 1997, 1305 (1311); *Krause* § 20 Rn. 4; BLDH/*Lingemann* Kap. 23 Rn. 18; *ders.* NZA 2002, 181 (185); *Lorenz* JZ 1997, 277 (279, 281); *S. Müller* DB 2019, 1792 (1794); *Reufels/Pütz* ArbRB 2020, 253 (254); *Rieble* Rn. 925 ff.; *Schacht* S. 133 ff.; *Schiefer/Köster* WiB 1995, 489 (497); *Weber/Ehrich* NZA 1997, 414 (421); mit Bedenken aus Gründen der formalen Äquivalenz zustimmend *Wank* EzA § 611 BGB Aufhebungsvertrag Nr. 21, S. 5 (7 f.).

773 *Adam* EzA § 312 BGB 2002 Nr. 4, S. 18 (19 f.); *Bengelsdorf* ZfA 1995, 229 (266); *Fuhlrott* GWR 2016, 177 (178); *Glahe* S. 110; *Winter* S. 106; vgl. auch BAG 23.6.2009, NZA 2009, 1011 Rn. 20 ff., wonach der Arbeitnehmer nicht an Verhandlungen über Vertragsänderungen teilnehmen muss; **aA** *Zwanziger* DB 1994, 982 (984); kritisch

lediglich die Konkretisierung der Pflichten des Arbeitnehmers.[774] Der Arbeitnehmer müsse deshalb zu einem Gespräch über die Auflösung des Arbeitsverhältnisses nicht erscheinen.[775] Der Erweiterung eines Personalgespräches auf solche Themen könne er widersprechen.[776] Dies soll faktisch zu einem Beratungsrecht führen, indem der Beschäftigte bei Verweigerung der Teilnahme eines Beraters auf seiner Seite seinerseits die Teilnahme am Gespräch verweigern kann.[777]

Zudem sei der Arbeitnehmer bei einem Aufhebungsvertrag im Gegensatz zu einer Bewerbung auf den Vertragsschluss nicht angewiesen,[778] weshalb der Arbeitnehmer hier besser stünde.[779] Die Gefahr der Überrumpelung könne durch das einfache Bitten um Bedenkzeit gebannt werden.[780] Lehnt der Arbeitgeber eine Bedenkzeit ab, könne der Arbeitnehmer immer noch durch Ablehnung den Aufhebungsvertrag verhindern.[781] Es liege damit in der Hand des Arbeitnehmers zu entscheiden, ob er aus dem Arbeitsverhältnis ausscheidet.[782] Außerdem sichere der gesetzliche Kündigungsschutz des Arbeitnehmers seine Verhandlungsposition ab:[783] Lehnt der Arbeitnehmer das Angebot zur

---

wohl auch *Franz* S. 98; *Thies* S. 13 f., 17 ff. stellt insg. darauf ab, dass die klassische Machthierarchie im Arbeitsverhältnis nicht spontan überwunden werden kann.

774 *Adam* EzA § 312 BGB 2002 Nr. 4, S. 18 (20); *Bengelsdorf* BB 1995, 978 (983 f.); *ders.* ZfA 1995, 229 (266).

775 *Adam* EzA § 312 BGB 2002 Nr. 4, S. 18 (19 f.); *Bengelsdorf* BB 1995, 978 (983 f.); *ders.* ZfA 1995, 229 (266 f.); *Fuhlrott* GWR 2016, 177 (178); *Glahe* S. 110; *S. Müller* DB 2019, 1792 (1794); vgl. auch BAG 23.6.2009, NZA 2009, 1011 Rn. 20 ff., wonach der Arbeitnehmer nicht an Verhandlungen über Vertragsänderungen teilnehmen muss.

776 *Adam* EzA § 312 BGB 2002 Nr. 4, S. 18 (20).

777 *Fuhlrott* GWR 2016, 177 (178).

778 *Franz* S. 92; *Giesing* S. 90; *Schacht* S. 134.

779 *Bengelsdorf* BB 1995, 978 (982); *Fischinger* NZA-RR 2020, 516 (516 f.); *Germelmann* NZA 1997, 236 (241); *Giesing* S. 90; *Schacht* S. 134; zugestehend *Zwanziger* DB 1994, 982 (984).

780 *Bengelsdorf* NZA 1994, 193 (198); *Butz* S. 110.

781 *Bengelsdorf* NZA 1994, 193 (197 f.); *ders.* DB 1997, 874 (878); *Henssler* RdA 2002, 129 (139).

782 *Bauer/Diller* DB 1995, 1810 (1812); *Bengelsdorf* LAGE § 611 BGB Aufhebungsvertrag Nr. 6, S. 11 (14); *Boemke* NZA 1993, 532 (537); zu Aufklärungspflichten *Brors* S. 188.

783 *Adam* SAE 2000, 204 (209); *Bauer* NZA 1992, 1015 (1017); *ders.* FS Däubler, 143 (157); *Bengelsdorf* ZfA 1995, 229 (261 f.); *Boemke* NZA 1993, 532 (537); *Brors* S. 188 zu Aufklärungspflichten; *Feuerborn* S. 171; *Henssler* RdA 2002, 129 (139); *S. Müller* DB 2019, 1792 (1794); *Rieble* Rn 927; *ders./Klumpp* ZIP 2002, 2153 (2160 f.); *Schacht* S. 134.

Aufhebung des Vertrags ab, bleibe dem Arbeitgeber häufig nur die Verbesserung des Angebots durch beispielsweise eine höhere Abfindung.[784] Daraus schließen Teile der Literatur sogar, dass der Arbeitnehmer eine stärkere Position als der Arbeitgeber innehat.[785]

Weiterhin wird angeführt, dass der Arbeitnehmer ein mündiger und freier Bürger ist, der nicht als schnell irrational handelnder Mensch einzuordnen sei.[786] Der Arbeitnehmer sei in der Lage, sich gegenüber dem Arbeitgeber zu behaupten.[787] Im Ergebnis würde ein Arbeitnehmer sonst mit Geschäftsunfähigen gleichgestellt werden.[788] Dazu sei es fernliegend anzunehmen, dass der Arbeitnehmer regelmäßig von dem Ansinnen des Arbeitgebers Aufhebungsverträge zu schließen überrascht sei.[789] Kein Arbeitgeber wolle sich grundlos von qualifizierten Mitarbeitern trennen, sodass die betroffenen Arbeitnehmer in der Regel schon ein angespanntes Verhältnis zum Arbeitgeber hätten und an der Betriebsstätte sei ohnehin mit solcherlei Konfrontation zu rechnen.[790]

dd) Ablehnende Literatur

Dem treten nicht unbeachtliche Teile der Literatur entgegen.[791] Die strukturelle Unterlegenheit könne sich nicht nur aus der Möglichkeit der Kündigung

784 *Bengelsdorf* LAGE § 611 BGB Aufhebungsvertrag Nr. 6, S. 11 (14); *ders.* NZA 1994, 193 (198); *ders.* DB 1997, 874 (878); *Bauer/Diller* DB 1995, 1810 (1812); *Winter* S. 135.

785 *Bauer/Diller* DB 1995, 1810 (1812); *Bengelsdorf* LAGE § 611 BGB Aufhebungsvertrag Nr. 6, S. 11 (14); *ders.* NZA 1994, 193 (199 f.); *ders.* DB 1997, 874 (877); *Henssler* RdA 2002, 129 (139).

786 *Bengelsdorf* ZfA 1995, 229 (263); *ders.* BB 1995, 978 (984); *ders.* BB 1996, 904 (906); *ders.* DB 1997, 874 (876); *Butz* S. 109; *Feuerborn* S. 170; *S. Müller* DB 2019, 1792 (1794); *Schacht* S. 135; ähnlich zu Aufklärungspflichten *Brors* S. 189.

787 *Bengelsdorf* NZA 1994, 193 (197 f.); *Giesing* S. 225, 245; *Schacht* S. 135; ähnlich *Adam* SAE 2000, 204 (209).

788 *Butz* S. 109.

789 *Bengelsdorf* DB 1997, 874 (877).

790 *Bengelsdorf* LAGE § 611 BGB Aufhebungsvertrag Nr. 6, S. 11 (33); *ders.* NZA 1994, 193 (198); *ders.* BB 1995, 978 (984) stellt auf die „realistische[...] Sicht der Lebenswirklichkeit" ab; *ders.* ZfA 1995, 229 (267 f.); *ders.* DB 1997, 874 (877); **aA** *Franz* S. 96.

791 *Becker* S. 122 ff.; *Dieterich* RdA 1995, 129 (135 f.); *B. Grunewald* AuR 1994, 260 (260 f.); *Keppeler* AuR 1996, 263 (265); MEL/*Mues* Rn. 759; *Reinecke* Sonderbeil. NZA 18/2004, 27 (34); *ders.* FS Küttner, 327 (328 ff.); *Singer* RdA 2003, 194 (196 f.); *Stoffels* SAE 1995, 176 (181); *Zwanziger* DB 1994, 982 (983 f.); *ders.* BB 1996, 903 (903 f.); letztlich auch *Franz* S. 99; zweifelnd: DDZ/*Däubler* Aufhebungsvertrag Rn. 43, zust. jedenfalls dann, wenn bei mangelnder Zustimmung mit Kündigung zu rechnen ist.

ergeben, sondern auch daraus, dass der Arbeitgeber die Verhandlungsumstände, den Zeitpunkt und das Verfahren bestimmt, in welchem der Aufhebungsvertrag besprochen wird. Zudem kann er sich einfacher als der Arbeitnehmer fachliche Hilfe zurate ziehen.[792]

(1) Kritik am Formalismus der hM

Vor allem sei die Ansicht des Bundesarbeitsgerichts zu formalistisch.[793] Ein „Nein" könne schließlich auch von einem außerhalb von Geschäftsräumen überrumpelten Verbraucher geäußert werden, ohne dass dieser Konsequenzen zu fürchten hätte, was allerdings nichts an seiner grundlegenden Unterlegenheit ändere.[794] In dieser Hinsicht widerspreche sich das Bundesarbeitsgericht im Rahmen seiner Rechtsprechung zur nachträglichen Befristung[795] zudem selbst, denn auch dort hätte ein einfaches „Nein" genügt.[796] Durch die gesetzliche Regelung in § 14 TzBfG ist dieser Widerspruch allerdings heutzutage irrelevant.[797] Jedoch geht das Bundesverfassungsgericht auch im laufenden Arbeitsverhältnis in Konstellationen, in denen dem Ansinnen des Arbeitgebers ebenfalls ein „einfaches Nein" entgegengehalten werden könnte von einer strukturellen Unterlegenheit des Arbeitnehmers aus.[798] Dem folgt auch das Bundesarbeitsgericht.[799]

---

792 Vgl. DDZ/*Däubler* Aufhebungsvertrag Rn. 45; *Zwanziger* DB 1994, 982 (984).

793 *Becker* S. 142; *Maschmann* RdA 2005, 212 (219); *Reim* DB 2002, 2434 (2438); *Singer* RdA 2003, 194 (196 f.); *Thüsing/Leder* BB 2004, 42 (42 f.) sehen das einfache Nein vielfach als Fiktion an; *Winter* S. 109 „geht an den tatsächlichen Gegebenheiten der heutigen Arbeitswelt vorbei"; kritisch in dieser Hinsicht auch *Franz* S. 93 f., 96.

794 *Becker* S. 126, 141; *Franz* S. 94; *Reinecke* Sonderbeil. NZA 18/2004, 27 (34); *ders.* FS Küttner, 327 (328 f.); *Singer* RdA 2003, 194 (196); zustimmend, aber eine Übertragung auf das Arbeitsrecht wegen des Kündigungsschutzrechts ablehnend *Rieble/Klumpp* ZIP 2002, 2153 (2160); stattdessen für eine Parallele zum § 1b AbzG aF: *Richter/Richter* AiB 1988, 140 (144).

795 Das BAG verlangte einen sachlichen Grund auch für eine im Nachhinein vereinbarte Befristung, vgl. nur BAG 24.1.1996, NZA 1996, 1089 (1090.); BAG 12.1.2000, NJW 2000, 2042 (2042).

796 *Coester* SAE 2001, 222 (224); *Franz* S. 94.

797 Nach herrschender Auffassung gilt § 14 TzBfG auch für eine nachträgliche Befristung eines vormals unbefristeten Arbeitsverhältnisses, vgl. ErfK/*Müller-Glöge* § 14 TzBfG Rn. 13.

798 BVerfG 23.11.2006, NZA 2007, 85 (87) zur Änderung von AGB während des Arbeitsverhältnisses.

799 BAG 25.4.2007, NZA 2007, 853 Rn. 22 zur Änderung von AGB während des Arbeitsverhältnisses.

Diese Unschlüssigkeit soll zeigen, dass der Kernpunkt der Argumentation der Gegenseite („einfaches Nein") nicht überzeugend ist.[800]

(2) Unzureichender Schutz durch Kündigungsschutz

Außerdem werde die Bedeutung des Kündigungsschutzes für den Aufhebungsvertrag überbewertet.[801] Hierfür lasse sich auch das bereits angesprochene Urteil des Bundesverfassungsgerichts vom 23.11.2006 anführen, wonach auch bestehender Kündigungsschutz nichts am strukturellen Ungleichgewicht zwischen Arbeitnehmer und Arbeitgeber ändere.[802] Da es für den Arbeitnehmer um die Existenzgrundlage gehe, könne von ihm, der in aller Regel juristisch nicht vorgebildet ist, nicht erwartet werden, es auf eine Kündigung ankommen zu lassen.[803] Außerdem würde eine Kündigung faktisch regelmäßig in einem Vergleich enden, mit welchem das Arbeitsverhältnis so oder so beendet würde.[804]

Dass der Kündigungsschutz praktisch nicht entscheidend sei, würde außerdem dadurch deutlich, dass die Arbeitgeberseite den Aufhebungsvertrag vornehmlich als Mittel verwende, den Kündigungsschutz zu „umgehen".[805] Besonders die betriebsbedingte Kündigung, welche auf einer Ermessensentscheidung des Unternehmers fußt, gäbe dem Arbeitgeber ein starkes Druckmittel in die Hand.[806] Wenn der Arbeitnehmer keine Möglichkeit mehr hat, die Rechtmäßigkeit einer Kündigung jedenfalls summarisch zu überprüfen, würde aufgrund des informationellen Defizits das strukturelle Gleichgewicht zur Fiktion werden.[807]

(3) Bedrohung der Eigenverantwortung

Weiterhin sei die Behauptung lebensfremd, dass der erwachsene Arbeitnehmer genau wissen müsse, was er tue.[808] Durch den Druck vonseiten des Arbeitgebers

---

800 *Becker* S. 124.

801 *Becker* S. 130.

802 *Becker* S. 131 unter Verweis auf BVerfG 23.11.2006, NZA 2007, 85 (87).

803 *Becker* S. 130.

804 *Becker* S. 131 mit Verweis auf *Rüthers* NJW 2002, 1601 (1602): 90% aller Arbeitgeberkündigungen würden in einem Abfindungsvergleich enden.

805 *Becker* S. 131.

806 Vgl. *Thies* S. 20.

807 *Franz* S. 95 f.

808 *Hümmerich* NZA 2004, 809 (810) spricht vom „Irrtum des akademischen Betrachters"; ähnlich *Franz* S. 96; *Lakies* NJ 2003, 389 (389) „außerhalb der geordneten Bahnen des Juristenlebens".

und die Vielzahl der rechtlichen Folgen und Alternativen sei der Arbeitnehmer regelmäßig überfordert.[809] Im Gegensatz zum typischen Arbeitgeber handele es sich für den Arbeitnehmer beim Abschluss eines Aufhebungsvertrags schließlich nicht um einen gängigen Vorgang.[810] Anstatt überlegt zu handeln, seien an die Umstände angepasste, situative Reaktionen typisch menschlich; diese würden bei Konflikten mit durchsetzungsstarken Autoritätspersonen häufig darauf abzielen, den Konflikt schnellstmöglich zu beenden.[811] Der Arbeitnehmer handele deshalb unter dem Druck einer existenzgefährdenden Situation häufig irrational.[812]

Infolgedessen könne das idealisierte Bild des BGB vom mündigen Bürger nicht ohne Weiteres der vom hierarchischen Arbeitsverhältnis geprägten Situation beim Aufhebungsvertrag gerecht werden.[813] Das Arbeitsrecht gehe grundsätzlich von einem „realistischeren" Menschenbild aus.[814] Es würde bei Aufhebungsverträgen stets ein hohes Risiko der Übereilung vorliegen,[815] weshalb die Auffassung des Bundesarbeitsgerichts nur der objektiven, nicht aber der subjektiven Verhandlungsstärke des Arbeitnehmers gerecht werde.[816]

(4) Überlegenheit kraft Direktionsrecht

Die strukturelle Unterlegenheit ergebe sich zusätzlich aus dem Direktionsrecht des Arbeitgebers, wonach dieser die Verhandlungssituation jedenfalls

---

809 ArbG Osnabrück 21.2.1995, AiB 1995, 466 (467); *Becker* S. 137; *Franz* S. 97; *Wank* RdA 1992, 225 (234); ähnlich auch *Thies* S. 23 ff.

810 *Franz* S. 97.

811 *Franz* S. 97; *Hümmerich* NZA 2004, 809 (810 f.); ähnlich *Keppeler* AuR 1996, 263 (265); *Singer* RdA 2003, 194 (196); *Zwanziger* BB 1996, 903 (904).

812 *Becker* S. 137; *Keppeler* AuR 1996, 263 (265); *Zwanziger* BB 1996, 903 (904).

813 *Becker* S. 133 verweist darüber hinaus darauf, dass auch das BGB das Idealbild beispielsweise durch Regelungen im Verbraucherschutz relativiert und dies dann erst recht im hierarchischen Arbeitsleben berücksichtigt werden müsse.

814 *Fastrich* FS Kissel, 193 (199 f.); zust. *Becker* S. 133.

815 *Franz* S. 95, 97; *Hümmerich* NZA 2004, 809 (810); *Lakies* NJ 2003, 389 (389); *Singer* RdA 2003, 194 (196); Von *Franz* und *Singer* wird BGH 27.10.1967, BGHZ 48, 396 (397 f.) als Beispiel für die Bedeutung der Autorität angeführt. Im Fall hat das Gericht dem Arbeitnehmer eine psychologische Zwangslage gegenüber dem Vorgesetzten aufgrund seiner Autorität bescheinigt, weshalb es für den Beschäftigten „nahezu unmöglich" war, auf die Einhaltung der Form zu bestehen.

816 Zur objektiven und subjektiven Stärke *Zwanziger* BB 1996, 903 (904); zust. *Franz* S. 97.

bei tatsächlicher Betrachtung nach seinem Belieben formen könne.[817] Der Arbeitgeber könne Dauer, Zeit, Ort und Teilnehmerkreis des umfassenden „Personalgesprächs“ festlegen und sich gezielt auf das Gespräch vorbereiten.[818] Üblicherweise würde sich der Arbeitgeber vor dem Gespräch Rechtsrat einholen und sich überlegen, wie er das Gespräch zum von ihm gewünschten Erfolg führen kann.[819] Seine Taktik könne er bereits im Vorfeld an die Persönlichkeit des jeweiligen Arbeitnehmers anpassen, um psychologische Verhandlungsvorteile zu erhalten.[820] Dadurch würde es in seiner Hand liegen, die Gesprächsatmosphäre zu gestalten.[821]

Zudem entscheide in aller Regel der Arbeitgeber, ob es eine Bedenkzeit gibt.[822] Damit sei der Arbeitnehmer typischerweise auf Reaktionen beschränkt.[823] Ein gut vorbereiteter Arbeitgeber würde die etwaigen Reaktionen des Arbeitnehmers in seine Planung aufnehmen und entsprechende Strategieanpassungen parat haben.[824] Zudem würde der Arbeitgeber regelmäßig die besseren juristischen Kenntnisse in Bezug auf die Grenzen des Zulässigen und die Rechtsfolgen haben und dem Arbeitnehmer dadurch überlegen sein.[825] Zuletzt sei es dem Arbeitnehmer versagt, während des Gesprächs die Teilnahme Dritter, wie von Anwälten, Gewerkschaftern oder Betriebsratsmitgliedern zu verlangen.[826] *Thies*

---

817 *Becker* S. 126 ff.; DDW/*Däubler* Einleitung Rn. 154; DDZ/*ders.* Aufhebungsvertrag Rn. 105; HK-ArbR/*ders.* §§ 611, 611a BGB Rn. 629; *Reinecke* FS Küttner, 327 (329); *Zwanziger* DB 1994, 982 (984); *ders.* BB 1996, 903 (903); dazu auch kritisch und vertiefend *Franz* S. 98, 349 ff.; *Schacht* S. 53 f.; *Thies* S. 17 ff.; ähnlich *Schleusener* NZA 2002, 949 (951).

818 *Becker* S. 126; *Reinecke* FS Küttner, 327 (329); *Thies* S. 19; *Zwanziger* DB 1994, 982 (984).

819 *Becker* S. 127; *Mankowski* S. 377 spricht von einer „repat player-Situation des Arbeitgebers“.

820 *Becker* S. 127; *Hoyer* AiB 1992, 365 (365); *Reinecke* FS Küttner, 327 (329).

821 *Becker* S. 126 f.; *Thies* S. 19.

822 *Becker* S. 126.

823 *Becker* S. 127; ähnlich *Reinecke* FS Küttner, 327 (329).

824 *Becker* S. 127.

825 *B. Grunewald* AuR 1994, 260 (260); ähnlich *Reinecke* FS Düwell, 410 (411); **aA** *Bauer/Diller* BB 1995, 1810 (1812) und *Franz* S. 96, welche meinen, dass dies in kleineren Betrieben nicht zutrifft. *Franz* räumt jedoch ein, dass es sich anders darstellt, wenn der Arbeitgeber die Initiative ergreift, da er dann die Möglichkeit hat, sich vorzubereiten.

826 Vgl. die ausführliche Darstellung von *Becker* S. 156–162 m. w. N. zu allen in Betracht kommenden Rechtsgrundlagen (insb. §§ 82 Abs. 2, 102 BetrVG), zust. *Adam* EzA § 312 BGB 2002 Nr. 4, S. 18 (21); s. weiter auch LAG Hamm 23.5.2001 – 14 Sa 497/01, BeckRS 2001, 41047; *Giesing* S. 225 f.

folgert daraus, dass die Vertragsparteien zwar in rechtlicher Hinsicht gleich stark seien, wegen des dem Arbeitsverhältnis immanenten Machtgefälles aber nicht in tatsächlicher Hinsicht.[827] *Däubler* vertritt infolgedessen die Auffassung, dass nur in den Fällen, in denen der Arbeitnehmer die Aufhebung initiiert keine strukturelle Unterlegenheit vorliegt und das Bundesarbeitsgericht demnach gegen die Rechtsprechung des Bundesverfassungsgerichts verstößt.[828]

ee) Stellungnahme

Der Vergleich zum Vertragsschluss mit einem Vertreter außerhalb von Geschäftsräumen ist treffend, denn auch die Verhandler auf der Arbeitgeberseite werden womöglich auf die Situationen vorbereitet, wobei sie gegenüber dem Vertreter außerhalb von Geschäftsräumen sogar den Vorteil haben, das Profil des Arbeitnehmers zu kennen und eine Position der Autorität[829] und möglicherweise des Vertrauens einzunehmen. Zudem könnte auch bei sittenwidrigen Verträgen mit einem simplen „Nein“ der Vertragsschluss verhindert werden, was die fehlende Überzeugungskraft des formalistischen Arguments untermauert.[830]

Es stimmt allerdings, dass der Arbeitgeber kein Direktionsrecht bezüglich der Anberaumung eines Gesprächs zur Beendigung des Arbeitsverhältnisses hat. Dabei darf indes nicht außer Acht gelassen werden, dass das Direktionsrecht die klassische Rollenverteilung von Arbeitnehmer und Arbeitgeber grundlegend prägt.[831] Insbesondere einem nicht speziell arbeitsrechtlich vorgebildeten Arbeitnehmer ist es nicht zuzumuten, in einem Personalgespräch eine Pflichtverletzung durch Beendigung des Gesprächs zu riskieren. Von einem durchschnittlichen Arbeitnehmer kann nicht erwartet werden, dass dieser die (engen) Grenzen des Direktionsrechts während eines Personalgesprächs nach § 106 S. 1 GewO erkennt und nach dieser Erkenntnis handelt.[832] Der Arbeitnehmer kann sich einem als Personalgespräch angekündigten Termin gleichwohl nicht pauschal durch Nichterscheinen entziehen, denn hierin ist eine Pflichtverletzung zu sehen, welche letztlich zu einer Kündigung berechtigen kann.[833]

---

827 *Thies* S. 17 ff.
828 DDZ/*Däubler* Aufhebungsvertrag Rn. 45.
829 Vgl. BGH 27.10.1967, BGHZ 48, 396 (397 f.), s. dazu die Ausführungen in Fn. 186.
830 *Hemming* S. 96; *Winter* S. 109.
831 *Becker* S. 127.
832 *Becker* S. 127 f.; *Franz* S. 352.
833 LAG Düsseldorf 9.5.1986 – 10 Sa 440/86 – juris (Ls.); *Becker* S. 128.

Vor diesem Hintergrund wird deutlich, dass der Arbeitnehmer sich nicht von einem Moment auf den anderen gedanklich vom Weisungsempfänger zum gleichberechtigten Verhandlungspartner wandeln kann.[834] Aufgrund der tatsächlichen, möglicherweise über Jahre etablierten hierarchischen Beziehung zwischen Arbeitgeber und Arbeitnehmer ist das Direktionsrecht auch bei Vertragsverhandlungen über die Beendigung des Arbeitsverhältnisses trotz mangelnder Einschlägigkeit von Bedeutung und stellt eine ernst zu nehmende Bedrohung für eigenverantwortliches Handeln dar.

Gleichzeitig kann dem Arbeitnehmer nicht abstrakt die Verantwortlichkeit für sein eigenes Handeln abgenommen werden.[835] Die rechtliche Gleichordnung von Arbeitgeber und Arbeitnehmer kann nicht abgestritten werden. Die Vielzahl der möglichen Abschlusssituationen gebietet deshalb eine differenzierende Betrachtung.[836]

Die Verhandlung kann einerseits durchaus vorbildlich, also langsam und gründlich vonseiten des Arbeitgebers aus erfolgen. Andererseits sind auch Drucksituationen mit „jetzt oder nie“ Angeboten, der Androhung von Kündigung und dem Hinzuziehen vieler Vertreter der Arbeitgeberseite möglich.[837] Wird der Arbeitnehmer gezielt überrumpelt, so ist die einfache Ablehnung des Angebots zur Aufhebung des Arbeitsverhältnisses deshalb kaum realistisch.[838] Die geschilderte negative Verhandlungssituation stellt jedoch die Ausnahme dar.[839] Sind die Überrumpelungssituationen aber die Ausnahme, kann nicht von einer typisierbaren strukturellen Unterlegenheit des Arbeitnehmers gesprochen werden. Die Anknüpfung an die Komponente der „strukturellen Unterlegenheit“ wird bei der Abschlusskontrolle von arbeitsrechtlichen Aufhebungsverträgen aufgrund der komplexen, stark vom Einzelfall abhängigen Lage im Allgemeinen deshalb überzeugend vielfach abgelehnt.[840] Auch der Einsatz unfairer Verhandlungsmethoden begründet keine strukturelle Unterlegenheit,[841] denn deren

834 *Becker* S. 129.

835 Vgl. *Giesing* S. 90; *Winter* S. 109.

836 *Burkardt* S. 209; *Gamillscheg* S. 220 ff.; *Giesing* S. 90; *Winter* S. 109, 113; in diese Richtung auch *Franz* S. 98.

837 *Winter* S. 109; ähnlich für Schuldanerkenntnisse *Bengelsdorf* DB 1997, 874 (879).

838 Nur für diesen Fall, aber dann verhalten zustimmend *Bengelsdorf* DB 1997, 874 (879).

839 Winter S. 109, 113; zweifelnd *Franz* S. 99

840 *Franz* S. 99, 101; *Giesing* S. 90 f.; MüKoBGB/*Hesse* Vor § 620 Rn. 31; zweifelnd an der Subsumption unter die Vorgaben des BVerfG auch *Hoß/Ehrich* DB 1997, 625 (627); *Schacht* S. 130 ff., 136; **aA** *Zwanziger* DB 1994, 982 (982).

841 **AA** anscheinend *Becker* S. 168 ff.

Einsatz ist nicht die typische Ausprägung des Verhältnisses, sondern die Ausnahme. Der Arbeitnehmer ist dem Arbeitgeber beim Abschluss eines Aufhebungsvertrags demnach nicht strukturell unterlegen. Infolgedessen ist auch in dieser Hinsicht keine erweiterte Inhaltskontrolle nach dem Bundesverfassungsgericht vorzunehmen.[842]

Festzuhalten ist allerdings, dass Überrumpelungssituationen unabhängig von der typisierten Lage möglich sind und diesen Rechnung getragen werden muss. Bei der Verhandlung des arbeitsrechtlichen Aufhebungsvertrags ist das Problem schließlich die gezielte Überrumpelung und nicht eine etwaige grundsätzliche Überlegenheit des Arbeitgebers.[843] Es soll deshalb nicht bloß unter die Ungleichgewichtslage subsumiert werden, sondern diese soll allein der Anlass für eine Kontrolle anhand des einfachen Rechts sein.[844] Dies genügt, um die Fälle der Überrumpelung oder Übervorteilung sachgerecht einzugrenzen.[845]

c) Ergebnis

Im zugrunde liegenden Fall des arbeitsrechtlichen Aufhebungsvertrags liegt grundsätzlich weder eine ungewöhnliche inhaltliche Belastung noch eine strukturelle Ungleichgewichtslage vor.[846] Eine direkte Anknüpfung des Gebots fairen Verhandelns an die Rechtsprechung des Bundesverfassungsgerichts ist darum nicht möglich.

2. Die beschränkte Anknüpfung an die „Bürgschaftsentscheidung"

Möglicherweise kommt für das Gebot fairen Verhandelns aber eine beschränkte Anknüpfung an die Rechtsprechung des Bundesverfassungsgerichts in Betracht. Für diese ist wiederum entscheidend, ob die Vorgaben des Gerichts abschließend sind.

---

842 Ähnlich *Burkardt* S. 209; *Holler* NJW 2019, 2206 (2208); *Schacht* S. 136 sieht die Vorgaben des BVerfG für die Kontrolle von Aufhebungsverträgen als nicht „brauchbar" an; kritisch auch *Winter* S. 109.

843 *Bauer/Diller* DB 1995, 1810 (1812 f.); *Burkardt* S. 207; *Winter* S. 109.

844 *Franz* S. 61 ff.; *Giesing* S. 204; *Lorenz* JZ 1997, 277 (281).

845 *Giesing* S. 204; *Reinecke* Sonderbeil. NZA 18/2004, 27 (36); **aA** allg. *Wiedemann* JZ 1990, 695 (696 f.), der eine neue Generalklausel zur Einhaltung der verfassungsmäßigen Ordnung im Zivilrecht fordert.

846 **AA** *Becker* S. 122 ff., 184 ff.

a) *Weiterhin keine Anknüpfung an das Kriterium des ungewöhnlich belastenden Inhalts möglich*

Das Bundesverfassungsgericht hatte bei der Bürgschaftsentscheidung nicht die hier zu erörternde Abschlusskontrolle bei inhaltlich möglicherweise äquivalenten Verträgen vor Augen. Dies ergibt sich eindeutig aus dem Erfordernis des ungewöhnlich belastenden Inhalts des Vertrags. Das Bundesverfassungsgericht hat in der „Bürgschaftsentscheidung" demnach die Inhaltskontrolle und nicht die Abschlusskontrolle in den Fokus genommen.[847] Die Schwelle der inhaltlichen Vorgaben der Bürgschaftsrechtsprechung des Bundesverfassungsgerichts ist indes in Fällen der Verletzung des Gebots fairen Verhandelns oftmals nicht erreicht.[848] Die Bedeutsamkeit eines lediglich unfair zustande gekommenen Vertrags bleibt in der Regel hinter existenzvernichtenden Bürgschaften zurück.[849]

Anders kann dies in Fällen von unfair ausgehandelten und existenzvernichtenden Schuldanerkenntnissen sein.[850]

Bei einer Abschlusskontrolle darf aber bereits konzeptionell nicht entscheidend an den Inhalt des Vertrags angeknüpft werden. Infolgedessen kann dieses inhaltliche Kriterium des Bundesverfassungsgerichts auf das Gebot fairen Verhandelns nicht übertragen werden. Im Bereich der Inhaltskontrolle ist die Entscheidung des Bundesverfassungsgerichts zwar durchaus als „Meilenstein zur Gewährleistung der Vertragsgerechtigkeit"[851] einzuordnen, nicht aber im Feld der Abschlusskontrolle.[852] Insofern kann an die Bürgschaftsentscheidung des Bundesverfassungsgerichts für das Gebot fairen Verhandelns, welches ein Mittel der Abschlusskontrolle ist, von vorneherein nur begrenzt angeknüpft werden.[853]

---

847 *Burkardt* S. 207 f.; *Giesing* S. 203 Fn. 987; *Löwe* ZIP 1993, 1759 (1759); *Lorenz* S. 253 f.; *ders.* JZ 1997, 277 (281); *Schmidt-Westphal* S. 192; *Weiler* S. 537 f.

848 *Kamanabrou* RdA 2020, 201 (205).

849 Vgl. für den arbeitsrechtlichen Aufhebungsvertrag *Kamanabrou* RdA 2020, 201 (205).

850 In diese Richtung *Reinecke* FS Düwell, 410 (412 f.); offenlassend *Kamanabrou* RdA 2020, 201 (205) Fn. 36.

851 *Löwe* ZIP 1993, 1759 (1759); zust. *Honsell* NJW 1994, 565 (566).

852 *Lorenz* S. 254.

853 *Kamanabrou* RdA 2020, 201 (202, 204 f.); *Zimmer* JZ 2019, 897 (898); vgl. allgemein zur fehlenden Anknüpfbarkeit beim Übereilungsschutz *Schmidt-Westphal* S. 192; zur fehlenden Anknüpfbarkeit bei beeinflusster Willenserklärung *Weiler* S. 538; **aA** wohl BAG 7.2.2019, NZA 2019, 688 Rn. 34, welches in dem Gebot fairen Verhandelns eine Verwirklichung der Vorgaben des Bundesverfassungsgerichts sieht; *Becker* S. 122 ff.; DDW/*Däubler* Einleitung Rn. 154; DDZ/*ders.* Aufhebungsvertrag Rn. 105; HK-ArbR/*ders.* §§ 611, 611a BGB Rn. 629; *Stoffels* SAE 1995, 176 (181); HWK/*Thüsing* § 123 BGB Rn. 46.

b) Indirekte Anknüpfung an das Kriterium der strukturellen Unterlegenheit

Das Bundesverfassungsgericht hat versucht durch das Erfordernis der strukturellen Unterlegenheit eine abstrakt-typisierbare Regelung zu treffen, um Rechtssicherheit zu schaffen.[854] Die strukturelle Unterlegenheit ist aber streng genommen nur die Brücke zum rechtsdogmatischen Kern der Bürgschaftsentscheidung: Das ausschlaggebende Kriterium ist richtigerweise nicht die strukturelle Unterlegenheit, sondern die Verletzung der Selbstbestimmung.[855] Die Ungleichgewichtslage ist lediglich ein relevanter Faktor, welcher die Verletzung der Selbstbestimmung erleichtert, nicht aber der Grund für die Intervention.[856] Auch die ungewöhnliche Belastung dient lediglich als Indikator für eine verletzte Selbstbestimmung.

Eine Typisierung, wie sie durch das Merkmal der „strukturellen Unterlegenheit" erfolgen soll, ist in dem vom Bundesverfassungsgericht entschiedenen Bürgschaftsfall jedoch deshalb notwendig gewesen, weil durch den zur Lösung des Konflikts angewandten § 138 Abs. 1 BGB der Vertrag ipso iure nichtig ist. Bei Gestaltungsrechten und Ansprüchen verhält es sich naturgemäß anders. Diese erfordern eine Geltendmachung, sodass eine derartige Typisierung aus Gründen der Rechtssicherheit nicht erforderlich ist. Entsprechend sprach sich auch *Medicus* in einer Besprechung der Bürgschaftsentscheidung für eine Lösung durch das Verschulden bei Vertragsverhandlungen aus.[857]

Die Privatautonomie kann auch abseits einer typisierten Lage bedroht sein. Das Gebot fairen Verhandelns ist besonders dort von gesteigerter Bedeutung, wo

---

854 Ausführlich *Mankowski* S. 1133 ff.

855 *Drexl* S. 274; ähnlich *Lorenz* NJW 1997, 2578 (2579); *ders.* JZ 1997, 277 (281); *ders.* FS Canaris, 777 (790); *Mankowski* S. 1133; in diese Richtung auch *Gernhuber* JZ 1995, 1086 (1091 f.); *Medicus* JuS 1999, 833 (838), der im Sachverhalt der Bürgschaftsentscheidung auch ohne „strukturelle Unterlegenheit" eine „Zurücksetzung der Privatautonomie der Sparkasse hinter diejenige der Bürgin" befürwortet: „Die ‚strukturell ungleiche Verhandlungsstärke' und die Überforderung der Bürgin sollte daher eher nur ein Element als den Ausgangspunkt der Erörterung bilden."; *Wiedemann* JZ 1990, 695 (697).

856 *Drexl* S. 274; *Lorenz* NJW 1997, 2578 (2579) „Imparität ist nicht Tatbestandsmerkmal, sondern Ergebnis eines Subsumtionsvorgangs"; *Zöllner* AcP 196 (1996), 1 (27), der gewillt ist an die Beeinträchtigung der Entscheidungsfreiheit selbst, nicht aber an die bloße Ungleichgewichtslage Folgen zu knüpfen, vgl. *ders.* AcP 196 (1996), 1 (35); *ders.* Privatrechtsgesellschaft S. 42; krit. dazu *Fastrich* RdA 1997, 65 (67, 75).

857 *Medicus* JuS 1999, 833 (838).

atypische Situationen geschaffen werden, welche mit den bestehenden Schutzmechanismen nicht eingefangen werden können. Das Abstellen auf eine typisierte Lage erfasst diese Fälle nicht,[858] obwohl die Schutzbedürftigkeit und die Fehler in der Selbstbestimmung identisch sind. Das Risiko der Überrumpelung wird durch die stärkere Position der anderen Seite zwar erhöht, doch auch zwischen zwei grundsätzlich ähnlich starken Parteien kann eine Seite die andere Seite durch unfaire Verhandlungsmethoden übervorteilen. Vielmehr ist darum davon auszugehen, dass das notwendige Maß an Fairness mit dem zunehmenden Ungleichgewicht mitwachsen muss, um privatautonomes, freies Handeln zu ermöglichen.

Das Gebot fairen Verhandelns setzt deshalb keine strukturelle Unterlegenheit voraus.[859] Es handelt sich um einen Schutzmechanismus, welcher sehr am Einzelfall orientiert ist. Ein „Mindestmaß an Fairness“[860] ist denklogisch nicht nur in Fällen der Verhandlung bei struktureller Unterlegenheit einzufordern, sondern bei jeder Verhandlung.

c) Bedeutung der Vorgaben des Bundesverfassungsgerichts für das Gebot fairen Verhandelns

Die fehlende Einschlägigkeit der Vorgaben des Bundesverfassungsgerichts spricht jedoch nicht gegen eine Zulässigkeit des Gebots fairen Verhandelns.[861] Aus der fehlenden Möglichkeit der direkten Anknüpfung an die Vorgaben des

---

858 Kritisch deshalb generell *Lorenz* S. 170; *Schacht* S. 129.

859 *Lorenz* JZ 1997, 277 (282); vgl. auch BAG 7.2.2019, NZA 2019, 688 Rn. 30 ff., welches den Begriff nicht erwähnt und mit der Rechtsprechung ohnehin von einem Fehlen beim Abschluss eines arbeitsrechtlichen Aufhebungsvertrags ausgehen dürfte; ähnlich *Heinkel* ZTR 2020, 261 (265); *Winter* S. 113 f. sieht das Gebot fairen Verhandelns deshalb als eine Art vorzuziehende Kompensation zur Ablehnung des strukturellen Ungleichgewichts an; allgemein einen Rückgriff auf „gestörte Vertragsparität“ ablehnend und stattdessen schlicht auf das einfache Recht abstellend *Lorenz* S. 13 f.

860 BAG 7.2.2019, NZA 2019, 688 Rn. 34; LAG Hessen 11.06.2021 – 10 Sa 1221/20, BeckRS 2021, 21456 Rn. 34; LAG Mecklenburg-Vorpommern 19.5.2020, NZA-RR 2020, 520 Rn. 24; LAG Rheinland-Pfalz 3.8.2020 – 3 Sa 90/19, BeckRS 2020, 38974 Rn. 95; *Reinecke* FS Düwell, 410 (410).

861 *Kamanabrou* RdA 2020, 201 (205); *Zimmer* JZ 2019, 897 (898); vgl. allg. *Ruffert* S. 349, der den verfassungsrechtlichen Einfluss sogar auf die Abschlusskontrolle beschränkt und es ablehnt, die Inhaltskontrolle auf das Verfassungsrecht zu stützen; **aA** wohl *Holler* NJW 2019, 2206 (2208).

Bundesverfassungsgerichts folgt auch nicht, dass eine Verletzung des Gebots fairen Verhandelns verfassungsrechtlich keine Beachtung findet.

Zwar fügt sich das Gebot fairen Verhandelns nicht passgenau in die Vorgaben des Bundesverfassungsgerichts ein. Dies ist aber auch nicht erforderlich, da die Bürgschaftsrechtsprechung nicht abschließend ist. Sie widmet sich nur den Voraussetzungen einer verfassungsrechtlich gebotenen Inhaltskontrolle und nicht denen einer Abschlusskontrolle.[862] Dass nur eine verfassungsrechtlich gebotene Inhalts- und nicht auch eine Abschlusskontrolle durch das Bundesverfassungsgericht vorgegeben wurde, liegt an den jeweiligen Fallgestaltungen, bei denen immer auch ein nachteiliger Vertrag vorgelegen hat, weshalb eine dem bevor gehende Beeinflussung daneben keine große Bedeutung hatte.[863]

Die Vorgaben des Bundesverfassungsgerichts beziehen sich demnach nicht auf die verfassungsmäßigen Anforderungen für Eingriffe wegen der Abschlusssituation eines Vertrags. Das einfache Recht kann unabhängig davon ohnehin bereits unter dieser Schwelle herangezogen werden.[864] Insofern schadet das gefundene Ergebnis nicht.

Trotz mangelnder Übertragbarkeit der Entscheidung auf das Gebot fairen Verhandelns ist hervorzuheben, dass das Bundesverfassungsgericht Paritätsstörungen sehr ernst nimmt und es als Aufgabe des Privatrechts ansieht, Abhilfe zu schaffen, sobald die Selbstbestimmung gefährdet ist.[865] Dabei zeigt es durch seine Anforderungen jedoch auch, dass die Korrektur von Verträgen die Ausnahme sein muss und nur in schwerwiegenden Fällen erfolgen darf.[866] Dies ist bei der Entwicklung des Gebots fairen Verhandelns zu beachten, steht ihm dann aber nicht entgegen.

Zugleich ist logische Folge der Kontrollierbarkeit des Inhalts von Verträgen auch die Möglichkeit der Überprüfung der Abschlusssituation.[867] Insofern kann eine beschränkte Anknüpfung an die Rechtsprechung des

862 Vgl. allgemein zur beeinflussten Willenserklärung *Weiler* S. 538.

863 *Weiler* S. 539 f.

864 *Drexl* S. 273.

865 S. o., Kap. 4 § 6 B. I.

866 *Kamanabrou* RdA 2020, 201 (205).

867 *Becker* S. 83; *Junker* NZA 1997, 1305 (1309); in diese Richtung wohl auch *Grün* WM 1994, 713 (719); *Wagner* NJW 2005, 2956 (2958); ähnlich *Lettmaier* FS Koch, 375 (383); die „gerade [Schutz] auch in der Vertragsabschlusssituation" für erforderlich hält, um Privatautonomie zu gewährleisten.

Bundesverfassungsgerichts vorgenommen werden, um „unzulässiger Fremdbestimmung bei der Willensbildung in der vorkonsensualen Phase wirksam zu begegnen“[868].

Obwohl das Bundesverfassungsgericht an den Inhalt des Vertrags anknüpft, betont es zurecht die besondere Bedeutung der freien Willensbildung und der Selbstbestimmung im Rechtsverkehr und das Bedürfnis der Kontrolle danach, ob diese zum Zeitpunkt des Vertragsschlusses vorlag.[869] Mit dem Blick auf das Machtverhältnis in der Abschlusssituation erfährt somit auch diese eine Würdigung durch das Bundesverfassungsgericht.[870] Insoweit ist die Entscheidung durchaus wegweisend[871] auch in Bezug zum Gebot fairen Verhandelns.

Mit einer Abschlusskontrolle anstatt mit einer Inhaltskontrolle auf ungewollte Verträge zu reagieren, ist aufgrund der Wertung des § 123 Abs. 1 BGB zudem ein dem gesetzlichen Leitbild näherstehender Weg.[872] Das Gesetz reagiert auf unfrei zustande gekommene Verträge nicht primär mit der Inhaltskontrolle, sondern damit, dass die Entscheidungsfreiheit durch ein Lösungsrecht wieder zur Geltung gelangt.[873] Die automatische Nichtigkeit aus § 138 Abs. 1 und Abs. 2 BGB folgt nur, weil sich im Gegensatz zur bloßen Beeinträchtigung der Willensbildung, wie beim Gebot fairen Verhandelns und § 123 Abs. 1 BGB, zusätzlich inhaltlich ein ungerechter Vertrag manifestiert hat.[874] Es macht für den Betroffenen prinzipiell aber keinen Unterschied, ob die gezielte Überrumpelung in der Verhandlungssituation für den Abschluss eines einseitig besonders nachteiligen Vertrags oder aber für den Abschluss eines einseitig gar nicht gewollten Vertrags zu normalen Konditionen ursächlich war.[875] Die Beeinträchtigung der Privatautonomie des Überrumpelten ist die gleiche, weshalb eine verschiedenartige Behandlung nicht gerechtfertigt ist.

---

868 BAG 7.2.2019, NZA 2019, 688 Rn. 34; LAG Hessen 11.06.2021 – 10 Sa 1221/20, BeckRS 2021, 21456 Rn. 34.

869 BVerfG 19.10.1993, BVerfGE 89, 214 (231).

870 So auch *Weiler* S. 540.

871 *Lorenz* S. 257; *ders.* JZ 1997, 277 (281); *Weiler* S. 540; **krit.** *Bachmann/Ponßen* NJW 2019, 1966 (1970).

872 *Mankowski* S. 1148; *Wackerbarth* AcP 200 (2000), 45 (68); ähnlich *Lorenz* FS Canaris, 777 (791).

873 Vgl. *Wackerbarth* AcP 200 (2000), 45 (68).

874 Vgl. *Wackerbarth* AcP 200 (2000), 45 (68).

875 Ähnlich *Wagner* NJW 2005, 2956 (2959).

Insbesondere ist erneut hervorzuheben, dass die rechtstheoretische Grundlage für den Eingriff nicht im Inhalt des Vertrags zu sehen ist, sondern in der Beeinträchtigung der Selbstbestimmung. Eine Äquivalenzstörung kann vor diesem Hintergrund deshalb nur ein Hilfskriterium sein. Der Bundesgerichtshof, welcher nunmehr bei der Sittenwidrigkeit der Bürgschaft enger Angehöriger primär auf die krasse finanzielle Überforderung abstellt, sieht dies gleichwohl als legitime Umsetzung der Vorgaben des Bundesverfassungsgerichts, da durch die Äquivalenzstörung eine Vermutung der unzulässigen Willensbeeinträchtigung entstehe, welche der Kreditgeber dann widerlegen müsse.[876]

Zuletzt ist festzuhalten, dass das Bundesverfassungsgericht das bestehende Zivilrecht als geeignet ansieht, Paritätsstörungen zu beheben.[877] Dabei nennt es in der Bürgschaftsentscheidung die §§ 138, 242 BGB als anzuwendende Generalklauseln.[878] Dies ist jedoch nicht als Ausschluss anderer Kontrollnormen zu verstehen. Vielmehr sind die Normen nur exemplarisch genannt.[879] Das folgt auch daraus, dass es, wie vom Bundesverfassungsgericht statuiert, Hauptaufgabe des Zivilrechts ist, Störungen der Parität zu beseitigen.[880] Damit kann nur das gesamte Zivilrecht gemeint sein,[881] denn nur dann ist eine effektive Kontrolle möglich. Eine Umsetzung des Gebots fairen Verhandelns über die culpa in contrahendo befindet sich deshalb im vom Bundesverfassungsgericht gesteckten Rahmen.

V. Verfassungsrechtliche Rechtfertigung eines Eingriffs bei Anerkennung des Gebots fairen Verhandelns

Das Gebot fairen Verhandelns führt neben dem Schutz der negativen Vertragsfreiheit des Überrumpelten gleichzeitig zu einer Beeinträchtigung der positiven Vertragsfreiheit des Überrumpelnden. Dieser Eingriff in die nach Art. 2 Abs. 1 GG geschützte Vertragsfreiheit[882] des Überrumpelnden kann allerdings

876 BGH 4.12.2001, NJW 2002, 744 (745).

877 BVerfG 19.10.1993, BVerfGE 89, 214 (232); BVerfG NJW 1994, 36 (38); zust. *Giesing* S. 203.

878 BVerfG 19.10.1993, BVerfGE 89, 214 (233 f.).

879 *Becker* S. 208; *Lorenz* NJW 1997, 2578 (2579); in diese Richtung auch *Feuerborn* S. 62; *Lorenz* S. 257 Fn. 251; *ders.* JZ 1997, 277 (281); *Ruffert* S. 349 stellt darauf ab, dass es nicht in der Kompetenz des BVerfG liegt, die entsprechenden Normen vorzugeben; **aA** *Mengel* BB 2003, 1278 (1280).

880 BVerfG 19.10.1993, BVerfGE 89, 214 (233).

881 *Becker* S. 208.

882 S. o., Kap. 2 § 2 A.

gerechtfertigt sein. Die Privatautonomie findet ihre Schranke im Rahmen der verfassungsmäßigen Ordnung, den Rechten anderer und dem Sittengesetz, Art. 2 Abs. 1 GG. Die verfassungsmäßige Ordnung erfasst alle Rechtsnormen, die formell und materiell verfassungsgemäß zustande gekommen sind.[883] Anders gesagt: „Privatautonomie besteht nur im Rahmen der geltenden Gesetze."[884] Eine weitere Absicherung der Grundrechte besteht jedoch durch die Wesensgehaltsgarantie nach Art. 19 Abs. 2 GG und den Verhältnismäßigkeitsgrundsatz. Hieraus folgt eine Institutsgarantie für die Privatautonomie.[885]

Beschränkungen der grundgesetzlich garantierten Vertragsfreiheit bedürfen also einer gesetzlichen Regelung. Diese ist für das Gebot fairen Verhandelns in § 241 Abs. 2 BGB zu sehen.[886] An der formellen und materiellen Verfassungsmäßigkeit des § 241 Abs. 2 BGB bestehen keine Zweifel. Das Gebot fairen Verhandelns muss sich darüber hinaus mit Blick auf die Einschränkung der Vertragsfreiheit des Überrumpelnden am Verhältnismäßigkeitsprinzip messen lassen.[887] Entsprechend muss durch das Gebot fairen Verhandelns den Interessen beider Seiten ausreichend Rechnung getragen werden.

Im Gegensatz zu einem allgemeinen Widerrufsrecht[888] liegt der Grund, weswegen dem Vertrag bei einer Verletzung des Gebots fairen Verhandelns durch Rückabwicklung die Geltung versagt wird, im eigenen Fehlverhalten des Überrumpelnden. Bereits deshalb sind die Anforderungen für eine Rechtfertigung der Beschränkung der Vertragsfreiheit des Überrumpelnden im Vergleich zu einem von einer schuldhaften Pflichtverletzung unabhängigen Widerrufsrecht deutlich geringer. Die Rechtfertigung für das Gebot fairen Verhandelns ist letztlich im legitimen Zweck der Kompensation der konkret gestörten Vertragsparität zu finden.[889] Wo kein ungefähres Machtgleichgewicht gilt, kann „pacta sunt servanda" nicht uneingeschränkt gelten.[890] Stattdessen muss die Privatautonomie der beeinträchtigten Seite wieder hergestellt werden. Zum Gebot fairen Verhandelns als Lösungsrecht bei den

---

883 BVerfG 16.1.1957, BVerfGE 6, 32 (38, 41); BVerfG 6.6.1989, BVerfGE 80, 137 (153); MD/*Di Fabio* Art. 2 Abs. 1 GG Rn. 39; *Zeller-Müller* S. 46 f.

884 BVerfG 7.2.1990, BVerfGE 81, 242 (254); vgl. auch *Lorenz* S. 17.

885 S. nur *Lorenz* S. 20.

886 Vgl. zu Aufklärungspflichten *Burkardt* S. 100.

887 Vgl. allg. *Weiler* S. 543; ähnlich *Wiedenmann* S. 64.

888 Siehe zu dessen verfassungsrechtlichen Rechtfertigung *Franz* S. 367 ff.

889 Vgl. dazu *Franz* S. 367 für ein allgemeines Widerrufsrecht; vertiefend zur Kompensation *Hönn* S. 88 ff.

890 Vgl. *Franz* S. 367.

Selbstbestimmung beeinträchtigenden Überrumpelungen gibt es kein gleich geeignetes, milderes Mittel. Dabei ist aus verfassungsrechtlicher Sicht aus Gründen der Verhältnismäßigkeit gleichwohl eine restriktive Anwendung des Gebots fairen Verhandelns zu befürworten.

Kapitel 5: Das Gebot fairen Verhandelns

Lorenz hat in seiner Habilitationsschrift einen allgemeinen Schutz vor Überrumpelungen durch die culpa in contrahendo erarbeitet, indem er den Ansatz der aus England stammenden Rechtsfigur der „undue influence“[891] dort dogmatisch verankerte.[892]

§ 7 Der Schutz durch §§ 311 Abs. 2 Nr. 1, 241 Abs. 2 BGB

Die ursprünglich im Wege der richterlichen Rechtsfortbildung geschaffene und seit der Schuldrechtsreform 2002 durch §§ 280 Abs. 1, 311 Abs. 2 Nr. 1, 241 Abs. 2 BGB kodifizierte culpa in contrahendo hat eine schutzlückenfüllende Funktion.[893] Als letztes mögliches Schutzinstrument des BGB vor Überrumpelungen ist somit die vorvertragliche Verschuldenshaftung und damit die nebenvertraglichen integritätsbezogenen Pflichten nach § 241 Abs. 2 BGB zu erörtern.

A. Ausgangslage für das Gebot fairen Verhandelns

Durch das Gebot fairen Verhandelns soll die Fallgruppe abgedeckt werden, in der ein legitimes Interesse besteht, sich von einem Vertrag zu lösen, weil die andere Vertragsseite die Verhandlungen durch Überrumpelung dominiert und damit den Graubereich zwischen fehlender und voller Geschäftsfähigkeit der anderen Seite angeschnitten hat.[894] Entgegen *Thüsing* liegt dabei jedoch keine problematische Grauzone zwischen widerrechtlicher Drohung und fairem Verhandeln vor.[895] Die Grenze des Anwendungsbereiches des § 123 Abs. 1 Alt. 2 BGB ist, wie oben gezeigt,[896] klar zu ziehen. Dennoch bestehen in den Fällen, in denen eine Einflussnahme von solcher Intensität vorliegt, dass der Beeinflusste nicht mehr nach seinem eigenen Willen handeln kann, Lücken im Schutzsystem des BGB.[897]

---

891 S. dazu u., Kap. 5 § 9 A.

892 *Lorenz* S. 445 ff.; s. zur Entwicklung auch Kap. 5 § 8 B.

893 *Lehmann* ZEuP 2009, 693 (694) mit Auflistung einiger Beispiele; *Sabbagh-Farshi* S. 75; speziell für das Gebot fairen Verhandelns ArbG Berlin 30.1.2015 – 28 Ca 12971/14, BeckRS 2015, 66780 zu II. 2. b. der Gründe; *Reinecke* FS Düwell, 410 (411).

894 *Thüsing* RdA 2005, 258 (268); zust. *Reinecke* FS Düwell, 410 (411); *Winter* S. 112.

895 So aber *Thüsing* RdA 2005, 258 (268); ebenso *Holler* NJW 2019, 2206 (2206); *Reinecke* FS Düwell, 410 (411).

896 S. o., Kap. 3 § 5 J. II. 2.

897 Vgl. obige Prüfung unter Kap. 3 § 5; sowie *Thüsing* RdA 2005, 257 (268); *Winter* S. 112

Das Gebot fairen Verhandelns kann in diesen Fällen als allgemeine Rechtsmaxime eine Leitlinie der zulässigen Verhandlungsführung sein.[898] Damit kann dort, wo es keine auf die jeweilige Situation zugeschnittenen Schutzmechanismen oder spezielle Rechtsprechung gibt, auf einer einheitlichen Basis die Entschließungsfreiheit geschützt werden.[899] Das Gebot fairen Verhandelns ist mittlerweile jedenfalls im Arbeitsrecht überwiegend anerkannt.[900] Die jeweiligen Ausgestaltungen unterscheiden sich jedoch stark voneinander.

---

898 *Zimmer* JZ 2019, 897 (900).

899 Vgl. *Zimmer* JZ 2019, 897 (900).

900 Für das Arbeitsrecht BAG 27.11.2003 – 2 AZR 135/03, NZA 2004, 597 (603); BAG 27.11.2003 – 2 AZR 177/03, AP BGB § 312 Nr. 2 unter II. 2. b) cc) (5); BAG 22.4.2004, NJOZ 2004, 4096 (4100); BAG 3.6.2004 – 2 AZR 427/03, BeckRS 2004, 30342461; BAG 15.3.2005, NJW 2005, 3164 (3167); BAG 7.2.2019, NZA 2019, 688 Rn. 30 ff.; LAG Berlin-Brandenburg 19.12.2019 – 10 Sa 1319/19, BeckRS 2019, 38121 Rn. 33 ff.; LAG Hamm 9.6.2011 – 15 Sa 410/11, BeckRS 2011, 79293 zu II. 2. der Gründe; LAG Hamm 23.11.2020 – 1 Sa 1878/19, BeckRS 2020, 32421 Rn. 37 (**offenlassend** hingegen LAG Hamm 17.5.2021 – 18 Sa 1124/20, BeckRS 2021, 15285 Rn. 67); LAG Mecklenburg-Vorpommern 4.12.2018 – 2 Sa 143/18, BeckRS 2018, 46462 Rn. 58 f.; LAG Mecklenburg-Vorpommern 19.5.2020, NZA-RR 2020, 520 Rn. 22 ff.; LAG Rheinland-Pfalz 12.7.2006 – 9 Sa 324/06, BeckRS 2006, 44943 zu 3.; LAG Rheinland-Pfalz 24.1.2017 – 8 Sa 353/16, BeckRS 2017, 106871 Rn. 72; LAG Rheinland-Pfalz 7.3.2019 – 5 Sa 301/18, BeckRS 2019, 6831 Rn. 34 ff.; LAG Rheinland-Pfalz 27.3.2019 – 7 Sa 421/18, BeckRS 2019, 16038 Rn. 52 ff.; LAG Rheinland-Pfalz 11.4.2019 – 5 Sa 339/18, BeckRS 2019, 16044 Rn. 48 ff.; LAG Rheinland-Pfalz 15.4.2019 – 3 Sa 401/18, BeckRS 2019, 18172 Rn. 37; LAG Rheinland-Pfalz 14.11.2019 – 2 Sa 164/19, BeckRS 2019, 38069 Rn. 28 ff.; LAG Rheinland-Pfalz 3.8.2020 – 3 Sa 90/19, BeckRS 2020, 38974 Rn. 95 ff.; LAG Rheinland-Pfalz 24.9.2020 – 2 Sa 5/20, BeckRS 2020, 42475 Rn. 57; ArbG Berlin 30.1.2015 – 28 Ca 12971/14, BeckRS 2015, 66780 zu II. 2. der Gründe; ArbG Paderborn 16.2.2011 – 2 Ca 1818/10, BeckRS 2011, 140781 Rn. 35 ff.; ArbG Schwerin 26.6.2019 – 4 Ca 1702/18, BeckRS 2019, 44159 Rn. 32 ff.; *Bachmann/Ponßen* NJW 2019, 1966 (1970); DHZ/*Bachner/Callsen* § 86 Rn. 103; BeckOKBGB/*Baumgärtner* § 611a Rn. 70; *Becker* S. 383 ff., 420; DDW/*Däubler* Einleitung Rn. 154 ff.; DDZ/*ders.* Aufhebungsvertrag Rn. 105 ff.; HK-ArbR/*ders.* §§ 611, 611a BGB Rn. 629 f.; *Dütz/Thüsing* Rn. 348; WEBF/*Ehrich* Teil 3 Rn. 122; *Fischer* jurisPR-ArbR 23/2019 Anm. 5 unter C.; *Frank* AuA 2019, 616 (616); *Franz* S. 391 ff.; *Giesing* S. 211 ff.; *Gundel/Sartorius* ZAP 2019, 1241 (1241 ff.); *Heinkel* ZTR 2020, 261 (264 ff.); MüKoBGB/*Hesse* Vor § 620 Rn. 31; BeckOKArbR/*ders.* § 620 BGB Rn. 85a; BeckOKArbR/*Joussen* § 611a Rn. 309; *Kamanabrou* RdA 2020, 201 (206 ff.); LKB/*Krause* § 1 Rn. 16; *ders.* § 20 Rn. 7; *ders.* EzA § 312 BGB 2002 Nr. 1, S. 21 (30 ff.); *Langkamp/Ruckh* RÜ 2019, 485 (488 f.); Schaub/*Linck* § 122 Rn. 7a; *S. Müller* DB 2019, 1792 (1792 ff.); HWK/*Rennpferdt* § 620 BGB Rn. 23; *Reinecke* NZA 2004 Sonderbeil.

18/2004, 27 (37); *ders.* FS Küttner, 327 (334 ff.); *ders.* FS Düwell, 410 (410 ff.); *Reufels/Pütz* ArbRB 2020, 253 (255); *Röß* NZA 2021, 675 (680); *Schacht* S. 162 ff. sieht jedenfalls beim arbeitsrechtlichen Aufhebungsvertrag eine Nebenpflicht zur Gewährung einer Bedenkzeit; *Schmidt* AP BGB § 620 Aufhebungsvertrag Nr. 50, S. 1180 (1183 ff.); Küttner/*Schmidt* Aufhebungsvertrag Rn. 22; *Schmitt-Rolfes* AuA 2021, 14 (14); *Schubert* EWiR 2019, 537 (538); HK-MiLoG/*J. Schubert* § 20 Rn. 14; Tschöpe/*Schulte* 3. Teil C. Rn. 58; *Schwarze* JA 2019, 789 (790); *Thüsing* RdA 2005, 258 (268 ff.); HWK/*ders.* § 123 BGB Rn. 45 ff.; *Tiedemann* ArbRB 2020, 61 (63) bei Beschränkung auf Ausnahmekonstellationen; Palandt/*Weidenkaff* Vorb v § 620 Rn. 7; *Winter* S. 112 f.; *Zimmermann/Völkerding* DB 2019, 1628 (1628) „grundsätzlich anerkannte [...] Rechtsfigur"; im **allgemeinen Zivilrecht:** AG Nürtingen 29.6.1995, NJW-RR 1996, 40 (40); OLG Bamberg 24.9.1996, NJW-RR 1997, 694 (694); OLG München 11.4.2002 – 24 U 428/01, BeckRS 2002, 30252535 zu A. 3. der Gründe; *Gottwald* JuS 1982, 877 (882); BeckOGK/*Herresthal* (1.1.2021) § 311 BGB Rn. 315; *Lettmaier* FS Koch, 375 (384 ff.) für das Familienrecht; *Lorenz* S. 445 ff.; *ders.* NJW 1997, 2578 (2579); *ders.* JZ 1997, 277 (281 f.); *ders.* FS Canaris, 777 (783 ff.); *ders./Riehm* Rn. 381; *Plum* MDR 2020, 69 Rn. 2 ff.; Staudinger/*Schwarze* (2019) § 280 Rn. C 62; Staudinger/*Thüsing* (2019) Vorbem. zu §§ 312 ff. Rn. 23 im Verhältnis Unternehmer-Verbraucher; sympathisierend *Zimmer* JZ 2019, 897 (900); im Ansatz *Eidenmüller* Störungen S. 103 (112); *Wagner* NJW 2005, 2956 (2958 f.); einen Überrumpelungsschutz andenkend LAG Brandenburg 30.10.2002, NZA 2003, 503 (505); einen Schadensersatz über culpa in contrahendo für Fälle der Fremdbestimmung andenkend bereits *Grunsky* S. 11, 16; ähnlich *Hübner* FS Börner, 717 (726); **krit. und offen:** noch *Bauer* ArbRAktuell 2019, 93 (93) „problematisch"; *Boemke* JuS 2019, 1204 (1206) „dogmatisch äußerst zweifelhaft"; *Brox/Rüthers/Henssler* Rn. 678 „wenig überzeugend[...]"; *Junker* Rn. 428; HWK/*Kliemt* Anh. § 9 KSchG Aufhebungsverträge Rn. 30b „die konsequente Anwendung der vorhandenen rechtlichen Instrumentarien hätte ausgereicht"; LCK/*Klumpp* Rn. 663 „zweifelhaft"; BLDH/*Lingemann* Kap. 23 Rn. 27t „erhebliche Zweifel"; *ders./Chakrabarti* NJW 2019, 2445 (2448) „Zweifel angebracht"; *Martin* IBR 2019, 1118 (1118) „scheint problematisch"; ErfK/*Müller-Glöge* § 620 BGB Rn. 15; Staudinger/*Oetker* (2019) Vorbem. zu §§ 620 ff. Rn. 61a „problematisch" mit Blick auf § 123 Abs. 1 BGB; *Steinrau-Steinrück/Benkert* NJW Spezial Heft 12, 2019, 370 (371) „dogmatisch sicher streitbar[e] Konstruktion"; **aA** *Adam* EzA § 312 BGB 2002 Nr. 4, S. 18 (25 ff.); *Barnert* S. 237 ff.; nunmehr *Bauer/Romero* ZfA 2019, 608 (613 ff.); *Fischinger* NZA 2019, 729 (730 ff.), der das Gebot fairen Verhandelns „nicht als dogmatisch unvertretbar" ansieht, es aber dennoch ablehnt; *ders.* NZA-RR 2020, 516 (516 ff.); MHdBArbR/*ders.* § 9 Rn. 12; *Hamann* jurisPR-ArbR 30/2020 Anm. 4 C. I.; *Holler* NJW 2019, 2206 (2206, 2207 ff.) „wenig überzeugend und [...] unklar"; Staudinger/*Richardi/Fischinger* (2020) § 611a Rn. 1959; APS/*Rolfs* AufhebVtr Rn. 108b „überzeugt [...] nicht", der jedoch stattdessen von einer Anwendbarkeit des Widerrufsrechts ausgeht, solange der Vertrag außerhalb von Geschäftsräumen geschlossen wurde (Rn. 87); *Schindler* S. 91 ff.; *Spitz* jurisPR-ITR 13/2019 Anm. 5 unter C.; BeckOGK/*Sutschet* (1.9.2021) § 620 BGB Rn. 496; BeckOKBGB/*ders.* § 311 Rn. 61; *Otto/Bieder* Rn. 309 jedoch ohne das Gebot fairen Verhandelns oder das einschlägige BAG-Urteil

B. Die Bedeutung von Nebenpflichten nach § 241 Abs. 2 BGB

Nebenpflichten dienen grundsätzlich dazu, den schwächeren Vertragspartner zu schützen, welcher aufgrund geringerer Verhandlungsmacht nicht in der Lage ist, die Nebenpflichten in den Vertrag aufzunehmen.[901] Die Entwicklung von Nebenpflichten stellt damit eine „sozialstaatliche Weiterentwicklung“[902] des Vertragsrechts dar. Der dahinterstehende Gedanke ist u. a. der des Vertrauensschutzes.[903] Gleichwohl müssen Rücksichtnahmepflichten normativ unter Einbeziehung einer Interessenabwägung begründet werden.[904]

I. Allgemeiner Inhalt von Nebenpflichten

Die Reichweite der Nebenpflichten ist nach dem konkreten Schuldverhältnis (Art, Dauer und Intensität) sowie der jeweiligen Gefährdungslage zu beurteilen.[905] Die nebenvertraglichen Pflichten werden auch als Rücksichtnahmepflichten bezeichnet und sind der Anknüpfungspunkt für das Gebot fairen Verhandelns.[906] Die Rücksichtnahmepflichten sind insbesondere im Arbeitsverhältnis von gesteigerter Bedeutung,[907] weshalb es nicht überrascht, dass die

---

zu nennen; *Weiler* S. 615 f., der jedoch einen Überrumpelungsschutz grundsätzlich bejaht, S. 586.

901 DDZ/*Däubler* Aufhebungsvertrag Rn. 100.

902 *Bydlinski* System S. 745; DDZ/*Däubler* Aufhebungsvertrag Rn. 100; *Wieacker* FS 100 J. Deutsches Rechtsleben, 1 (9 f.); ähnlich „social engineering“ durch die c. i. c.: *Lehmann* ZEuP 2009, 693 (694).

903 BGH 22.11.1965, NJW 1966, 498 (499); BGH 28.1.1976, BGHZ 66, 51 (54); *Becker* S. 384; MHdBArbR/*Benecke* § 34 Rn. 3 f.; BeckOGK/*Herresthal* (1.1.2021) § 311 BGB Rn. 194 ff.; Palandt/*Grüneberg* § 311 Rn. 11; *Looschelders* § 8 Rn. 3 zu Nebenpflichten im vorvertraglichen Bereich; *Sabbagh-Farshi* S. 73, 77; **krit.** Erman/*Dieckmann* § 311 Rn. 16 sieht den Haftungsgrund im Schutz der rechtsgeschäftlichen Selbstbestimmung; *Emmerich* § 6 Rn. 9 f. m. w. N.; MüKoBGB/*ders.* § 311 BGB Rn. 41.

904 S. dazu *Medicus/Petersen* BGB AT Rn. 449.

905 Begr. RegE. BT-Drucks. 14/6040 S. 126, 163; MüKoBGB/*Bachmann* § 241 Rn. 55; *Becker* S. 385; *Emmerich* § 22 Rn. 19; *Franz* S. 395; BeckOGK/*Herresthal* (1.1.2021) § 311 BGB Rn. 315; *Horn* JuS 1995, 377 (378); *Lang* AcP 201 (2001), 451 (510); *Looschelders* § 1 Rn. 19 f.; Staudinger/*Olzen* (2019) § 241 Rn. 418; *Thies* S. 43.

906 BAG 7.2.2019, NZA 2019, 688 Rn. 31; LAG Mecklenburg-Vorpommern 4.12.2018 – 2 Sa 143/18, BeckRS 2018, 46462 Rn. 58; LAG Rheinland-Pfalz 27.3.2019 – 7 Sa 421/18, BeckRS 2019, 16038 Rn. 53; DDZ/*Däubler* Aufhebungsvertrag Rn. 105; *Krause* EzA § 312 BGB 2002 Nr. 1, S. 21 (30); *Reinecke* NZA 2004 Sonderbeil. 18/2004, 27 (37); *ders.* FS Düwell, 410 (411); HWK/*Thüsing* § 611a BGB Rn. 432.

907 S. u., Kap. 5 § 10 B., § 11 B. III. 2. e); *Gotthardt* Rn. 23.

Diskussion um die Anerkennung und Voraussetzungen des Gebots fairen Verhandelns bislang primär im Arbeitsrecht stattfand.[908]

II. Nebenpflichten vor dem Vertragsschluss

Die Vorstellung, dass auch im Vorfeld eines Vertragsschlusses Pflichtverletzungen denkbar sind und der daraus entstehende Schaden ebenso wie ein erst bei Durchführung des Vertrags entstehender Schaden verfolgbar sein sollte, führte zur Schaffung der culpa in contrahendo.[909] Denn auch im Vorfeld des Vertragsschlusses ist es den Parteien möglich, auf die jeweils gegenüberliegende Sphäre im besonderen Maße einzuwirken. Über § 311 Abs. 2 Nr. 1 BGB gelten die Nebenpflichten deshalb bereits ab Aufnahme der Vertragsverhandlungen. Es besteht mithin nach §§ 311 Abs. 2 Nr. 1, 241 Abs. 2 BGB eine Rücksichtnahme- und Loyalitätspflicht gegenüber dem Verhandlungspartner auch im vorvertraglichen Bereich.[910] Aus § 241 Abs. 2 i. V. m. § 311 Abs. 2 BGB folgt demnach, dass aus dem vorvertraglichen Schuldverhältnis sämtliche Pflichten erwachsen können, die zur Abwendung von Gefahren erforderlich sind, welche sich daraus ergeben, dass mit der Aufnahme von Vertragsverhandlungen der einen Seite gesteigerte Einfluss- und Einwirkungsmöglichkeiten auf die Interessen und Rechte der anderen Seite entstehen.[911]

III. Das Gebot fairen Verhandelns als vorvertragliche Rücksichtnahmepflicht

Das Gebot fairen Verhandelns soll sich aus der Rücksichtnahmepflicht des § 241 Abs. 2 BGB ergeben, sich seinem künftigen Vertragspartner gegenüber fair zu verhalten.[912] Die Rücksichtnahmepflicht des § 241 Abs. 2 BGB muss deshalb zunächst die Entscheidungsfreiheit als solche erfassen.

---

908 S. u. zur Entwicklung, Kap. 5 § 8 B.

909 Vgl. nur Begr. RegE. BT-Drucks. 14/6040 S. 161; *Becker* S. 284; *Lang* AcP 201 (2001), 451 (507).

910 Begr. RegE. BT-Drucks. 14/6040 S. 163.

911 *Emmerich* § 6 Rn. 21.

912 Ausdrücklich DDW/*Däubler* Einleitung Rn. 155; DDZ/*ders.* Aufhebungsvertrag Rn. 105; HK-ArbR/*ders.* §§ 611, 611a BGB Rn. 630; *Heinkel* ZTR 2020, 261 (266); *Plum* MDR 2020, 69 Rn. 9.

1. *Entscheidungsfreiheit als Interesse i. S. d. § 241 Abs. 2 BGB*

Dass durch § 241 Abs. 2 BGB die Entscheidungsfreiheit geschützt wird, ergibt sich bereits aus den Gesetzgebungsmaterialien, wonach die Entscheidungsfreiheit unter das „Interesse" in § 241 Abs. 2 BGB fällt.[913] Angeregt wurde die Aufnahme des Begriffes „Interesse" von *Canaris*, um den Schutz der Entscheidungsfreiheit sicherzustellen. Damit zielte *Canaris* allerdings hauptsächlich auf vorvertragliche Aufklärungspflichten („Rechtsprechung des *BGH* zur Anwendung der culpa in contrahendo auf einen unerwünschten Vertrag")[914] ab.

Deshalb wird in der Literatur teilweise daran gezweifelt, dass die Entscheidungsfreiheit über die richtige Informationsbasis hinaus nach dem Willen des historischen Gesetzgebers geschützt werden soll.[915] Begründet wird dies damit, dass im Rahmen der Normierung des § 241 Abs. 2 BGB lediglich das geltende Recht bezüglich der Lehre der Schutzpflichten, also die Möglichkeit der Lösung vom Vertrag im Wege der culpa in contrahendo bei vorvertraglichen Aufklärungspflichtverletzungen, im Gesetzestext seinen Niederschlag finden sollte, ohne dass dieses verändert werden sollte.[916]

---

913 Begr. RegE. BT-Drucks. 14/6040 S. 126; zust.: BAG 7.2.2019, NZA 2019, 688 Rn. 34; LAG Berlin-Brandenburg 19.12.2019 – 10 Sa 1319/19, BeckRS 2019, 38121 Rn. 35; LAG Hessen 11.06.2021 – 10 Sa 1221/20, BeckRS 2021, 21456 Rn. 34; MüKoBGB/*Bachmann* § 241 Rn. 49 f.; *ders./Ponßen* NJW 2019, 1966 (1970); *Becker* S. 384; *Franz* S. 391; *Giesing* S. 214; *Gotthardt* Rn. 27; *Heinkel* ZTR 2020, 261 (266); BeckOGK/*Herresthal* (1.1.2021) § 311 BGB Rn. 242; *Lorenz* FS Canaris, 777 (786); Erman/*Martens* § 241 Rn. 16; *S. Müller* DB 2019, 1792 (1792); Staudinger/*Olzen* (2019) § 241 Rn. 423; *Plum* MDR 2020, 69 Rn. 3; *Schindler* S. 31; *Schmitt-Rolfes* AuA 2021, 14 (14); HK-BGB/*Schulze* § 241 Rn. 5; Staudinger/*Schwarze* (2019) § 280 Rn. C 54; BeckOKBGB/*Sutschet* § 311 Rn. 44; *Teichmann* BB 2001, 1485 (1492); *Wagner* NJW 2005, 2956 (2958); *Weiler* SchuldR § 5 Rn. 19; **vorher** bereits beispielhaft BGH 11.5.1979, NJW 1979, 1983 (1983 f.); AG Nürtigen NJW-RR 1996, 40 (40); *Lorenz* S. 388, 447; *ders.* JZ 1997, 277 (282); *ders.* NZM 1998, 359 (362); *ders.* ZIP 1998, 1053 (1056); **aA** *Mankowski* S. 196 f.; vor der Schuldrechtsreform *Stoll* FS Riesenfeld, 275 (281).

914 *Canaris* JZ 2001, 499 (519) Fn. 182.

915 *Fischinger* NZA 2019, 729 (730); *Kamanabrou* RdA 2020, 201 (202, 204, 206); *Schindler* S. 191 f. „einschränkende Auslegung des Begriffes der ‚Interessen'"; in diese Richtung auch *Hamann* jurisPR-ArbR 30/2020 Anm. 4 C. I.

916 *Kamanabrou* RdA 2020, 201 (204) mit Verweis auf Begr. RegE. BT-Drucks. 14/6040 S. 125 „Die oben kurz umschriebene Lehre von den Schutzpflichten hat sich allgemein durchgesetzt. Daran soll nichts geändert werden. Dieses geltende Recht soll in einer Ergänzung des § 241 in einem neuen Absatz 2 auch im Gesetzestext klargestellt werden."; *Schindler* S. 191 f.

Das „Ob" und das „Wie", also das Bestehen und die Reichweite der Nebenpflichten wurde vom Gesetzgeber jedoch bewusst relativ offen gelassen, damit es einer Klärung durch die Rechtsprechung zugänglich sein konnte.[917] Es sollte eine abstrakte Regelung geschaffen werden, die gegenüber der kontinuierlichen Fortentwicklung und Konkretisierung im Einzelfall offen ist.[918] Entsprechend weit ist auch die Formulierung von *Canaris,* dass „die culpa in contrahendo auch weiterhin als Mittel zum Schutz vor unerwünschten Verträgen geeignet"[919] bleiben soll.

Die Literatur erfasste über § 241 Abs. 2 BGB in der Vergangenheit bereits die Pflicht zur Neuverhandlung, zur gegenseitigen Unterstützung oder auch die schlichte Loyalität.[920] *Stoll* schrieb bereits 1979 allgemein „Die Regeln über die Haftung für die culpa in contrahendo sollen gerade die Voraussetzungen schaffen für eine eigenverantwortliche Entscheidung des Partners [...]. In diesem Sinne trifft es zu, daß die Haftung für culpa in contrahendo das Korrelat der privatautonomen Gestaltungsbefugnis der Parteien im Schuldvertragsrecht ist"[921]. Korrelat bedeutet in diesem Kontext, dass die vorvertragliche Haftung die Grundlagen der freien Entscheidung sichern soll. Das Gebot fairen Verhandelns ist vor diesem Hintergrund kein Fremdkörper im Pflichtenkreis des § 241 Abs. 2 BGB.[922] Entsprechend ist eine Beschränkung auf vorvertragliche Aufklärungspflichtverletzungen abzulehnen.[923]

Damit ist eine psychische Einwirkung auf den Vertragsschluss hin, welche weder Täuschung noch Drohung ist, unter Umständen erfasst.[924] Das

---

917 Begr. RegE. BT-Drucks. 14/6040 S. 162; *Becker* S. 384; *Franz* S. 394; *Giesing* S. 214; ähnlich *Kamanabrou* RdA 2020, 201 (206); ähnlich bereits vorher *Stoll* FS v. Caemmerer, 435 (435 f.) „Generalklausel [um] die Haftung aus Vertrag oder für Unrecht fortzuentwickeln und zu ergänzen.".

918 Begr. RegE. BT-Drucks. 14/6040 S. 162; in diesem Sinne auch *Brox/Walker* SchuldR AT § 25 Rn. 11.

919 *Canaris* JZ 2001, 499 (519).

920 MüKoBGB/*Bachmann* § 241 Rn. 94, 101 ff., 108; *ders./Ponßen* NJW 2019, 1966 (1970).

921 *Stoll* FS v. Caemmerer, 435 (467 f.).

922 Vgl. *Bachmann/Ponßen* NJW 2019, 1966 (1970); ähnlich *Kamanabrou* RdA 2020, 201 (206); *S. Müller* DB 2019, 1792 (1792).

923 IE auch *Kamanabrou* RdA 2020, 201 (204, 206), die eine Berücksichtigung des Gebots fairen Verhandelns über die Rücksichtnahmepflichten für möglich hält, dies aber nicht vom erklärten Willen des Gesetzgebers gestützt sieht.

924 *Becker* S. 385; *Medicus* Gutachten S. 479 (488, 535, 540 f.) erkennt eine solche „unkorrekt[e]" Beeinflussung in einer Überrumpelung; *Lorenz* JZ 1997, 277 (282); ähnlich *ders.* ZIP 1998, 1053 (1056).

vorvertragliche Schuldverhältnis begründet über § 241 Abs. 2 BGB deshalb die Pflicht, die freie Willensbildung des geplanten Vertragspartners nicht unfair durch psychischen Druck, beziehungsweise sonst wie geartete unzulässige Einflussnahme auf solche Weise zu manipulieren, sodass eine freie, selbstverantwortliche Entscheidung nicht mehr möglich ist.[925] Das Gebot fairen Verhandelns gilt als vorvertragliche Rücksichtnahmepflicht stets für beide Seiten.[926] Das „selbstverständliche Gebot der Fairneß im Rechtsverkehr“[927] lässt sich jedoch nicht nur aus § 241 Abs. 2 BGB, sondern auch aus § 242 BGB entnehmen.[928]

2. *Rücksicht auf die Entscheidungsfreiheit als „Fairness“*

Der das Gebot fairen Verhandelns prägende Begriff der Fairness lässt sich kaum definieren.[929]

a) Der zugrunde gelegte „Fairness“-Begriff

Von plumpen Umschreibungen wie dem plakativen „I know it when I see it“[930], was aufgrund der einhergehenden Rechtsunsicherheit abzulehnen ist,[931] bis zu rechtsphilosophischen Erkenntnisversuchen,[932] sind viele Ansätze denkbar, um den Begriff der Fairness zu definieren. So wurde vorgeschlagen, Fairness subjektiv anhand des Empfindens der Parteien zu bestimmen,[933] ob diese sich übervorteilt oder bedrängt fühlen. Jedoch sind objektive Anhaltspunkte schon aus Gründen der Rechtssicherheit von Nöten, weshalb eine derart subjektive Bestimmung von Fairness abzulehnen ist.[934]

Fairness ist allerdings etwas Wertendes, weshalb es stets einer Interessenabwägung bedarf.[935] Hierbei ist die Intention der Nebenpflichten zu

925 Vgl. nur BAG 7.2.2019, NZA 2019, 688 Rn. 34; *Franz* S. 391; *Giesing* S. 214; *S. Müller* DB 2019, 1792 (1792 f.); *Plum* MDR 2020, 69 Rn. 10 f.; **aA** *Holler* NJW 2019, 2206 (2208 ff.) stellt auf § 242 BGB ab, lehnt das Fairnessgebot aber dennoch ab.

926 Vgl. BAG 7.2.2019, NZA 2019 688 Rn. 34; *Lorenz* JZ 1997, 277 (282); *S. Müller* DB 2019, 1792 (1792 f.).

927 *Reuter* DZWir 1993, 45 (51).

928 *Franz* S. 394.

929 *Rehm* S. 199 zur Fairness in Bezug auf Aufklärungspflichten; *Winter* S. 43; in diese Richtung auch *Franz* S. 394.

930 *Franz* S. 394; *Rehm* S. 199.

931 So auch *Franz* S. 394; *Rehm* S. 199.

932 Vgl. beispielsweise *Rawls* S. 11 ff., der Fairness und Gerechtigkeit gleichsetzt.

933 *Rawls* S. 38 f.

934 So auch *Franz* S. 394.

935 *Franz* S. 395.

berücksichtigen.[936] Diese zielen darauf ab, dass auf die Rechte, Rechtsgüter und Interessen des anderen Teils Rücksicht genommen wird, vgl. § 241 Abs. 2 BGB. „Fairness“ ist jedoch kein Rechtsbegriff.[937] Aufgrund des hohen Wertes der Vertragsfreiheit und der Selbstverantwortung soll sich dem Gebot fairen Verhandelns deshalb einleitend negativ genähert werden. Es ist sprachlich hilfreich, statt vom „Gebot fairen Verhandelns“ vom „Verbot unfairen Verhandelns“ zu sprechen.[938] „Unfair“ ist nur das, was „unzulässig“ ist. Es braucht eine die Privatautonomie derart beeinträchtigende Lage, dass vom Recht reagiert werden muss. Dann allerdings ist die culpa in contrahendo zentrales Rechtsinstitut für den Schutz vor dem ungewollten Vertrag.[939]

b) Die begriffliche Eingrenzung des Gebots fairen Verhandelns

Nach *Franz* fallen unter das Gebot fairen Verhandelns auch die Spezialnormen nach § 123 Abs. 1 BGB sowie § 105 Abs. 2 BGB als gewichtige Einschränkung der Willensbildungsfreiheit.[940] Zudem gelten vorvertragliche Aufklärungspflichten ebenfalls als eine Ausprägung des Gebots fairen Verhandelns.[941] *Schwarze* sieht auch in § 123 Abs. 1 BGB und darüber hinaus in § 138 Abs. 1 und Abs. 2 BGB Ausprägungen des Fairnessgebots.[942] Bei einer solchen Betrachtungsweise hat das Gebot fairen Verhandelns einen deutlich größeren Anwendungsbereich, ist aber gleichzeitig in Bezug auf diese Facetten schon ausreichend erforscht. Das Gebot fairen Verhandelns bezieht sich bei weitem Verständnis generell auf die Verhinderung unzulässiger Einflussnahme auf die Willensfreiheit einer Seite.[943]

Jedoch ist das Gebot fairen Verhandelns im hier diskutierten, technischen Sinne dogmatisch auf § 241 Abs. 2 BGB beschränkt. Deshalb ist es richtig, vorvertragliche Aufklärungspflichten, welche den gleichen Ursprung in § 241 Abs. 2 BGB haben, ebenfalls hierunter zu fassen. Auch *Lorenz* differenziert

936 *Franz* S. 395.

937 **Krit.** deshalb *Kamanabrou* RdA 2020, 201 (209 f.).

938 *Fischinger* NZA-RR 2020, 516 (520); *Heinkel* ZTR 2020, 261 (266); *Reinecke* FS Düwell, 410 (410); *Schmidt* AP BGB § 620 Aufhebungsvertrag Nr. 50, S. 1180 (1183R); **krit.** *Kamanabrou* RdA 2020, 201 (210).

939 *Becker* S. 286 „culpa in contrahendo […] nicht nur geeignet, sondern unabdingbares Element“.

940 *Franz* S. 397.

941 *Becker* S. 424; *Franz* S. 398; *Reinecke* NZA 2004 Sonderbeil. 18/2004, 27 (37); ähnlich *Kamanabrou* RdA 2020, 201 (205, 209 f.); *Thüsing* RdA 2005, 257 (268).

942 *Schwarze* JA 2019, 789 (790).

943 Vgl. *Reinecke* NZA 2004 Sonderbeil. 18/2004, 27 (37).

dementsprechend im Hinblick auf die culpa in contrahendo zwischen direkter Einflussnahme und indirekter Einflussnahme, wobei Erstere sich auf Überrumpelung und Druck bezieht und Letztere sich auf Täuschung beziehungsweise eine vorvertragliche Aufklärungspflichtverletzung, welche der freien Entscheidung die Basis entzieht.[944] Diese „Bipolarität" findet sich auch im Schutz der Entscheidungsfreiheit durch § 123 Abs. 1 BGB wieder, wobei die Täuschung (Alt. 1) indirekt und die Drohung (Alt. 2) direkt erfolgt.[945] Vorliegend wird nach diesem Verständnis nur die direkte Einflussnahme untersucht. Diese ist arbeitsrechtlich deutlich weniger erforscht als die indirekte Einflussnahme[946] und im allgemeinen Zivilrecht jenseits abstrakter Ausführungen zu den Voraussetzungen der Privatautonomie kaum bedacht.[947]

In dieser Arbeit, wie auch in der rechtswissenschaftlichen Diskussion, ist das Gebot fairen Verhandelns allerdings grundsätzlich enger, als deren eigene Untergruppe der unzulässigen Einflussnahme im Sinne einer Überrumpelung zu verstehen. An dieser (auch innerhalb des untersuchten Falles der unzulässigen Einflussnahme) weiten begrifflichen Anwendung des Begriffs des fairen Verhandelns ist jedoch kein Anstoß zu nehmen, solange sich darauf besonnen wird, dass es lediglich um ein Mindestmaß an Fairness, beziehungsweise Rücksichtnahme geht, welches vor dem Hintergrund der Selbstverantwortung im Rechtsleben zu betrachten ist.[948]

c) Der Vergleich zu den vorvertraglichen Aufklärungspflichten

Im Bereich der vorvertraglichen Aufklärungspflichten dürfen einerseits die Vertragsparteien die Interessen der anderen Seite nicht gefährden,[949] andererseits wird weitergehend teilweise sogar von einer Förderungspflicht diesbezüglich gesprochen.[950] Das Bundesarbeitsgericht geht zurecht davon aus, dass die Rücksichtnahmepflicht beim Gebot fairen Verhandelns nicht zu einer „Verleugnung

944 *Lorenz* S. 391, 445; ebenso *Giesing* S. 211.

945 *Lorenz* S. 391, 445.

946 *Giesing* S. 211: „Neuland" bezüglich des arbeitsrechtlichen Aufhebungsvertrags.

947 *Lorenz* S. 391 statuierte bereits 1997 zurecht, dass die Entscheidungsfreiheit unter dem Aspekt des Wissens durch die „detaillierte Entwicklung von Wahrheits- und Aufklärungspflichten" im Rahmen der culpa in contrahendo geschützt wird, aber die „Entscheidungsfreiheit unter dem Aspekt der Freiheit [...] vernachlässigt" wird, vgl. auch *ders.* S. 445.

948 **AA** anscheinend *Kamanabrou* RdA 2020, 201 (210).

949 Vgl. *Franz* S. 395.

950 Vgl. *Blomeyer* SAE 2001, 315 (315); *Franz* S. 395; **krit.** *Stoll* FS v. Caemmerer, 435 (468).

der eigenen Interessen, sondern zur angemessenen Berücksichtigung der Interessen der Gegenseite“[951] führen muss. Auch im ähnlichen Feld der vorvertraglichen Aufklärungspflichten geht das Bundesarbeitsgericht übereinstimmend davon aus, dass die eigenen Interessen an einem möglichst schnellen Vertragsschluss nicht einseitig in den Vordergrund gestellt werden dürfen.[952] Gleichzeitig geht es mit vorvertraglichen Aufklärungspflichten recht restriktiv um.[953]

Aus diesem Grund wird von *Holler* das Gebot fairen Verhandelns als zu weitgehend für eine nicht explizit normativ verankerte Rücksichtnahmepflicht aus § 241 Abs. 2 BGB abgelehnt.[954] Dabei bezieht er sich jedoch auf vollumfängliche vorvertragliche Hinweis- und Aufklärungspflichten über die Vertragsfolgen als Ausprägung des Gebots fairen Verhandelns. Dass diese nur unter bestimmten Umständen einschlägig sind, wird hier nicht abgestritten.[955] Auch das Bundesarbeitsgericht hat in seiner Entscheidung vom 7.2.2019 keine Erweiterung der vorvertraglichen Aufklärungspflichten vorgenommen oder angedeutet. Der Einwand von *Holler* geht infolgedessen fehl, eine Erweiterung von Aufklärungspflichten ist zutreffenderweise abzulehnen. Dies sagt aber nichts über den übrigen Überrumpelungsschutz aus. Im Gegensatz zu vorvertraglichen Aufklärungspflichten gilt das Gebot fairen Verhandelns in seiner Ausprägung als Überrumpelungsschutz stets.[956]

Genauso wie bei vorvertraglichen Aufklärungspflichtverletzungen kommt eine Verletzung des Gebots fairen Verhandelns allerdings nur in bestimmten Konstellationen in Betracht. Aus der Tatsache, dass vorvertragliche Aufklärungspflichten nicht stets und mit wechselndem Umfang bestehen, kann deshalb nicht auf eine Unzulässigkeit des Gebots fairen Verhandelns als Überrumpelungsschutz über die Rücksichtnahmepflichten geschlossen werden. Der

---

951 BAG 7.2.2019, NZA 2019, 688 Rn. 33; zust. LAG Berlin-Brandenburg 19.12.2019 – 10 Sa 1319/19, BeckRS 2019, 38121 Rn. 34; *Gundel/Sartorius* ZAP 2019, 1241 (1243); *Heinkel* ZTR 2020, 261 (266); *Plum* MDR 2020, 69 Rn. 2; ähnlich bereits *Horn* JuS 1995, 377 (378); allg. zu Rücksichtnahmepflichten *Blomeyer* SAE 2001, 315 (315); BeckOGK/*Herresthal* (1.1.2021) § 311 BGB Rn. 313 f.; **fehlgehend** deshalb *Adam* EzA § 312 BGB 2002 Nr. 4, S. 18 (27), der das Gebot fairen Verhandelns als eben dies ansieht.

952 Vgl. zum arbeitsrechtlichen Aufhebungsvertrag BAG 17.10.2000, NZA 2001, 206 (208).

953 S. o., Kap. 3 § 4 B. II.

954 *Holler* NJW 2019, 2206 (2207 f.).

955 S. bereits Kap. 3 § 4 B. II. und Kap. 5 § 11 B. III.

956 S. dazu auch Kap. 6 § 14 B. II. 2.

Überrumpelungsschutz ist eine Schwester der vorvertraglichen Aufklärungspflicht. Der gemeinsame Ursprung ist das weite Gebot fairen Verhandelns als allgemeine Rücksichtnahmepflicht nach § 241 Abs. 2 BGB. Nichtsdestotrotz sind die Grenzen und Voraussetzungen einer Ausprägung des Gebots für die der anderen von Bedeutung.[957]

d) Der „Fairness"-Maßstab

Das Gebot fairen Verhandelns richtet sich als Nebenpflicht gemäß § 241 Abs. 2 BGB tatbestandlich wegen der Abwägungskomponente stets nach dem konkreten Einzelfall.[958] Es sind deshalb alle Umstände der Verhandlungssituation mit einzubeziehen, wie zum Beispiel der Ort und die Uhrzeit der Verhandlung, die Vorlaufzeit, der Zeitdruck, sowie die zahlenmäßige und fachliche Überlegenheit der anderen Seite.[959] Als weiterer Anhaltspunkt sind grundrechtliche Wertungen heranzuziehen.[960] Nebenpflichten, wie insbesondere die Rücksichtnahme auf Interessen, sind als unbestimmter Rechtsbegriff Einfallstor für die Verwirklichung verfassungsrechtlicher Wertvorstellungen im Zivilrecht.[961] Hierbei ist aufseiten des Überrumpelten dessen Recht, einen Vertrag nur durch eine freie Willensentscheidung abzuschließen, vgl. Art. 2 Abs. 1 GG und andere möglicherweise betroffene Grundrechte wie Art. 12 Abs. 1 GG zu beachten.[962] Aufseiten des Überrumpelnden sind dessen betroffene Grundrechte zu achten, beispielsweise Art. 12 Abs. 1, 14 Abs. 1 GG oder seine Privatautonomie aus Art. 2

---

957 Vgl. Kap. 5 § 11 B.

958 Vgl. BAG 7.2.2019, NZA 2019, 688 Rn. 33; LAG Berlin-Brandenburg 19.12.2019 – 10 Sa 1319/19, BeckRS 2019, 38121 Rn. 36; LAG Hessen 11.06.2021 – 10 Sa 1221/20, BeckRS 2021, 21456 Rn. 34; LAG Rheinland-Pfalz 3.8.2020 – 3 Sa 90/19, BeckRS 2020, 38974 Rn. 95; *Fischer* jurisPR-ArbR 23/2019 Anm. 5 unter C.; *Franz* S. 391, 395; *Giesing* S. 219; *Heinkel* ZTR 2020, 261 (266); Schaub/*Linck* § 122 Rn. 7a; *Lorenz* S. 502; Küttner/*Schmidt* Aufhebungsvertrag Rn. 22; *Thüsing* RdA 2005, 257 (269); *Winter* S. 112; allgemein zu dem Inhalt der Rücksichtnahmepflichten BAG 24.10.2018, NZA 2019, 161 Rn. 24 ff.; *Weiler* SchuldR § 5 Rn. 11.

959 S. ausführlich unten, Kap. 5 § 11 D. I.; vgl. *Franz* S. 391; *Lorenz* JZ 1997, 277 (282); *Lorenz* S. 446, 498 ff.; *Reinecke* Sonderbeil. NZA 18/2004, 27 (37); ähnlich BAG 7.2.2019, NZA 2019, 688 Rn. 31; BAG 15.3.2005, NZA 2005, 682 (868); *Krause* EzA § 312 BGB 2002 Nr. 1, S. 21 (32).

960 *Franz* S. 395.

961 Nur fürs Arbeitsrecht *Franz* S. 395; *Gamillscheg* S. 210.

962 Fürs Arbeitsrecht *Franz* S. 396; *Gamillscheg* S. 222.

Abs. 1 GG, wonach dieser für sich günstige Verträge abschließen darf, welche für andere ungünstig sind.[963]

3. *Anknüpfungspunkt bei bestehenden Vertragsverhältnissen*

Die Pflichten nach § 241 Abs. 2 BGB entstehen gemäß § 311 Abs. 2 Nr. 1 BGB bereits mit Aufnahme von Vertragsverhandlungen, sodass sie nicht erst in schon existierenden Vertragsverhältnissen Bedeutung erlangen. Im Fall von bereits bestehenden Vertragsverhältnissen, beispielsweise bei den in der Praxis sehr relevanten Aufhebungsverträgen, sind damit zwei Anknüpfungspunkte für die Rücksichtnahmepflichten denkbar. Zum einen ergeben sich aus dem bestehenden Vertrag Nebenpflichten und zum anderen aus dem zu verhandelnden Vertrag, welcher über § 311 Abs. 2 Nr. 1 BGB ein eigenes vorvertragliches Schuldverhältnis begründet.

In dem besser erforschten Gebiet der vorvertraglichen Aufklärungspflichten verhält es sich entsprechend. Es wird dann erwogen, die Rücksichtnahmepflichten entweder nur auf den bereits bestehenden Vertrag[964] oder auf eine Kombination beider Verträge unter primärer Anknüpfung an den noch zu schließenden Vertrag zu stützen[965]. Für eine reine Anknüpfung an das bestehende Vertragsverhältnis soll sprechen, dass der Aufhebungsvertrag in das bestehende Verhältnis eingebunden ist und dadurch konkretisiert wird.[966] In diese Richtung

---

963 Fürs Arbeitsrecht *Franz* S. 396; *Gamillscheg* S. 210; ähnlich allg. *Kursawe* NZA 1997, 245 (246).

964 *Holler* NJW 2019, 2206 (2207); *Kaiser* EzA § 611 BGB Aufhebungsvertrag Nr. 13, S. 11 (19 f.); *Schacht* S. 153; NK-GA/*Schöne* § 611 BGB Rn. 1038; *Welslau* LAGE § 611 BGB Aufhebungsvertrag Nr. 9, S. 13 (14); wohl auch MüKoBGB/*Hesse* Vor § 620 Rn. 31; *Kamanabrou* RdA 2020, 201 (206 f., 210), die in Abgrenzung zum Widerrufsrecht auf das vertragliche Schuldverhältnis abstellt und beim Schadensersatzanspruch eben falls nur an ein bestehendes Verhältnis anknüpft und dies damit begründet, dass das bestehende Verhältnis das vorvertragliche Schuldverhältnis prägen würde und deshalb das bestehende Verhältnis im Mittelpunkt stünde.

965 BAG 7.2.2019, NZA 2019, 688 Rn. 31; ArbG Schwerin 26.6.2019 – 4 Ca 1702/18, BeckRS 2019, 44159 Rn. 34; *Burkardt* S. 89 f.; *Ernst* S. 126; *Giesing* S. 215; BeckOKArbR/*Hesse* § 620 BGB Rn. 85a (anscheinend rein vorvertraglich); *Holler* NJW 2019, 2206 (2207); *Thies* S. 45; *Winter* S. 92; APS/*Rolfs* AufhebVtr Rn. 5 sieht beide Verträge als geeignet an, die Aufklärungspflicht zu begründen; wohl auch *Tiedemann* ArbRB 2020, 61 (63); **offenlassend** *S. Müller* DB 2019, 1792 (1792), da der Anknüpfungspunkt letztlich irrelevant sei; *Krause* § 20 Rn. 7 Fn. 11; BeckOKBGB/*Sutschet* § 241 Rn. 45, irrelevant da in beiden Fällen § 280 Abs. 1 BGB die Folge sei; **unklar** *Reinecke* NZA 2004 Sonderbeil. 18/2004, 27 (37).

966 *Schacht* S. 153; *Kaiser* EzA § 611 BGB Aufhebungsvertrag Nr. 13, S. 11 (19 f.).

äußerte sich auch das Bundesarbeitsgericht noch in seiner Pressemitteilung zu der Entscheidung vom 7.2.2019 („arbeitsvertragliche Nebenpflicht").[967] Im Volltext findet sich diese Aussage nicht mehr wieder.

Die Tatsache, dass es letztlich um den zu schließenden Vertrag geht, verbietet es diesen außer Betracht zu lassen.[968] Denn ein Aufhebungs- oder Änderungsvertrag ist ein eigenständiges Rechtsgeschäft, welches eigenständige Verhaltenspflichten im vorvertraglichen Bereich begründet.[969] Die vorvertraglichen Pflichten können aufgrund ihres Kontextbezugs aber nicht ohne Einbezug des vorigen, noch bestehenden Verhältnisses betrachtet werden.[970] Das bestehende Verhältnis ist ausschlaggebend für die Erwartungen der Parteien und prägt das zwischen ihn bestehende Vertrauensverhältnis.[971] Eine mögliche Intensivierung der Nebenpflichten findet ihre Grundlage deshalb auch im bestehenden Vertragsverhältnis.[972] Insbesondere dann, wenn bereits vor Aufnahme der Verhandlungen eine rechtsgeschäftliche Bindung zwischen den Parteien besteht, ergibt sich deshalb mehr als eine „allgemeine Redlichkeitserwartung".[973] § 311 Abs. 2 Nr. 2 BGB verweist zudem auf § 241 Abs. 2 BGB, sodass nicht trennscharf zwischen den vertraglichen und vorvertraglichen Pflichten unterschieden werden kann.[974]

Es ist deshalb weniger von einer Kombination der Pflichten, sondern von einer Konkretisierung der Pflichten des vorvertraglichen Aufhebungsverhältnisses durch die Pflichten des bestehenden Verhältnisses auszugehen.[975] Auch das Bundesarbeitsgericht stellt in seiner Entscheidung vom 7.2.2019 sowohl auf den

---

967 Pressemitteilung Nr. 6/19, abzurufen unter www.bundesarbeitsgericht.de.

968 *Burkardt* S. 90; *Winter* S. 92.

969 Zum arbeitsrechtlichen Aufhebungsvertrag: BAG 7.2.2019, NZA 2019, 688 Rn. 31; ArbG Schwerin 26.6.2019 – 4 Ca 1702/18, BeckRS 2019, 44159 Rn. 33; *Giesing* S. 215; *Heinkel* ZTR 2020, 261 (265); *Holler* NJW 2019, 2206 (2207); allg. *Bauer* FS Däubler, 143 (153).

970 BAG 7.2.2019, NZA 2019, 688 Rn. 31; *Becker* S. 388; *Burkardt* S. 89; *Kamanabrou* RdA 2020, 201 (206); *Krause* EzA § 312 BGB 2002 Nr. 1, S. 21 (30); *Thies* S. 45; *Winter* S. 92.

971 *Burkardt* S. 89; *Giesing* S. 215; *Heinkel* ZTR 2020, 261 (265 f.); *Winter* S. 92.

972 In diese Richtung auch *Giesing* S. 215; *Heinkel* ZTR 2020, 261 (265 f.).

973 Für den arbeitsrechtlichen Aufhebungsvertrag *Heinkel* ZTR 2020, 261 (265).

974 *Burkardt* S. 89; *Franz* S. 398; *Winter* S. 92.

975 ArbG Schwerin 26.6.2019 – 4 Ca 1702/18, BeckRS 2019, 44159 Rn. 34; *Burkardt* S. 89; *Franz* S. 398; *Giesing* S. 215; *Winter* S. 92; ähnlich *Becker* S. 388 f. der zurecht betont, dass es letztlich nur auf das vorvertragliche Verhältnis ankommt; unklar *Kamanabrou* RdA 2020, 201 (206).

bestehenden Arbeitsvertrag als auch auf den zu verhandelnden Aufhebungsvertrag als eigenständiges Schuldverhältnis ab.[976] Das Gebot fairen Verhandelns ist als vorvertragliches Schutzinstrument deshalb stets auch ohne bereits bestehendes Vertragsverhältnis zu beachten.[977] Ein Vertrag unterliegt damit in allen Phasen dem Fairnessgebot. Eine bereits existierende Verbindung führt jedoch in aller Regel zu einer Intensivierung der Nebenpflichten.

§ 8 Entwicklung des Gebots fairen Verhandelns im deutschen Recht

Die Entwicklung des Gebots fairen Verhandelns lässt sich in zwei Abschnitte aufteilen. Zuerst wurde es als solches nicht namentlich diskutiert. Es gab allerdings immer wieder entsprechende Ansätze, denen jedoch kaum Aufmerksamkeit zuteilwurde. Später wurde es als eigene Fallgruppe des § 241 Abs. 2 BGB erkannt und rechtsdogmatisch aufgearbeitet.

A. Zögerliche Anfänge für die Rechtspflicht des fairen Verhandelns

Bereits im Jahr 1934 schrieb *Erman*, dass im Rahmen der culpa in contrahendo die Entschlussfreiheit eine tragende Rolle spiele, weshalb jeder erwarten dürfe, „daß der andere ihn nicht in seiner Entschlußfreiheit über das übliche Zureden hinaus beeinflusse".[978] Methoden „falschen" Verhandelns seien zu unterlassen.[979] Aus dieser zunächst sehr offenen Formulierung folgerte er („also") jedoch lediglich einen Schutz vor Drohung und Täuschung.[980] Auch die bis heute erhobenen

---

976 BAG 7.2.2019, NZA 2019, 688 Rn. 31. Dies reiht sich in die etwas durchwachsene Rechtsprechung des Bundesarbeitsgerichts zu vorvertraglichen Aufklärungspflichten beim Aufhebungsvertrag ein, vgl. BAG 13.11.1984, AP BetrAVG § 1 Zusatzversorgungskassen Nr. 5; **aA** noch BAG 10.3.1988, NZA 1988, 837 (837) und BAG 17.10.2000, NZA 2001, 206 (207) verweisen nur auf das Arbeitsverhältnis.

977 In diese Richtung auch *Fischinger* NZA 2019, 729 (734), der das Gebot fairen Verhandelns zurecht auch beim Abschluss eines Arbeitsvertrags als anwendbar sieht; ebenso im Ansatz *Gundel/Sartorius* ZAP 2019, 1241 (1244); *Holler* NJW 2019, 2206 (2207); **offenlassend** im Bezug zum Aufhebungsvertrag *Kamanabrou* RdA 2020, 201 (207, 210), dort insb. Fn. 57: Im Arbeitsrecht würde der Druck einen Vertrag zu schließen nur im laufenden Verhältnis relevant; **aA** *Bauer/Romero* ZFA 2019, 608 (613); *Tiedemann* ArbRB 2020, 61 (63).

978 *Erman* AcP 139 (1934), 273 (275).

979 *Erman* AcP 139 (1934), 273 (276 f.).

980 *Erman* AcP 139 (1934), 273 (275, 297 ff.).

Einwände der Selbstverantwortung im Rechtsverkehr und der Rechtssicherheit sprach *Erman* an.[981] Aus diesen zog er aber richtigerweise lediglich eine Beschränkung, nicht aber einen Ausschluss der Anwendung der vorvertraglichen Haftung für solche Fälle.[982]

35 Jahre später statuierte der Bundesgerichtshof 1969 in einem Satz, dass ein Anspruch aus vorvertraglicher Haftung gegeben sei, wenn eine Verhandlungsseite „in ihrem Vertrauen auf faires Verhandeln enttäuscht worden“ [983] wäre. Nähere Ausführungen entfielen allerdings, da es an einer Zurechnung des Fehlverhaltens an die Beklagte mangelte.[984] Hinzu tritt, dass dem zu entscheidenden Fall keine Überrumpelung zugrunde lag.

1973 entschied das LG Landau, dass abhängig von den konkreten Umständen des Einzelfalls (damals Haustürverkauf gegenüber unsicherer Hausfrau) aus den Rücksichtnahmepflichten folgen kann, dass dem Gegenüber eine Bedenkzeit einzuräumen ist.[985] Der Schaden bei Verletzung dieser Rücksichtnahmepflicht liege in der Verbindlichkeit, die bei redlichem Vorgehen nicht entstanden wäre.[986] Das LG Landau bezog in seine Bewertung als Vertragsverletzung sowohl die wirtschaftliche Bedeutung des Geschäfts als auch den Umstand, dass die Käuferin überrascht und in eine „klar erkennbare, gewollte Defensivsituation gebracht“ worden war, ein, weshalb sie nicht ausreichende eigene Überlegungen anstellen konnte.[987]

Im Jahr 1982 befürwortete sodann *Gottwald* im Anschluss an das LG Landau einen Überrumpelungsschutz durch die culpa in contrahendo, wonach im Fall des Aufdrängens von wirtschaftlich erheblichen Geschäften ohne eine „Überlegungs- und Abwägungsfrist“ der Vertrag gegebenenfalls rückabzuwickeln sei.[988] 1995 betonte das AG Nürtingen, dass aus den vorvertraglichen Rücksichtnahmepflichten folge, dem Gegenüber „Raum und Zeit für eigenständige

---

981 *Erman* AcP 139 (1934), 273 (275): „zwei beachtliche Einwendungen […]: Eine so weitgehende Berücksichtigung schon des Verhandlungsinhaltes im Gegensatz zum förmlichen Vertragsinhalt gefährde die Rechtssicherheit und eng hiermit zusammenhängend: Jeder habe zunächst einmal selbst für sich zu sorgen, statt sich auf korrektes Verhalten seines Gegners zu verlassen.“

982 *Erman* AcP 139 (1934), 273 (275).

983 BGH 19.3.1969, MDR 1969, 752 (753).

984 BGH 19.3.1969, MDR 1969, 752 (753).

985 LG Landau 9.10.1973, MDR 1974, 41 (41 f.).

986 LG Landau 9.10.1973, MDR 1974, 41 (42).

987 LG Landau 9.10.1973, MDR 1974, 41 (41).

988 *Gottwald* JuS 1982, 877 (882).

Willensbildung zu gestatten."[989] Ähnlich entschied das OLG Bamberg im Jahr 1996.[990]

B. Dogmatische Erarbeitung des Gebots fairen Verhandelns

Das Gebot fairen Verhandelns als Überrumpelungsschutz ist grundlegend auf *Stephan Lorenz* zurückzuführen.[991] Dieser entwickelte in seiner Habilitationsschrift 1997 über die culpa in contrahendo einen Schutz vor einem unerwünschten Vertrag, welcher die Folge von Überrumpelung war.[992] Erstaunlich ist, dass die Entwicklung des Gebots fairen Verhandelns bis hierhin im allgemeinen Zivilrecht stattfand. Anschließend verschob sich die Diskussion wohl aufgrund der Existenz von Verbraucherwiderrufsrechten in das Arbeitsrecht.

Namentlich erwähnt wurde das Gebot fairen Verhandelns soweit ersichtlich zuerst von *Däubler*,[993] der damit an den Vorschlag von *Lorenz* anknüpfte, und anschließend von *Henssler*[994] als Schutzmechanismus beim Abschluss von arbeitsrechtlichen Änderungs- oder Aufhebungsverträgen. *Hönn* schlug daraufhin zum Schutz des Arbeitnehmers vor, anstatt ein aus seiner Sicht kaum zu begründendes Widerrufsrecht bei arbeitsrechtlichen Änderungs- und Aufhebungsverträgen zu vertreten, entsprechende vertragliche Nebenpflichten zu entwickeln.[995]

Ab 2003 griff sodann auch das Bundesarbeitsgericht das Gebot fairen Verhandelns als Mittel des Überrumpelungsschutzes namentlich auf.[996] Dabei wurde es jeweils als Möglichkeit des Überrumpelungsschutzes, beispielsweise wegen Verhandlungen an ungewöhnlichen Orten oder Zeiten neben Informationspflichten angeführt. Mangels einschlägiger Fallgestaltungen unterblieb allerdings eine weitere Ausformung durch das Bundesarbeitsgericht. Es erfolgte jeweils lediglich eine Ablehnung in einem kurzen Satz ohne nähere Erläuterung.[997] Seit 2005

989 AG Nürtingen 29.6.1995, NJW-RR 1996, 40 (40).
990 OLG Bamberg 24.9.1996, NJW-RR 1997, 694 (694).
991 Ebenso *Holler* NJW 2019, 2206 (2206).
992 *Lorenz* S. 445 ff.; *ders.* JZ 1997, 277 (281 ff.).
993 KDZ/*Däubler* (4. Aufl. 1999) Einleitung Rn. 314; *ders.* NZA 2001, 1329 (1334).
994 *Henssler* RdA 2002, 129 (135).
995 *Hönn* ZfA 2003, 325 (347).
996 BAG 27.11.2003 – 2 AZR 135/03, NZA 2004, 597 (603); BAG 27.11.2003 – 2 AZR 177/03, AP BGB § 312 Nr. 2 unter II. 2. b) cc) (5); BAG 22.4.2004, NJOZ 2004, 4096 (4100); BAG 3.6.2004 – 2 AZR 427/03, BeckRS 2004, 30342461; BAG 15.3.2005, NJW 2005, 3164 (3167).
997 Ebenso *Heinkel* ZTR 2020, 261 (264 f.); ähnlich *Kamanabrou* RdA 2020, 201 (202 f.).

wurde das Gebot fairen Verhandelns soweit ersichtlich bis zum Jahre 2019 vom Bundesarbeitsgericht nicht mehr erwähnt. Das Bundesarbeitsgericht betonte auch bei Klageverzichtsvereinbarungen die gehobene Bedeutung der Begleitumstände des Vertragsschlusses.[998] Die knappen Erwähnungen des Gebots fairen Verhandelns in den Entscheidungen des Bundesarbeitsgerichts führten zu einer zunehmenden Rezeption und Diskussion des Gebots fairen Verhandelns in der Literatur.[999] Auch die Instanzgerichte begannen, die Verletzung des Gebots fairen Verhandelns zu prüfen.[1000] Den Vorstößen in der Literatur und der Rechtsprechung war gemein auf die personelle Aufstellung der Gegenseite, eine ungewöhnliche Verhandlungszeit und einen ungewöhnlichen Ort, Zeitdruck und auf fehlende Beratungsmöglichkeiten abzustellen.

Die monografische Aufarbeitung des Gebots fairen Verhandelns erfolgte lediglich punktuell und auf den arbeitsrechtlichen Aufhebungsvertrag begrenzt. *Franz* (2006) präzisierte den Anwendungsbereich auf solche Fälle, in denen der Arbeitnehmer taktisch hereingelegt werden sollte.[1001] *Giesing* (2008) stellte primär auf den Überrumpelungseffekt und die zusätzliche Ausübung von Druck durch den Arbeitgeber ab.[1002] *Becker* (2011) begrenzte seine Ausführungen ebenfalls auf den arbeitsrechtlichen Aufhebungsvertrag und ordnete das Gebot fairen Verhandelns der Bürgschaftsrechtsprechung des Bundesverfassungsgerichts[1003] unter. Er nahm die Verletzung des Gebots fairen Verhandelns dabei recht großzügig an.[1004]

---

998 BAG 28.7.2004, NJW 2004, 3445 (3446).

999 Siehe beispielsweise *Krause* EzA § 312 BGB 2002 Nr. 1, S. 21 (30 ff.); *Lembke* NJW 2004, 2941 (2944); *Mengel* BB 2004, 1859 (1860); *Reinecke* NZA 2004 Sonderbeil. 18/2004, 27 (37); *ders.* FS Küttner, 327 (333 ff.); *Thüsing* RdA 2005, 257 (268 f.); *Wagner* NJW 2005, 2956 (2958 f.).

1000 LAG Mecklenburg-Vorpommern 4.12.2018 – 2 Sa 143/18, BeckRS 2018, 46462 Rn. 58 f.; LAG Rheinland-Pfalz 12.7.2006 – 9 Sa 324/06, BeckRS 2006, 44943 zu 3.; LAG Rheinland-Pfalz 24.1.2017 – 8 Sa 353/16, BeckRS 2017, 106871 Rn. 72; ausführlich ArbG Berlin 30.1.2015 – 28 Ca 12971/14, BeckRS 2015, 66780 zu II. 2. der Gründe; ArbG Paderborn 16.2.2011 – 2 Ca 1818/10, BeckRS 2011, 140781 Rn. 35 ff. (abgeändert durch LAG Hamm 9.6.2011 – 15 Sa 410/11, BeckRS 2011, 79293 zu II. 2. b) der Gründe: Keine Nebenpflichtverletzung); ähnlich bereits LAG Hamm 23.5.2001, MDR 2001, 1361 (1362).

1001 *Franz* S. 396 f.

1002 *Giesing* S. 224 ff.

1003 S. o., Kap. 4 § 6 IV. 1.; *Becker* S. 168 ff.

1004 *Becker* S. 168 ff., 183; s. auch in den Belegen zu Kap. 5 § 11 D.

Nunmehr wurde das Gebot fairen Verhandelns am 7.2.2019 erstmals durch das Bundesarbeitsgericht anhand eines arbeitsrechtlichen Aufhebungsvertrags ausführlich geprüft.[1005] Im Anschluss daran wurde das Gebot fairen Verhandelns unter Beachtung der neuen Vorgaben des Bundesarbeitsgerichts bereits erneut von verschiedenen Landesarbeitsgerichten behandelt.[1006] Auch wurde eine Aufarbeitung in der breiten arbeitsrechtlichen Literatur angestoßen.[1007] Die Vielzahl der Entscheidungen, der Urteilsbesprechungen und die Aufarbeitung in der Kommentarliteratur, welche bisher primär im Feld des Arbeitsrechts erfolgten, betonen die hohe praktische Relevanz des Gebots fairen Verhandelns.

§ 9 Die „undue influence“ als Vorbild für einen materielleren Willensschutz im Rahmen der Vorschläge zur Privatrechtsvereinheitlichung

Um zusätzliche Erkenntnisse zur Handhabung des universellen Problems der Sicherung der materiellen Entscheidungsfreiheit unter Beeinflussung durch den Verhandlungspartner zu gewinnen, wird im Folgenden die Rechtslage im englischen Rechtskreis und in ausgewählten Vorschlägen zur Privatrechtsvereinheitlichung bezüglich eines Überrumpelungsschutzes untersucht. Ziel ist es zu ermitteln, ob es dort Schutz vor Willensbeeinträchtigungen durch den Vertragspartner gibt, welche weder einen inhaltlich objektiv zu missbilligenden Vertrag zur Folge haben, noch aus einer auch im deutschen Recht traditionell anerkannten Kategorie der unzulässigen Einflussnahme (wie der widerrechtlichen Täuschung oder Drohung) folgen.

1005 BAG 7.2.2019, NZA 2019, 688 Rn. 30 ff.

1006 LAG Berlin-Brandenburg 19.12.2019 – 10 Sa 1319/19, BeckRS 2019, 38121 Rn. 33 ff.; LAG Hamm 22.11.2020 – 1 Sa 1878/19, BeckRS 2020, 32421 Rn. 37; LAG Hamm 17.5.2021 – 18 Sa 1124/20, BeckRS 2021, 15285 Rn. 63 ff.; LAG Hessen 11.06.2021 – 10 Sa 1221/20, BeckRS 2021, 21456 Rn. 33 ff.; LAG Mecklenburg-Vorpommern 19.5.2020, NZA-RR 2020, 520 Rn. 22 ff.; LAG Rheinland-Pfalz 7.3.2019 – 5 Sa 301/18, BeckRS 2019, 6831 Rn. 34 ff.; LAG Rheinland-Pfalz 27.3.2019 – 7 Sa 421/18, BeckRS 2019, 16038 Rn. 52 ff.; LAG Rheinland-Pfalz 11.4.2019 – 5 Sa 339/18, BeckRS 2019, 16044 Rn. 48 ff.; LAG Rheinland-Pfalz 15.4.2019 – 3 Sa 401/18, BeckRS 2019, 18172 Rn. 37; LAG Rheinland-Pfalz 14.11.2019 – 2 Sa 164/19, BeckRS 2019, 38069 Rn. 28 ff.; LAG Rheinland-Pfalz 3.8.2020 – 3 Sa 90/19, BeckRS 2020, 38974 Rn. 95 ff.; ArbG Schwerin 26.6.2019 – 4 Ca 1702/18, BeckRS 2019, 44159 Rn. 32 ff.

1007 Vgl. dazu exemplarisch die Nachweise in Fn. 2 und Fn. 900.

A. „Undue influence“

Lorenz hat in seiner Habilitationsschrift auf die englische Rechtsfigur der „undue influence“ als Überrumpelungsschutz aufmerksam gemacht.[1008] Diese rechtsvergleichende Anknüpfung hat überwiegend Zustimmung erlangt.[1009]

I. *Einführung zur „undue influence“*

Die „undue influence“ entspringt dem „case law“, welches der culpa in contrahendo durch Fallgruppenbildung ähnlich ist.[1010] Insofern ist ein Nachweis der „undue influence“ durch Fälle sowie die fehlende Möglichkeit der abschließenden Darstellung unumgänglich.[1011] Aufgrund der Einzelfallentscheidungen

---

1008 *Lorenz* S. 453 ff.; *ders.* JZ 1997, 277 (281 f.); *ders.* FS Canaris, 777 (779 ff.); vgl. im Anschluss *Giesing* S. 219 ff.; die Parallele ebenfalls hervorheben *Thüsing* RdA 2005, 257 (268).

1009 *Becker* S. 383; DDW/*Däubler* Einleitung Rn. 154; DDZ/*ders.* Aufhebungsvertrag Rn. 105; HK-ArbR/*ders.* §§ 611, 611a BGB Rn. 629; *Giesing* S. 219 ff.; *Heinkel* ZTR 2020, 261 (266); *Krause* EzA § 312 BGB 2002 Nr. 1, S. 21 (34); *Reinecke* Sonderbeil. Heft 18/2004, 27 (37); *ders.* FS Küttner, 327 (334); *ders.* FS Düwell, 410 (410 f.); *Schmidt* AP BGB § 620 Aufhebungsvertrag Nr. 50, S. 1180 (1183); *Thüsing* RdA 2005, 258 (268 f.); *Wagner* NJW 2005, 2956 (2959); *Winter* S. 112; **krit.** *Bachmann/Ponßen* NJW 2019, 1966 (1970); *Kamanabrou* RdA 2020, 202 (204) „detaillierte rechtsvergleichende Arbeit erforderlich“ und konkret für die Umsetzung über § 241 Abs. 2 BGB im deutschen Recht „wenig hilfreich“; **aA** *Barnert* S. 242 f. bezogen auf die „presumed undue influence“; *Holler* NJW 2019, 2206 (2209) kein „Ansatzpunkt innerhalb der objektiven Wertordnung des BGB“; *Schindler* S. 186 ff. stellt maßgeblich auf die geringe Bedeutung der „actual indue influence“ und die fehlende Möglichkeit der Übertragung der „presumed influence“ ab; BeckOGK/*Sutschet* (1.9.2021) § 620 BGB Rn. 493 ff.

1010 *Horn* JuS 1995, 377 (387); *Lorenz* S. 453.

1011 Zur Offenheit House of Lords *Royal Bank of Scotland v. Etridge (AP)* [2001] UKHL 44 Rn. 7 „If the intention was produced by an unacceptable means, the law will not permit the transaction to stand. The means used is regarded as an exercise of improper or 'undue' influence, and hence unacceptable, whenever the consent thus procured ought not fairly to be treated as the expression of a person's free will. It is impossible to be more precise or definitive. The circumstances in which one person acquires influence over another, and the manner in which influence may be exercised, vary too widely to permit of any more specific criterion.“. Unberechtigt deshalb *Kamanabrou* RdA 2020, 201 (204), die der Auffassung ist, dass der „undue influence“ durch Verweis auf einzelne Fälle nicht gerecht werden würde, obwohl sie selbst auf diesen Auszug der Entscheidung verweist.

hat bisher noch kein Gericht versucht, die „undue influence“ abschließend zu definieren.[1012] Genauso wie das deutsche Vertragsrecht[1013] kennt das englische Vertragsrecht sowohl den Grundsatz der Vertragstreue als auch Ausnahmen für den Fall, dass der Vertragsschluss nicht Ausdruck einer freien Willensbildung war.[1014]

1. Allgemeines zur „undue influence“

Die Rechtsfigur der „undue influence“ aus dem englischen Recht[1015] zielt auf die Auflösung des Vertrags ab, wenn die Willensbildung der anderen Seite auf unzulässige Weise beeinflusst wurde.[1016] Die Intensität der Beeinflussung muss von der Art sein, dass nicht mehr von einer Ausübung des freien Willens ausgegangen

---

1012 House of Lords *National Westminster Bank plc. v. Morgan* [1985] UKHL 2 = [1985] AC 686 („This is the world of doctrine, not of neat and tidy rules. […] Definition is a poor instrument when used to determine whether a transaction is or is not unconscionable: this is a question which depends upton the particular facts of the case.“); House of Lords *Royal Bank of Scotland v. Etridge (AP)* [2001] UKHL 44 = [2001] 4 All ER 449 Rn. 7 („It is impossible to be more precise or definitive. The circumstances in which one person acquires influence over another, and the manner in which influence may be exercised, vary too widely to permit of any more specific criterion.“), Rn. 92 (undue influence „is something which can be more easily recognised when found than exhaustively analysed in abstract."); s. bereits *Allcard v. Skinner* (1887) 36 CH D 145; *Burrows/McKendrick/Edelman* S. 447 „notoriously difficult to classify“; *Schindler* S. 49 f.; *Smith* S. 288.

1013 S. dazu oben, Kap. 2 § 2 D., E.

1014 *Samuel (Professionally Known As Seal) v. Wadlow* [2007] EWCA Civ 155 Rn. 47; *Virgo* S. 203, 255.

1015 Soweit nicht anders gekennzeichnet handelt es sich um Belege zum englischen Recht. Die „undue influence“ existiert als Rechtsfigur u. a. auch in den USA, Kanada, Irland, Australien, Neuseeland, Singapur und Hongkong. In diesen Ländern stammt die „undue influence“ historisch aus dem englischen Recht, sodass sich auch heute nur geringe Abweichungen ergeben. Speziell zu der Ähnlichkeit zur USA: *Lorenz* S. 454 Fn. 1399; *ders.* JZ 1997, 277 (281); *Schmidt-Westphal* S. 151 Fn. 619; ähnlich *Giesing* S. 219 „vergleichbar“; **krit.** *Kamanabrou* RdA 2020, 201 (204) Fn. 24.

1016 Instruktiv House of Lords *Royal Bank of Scotland v. Etridge (AP)* [2001] UKHL 44 = [2001] 4 All ER 449 Rn. 6 – 11; *Peel* Rn. 10-015 ff.; *Virgo* S. 258. Aus der deutschen Literatur zur „undue influence“: *Becker* S. 381 ff.; DDZ/*Däubler* Aufhebungsvertrag Rn. 105; *Eidenmüller* Störungen S. 103 (111); *Giesing* S. 219 ff.; *Lorenz* S. 453 ff.; *ders.* FS Canaris, 777 (779 ff.); *ders.* JZ 1997, 277 (281 f.); *Schmidt-Westphal* S. 147 ff.

werden kann.[1017] Dabei kommt es nicht darauf an, ob die beeinflusste Person in Bezug auf das Rechtsgeschäft wusste, was sie tat, sondern wie sie dazu gebracht wurde.[1018] Der „undue influence“ ist damit eine subtile Beeinflussung zugrunde gelegt, durch die Druck auf die Entscheidungsfreiheit des anderen Teils ausgeübt wird.[1019] Übersetzt kann deshalb von einer unzulässigen Einflussnahme gesprochen werden.

Das Vorliegen der „undue influence“ gewährt ein Gestaltungsrecht zur Lösung vom Vertrag („recission“).[1020] Dieses bezieht sich auf den Vertrag in seiner Gesamtheit, weshalb eine teilweise Aufrechterhaltung oder Anpassung grundsätzlich ausscheidet.[1021] Wenn eine Rückabwicklung nicht möglich ist, kann Schadensersatz in Geld in Betracht gezogen werden.[1022] Das Auflösungsrecht kann bei Bestätigung des Vertrags („affirmation“) nach Ende der Einflussnahme allerdings nicht mehr durchgesetzt werden.[1023] Von einer Bestätigung wird ausgegangen, wenn die unzulässige Einflussnahme nicht innerhalb einer angemessen Zeit nach ihrem Ende geltend gemacht wird.[1024]

2. *Entwicklung der „undue influence“*

Die „undue influence“ wurde entwickelt, um dem vormals sehr restriktiven Schutz der Willensbildung im englischen Recht zu begegnen.[1025] Früher wurde diese nur vor der damals noch deutlich enger verstandenen „duress“ (rechtswidrige Drohung) geschützt, welche nur Gewalt oder die Drohung mit Gewalt

---

1017 House of Lords *Royal Bank of Scotland v. Etridge (AP)* [2001] UKHL 44 = [2001] 4 All ER 449 Rn. 7; *Huguenin v. Baseley* (1807) 14 Ves Jun 273 (299); *Hurley v. The Darjan Estate Company Plc* [2012] Ewhc 189 (Ch) Rn. 29; *Schindler* S. 50; *Virgo* S. 258 m. w. N.

1018 House of Lords *Royal Bank of Scotland v. Etridge (AP)* [2001] UKHL 44 = [2001] 4 All ER 449 Rn. 7; *Huguenin v. Baseley* (1807) 14 Ves Jun 273 (300); *Hurley v. The Darjan Estate Company Plc* [2012] Ewhc 189 (Ch) Rn. 28; *Virgo* S. 256, 258.

1019 *Goff/Jones* Rn. 11-01.

1020 House of Lords *Barclays Bank Plc. v. O'Brien* [1993] UKHL 6 = [1994] 1 AC 180; *Perwaz v. Perwaz* [2018] UKUT 325 (TCC) Rn. 54 „renders a transaction voidable“; *Macdonald/Atkins* Rn. 14.32; *Peel* Rn. 10-033; *Virgo* S. 257.

1021 *Peel* Rn. 10-038; *Virgo* S. 271 ff. m. w. N.

1022 *Virgo* S. 274 f.

1023 *Macdonald/Atkins* Rn. 14.32; *Peel* Rn. 10-035.

1024 *Peel* Rn. 10-036.

1025 House of Lords *Royal Bank of Scotland v. Etridge (AP)* [2001] UKHL 44 = [2001] 4 All ER 449 Rn. 6; *Goff/Jones* Rn. 11-01; ausführlich zur Entwicklung *Schindler* S. 47 ff., 50.

erfasste.[1026] Die „undue influence“ setzte historisch deshalb dort an, wo der Beeinflusste nach damals geltendem Recht keinen Rechtsbehelf zur Verfügung hatte.[1027] Heute ist das Verständnis von der „duress“ weiter.[1028] Infolgedessen wurde der Anwendungsbereich der „undue influence“ zurückgedrängt. Die „undue influence“ wird im Zuge der Ausweitung der „duress“ darum dogmatisch eher der Ausnutzung eines besonderen Verhältnisses zwischen den Parteien als der Beeinflussung durch explizite Druckausübung zugeordnet, wobei jedoch weitläufige Überschneidungen zur „duress“ vorliegen.[1029]

1026 House of Lords *Royal Bank of Scotland v. Etridge (AP)* [2001] UKHL 44 = [2001] 4 All ER 449 Rn. 6; *Macdonald/Atkins* Rn. 14.3, 14.32; *McKendrick* Cases S. 608; *ders.* S. 323; *Peel* Rn. 10-002; s. auch *Schindler* S. 50.

1027 House of Lords *Royal Bank of Scotland v. Etridge (AP)* [2001] UKHL 44 = [2001] 4 All ER 449 Rn. 7; *Goff/Jones* Rn. 11-01; *Macdonald/Atkins* Rn. 14.32; *Peel* Rn. 10-019; *Schindler* S. 131; *Smith* S. 268.

1028 House of Lords *Royal Bank of Scotland v. Etridge (AP)* [2001] UKHL 44 = [2001] 4 All ER 449 Rn. 8; *Peel* Rn. 10-002; ausführlich zur „duress“ heutzutage *Macdonald/Atkins* Rn. 14.3 ff.; *McKendrick* Cases S. 608 ff.; *ders.* S. 323; *Peel* Rn. 10-001 ff.; *Smith* S. 287 ff.; *Virgo* S. 206 ff., wonach in Ausnahmefällen auch eine nicht widerrechtliche Drohung für eine „duress“ genügen kann (S. 207 f.).

1029 So *Virgo* S. 205, 255 ff., 260 mit dem Argument, dass für die „undue influence“ Druckausübung nicht zwingend sei. Zudem statuiert er auf S. 229 f., dass die Abgrenzung zur „duress“ darin liege, dass die „undue influence“ im Gegensatz zur „compulsion“ mit der Fallgruppe der „duress“ und dem Unterfall der „undue pressure“ nicht auf das Abzielen eines Vorteils gerichtet sein muss. Gleichwohl seien sich die „undue influence“ und die „undue pressure“ genauso wie die übergeordneten Kategorien der „compulsion“ und der „exploitation“ wegen ihrer gleichen Folgen für die Willensbildung sehr ähnlich (S. 230, 250). Die „undue pressure“ kann Fälle erfassen, wie die grundsätzlich rechtmäßige Drohung zu klagen oder Informationen zu veröffentlichen (S. 230 ff.; ebenso *Macdonald/Atkins* Rn. 14.9 ff.; *McKendrick* S. 325 f.). Die „undue influence“ als Unterfall der „exploitation“ hingegen behandele primär das Ausnutzen einer besseren Verhandlungslage. In diese Richtung ist auch House of Lords *Royal Bank of Scotland v. Etridge (AP)* [2001] UKHL 44 = [2001] 4 All ER 449 Rn. 8 ff. zu verstehen. Dort heißt es, dass die „undue influence“ auch ohne „specific overt acts of persuasion“ (Rn. 9 und 10) möglich ist, weil die Beeinträchtigung der Willensbildung schlicht aus der Tatsache folgen könne, dass die andere in einem besonderen Verhältnis stehende Seite ein Geschäft vorschlägt. Gleichzeitig erfasse die „undue influence“ aber auch „coercion, domination, victimisation and all the insidious techniques of persuasion“ (Rn. 93) oder „excessive pressure, emotional blackmail or bullying in order to persuade“ (Rn. 160), ebenso *Peel* Rn. 10-019. Weiterhin wird vertreten, dass die „illegitimate pressure“ als Unterfall der „duress“ stets auch eine „undue influence“ begründet, *Macdonald/Atkins* Rn. 14.32. Gleichwohl

Nach diesem modernen Verständnis ist im Rahmen der „undue influence“ im Gegensatz zu Fällen der „duress“ ein irgendwie geartetes Vertrauens-, Einfluss- oder Abhängigkeitsverhältnis zwischen den Parteien üblicherweise gegeben.[1030] Nichtsdestotrotz behält die „undue influence“ der „duress“ gegenüber ihren Anwendungsbereich, da sie auch Fälle erfasst, in denen keine Drohung geäußert wird,[1031] beziehungsweise es an einem bestimmten illegitimen Akt fehlt.[1032] Wie die culpa in contrahendo im deutschen Recht hat die Figur der „undue influence“ eine lückenfüllende Funktion im Schutzsystem vor Willensmängeln.[1033] Die „undue influence“ erfasst dadurch eine sehr große Bandbreite an Sachverhalten.[1034] Der „leading case“ zur „undue influence“ aus jüngerer Vergangenheit ist die Entscheidung des House of Lords zu *Royal Bank of Scotland vs Etridge* von 2001,[1035] welche auch heute noch allen Entscheidungen als Ausgangspunkt zugrunde gelegt wird.[1036]

---

wird auch hier eine Beschränkung der „undue influence“ auf Fälle in besonderen Beziehungen befürwortet. Zu den Abgrenzungsschwierigkeiten s. zudem Fn. 1043 und Fn. 1103. Wegen dieser Unklarheiten wird stellenweise für eine Zusammenfassung der sich überschneidenden Willensschutzmöglichkeiten unter eine einheitliche Doktrin appeliert. S. beispielsweise *Pawlowski* Denning Law Journal 30 (2018), 117 (127 ff., 142 ff.) für eine Zusammenfassung der „undue influence“ mit der Fallgruppe der „unconsionable bargain“. Diese setzt das bewusste Ausnutzen der schwächeren Position der anderen Seite voraus und verlangt als Resultat ein krasses Missverhältnis von Leistung und Gegenleistung (131).

1030 House of Lords *Royal Bank of Scotland v. Etridge (AP)* [2001] UKHL 44 = [2001] 4 All ER 449 Rn. 8 f. (widersprüchlichRn. 103 f.); s. weiter *Hewett v. First Plus Financial Group Plc* [2010] EWCA Civ 312 Rn. 27 ff.; *Macdonald/Atkins* Rn. 14.32; *Virgo* S. 257 f., 260; vgl. auch *Royal Bank of Scotland Plc v. Chandra & Anor (Rev 1)* [2011] EWCA Civ 192 Rn. 32.

1031 *Peel* Rn. 10-019; *Virgo* S. 260.

1032 Vgl. zu dem auch heute noch zurückhaltenden Umgang mit der „duress“ und der Auswirkung insb. auf die „actual undue influence“ *Smith* S. 285; s. auch *McKendrick* S. 331.

1033 *Smith* S. 288 zur „undue influence“.

1034 Vgl. eine Übersicht verschiedener Fälle bei *Burrows/McKendrick/Edelman* S. 448 ff.

1035 House of Lords *Royal Bank of Scotland v. Etridge (AP)* [2001] UKHL 44 = [2001] 4 All ER 449.

1036 Vgl. exemplarisch *Smith v. Cooper & Anor* [2010] EWCA Civ 722 Rn. 57; *Beech & Anor v. Birmingham City Council* [2014] EWCA Civ 830 Rn. 56 („principles of the law of undue influence […] are to be found in *Etridge*“); *Libyan Imvestment Authority v. Goldman Sachs International* [2016] EWHC 2530 (Ch) Rn. 135 „leading case on

II. Die Unterscheidung zwischen „actual“ und „presumed undue influence“

Aus didaktischen Gründen wird oftmals zwischen der nachgewiesenen („Class 1“: „actual“) und der vermuteten („Class 2“: „presumed“) „undue influence“ unterschieden.[1037] Dabei handelt es sich technisch betrachtet aber lediglich um verschiedene Möglichkeiten die „undue influence“ vorzubringen und nicht um verschiedene Arten der „undue influence“ selbst, weshalb mit einer Abschaffung der Aufteilung der „undue influence“ in verschiedene Kategorien sympathisiert wird.[1038]

1. Die „actual undue influence“

Liegt ein Fall von „actual undue influence“ („Class 1“) vor, muss der Beeinflusste vollständig beweisen, dass eine unzulässige Einflussnahme tatsächlich vorlag.[1039] Der ausgeübte Druck muss dafür von einer solchen Intensität sein, dass eine eigenständige Willensbildung ausscheidet.[1040] Entscheidend ist dabei nicht, ob eine objektivierte Durchschnittsperson dem Druck nachgegeben hätte, sondern nur, ob der Druck im konkreten Einzelfall von einer solchen

---

undue influence“; *Perwaz v. Perwaz* [2018] UKUT 325 (TCC) Rn. 54 „starting point for the law on presumed undue influence“; *McKendrick* Cases S. 640.

1037 House of Lords *Barclays Bank Plc. v. O’Brien* [1993] UKHL 6 = [1994] 1 AC 180; House of Lords *Royal Bank of Scotland v. Etridge (AP)* [2001] UKHL 44 = [2001] 4 All ER 449 Rn. 17, 151; *Credit Lyonnais Bank Nederland v. Burch* [1997] 1 All ER 144; *Beech & Anor v. Birmingham City Council* [2014] EWCA Civ 830 Rn. 57; *Goff/Jones* Rn. 11-32 ff.; *Macdonald/Atkins* Rn. 14.34; *McKendrick* Cases S. 636; *ders.* S. 330; *Pawlowski* Denning Law Journal 30 (2018), 117 (122); *Peel* Rn. 10-018, Rn. 10-015 ff.; *Smith* S. 283 ff.; *Virgo* S. 257 f., 260 ff.

1038 Ausführlich *Lewinson* Restitution Law Review 19 (2011), 1 (1, 6, 7, 12 f.) „[...] there is only one kind of undue influence, which may be proved with or without an evidential presumption.“ (7); *Virgo* S. 257 f.; im Ansatz House of Lords *Royal Bank of Scotland v. Etridge (AP)* [2001] UKHL 44 = [2001] 4 All ER 449 Rn. 13 ff., 92 ff.; *McKendrick* S. 333.

1039 House of Lords *Barclays Bank Plc. v. O’Brien* [1993] UKHL 6 = [1994] 1 AC 180; House of Lords *Royal Bank of Scotland v. Etridge (AP)* [2001] UKHL 44 = [2001] 4 All ER 449 Rn. 103; *Goff/Jones* Rn. 11-33; *Macdonald/Atkins* Rn. 14.35, 14.39; *Pawlowski* Denning Law Journal 30 (2018), 117 (122); *Peel* Rn. 10-018; *Smith* S. 284; *Virgo* S. 260 f.

1040 House of Lords *Royal Bank of Scotland v. Etridge (AP)* [2001] UKHL 44 = [2001] 4 All ER 449 Rn. 103; *Peel* Rn. 10-016.

individuellen Wirkkraft war, dass die freie Willensbildung gestört war.[1041] Eine alleinige Ursächlichkeit der „undue influence“ für die Entscheidung ist nicht gefordert, eine Mitursächlichkeit genügt.[1042] Da eine Seite im Fall der „actual undue influence“ konkret und ausdrücklich auf dominierende Art und Weise Druck ausübt, sind Überschneidungen mit der „duress“ regelmäßig gegeben.[1043] Vereinzelt wird infolgedessen dafür plädiert, die „actual undue influence“ als Unterfall der „duress“ zu betrachten.[1044]

Ist die unzulässige Einflussnahme nach diesem Maßstab zu bejahen, muss das Rechtsgeschäft weder nachteilig sein,[1045] noch muss ein Erklärungsbedarf vorliegen.[1046] Es soll durch die „actual undue influence“ schlicht auf die „procedural unfairness“ reagiert werden,[1047] was im deutschen Recht dem Schutz der Entscheidungsfreiheit selbst entspricht.[1048] Zur überzeugenden Begründung heißt es: „there could still be cases where the terms of the particular transaction are perfectly reasonable but the defendant will still have unacceptably taken advantage of the claimant’s weaker position“.[1049] Es kommt demnach nicht auf einen unfairen Vertragsinhalt an, sondern auf ein Erreichen eines Vertrags durch unfaires Verhalten.[1050]

Auch ein Schädigungsvorsatz aufseiten des Beeinflussenden ist nicht notwendig.[1051] Ein besonderes Vertrauensverhältnis ist bei der „actual undue influence“

1041 *Goff/Jones* Rn. 11-37.

1042 *Virgo* S. 261 ff.; weiter sogar *Hewett v. First Plus Financial Group Plc* [2010] EWCA Civ 312 Rn. 34: Kausalität nicht erforderlich; diff. *Peel* Rn. 10-017.

1043 House of Lords *Royal Bank of Scotland v. Etridge (AP)* [2001] UKHL 44 = [2001] 4 All ER 449 Rn. 103; *McKendrick* S. 331; *Peel* Rn. 10-019; *Smith* S. 284; vgl. auch *McKendrick* Cases S. 636 f.

1044 *Smith* S. 285.

1045 House of Lords *CIBC Mortgages Plc. v. Pitt* [1993] UKHL 7 = [1994] 1 AC 200; House of Lords *Royal Bank of Scotland v. Etridge (AP)* [2001] UKHL 44 = [2001] 4 All ER 449 Rn. 156; *Beech & Anor v. Birmingham City Council* [2014] EWCA Civ 830 Rn. 60; *Goff/Jones* Rn. 11-37; *Macdonald/Atkins* Rn. 14.39; *McKendrick* S. 330; *Peel* Rn. 10-019; *Smith* S. 284; *Virgo* S. 262 f.

1046 House of Lords *Royal Bank of Scotland v. Etridge (AP)* [2001] UKHL 44 = [2001] 4 All ER 449 Rn. 17; *Macdonald/Atkins* Rn. 14.39; *Peel* Rn. 10-019; vgl. auch House of Lords *Royal Bank of Scotland v. Etridge (AP)* [2001] UKHL 44 = [2001] 4 All ER 449 Rn. 12.

1047 *Virgo* S. 262.

1048 *Giesing* S. 220.

1049 *Virgo* S. 262.

1050 *Virgo* S. 263.

1051 *Goff/Jones* Rn. 11-37; *Virgo* S. 261.

wegen der historischen lückenfüllenden Funktion gegenüber der „duress“ nicht erforderlich.[1052] Es liegt jedoch in den neuerdings entschiedenen Fällen aufgrund der erweiterten Anwendung der „duress“ regelmäßig vor.[1053] Aufgrund dessen wird von den Gerichten zumeist auf die „presumed undue influence“ statt auf die „actual undue influence“ zurückgegriffen.[1054]

2. *Die „presumed undue influence“*

Die „presumed undue influence“ („Class 2“) setzt zunächst ein besonderes Verhältnis zwischen den Vertragsparteien voraus.[1055] Weiter wird danach differenziert, was für eine Art von besonderem Verhältnis zwischen den Parteien bestand. Es gibt Vertrauensverhältnisse, in denen noch nicht einmal aufgezeigt werden muss, dass die Option der Einflussnahme bestand („Class 2A“) und solche, bei denen nachgewiesen werden muss, dass im konkreten Fall die Möglichkeit der unzulässigen Einflussnahme gegeben war („Class 2B“).[1056]

Unter „Class 2A“ sind besonders enge Vertrauensverhältnisse wie die eines Arztes zum Patienten, von Eltern zum Kind oder vom Anwalt zum Mandanten

---

1052 Vgl. House of Lords *Royal Bank of Scotland v. Etridge (AP)* [2001] UKHL 44 = [2001] 4 All ER 449 Rn. 103; *Beech & Anor v. Birmingham City Council* [2014] EWCA Civ 830 Rn. 57 ff.; *Libyan Imvestment Authority v. Goldman Sachs International* [2016] EWHC 2530 (Ch) Rn. 136; *Goff/Jones* Rn. 11-37; *Peel* Rn. 10-019; wohl auch *Perwaz v. Perwaz* [2018] UKUT 325 (TCC) Rn. 79 ff.; iE, aber krit. *Macdonald/Atkins* Rn. 14.32; **aA** *Virgo* S. 257, 260 ff.

1053 House of Lords *Royal Bank of Scotland v. Etridge (AP)* [2001] UKHL 44 = [2001] 4 All ER 449 Rn. 103.

1054 *Macdonald/Atkins* Rn. 14.39; *Smith* S. 285.

1055 House of Lords *Barclays Bank Plc. v. O'Brien* [1993] UKHL 6 = [1994] 1 AC 180; House of Lords *Royal Bank of Scotland v. Etridge (AP)* [2001] UKHL 44 = [2001] 4 All ER 449 Rn. 14, 21, 104; *Turkey v. Awadh & Anor* [2005] EWCA Civ 382 Rn. 9; *Beech & Anor v. Birmingham City Council* [2014] EWCA Civ 830 Rn. 63, 70; *Perwaz v. Perwaz* [2018] UKUT 325 (TCC) Rn. 58; *Goff/Jones* Rn. 11-38; *McKendrick* Cases S. 637; *ders.* S. 332; *Pawlowski* Denning Law Journal 30 (2018), 117 (122); *Peel* Rn. 10-021; *Smith* S. 285 f.; *Virgo* S. 263 f.

1056 House of Lords *Barclays Bank Plc. v. O'Brien* [1993] UKHL 6 = [1994] 1 AC 180; *Credit Lyonnais Bank Nederland v. Burch* [1997] 1 All ER 144; *De Wind v. Wedge* [2008] EWHC 514 (Ch) Rn. 10; *Goff/Jones* Rn. 11-43 ff.; *Lewinson* Restitution Law Review 19 (2011), 1 (7 ff.); *Macdonald/Atkins* Rn. 14.34; *McKendrick* Cases S. 637; *ders.* S. 332; *Pawlowski* Denning Law Journal 30 (2018), 117 (122); *Peel* Rn. 10-023 ff.; *Schindler* S. 132; *Smith* S. 285 f.; *Virgo* S. 264 ff.; im Ansatz auch House of Lords *Royal Bank of Scotland v. Etridge (AP)* [2001] UKHL 44 = [2001] 4 All ER 449 Rn. 18.

zu zählen.[1057] Nicht darunter fallen das Verhältnis von Arbeitnehmer zu Arbeitgeber,[1058] von Ehegatten zueinander[1059] und von Bank zu Kunde[1060]. Es handelt sich bei „Class 2A" zunächst nur um eine unwiderlegliche Vermutung, dass ein Vertrauensverhältnis mit Möglichkeit der Einflussnahme bestand, nicht aber, dass diese Einflussnahme auch unzulässig war.[1061]

Welche Verhältnisse unter „Class 2B" fallen, bei welcher die Möglichkeit der Einflussnahme nicht gesetzlich vermutet wird, hängt jeweils von den konkreten Umständen des Einzelfalls ab.[1062] Die Möglichkeit der besonderen

---

1057 House of Lords *Barclays Bank Plc. v. O'Brien* [1993] UKHL 6 = [1994] 1 AC 180; House of Lords *Royal Bank of Scotland v. Etridge (AP)* [2001] UKHL 44 = [2001] 4 All ER 449 Rn. 18; *De Wind v. Wedge* [2008] EWHC 514 (Ch) Rn. 10; *Macdonald/Atkins* Rn. 14.40; *McKendrick* Cases S. 637; *ders.* S. 332; *Pawlowski* Denning Law Journal 30 (2018), 117 (122); *Peel* Rn. 10-024; *Smith* S. 286; *Virgo* S. 264 f.

1058 *Credit Lyonnais Bank Nederland v. Burch* [1997] 1 All ER 144; *Peel* Rn. 10-024. Es kann allerdings Class 2B in Betracht kommen, vgl. *Credit Lyonnais Bank Nederland v. Burch* [1997] 1 All ER 144; ähnlich *Virgo* S. 268.

1059 House of Lords *Barclays Bank Plc. v. O'Brien* [1993] UKHL 6 = [1994] 1 AC 180; House of Lords *Royal Bank of Scotland v. Etridge (AP)* [2001] UKHL 44 = [2001] 4 All ER 449 Rn. 19, 158; *National Westminster Bank plc. v. Morgan* [1985] UKHL 2 = [1985] AC 686; *Peel* Rn. 10-024; s. auch *Macdonald/Atkins* Rn. 14.40, 14.51 f.; *McKendrick* Cases S. 654; *ders.* S. 332; *Pawlowski* Denning Law Journal 30 (2018), 117 (122); *Peel* Rn. 10-029; *Smith* S. 286 und *Virgo* S. 264 ff., nach denen in Einzelfall aber eine Vermutung nach den Umständen des konkreten Falls (Class 2B) greifen kann, vgl. auch House of Lords *Barclays Bank Plc. v. O'Brien* [1993] UKHL 6 = [1994] 1 AC 180.

1060 House of Lords *National Westminster Bank plc. v. Morgan* [1985] UKHL 2 = [1985] AC 686; House of Lords *Royal Bank of Scotland v. Etridge (AP)* [2001] UKHL 44 = [2001] 4 All ER 449 Rn. 10. Deren Verhältnis kann aber im Einzelfall für Class 2B ausreichen, House of Lords *Royal Bank of Scotland v. Etridge (AP)* [2001] UKHL 44 = [2001] 4 All ER 449 Rn. 10; *Lloyds Bank Ltd. v. Bundy* [1975] 1 QB 326; *Macdonald/Atkins* Rn. 14.43 f.; *Peel* Rn. 10-027; *Smith* S. 286; *Virgo* S. 265 f.

1061 *Lewinson* Restitution Law Review 19 (2011), 1 (8 f.), *Lewinson* spricht sich sodann konzeptionell *de lege ferenda* jedoch gegen eine gesetzliche Vermutung aus und präferiert stets eine Prüfung des Einzelfalls (10); *Peel* Rn. 10-023, 10-025.

1062 House of Lords *Royal Bank of Scotland v. Etridge (AP)* [2001] UKHL 44 = [2001] 4 All ER 449 Rn. 105; *De Wind v. Wedge* [2008] EWHC 514 (Ch) Rn. 10; *Beech & Anor v. Birmingham City Council* [2014] EWCA Civ 830 Rn. 59; *Lewinson* Restitution Law Review 19 (2011), 1 (7); *Macdonald/Atkins* Rn. 14.42 ff.; *McKendrick* Cases S. 637; *ders.* S. 332; *Pawlowski* Denning Law Journal 30 (2018), 117 (122); *Peel* Rn. 10-026 f.; *Smith* S. 286; *Virgo* S. 265 mit zahlreichen Beispielen.

Einflussnahme muss gerade für das infrage stehende Geschäft gegeben gewesen sein.[1063] Die Beweislast dafür liegt bei „Class 2B" bei demjenigen, der die „undue influence" geltend macht.[1064] Es ist umstritten, ob das für die „presumed undue influence" erforderliche Sonderverhältnis auch aus dem durchzuführenden Vertrag selbst entstehen kann.[1065]

Voraussetzung für die Vermutung war früher noch, dass der Vertrag offensichtlich nachteilig war.[1066] Hieran werden nunmehr keine hohen Anforderungen gestellt.[1067] Es genügt für das Aufstellen der Vermutung nunmehr, wenn der Vertrag sich nicht aus den gewöhnlichen Motiven gewöhnlicher Kontrahenten erklären lässt.[1068]

Die Lösung vom Vertrag bei vermuteter „undue influence" kann durch die Gegenseite verhindert werden, indem sie den Nachweis erbringt, keinen

---

1063 House of Lords *Royal Bank of Scotland v. Etridge (AP)* [2001] UKHL 44 = [2001] 4 All ER 449 Rn. 14, 105; *Lewinson* Restitution Law Review 19 (2011), 1 (7 f.).

1064 *Virgo* S. 266.

1065 **Dagegen** *Perwaz v. Perwaz* [2018] UKUT 325 (TCC) Rn. 71; **dafür** *Turkey v. Awadh & Anor* [2005] EWCA Civ 382 Rn. 10, wenn im Einzelfall durch den Vertrag „a relationship of ascendancy and dependency" entsteht; *Beech & Anor v. Birmingham City Council* [2014] EWCA Civ 830 Rn. 59; *Virgo* S. 265; wohl auch House of Lords *Royal Bank of Scotland v. Etridge (AP)* [2001] UKHL 44 = [2001] 4 All ER 449 Rn. 11; *Macklin & Ors v. Dowsett* [2004] EWCA Civ 904 Rn. 25; unklar *De Wind v. Wedge* [2008] EWHC 514 (Ch) Rn. 9.

1066 House of Lords *Royal Bank of Scotland v. Etridge (AP)* [2001] UKHL 44 = [2001] 4 All ER 449 Rn. 26 ff.; *Macdonald/Atkins* Rn. 14.50; *McKendrick* S. 330, 332; *Pawlowski* Denning Law Journal 30 (2018), 117 (122 f.); *Peel* Rn. 10-021; *Smith* S. 286; *Virgo* S. 266 f.

1067 *Royal Bank of Scotland v. Etdridge (AP)* [2001] UKHL 44 Rn. 21 ff., 30 f. „call for explanation"; *Goff/Jones* Rn. 11-51; *Macdonald/Atkins* Rn. 14.50; *Peel* Rn. 10-021; *Virgo* S. 264, 266 ff.

1068 House of Lords *Royal Bank of Scotland v. Etdridge (AP)* [2001] UKHL 44 Rn. 14, 21, 24, 30 f.; *Macklin & Ors v. Dowsett* [2004] EWCA Civ 904 Rn. 10, 30; *Turkey v. Awadh & Anor* [2005] EWCA Civ 382 Rn. 11, 13 ff.; *De Wind v. Wedge* [2008] EWHC 514 (Ch) Rn. 51 f.; *Smith v. Cooper & Anor* [2010] EWCA Civ 722 Rn. 58; *Beech & Anor v. Birmingham City Council* [2014] EWCA Civ 830 Rn. 62, 70; *Hart & Anor v. Burbidge & Anor* [2014] EWCA Civ 992 Rn. 47, 50; *Perwaz v. Perwaz* [2018] UKUT 325 (TCC) Rn. 58; *Goff/Jones* Rn. 11-38, 11-51 ff.; *Lewinson* Restitution Law Review 19 (2011), 1 (8); *Macdonald/Atkins* Rn. 14.34, 14.41, 14.48 ff.; *McKendrick* Cases S. 637; *ders.* S. 332; *Peel* Rn. 10-021, 10-023; *Smith* S. 286 f.; *Virgo* S. 264, 266 ff.

unzulässigen Einfluss ausgeübt zu haben.[1069] Ein Indikator dafür ist gegeben, wenn die beeinflusste Seite Gelegenheit hatte, sich kompetent und unabhängig zu beraten.[1070] Eine unabhängige Beratung genügt für sich genommen aber nicht stets, um zu beweisen, dass die Einflussnahme nicht ausschlaggebend für den Abschluss des Geschäfts gewesen ist.[1071] Letztlich kommt es darauf an, ob die Beratung zu einer Befreiung vom Effekt der vorigen Einflussnahme führte.[1072] Entscheidend ist insgesamt, dass dem Beeinflussten die Folgen und der Inhalt des Rechtsgeschäfts voll bewusst waren und insgesamt eine freie Entscheidung erfolgte.[1073] Dafür ist eine Beratung gleichwohl nicht zwingend erforderlich.[1074]

1069 House of Lords *Royal Bank of Scotland v. Etridge (AP)* [2001] UKHL 44 = [2001] 4 All ER 449 Rn. 16, 219; *Credit Lyonnais Bank Nederland v. Burch* [1997] 1 All ER 144; *Macdonald/Atkins* Rn. 14.34, 14.53; *McKendrick* Cases S. 637; *ders.* S. 332 f.; *Peel* Rn. 10-030; *Schindler* S. 49; *Smith* S. 287; *Virgo* S. 263, 268 f.

1070 House of Lords *Royal Bank of Scotland v. Etdridge (AP)* [2001] UKHL 44 Rn. 20; *Inche Noriah binte Mohamed Tahir v. Shaik Allie Bin Omar bin Abdullah Bahashuan* [1928] UKPC 76 = [1929] AC 127; *Niermans v. Pesticcio* [2004] EWCA Civ 372 Rn. 23; *Randall v. Randall* [2004] EWHC 2258 (Ch) Rn. 38; *De Wind v. Wedge* [2008] EWHC 514 (Ch) Rn. 53; *Macdonald/Atkins* Rn. 14.34, 14.53; *McKendrick* S. 333; *Peel* Rn. 10-030; *Smith* S. 287; *Virgo* S. 269; ähnlich *Lewinson* Restitution Law Review 19 (2011), 1 (11).

1071 House of Lords *Royal Bank of Scotland v. Etdridge (AP)* [2001] UKHL 44 Rn. 20; *Credit Lyonnais Bank Nederland v. Burch* [1997] 1 All ER 144; *Niermans v. Pesticcio* [2004] EWCA Civ 372 Rn. 23; *Randall v. Randall* [2004] EWHC 2258 (Ch) Rn. 38; *Macdonald/Atkins* Rn. 14.53; *Peel* Rn. 10-030; *Smith* S. 288; *Virgo* S. 269; ähnlich *Lewinson* Restitution Law Review 19 (2011), 1 (11).

1072 House of Lords *Royal Bank of Scotland v. Etridge (AP)* [2001] UKHL 44 = [2001] 4 All ER 449 Rn. 20; *Randall v. Randall* [2004] EWHC 2258 (Ch) Rn. 39; *Macdonald/Atkins* Rn. 14.53; *Virgo* S. 269.

1073 *Inche Noriah binte Mohamed Tahir v. Shaik Allie Bin Omar bin Abdullah Bahashuan* [1928] UKPC 76 = [1929] AC 127; *Hammond v. Osborn* [2002] EWCA Civ 885 Rn. 26; *Niermans v. Pesticcio* [2004] EWCA Civ 372 Rn. 23; *Macdonald/Atkins* Rn. 14.53; *McKendrick* Cases S. 638; *ders.* S. 333; *Peel* Rn. 10-031; *Smith* S. 287; *Virgo* S. 269; ähnlich *Lewinson* Restitution Law Review 19 (2011), 1 (11); *Schindler* S. 49, 135.

1074 *Inche Noriah binte Mohamed Tahir v. Shaik Allie Bin Omar bin Abdullah Bahashuan* [1928] UKPC 76 = [1929] AC 127; *Credit Lyonnais Bank Nederland v. Burch* [1997] 1 All ER 144; *Virgo* S. 269; ähnlich *Lewinson* Restitution Law Review 19 (2011), 1 (11).

III. Sorgfaltspflichten und Zurechnung bei der „undue influence“

Die „undue influence“ wird häufig im Rahmen von Bankgeschäften bemüht, in welchen die unzulässige Einflussnahme nicht durch den Vertragspartner (Bank), sondern durch eine andere nahestehende Person (häufig verwandte Hauptschuldner, welche eine Sicherheit durch die andere Person stellen wollen) ausgeübt wurde.[1075] Eine Zurechnung der „undue influence“ an den Vertragspartner erfolgt dann, wenn dieser die unzulässige Einflussnahme kannte (sog. „actual notice“) oder hätte kennen müssen (sog. „constructive notice“).[1076] Ebenso kann eine Zurechnung erfolgen, wenn der Vertragspartner den Einflussnehmenden als Verhandlungsgehilfen einsetzt.[1077]

Eine Nachforschungspflicht, welche bei Verletzung eine fahrlässige Nichtkenntnis („constructive notice“) zur Folge hat, trifft die Bank indes nur, wenn konkrete Anhaltspunkte für eine unzulässige Einflussnahme vorliegen.[1078] Dies

---

1075 House of Lords *Barclays Bank Plc. v. O'Brien* [1993] UKHL 6 = [1994] 1 AC 180; House of Lords *CIBC Mortgages Plc. v. Pitt* [1993] UKHL 7 = [1994] 1 AC 200; House of Lords *Royal Bank of Scotland v. Etridge (AP)* [2001] UKHL 44 = [2001] 4 All ER 449; *Lloyds Bank Ltd. v. Bundy* [1975] 1 QB 326; *Barclays Bank Plc v. Goff* [2001] EWCA Civ 635 Rn. 1; Rn. 14.38; *Macdonald/Atkins* Rn. 14.54 ff.; *McKendrick* Cases S. 639 ff.; *Peel* Rn. 10-041 ff.; *Smith* S. 291 ff.; *Virgo* S. 270; vgl. auch die irische Entscheidung *CC Bank plc -v- Walsh & Anor* [2017] IECA 166 Rn. 26 ff. zur Gesamtschuldnerschaft.

1076 House of Lords *CIBC Mortgages Plc. v. Pitt* [1993] UKHL 7 = [1994] 1 AC 200; *Banco Exterior Internactional v. Thomas and another* [1997] 1 WLR 221; *Hurley v. The Darjan Estate Company Plc* [2012] Ewhc 189 (Ch) Rn. 29 f.; *Macdonald/Atkins* Rn. 14.56; *Pawlowski* Denning Law Journal 30 (2018), 117 (124); *Smith* S. 291 ff.; *Virgo* S. 271.

1077 House of Lords *Barclays Bank Plc. v. O'Brien* [1993] UKHL 6 = [1994] 1 AC 180; House of Lords *CIBC Mortgages Plc. v. Pitt* [1993] UKHL 7 = [1994] 1 AC 200; *Macdonald/Atkins* Rn. 14.56; *Pawlowski* Denning Law Journal 30 (2018), 117 (124); *Smith* S. 291.

1078 House of Lords *CIBC Mortgages Plc. v. Pitt* [1993] UKHL 7 = [1994] 1 AC 200; House of Lords *Barclays Bank Plc. v. O'Brien* [1993] UKHL 6 = [1994] 1 AC 180; House of Lords *Royal Bank of Scotland v. Etridge (AP)* [2001] UKHL 44 = [2001] 4 All ER 449 Rn. 53 ff.; *Credit Lyonnais Bank Nederland v. Burch* [1997] 1 All ER 144 „reasonable steps“; *Banco Exterior Internactional v. Thomas and another* [1997] 1 WLR 221; *Pawlowski* Denning Law Journal 30 (2018), 117 (124); *Peel* Rn. 10-042 ff.; *Smith* S. 292; *Virgo* S. 271. *Lorenz* S. 466 f. verweist sehr treffend auf die Ähnlichkeit zu BGH 24.2.1994, NJW 1994, 1341 (1343): „[Der Bank ist] nicht zuzumuten, im Einzelfall aufzuklären, ob der Bürge tatsächlich in seiner freien Entscheidung beeinträchtigt ist“.

wird jedoch grundsätzlich bei allen nicht geschäftsmäßig erteilten Sicherheiten angenommen.[1079] Ähnlich wie bei der Sittenwidrigkeitsrechtsprechung zur Bürgschaft,[1080] ist einschränkend zu berücksichtigen, ob an der Sicherheit für den Sicherungsgeber eigenes Interesse bestand.[1081]

Sodann genügt die Bank ihren Sicherungspflichten im Sinne von „reasonable steps" grundsätzlich, wenn sie dem Vertragspartner den Ratschlag erteilt, sich unabhängig beraten zu lassen und eine Aufklärung über die Risiken der Sicherheit (ggf. durch einen Anwalt) vornimmt.[1082] Im Einzelfall können die Pflichten jedoch weitergehen.[1083]

1079 House of Lords *Barclays Bank Plc. v. O'Brien* [1993] UKHL 6 = [1994] 1 AC 180; House of Lords *Royal Bank of Scotland v. Etridge (AP)* [2001] UKHL 44 = [2001] 4 All ER 449 Rn. 53 ff., 88 f.; *Hurley v. The Darjan Estate Company Plc* [2012] Ewhc 189 (Ch) Rn. 30; *Macdonald/Atkins* Rn. 14.57; *McKendrick* Cases S. 654 f.; *Pawlowski* Denning Law Journal 30 (2018), 117 (124); *Peel* Rn. 10-044.

1080 BGH 24.2.1994, NJW 1994, 1341 (1342 f.).

1081 House of Lords *CIBC Mortgages Plc. v. Pitt* [1993] UKHL 7 = [1994] 1 AC 200; House of Lords *Barclays Bank Plc. v. O'Brien* [1993] UKHL 6 = [1994] 1 AC 180; House of Lords *Royal Bank of Scotland v. Etridge (AP)* [2001] UKHL 44 = [2001] 4 All ER 449 Rn. 48 f.; *Macdonald/Atkins* Rn. 14.58; *McKendrick* Cases S. 654; *Peel* Rn. 10-043.

1082 House of Lords *Barclays Bank Plc. v. O'Brien* [1993] UKHL 6 = [1994] 1 AC 180; House of Lords *Royal Bank of Scotland v. Etridge (AP)* [2001] UKHL 44 = [2001] 4 All ER 449 Rn. 54 ff., 95; *Macdonald/Atkins* Rn. 14.59; *Smith* S. 292.

1083 Ausführlich House of Lords *Barclays Bank Plc. v. O'Brien* [1993] UKHL 6 = [1994] 1 AC 180: „It is plainly impossible to require of banks and other financial institutions that they should inquire of one spouse whether he or she has been unduly influenced or misled by the other. But in my judgment the creditor, in order to avoid being fixed with constructive notice, can reasonably be expected to take steps to bring home to the wife the risk she is running by standing as surety and to advise her to take independent advice. As to past transactions, it will depend on the facts of each case whether the steps taken by the creditor satisfy this test. However for the future in my judgment a creditor will have satisfied these requirements if it insists that the wife attend a private meeting (in the absence of the husband) with a representative of the creditor at which she is told of the extent of her liability as surety, warned of the risk she is running and urged to take independent legal advice. If these steps are taken in my judgment the creditor will have taken such reasonable steps as are necessary to preclude a subsequent claim that it had constructive notice of the wife's rights. I should make it clear that I have been considering the ordinary case where the creditor knows only that the wife is to stand surety for her husband's debts. I would not exclude exceptional cases where a creditor has knowledge of further facts which render the presence of undue influence not only possible but probable. In such cases, the creditor to be safe will have to insist that the wife is separately advised."; House

Ist der Sicherungsnehmer seiner vom Einzelfall abhängigen Nachforschungspflicht nachgekommen, hat der Vertrag auch bei tatsächlichen Vorliegen von unzulässiger Einflussnahme Gültigkeit.[1084]

IV. Beispiel: Odorizzi v. Bloomfield School District

Im US-amerikanischen Fall *Odorizzi v. Bloomfield School District*[1085] wurde eine „actual undue influence“ angenommen. Der Fall weist deutliche Parallelen zur Entwicklung des Gebots fairen Verhandelns beim arbeitsrechtlichen Aufhebungsvertrag auf, bezieht sich jedoch auf eine vom Arbeitnehmer ausgesprochene Eigenkündigung. Odorizzi war Grundschullehrer im Bloomfield School District und wurde wegen des Verdachts auf homosexuelle Aktivitäten mit Schülern festgenommen. Nachdem er vernommen worden war, wurde er auf Kaution am nächsten Tag wieder freigelassen. Anschließend wurde er zu Hause von mehreren Vertretern der Schule zwecks Abgabe einer Kündigungserklärung aufgesucht. Diese hielten ihm vor, ihn im Falle der Weigerung zu entlassen und den gesamten Vorgang einschließlich der Vorwürfe und der Haft öffentlich zu machen. Wenn er hingegen kündige, würde Stillschweigen bewahrt werden und er hätte dadurch Chancen, anderenorts Lehrer zu werden. Die Vertreter der Schule behaupteten, sie hätten nur seine besten Interessen im Sinn und würden versuchen, ihm so zu helfen. Odorizzi hätte nur jetzt die Gelegenheit zu kündigen und der Öffentlichmachung zu entgehen, weshalb er sich nicht beraten dürfe. Odorizzi hatte zu diesem Zeitpunkt 40 Stunden nicht geschlafen und unter extremen Stress gelitten. Er glaubte den Repräsentanten der Schule, dass sie nur sein Bestes wollen würden, und unterschrieb die von der Schule vorbereitete Kündigungserklärung. Später ging er gegen die Kündigung vor und begründete diese wahlweise mit Zwang, Drohung, Täuschung, Irrtum oder unzulässiger Einflussnahme („undue influence“).

Das Gericht verneinte sowohl Zwang als auch Drohung, weil der Ausspruch einer Kündigung und die Publikmachung des Falles nicht widerrechtlich

---

of Lords *Royal Bank of Scotland v. Etridge (AP)* [2001] UKHL 44 = [2001] 4 All ER 449 Rn. 57, 95, 109, 163; *Smith* S. 292.

1084 House of Lords *Barclays Bank Plc. v. O'Brien* [1993] UKHL 6 = [1994] 1 AC 180; House of Lords *CIBC Mortgages Plc. v. Pitt* [1993] UKHL 7 = [1994] 1 AC 200; *Virgo* S. 271.

1085 *Odorizzi v. Bloomfield School District*, District Court of Appeal, Second District, v. 3.11.1996, 54 Cal.Rptr. 533 ff. zitiert nach https://law.justia.com/cases/california/court-of-appeal/2d/246/123.html (zuletzt abgerufen am 31.10.2021).

gewesen wären. Das Wahrnehmen von Rechtsmitteln sei legal, es sei denn, der Ausübende wisse positiv, dass die Voraussetzungen nicht vorliegen. Zu dem Zeitpunkt waren die Vorwürfe jedoch noch nicht geklärt. Auch eine Täuschung, die Odorizzi zum Vertragsschluss bewegt habe, würde nicht vorliegen. Die Tatsache, dass die Schulvertreter vortrugen, nur sein Bestes zu wollen, genüge nicht. Es hätte dafür ein Vertrauensverhältnis bestehen müssen, für welches ein Arbeitsverhältnis per se nicht ausreiche. Es obliege ohne ein besonders intensives Vertrauensverhältnis vielmehr jeder Partei selbst, ihre eigenen Interessen wahrzunehmen. Auch ein Irrtum liege nicht vor, denn beiden Parteien waren die Rechtsfolgen der Kündigung bewusst.

Jedoch sei eine „undue influence" zu bejahen. Für diese sei gerade keine falsche Darstellung von Tatsachen notwendig. Es handele sich um eine Art Überredung, die den Willen der beeinflussten Person überkommt, ohne ihn vollends zu überzeugen. Hierfür würde ein enormer psychischer, moralischer oder emotionaler Druck ausgeübt, welcher so nah an Zwang ist, dass von „overpersuasion" statt „persuasion" zu sprechen sei, also einem „‚über' Überreden" statt einem „schlichten" Überreden. „Undue influence" liege vor, wenn unfaire Vorteilsnahme an den Schwächen des Vertragspartners genommen werde oder dessen Stress oder Bedürfnisse auf eine bedrückende und unfaire Weise ausgenutzt werden. Für „undue influence" sei ein besonderes Näheverhältnis nicht erforderlich, es liege aber häufig vor.

Wenn der nach außen auftretende Wille des Beeinflussten tatsächlich nur der Wille des Beeinflussenden sei, sei eine unzulässige Einflussnahme gegeben. Dafür müsse der Beeinflusste aufgrund geringen Alters, physischer Schwäche oder emotionaler Zwangslage in seiner Fähigkeit, frei einen Vertrag abzuschließen, beeinträchtigt sein. Darüber hinaus müsse eine Einwirkung von der anderen Seite vorliegen. Die notwendige Intensität sei angepasst daran, wie prekär die Lage des Beeinflussten ist. Besonders willensschwache Personen müssten weniger stark als besonders standfeste Personen beeinflusst werden. Ausschlaggebend für eine „undue influence" seien die Umstände des Einzelfalls, beispielsweise ob eine außergewöhnliche Uhrzeit oder Lokalität gewählt wird, mit wie vielen Vertretern die einflussnehmende Seite vorstellig wird, ob Zeitdruck erzeugt wird, ob negative Konsequenzen einer Verzögerung vorgetragen werden und ob die andere Seite sich beraten kann beziehungsweise darf. Es müsse jedoch eine Kumulation vorliegen. Würde eine Bedenkzeit und die Möglichkeit zur Beratung eingeräumt werden, würde „undue influence" regelmäßig ausscheiden. Nach diesen Kriterien wurde eine „undue influence" bejaht.

Es ist durchaus möglich, dass dieser Fall in England heutzutage als Fall der „duress" geprüft werden würde, wobei aber eine Einordnung unter die „actual undue influence" aufgrund der Überschneidungen fraglos möglich bleibt.[1086]

V. Weiterer Schutz

In England muss bei arbeitsrechtlichen Aufhebungsverträgen, welche den Bestandsschutz betreffen ein besonderer Aufhebungsvertrag („compromise agreement") geschlossen werden. Hierfür ist bei einer einfachen Vereinbarung zwischen Arbeitgeber und Arbeitnehmer u. a. notwendig, dass der Arbeitnehmer unabhängigen Rechtsrat bezüglich des Aufhebungsvertrags vor dessen Abschluss erhält, vgl. § 203 Abs. 3 lit. c Employment Rights Act 1996.[1087]

VI. Erkenntnisse für das Gebot fairen Verhandelns

Aus dem Rechtsvergleich zur „undue influence" lassen sich für das Gebot fairen Verhandelns im deutschen Recht nur begrenzt Erkenntnisse gewinnen.

1. Anforderungen an einen Rechtsvergleich

Es wird zu bedenken gegeben, dass nur bei Einordnung der „undue influence" in das gesamte Schutzsystem der Willensbildung der jeweiligen Rechtsordnung ein Schluss auf die Übertragbarkeit möglich ist.[1088] Darüber hinaus wird hervorgehoben, dass insbesondere im Arbeitsrecht eine Beachtung der sonstigen, nicht nur rechtlichen, sondern auch sozio-ökonomischen Verhältnisse erforderlich sei.[1089]

Für die „undue influence" und das Gebot fairen Verhandelns ist jedoch keine genauere Betrachtung der Vorschriften über die Inhaltskontrolle notwendig, da diese einen anderen Schutzinhalt haben.[1090] Auch muss grundsätzlich kein spezieller Blick in das Arbeitsrecht von anderen Staaten erfolgen, da das Gebot fairen Verhandelns hier nicht als arbeitsrechtliche Besonderheit verstanden wird.[1091] Stattdessen muss auf den allgemeinen Schutz vor Täuschung, Drohung

---

1086 In diese Richtung *Smith* S. 285.

1087 *Franz* S. 552; Henssler/Braun/*Harth/Taggart* ArbR Großbrittanien Rn. 79.

1088 *Kamanabrou* RdA 2020, 201 (204); ähnlich BeckOGK/*Sutschet* (1.9.2021) § 620 BGB Rn. 496.

1089 BeckOGK/*Sutschet* (1.9.2021) § 620 BGB Rn. 496.

1090 **AA** *Kamanabrou* RdA 2020, 201 (204).

1091 S. dazu unten, Kap. 5 § 10 B. Gleichwohl ist wegen der historischen Entwicklung des Gebots fairen Verhandelns in jüngerer Vergangenheit in Deutschland, welche dem Fehlen eines besonderen Schutzes bei arbeitsrechtlichen Aufhebungsverträgen

und gegebenenfalls Sittenwidrigkeit nach dem in der jeweiligen Rechtsordnung vorherrschenden Verständnis abgestellt werden.[1092] Bei Aufhebungsverträgen über Dauerschuldverhältnisse ist grundsätzlich auch der jeweilige Kündigungsschutz zu beachten. Ist er nicht existent oder nur sehr eingeschränkt, so besteht zumeist kein Bedürfnis nach dem Aufhebungsvertrag als Alternative. Ist der Kündigungsschutz hingegen stark, so hat der Betroffene womöglich bessere Möglichkeiten, sich gegen das Aufhebungsverlangen zu behaupten.[1093]

2. Gemeinsamkeiten zwischen „undue influence" und dem Gebot fairen Verhandelns

Wie im deutschen Recht darf im Rechtskreis der „undue influence" keine Fremdbestimmung vorliegen. Die Schwierigkeit besteht allerdings auch hier darin festzustellen, wann eine zulässige Einflussnahme zur unzulässigen Einflussnahme wird.[1094] Einfach impulsive Entscheidungen oder enttäuschte Erwartungen gewähren kein Lösungsrecht über die „undue influence".[1095] Ebenso besteht in diesen Fällen mit Blick auf die Selbstverantwortung auch im deutschen Recht grundsätzlich kein Beseitigungsrecht.[1096] Der Schwerpunkt der „undue influence" liegt darin, eine freie Entscheidung des Beeinträchtigten zu sichern, wobei im Gegensatz zum einfachen Irrtum die andere Seite die Verantwortung für den Fehler in der Willensausübung tragen muss.[1097] Es geht letztlich um die Sicherung der Entscheidungsfreiheit des Schwächeren.[1098] Dabei bestehen nach Ansicht einiger Stimmen in der Literatur Parallelen zur Bürgschaftsentscheidung des

---

geschuldet ist, ein Blick auf das Schutzniveau in anderen Ländern interessant, s. dazu Fn. 1205.

1092 Dies fordert auch *Kamanabrou* RdA 2020, 201 (204).

1093 Vgl. nur zum guten Kündigungsschutz beim arbeitsrechtlichen Aufhebungsvertrag *Kamanabrou* RdA 2020, 201 (204) Fn. 25.

1094 House of Lords *Royal Bank of Scotland v. Etridge (AP)* [2001] UKHL 44 Rn. 7, ähnlich auch Rn. 32 f.; *Lewinson* Restitution Law Review 19 (2011), 1 (4) „Influence is a fact of life. What may entitle a court to set aside a transaction is undue influence"; *Peel* Rn. 10-016; ebenso *Lorenz* JZ 1997, 277 (282).

1095 *Virgo* S. 258.

1096 S. o., Kap. 2 § 2 E.

1097 Vgl. zur historisch umstrittenen Verantwortlichkeit für den Willensmangel instruktiv *Macdonald/Atkins* Rn. 14.36 ff.; *McKendrick* S. 329 f.; *Virgo* S. 259.

1098 *Becker* S. 382; DDW/*Däubler* Einleitung Rn. 154; DDZ/*ders.* Aufhebungsvertrag Rn. 105; HK-ArbR/*ders.* §§ 611, 611a BGB Rn. 629.

Bundesverfassungsgerichts,[1099] welches verlangt, dass bei struktureller Unterlegenheit gepaart mit ungewöhnlicher Belastung korrigierend eingegriffen werden muss, um die Selbstbestimmung des schwächeren Teils zu gewährleisten.[1100] Aus oben genannten Gründen überzeugt dieser Vergleich nicht ohne Weiteres.[1101]

Eine abstrakte Definition der „undue influence“ wird aufgrund der Einzelfallabhängigkeit nicht angestrebt und ist auch nicht möglich.[1102] Dies entspricht der Schwierigkeit, die Voraussetzungen für einzelne Nebenpflichten des § 241 Abs. 2 BGB zu bestimmen.

Vielfach werden Abgrenzungsschwierigkeiten zwischen der „actual undue influence“ und der „undue pressure“ als Unterfall der „duress“ hervorgehoben.[1103] Die korrekte Zuordnung des Drucks scheint auch im deutschen Recht stellenweise schwerzufallen, wenn für eine Anwendung des § 138 Abs. 1 BGB[1104] oder § 123 Abs. 1 Alt. 2 BGB[1105] appelliert wird.

Es sind universell Konstellationen möglich, in welchen einer Partei die Entscheidungsfreiheit durch überrumpelnde und gegebenenfalls einschüchternde Verhandlungsführung beschnitten wird, ohne dass eine widerrechtliche

---

1099 *Becker* S. 382 f.; DDW/*Däubler* Einleitung Rn. 154; DDZ/*ders.* Aufhebungsvertrag Rn. 105; HK-ArbR/*ders.* §§ 611, 611a BGB Rn. 629; ähnlich *Wiedemann* JZ 1994, 411 (412).

1100 S. o., Kap. 4 § 6 B.

1101 S. o., Kap. 4 § 6 B. IV. 1.

1102 S. o., Kap. 5 § 9 A. I.

1103 House of Lords *Royal Bank of Scotland v. Etridge (AP)* [2001] UKHL 44 Rn. 8, 103 (actual undue influence „is capable of including conduct which might give a defence at law, for example, duress and misrepresentation“); *Burrows/McKendrick/Edelman* S. 448; *Macdonald/Atkins* Rn. 14.1, 14.32; *McKendrick* Cases S. 636; *Virgo* S. 205, 229 f., 255, 260 welcher primär danach abgrenzt, ob bei der Beeinflussung eine Drohung im Mittelpunkt steht (dann „duress“) oder das Ausnutzen einer überlegenen Position (dann „undue influence“). Er statuiert jedoch, dass die Grenze besonder schwer zu ziehen sei („boundary between exploitation and compulsion is particulary difficult to draw“, S. 250), da in beiden Fällen die Willensbildung einer Partei zum Vorteil der anderen beeinflusst würde; ähnlich *Goff/Jones* Rn. 11-33; *Schindler* S. 136 ff.; *Smith* S. 285; House of Lords *CIBC Mortgages Plc. v. Pitt* [1993] UKHL 7 = [1994] 1 AC 200 hingegen stuft die „actual undue influence“ als eine Art des „fraud“, also Betruges ein. Dies erklärt sich dadurch, dass Verständnis der „fraud“ im equity Bereich weiter als im common law ist und jedes Fehlverhalten erfasst. S. insg. bereits Fn. 1025 und Fn. 1043.

1104 S. o., Kap. 3 § 5 M. III. 2. b), c).

1105 S. o., Kap. 3 § 5 J. II. 2. b) bb). Zu einer Analogie Kap. 3 § 5 J. II. 2. f).

Drohung, eine Täuschung, ein Irrtum oder ein inhaltlich zu missbilligender Vertrag vorliegt. Vor diesen zu schützen ist sowohl die Aufgabe der „undue influence" als auch des Gebots fairen Verhandelns. Mit der „undue influence" werden darum ebenso wie mit der culpa in contrahendo solche Fälle aufgefangen, welche sich anders nicht fassen lassen.

3. *Bedeutung der „undue influence" für das Gebot fairen Verhandelns*

Durch eine Orientierung an der „undue influence" besteht deshalb die Möglichkeit, Beeinträchtigungen der Entscheidungsfreiheit aufzufangen, welche vom traditionellen deutschen Recht der Willensmängel lange missachtet wurden.[1106] Sie behandelt gerade solche Fälle der Einflussnahme, welche sich nicht vom Drohungsbegriff fassen lassen, aber dennoch die Willensbildung auf eine nicht hinnehmbare Art und Weise beeinträchtigen.[1107] Jedenfalls bei der „actual undue influence" handelt es sich um einen Mechanismus der „‚reinen' Vertragsabschlusskontrolle, also des Schutzes der rechtsgeschäftlichen Entscheidungsfreiheit als solcher."[1108] Die „presumed undue influence" soll hingegen durch die Vermutung der unzulässigen Einflussnahme typischerweise unterlegene Parteien schützen.[1109] Es geht in beiden Fällen nicht um den Inhalt oder um Unkenntnis der Rechtsfolgen des Vertrags, sondern nur um die unzulässige Einflussnahme beim Abschluss.[1110] Die „undue influence" ist als allgemeines Rechtsinstitut seit langer Zeit anerkannt.[1111] Das auch im deutschen Recht geltende Problem der Abgrenzung zwischen zulässiger und unzulässiger Einflussnahme wird in ihrem Rahmen für jeden Einzelfall gesondert behandelt und befriedigend gelöst.[1112]

Die detaillierte Untersuchung der Ausgestaltung der „undue influence" ist für rechtsvergleichende Erkenntnisse dabei gar nicht notwendig. Es ist auch

---

1106 Ähnlich *Giesing* S. 219; *Lorenz* FS Canaris, 777 (779); *Schmidt-Westphal* S. 154 f.

1107 *Lorenz* FS Canaris, 777 (780 f.).

1108 *Lorenz* FS Canaris, 777 (781); ähnlich *Giesing* S. 220. Unerheblich deshalb die Kritik von *Barnert* S. 242 f. bezüglich der „presumed undue influence", auf die sich hier nicht gestützt wird. Nach dem Verständnis von *Virgo* S. 257 f., 260 müsste dafür wohl auf die „undue pressure" abgestellt werden.

1109 *Lorenz* S. 457 f.; s. auch *Becker* S. 382.

1110 *Lorenz* JZ 1997, 277 (281 f.); *Schmidt-Westphal* S. 155.

1111 *Smith* S. 294; vgl. auch *Hammond v. Osborn* [2002] EWCA Civ 885 Rn. 24 „The doctrine of presumed undue influence is now very well settled and ought to be well understood".

1112 Ebenso *Lorenz* S. 453; *ders.* NJW 1997, 2578 (2579); *ders.* FS Canaris, 777 (779); *Schmidt-Westphal* S. 152

nicht erforderlich, dass die „undue influence“ einen ausdifferenzierten Umgang mit arbeitsrechtlichen Aufhebungsverträgen kennt, oder überhaupt regelmäßig dort angewandt wird.[1113] Entscheidend ist lediglich, dass die Generalklausel der „undue influence“ als materieller Willensschutz in vielen englischsprachigen Ländern existiert und dort, wie ihre eindrucksvolle Historie trotz dogmatischer Einordnungsschwierigkeiten belegt, gerichtstauglich funktioniert.

Wie von *Lorenz*[1114] vorgeschlagen, ist für einen ähnlichen Schutz im BGB an die culpa in contrahendo anzuknüpfen.[1115] Soweit eingewandt wird, dass die „undue influence“ für die konkrete Umsetzung in § 241 Abs. 2 BGB als vorvertragliche Nebenpflicht nichts beiträgt,[1116] ist diesem Punkt zuzustimmen. Darauf zielt die rechtsvergleichende Betrachtung allerdings nicht ab. Vielmehr kann durch den Verweis auf die „undue influence“ gezeigt werden, dass eine Abschlusskontrolle, welche sich nicht lediglich auf Täuschung oder Drohung stützt, sondern von einer Gesamtbetrachtung der Einflussnahme im konkreten Fall abhängig ist, restriktiv und mit ausreichender Rechtssicherheit in anderen Rechtsordnungen gehandhabt werden kann. Zudem können die eine „actual undue influence“ konstituierenden Faktoren der Beeinflussung und ihre Gewichtung in der Gesamtschau beim Gebot fairen Verhandelns aufgrund der universell prinzipiell gleichen Anforderungen an die selbstbestimmte Entscheidung zur Orientierung herangezogen werden.

B. UNIDROIT Principles of International Commercial Contracts („PICC“)

Die unverbindlichen[1117] UNIDROIT Prinzipien für den internationalen gewerblichen Handel („PICC“) wurden unter dem Eindruck eines umfangreichen Rechtsvergleich erarbeitet.[1118] In ihnen finden sich deshalb Regelungskonzepte wieder, welche in den meisten Rechtssystemen aufgefunden werden können.[1119] Sie sollen ein ausgewogenes Regelwerk losgelöst von nationalen Rechtstraditionen

---

1113 So aber anscheinend BeckOGK/*Sutschet* (1.9.2021) § 620 BGB Rn. 494 ff.

1114 *Lorenz* JZ 1997, 277 (281 f.); *ders.* S. 445 ff.; *ders.* FS Canaris, 777 (784 ff.).

1115 So auch BAG 7.2.2019, NZA 2019, 688 Rn. 31; *Becker* S. 383; *Giesing* S. 213 ff.; *Reinecke* FS Küttner, 327 (334); *Thüsing* RdA 2005, 257 (269).

1116 *Kamanabrou* RdA 2020, 201 (204).

1117 S. nur UNIDROIT S. xxix, 1.

1118 UNIDROIT S. xxviii; *Looschelders* § 2 Rn. 21; ausführlich zur Genese Vogenauer/*Vogenauer* Introduction Rn. 14 ff., insb. 23 f.

1119 UNIDROIT S. xxix, 2.

darstellen.[1120] Die PICC sind nur für Rechtsgeschäfte zwischen Unternehmern vorgesehen.[1121] Vor diesem Hintergrund wurden Abweichungen von ansonsten anerkannten Regeln vorgenommen, um den Besonderheiten von internationalen gewerblichen Transaktionen Rechnung tragen zu können.[1122]

In Art. 1.1 PICC wird zunächst der Grundsatz der Vertragsfreiheit festgelegt. In Art. 1.3 PICC folgt sodann eine Normierung des Grundsatzes der Vertragstreue. Schließlich wird in Art. 1.7 PICC der Grundsatz von Treu und Glauben und dem fairen Umgang untereinander statuiert. Er entspricht dem deutschen § 242 BGB, indem er auch die Fallgruppen des Rechtsmissbrauchs und anderen treuwidrigen Verhaltens erfasst.[1123] Zwar ist es denkbar, an dieser Stelle genauso wie beim deutschen § 242 BGB den Ansatzpunkt für das Gebot fairen Verhandelns zu wählen, doch fehlt es bisher an einer entsprechenden Fallgruppe. Letztlich zielen die Beispiele zu Art. 1.7 PICC primär auf eine maßvolle Rechtsausübung in bestehenden Verhältnissen und den Einwand des widersprüchlichen Verhaltens ab (spezieller noch Art. 1.8 PICC). Die bloße Ausnutzung einer unterlegenen Verhandlungsposition gilt nicht als treuwidrig, da der Maßstab in den PICC sich nach dem Standard richtet, welcher unter internationalen, gewerblichen Händlern gilt.[1124] Darin fügt sich das Gebot fairen Verhandelns als Überrumpelungsschutz beim Abschluss eines einfachen Vertrags nicht ohne Weiteres ein.

Der Art. 1.7 PICC zeigt sich allerdings entwicklungsoffen.[1125] Gleichwohl ist er nur von geringer praktischer Bedeutung.[1126]

1120 UNIDROIT S. xxix.

1121 UNIDROIT S. xxix, 2; s. auch *Mankowski* S. 1127.

1122 UNIDROIT S. xxix, 2.

1123 Vogenauer/*Vogenauer* Art. 1.7 Rn. 34 ff.; vgl. auch die Beispiele in UNIDROIT S. 17 ff.: 1. Keine Berufung auf Fristablauf bei fehlender Erreichbarkeit in kurzer Frist. 2. Keine Enthaftung bei produktbezogenen Informationspflichten bei Verlagerung der Produktion auf eine hundert prozentige Tochtergesellschaft. 3. Keine willkürliche Verweigerung von Provisionsansprüchen gegenüber einem Vertreter. 4. Keine willkürliche, unangekündigte Fälligstellung von Darlehen in laufenden Geschäftsbeziehungen. 5. Kein Festhalten an einseitig stark nachteiligen Vertrag nach Störung der Geschäftsgrundlage. 6. Maßvolles Ausüben von Rechten in einem Mietvertrag.

1124 Vogenauer/*Vogenauer* Art. 1.7 Rn. 14 ff.; s. auch Mankowski/*Brödermann* Art. 1.7 UNIDROIT Rn. 3.

1125 Vgl. insg. zur Berücksichtigung von integritätsbezogenen Nebepflichten in den PICC durch Art. 1.7 Vogenauer/*Vogenauer* Art. 1.7 Rn. 8 f.; *Sabbagh-Farshi* S. 171 ff.

1126 Mankowski/*Brödermann* Art. 1.7 UNIDROIT Rn. 4; Vogenauer/*Vogenauer* Art. 1.7 Rn. 30.

Das Prinzip der Notwendigkeit einer sofortigen Annahme von mündlich erklärten Angeboten findet sich auch in Art. 2.1.7 S. 2 PICC wieder.[1127] Daraus ergibt sich natürlicherweise, dass bei Verhandlungen unter Anwesenden der normierte Grundfall keine Bedenkzeit bedeutet.[1128]

Die in Art. 2.1.15 PICC geregelten „negotiations in bad faith“ beziehen sich auf eine Schadensersatzpflicht bei böswilligem Abbruch von Verhandlungen oder Aufnahme von Verhandlungen in dem Wissen, dass kein wirksamer Vertrag geschlossen werden kann.[1129] Sie sind deshalb für das Gebot fairen Verhandelns als Überrumpelungsschutz nicht von Bedeutung.

Die deutlich interessanteren Beseitigungsrechte wegen Täuschung und Drohung werden von Art. 3.2.5 PICC und Art. 3.2.6 PICC behandelt. Ebenso wie die Täuschungsanfechtung im deutschen Recht, kann das Beseitigungsrecht wegen Täuschung aus Art. 3.2.5 PICC nicht zu einem Schutz vor konkreten Überrumpelungssituationen ohne widerrechtliche Täuschung führen, sei es durch aktives Tun oder Unterlassen.[1130] Der Drohungsbegriff des Art. 3.2.6 PICC entspricht dem des deutschen Rechts.[1131] Wie im deutschen Recht kommt es bei der Drohung dann auf die Widerrechtlichkeit der Drohung („unjustified threat“) an, welche durch die Zweck-Mittel-Relation (Art. 3.2.6 S. 2 PICC) begründet wird.[1132] Es wird im Rahmen der Drohung eine objektive Zwangslage („threat […] so imminent and serious as to leave […] no reasonable alternative“) verlangt.[1133] Damit liegt eine Verschärfung im Vergleich zur erforderlichen subjektiven Zwangslage im deutschen Anfechtungsrecht vor.[1134]

International tätigen Kaufleuten kann eher zugemutet werden, Druck gegenüber standzuhalten.[1135] Die Drohung muss sich nicht zwangsweise auf Gewalt

1127 Mankowski/*Brödermann* Art. 2.1.7 UNIDROIT Rn. 1; Vogenauer/*Anderson* Art. 2.1.7 Rn. 5.

1128 S. dazu ausführlich für das Gebot fairen Verhandelns unten, Kap. 5 § 11 D. I. 2.

1129 UNIDROIT S. 59 ff.; Mankowski/*Brödermann* Art. 2.1.15 UNIDROIT Rn. 1; Vogenauer/*Zuloaga Rios* Art. 2.1.15 Rn. 17 ff., 26 ff.

1130 Vgl. insg. zur Täuschung in den PICC: Mankowski/*Brödermann* Art. 3.2.5 UNIDROIT Rn. 1; Vogenauer/*Du Plessis* Art. 3.2.5 Rn. 6 ff.

1131 Vogenauer/*Du Plessis* Art. 3.2.6 Rn. 4; vgl. auch Mankowski/*Brödermann* Art. 3.2.6 UNIDROIT Rn. 1.

1132 Vgl. auch Mankowski/*Brödermann* Art. 3.2.6 UNIDROIT Rn. 1; Vogenauer/*Du Plessis* Art. 3.2.6 Rn. 1, 6, 10 ff.; *Mankowski* S. 1125.

1133 Vogenauer/*Du Plessis* Art. 3.2.6 Rn. 12; *Schindler* S. 208.

1134 Vgl. dazu Kap. 3 § 5 J. II. 2. a).

1135 *Schindler* S. 209.

gegenüber Person oder Eigentum beziehen, sondern kann auch den Ruf des Bedrohten oder dessen wirtschaftliche Interessen betreffen.[1136] Von der Drohung werden jedoch schon begrifflich auch in den PICC Drucksituationen oder eine leichte Beeinflussbarkeit aufgrund von Vertrauens- oder Abhängigkeitsverhältnissen nicht erfasst.[1137] Aus den gleichen Gründen wie im deutschen Recht scheidet ein reiner Überrumpelungsschutz aus der Vorschrift zur widerrechtlichen Drohung daher auch bei Anwendung des Art. 3.2.6 PICC aus.

Nach Art. 3.2.7 PICC begründet zudem die ungerechtfertigte Vorteilsnahme ein Beseitigungsrecht.[1138] Die Vorteilsnahme kann zum einen deshalb ungerechtfertigt sein, weil sie nur durch die Ausnutzung von Schwächen der anderen Seite möglich war.[1139] Unter die nach Art. 3.2.7 Abs. 1 S. 2 lit. a PICC zu berücksichtigenden Schwächen fallen u. a. Abhängigkeit, finanzielle Zwangslagen, dringende Bedürfnisse oder Unerfahrenheit oder mangelndes Verhandlungsgeschick.[1140] Überlegenheit am Markt alleine genügt nicht.[1141] Die von Art. 3.2.7 Abs. 1 S. 2 lit. a PICC genannten Faktoren, welche die Entscheidungsfreiheit beeinträchtigen, haben ihren Grund ursprünglich in der Sphäre der übervorteilten Person.[1142] Insofern findet sich bereits hier eine Differenz zum Gebot fairen Verhandelns, bei welchem eine externe Beeinträchtigung der Willensfreiheit durch die andere Seite zu verantworten ist.[1143] Zum anderen kann die Vorteilsnahme sich in Bezug auf die Natur und das Ziel des Vertrags als ungerechtfertigt erweisen (Art. 3.2.7 Abs. 1 S. 2 lit. b PICC).[1144]

In beiden Fällen muss das Ergebnis ein objektiv grob unausgewogener („excessive advantage") Vertrag sein, damit ein Beseitigungsrecht vorliegt.[1145]

1136 UNIDROIT S. 108; Vogenauer/*Du Plessis* Art. 3.2.6 Rn. 7.

1137 Vogenauer/*Du Plessis* Art. 3.2.6 Rn. 3.

1138 Vgl. auch Mankowski/*Brödermann* Art. 3.2.7 UNIDROIT Rn. 1; Vogenauer/*Du Plessis* Art. 3.2.7 Rn. 1.

1139 Mankowski/*Brödermann* Art. 3.2.7 UNIDROIT Rn. 1; Vogenauer/*Du Plessis* Art. 3.2.7 Rn. 10 ff.

1140 S. dazu Vogenauer/*Du Plessis* Art. 3.2.7 Rn. 10 ff.

1141 Mankowski/*Brödermann* Art. 3.2.7 UNIDROIT Rn. 1; Vogenauer/*Du Plessis* Art. 3.2.7 Rn. 11.

1142 Vgl. *Mankowski* S. 1126 „Sphäre zu internalisierenden Risiken für die schwächere Partei".

1143 S. dazu ausführlich unten, Kap. 5 § 11 D. II. 3. c).

1144 Zur unklaren Bedeutung Vogenauer/*Du Plessis* Art. 3.2.7 Rn. 15 ff.

1145 Mankowski/*Brödermann* Art. 3.2.7 UNIDROIT Rn. 1; Vogenauer/*Du Plessis* Art. 3.2.7 Rn. 3, 7; vgl. auch *Mankowski* S. 1126.

Art. 3.2.7 PICC entspricht tatbestandlich damit in etwa dem § 138 Abs. 2 BGB, weicht aber in der Rechtsfolge vom deutschen Recht ab, indem es ein Beseitigungsrecht (Art. 3.2.7 Abs. 1 S. 1 PICC) oder wahlweise ein Anpassungsrecht (Art. 3.2.7 Abs. 2 und 3 PICC) gewährt, statt die automatische Nichtigkeit festzulegen.[1146] In Anbetracht der Tatsache, dass die PICC nur den internationalen gewerblichen Verkehr regeln wollen, ergibt dieses Mehr an Gestaltungsfreiheit in der Rechtsfolge Sinn.

Bedeutsamer als der Sphärengedanke ist für den reinen Überrumpelungsschutz die für Art. 3.2.7 PICC erforderliche krasse Äquivalenzstörung.[1147] Durch die konstitutive Einbeziehung des objektiven Inhalts des Vertrags für das Lösungsrecht kann Art. 3.2.7 PICC ebenso wie § 138 Abs. 2 BGB keinen Schutz vor bloßer Überrumpelung bieten. Deshalb deckt Art 3.2.7 PICC den Fall der bloßen unzulässigen Einflussnahme nicht ab.[1148]

Exogen herbeigeführte Störungen werden damit abgesehen von der Drohung durch die PICC nicht berücksichtigt.[1149] Dies erscheint aufgrund der Tatsache, dass die PICC nur zwischen Unternehmern gilt ähnlich wie das Erfordernis der objektiven Zwangslage bei Drohungen und dem Beseitigungsrecht bei der dem § 138 Abs. 2 BGB entsprechenden Regelung nachvollziehbar.

Aus den PICC kann mithin keine dem Gebot fairen Verhandelns entsprechende Regel gewonnen werden. Aufgrund der Regelung des rein unternehmerischen Rechtsverkehrs können aus den PICC aber auch nicht andersrum Schlüsse gegen das Gebot fairen Verhandelns gezogen werden. Gleichzeitig würde durch die zentrale Position des „good faith“ Gedankens und der Vertragsfreiheit das Gebot des fairen Verhandelns keinen Fremdkörper in den PICC darstellen.

C. Principles of European Contract Law („PECL“)

Die von einer privaten Arbeitsgruppe entwickelten unverbindlichen Prinzipien des Europäischen Vertragsrecht („PECL“) sollen eine Basis für ein unionseinheitliches Vertragsrecht bieten.[1150] Die Prinzipien des Europäischen Vertragsrechts

1146 Zur Rechtsfolge Mankowski/*Brödermann* Art. 3.2.7 UNIDROIT Rn. 2 f.; Vogenauer/*Du Plessis* Art. 3.2.7 Rn. 20 ff.

1147 „Disequilibrium [must be] so great as to shock the conscience of a reasonable person“, UNIDROIT S. 110; Mankowski/*Brödermann* Art. 3.2.7 UNIDROIT Rn. 1; Vogenauer/*Du Plessis* Art. 3.2.7 Rn. 7.

1148 Vogenauer/*Du Plessis* Art. 3.2.7 Rn. 4; *Eidenmüller* Störungen S. 103 (111).

1149 *Eidenmüller* Störungen S. 103 (111).

1150 *Lando/Beale* S. xxi; s. auch *Looschelders* § 2 Rn. 15.

und die PICC ähneln sich dabei einander stark.[1151] Ebenso wie den PICC liegt den PECL ein umfangreicher Rechtsvergleich zugrunde, weshalb sie einen wichtigen Anhaltspunkt für Bestrebungen zur Vereinheitlichung des Privatrechts in Europa darstellen.[1152]

Art. 1:201 PECL legt zunächst die Pflicht des „good faith and fair dealing" auch im vorvertraglichen Stadium fest.[1153] Dabei soll es sich aber nur um ein Grundprinzip der PECL handeln, welches dem deutschen § 242 BGB entspricht.[1154] Darum kann Art. 1:201 PECL ähnlich wie die entsprechende Regelung in den PICC nicht als Beleg für das Gebot fairen Verhandelns im hier untersuchten Sinne angesehen werden.

Sodann wird in Art. 4:108 PECL ein Beseitigungsrecht wegen Drohungen geregelt. Dieses betrifft nur widerrechtliche Drohungen nach der gängigen Definition[1155] und schafft eine Ausnahme, wenn der Bedrohte abgesehen vom Vertragsschluss noch vernünftige Alternativen hatte. Damit regelt die Norm den Fall der unzulässigen Einflussnahme durch Überrumpelung ohne Drohung nicht.[1156]

Art. 4:109 PECL („Excessive Benefit or Unfair Advantage") bezieht sich auf eine grob unangemessene Ausnutzung der schwachen Position des Gegenübers und ähnelt damit zunächst Art. 3.2.7 PICC.[1157] Gleichzeitig ist die Regelung des Art. 4:109 PECL aber auch der niederländischen Regelung des Art. 3: 44 Nr. 4 B. W. nachempfunden.[1158] Die schwache Position muss sich aus einer

1151 Jansen/Zimmermann/*Jansen/Zimmermann* General Introduction Rn. 11; ausführlich *Zimmermann* ZEuP 2005, 264 (267 ff.) u. a. zur personellen Verflechtung der Expertengruppen (dazu auch *Lando* RabelsZ 67 (2003), 231 (236)); *Zimmermann* EuZW 2009, 319 (319).

1152 *Ghazari-Arndt* S. 38; *Jansen/Zimmermann* ZeuP 2017, 761 (764) „PECL bieten den hermeneutischen Ausgangspunkt und äußeren Ordnungsrahmen" für andere Vorschläge zur europäischen Rechtsvereinheitlichung; *Zimmermann* JURA 2005, 441 (445); s. auch *Looschelders* § 2 Rn. 15.

1153 *Lando/Beale* S. 113; ausführlich *Sabbagh-Farshi* S. 175 f.

1154 *Lando/Beale* S. 116; *Zimmermann* JURA 2005, 289 (295); vgl. ausführlich zur Norm Jansen/Zimmermann/*Schmidt* Art. 1:201 Rn. 8 ff., 26 ff.

1155 Vgl. Jansen/Zimmermann/*Lohsse* Art. 4:108 Rn. 1, 5 ff.

1156 *Eidenmüller* Störungen S. 103 (111); vgl. auch die allg. Ausführungen von *Lando/Beale* S. 257 ff.

1157 *Mankowski* S. 1129; auch Art. II – 7:207 des später entwickelten Draft Common Frame of Reference entspricht dieser Regelung.

1158 *Busch/Hondius* ZEuP 2001, 223 (238, 240 f., 246 f.); *Lando/Beale* S. 265 Nr. 5. Art. 3:44 Nr. 1 des niederländischen B. W. statuiert eine Vernichtbarkeit von Rechtsgeschäften, die unter einer rechtswidrigen Drohung (welche von der Intensität sein muss, dass

Abhängigkeit, einem Vertrauensverhältnis, einer wirtschaftlichen Notlage oder Unwissenheit, fehlender Vorsicht oder Unerfahrenheit ergeben, vgl. Art. 4:109

---

sie einen durchschnittlich vernünftigen Menschen beeinflussen kann), Täuschung oder dem Missbrauch von Umständen zustande gekommen sind. Der Missbrauch von Umständen („misbruik van omstandigheden") in Art. 3:44 Nr. 4 B. W. regelt die Ausnutzung von Zwangslagen. Es liegt ein Missbrauch von Umständen vor, wenn jemand weiß oder wissen muss, dass ein anderer aufgrund von besonderen Umständen wie einem Notfall, einer Abhängigkeit, Leichtsinnigkeit, verminderter Geistesfähigkeit oder Geschäftsunerfahrenheit eine verringerte Widerstandsfähigkeit hat und diesen dazu bewegt, einen Vertrag zu schließen, obwohl er aufgrund dessen, was er wusste oder hätte wissen müssen, diesen am Vertragsschluss hätte hindern sollen (*Busch/Hondius* ZEuP 2001, 223 (240)). Die Aufzählung der besonderen Umstände im Gesetz ist nicht abschließend („wie"). Entscheidend ist, dass eine Person der anderen gegenüber eine schwächere Position innehat. Die Umstände müssen sodann kausal für die vorgenommenen Rechtshandlungen sein. Insoweit scheint auch die niederländische Regelung zunächst dem § 138 Abs. 2 BGB zu entsprechen. Im niederländischen Recht ist die Lösung vom Vertrag allerdings trotz objektiver Äquivalenz des Vertragsinhalts möglich (*Lando/Beale* S. 265 Nr. 5; *Lorenz* S. 446 Fn. 1357; vgl. auch *Busch/Hondius* ZEuP 2001, 223 (240)). Der unter einem Missbrauch von Umständen geschlossene Vertrag muss für den in der Entscheidungsfreiheit beeinträchtigten Teil also nicht objektiv nachteilig sein. Gleichwohl ist das Vorhandensein, die Art und das Ausmaß eines Nachteils für Bedeutung dafür, ob der nicht beeinträchtigte Vertragspartner den anderen vom Vertragsschluss hätte abhalten sollen. Statt Unwirksamkeit kann auch eine Anpassung eines unter Missbrauch von Umständen zustande gekommenen Vertrags verlangt werden. Mit dem Gewähren eines Lösungsrechts bei bloßer Ausnutzung einer Unterlegenheit steht das niederländische Recht dem Großteil anderer westeuropäischer Rechtsordnungen entgegen. Die niederländische Regelung ist dadurch begrenzt mit dem Gebot fairen Verhandelns vergleichbar, indem sie faktisch eine Pflicht zur Rücksichtnahme statuiert, wenn die andere Seite beeinträchtigt ist. Sie hat jedoch durch die Anknüpfung an die Schwachen der anderen Person und deren Ausnutzung einen anderen Anknüpfungspunkt als das Gebot fairen Verhandelns, welches auf die Beeinträchtigungshandlung selbst als Plichtverletzung abstellt (s. dazu Kap. 5 § 11 D. II. 3. c)). Der Schutz des niederländischen Rechts entspricht durch diese andere Anknüpfung deshalb eher einem tatbestandlich deutlich abgeschwächten § 138 Abs. 2 BGB als dem Gebot fairen Verhandelns nach hier vertretenem Verständnis. Damit folgt aus Art. 3:44 Nr. 4 B. W. dennoch ein starker Schutz der Entscheidungsfreiheit, welcher über den etablierten Schutz des BGB hinaus geht. Wegen der Anknüpfung an Schwächen des anderen Teils können aus dem Missbrauch von Umständen aber für das Gebot fairen Verhandelns keine weiteren Schlüsse gezogen werden, als dass eine Abschlusskontrolle jenseits der Drohung und Täuschung funktionieren kann.

Abs. 1 lit. a PECL.[1159] Diese Schwäche muss die andere Seite bei Kenntnis oder fahrlässiger Unkenntnis unangemessen ausgenutzt haben, um ein Ergebnis zu erzielen, welches entweder grob unfair („grossly unfair") ist oder einen krassen Vorteil („excessive benefit") gewährt, Art. 4:109 Abs. 1 lit. b PECL.[1160] Infolgedessen ist grundsätzlich eine Äquivalenzstörung erforderlich.[1161] In dieser Hinsicht scheint wie bei den PICC dem ersten Eindruck nach eine Ähnlichkeit zum deutschen § 138 Abs. 2 BGB gegeben.[1162]

Diese Äquivalenzstörung kann in den PECL allerdings auch subjektiv begründet werden, indem das Leistungsverhältnis im konkreten Einzelfall aufgrund der Umstände als gestört angesehen wird („grossly unfair").[1163] Insofern liegt ein nicht zu unterschätzender Unterschied zum § 138 Abs. 2 BGB vor.[1164] Als Beispielsfall wird eine Witwe mit zahlreichen Kindern angeführt, welche sich von ihrem Nachbarn, zu dem sie ein Vertrauensverhältnis pflegt, überreden lässt, diesem ihr Haus zum Marktpreis zu verkaufen. Kann sie in der Nachbarschaft für die gleiche Summe keine Wohnmöglichkeit finden, so soll der Vertrag aufhebbar sein.[1165] Als Rechtsfolge eines Verstoßes gegen Art. 4:109 Abs. 1 PECL ist sowohl die Vertragsauflösung als auch die Vertragsanpassung, wie der Vertrag bei Einhaltung von „good faith and fair dealing" geschlossen worden wäre, auf Antrag einer der Parteien möglich, vgl. Art. 4:109 Abs. 1, 2, 3 PECL.[1166]

In der Anerkennung dessen, dass Vertrauensverhältnisse die Willensbildung beeinflussen können und dem Ausreichenlassen eines subjektiven statt eines objektiven Nachteils für ein Beseitigungsrecht, kann eine Anlehnung des

---

1159 S. dazu auch *Busch/Hondius* ZEuP 2001, 223 (240 f.).

1160 *Busch/Hondius* ZEuP 2001, 223 (240).

1161 Leible/Lehmann/*Ackermann/Franck* S. 212; *Lando/Beale* S. 262.

1162 Vgl. *Witz* ZeuP 2004, 503 (510).

1163 Leible/Lehmann/*Ackermann/Franck* S. 212 f.; *Lando/Beale* S. 262 f.; vgl. auch den Exkurs bei Vogenauer/*Du Plessis* Art. 3.2.7 Rn. 4 sowie die grundlegenden Ausführungen in Jansen/Zimmermann/*Lohsse* Art. 4:109 Rn. 5 f., wonach weitergehend grundsätzlich eine Abschaffung der Äquivalenzstörung als Kriterium gefordert wird, um den Willensschutz deutlich in den Mittelpunkt zu stellen.

1164 Leible/Lehmann/*Ackermann/Franck* S. 217 ff. mit Ausführungen zu den jeweiligen Vor- und Nachteilen und Gründen für eine Bevorzugung der Regelung des Art. 4:109 PECL.

1165 Leible/Lehmann/*Ackermann/Franck* S. 213; *Lando/Beale* S. 263.

1166 Dies entspricht der Möglichkeit der „Aufhebung des Nachteils" im niederländischen Recht nach Art. 3:54 B. W., *Busch/Hondius* ZEuP 2001, 223 (241).

Art. 4:109 PECL an die „undue influence“ erkannt werden.[1167] Es besteht durch ihn ein höherer Schutz der Willensfreiheit als nach der traditionellen Sichtweise des BGB. Doch obwohl eine subjektive Störung des Äquivalenzverhältnisses ausreicht, muss nach Art. 4:109 PECL die beeinträchtigte Willensbildung konzeptionell ihren Ursprung in der unterlegenen Seite haben. Dies steht nach hiesigem Verständnis im Gegensatz zum Gebot fairen Verhandelns.[1168] Exogen herbeigeführte Störungen werden damit auch in den PECL abgesehen von der Drohung aus dogmatischer Sicht nicht berücksichtigt.[1169]

Gleichwohl ist der Schutz der PECL nicht prinzipiell als ein Weniger zum Gebot fairen Verhandelns einzustufen, sondern als ein Anderer. Dies folgt daraus, dass das Gebot fairen Verhandelns vom Überrumpelnden zwar eine intensivere Pflichtverletzung fordert (vorsätzliches oder fahrlässiges Herbeiführen der Beeinträchtigung),[1170] als die PECL (vorsätzliches oder fahrlässiges Ausnutzen der Beeinträchtigung), aber stattdessen auf ein bei dem in der konkreten Situation Schwächeren bereits vorher angelegtes Defizit verzichtet. Insbesondere weil auch für das Gebot fairen Verhandelns Näheverhältnisse sehr relevant sind,[1171] geht der Schutz durch die PECL trotz dogmatisch anderer Konzeption in eine ähnliche Richtung und würde so häufig zu gleichen Ergebnissen führen.

D. Entwurf zum Gemeinsamen Europäischen Kaufrecht („GEK-E“)

Unter anderem auf Grundlage der PECL[1172] wurde von der Europäischen Kommission der Entwurf für ein Gemeinsames Europäisches Kaufrecht erarbeitet

---

1167 Vgl. Leible/Lehmann/*Ackermann/Franck* S. 212; Jansen/Zimmermann/*Lohsse* Art. 4:109 Rn. 4 f.; *Zimmermann* JURA 2005, 441 (444).

1168 Dazu Kap. 5 § 11 D. II. 3. c).

1169 *Eidenmüller* Störungen S. 103 (111).

1170 S. u., Kap. 5 § 11 D. II. 3. c), Kap. 6 § 12 C. I.

1171 S. u., Kap. 5 § 11 D. II. 1.

1172 S. zu den zahlreichen „Textstufen“ der Entwicklung des GEK-E, zu welchen auch die UNIDROIT Prinzipien, der Draft Common Frame of References (welcher sich an den PECL orientiert, s. *Looschelders* § 2 Rn. 15) und die Acquis Prinzipien gehören: *Ackermann/Franck* ERCL 2012, 113 (115); *Bünten* S. 60; *Eidenmüller/Jansen/Kieninger/Wagner/Zimmerman* JZ 2012, 269 (270); *Looschelders* § 2 Rn. 15; *ders.* AcP 212 (2012), 581 (584 f.); *Martens* AcP 211 (2011), 845 (847); *Staudemayer* NJW 2011, 3491 (3493).

und im Jahre 2011 vorgestellt.[1173] Dieser Entwurf wurde als „Meilenstein in der Entwicklung des europäischen Vertragsrechts“ bezeichnet.[1174] Er beschränkt sich entgegen seinem Namen nicht bloß auf kaufrechtliche Fragen, sondern erfasst auch Vorschriften aus dem Bereich des allgemeinen Vertragsrechts (Teil I bis III).[1175] Das GEK sollte optional bei Vereinbarung zwischen den Parteien anwendbar sein.[1176] Es bezieht sich auf grenzüberschreitende Transaktionen, in denen eine Seite entweder Verbraucher oder ein KMU ist.[1177] Ziel war es den (Online-)Handel im EU-Binnenmarkt voranzutreiben, indem durch die Angleichung von Rechtsordnungen den Verbrauchern und KMU die Zweifel an grenzüberschreitenden Transaktionen genommen werden.[1178] Aufgrund des Widerstands zahlreicher Mitgliedsstaaten ist das GEK jedoch nicht über das Entwurfsstadium hinausgekommen.[1179]

Einleitend wird in Art. 1 Abs. 1 GEK-E die Vertragsfreiheit in Form der Abschluss- und Inhaltsfreiheit dem GEK-E zugrunde gelegt. Im Anschluss wird in Artikel 2 Abs. 1 GEK-E der Grundsatz von Treu und Glauben normiert.[1180] Diesem wird eine zentrale Rolle eingeräumt.[1181] Bei Verletzung der Pflicht im Einklang mit Treu und Glauben zu handeln, wird in Absatz 2 ein

---

1173 KOM(2011) 635 endgültig, 2011/0284 (COD); instruktiv und kritisch *Eidenmüller/Jansen/Kieninger/Wagner/Zimmerman* JZ 2012, 269 (269 ff.); vgl. auch *Martens* AcP 211 (2011), 845 (845 ff.); *Staudemayer* NJW 2011, 3491 (3491 ff.).

1174 *Eidenmüller/Jansen/Kieninger/Wagner/Zimmerman* JZ 2012, 269 (269).

1175 Vgl. KOM(2011) 635 endgültig, 2011/0284 (COD) S. 14, S. 40 ff., s. auch Erwägungsgrund 26, S. 22 *Looschelders* § 2 Rn. 16; *Martens* AcP 211 (2011), 845 (849); *Staudemayer* NJW 2011, 3491 (3496).

1176 KOM(2011) 635 endgültig, 2011/0284 (COD) S. 6, 9; *Looschelders* § 2 Rn. 16; *Ostendorf* ZRP 2016, 69 (69).

1177 KOM(2011) 635 endgültig, 2011/0284 (COD) S. 7, s. auch Art. 4 (S. 28 f.) und Art. 7 (S. 30) des Verordnungsentwurfs; *Bünten* S. 61 ff.; ausführlich *Ghazari-Arndt* S. 99 ff.; *Stadler* AcP 212 (2012), 473 (484 ff.); *Staudemayer* NJW 2011, 3491 (3494, 3496 ff.).

1178 KOM(2011) 635 endgültig, 2011/0284 (COD) S. 2 ff. und Erwägungsgründe 1 ff., S. 16 ff.; vgl. auch Schmidt-Kessel/*Müller-Graff* Art. 1 Rn. 22 ff.; Ostendorf ZRP 2016, 69 (69).

1179 S. dazu Jansen/Zimmermann/*Jansen/Zimmermann* General Introduction Rn. 22; *Looschelders* § 2 Rn. 16; *Ostendorf* ZRP 2016, 69 (69): Stattdessen setzt die Kommission deshalb nunmehr auf vollharmonisierende Richtlinien. Ebenso *Jansen/Zimmermann* ZeuP 2017, 761 (762); vgl. auch *Kieninger/Zimmermann* ZeuP 2018, 736 (739).

1180 Instruktiv Schmidt-Kessel/*Müller-Graff* Art. 2 Rn. 1 ff.

1181 KOM(2011) 635 endgültig, 2011/0284 (COD) Erwägungsgrund 31, S. 23 f.; ebenso *Looschelders* AcP 212 (2012), 581 (595); Schulze/*Schulte-Nölke* Art. 2 Rn. 1.

Schadensersatzanspruch oder ein Verbot der Rechtsausübung, welches aus dem unredlichen Handeln erlangt wurde, festgelegt.[1182] Dies wird teilweise als Regelung der culpa in contrahendo rezipiert.[1183] Aus den gleichen Gründen wie bei den PECL und den PICC kann jedoch nicht davon ausgegangen werden, dass damit das Gebot fairen Verhandelns als Überrumpelungsschutz geregelt werden sollte. Die Regel entspricht vielmehr erneut der deutschen Generalklausel des § 242 BGB.[1184] Gleichwohl ist auch hier eine Entwicklungsoffenheit zum Schutz vor unzulässiger Einflussnahme zu erkennen.[1185]

In Kapitel 5 des von der Kommission vorgelegten Entwurfs zum gemeinsamen europäischen Kaufrecht werden Einigungsmängel behandelt.[1186] Nach der Anfechtungsmöglichkeit wegen Irrtum, arglistiger Täuschung und Drohung (Art. 48–50 GEK-E), welche wegen des Erfordernisses einer objektiven Erheblichkeit der Drohung und eines unmittelbar bevorstehenden Übels eingeschränkter als im deutschen Recht ist[1187] und den Fall der Überrumpelung nicht erfasst,[1188] ist in Art. 51 GEK-E die Anfechtungsoption wegen „Unfairer

1182 Vgl. auch Schmidt-Kessel/*Müller-Graff* Art. 2 Rn. 6 ff.; krit. zum unklaren Verhältnis von Art. 2 Abs. 2 zu Art. 106 Abs. 1 lit. e (Schadensersatz nach Kaufrecht) und Art. 29 Abs. 1 (Schadensersatz wegen Aufklärungspflichtverletzung) *Eidenmüller/Jansen/Kieninger/Wagner/Zimmerman* JZ 2012, 269 (277).

1183 *Eidenmüller/Jansen/Kieninger/Wagner/Zimmerman* JZ 2012, 269 (277); im Ansatz Schmidt-Kessel/*Müller-Graff* Art. 2 Rn. 3; Schulze/*Schulte-Nölke* Art. 2 Rn. 7.

1184 *Looschelders* AcP 212 (2012), 581 (595 ff.).

1185 Ebenso *Martens* AcP 211 (2011), 845 (853), der in dieser Norm das Potenzial für eine Generalklausel zum Schutz vor unzulässiger Einflussnahme sieht. Über den Schadensersatzansprüch könne im Wege der Naturalrestitution sodann eine Vertragsaufhebung erzielt werden.

1186 Ausführlich dazu insgesamt *Ackermann/Franck* ERCL 2012, 113 (113 ff.); *Bünten* S. 130 ff.; *Looschelders* AcP 212 (2012), 581 (618 ff.); *Martens* AcP 211 (2011), 845 (849 ff.), welcher anmerkt, dass die Vereinheitlichungsvorschläge generell nicht „Willensmängel" als solche, sondern die „unzulässige Einflussnahme" in den Mittelpunkt stellen. Infolgedessen plädiert er für eine offene Generalklausel, welche die unzulässige Willensbeeinflussung unter nicht abschließender Einbeziehung von Täuschung, Drohung und „undue influence" regelt, um einen echten marteriellen Schutz der Willensbildung auch vor neuen Formen der Einflussnahme zu gewährleisten (853).

1187 Vgl. *Bünten* S. 278 f.; *Looschelders* AcP 212 (2012), 581 (626); Schmidt-Kessel/*Martens* Art. 50 Rn. 6; *ders.* AcP 211 (2011), 845 (865, 867 f.); krit. Schulze/*Pfeiffer* Art. 50 Rn. 11.

1188 S. zu den erfassten Fällen *Bünten* S. 279 f.; Schmidt-Kessel/*Martens* Art. 50 Rn. 3 ff.; *ders.* AcP 211 (2011), 845 (866 ff.). Beide auch zur Frage, ob Fälle der rechtswidrigen Zweck-Mittel-Relation entgegen dem Wortlaut erfasst sind.

Ausnutzung“ geregelt. Danach kann eine Partei den Vertrag anfechten, wenn sie bei Vertragsschluss von der anderen Partei abhängig war, zu ihr in einem Vertrauensverhältnis stand, sich in einer wirtschaftlichen Notlage befand, dringende Bedürfnisse hatte oder schlicht unvorsichtig, unerfahren oder unwissend war.[1189] Ob diese Aufzählung abschließend ist, ist umstritten.[1190]

Durch die Anknüpfung an Schwächen in der Sphäre der anderen Partei[1191] liegt wie bei den PECL bereits ein etwas anderer Ansatzpunkt als beim Gebot fairen Verhandelns vor. Erforderlich ist weiterhin, dass die andere Partei von diesen Umständen wusste oder hätte wissen müssen und diese Umstände ausgenutzt hat, um sich aus dem Vertrag einen übermäßigen Nutzen oder unfairen Vorteil zu verschaffen.[1192] Dies entspricht (wie die Regelungen in den PICC und PECL) auf den ersten Blick mehr dem deutschen § 138 Abs. 2 BGB[1193] als dem Gebot fairen Verhandelns. Art. 51 GEK-E geht jedoch bereits dadurch über § 138 Abs. 2 BGB hinaus, dass er wie die PECL explizit auch Vertrauensverhältnisse als Grund für eine schlechtere Ausgangslage in Vertragsverhandlungen anerkennt.[1194] Insoweit ist wie bei den PECL eine Ähnlichkeit zur „undue influence“ zu erkennen,[1195] welche im Wege der Vermutung Vertrauensverhältnissen eine äußerst bedeutsame Rolle zuweist.[1196]

In inhaltlicher Hinsicht ist zu beachten, dass Art. 51 GEK-E entweder einen übermäßigen Nutzen oder unfairen Vorteil verlangt. Der übermäßige Nutzen ist als objektives Missverhältnis zwischen Leistung und Gegenleistung zu verstehen.[1197] Im GEK-E findet sich sodann aber (wie schon in den PECL) eine

1189 Im Detail Schulze/*Pfeiffer* Art. 51 Rn. 17 ff.

1190 **Dagegen** Schmidt-Kessel/*Martens* Art. 51 Rn. 3; *ders.* AcP 211 (2011), 845 (873); **dafür** *Bünten* S. 306 ff.; *Looschelders* AcP 212 (2012), 581 (627).

1191 *Bünten* S. 304.

1192 Vertiefend dazu *Ackermann/Franck* ERCL 2012, 113 (130); Schmidt-Kessel/*Martens* Art. 51 Rn. 10 f.; *ders.* AcP 211 (2011), 845 (874 f.).

1193 Die Ähnlichkeit konstatieren auch *Bünten* S. 306 Fn. 1007; *Hartung* BLJ 2014, 73 (74); *Looschelders* AcP 212 (2012), 581 (627).

1194 Zu den Anforderungen an ein Vertrauensverhältnis im GEK-E *Bünten* S. 309 f.; Schmidt-Kessel/*Martens* Art. 51 Rn. 4; Schulze/*Pfeiffer* Art. 51 Rn. 20: So viel Vertrauen, dass keine eigenen Überlegungen geschehen.

1195 Ebenso *Bünten* S. 303; *Eidenmüller/Jansen/Kieninger/Wagner/Zimmerman* JZ 2012, 269 (280) Fn. 130; *Hartung* BLJ 2014, 73 (75); *Martens* AcP 211 (2011), 845 (849).

1196 S. o., Kap. 5 § 9 A. II. 2.

1197 *Ackermann/Franck* ERCL 2012, 113 (131); *Bünten* S. 311; Schmidt-Kessel/*Martens* Art. 51 Rn. 7; Schulze/*Pfeiffer* Art. 51 Rn. 26.

weitere über den Anwendungsbereich des § 138 Abs. 2 BGB hinausgehende Abweichung durch die Anerkennung des „unfairen Vorteils“. Dieser regelt den Fall, dass zwar eine objektiv äquivalente Gegenleistung vorliegt, sie für die Gegenseite im Sinne einer subjektiven Äquivalenzstörung aber nicht gleichwertig ist.[1198] Erfasst werden somit auch nicht-wirtschaftliche Vor- bzw. Nachteile.[1199] Auch in dieser Hinsicht ist wie bei der PECL wegen des Fehlens des Erfordernisses eines objektiven Nachteils eine Parallele zur „undue influence“ zu ziehen.

Nach Art. 54 Abs. 1 GEK-E ist der Vertrag trotz Einigungsmängeln zunächst gültig, bis er mit Wirkung ex tunc durch Anfechtung beseitigt wird.[1200] Interessanterweise sieht auch Erwägungsgrund 27 des GEK-E die Regel des Art. 51 GEK-E nicht als Äquivalent zum § 138 Abs. 2 BGB an, da dort statuiert wird, dass der GEK-E nicht die Sittenwidrigkeit regelt.[1201]

Mit der konzeptionellen Anknüpfung an Schwächen des anderen Teils bietet auch der GEK-E keinen reinen Überrumpelungsschutz. Es gelten ansonsten jedoch die gleichen Erwägungen wie bei den PECL, sodass der Willensschutz im GEK-E über das traditionelle Verständnis des BGB hinausgeht und sich in eine ähnliche, materiellere Richtung wie das Gebot fairen Verhandelns bewegt.

E. Ergebnis

Im Bereich der „undue influence“ wird auch außerhalb der Drohung auf Beeinflussungen der Willensbildung, welche nicht in einem inhaltlich unausgewogenen Vertrag münden, reagiert. Sie diente zusammen mit dem vergleichsweise jungen niederländischen Recht als Inspiration für die im Rahmen einer europäische Privatrechtsvereinheitlichung vorgeschlagenen Regelungen in Art. 4:109

1198 *Ackermann/Franck* ERCL 2012, 113 (131); ähnlich *Hartung* BLJ 2014, 73 (76 f.).

1199 *Ackermann/Franck* ERCL 2012, 113 (131); Schmidt-Kessel/*Martens* Art. 51 Rn. 7; ähnlich *Looschelders* AcP 212 (2012), 581 (628); **krit.** *Bünten* S. 304, 311 ff. mit dem Beispiel, dass jemand zu einem Verkauf zum Marktwert gedrängt wird, den er eigentlich nicht will. *Bünten* stützt sich auf die Tatsache, dass Art. 51 GEK-E eben keine Einflussnahme, sondern nur ein Ausnutzen verlangt, welches im Gegensatz zu einer Beeinflussung für eine Beseitigung alleine nicht genügen soll, wenn es keine inhaltlichen Anhaltspunkte gibt.; krit. auch Schulze/*Pfeiffer* Art. 51 Rn. 26.

1200 S. dazu auch *Ackermann/Franck* ERCL 2012, 113 (131 ff.); *Looschelders* AcP 212 (2012), 581 (629); *Martens* AcP 211 (2011), 845 (880 ff.); Schulze/*Pfeiffer* Art. 54 Rn. 2.

1201 KOM(2011) 635 endgültig, 2011/0284 (COD) S. 22; vgl. auch *Hartung* BLJ 2014, 73 (77); Schulze/*Pfeiffer* Art. 51 Rn. 4, 29 ff.; krit. und Zeitdruck als Grund vermutend *Eidenmüller/Jansen/Kieninger/Wagner/Zimmerman* JZ 2012, 269 (271 f.).

PECL und Art. 51 GEK-E.[1202] Die PECL und der GEK-E bieten im allgemeinen Zivilrecht einen höheren Schutz der Willensbildung als das BGB oder eine Vielzahl anderer europäischer Rechtsordnungen.[1203] Durch sie wird die Situation der durch den Vertragspartner verursachten Überrumpelung als solche zwar nicht berücksichtigt. Doch auch wenn sie konzeptionell bei vorhandenen Schwächen des Überrumpelten ansetzen und dadurch eine andere Herleitung als das Gebot fairen Verhandelns haben, bewegt sich der Schutz der Willensbildung in eine vergleichbare Richtung, indem erkannt wurde, dass auf materielle Beeinträchtigungen der Willensbildung besser reagiert werden muss, als dies traditionell durch die Regeln zum Irrtum, der Täuschung und der Drohung geschieht.

In anderen westeuropäischen Rechtsordnungen konnten keine dem Gebot fairen Verhandelns ähnlichen Schutznormen festgestellt werden. Gleichwohl ist andererseits festzuhalten, dass der Schutz des deutschen Zivilrechts bei arbeitsrechtlichen Aufhebungsverträgen, welche hierzulande als Triebfeder für die Entwicklung des Gebots fairen Verhandelns fungierten,[1204] im Vergleich zum Schutzniveau in einigen anderen westeuropäischen Ländern als gering einzustufen ist.[1205] Aufgrund der historischen Entwicklung des Gebots fairen

---

1202 Vgl. allg. zu der in dieser Hinsicht bestehnden Inspiration der internationalen Vereinheitlichungsvorschläge durch die „undue influence" *Ghazari-Arndt* S. 150; speziell zu Art. 51 GEK-E: *Bünten* S. 303.

1203 Generell sind in den kontinentalen Rechtsordnungen Europas wegen der römischen Wurzeln historisch nur Irrtum, Täuschung und Drohung als Willensmängel anerkannt, vgl. Schmidt-Kessel/*Martens* Art. 51 Rn. 1. Dazu auch *Bünten* S. 79 ff., 303, 430, der feststellt, dass die Regelung des Art. 51 GEK-E sich deshalb nicht auf ein einheitliches Konzept der europäischen Rechtsordnungen stützen kann. Gleiches instruktiv und ausführlich für Art. 4:109 PECL Jansen/Zimmermann/*Lohsse* Art. 4:109 Rn. 1 ff., welcher allgemein dafür plädiert, auch andere Willensbildungsmängel, wie in den PECL, zu berücksichtigen; ähnlich *Martens* AcP 211 (2011), 845 (849, 870 ff.). Krit. bezüglich des Festhaltens an dem traditionellen Dreiklang zum Willensschutz lediglich aufgrund der historischen Entwicklung äußert sich auch *Wagner* ZEuP 2007, 180 (195), welcher neue rechtliche Reaktionsmöglichkeiten auf Gefährdungen der Selbstbestimmung fordert.

1204 S. o., Kap. 5 § 8 B.

1205 In den **Niederlanden** kann ein arbeitsrechtlicher Aufhebungsvertrag formlos oder in Schriftform geschlossen werden. Der schriftliche Aufhebungsvertrag ist in Art. 7:900 ff. BW geregelt (Henssler/Braun/*Hoogendoorn/Rogmans* Niederlande Rn. 159). Häufig werden die Details zwischen Arbeitgeber und Arbeitnehmer ausgehandelt und sodann die Auflösung des Arbeitsverhältnisses beim Richter beantragt, wobei der Arbeitnehmer vor dem Richter der Aufhebung des Verhältnisses zustimmen muss (Henssler/Braun/*Hoogendoorn/Rogmans* Niederlande Rn. 161).

Läuft die Aufhebung des Verhältnisses in diesem Rahmen ab, stellt sich nicht das Erfordernis eines separaten Überrumpelungsschutzes.

In **Österreich** ist ein arbeitsrechtlicher Aufhebungsvertrag zulässig, er richtet sich nach den allgemeinen Bestimmungen (*Marhold/Friedrich* S. 315; Henssler/Braun/*Pelzmann* Österreich Rn. 125). Bei besonders schutzbedürftigen Personen erfordert der Aufhebungsvertrag die Einhaltung der Schriftform, vgl. §§ 10 Abs. 7 österreichisches MSchG, 7 Abs. 3 österreichisches VKG, 16 österreichisches APSG (vertiefend *Marhold/Friedrich* S. 316; Henssler/Braun/*Pelzmann* Österreich Rn. 125). Teilweise müssen für die Wirksamkeit des Aufhebungsvertrags bei besonders gefährdeten Personen auch die Gerichte oder gesetzliche Interessenvertretungen mitwirken (beispielsweise bei Lehrlingen, vgl. § 15 Abs. 2, 5 österreichisches BAG) (*Marhold/Friedrich* S. 316). Ein entscheidender Unterschied zum deutschen Recht ergibt sich aus einem Konsultationsrecht des Arbeitnehmers beim Betriebsrat nach § 104a Abs. 1 ArbVG, um einen vorschnellen Vertragsschluss zu verhindern (*Marhold/Friedrich* S. 316). Nach Äußerung des Konsultationsverlangens ist der Abschluss eines Aufhebungsvertrags für zwei Tage gesperrt (*Marhold/Friedrich* S. 316; vgl. auch *Franz* S. 552 f.). Wird dennoch ein Aufhebungsvertrag geschlossen, so muss dessen Unwirksamkeit binnen einer Woche nach Ablauf der Zweitagesfrist schriftlich geltend gemacht werden (*Marhold/Friedrich* S. 316). Ist ein Aufhebungsvertrag unter Verletzung dieser Regel zustande gekommen, so bleibt dem Arbeitnehmer die Möglichkeit, auf Unwirksamkeit oder auf Abwicklung des Arbeitsverhältnisses mitsamt einer Entschädigung wegen rechtswidriger Beendigung zu klagen (*Marhold/Friedrich* S. 316 f.). Zusätzliche Anforderungen stellen sich bei erkrankten bzw. Burnout gefährdeten Arbeitnehmern mit Blick auf die allgemeine Regelung der Sittenwidrigkeit nach § 879 ABGB unter Einbeziehung der Fürsorgepflicht des Arbeitgebers (§ 1157 ABGB). Infolgedessen ist dem Arbeitnehmer eine angemessene Bedenkzeit einzuräumen und es ist sicherzustellen, dass er sich der Tragweite seiner Erklärung bewusst ist (OGH 22.7.2014 – 9 ObA 56/14x, RdW 2014, 663; *Marhold/Friedrich* S. 317).

In **Frankreich** gilt beim arbeitsrechtlichen Aufhebungsvertrag („rupture conventionnelle“) eine Widerrufsfrist von 15 Kalendertagen und das Erfordernis der Zustimmung der zuständigen Arbeitsverwaltung (DDTE), welche das rechtmäßige Zustandekommen des Aufhebungsvertrags innerhalb von 15 Werktagen überprüft (*Brox/Rüthers/Henssler* Rn. 679; Henssler/Braun/*Welter/Caron* Frankreich Rn. 103). Bei Arbeitnehmern mit besonderem Kündigungsschutz ist zudem die Genehmigung durch den Arbeitsinspektor erforderlich (Henssler/Braun/*Welter/Caron* Frankreich Rn. 105). Dabei hat der Arbeitnehmer auch bei Abschluss von Aufhebungsverträgen generell einen gesetzlichen Entschädigungsanspruch und einen Anspruch auf Arbeitslosengeld (Henssler/Braun/*Welter/Caron* Frankreich Rn. 104). Sowohl der Aufhebungsvertrag als auch die Zustimmung der Arbeiterverwaltung kann mit einer Frist von zwölf Monaten vor Gerichten angegriffen werden (Henssler/Braun/*Welter/Caron* Frankreich Rn. 104).

In **Portugal** steht dem Arbeitnehmer beim Abschluss eines arbeitsrechtlichen Aufhebungsvertrag, welcher schriftlich erfolgen muss, ein Widerrufsrecht mit der

Verhandelns im deutschen Recht anhand des konfliktreichen arbeitsrechtlichen Aufhebungsvertrags anlässlich des Fehlens von speziellen Übereilungsregeln neben der schwachen Schriftform des § 623 BGB, ist eine Übertragung der Wertungen der anderen Rechtsordnungen deshalb fraglich. Es kann sich mithin nur an der „undue influence" und den Vorschlägen zur Vereinheitlichung des europäischen Vertragsrechts orientiert werden.

Es bleibt somit abschließend festzuhalten, dass der Schutz der Willensbildung im westeuropäischen Raum Lücken enthält, wenn der Vertragsinhalt nicht besonders nachteilig ist. Das Gebot fairen Verhandelns kann sich abseits der „undue influence" nicht auf einen im westeuropäischen Zivilrecht historisch anerkannten Rechtsgrundsatz stützen.[1206] Für das Gebot fairen Verhandelns streitet aber das Prinzip der Selbstbestimmung, welches dem westeuropäischen Zivilrecht inhärent ist.

§ 10 Anwendbarkeit des Gebots fairen Verhandelns über den arbeitsrechtlichen Aufhebungsvertrag hinaus

Die gesamte Diskussion um das Gebot fairen Verhandelns ist aufgrund seiner Entwicklung sehr stark vom arbeitsrechtlichen Aufhebungsvertrag geprägt.[1207] Dies gibt Anlass zu untersuchen, ob das Gebot fairen Verhandelns auch darüber hinaus Geltung beanspruchen kann.

A. Anwendbarkeit des Gebots fairen Verhandelns im Arbeitsrecht insgesamt

Die Anwendbarkeit des Gebots fairen Verhandelns wird im Arbeitsrecht auch außerhalb des Aufhebungsvertrags soweit ersichtlich nicht infrage gestellt.[1208] Das Bundesarbeitsgericht prüfte das Gebot fairen Verhandelns in der Vergangenheit bereits bei Schuldversprechen durch den Arbeitnehmer.[1209] Die Literatur

---

Dauer von 7 Tagen zu, vgl. Art. 349 f. CT 2009 (Henssler/Braun/*E. Fedtke/J. J. Fedtke* Portugal Rn. 84). Die portugiesische Verfassung verbietet zudem in Art. 53 dem Arbeitgeber die grundlose Kündigung (Henssler/Braun/*E. Fedtke/J. J. Fedtke* Portugal Rn. 80), weshalb diese als starkes, alleiniges Druckmittel ausscheidet.

1206 Vgl. insoweit die allg. Ausführungen in Fn. 1203.

1207 S. o., Kap. 5 § 8 B.; vgl. auch *Fischinger* NZA 2019, 729 (734).

1208 Vgl. ausführlich *Fischinger* NZA 2019, 729 (734); *Gundel/Sartorius* ZAP 2019, 1241 (1244); *Heinkel* ZTR 2020, 261 (264); *Reinecke* FS Düwell, 410 (411); *Tiedemann* ArbRB 2020, 61 (62 f.); **offen** Staudinger/*Richardi/Fischinger* (2020) § 611a Rn. 1962.

1209 BAG 15.3.2005, NJW 2005, 3164 (3167).

nannte diese Konstellation ebenfalls als Beispiel.[1210] Entsprechend wurde bei Änderungsverträgen eine Anwendbarkeit ebenfalls bejaht.[1211] Das Gebot fairen Verhandelns ist mithin unzweifelhaft im gesamten Arbeitsrecht anzuwenden.

B. Anwendbarkeit des Gebots fairen Verhandelns im allgemeinen Zivilrecht

Damit das Gebot fairen Verhandelns darüber hinaus im allgemeinen Zivilrecht anwendbar ist, darf es sich nicht um eine arbeitsrechtliche Besonderheit handeln. Eine solche würde vorliegen, wenn es seinen Ursprung, wie auf den ersten Blick naheliegend, in der vormals speziellen „Fürsorgepflicht" des Arbeitgebers hätte.[1212] Die „Fürsorgepflicht" erfasste alle Nebenpflichten des Arbeitgebers, die der arbeitsrechtlichen Besonderheit Rechnung tragen sollen, dass sich der Arbeitnehmer in einen fremden Betrieb und dadurch in einen vom Arbeitgeber vorgegebenen Gefahrenbereich begibt und sich dessen Weisungsrecht unterwirft.[1213]

Heute wird stattdessen oftmals von arbeitsrechtlichen Schutzpflichten gesprochen.[1214] Der Umfang der Pflichten wird nach dem Verhältnismäßigkeitsprinzip auf Basis einer Abwägung der Interessen bestimmt.[1215] Die Theorie, dass das Arbeitsrecht ein vom BGB abgelöstes Sonderrecht ist,[1216] ist allerdings überkommen.[1217] Nach herrschender Ansicht wurde die „Fürsorgepflicht",

---

1210 *Reinecke* FS Düwell, 410 (412 ff.).

1211 LAG Rheinland-Pfalz 11.4.2019 – 5 Sa 339/18, BeckRS 2019, 16044 Rn. 48 ff.; Staudinger/*Richardi/Fischinger* (2020) § 611a Rn. 1962; HK-MiLoG/*J. Schubert* § 20 Rn. 14.

1212 Ähnlich andenkend *Giesing* S. 211; auch *Lorenz* JZ 1997, 277 (282) hebt die Fürsorgepflicht hervor.

1213 Schaub/*Ahrendt* § 106 Rn. 1; *Blomeyer* SAE 2001, 315 (315); *Franz* S. 392; *Hromadka/Maschmann* § 7 Rn. 130; MüKoBGB/*Spinner* § 611a BGB Rn. 901; *Winter* S. 89; ähnlich HWK/*Thüsing* § 611a BGB Rn. 395.

1214 Schaub/*Ahrendt* § 106 Rn. 1; *Otto/Bieder* Rn. 582; *Winter* S. 89; zur historischen Entwicklung s. NK-GA/*Brors* § 611 BGB Rn. 483 f.

1215 BAG 1.7.1965, NJW 1965, 2173 (2174); BAG 27.11.1985, NZA 1986, 227 (228); *Franz* S. 392; *Gamillscheg* S. 210; vgl. auch *Mitsch* S. 38 ff.

1216 So noch *Gamillscheg* AcP 176 (1976), 197 (199 ff.); in diese Richtung auch *Blomeyer* SAE 2001, 315 (315).

1217 *Bauer/Kock* DB 2002, 42 (42); *Bengelsdorf* ZfA 1995, 229 (242); *Boemke* NZA 1993, 532 (533); *Ernst* S. 32; *Giesing* S. 212; *Martens* JuS 1987, 337 (338 ff.); *Richardi* ZfA 1988, 221 (254); *Schacht* S. 36 f.; ähnlich *Hönn* ZfA 2003, 325 (355); MüKoBGB/*Spinner* § 611a BGB Rn. 2.

beziehungsweise die arbeitsrechtliche Schutzpflicht vor der Schuldrechtsmodernisierung im Jahr 2002 aus Treu und Glauben (§ 242 BGB) abgeleitet.[1218] Seit der Schuldrechtsmodernisierung findet sie ihre dogmatische Verankerung in den Nebenpflichten nach § 241 Abs. 2 BGB.[1219] Sie begründet keine eigenen Pflichten des Arbeitgebers und kann deshalb nicht als selbstständige Rechtsgrundlage für etwaige Pflichten bemüht werden.[1220] Deshalb ist die arbeitsrechtliche Schutzpflicht heutzutage als eine Intensivierung der allgemeinen Rücksichtnahmepflichten des § 241 Abs. 2 BGB zu verstehen.[1221]

Bei einem Arbeitsverhältnis können wegen der Dauer und der engen persönlichen Zusammenarbeit besonders intensive und extensive Nebenpflichten entstehen.[1222] Diese Intensivierung lässt sich jedoch nach allgemeinen Maßstäben begründen und ist nicht auf das Arbeitsrecht als qualitativ anderes Recht zurückzuführen. So ist dem Arbeitsverhältnis bereits von Gesetzes wegen durch die Einfassung von zahlreichen Nebenpflichten, wie die vielen Schutzansprüche des Arbeitnehmers zum Beispiel aus § 618 BGB, AGG, ArbSchG, ArbZG, ASiG

1218 BAG 22.11.1963, SAE 1964, 119 (120); BAG 13.11.1984, AP BetrAVG § 1 Zusatzversorgungskassen Nr. 5; BAG 27.11.1985, NZA 1986, 227 (228); Schaub/*Ahrendt* § 106 Rn. 1; *Becker-Schaffner* BB 1993, 1281 (1281); *Brors* S. 8, 10; *Burkardt* S. 85; *Ernst* S. 118; *Franz* S. 392; *Kort* NZA 1996, 854 (854); *Kursawe* NZA 1997, 245 (246); *Mitsch* S. 111 f.; *Otto/Bieder* Rn. 569; *Preis* S. 517; *Schacht* S. 152, 161; *Wiese* ZfA 1996, 439 (460); *Wisskirchen/Worzalla* DB 1994, 577 (580).

1219 BAG 4.10.2005, NZA 2006, 545 Rn. 57; BAG 27.11.2008, NZA 2009, 671 Rn. 30; BAG 7.2.2019, NZA 2019, 688 Rn. 31; Schaub/*Ahrendt* § 106 Rn. 1; *Burkardt* S. 85; *Dütz/Thüsing* Rn. 177; Erman/*Edenfeld* § 611 Rn. 484; *Franz* S. 392; *Giesing* S. 212; *Gotthardt* Rn. 24; *Hromadka/Maschmann* § 7 Rn. 132; LCK/*Klumpp* Rn. 226; *Otto/Bieder* Rn. 569, 582; ErfK/*Preis* § 611a Rn. 615; HWK/*Thüsing* § 611a BGB Rn. 395; *Winter* S. 90.

1220 *Dütz/Thüsing* Rn. 177; *Giesing* S. 212; ErfK/*Preis* § 611a Rn. 615, 707; ähnlich *ders.* S. 517; HWK/*Thüsing* § 611a BGB Rn. 397.

1221 *Giesing* S. 212 f.; *Gotthardt* Rn. 24, 28; in diese Richtung auch *Franz* S. 393; ähnlich bereits zu § 242 BGB *Preis* S. 190; *Schacht* S. 152; auch nach der Schuldrechtsmodernisierung noch *Schmidt-Westphal* S. 94.

1222 BeckOKBGB/*Baumgärtner* § 611a Rn. 58; *Becker* S. 387; *Burkardt* S. 85; *Giesing* S. 212; *Gotthardt* Rn. 28; *Kort* NZA 1996, 854 (854); *Lorenz* JZ 1997, 277 (282); *Otto/Bieder* Rn. 569; ErfK/*Preis* § 611a Rn. 707 betont jedoch, dass dies bei allen Dauerschuldverhältnissen der Fall ist; *ders.* S. 15, 190, 517; *Winter* S. 90; ZLH/*Loritz* § 16 Rn. 21; exemplarisch bereits vor der Schuldrechtsreform auf eine bloße Konkretisierung des § 242 BGB abstellend *Wisskirchen/Worzalla* DB 1994, 577 (580); ähnlich *Gamillscheg* S. 210 f., die aber zur Begründung ausgeprägter Nebenpflichtenauf die prinzipielle Dominanz des Arbeitgebers abstellt.

und MuSchG, sowie dem Zeugnisanspruch (§ 109 GewO) und dem Urlaubsanspruch (§ 1 BUrlG) eine besondere Nähe zwischen Arbeitgeber und Arbeitnehmer inhärent.[1223] Dazu treten noch von der Rechtsprechung entwickelte Modifikationen der Beziehung wie die Haftung des Arbeitgebers für die Sachen des Arbeitnehmers und der innerbetriebliche Schadensausgleich.[1224] In der Pressemitteilung zur Entscheidung vom 7.2.2019 sprach das Bundesarbeitsgericht noch von einer „arbeitsvertraglichen Nebenpflicht",[1225] was für eine Beschränkung auf das Arbeitsrecht jedenfalls aus Perspektive des Bundesarbeitsgerichts spräche.

Im veröffentlichen Urteil findet sich eine solche Beschränkung allerdings zurecht nicht mehr wieder. Ausschlaggebend für das Gebot fairen Verhandelns ist nicht die typische arbeitsrechtliche Besonderheit der Kräfteimparität,[1226] welche im Fall des arbeitsrechtlichen Aufhebungsvertrags die herrschende Meinung ohnehin zurecht verneint. Konkrete Drucksituationen, welche dem Gebot fairen Verhandelns zugrunde liegen, sind nicht nur im Arbeitsrecht, sondern im Kontext aller rechtlichen Beziehungen denkbar.[1227] Anknüpfungspunkt für das Gebot fairen Verhandelns ist schließlich die im allgemeinen Zivilrecht geltende integritätsbezogene Nebenpflicht des § 241 Abs. 2 BGB.[1228] Zudem liegt die Grundlage des Gebots fairen Verhandelns auch im Verfassungsrecht, welches dem Privatrecht vorgibt, die Privatautonomie aller Teilnehmer zu schützen, sodass „kein prinzipieller, sondern nur ein gradueller Unterschied"[1229] zwischen dem allgemeinen Zivilrecht und dem Arbeitsrecht besteht. Für die grundrechtlichen Schutzpflichten kommt es nicht auf die Rechtsform, sondern auf die tatsächliche Situation an.[1230]

Auch das Vorbild der „undue influence" wirkt im gesamten Zivilrecht der jeweiligen Staaten.[1231] Es handelt sich beim Gebot fairen Verhandelns mithin

---

1223 *Thies* S. 47.

1224 *Thies* S. 47 f.

1225 Pressemitteilung Nr. 6/19, abzurufen unter www.bundesarbeitsgericht.de.

1226 Ebenso *Fischinger* NZA 2019, 729 (734); vgl. auch *Lorenz* JZ 1997, 277 (282); s. auch oben, Kap. 4 § 6 B IV. 1. b).

1227 *Fischinger* NZA 2019, 729 (734).

1228 *Fischinger* NZA 2019, 729 (734); *Plum* MDR 2020, 69 Rn. 7; vgl. auch *Giesing* S. 213, der jedoch die arbeitsrechtliche Intensivierung betont; ähnlich *Reinecke* Sonderbeil. NZA 18/2004, 27 (37).

1229 *Dieterich* RdA 1995, 129 (135).

1230 *Dieterich* RdA 1995, 129 (135).

1231 *Fischinger* NZA 2019, 729 (734).

nicht um eine arbeitsrechtliche Besonderheit. Das Gebot fairen Verhandelns gilt deshalb unbeschränkt im allgemeinen Zivilrecht.[1232] Generell ergeben sich intensivere Nebenpflichten jedoch im Zusammenhang mit Dauerschuldverhältnissen aufgrund ihrer gesteigerten Bedeutung und der mit ihr begründeten

1232 Zur Entscheidung des BAG v. 7.2.2019: *Bachmann/Ponßen* NJW 2019, 1966 (1969) „wird weit über das Arbeitsrecht hinaus wirken"; *Fischinger* NZA 2019, 729 (729, 734 f.) "[…] es [ist] möglich, dass die Entscheidung über das Arbeitsrecht hinaus Bedeutung für das gesamte Zivilrecht haben wird"; *Gundel/Sartorius* ZAP 2019, 1241 (1244); *Plum* MDR 2020, 69 Rn. 1 „Gebot fairen Verhandelns kann weit […]über [das Arbeitsrecht] hinaus Bedeutung erlangen", Rn. 7; *Zimmer* JZ 2019, 897 (900); **insg.** bereits AG Nürtingen 29.6.1995, NJW-RR 1996, 40 (40); OLG Bamberg 24.9.1996, NJW-RR 1997, 694 (694); OLG München 11.4.2002 – 24 U 428/01, BeckRS 2002, 30252535 zu A. 3. der Gründe; *Gottwald* JuS 1982, 877 (882) bereits im Ansatz; *Lettmaier* FS Koch, 375 (384 ff.) für das Familienrecht; *Lorenz* S. 445 ff.; *ders.* NJW 1997, 2578 (2579); *ders.* JZ 1997, 277 (282); *ders.* FS Canaris, 777 (783 ff.); *ders./Riehm* Rn. 381; *Plum* MDR 2020, 69 Rn. 2 ff.; Staudinger/*Schwarze* (2019) § 280 Rn. C 62; Staudinger/*Thüsing* (2019) Vorbem. zu §§ 312 ff. Rn. 23 im Verhältnis Unternehmer-Verbraucher; *Zimmer* JZ 2019, 897 (900) sympathisierend; ansatzweise auch LAG Mecklenburg-Vorpommern 19.5.2020, NZA-RR 2020, 520 Rn. 24; *Franz* S. 395 zu ausgeprägten Nebenpflichten generell; s. für weitere Nachweise auch Fn. 900 zur Anerkennung insg.; **offenlassend** *Kamanabrou* RdA 2020, 201 (205) beschränkt sich in ihrem Aufsatz auf den arbeitsrechtlichen Aufhebungsvertrag und sieht aufgrund der Einbettung in den Nebenpflichten eine auf den jeweiligen Kontext bezogene Auseinandersetzung mit dem Gebot fairen Verhandelns als sinnvoll an, anstatt „vorschnell" allgemeine Aussagen zu treffen; Staudinger/*Richardi/Fischinger* (2020) § 611a Rn. 1962 „dogmatische Begründung des BAG lässt [die Anwendung im allgemeinen Zivilrecht] durchaus zu, entschieden wird die aber letztlich vom BGH"; **unklar** BAG 7.2.2019, NZA 688 Rn. 30 ff.; LAG Rheinland-Pfalz 7.3.2019 – 5 Sa 301/18, BeckRS 2019, 6831 Rn. 35 und LAG Rheinland-Pfalz 27.3.2019 – 7 Sa 421/18, BeckRS 2019, 16038 Rn. 53 „arbeitsvertragliche Nebenpflicht"; ebenso LAG Rheinland-Pfalz 11.4.2019 – 5 Sa 339/18, BeckRS 2019, 16044 Rn. 49; ArbG Berlin 30.1.2015 – 28 Ca 12971/14, BeckRS 2015, 66780 zu II. 2. a. der Gründe zum Arbeitsrecht: "Für Verhandlungen über den Abschluss von Aufhebungsverträgen ergibt sich daraus das Gebot fairen Verhandelns."; *Fischer* jurisPR-ArbR 23/2019 Anm. 5 unter D.; *Heinkel* ZTR 2020, 261 (264); *Petersen* NWB 2019, 1682 (1692); *Reinecke* FS Düwell, 410 (410), der sich ausschließlich aufs Arbeitsrecht bezieht; *Spitz* jurisPR-ITR 13/2019 Anm. 5 unter D.; **aA** wohl *S. Müller* DB 2019, 1792 (1792), der in seiner Überschrift von einer „Arbeitgeberpflicht" spricht und sich auch im Aufsatz nur damit auseinandersetzt; *Tiedemann* ArbRB 2020, 61 (63), der den Ursprung des Gebots fairen Verhandelns in der bereits vorliegenden vertraglichen Bindung durch den Arbeitsvertrag sieht.

längeren Beziehung zwischen den Parteien.[1233] Ein besonderes Verhältnis kann vor diesem Hintergrund bei einer möglichen Verletzung des Gebots fairen Verhandelns zu beachten sein.[1234]

§ 11 Die Verletzung des Gebots fairen Verhandelns

Im Folgenden wird der anspruchsvollen Frage[1235] nach Kriterien, welche eine Verletzung des Gebots fairen Verhandelns indizieren, nachgegangen.

A. Die problematische Begründung des Haftungsrahmens der Pflicht fair zu verhandeln

Bei dem Ergründen der Grenzen der zulässigen Einflussnahme ist einschränkend zu beachten, dass das Ausnutzen von Verhandlungsschwächen des Gegenübers und das Schaffen von eigenen Vorteilen als Teil einer Verhandlungsstrategie im Rahmen der Privatautonomie grundsätzlich zulässig ist.[1236] Das Ausüben von Druck, um den für sich bestmöglichen Vertrag zu erzielen, gehört sogar zu einem zwingenden und gewünschten Bestandteil unserer Rechts- und Wirtschaftsordnung.[1237]

Lorenz weist deshalb zurecht darauf hin, dass der herausfordernde Unterschied zur Vertragsaufhebung über die vorvertragliche Haftung wegen fahrlässiger Täuschung dahingeht, dass jede vorvertragliche Täuschung per se pflichtwidrig ist, eine sonstige Beeinflussung aber nicht.[1238] Deshalb muss der Haftungsrahmen für eine Verletzung des Gebots fairen Verhandelns erst noch neu begründet werden.[1239] Es stellt sich dadurch ein ähnliches Problem wie bei den sog. „Rahmenrechten" des § 823 Abs. 1 BGB. Es gilt deshalb Unterscheidungskriterien

---

1233 Vgl. BGH 30.11.1978, NJW 1980, 44 (44 f.); *Bachmann/Ponßen* NJW 2019, 1966 (1970); *Becker* S. 387; *Emmerich* § 7 Rn. 9, § 22 Rn. 24; *Franz* S. 395; *Gotthardt* Rn. 23; *Lettmaier* FS Koch, 375 (385); ErfK/*Preis* § 611a Rn. 707; *ders.* S. 15, 517; APS/*Rolfs* AufhebVtr Rn. 5.

1234 S. u., Kap. 5 § 11 D. II. 1.

1235 *Giesing* S. 215 „schwierige Aufgabe"; *Lorenz* NJW 1997, 2578 (2579) „schwierige Aufgabe"; *ders.* ZIP 1998, 1053 (1056) „schwierige Abgrenzungsfragen"; *Wagner* NJW 2005, 2956 (2958) „Problem".

1236 S. o., Kap. 2 § 2 E.

1237 S. o., Kap. 2 § 2 E.; vgl. weiter *Lorenz* S. 487; ähnlich *Thies* S. 62.

1238 *Lorenz* S. 452 f.; *ders.* NJW 1997, 2578 (2579); *ders.* JZ 1997, 277 (282); zust. *Giesing* S. 215 Fn. 1064.

1239 *Lorenz* S. 453; *ders.* NJW 1997, 2578 (2579); zust. *Giesing* S. 215 Fn. 1064.

zwischen unerlaubter und erlaubter Einflussnahme zu entwickeln. Nur dadurch kann die schwierige Abgrenzung von zulässiger und unzulässiger Einwirkung vor dem Vertragsschluss gefasst werden.[1240]

B. Parallele zu vorvertraglichen Aufklärungspflichten

Wegen ihres mit dem Gebot fairen Verhandelns dogmatisch gleichen Ursprungs in § 241 Abs. 2 BGB ist eine vergleichende Betrachtung der Entwicklung und Reichweite von vorvertraglichen Aufklärungspflichten wertvoll.[1241]

I. Keine konkrete gesetzliche Regelung von Aufklärungspflichten möglich

Bereits in den Materialien des BGB wird statuiert, dass eine gesetzliche Regelung zu Art und Umfang von Aufklärungspflichten nicht möglich ist.[1242] Dies wird damit begründet, dass die Vielzahl der unterschiedlichen Ausgangslagen und die strenge Beurteilung nach dem Einzelfall eine generell-abstrakte Regelung nahezu ausschließt.[1243] Es lässt sich mithin keine abstrakte Definition bestimmen, unter die klassisch juristisch subsumiert werden kann.[1244] Bei den vorvertragliche Aufklärungspflichten begründenden Umständen handelt sich um ein „bewegliches System" aus verschiedenen Komponenten, deren Gewicht sich jeweils aus dem Einzelfall ergibt und die erst zusammengesetzt in wechselseitiger Betrachtung insgesamt das Ergebnis bestimmen.[1245] Dieses Ergebnis, welches sich aus einer Gesamtbetrachtung ergibt, kann im Einzelfall unterschiedliche Ergebnisse hervorbringen.[1246] Es besteht deshalb die Gefahr der durch eigene

---

1240 *Lorenz* S. 453. Das Problem wurde bereits 1981 aufgeworfen, s. *Medicus* Gutachten S. 479 (486).

1241 Auch das BAG 7.2.2019, NZA 2019, 688 Rn. 33 zieht einen Vergleich zu Aufklärungspflichten.

1242 Mot. I S. 208; *Mugdan* I S. 467; zust. *Breidenbach* S. 52, 94; *Lorenz* S. 318 Fn. 620; *ders./Riehm* Rn. 382; *Medicus* Gutachten S. 479 (539); *Welslau* LAGE § 611 BGB Aufhebungsvertrag Nr. 9, S. 13 (14).

1243 *Breidenbach* S. 52; *Franz* S. 399; *Horn* JuS 1995, 377 (387) spricht von einer Überforderung des Gesetzgebers.

1244 *Lorenz* S. 319 f.

1245 *Breidenbach* S. 62; BeckOGK/*Herresthal* (1.1.2021) § 311 BGB Rn. 395; *Schumacher* S. 98 ff.; Staudinger/*Singer/v. Finckenstein* (2017) § 123 Rn. 11; ähnlich *Kunst* S. 174, 207.

1246 *Breidenbach* S. 62.

Wertvorstellungen geprägten Ergebnisfindung, anstelle einer nach klar erkennbaren normativen Maßstäben erfolgenden Herangehensweise.[1247]

Gleichzeitig erlaubt und gebietet dies aufgrund der Flexibilität der Kriterien ein Eingehen auf den Einzelfall ohne ein Über- oder Untermaß an Schutz.[1248] Es können so eine Vielzahl von Sachverhalten und auch neue Entwicklungen problemlos aufgefangen werden.[1249] Die damit einhergehende Rechtsunsicherheit kann durch die Bildung von Fallgruppen abgemildert werden.[1250]

Das zugrunde liegende Problem ist damit bei vorvertraglichen Aufklärungspflichten das gleiche wie beim Gebot fairen Verhandelns in seiner Form als Überrumpelungsschutz. Die Existenz und Herangehensweise an die Bestimmung von vorvertraglichen Aufklärungspflichten ist heutzutage im Allgemeinen nicht mehr umstritten.[1251] Insofern vermag die Entwicklung der vorvertraglichen Aufklärungspflichten und deren nunmehr anerkannter Status womöglich einen Ausblick auf die Zukunft des Gebots fairen Verhandelns bieten.

II. Funktion der vorvertraglichen Aufklärungspflichten

Auch bei vorvertraglichen Aufklärungspflichten sind der Grundsatz der Selbstverantwortung im Rechtsverkehr und die Willensfreiheit unter Berücksichtigung der sich entgegenstehenden Interessen der Vertragsparteien von zentraler Bedeutung.[1252] Vorvertragliche Aufklärungspflichten bedeuten für den Aufklärungspflichtigen die Verantwortung, sicherzustellen, dass der Aufgeklärte genügend Informationen hat, um ihm eine freie Selbstbestimmung zu ermöglichen.[1253] Rechtstheoretisch läuft es auf eine leichte Verlagerung der rechtsgeschäftlichen Verantwortung von Selbst- auf Fremdverantwortung hinaus, welche jedoch notwendig ist, um Selbstbestimmung zu ermöglichen. Das Gebot fairen Verhandelns soll als Überrumpelungsschutz sicherstellen, dass der Verhandlungspartner faktisch psychologisch noch die realistische Möglichkeit hat,

---

1247 Ähnlich *Lorenz* S. 319 ff.; NK-GA/*Schöne* § 611 BGB Rn. 1028.

1248 *Lorenz* S. 321.

1249 *Horn* JuS 1995, 377 (387) befürwortet in diesem Kontext das „reasoning from case to case"; *Lorenz* S. 321.

1250 Vgl. *Lorenz* S. 321 f., der Fallgruppen jedoch als Vereinfachung kritisch gegenübersteht; allg. zur Fallgruppenbildung in § 241 Abs. 2 BGB MüKoBGB/*Bachmann* § 241 Rn. 55 ff.

1251 S. o., Kap. 3 § 4 B. II.

1252 *Breidenbach* S. 11 f.; *Lorenz* S. 416.

1253 *Weiler* S. 343.

selbstbestimmt zu handeln. Insoweit bestehen erneut Parallelen, als dass sich sowohl vorvertragliche Aufklärungspflichten als auch der Überrumpelungsschutz auf die Verwirklichung der Entscheidungsfreiheit als Ausprägung des Interesses nach § 241 Abs. 2 BGB stützen.

III. Maßstab bei vorvertraglichen Aufklärungspflichten

Aus den anerkannten Indikatoren und Abwägungskriterien für vorvertragliche Aufklärungspflichten lassen sich Anhaltspunkte für den Maßstab beim Gebot fairen Verhandelns als Überrumpelungsschutz entwickeln.

1. Interessenabwägung als maßgebendes Kriterium

Das Bundesarbeitsgericht statuierte bereits 1984: „Der jeder Partei zuzubilligende Eigennutz findet seine Grenze an dem schutzwürdigen Lebensbereich des anderen Teils.“[1254] Entsprechend ergründen die Rechtsprechung[1255] und die Lehre vorvertragliche Aufklärungspflichten anhand einer vollumfänglichen, am konkreten Fall orientierten Interessenabwägung.[1256] Dies ist auch richtig, da Rücksichtnahmepflichten immer am Einzelfall festzumachen sind.[1257]

Die Abwägungsmethodik des Bundesarbeitsgerichts ist aufgrund ihrer Abhängigkeit vom Einzelfall dadurch naturgemäß nicht geeignet, stets klare Grenzen für das Bestehen von vorvertraglichen Aufklärungspflichten zu ziehen.[1258] Aufklärungspflichten beschneiden immer auch die zur Aufklärung verpflichtete Seite in ihren Grundrechten nach Art. 12 Abs. 1 GG oder Art. 2 Abs. 1 GG, sodass die Aufklärungspflicht keinen unverhältnismäßigen Umfang annehmen darf.[1259] Das Bundesarbeitsgericht äußerte in diesem Sinn bereits 1963, dass Nebenpflichten nicht „übermäßig strapaziert“[1260] werden sollten. Im Sinne der Rechtssicherheit ist es vorteilhaft, die Voraussetzungen für

---

1254 BAG 13.11.1984, AP BetrAVG § 1 Zusatzversorgungskassen Nr. 5; BAG 11.12.2001, NZA 2002, 1150 (1152); BAG 12.12.2002, NJOZ 2003, 1602 (1603); ähnlich BAG 7.2.2019, NZA 2019, 688 Rn. 33.

1255 BAG 13.11.1984, AP BetrAVG § 1 Zusatzversorgungskassen Nr. 5; BAG 17.10.2000, NZA 2001, 206 (207); BAG 16.11.2005, NZA 2006, 535 (538 f.).

1256 S. o., Kap. 3 § 4 B. II.

1257 S. o., Kap. 5 § 7 B. I.

1258 Vgl. *Franz* S. 408.

1259 *Franz* S. 422.

1260 BAG 22.11.1963, SAE 1964, 119 (120).

vorvertragliche Aufklärungspflichten anhand von abstrakten Voraussetzungen zu präzisieren, um die Beurteilung für den Rechtsanwender zu erleichtern.

2. *Indikatoren für vorvertragliche Aufklärungspflichten*

Eine vorvertragliche Aufklärungspflicht ist zunächst grundsätzlich von einem erkennbaren und relevanten Informationsgefälle abhängig.[1261] Diese Wertung lässt sich auf das Gebot fairen Verhandelns nicht übertragen. Darüber hinaus muss die zu informierende Partei „schutzbedürftig" sein.[1262] Ob dies der Fall ist, wird an einer Reihe verschiedener Faktoren festgemacht. Ausschlaggebend ist grundsätzlich die Möglichkeit der Selbstinformation, um eine gerechte Risikoverteilung zu ermöglichen.[1263] Maßgebend ist damit die faktische Zumutbarkeit der Selbstinformation im Sinne der Selbstverantwortung. Das Austarieren der Grundrechtspositionen stellt sich als Problem ebenso beim Überrumpelungsschutz. Im Folgenden werden darum nur die Kriterien zur Feststellung von vorvertraglichen Aufklärungspflichten besprochen, welche für das Gebot fairen Verhandelns erkenntnisversprechend sind.

a) *Vertretung oder Beratung der möglicherweise aufklärungsbedürftigen Partei*

Wird der grundsätzlich Aufzuklärende von einer fachkundigen Person vertreten, spricht dies gegen eine vorvertragliche Aufklärungspflicht.[1264] Fachkundige Berater oder Vertreter bringen aufseiten des ansonsten Aufzuklärenden die erforderliche Sachkunde ein, ohne im Interessenkonflikt zu stehen.[1265]

1261 RG 27.3.1906, RGZ 62, 149 (150 f.); BGH 16.2.1967, BGHZ 47, 101 (107 f.); BGH 29.6.1989, BGHZ 108, 164 (169); BGH 11.2.1999, NJW 1999, 2032 (2032); MüKoBGB/*Bachmann* § 241 Rn. 134 ff.; MüKoBGB/*Emmerich* § 311 BGB Rn. 69 „zentrale Rolle"; Staudinger/*Olzen* (2019) § 241 BGB Rn. 447; *Schwarze* LAGE § 611 BGB Aufhebungsvertrag Nr. 9, S. 26 (31); *Thies* S. 46 ff.; *Winter* S. 117.

1262 MüKoBGB/*Bachmann* § 241 Rn. 136 f.; Staudinger/*Olzen* (2019) § 241 BGB Rn. 453; *Thies* S. 56.

1263 Vgl. *Lorenz* S. 421.

1264 *Germelmann* NZA 1997, 236 (241); *Hoß/Ehrich* DB 1997, 625 (626); HWK/*Kliemt* Anh. § 9 KSchG Aufhebungsverträge Rn. 19; *Petersen* NWB 2019, 1682 (1686); Tschöpe/*Schulte* 3. Teil C. Rn. 51; *Thies* S. 56 f.; *Winter* S. 117.

1265 *Thies* S. 56.

b) *Bedenkzeit oder Widerrufsrecht der möglicherweise aufklärungsbedürftigen Partei*

Ähnlich ist die Einräumung von einer Bedenkzeit oder einem Widerrufsrecht als Faktor gegen eine vorvertragliche Aufklärungspflicht zu berücksichtigen.[1266] Diese sollen dem Aufzuklärenden gerade die Gelegenheit geben, sich umfassend zu informieren.[1267] Je länger die Bedenkzeit ist, desto mehr spricht sie gegen eine Aufklärungspflicht.[1268] Da der Grundsatz der Eigenverantwortlichkeit entscheidend ist, muss es konsequenterweise tatsächlich möglich sein, die erforderlichen Informationen in dieser Zeit überhaupt einzuholen.[1269] Ist die Information demnach nicht, auch nicht für Fachleute, sondern nur für die andere Seite verfügbar, so ist die Wirkung einer Bedenkzeit, eines Widerrufsrechts aber auch einer Beratung fraglich.

c) *Tatsächliche Unterlegenheit der möglicherweise aufklärungsbedürftigen Partei*

Im Einzelfall kann auch unterstützend auf die intellektuelle Unterlegenheit,[1270] den Bildungsstand,[1271] den Mangel an Geschäftserfahrenheit,[1272] ein insgesamt geringes Alter[1273] oder körperliche Gebrechen[1274] zur Begründung von vorvertraglichen Aufklärungspflichten abgestellt werden. Diese Faktoren sind jeweils nicht ausschlaggebend, helfen jedoch bei der Gesamtabwägung.[1275]

1266 *Becker-Schaffner* BB 1993, 1281 (1281); BeckOGK/*Sutschet* (1.9.2021) § 620 BGB Rn. 387; *Winter* S. 118.

1267 *Winter* S. 118; zweifelnd *Thies* S. 59 f.: nur, wenn ein Hinweis auf den Informationszweck der Bedenkzeit beziehungsweise des Widerrufsrechts gegeben wurde.

1268 *Thies* S. 60 f.

1269 *Schacht* S. 164; im Ansatz *Becker-Schaffner* BB 1993, 1281 (1281 f.); BeckOGK/*Sutschet* (1.9.2021) § 620 BGB Rn. 387.

1270 *Blomeyer* SAE 2001, 315 (317); MüKoBGB/*Emmerich* § 311 BGB Rn. 69; *Hemming* S. 46; *Pohlmann* S. 104 f. „Rechts- oder Sprachunkenntnis“; *Schwarze* LAGE § 611 BGB Aufhebungsvertrag Nr. 9, S. 26 (34); **aA** BeckOGK/*Herresthal* (1.1.2021) § 311 BGB Rn. 399.

1271 BAG 17.10.2000, NZA 2001, 206 (208); *Hemming* S. 47 f.

1272 BGH 27.2.1974, NJW 1974, 849 (851); BGH 7.10.1991, NJW 1992, 300 (302); BGH 24.5.1993, NJW 1993, 2107 (2107); MüKoBGB/*Bachmann* § 241 Rn. 143; *Hemming* S. 46 f.; *Pohlmann* S. 104 f.; *Weiler* S. 346.

1273 BGH 24.5.1993, NJW 1993, 2107 (2107); in diese Richtung BVerfG 5.8.1994, NJW 1994, 2749 (2750); *Hemming* S. 47.

1274 MüKoBGB/*Bachmann* § 241 Rn. 143.

1275 Vgl. insg. zur tatsächlichen Unterlegenheit *Thies* S. 61.

d) *Initiative für den Vertragsschluss*

Der Umfang der Rücksichtnahmepflichten und damit auch der Bestand einer vorvertraglichen Aufklärungspflicht hängt weiterhin davon ab, von wem die Initiative zum Vertragsschluss ausging.[1276] Trägt die grundsätzlich schutzwürdige Partei den Vertrag an, so kann davon ausgegangen werden, dass sie die Konsequenzen des Vertragsschlusses kennt oder für sie nicht relevant sind, weshalb die Hinweispflichten in ihrem Umfang tendenziell begrenzt sind.[1277] Unerheblich ist es hingegen, von wem das konkrete Angebot zum Vertragsschluss ausging.[1278]

e) *Vertrauensverhältnis zwischen den Parteien*

Ein weiterer wichtiger Punkt für Rücksichtnahmepflichten nach § 241 Abs. 2 BGB ist, wie vertrauensvoll das Verhältnis zwischen den Parteien ist.[1279]

1276 BAG 13.11.1984, AP BetrAVG § 1 Zusatzversorgungskassen Nr. 5; BAG 10.3.1988, NJW 1989, 247 (247); BAG 17.10.2000, NZA 2001, 206 (207); BAG 11.12.2001, NZA 2002, 1150 (1152 f.); BAG 16.11.2005, NZA 2006, 535 (538); *Becker-Schaffner* BB 1993, 1281 (1281); DDZ/*Däubler* Aufhebungsvertrag Rn. 102; HK-ArbR/*Däubler* §§ 611, 611a BGB Rn. 627; WEBF/*Ehrich* Teil 1 Rn. 91 ff.; *Hoß/Ehrich* DB 1997, 625 (625); *Hümmerich* § 3 Rn. 84; BeckOKArbR/*Joussen* § 611a BGB Rn. 309; *Junker* Rn. 431; HWK/*Kliemt* Anh. § 9 KSchG Aufhebungsverträge Rn. 17 f.; LKB/*Krause* § 1 Rn. 17; Schaub/*Linck* § 122 Rn. 9; BLDH/*Lingemann* Kap. 23 Rn. 7; *Moll/Reufels* MDR 2001, 361 (363); ErfK/*Müller-Glöge* § 620 BGB Rn. 12; MEL/*Mues* Rn. 762 ff.; Staudinger/*Oetker* (2019) Vorbem. zu §§ 620 ff. Rn. 61; Staudinger/*Olzen* (2019) § 241 Rn. 456; Wedde/*Paki* § 611a BGB Rn. 48; NK-GA/*Schöne* § 611 BGB Rn. 1025 f.; BeckOGK/*Sutschet* (1.9.2021) § 620 BGB Rn. 387; *Thies* S. 63 ff.; HWK/*Thüsing* § 611a BGB Rn. 402; KassHdb/*Welslau* 6.1 Rn. 42; *ders.* LAGE § 611 BGB Aufhebungsvertrag Nr. 9, S. 13 (16 f.); *Winter* S. 117 f.; **krit.** *Gamillscheg* S. 211; **aA** *Kunst* S. 214.

1277 BAG 13.11.1984, AP BetrAVG § 1 Zusatzversorgungskassen Nr. 5; BAG 10.3.1988, NJW 1989, 247 (247); BAG 17.10.2000, NZA 2001, 206 (207); BAG 11.12.2001, NZA 2002, 1150 (1152); BAG 16.11.2005, NZA 2006, 535 (538); *Becker-Schaffner* BB 1993, 1281 (1281); DDW/*Däubler* Einleitung Rn. 150; DDZ/*ders.* Aufhebungsvertrag Rn. 101; HK-ArbR/*ders.* §§ 611, 611a BGB Rn. 627; WEBF/*Ehrich* Teil 1 Rn. 92; Soergel/*Hefermehl* § 123 Rn. 7; *Hoß/Ehrich* DB 1997, 625 (625); BeckOKArbR/*Joussen* § 611a BGB Rn. 309; ErfK/*Müller-Glöge* § 620 BGB Rn. 12; MEL/*Mues* Rn. 763 ff.; Schaub/*Linck* § 122 Rn. 9; *Thies* S. 63 ff.; KassHdb/*Welslau* 6.1 Rn. 42; *ders.* LAGE § 611 BGB Aufhebungsvertrag Nr. 9, S. 13 (16 f.); *Winter* S. 117.

1278 BAG 11.12.2001, NZA 2002, 1150 (1152).

1279 BGH 31.1.1979, GRUR 1979, 429 (430); BGH 7.10.1991, NJW 1992, 300 (302); MüKoBGB/*Bachmann* § 241 Rn. 140 ff.; DDZ/*Däubler* Aufhebungsvertrag Rn. 94; HK-ArbR/*ders.* §§ 611, 611a BGB Rn. 621; *Glahe* S. 146; *Hemming* S. 48 f.; LKB/

Das Vertrauen kann sowohl im Rahmen von bestehenden Vertragsverhältnissen als auch bei erst noch zu begründenden Vertragsverhältnissen zu berücksichtigen sein.[1280] Hierbei kann sowohl auf die typischerweise als auch die tatsächlich bestehende Vertrauensprägung abgestellt werden.[1281]

Insbesondere bei langfristigen Vertragsbeziehungen besteht eine intensive Vertrauenslage,[1282] welche bei persönlichem Einschlag besonders zu würdigen ist.[1283] Beispielsweise stehen der Arbeitgeber und der Arbeitnehmer regelmäßig täglich miteinander im Kontakt, sind voneinander wirtschaftlich abhängig und verlassen sich weitgehend aufeinander.[1284] Deshalb nimmt die Intensität der Nebenpflichten mit zunehmender Dauer des Verhältnisses zu.[1285] Wird vorgespiegelt, dass für den anderen Vertragsteil nur beste Absichten bestehen, so können aus dem dadurch resultierenden Vertrauen weitergehende vorvertragliche Aufklärungspflichten entspringen.[1286]

Krause § 1 Rn. 17; *Kunst* S. 204; Schaub/*Linck* § 122 Rn. 9; BLDH/*Lingemann* Kap. 23 Rn. 7; *Lorenz* S. 433; Staudinger/*Oetker* (2019) Vorbem. zu §§ 620 ff. Rn. 61, wenn der Arbeitgeber behauptet die Belange des Arbeitnehmers wahrzunehmen; *Petersen* NWB 2019, 1682 (1686 f.); *Pohlmann* S. 105; Staudinger/*Singer/v. Finckenstein* (2017) § 123 Rn. 11; BeckOKBGB/*Sutschet* § 311 Rn. 77; *Thies* S. 67 f.; HWK/*Thüsing* § 611a BGB Rn. 402; *Weiler* S. 346, 349 f.; allg. zu Nebenpflichten MüKoBGB/*Ernst* § 280 Rn. 99; allg. zu Aufklärungspflichten Palandt/*Ellenberger* § 123 BGB Rn. 5c; **krit**. *Breidenbach* S. 53 ff.;.

1280 BGH 7.10.1991, NJW 1992, 300 (302); *Lorenz* S. 433.

1281 *Thies* S. 67; *Weiler* S. 350; in diese Richtung auch *Lorenz* S. 434 mit den Beispielen eines altruistischen oder beratenden Auftretens für tatsächliches Vertrauen.

1282 MüKoBGB/*Bachmann* § 241 Rn. 141; MüKoBGB/*Emmerich* § 311 BGB Rn. 68; *Pohlmann* S. 106; *Thies* S. 67; ähnlich auch BGH 30.11.1978, NJW 1980, 44 (44 f.); *Lorenz* S. 433 „Haftungsbegründende Vorwirkung [für] alle Vertragsverhältnisse […], welche auf vertrauensvolle Kooperation ausgerichtet sind".

1283 *Thies* S. 67; *Welslau* LAGE § 611 BGB Aufhebungsvertrag Nr. 9, S. 13 (18); allg. *Lettmaier* FS Koch, 375 (385).

1284 Ähnlich *Thies* S. 67 f.

1285 *Lang* AcP 201 (2001), 451 (510); *Kunst* S. 204; *Welslau* LAGE § 611 BGB Aufhebungsvertrag Nr. 9, S. 13 (18); ähnlich beispielsweise BGH 31.5.1989, BGHZ 107, 331 (336).

1286 Vgl. für das Arbeitsrecht BLDH/*Lingemann* Kap. 23 Rn. 7; Staudinger/*Oetker* (2019) Vorbem. zu §§ 620 ff. Rn. 61.

Soweit behauptet wird, dass das Vertrauen abnimmt, wenn es um die Beendigung des Verhältnisses geht,[1287] ist dem damit zu begegnen, dass es sich bei Vertrauen um ein tatsächliches Element handelt. Dieses entfällt nicht nur, weil eine Seite sich trennen möchte. Ein intensives Vertrauensverhältnis liegt indes nicht mehr vor, wenn es um Konflikte wegen des Verdachts von Straftaten oder tatsächlich ausgeübten Straftaten geht.[1288] Nach *Thies* wirkt sich ein besonderes Engagement des Arbeitgebers in der Vergangenheit zugunsten des Arbeitnehmers möglicherweise vertrauensfördernd aus, sodass daraus umfangreichere vorvertragliche Aufklärungspflichten resultieren.[1289] Übertragen auf das Gebot fairen Verhandelns ist der Gedanke insofern zu berücksichtigen, als dass der Überrumpelte, der einen großen Respekt gegenüber dem Überrumpelnden hat, sich diesem eher fügt.

f) Höhe und Vermeidbarkeit des drohenden Schadens

Zuletzt sind in die Interessenabwägung die Höhe und die Vermeidbarkeit des drohenden Schadens, beziehungsweise die Wichtigkeit der aufklärungsbedürftigen Tatsache miteinzubeziehen.[1290] Danach überwiegt das Interesse des Aufzuklärenden desto eher, je höher der drohende Schaden ohne die Aufklärung und je gewichtiger das betroffene Schutzgut ist.[1291] Dies wird deshalb insbesondere bei sich möglicherweise anbahnenden besonders schweren Folgen, beispielsweise bei Operationen[1292] oder Finanzgeschäften[1293] angenommen.

1287 So *Kunst* S. 214, der jedoch noch von einem engen Vertrauen ausgeht. Vgl. für die Scheidung *Lettmaier* FS Koch, 375 (386), die dabei aber auch auf das Scheidungsverfahren und die typischerweise erfolgte Rechtsberatung abstellt.

1288 *Thies* S. 68.

1289 *Thies* S. 68; ähnlich *Blomeyer* SAE 2001, 315 (317).

1290 BGH 8.6.1978, NJW 1978, 2145 (2147); BGH 24.5.1993, NJW 1993, 2107 (2107); ähnlich auch BGH 27.2.1974, NJW 1974, 849 (851); MüKoBGB/*Bachmann* § 241 Rn. 138; *Becker* S. 426; DDZ/*Däubler* Aufhebungsvertrag Rn. 94; HK-ArbR/*Däubler* §§ 611, 611a BGB Rn. 621; MüKoBGB/*Emmerich* § 311 BGB Rn. 68; *Fleischer* S. 316 f.; *Hemming* S. 50; *Lorenz* S. 430; *Medicus/Petersen* BGB AT Rn. 449; *Petersen* NWB 2019, 1682 (1686); *Pohlmann* S. 103, 106; *Teichmann* FS Kraft, 629 (640); *Thies* S. 69; *Winter* S. 117; im Ansatz HWK/*Kliemt* Anh. § 9 KSchG Aufhebungsverträge Rn. 18; *Kunst* S. 197 f.; allg. zu Nebenpflichten MüKoBGB/*Ernst* § 280 Rn. 99; allg. zu Aufklärungspflichten Palandt/*Ellenberger* § 123 BGB Rn. 5b.

1291 Vgl. *Hemming* S. 50; *Thies* S. 69; ähnlich *Becker* S. 426.

1292 BGH 16.1.1959, BGHZ 29, 176 (179 ff.); BGH 7.2.1984, BGHZ 90, 103 (106 ff.).

1293 BGH 28.5.2002, NJW 2002, 2777 (2777); BGH 30.3.2004, NJW-RR 2004, 1420 (1420 f.).

g) Ergebnis

Für die Begründung beziehungsweise die Ablehnung von vorvertraglichen Aufklärungspflichten und deren Umfang kann mithin unterstützend auf die Beteiligung sachkundiger Dritter, die Einräumung einer Bedenkzeit oder eines Widerrufsrechts, die tatsächliche Unterlegenheit aufgrund in der unterlegenen Person ruhenden Umständen, die Initiierung des Vertrags, das Vertrauensverhältnis und die Wichtigkeit des Vertrags abgestellt werden. Diese Faktoren sind auch für den Überrumpelungsschutz durch das Gebot fairen Verhandelns aufgrund ihrer gleichen dogmatischen Verankerung in § 241 Abs. 2 BGB zu berücksichtigen.

C. Orientierung am UWG

Obwohl das UWG damals selbst kein Beseitigungsrecht des Abnehmers für den Fall der Überrumpelung regelte,[1294] schlug *Lorenz* vor, sich bei der Frage nach den Kriterien einer unzulässigen Einflussnahme für das Gebot fairen Verhandelns am UWG zu orientieren.[1295] Das Lauterkeitsrecht erfasst zahlreiche Methoden der Beeinflussung der Willensbildung, welche die zulässige Intensität übersteigen, indem sie die Willensbildung potenziell ausschalten.[1296] Damit besteht bereits eingangs eine Ähnlichkeit zum Gebot fairen Verhandelns. Das UWG dient nach dem expliziten Wortlaut des Gesetzes mittlerweile nicht nur dem Schutz der Wettbewerber, sondern auch dem Schutz der Verbraucher und deren Entscheidungsfreiheit, vgl. § 1 S. 1 UWG.[1297] Der Verbraucherschutz stellt nach Ansicht mancher nunmehr sogar das zentrale Element des UWG dar.[1298]

1294 S. o., Kap. 3 § 5 P. II.

1295 *Lorenz* S. 488 ff.; *ders.* NJW 1997, 2578 (2579 f.); *ders.* FS Canaris, 777 (789); sympathisierend *Plum* MDR 2020, 69 Rn. 5; **aA** *Barnert* S. 241.

1296 *Weiler* S. 560 f.

1297 *Beater* Rn. 348, 1064 ff.; Büscher/*Büscher* § 1 UWG Rn. 15; UWG-GK/*Fritzsche* § 1 Rn. 204 ff., 213; Götting/Nordemann/*Götting* § 1 UWG Rn. 8 ff.; KBF/*Köhler* § 1 UWG Rn. 9, 14, 17, 19; *Lorenz* S. 489 ff.; MüKoUWG/*Sosnitza* § 1 Rn. 14 f.; Ohly/Sosnitza/*ders.* § 1 UWG Rn. 3, 19 ff.

1298 Vgl. *Emmerich/Lange* § 1 Rn. 9, § 3 Rn. 9; die große praktische Bedeutung konstatiert auch UWG-GK/*Fritzsche* § 1 Rn. 206.

I. Beschränkung des Schutzes des UWG auf den Leistungswettbewerb

Allerdings wurde früher zur vor Überarbeitung des UWG 2004 schon ähnlich lautenden Rechtsprechung vertreten, dass sich das UWG ausschließlich auf eine freie Willensbildung im Bereich des Leistungswettbewerbs beschränke.[1299] Es gehe im Schutzbereich des UWG nur darum, die Leistungen von verschiedenen Unternehmern vergleichen zu können und sich anhand der leistungswertbestimmenden Faktoren ohne sachfremde Einflüsse zu entscheiden.[1300] Der vom UWG geschützte objektive Leistungswettbewerb decke sich deshalb nicht zwingend mit dem Schutz der Selbstbestimmung, da diese subjektiv die Berücksichtigung auch sachfremder Faktoren erlaubt.[1301] Nur wenn eine nach dem UWG untersagte Beeinträchtigung von solcher Intensität sei, dass der Beeinträchtigte nicht mehr selbstbestimmt handeln könne, liege ein Gleichlauf des Schutzes vor.[1302] Wegen der Anknüpfung des UWG an den Leistungswettbewerb wurde deshalb von *Weiler* vertreten, dass aus den UWG-Vorschriften keine allgemeinen Leitlinien zur unzulässigen Einflussnahme gewonnen werden können.[1303]

II. Das moderne Schutzziel des UWG: Schutz der Selbstbestimmung

Dieses Verständnis ist durch die Novellierungen des UWG im Jahre 2004[1304] und 2021/22 jedoch überkommen. Eine gewisse Verbindung zum Wettbewerb muss zwar weiterhin gegeben sein,[1305] doch schützt das UWG die Entscheidungsfreiheit in allen Phasen des Vertrags und auch den selbstbestimmten Vertragsschluss an sich.[1306] Insbesondere ist nicht mehr nur der objektive Leistungswettbewerb

---

1299 *Weiler* S. 578.

1300 *Weiler* S. 578 f.; ähnlich BGH 23.1.1959, GRUR 1959, 285 (286); BGH 16.3.1973, GRUR 1973, 591 (593); BGH 25.5.1973, GRUR 1974, 156 (157); BGH 4.7.1995, GRUR 1976, 248 (249); BGH 30.6.1976, GRUR 1976, 637 (638); BGH 30.6.1976, GRUR 1977, 110 (111).

1301 *Weiler* S. 578, 580.

1302 *Weiler* S. 580.

1303 *Weiler* S. 581.

1304 Dazu ausführlich *Beater* Rn. 836 ff.

1305 *Beater* Rn. 1091 f.; MüKoUWG/*Sosnitza* § 1 Rn. 28; Ohly/Sosnitza/*ders.* § 1 UWG Rn. 10. Gemeint ist mit dem Bezug zum Wettbewerb lediglich, dass das UWG nicht vor der Produktqualität schützt, vgl. *Beater* Rn. 1091.

1306 *Beater* Rn. 1085; MüKoUWG/*Sosnitza* § 1 Rn. 27; ähnlich UWG-GK/*Fritzsche* § 1 Rn. 238 ff.; KBF/*Köhler* § 1 UWG Rn. 17 ff.; Ohly/Sosnitza/*Sosnitza* § 1 UWG Rn. 21.

durch das UWG geschützt.[1307] Der Verbraucher ist damit auch im Anwendungsbereich des UWG keinem objektiven Maßstab unterworfen, er handelt stattdessen autonom.[1308]

III. Stellungnahme

Das Gebot fairen Verhandelns ist nicht mit dem Leistungswettbewerb auf dem Markt verknüpft. Typischerweise wird es im Gegenteil gerade dort verletzt, wo es keinen Wettbewerb gibt. Dies ist insbesondere bei Aufhebungs- und Verzichtsverträgen jedweder Art oder Schuldanerkenntnissen der Fall. Das Problem der Beeinflussung der Willensfreiheit stellt sich beim allgemeinen Vertragsschluss allerdings nicht prinzipiell anders als im wettbewerbsbezogenen Bereich des UWG. Die durch das UWG in § 4a erfassten Konstellationen gehen in ihrer Reichweite und Auffächerung über das bekannte System des BGB zum Schutz der Willensbildung hinaus, welches sich primär auf Drohung und Täuschung beschränkt.[1309] Die Gefahr der Beeinträchtigung der Selbstbestimmung ist gleichwohl auch in den vom UWG genannten Fällen gegeben und darum mittlerweile als dessen Schutzinhalt anerkannt. Die Schutzzweckgewichtung des UWG kann sich dabei nicht abstrakt für das gesamte UWG festlegen lassen, sondern hängt von den jeweiligen Vorschriften ab.[1310] § 4a UWG stellt deutlich auf den Schutz der Entscheidungsfreiheit der Abnehmer und nicht auf den Schutz der Wettbewerber ab,[1311] weshalb auch der Schadensersatzanspruch der Abnehmer nach § 9 Abs. 2 UWG n. F. daran anknüpft.

Insofern können aus dem vergleichsweise modernen § 4a UWG durchaus Schlüsse darüber gezogen werden, was der Gesetzgeber im vorvertraglichen Bereich als zulässige und was er als unzulässige Beeinflussung der Entscheidungsfreiheit erachtet.[1312] Der Gesetzgeber hat durch § 4a UWG gezeigt, dass er eine einfache, aber intensive Druckausübung unter Berücksichtigung von

---

1307 Vgl. MüKoUWG/*Sosnitza* § 1 Rn. 27 zur missverständlichen „Schiedsrichterfunktion"; s. auch *Beater* Rn. 808, 1093 f., 1175 ff., 1568 ff.

1308 MüKoUWG/*Sosnitza* § 1 Rn. 27; ähnlich *Beater* Rn. 808, 1095 ff., 1568.

1309 Vgl. *Weiler* S. 577 f.

1310 Büscher/*Büscher* § 1 UWG Rn. 17 ff.; MüKoUWG/*Sosnitza* § 1 Rn. 15; ähnlich *Beater* Rn. 808.

1311 Büscher/*Büscher* § 1 UWG Rn. 21; Götting/Nordemann/*Götting* § 4a UWG Rn. 1; KBF/*Köhler* § 4a UWG Rn. 1.2; MüKoUWG/*Raue* § 4a Rn. 1; MüKoUWG/*Sosnitza* § 1 Rn. 15; Ohly/Sosnitza/*ders.* § 4a UWG Rn. 2.

1312 Ähnlich *Lorenz* S. 488 ff.; *Plum* MDR 2020, 69 Rn. 5.

drohungsähnlichen Methoden zu besonderen Zeiten, Orten oder über besondere Zeiträume hinweg als geeignet ansieht, die Willensbildung des Einzelnen auf erhebliche Art und Weise zu beeinträchtigen. Es sollen nach § 4a UWG alle Umstände des Einzelfalls berücksichtigt werden, um festzustellen, ob die Beeinflussung noch zulässig oder schon unzulässig ist. Hierfür sind nach § 4a Abs. 2 S. 1 Nr. 3, S. 2 UWG auch aus der Sphäre des schwächeren Verhandlungspartners stammende Defizite zu berücksichtigen. Diese Wertungen des § 4a UWG können für die Entwicklung des Gebots fairen Verhandelns aufgrund der zentralen Bedeutung der Selbstbestimmung berücksichtigt werden.[1313] Wegen des Unterschieds zwischen Lauterkeitsrecht und dem allgemeinen Zivilrecht muss es allerdings bei einer Orientierung am UWG bleiben.[1314]

D. Typische Merkmale unfairer Verhandlungsmethoden

Das Bundesarbeitsgericht geht von einem Verstoß gegen die Rücksichtnahmepflichten nach § 241 Abs. 2 BGB in ihrer Ausprägung als Überrumpelungsschutz aus, wenn eine Verhandlungssituation herbeigeführt oder ausgenutzt wird, „die eine unfaire Behandlung des Vertragspartners darstellt."[1315] Insbesondere käme dies in Betracht „bei Schaffung besonders unangenehmer Rahmenbedingungen, die erheblich ablenken oder sogar den Fluchtinstinkt wecken."[1316] Diese vagen Vorgaben gilt es zu hinterfragen und zu präzisieren.

Im Rahmen unfairer Verhandlungen wird häufig keine Beratung zugelassen und auf einen sofortigen und endgültigen Vertragsschluss in einer überraschenden Situation gedrängt. Die Initiative geht regelmäßig von der erfahreneren und wirtschaftlich stärkeren Partei in einer Position der Autorität aus. Zudem geht

1313 Dabei muss jedoch beachtet werden, dass das UWG aufgrund des sog. „Multiplikatoreffekts" (in den UWG Fällen liegen typischerweise keine nur vereinzelten Verstöße vor) grundsätzlich einen strengeren Maßstab als das BGB an den Schutz der Willensbildung legt, vgl. dazu *Beater* Rn. 80, 88. Andererseits wird ein Wertungsgleichlauf der Regelungen von UWG und BGB gefordert, vgl. Ohly/Sosnitza/*Ohly* D. Rn. 65 und UWG-GK/*Schünemann/Pfeifer* Einleitung Teil G. Rn. 146. Diesem würde das Gebot fairen Verhandelns entsprechen.

1314 Zu konkurrenzrechtlichen Erwägungen s. u., Kap. 7 § 17 N.

1315 BAG 7.2.2019, NZA 2019, 688 Rn. 34; zust. LAG Hessen 11.06.2021 – 10 Sa 1221/20, BeckRS 2021, 21456 Rn. 34; *Gundel/Sartorius* ZAP 2019, 1241 (1243).

1316 BAG 7.2.2019, NZA 2019, 688 Rn. 34; zust. LAG Hessen 11.06.2021 – 10 Sa 1221/20, BeckRS 2021, 21456 Rn. 34; LAG Rheinland-Pfalz 3.8.2020 – 3 Sa 90/19, BeckRS 2020, 38974 Rn. 95; *Heinkel* ZTR 2020, 261 (266); *Plum* MDR 2020, 69 Rn. 12; HWK/*Rennpferdt* § 620 BGB Rn. 23.

es bei den klassischen Fallgruppen des Gebots fairen Verhandelns zumeist um einen Vertragsschluss, der für eine Partei von schwerwiegender Bedeutung ist. Dies kann der Verlust des Arbeitsplatzes oder der Wohnung sein. Aber auch der Abschluss einer Bürgschaft, eines Schuldanerkenntnisses oder eines familienrechtlichen Vertrags, wie ein erbrechtlicher Verzicht, kommt in Betracht. Dabei darf jedoch nicht außer Acht gelassen werden, dass das Gebot fairen Verhandelns nicht auf den Inhalt des Vertrags als zu korrigierenden Anknüpfungspunkt abstellt, sondern auf die konkrete Vertragsabschlusssituation.[1317] Im Folgenden werden die jeweiligen typischen Merkmale einer unfairen Verhandlungsführung einzeln untersucht und die nötige Schwere der Beeinflussung für eine Einstufung als unzulässig ergründet.

I. Überrumpelung einer Vertragspartei

Die Überrumpelung ist der Kern des Einsatzes unfairer Verhandlungsmethoden, weshalb im Vorfeld häufig vom Überrumpelungsschutz gesprochen wurde. Sie ist auf vielfältige Weise zu erreichen und dann ausschlaggebend für den Vertragsschluss. Zu berücksichtigen ist hierfür sowohl die Anbahnungssituation des Gespräches (Ankündigung, Zeitpunkt und Ort) als auch der Gesprächsablauf. Eine Überrumpelung bezweckt hauptsächlich die Unterdrückung der Möglichkeit eigener Abwägungen des Gegenübers. Dadurch sollen Zweifel gar nicht erst aufkommen können und eine Entscheidung forciert werden. Dies geschieht namentlich typischerweise durch Überraschung und Zeitdruck gepaart mit der Verweigerung von Beratung, dem Ausschluss von Verhandlungsoptionen, drohungsähnlichen Handlungen sowie einer rauen Gesprächsatmosphäre in Überzahl. Dabei kann sich sowohl an den Feststellungen zu vorvertraglichen Aufklärungspflichten als auch an den Ergebnissen zum UWG orientiert werden.[1318]

1. Überraschung einer Vertragspartei

Die Einleitung einer Verhandlungssituation, in welcher das Gebot fairen Verhandelns verletzt wird, erfolgt regelmäßig durch eine Überraschung.

1317 BAG 7.2.2019, NZA 2019, 688 Rn. 42; *Heinkel* ZTR 2020, 261 (266); *S. Müller* DB 2019, 1792 (1793); *Reinecke* FS Küttner, 327 (334); *ders.* FS Düwell, 410 (411); HWK/ *Thüsing* § 123 BGB Rn. 46; *ders.* RdA 2005, 257 (269); *Winter* S. 112; ähnlich bereits *Wagner* NJW 2005, 2956 (2959).

1318 S. o., Kap. 5 § 11. B., C.

a) *Bedeutung einer Überraschung für die Willensbildung*

Der Betroffene soll durch eine Überraschung zu vorschnellen, nicht reflektierten Entscheidungen gelangen.[1319] Durch eine Überraschung wird die Möglichkeit des eigenständigen Abwägens von Für und Wider vor der Verhandlungssituation genommen. Mangels Vorbereitungszeit kann keine starke eigene Position entwickelt werden. Damit wird die Fähigkeit, rationale Entscheidungen treffen zu können, eingeschränkt.[1320] Die Beeinflussbarkeit ist infolgedessen ungleich höher, als wenn es keine Überraschung gegeben hätte.[1321] Überraschungen sind besonders im Arbeitsverhältnis prävalent, aber auch in familiären oder mietbezogenen Situationen ist ihre Bedeutung hervorzuheben.

b) *Ankündigung des Gesprächs*

Zur Einleitung des Verhandlungsgesprächs sind zwei mögliche Szenarien denkbar, welche eine Überraschung begünstigen.

aa) *Vage Ankündigung des Gesprächs*

Klassischerweise hat eine Seite den Termin festgelegt, ohne genau anzukündigen, welchen Inhalt das Gespräch haben soll. Es erfolgt also eine Ankündigung des Gesprächs, aber nicht des konkreten, intendierten Inhalts des Gesprächs. Dies kann im Bereich des Arbeitsrechts womöglich ein allgemeines „Personalgespräch" sein,[1322] im Mietrecht ein „Mietergespräch" oder allgemein ein Gespräch über die generellen Konditionen eines Vertrags. Diese nur vage Ankündigung erlaubt der dominierenden Seite eine genaue Vorbereitung auf das Gespräch, während die andere Seite von der konkreten Dynamik und Zielsetzung des Gesprächs überrascht werden kann.[1323]

1319 Vgl. LAG Brandenburg 30.10.2002, NZA 2003, 503 (505); ArbG Berlin 30.1.2015 – 28 Ca 12971/14, BeckRS 2015, 66780 zu II. 2. b. bb. (1.) der Gründe; *Becker* S. 392; ähnlich *Lorenz* S. 498 f., der auch „euphorieähnliche" Zustände als ursächlich mit einbezieht.

1320 BAG 7.2.2019, NZA 2019, 688 Rn. 34; **zu weitgehend** *Becker* S. 392, der davon ausgeht, dass die Fähigkeit rationale Entscheidungen zu treffen bei Überraschungen gänzlich ausscheidet.

1321 In diese Richtung auch *Becker* S. 392.

1322 Vgl. ArbG Berlin 30.1.2015 – 28 Ca 12971/14, BeckRS 2015, 66780 zu II. 2. b. bb. (1.) der Gründe.

1323 Zum arbeitsrechtlichen Aufhebungsvertrag ArbG Berlin 30.1.2015 – 28 Ca 12971/14, BeckRS 2015, 66780 zu II. 2. b. ba. der Gründe; *Becker* S. 169; *Reinecke* FS Küttner, 327 (328 f.); **aA** *Mankowski* S. 1154 f. „Der Erklärungsadressat hat zwar einen

Für eine Überraschung ist dabei nicht erforderlich, dass die andere Seite überhaupt keine Vorstellungen vom Gesprächsinhalt hat. Kann sie sich den Inhalt und Verlauf des Gesprächs aufgrund begleitender Umstände aber konkret vorstellen, scheidet eine Überraschung aus.[1324] Wird also vorab ein Termin für das Gespräch vereinbart oder mitgeteilt und kann der eingeladene Gesprächsteilnehmer sich aufgrund der Umstände den Gesprächsinhalt denken, so liegt keine Überraschung vor. Das bedeutet, dass wenn beispielsweise vor dem Gespräch allgemein bekannt ist, dass Arbeitsplätze im Betrieb abgebaut oder Mietverhältnisse zur Zeit generell durch den Vermieter beendet werden sollen oder Aufhebungsverträge immer im als Gesprächsort vereinbarten Hotel geschlossen werden und sich deshalb der Inhalt des Gesprächs aufdrängt, keine Überraschung gegeben ist.[1325]

bb) Keine Ankündigung des Gesprächs

Ein anderer denkbarer Fall ist, dass kein Gesprächstermin vereinbart wurde und die schwächere Seite stattdessen völlig unvorbereitet mit dem Ansinnen der anderen Seite konfrontiert wird.[1326] Dies stellt verglichen zum ersten Fall eine Intensivierung dar und ist aufgrund der stärkeren Überraschung ein deutlicherer Indikator für mangelnde Fairness. Fehlt es an einer Ankündigung, so sind besonders die Fälle relevant, in denen der Gesprächsbeginn zudem an einem ungewöhnlichen Zeitpunkt oder Ort erfolgt.

Startvorteil, indem er nachfolgend das Thema bestimmt. Das angeschnittene Thema hält sich jedoch regelmäßig im Kreis derjenigen Themen, auf welche der Erklärende sich hätte vorbereiten können."; ebenso *Schacht* S. 52 f., 72 f.

1324 Dies hätte aber in LAG Mecklenburg-Vorpommern 19.5.2020, NZA-RR 2020, 520 (520 f.), beziehungsweise der Vorinstanz ArbG Schwerin 26.6.2019 – 4 Ca 1702/18, BeckRS 2019, 44159 Rn. 36 ff. nahegelegen, da am Vortag zum Abschluss des Aufhebungsvertrags sowohl der Wunsch sich zu trennen geäußert wurde als auch das Personalgespräch terminiert wurde. Dagegen spricht das ArbG Schwerin in Rn. 36 von „unmittelbarem zeitlichen Zusammenhang". Zurecht kritisch *Fischinger* NZA-RR 2020, 516 (519); unkrit. hingegen *Seel* öAT 2020, 214 (214).

1325 Zum arbeitsrechtlichen Aufhebungsvertrag *Becker* S. 170; *Fischinger* NZA 2019, 729 (732); ähnlich *Bauer/Romero* ZfA 2019, 608 (615); *Zwanziger* BB 1996, 903 (904).

1326 Dann jedenfalls im Arbeitsrecht eine Analogie zum Widerrufsrecht befürwortend *Mankowski* S. 1161 mit dem Argument, dass bereits das Ausnutzen eines Informationsgefälle zu einem Lösungsrecht führen kann; ähnlich *Schmidt-Westphal* S. 251 für eine Berücksichtigung bei seiner Lösung über ein konkret am Einzelfall festzumachendes Widerrufsrecht.

c) *Zeitpunkt des Gesprächs*

Eine Überraschung wird durch eine Kontaktaufnahme zu einem ungewöhnlichen Zeitpunkt begünstigt. Dann kann, insbesondere im Arbeitsrecht, gezielt in Kombination mit einer fehlenden Ankündigung, ein schwacher Moment des Gesprächspartners ausgenutzt werden. So wurden Arbeitnehmer beispielsweise sowohl nach einem 12 Stunden dauernden Arbeitstag[1327] als auch zu Hause im Schlaf nach einer Nachtschicht geweckt[1328] und zu Gesprächen zur Beendigung des Arbeitsverhältnisses aufgefordert.[1329] In anderen minder schweren Fällen wurde der Arbeitnehmer über die Weihnachtsferien zu Hause angerufen und in eine Gehaltsabstufung gedrängt,[1330] oder zwecks Abschluss eines Aufhebungsvertrags zum Wochenende außerplanmäßig ohne Angabe von Gründen in den Betrieb bestellt.[1331]

Als ungewöhnliche Zeitpunkte werden zu Unrecht auch Gespräche vor Arbeitsantritt, in Pausen und generell nach Beendigung der Arbeit eingestuft.[1332] Zwar kann es auch überraschend sein am ersten Tag nach dem Urlaub[1333] oder einer längeren Krankheit[1334] unangekündigt zu einem Personalgespräch gebeten zu werden, doch geht diese Überraschung in zeitlicher Hinsicht nicht über ein sonstiges unangekündigtes Personalgespräch hinaus. Vielmehr muss zu diesen Zeitpunkten, aufgrund des sich möglicherweise in der Zeit der Abwesenheit aufbauenden Gesprächsbedarfs noch eher mit einem solchen Gespräch gerechnet werden.

d) *Ort des Gesprächs*

Die Überraschung kann zuletzt auch durch den Ort, an dem das Gespräch initiiert wird, verstärkt oder abgeschwächt werden.

1327 ArbG Berlin 29.6.2006, NZA-RR 2007, 19 (19) korrekt bei einzelner Betrachtung als „rechtlich ohne Belang“ eingestuft; krit. *Reufels/Pütz* ArbRB 2020, 253 (255).

1328 LAG Berlin 5.4.2004 – 18 Sa 2204/03, BeckRS 2004, 31052734; ähnlich bei unklaren Sachverhalt BAG 7.2.2019, NZA 2019, 688 ff.

1329 Vgl. zu diesen Beispielen *Becker* S. 168 f.

1330 ArbG Bremen 25.7.1995, AiB 1996, 501 (501 f.).

1331 LAG Mecklenburg-Vorpommern 16.11.2006 – 1 Sa 111/06, juris Rn. 4.

1332 So aber *Kamanabrou* RdA 2020, 201 (207).

1333 BAG 6.12.2001, NZA 2002, 732 (732).

1334 ArbG Frankfurt 26.10.2005 – 22 Ca 2931/05, juris Rn. 12.

aa) Gewöhnlicher Ort

Eine Gesprächsaufnahme an einem für das konkrete Gespräch gewöhnlichen Ort spricht gegen eine Überraschung. Sie schließt diese aber nicht aus. Beispielsweise ist ein Arbeitnehmer nicht pauschal vor Überraschungen durch den Arbeitgeber dadurch gefeit, dass das Gespräch am Arbeitsplatz stattfindet.[1335] Zwar ist an diesem Ort am ehesten mit Vertragsgesprächen zum Arbeitsverhältnis zu rechnen,[1336] doch ist aus dem abstrakten Bewusstsein noch nicht auf eine konkrete Wappnung zu schließen.[1337] Deshalb ist auch während der regulären Arbeitszeit am Arbeitsplatz eine Überraschung möglich.[1338] Wird ein Arbeitnehmer ohne Umschweife und Ankündigung ins Büro des Vorgesetzten bestellt und dort mit einem vorformulierten Schuldanerkenntnis oder Aufhebungsvertrag konfrontiert, so ist regelmäßig eine Überraschung gegeben.[1339] Diese kann dann aber nicht aus dem Ort oder der Zeit der Gesprächsanbahnung abgeleitet werden,[1340] sondern nur aus der mangelnden Ankündigung. Sie beeinträchtigt die Willensfreiheit typischerweise weniger.

1335 *Becker* S. 361 f.; *Giesing* S. 228 f.; *Hümmerich* NJW 2004, 2921 (2929); *Krause* EzA § 312 BGB 2002 Nr. 1, S. 21 (23); *Schulze/Kittel/Pfeffer* ArbRAktuell 2017, 105 (107); *Zwanziger* BB 1996, 903 (904); ähnlich *Kamanabrou* NZA 2016, 919 (921 f.), die die Überraschungsgefahr lediglich für nicht ausreichend für die Annahme eines Widerrufsrechts hält; widersprüchlich *Tschöpe/Pirscher* RdA 2004, 358 (365); **aA** LAG Hamm 9.6.2011 – 15 Sa 410/11, BeckRS 2011, 79293 zu II. 2. b) bb) (1) der Gründe.

1336 Deshalb **gegen** eine Überraschung *Bauer/Arnold/Zeh* NZA 2016, 449 (452); *Bauer/Romero* ZfA 2019, 608 (615); *Bengelsdorf* NZA 1994, 193 (198); *ders.* DB 1997, 874 (877); *Fischinger/Werthmüller* NZA 2016, 193 (194); *Fischinger* NZA 2019, 729 (732); *Hördt* ArbRAktuell 2019, 289 (290); *Kamanabrou* NZA 2016, 919 (921 f.); *dies.* RdA 2020, 201 (207); *S. Müller* DB 2019, 1792 (1793); *Reufels/Pütz* ArbRB 2020, 253 (254); *Rieble/Klumpp* ZIP 2002, 2153 (2159 f.); *Thies* S. 174; *Winter* S. 112.

1337 *Giesing* S. 228 f.; *Hümmerich* NJW 2004, 2921 (2929); *ders.* NZA 2004, 809 (815); *Krause* EzA § 312 BGB 2002 Nr. 1, S. 21 (23); ähnlich ArbG Berlin 30.1.2015 – 28 Ca 12971/14, BeckRS 2015, 66780 zu II. 2. b. bb. (1.) der Gründe; *Keppeler* AuR 1996, 263 (265); **aA** *Rieble/Klumpp* ZIP 2002, 2153 (2159 f.).

1338 *Giesing* S. 228; *Krause* EzA § 312 BGB 2002 Nr. 1, S. 21 (23); **krit**. LAG Rheinland-Pfalz 12.7.2006 – 9 Sa 324/06, BeckRS 2006, 44943 unter 3. der Gründe; LAG Hamm 9.6.2011 – 15 Sa 410/11, BeckRS 2011, 79293 zu II. 2. b) bb) (1) der Gründe; LAG Hamm 17.5.2021 – 18 Sa 1124/20, BeckRS 2021, 15285 Rn. 78; *Fischinger* NZA 2019, 729 (732).

1339 *Krause* EzA § 312 BGB 2002 Nr. 1, S. 21 (23); diese Art der Überraschung stuft das LAG Hamm 17.5.2021 – 18 Sa 1124/20, BeckRS 2021, 15285 Rn. 78 als unbeachtlich ein.

1340 So auch *S. Müller* DB 2019, 1792 (1793); **aA** bzgl. der Zeit *Giesing* S. 228.

bb) Ungewöhnlicher Ort

Besonders überraschend ist es, wenn die Aufnahme von Vertragsverhandlungen an einem Ort stattfindet, an dem für den künftigen Vertragspartner gar nicht damit zu rechnen ist. So gibt es Fälle, in denen der Arbeitgeber den Arbeitnehmer unangekündigt zu Hause besucht, um einen Aufhebungsvertrag abzuschließen.[1341] Dies stellt einen ungewöhnlichen Ort für den Abschluss von arbeitsrechtlichen Verträgen dar.[1342] Das zeigt den Charakter der Überraschung als Querschnittsbegriff auf, da in diesen Fällen auch eine Ankündigung fehlt und der Zeitpunkt (außerhalb der Arbeitszeit) ebenfalls ungewöhnlich ist. Erfolgt die Verhandlungsführung an einem ungewöhnlichen Ort, ist damit in aller Regel auch ein ungewöhnlicher Zeitpunkt für die konkrete Verhandlung gegeben.

Im Fall einer Beschäftigung im Homeoffice, bei der „Zuhause" der Arbeitsort ist, ist eine differenzierende Betrachtung des Vertragsschlusses zu Hause erforderlich.[1343] Im Unterschied zu einer betrieblichen Arbeitsstätte befindet sich der Arbeitnehmer zu Hause in seiner privaten Sphäre, in der er nicht mehr so wie im Betrieb entscheiden kann, wie viel er über sich Preis gibt.[1344] Infolgedessen finden die Verhandlungen unweigerlich im „privaten Bereich" statt.[1345] Der Wohnort des Arbeitnehmers kann aber durch eine Ankündigung der vollkommen privaten Sphäre entzogen werden, da der Arbeitnehmer dann entsprechende Vorkehrungen treffen kann und sich nicht mehr einer Musterung und Beurteilung der persönlichen Lebensverhältnisse durch den Arbeitgeber ausgesetzt sieht.[1346] Erfolgt eine Ankündigung, kann bei Homeoffice deshalb nicht mehr von einem ungewöhnlichen Ort gesprochen werden. Es gelten dann jedoch die Ausführungen zum gewöhnlichen Ort. Gleichwohl ist im Fall eines angekündigten Gesprächs zu Hause die Überraschung wegen der Vorbereitungsmöglichkeit auf jedenfalls das Gespräch an sich geringer, als im Fall der nicht angekündigten Verhandlung am Arbeitsplatz.

1341 BAG 14.2.1996, NZA 1996, 811 (811); Sachverhalt unklar in BAG 7.2.2019, NZA 2019, 688 (688); *Krause* EzA § 312 BGB 2002 Nr. 1, S. 21 (24); dies nunmehr grundsätzlich ablehnend *Hördt* ArbRAktuell 2019, 289 (291).

1342 *Reufels/Pütz* ArbRB 2020, 253 (255); **aA** *Bengelsdorf* DB 1997, 874 (877) „Der Arbeitnehmer muss auch in seiner Wohnung mit Erklärungen des Arbeitgebers zur Beendiung des Arbeitsverhältnisses […] rechnen.".

1343 *Kamanabrou* RdA 2020, 201 (207).

1344 *Kamanabrou* RdA 2020, 201 (207).

1345 *Kamanabrou* RdA 2020, 201 (207); *Reufels/Pütz* ArbRB 2020, 253 (255).

1346 *Kamanabrou* RdA 2020, 201 (207); ähnlich *Reufels/Pütz* ArbRB 2020, 253 (255).

e) Zwischenergebnis

Zusammenfassend liegt eine Überraschung bei Einleitung der Verhandlung an einem ungewöhnlichen Ort oder zu einer ungewöhnlichen Zeit[1347] mit keiner oder nur einer vagen Ankündigung vor. Je ungewöhnlicher der Ort oder die Zeit ist, desto höher ist die Überraschung. Je nachdem wie schwerwiegend die Überraschung ausfällt, desto mehr oder minder fällt diese für die Entscheidungsfreiheit ins Gewicht.[1348]

f) Effektive Wahrnehmung eigener Interessen

Es widerspricht bereits dem allgemeinen Grundsatz von Treu und Glauben, sich auf ein Recht zu berufen, welches auf treuwidrige Weise herbeigeführt wurde.[1349] Insoweit besteht bezüglich der Überraschung allerdings die Gefahr eines Zirkelschlusses. Einschränkend ist deshalb zu beachten, dass die Überraschung selbst auf unzulässige Weise erfolgen muss. Das heißt wiederum, dass nicht jede Überraschung treuwidrig und damit unerwünscht ist. Erfolgt eine Überraschung, ist zu berücksichtigen, ob es das Ziel des Initiators war, die andere Partei zu überraschen. Davon ist auszugehen, wenn es für den Überrumpelnden möglich gewesen wäre, den Gesprächspartner im Vorfeld zumindest über den groben Inhalt des Gesprächs aufzuklären. Das Verschleiern des Inhalts ist ansonsten nur so zu erklären, dass die Unvorbereitetheit des Gesprächspartners ausgenutzt werden sollte.[1350]

1347 BAG 27.11.2003, NZA 2004, 597 (603); BAG 7.2.2019, NZA 2019, 688 Rn. 31; *Becker* S. 392; *Heinkel* ZTR 2020, 261 (267); *Krause* EzA § 312 BGB 2002 Nr. 1, S. 21 (32); *Langkamp/Ruckh* RÜ 2019, 485 (489); *Lingemann/Chakrabarti* NJW 2019, 2445 (2447); *S. Müller* DB 2019, 1792 (1793); *Plum* MDR 2020, 69 Rn. 16; *Thüsing* RdA 2005, 257 (269); HWK/*ders.* § 123 BGB Rn. 46; *Winter* S. 112; ähnlich zum „beruflichen Kontext" beim arbeitsrechtlichen Aufhebungsvertrag *Kamanabrou* RdA 2020, 201 (207); vgl. auch *Schmidt-Westphal* S. 251 für eine Berücksichtigung bei seiner Lösung über ein konkret am Einzelfall festzumachendes Widerrufsrecht.

1348 So im Ansatz auch *S. Müller* DB 2019, 1792 (1793 f.), der unangekündigte Gespräche beim Arbeitnehmer zuhause für sich genommen nicht für ausreichend für einen Verstoß gegen das Gebot fairen Verhandelns hält, solche vor einer Umkleidekabine in einem Geschäft ohne Bezug zur Arbeit jedoch schon.

1349 *Becker* S. 143; Palandt/*Grüneberg* § 242 Rn. 43; MüKoBGB/*Schubert* § 242 Rn. 253.

1350 *Becker* S. 170; ähnlich LAG Hamburg 3.7.1991, NZA 1992, 309 (310); im Ansatz *Kamanabrou* RdA 2020, 201 (206) zum arbeitsrechtlichen Aufhebungsvertrag „andere näherliegende Möglichkeiten […] zu verhandeln."

In Ausnahmesituationen, beispielsweise, wenn sich das Bedürfnis zum Vertragsschluss so kurzfristig entwickelt, dass keine Mitteilung gegenüber dem Gesprächspartner im Vorfeld möglich ist, ist dies anders zu beurteilen. Dann kann dem Überraschenden kein Vorwurf der Pflichtverletzung gemacht werden.[1351] Die effektive Wahrnehmung der eigenen Interessen ist per se niemals unredlich,[1352] denn sie entspricht den Vorstellungen und Funktionsvoraussetzungen der Privatautonomie. Es ist deshalb für den konkreten Einzelfall festzustellen, ob es objektive Gründe für eine kurzfristige Besprechung ohne Ankündigung gab.[1353] Eine auf kurzfristig entstandenen Gründen beruhende Überraschung fällt mithin weniger schwer ins Gewicht. Allerdings wird es objektiv auch bei ablaufenden Fristen selten einer „Jetzt-oder-nie" Entscheidung bedürfen, die keine vorherige Inkenntnissetzung erlaubt. Eine Inkenntnissetzung kann immerhin formlos innerhalb eines sehr kurzen Zeitraums erfolgen.

g) Der Ansatz Kamanabrous *für das Arbeitsverhältnis*

Deutlich weiter bezüglich der Reichweite der Rücksichtnahmepflichten aus § 241 Abs. 2 BGB geht die Ansicht *Kamanabrous* für Verhandlungssituationen im Arbeitsverhältnis.

aa) Beruflicher Kontextbezug als Rücksichtnahmepflicht

Wegen der persönlichen Abhängigkeit des Arbeitnehmers und der sich für den Arbeitgeber aufdrängenden Möglichkeit, an gewöhnlichem Ort und Zeitpunkt zu verhandeln, treffe den Arbeitgeber die Rücksichtnahmepflicht, den Arbeitnehmer ausschließlich „im beruflichen Kontext" mit arbeitsvertraglichen

---

1351 Vgl. *Bauer/Romero* ZfA 2019, 608 (616) mit dem Beispiel der Zwei-Wochen-Frist der außerordentlichen Kündigung nach § 626 Abs. 2 S. 1 BGB; *Giesing* S. 230 für den Fall einer gerade entdeckten intensiven Pflichtverletzung; *Hördt* ArbRAktuell 2019, 289 (291): Arbeitnehmer steht kurz davor wegen Tarifvertrag unkündbar zu werden, sodass nicht bis zur Genesung abgewartet werden kann, falls der Arbeitnehmer erkrankt ist; im Ansatz BAG 7.2.2019, NZA 2019, 688 Rn. 33 „keine Verleugnung der eigenen Interessen" notwendig und Rn. 46 „keine triftigen Gründe für Verhandlungen" zu dem Zeitpunkt; zust. *Schmidt* AP BGB § 620 Aufhebungsvertrag Nr. 50, S. 1180 (1184); **aA** LAG Hamburg 3.7.1991, NZA 1992, 309 (310) bei seiner Lösung über § 242 BGB, s. dazu o., Kap. 3 § 5 O.

1352 Vgl. allgemein *Wolf* S. 114, 173.

1353 **Krit.** *Schwarze* JA 2019, 789 (790), der den Beispielsfall bildet, dass ein Arbeitnehmer personenbedingt gekündigt und kurzfristig einen Ersatz angestellt werden könnte, weshalb ein Aufhebungsvertrag forciert wird.

Fragen zu konfrontieren.[1354] Außerhalb des beruflichen Zusammenhangs würden Zeiträume vor Arbeitsantritt, nach der Beendigung der Arbeit und Pausen stehen.[1355] Danach stelle beispielsweise ein unangekündigt zu Hause beim Arbeitnehmer abgeschlossener Aufhebungsvertrag bereits ohne das Hinzutreten weiterer Faktoren eine Verletzung der Rücksichtnahmepflichten durch den Arbeitgeber dar.[1356] Letztlich sei so zunächst jegliche Konfrontation in der Freizeit, beziehungsweise ohne örtlichen oder zeitlichen Zusammenhang zum Arbeitsverhältnis eine Verletzung der Rücksichtnahmepflichten.[1357] Die Berücksichtigung anderer Faktoren der Druckausübung lehnt *Kamanabrou* jedoch ausdrücklich als zu weitgehend für Rücksichtnahmepflichten ab.[1358]

Ein Vertragsschluss ohne Verletzung der Rücksichtnahmepflichten außerhalb des beruflichen Kontextes sei lediglich bei entsprechender einvernehmlicher Terminierung, die mindestens 24 Stunden vor der eigentlichen Verhandlung erfolgt, möglich.[1359] Bei einer Terminierung müsse das Thema des Gesprächs aber nicht festgelegt werden, da jedenfalls die Tatsache, dass es um das Arbeitsverhältnis gehe, ersichtlich sei.[1360] Die Terminierung würde dem Arbeitnehmer erlauben, sich auf das Gespräch vorzubereiten und zu entscheiden, ob er dieses überhaupt führen will oder er schlicht den Termin nicht wahrnimmt.[1361] Bei einer Terminierung stünde der Arbeitnehmer deshalb nicht schlechter, als bei einer Gesprächsanbahnung im arbeitsbezogenen Kontext.[1362] Alternativ sei eine postalische Antragung von Vertragsangeboten denkbar, bei welcher der Druck von Verhandlungen unter Anwesenden natürlicherweise entfällt.[1363] Bei einer Krankheit könne aufgrund der Befreiung von der Arbeitspflicht mangels Möglichkeit der Verhandlung im Arbeitskontext deshalb nur auf die einvernehmliche Terminierung oder die postalische Abwicklung zurückgegriffen werden.[1364]

1354 *Kamanabrou* RdA 2020, 201 (206 ff.).
1355 *Kamanabrou* RdA 2020, 201 (207).
1356 *Kamanabrou* RdA 2020, 201 (207).
1357 *Kamanabrou* RdA 2020, 201 (207).
1358 *Kamanabrou* RdA 2020, 201 (208 f.).
1359 *Kamanabrou* RdA 2020, 201 (207 f.).
1360 *Kamanabrou* RdA 2020, 201 (208).
1361 *Kamanabrou* RdA 2020, 201 (208).
1362 *Kamanabrou* RdA 2020, 201 (208).
1363 *Kamanabrou* RdA 2020, 201 (207).
1364 *Kamanabrou* RdA 2020, 201 (208).

Lasse sich der Arbeitnehmer darauf nicht ein, so bliebe dem Arbeitgeber nur ein Abwarten oder die Kündigung übrig.[1365]

Ähnlich wird von *S. Müller* im Sinne einer kontextualen Einkleidung vertreten, dass die Konfrontation in der Freizeit in der Öffentlichkeit (beispielsweise vor einer Umkleidekabine ohne Bezug zur Arbeit) bereits eine Verletzung des Gebots fairen Verhandelns darstelle.[1366] Durch die möglicherweise vorhandenen Beobachter sieht auch *Kamanabrou* die Möglichkeit, dass der Arbeitnehmer zusätzlich unter Druck gesetzt wird, sodass er noch mehr Anreize hat, der Drucksituation durch eine Zustimmung zu entgehen.[1367] Darüber hinaus gebe es auch für den Arbeitgeber keinen vernünftigen Grund, warum die Verhandlung in der Öffentlichkeit erfolgen müsse.[1368] Eine öffentliche Verhandlung stelle als ungewöhnlicher Ort deshalb ebenfalls eine Verletzung der Rücksichtnahmepflichten dar.[1369]

S. Müller sieht jedoch im Gegensatz zu *Kamanabrou* in unangekündigten Verhandlungen zu Hause für sich genommen noch keine Verletzung des Gebots fairen Verhandelns.[1370] In eine ähnliche Richtung wie *Kamanabrou* scheint *Fischer* zu denken, der es als „spannende" Fragen für das Gebot fairen Verhandelns ansieht, wenn ein Arbeitnehmer bei einer Betriebsfeier, einem Betriebsausflug oder an Feiertagen mit einem Aufhebungsvertrag konfrontiert wird, ohne dass weitere Umstände hinzutreten.[1371]

bb) Stellungnahme

Die Ablehnung der Berücksichtigung anderer Druckmechanismen ist wenig überzeugend und in Anbetracht des von *Kamanabrou* angesetzten Maßstabs widersprüchlich. Faktisch wird von *Kamanabrou* über die Rücksichtnahmepflicht des § 241 Abs. 2 BGB eine Art Widerrufsrecht im Bereich des Arbeitsrechts geschaffen, welches von der Konzeption her dem bei außerhalb von

1365 *Kamanabrou* RdA 2020, 201 (208).
1366 *S. Müller* DB 2019, 1792 (1793 f.); ebenso *Kamanabrou* RdA 2020, 201 (208).
1367 *Kamanabrou* RdA 2020, 201 (208).
1368 *Kamanabrou* RdA 2020, 201 (208).
1369 *Kamanabrou* RdA 2020, 201 (208).
1370 *S. Müller* DB 2019, 1792 (1793 f.).
1371 *Fischer* jurisPR-ArbR 23/2019 Anm. 5 unter D., welcher das „Unterjubeln" von Aufhebungsverträgen anlässlich von Betriebsfesten, auf Jahrmärkten, in Opernvorstellungen oder „in der […] emotionale[n] Festtagsstimmung des Heiligen Abends" als „spannende" Frage für das Gebot fairen Verhandelns ansieht.

Geschäftsräumen geschlossenen Verträgen entspricht.[1372] Diesem „Quasi-Widerrufsrecht" kann bei Verhandlungen außerhalb des beruflichen Kontextes lediglich durch eine einvernehmliche Terminierung des Gespräches entgangen werden. Nach dem Vorschlag *Kamanabrous* sind zwar dadurch beidseitig terminierte Gespräche der Beseitigung entzogen, dafür würde eine vergleichsweise Anwendung des Widerrufsrechts bei außerhalb von Geschäftsräumen geschlossenen Verträgen auch Verträge, die in Pausen und vor oder nach der Arbeit im Betrieb geschlossen werden, von einer Beseitigung ausnehmen. Das Anwendungsfeld von *Kamanabrous* Ansatz würde deshalb sogar mehr Fälle als das abzulehnende Widerrufsrecht erfassen, ohne dass eine tatsächliche Beeinträchtigung der Entscheidungsfreiheit gegeben sein muss.

Letztlich krankt der Vorschlag *Kamanabrous* damit an den gleichen Problemen wie ein Widerrufsrecht,[1373] indem er zugleich zu weit und zu eng ist. Eine Verhandlung außerhalb des beruflichen Kontextes ist für sich genommen, genauso wie eine Verhandlung außerhalb von Geschäftsräumen, für die Willensfreiheit zunächst unproblematisch. Sie wird jedoch als Anknüpfungspunkt gewählt, weil in diesen Fällen eine besondere Überrumpelungsgefahr besteht. Die Überrumpelung selbst ist dann allerdings weder bei *Kamanabrou* noch beim Widerrufsrecht bei außerhalb von Geschäftsräumen geschlossenen Verträgen Tatbestandsvoraussetzung.

Das abstrakte Widerrufsrecht bei außerhalb von Geschäftsräumen geschlossenen Verträgen erfährt seine Legitimation jedoch durch den ausdrücklichen Willen des Gesetzgebers. Auf eine solche Legitimation kann sich der ebenfalls abstrakte Vorschlag *Kamanabrous* nicht stützen. Die weiten und tatbestandsarmen Voraussetzungen ihres Beseitigungsrechts nach der culpa in contrahendo stellen insbesondere in Anbetracht des Fehlens eines Widerrufsrechts bei außerhalb von Geschäftsräumen geschlossenen arbeitsrechtlichen Aufhebungsverträgen[1374] eine unzulässige Rechtsfortbildung dar. Aufgrund des beschränkten Anwendungsbereichs des Widerrufsrechts bei außerhalb von Geschäftsräumen geschlossenen Verträgen kann gerade kein „Erst-recht-Schluss" für Situationen gezogen werden, in denen die abstrakte Schutzbedürftigkeit eines Vertragspartners als höher angesehen wird, weil die Sozialadäquanz

---

1372 *Kamanabrou* RdA 2020, 201 (207) sieht die Ähnlichkeit zum Widerrufsrecht zwar auch, erachtet diese wegen der Verankerung in den Rücksichtnahmepflichten aber als zulässig.

1373 S. dazu noch ausführlich unten, Kap. 7 § 17 G. IV., VI.

1374 S. o., Kap. 3 § 5 G.

oder ein Abhängigkeitsverhältnis, wie zum Beispiel bei bereits bestehenden Vertrauensbeziehungen im Arbeits- oder Familienverhältnis gegen eine schnelle und nachdrückliche Beendigung des Gespräches sprechen.[1375]

Tatsächlich hat im Vergleich zum Ansatz *Kamanabrous* sogar das LAG Hamburg in seinem, von der herrschenden Meinung zurecht entschieden abgelehnten, Urteil aus dem Jahre 1991 strengere Anforderungen an sein über § 242 BGB entwickeltes Widerrufsrecht gestellt.[1376] Der Vorwurf der Anbahnung eines Vertrags außerhalb des gewöhnlichen Kontextes kann für sich genommen nicht für eine Verletzung der Rücksichtnahmepflicht nach § 241 Abs. 2 BGB genügen. Eine Verallgemeinerung dieses kontextbezogenen Verhandlungsansatzes hätte schließlich zur Folge, dass nur dort Verhandlungen aufgenommen werden dürften, wo bereits ein entsprechender vertraglicher Kontext in dem Moment des Verhandlungsbeginns besteht. Das steht jedoch in einem Widerspruch zur Selbstverantwortung und den Wertungen des Widerrufsrechts bei außerhalb von Geschäftsräumen geschlossenen Verträgen. Entscheidend ist vielmehr, dass im konkreten Einzelfall die Voraussetzungen der Selbstbestimmung nicht mehr gegeben sind, sodass eine Verletzung der Entscheidungsfreiheit nach § 241 Abs. 2 BGB vorliegt. Der Ansatz *Kamanabrous* ist deshalb, im Gegensatz zu einer zwingend notwendigen Berücksichtigung weiterer Überrumpelungstaktiken im Einzelfall, zurückzuweisen.

h) Würdigung einer Überraschung

Eine rechtsgeschäftsfreie Sphäre kann nicht über die Rücksichtnahmepflichten begründet werden. Im Grundsatz ist der Einzelne für sich und seine rechtlichen Beziehungen jederzeit selbst verantwortlich.[1377] Es gibt dementsprechend keine Rechtspflicht, anderen Personen die Intention mit ihnen Verhandlungsgespräche führen zu wollen oder gar den Inhalt der Gespräche vorab mitzuteilen.[1378]

1375 So aber *Kamanabrou* RdA 2020, 201 (206) für die Anbahnung des arbeitsrechtlichen Aufhebungsvertrags außerhalb der beruflichen Sphäre.

1376 S. o., Kap. 3 § 5 O.

1377 S. o., Kap. 2 § 2 E.

1378 Ähnlich BAG 7.2.2019, NZA 2019, 688 Rn. 34; LAG Mecklenburg-Vorpommern 6.7.1995, NZA 1996, 535 (538); LAG Mecklenburg-Vorpommern 19.5.2020, NZA-RR 2020, 520 Rn. 24; LAG Rheinland-Pfalz 14.11.2019 – 2 Sa 164/19, BeckRS 2019, 38069 Rn. 31; Moll/*Bengelsdorf* § 49 Rn. 353; *Heinkel* ZTR 2020, 261 (267); *S. Müller* DB 2019, 1792 (1794); *Schacht* S. 123 zur Zulässigkeit der Überraschung bei Prüfung der Sittenwidrigkeit nach § 138 Abs. 1 BGB; ähnlich zu § 242 BGB *Ehrich* DB 1992, 2239 (2244); *Glahe* S. 107; **aA** wohl *Kamanabrou* RdA 2020, 201 (208), die

Deshalb ist sowohl eine lediglich unklare beziehungsweise weitläufige Benennung des Gesprächsinhalts als auch die fehlende Ankündigung des entsprechenden Verhandlungsgesprächs überhaupt für sich genommen unschädlich.[1379] Es braucht gewichtige Gründe, um einem geschäftsfähigen Menschen die Selbstverantwortung abzusprechen. Darum genügt auch eine Überraschung, im Sinne einer plötzlich erfolgenden Versetzung in ein Verhandlungsgespräch zu ungewöhnlicher Zeit und an ungewöhnlichem Ort ohne oder mit nur vager Ankündigung, nicht für eine Verletzung des Gebots fairen Verhandelns.[1380]

Ist allerdings die Überraschung und damit das Ausnutzen der Unvorbereitetheit vorgesehen gewesen, so ist die Überraschung aufgrund ihrer tatsächlichen, die Entscheidungsfreiheit beschneidenden Wirkung im Zusammenspiel mit den anderen Methoden der Überrumpelung in einer Gesamtabwägung verschärfend zu berücksichtigen.[1381] Die auf völlig unvorhersehbare Weise im „privaten"

---

bei Verhandlungen über einen arbeitsrechtlichen Aufhebungsvertrag außerhalb des beruflichen Umfeldes eine 24 Stunden vorab erfolgende Ankündigung fordert.

1379 Vgl. für die fehlende Ankündigung LAG Hessen 11.06.2021 – 10 Sa 1221/20, BeckRS 2021, 21456 Rn. 34; LAG Mecklenburg-Vorpommern 19.5.2020, NZA-RR 2020, 520 Rn. 24; LAG Rheinland-Pfalz 14.11.2019 – 2 Sa 164/19, BeckRS 2019, 38069 Rn. 31; *Franz* S. 397; Schaub/*Linck* § 122 Rn. 7a.

1380 Ähnlich LAG Rheinland-Pfalz 3.8.2020 – 3 Sa 90/19, BeckRS 2020, 38974 Rn. 95; *Hamann* jurisPR-ArbR 30/2020 Anm. 4 D.; *Lingemann/Chakrabarti* NJW 2019, 2445 (2447); *Plum* MDR 2020, 69 Rn. 16; HWK/*Rennpferdt* § 620 BGB Rn. 23; *Reinecke* NZA 2004 Sonderbeil. 18/2004, 27 (37); **aA** zu weitgehend DDW/*Däubler* Einleitung Rn. 155; DDZ/*ders.* Aufhebungsvertrag Rn. 107; HK-ArbR/*ders.* §§ 611, 611a BGB Rn. 630.

1381 In diese Richtung BAG 7.2.2019, NZA 2019, 688 Rn. 34 (widersprüchlich Rn. 45, wonach das unangekündigte Aufsuchen zuhause eine Überrumpelung bedeute und damit bereits ein Verstoß gegen das Gebot fairen Verhandelns); LAG Berlin-Brandenburg 19.12.2019 – 10 Sa 1319/19, BeckRS 2019, 38121 Rn. 36; LAG Hessen 11.06.2021 – 10 Sa 1221/20, BeckRS 2021, 21456 Rn. 34; ArbG Berlin 30.1.2015 – 28 Ca 12971/14, BeckRS 2015, 66780 zu II. 2. b. bb. (1.) der Gründe; ArbG Schwerin 26.6.2019 – 4 Ca 1702/18, BeckRS 2019, 44159 Rn. 35; *Esser* ArbRB 2019, 164 (165); *Frank* AuA 2019, 616 (616); *Giesing* S. 228 f.; *Heinkel* ZTR 2020, 261 (267); *Hördt* ArbRAktuell 2019, 289 (290); *Krause* EzA § 312 BGB 2002 Nr. 1, S. 21 (32); *Kuby* AiB 12/2018, 40 (41); *Reinecke* NZA 2004 Sonderbeil. 18/2004, 27 (37); *Schmidt* AP BGB § 620 Aufhebungsvertrag Nr. 50, S. 1180 (1183R) „Zeit und Ort"; *Schwarze* JA 2019, 789 (790); HWK/*Thüsing* § 123 BGB Rn. 46; allgemein *Lorenz* S. 498 f. „Maßnahmen, die wegen ihres Überraschungseffekts den Betroffenen unter plötzlichen Entscheidungszwang setzen"; in anderen Herleitungen: *Benecke* RdA 2004, 147 (151) zu § 123 Abs. 1 BGB; *Schmidt-Westphal* S. 248 ff. zu einem Widerrufsrecht

Raum erfolgte Konfrontation mit dem Abschluss eines Vertrags bewog letztlich auch das Bundesarbeitsgericht dazu, das Gebot fairen Verhandelns als Rechtsmaxime jedenfalls für das Arbeitsrecht zu etablieren.[1382] Entscheidend für eine Überraschung ist, ob sich der Gesprächsteilnehmer adäquat auf das Gespräch hätte vorbereiten können.[1383]

Die Berücksichtigung einer Überraschung ist damit zu begründen, dass nicht jederzeit und unter allen Umständen mit einer rechtsgeschäftlich erheblichen Konfrontation gerechnet werden muss.[1384] Dass der Gesetzgeber nicht von einer konstanten rechtsgeschäftlichen Alarmbereitschaft ausgeht, ergibt sich aus dem Widerrufsrecht bei außerhalb von Geschäftsräumen geschlossenen Verträgen, welches vor der Vertragsanbahnungssituation schützen soll.[1385] Zudem spricht § 4a Abs. 2 S. 1 Nr. 1 UWG mit der Berücksichtigung von Zeit und Ort für die Frage, ob eine unzulässige Beeinflussung im Sinne einer aggressiven geschäftlichen Handlung nach dem UWG vorlag,[1386] für eine Einbeziehung dieser Faktoren auch beim Gebot fairen Verhandelns.

Eine Missbilligung solcher Überraschungstaktiken lässt sich auch in den Regelungen zur Kündigung zur Unzeit für einseitige Rechtsgeschäfte gemäß §§ 627 Abs. 2, 671 Abs. 2, 723 Abs. 2 BGB normativ verankern.[1387] Der Rechtsgedanke dieser Regelungen, dass rechtsgeschäftliches Handeln nicht zu Zeiten erfolgen soll, in denen eine Seite besonders belastet wird, ist als objektive Wertung bei

---

im konkreten Einzelfall; im Ansatz LAG Mecklenburg-Vorpommern 6.7.1995, NZA 1996, 535 (539) zu § 242 BGB; Schaub/*Linck* § 122 Rn. 7a; *Pauly* ZRP 1997, 228 (230); **diff.** nach Intensität der Überraschung *S. Müller* DB 2019, 1792 (1793 f.), nach dem ggf. auch eine Überraschung für sich genommen ausreichen kann; im Ansatz und in anderem Kontext bereits BAG 5.4.2001, NJW 2001, 2994 (2994 f.); im Ansatz bereits auch LG Landau 9.10.1973, MDR 1974, 41 (41 f.).

1382 BAG 7.2.2019, NZA 2019, 688 Rn. 30 ff.; *Petersen* NWB 2019, 1682 (1691) geht zutreffend davon aus, dass die Konfrontation zuhause für sich genommen nicht genügt; **aA** *Kamanabrou* RdA 2020, 201 (206 ff.).

1383 Vgl. zum arbeitsrechtlichen Aufhebungsvertrag *Fischinger* NZA 2019, 729 (732).

1384 So auch BAG 7.2.2019, NZA 2019, 688 Rn. 29; *Becker* S. 170 zum arbeitsrechtlichen Aufhebungsvertrag; ähnlich *Fischinger/Werthmüller* NZA 2016, 193 (194); im Ansatz *Schmidt* AP BGB § 620 Aufhebungsvertrag Nr. 50, S. 1180 (1183R f.); **aA** zum arbeitsrechtlichen Aufhebungsvertrag *Bengelsdorf* DB 1997, 874 (877 f.).

1385 Ähnlich *Kamanabrou* RdA 2020, 201 (206).

1386 S. dazu Kap. 3 § 5 P. I. Zur Möglichkeit der Berücksichtigung der Wertungen des UWG im Willensschutz des BGB: Kap. 5 § 11 C. III.

1387 Vgl. *Holler* NJW 2019, 2206 (2208).

allen Rechtsgeschäften anzuwenden.[1388] Erfasst ist von dem Rechtsgedanken der Kündigung zur Unzeit nicht nur eine ungewöhnliche beziehungsweise nachteilige Zeit, sondern auch ein ebensolcher Ort.[1389] Dabei wird nicht verkannt, dass es sich um eine rudimentäre Regelung handelt, welche lediglich den Schaden aus der Kündigung zur Unzeit ersetzt, nicht aber die Wirksamkeit beeinträchtigt.[1390]

i) Wirkung des Fehlens einer Überraschung

Fehlt es an einer Überraschung, spricht dies deutlich gegen einen Verstoß gegen das Gebot fairen Verhandelns.[1391] Damit mangels Überraschung eine Verletzung des Gebots fairen Verhandelns aber pauschal ausscheidet, muss die Gesprächsankündigung derart eindeutig und mit genügend zeitlichem Vorlauf erfolgt sein, dass ein hochgradiger Druck in der Abschlusssituation nicht mehr ins Gewicht fallen kann.[1392]

2. Ausübung von Zeitdruck durch eine Vertragspartei

Eine gängige Taktik in Verhandlungsgesprächen ist die Verweigerung von Bedenkzeit.[1393]

1388 BAG 5.4.2001, NJW 2001, 2994 (2994). Aus einer Verletzung folgt jedoch bei Kündigungen zu Unzeit ohne Hinzutreten weiterer Umstände keine Unwirksamkeit derselben, vgl. BAG 5.4.2001, NJW 2001, 2994 (2995); *Holler* NJW 2019, 2206 (2208); ähnlich *Canaris* ZHR 143 (1979), 113 (114 f.).

1389 *Holler* NJW 2019, 2206 (2208).

1390 Krit. insg. gegenüber der Kündigung zur Unzeit *Canaris* ZHR 143 (1979), 113 (114 f.).

1391 Vgl. *Fischinger* NZA 2019, 729 (732); *Reufels/Pütz* ArbRB 2020, 253 (255 f.).

1392 Zu undifferenziert daher LAG Hamm 9.6.2011 – 15 Sa 410/11, BeckRS 2011, 79293 zu II. 2. b. bb) (1) der Gründe „Gebot fairen Verhandelns bereits deshalb nicht verletzt, weil die Verhandlungen der Parteien vorliegend weder zu einer ungewöhnlichen Zeit […] noch an einem ungewöhnlichen Ort […] stattfanden"; ähnlich LAG Hamm 5.6.1998, NZA-RR 1999, 126 (129); richtig deshalb LAG Rheinland-Pfalz 27.3.2019 – 7 Sa 421/18, BeckRS 2019, 16038 Rn. 58, welches den gewöhnlichen Ort und die gewöhnliche Zeit mit berücksichtigt, aber nicht allein für entscheidend hält; ebenso LAG Mecklenburg-Vorpommern 19.5.2020, NZA-RR 2020, 520 Rn. 22 ff., wobei dort nicht nur Ort und Zeit gewöhnlich waren, sondern auch eine verständliche Ankündigung erfolgte (s. dazu auch die Vorinstanz ArbG Schwerin 26.6.2019 – 4 Ca 1702/18, BeckRS 2019, 44159 Rn. 5, 9), sodass eine Verletzung des Gebots fairen Verhandelns fernliegt (ebenso *Fischinger* NZA-RR 2020, 516 (517 ff.)).

1393 *Adam* EzA § 312 BGB 2002 Nr. 4, S. 18 (20) „typische[s] Vorgehen"; *Weiler* S. 635 f. zu arbeitsrechtlichen Aufhebungsverträgen.

a) *Bedeutung von Zeitdruck*

Durch das Verweigern einer Bedenkzeit wird für den Empfänger des Angebots eine „jetzt oder nie“ Situation geschaffen, welche gezielt zur Druckausübung genutzt werden kann.[1394] Dem unterlegenen Teil ist es dadurch erschwert, ein Problembewusstsein zu bilden, sich der Konsequenzen des Vertragsschlusses bewusst zu werden[1395] und die Folgen des Vertragsschlusses mit denen einer Verweigerung abzuwägen.[1396] Die Anknüpfung an die Gewährung oder Verweigerung von Bedenkzeit würde ein leicht zu handhabendes Kriterium zur Ermittlung von unzulässiger Einflussnahme darstellen und Rechtssicherheit schaffen.[1397]

b) *Wertung des § 147 Abs. 1 BGB*

Wie oben gezeigt ist die Verweigerung von Bedenkzeit allerdings grundsätzlich legitim, entspricht sie doch dem vom BGB zugrunde gelegten Fall des § 147 Abs. 1 BGB, wonach ein Antrag unter Anwesenden nur sofort angenommen werden kann.[1398]

aa) *Die Ansicht von* Weiler: *Irrelevanz der Wertung des § 147 Abs. 1 BGB*

Weiler gibt demgegenüber zu bedenken, dass § 147 i. V. m. § 148 BGB lediglich die Rechtsfolgen einer nicht wirksamen, weil nicht rechtzeitigen, Annahme regelt, aber nichts zur rechtzeitigen Annahme wegen Zeitdrucks aussagt.[1399] Aus diesem Grund geht er davon aus, dass bloßer Zeitdruck eine unzulässige Einflussnahme begründen kann, wenn es dafür kein legitimes Interesse wie

---

1394 Ähnlich OLG Bamberg 24.9.1996, NJW-RR 1997, 694 (694); *Hümmerich* NZA 2004, 809 (811); *Mankowski* S. 1153; *S. Müller* DB 2019, 1792 (1794); *Petersen* NWB 2019, 1682 (1687); *Schmidt-Westphal* S. 248 ff.; **aA** *Kamanabrou* RdA 2020, 201 (208) lehnt eine Übertragung auf Aufhebungsverträge ab.

1395 *Becker* S. 179.

1396 Ähnlich *Barnert* S. 59: Zeitdruck verleitet zu unvernünftigen Verhalten; *Mankowski* S. 1153; vgl. auch BGH 7.6.1988, NJW 1988, 2599 (2603).

1397 Deshalb **dafür** *Schacht* S. 162 ff.; andenkend aber letztlich **ablehnend** *Germelmann* NZA 1997, 236 (242); *Giesing* S. 224.

1398 S. o., Kap. 3 § 5 J. II. 2. a) bb); LAG Hamm 17.5.2021 – 18 Sa 1124/20, BeckRS 2021, 15285 Rn. 73; *Boemke* AP BGB § 123 Nr. 37, S. 1244 (1244R); *Giesing* S. 224; *Holler* NJW 2019, 2206 (2208); *Kamanabrou* RdA 2020, 201 (203, 208); *Mankowski* S. 1153; *Weiler* S. 633.

1399 *Weiler* S. 633.

kurzfristige Preisschwankungen gibt.[1400] Die angemessene Frist will er aufgrund der Selbstverantwortung des Einzelnen im Rechtsverkehr vom Vertragsgegenstand abhängig machen.[1401] Wirtschaftlich sehr komplexe oder bedeutsame Geschäfte sollen demnach eine längere Frist zur Folge haben, die es ermöglicht, die Vor- und Nachteile des Geschäfts zu erwägen.[1402] Hierunter fasst er Verbraucherkredite, Angehörigenbürgschaften zugunsten einer Bank und arbeitsrechtliche Aufhebungsverträge.[1403]

bb) Stellungnahme

Gegen dieses Verständnis spricht allerdings die Regelung des § 147 Abs. 1 S. 1 BGB, die die sofortige Annahme, unabhängig von deren durch *Weiler* eingewandten Folge, zum vom Gesetzgeber auserkorenen Regelfall erklärt. Daran ändert § 148 BGB nichts. Es gibt schließlich auch keinen Anspruch darauf, das Angebot zum Vertragsschluss überhaupt zu erhalten. Darüber hinaus würde durch das Vorgehen *Weilers* in unzulässiger Weise ein weitgehendes Widerrufsrecht abhängig von der Komplexität des Geschäfts, ähnlich dem für Verbraucherkredite über die Nebenpflichten geschaffen werden.[1404] Die Nebenpflichten führen aber nicht dazu, dass alles getan werden muss, um Schäden für die andere Seite zu vermeiden.[1405] Dies würde im Widerspruch zum Druck und Gegendruck stehen, welcher von der Privatautonomie vorausgesetzt wird.[1406] Die Gegenansicht von *Weiler* ist deshalb zurückzuweisen.

c) Würdigung von Zeitdruck

Es handelt sich infolgedessen um eine legitime Verhandlungsstrategie, der Gegenseite eine Bedenkzeit zu verweigern.[1407] Bedenkzeit bedeutet schließlich nicht nur einen Vorteil für denjenigen, der sie eingeräumt bekommt, sondern auch einen Nachteil für denjenigen, der sie gewährt. Sie führt für Letzteren zu einer Unsicherheit über seine rechtlichen Beziehungen. Auch parallel verlaufende Vertragsverhandlungen mit Dritten oder Situationen, in denen der

---

1400 *Weiler* S. 632 ff. zu seiner Lösung über § 123 Abs. 1 BGB analog.
1401 *Weiler* S. 634 f. zu seiner Lösung über § 123 Abs. 1 BGB analog.
1402 *Weiler* S. 634 zu seiner Lösung über § 123 Abs. 1 BGB analog.
1403 *Weiler* S. 634 f. zu seiner Lösung über § 123 Abs. 1 BGB analog.
1404 Ebenso für den arbeitsrechtlichen Aufhebungsvertrag *Giesing* S. 224.
1405 *Giesing* S. 224; vgl. auch BAG 7.2.2019, NZA 2019, 688 Rn. 33.
1406 S. o., Kap. 2 § 2 E.
1407 Vgl. *Mankowski* S. 1153.

Vertragsabschluss für den Antragenden nur bis zu einem bestimmten Zeitpunkt interessant ist, können eine schnelle Verhandlung erfordern.[1408] Es gibt deshalb ein zu beachtendes Interesse an der sofortigen Annahme oder Ablehnung eines Antrags.[1409] Es kann und muss in diesen Fällen deshalb, solange keine strukturelle Unterlegenheit vorliegt, der Vertrag vielfach schlicht mit einem „Nein" abgelehnt werden.[1410]

Für eine Bedenkzeit braucht es entweder eine gesetzliche oder vertragliche Grundlage. Fehlt diese, so muss grundsätzlich auch keine gewährt werden.[1411] Insbesondere ist die Wertung der Widerrufsrechte zu beachten, mit denen der Gesetzgeber in manchen Fällen faktisch eine Bedenkzeit geschaffen hat.[1412] Fehlt es an einem Widerrufsrecht, fehlt die gesetzliche Grundlage für eine Bedenkzeit.[1413] Vom „schnell" Verhandelnden kann deshalb nicht das eigenständige Gewähren einer Überlegungsfrist verlangt werden.[1414] Es besteht mithin keine Pflicht zur Gewährung einer Bedenkzeit über §§ 311 Abs. 2, 241 Abs. 2 BGB als vorvertragliche Rücksichtnahmepflicht.[1415]

Das Drängen auf den schnellen Abschluss eines (Aufhebungs-)Vertrags ohne Einräumung einer Bedenkzeit stellt infolgedessen für sich genommen keine Verletzung des Gebots fairen Verhandelns dar.[1416] Dies fügt sich in die allgemein

1408 *Mankowski* S. 1154; im Ansatz *Kamanabrou* RdA 2020, 201 (208).

1409 *Becker* S. 178; *Lorenz* S. 483; *Mankowski* S. 1154; *Weiler* S. 633 f.

1410 *S. Müller* DB 2019, 1792 (1794); allg. *Bauer* FS Däubler, 143 (149); *Bengelsdorf* NZA 1994, 193 (198); *Germelmann* NZA 1997, 236 (241), der dadurch die Möglichkeit sieht, dass sich Bedenkzeit selbst geschaffen wird.

1411 *Kamanabrou* RdA 2020, 201 (203); ähnlich LAG Mecklenburg-Vorpommern 6.7.1995, NZA 1996, 535 (538), jedoch widersprüchlich auf S. 539, wo die Nichtgewährung einer Bedenkzeit auf Bitte hin als treuwidrig im Sinne des § 242 BGB eingestuft wird; ähnlich auch BLDH/*Lingemann* Kap. 23 Rn. 24.

1412 Vgl. für den arbeitsrechtlichen Aufhebungsvertrag und die mangelnde Widerrufsmöglichkeit *Giesing* S. 224; *Kamanabrou* RdA 2020, 201 (205 f.).

1413 Vgl. zu arbeitsrechtlichen Aufhebungsvertrag *Kamanabrou* RdA 2020, 201 (205 f.).

1414 *Reinecke* Sonderbeil. NZA 18/2004 S. 27 (37); **aA** ArbG Hamburg 20.12.1990, BB 1991, 625 (625); ähnlich ArbG Freiburg 20.6.1991, DB 1991, 2600 (2600).

1415 Deutlich *Holler* NJW 2019, 2206 (2208), ähnlich *Kamanabrou* RdA 2020, 201 (208); Schaub/*Linck* § 122 Rn. 7a; *Reinecke* NZA 2004 Sonderbeil. 18/2004, 27 (37); **aA** zu weitgehend, aber primär mit Blick auf Möglichkeit der Eigeninformation als Gegensatz zur Aufklärungspflicht DDZ/*Däubler* Aufhebungsvertrag Rn. 103; HK-ArbR/*Däubler* §§ 611, 611a BGB Rn. 628, 630.

1416 Vgl. für den arbeitsrechtlichen Aufhebungsvertrag BAG 7.2.2019, NZA 2019, 688 Rn. 34; LAG Hamm 9.6.2011 – 15 Sa 410/11, BeckRS 2011, 79293 zu II. 2. b. aa) der Gründe; LAG Hamm 17.5.2021 – 18 Sa 1124/20, BeckRS 2021, 15285

herrschende Meinung jenseits des Gebots fairen Verhandelns ein, dass ein Vertrag keinesfalls allein aus dem Grunde unwirksam sein kann, dass keine Bedenkzeit eingeräumt wurde.[1417] Dementsprechend ist auch die Verweigerung eines vertraglichen Widerrufs- oder Rücktrittsrechts für sich genommen irrelevant.[1418]

Rn. 72 f.; LAG Hessen 11.06.2021 – 10 Sa 1221/20, BeckRS 2021, 21456 Rn. 34; LAG Mecklenburg-Vorpommern 19.5.2020, NZA-RR 2020, 520 Rn. 24; LAG Rheinland-Pfalz 27.3.2019 – 7 Sa 421/18, BeckRS 2019, 16038 Rn. 54; LAG Rheinland-Pfalz 14.11.2019 – 2 Sa 164/19, BeckRS 2019, 38069 Rn. 31; LAG Rheinland-Pfalz 3.8.2020 – 3 Sa 90/19, BeckRS 2020, 38974 Rn. 95; ArbG Paderborn 16.2.2011 – 2 Ca 1818/10, BeckRS 2011, 140781 Rn. 36; *Franz* S. 397; *Giesing* S. 224; *Hamann* jurisPR-ArbR 30/2020 Anm. 4 D.; *Kamanabrou* RdA 2020, 201 (205, 208); HWK/*Rennpferdt* § 620 BGB Rn. 23; *Schmitt-Rolfes* AuA 2021, 14 (14); allgemein *Bauer* FS Däubler, 143 (149) zu § 242 BGB; *Mankowski* S. 1153.

1417 Vgl. zum Paradefall des arbeitsrechtlichen Aufhebungsvertrag: BAG 30.9.1993, NZA 1994, 209 (209 ff.); BAG 14.2.1996, NZA 1996, 811 (812); BAG 27.11.2003, NZA 2004, 597 (603); BAG 22.4.2004, NJOZ 2004, 4096 (4100 f.); BAG 15.3.2005, NJW 2005, 3164 (3167); BAG 7.2.2019, NZA 2019, 688 Rn. 34; LAG Hamm 1.4.2003, NZA-RR 2003, 401 (401); LAG Köln 6.6.1997 – 11 Sa 1328/96, BeckRS 1997, 30463097; LAG Köln 27.6.1997, LAGE § 123 BGB Nr. 24, S. 3; LAG Rheinland-Pfalz BeckRS 2015, 72559 Rn. 18; ArbG Köln 1.6.1993, DB 1993, 2135 (2135); ArbG Paderborn 16.2.2011 – 2 Ca 1818/10, BeckRS 2011, 140781 Rn. 35 ff.; *Bengelsdorf* NZA 1994, 193 (199); Moll/*ders.* § 49 Rn. 348, 353, 419; *Boemke* AP BGB § 123 Nr. 37, S. 1244 (1244 f.); *Burkardt* S. 110; *Busemann/Schäfer* Rn. 64, 77; WEBF/*Ehrich* Teil 3 Rn. 5; *Hemming* S. 93; MüKoBGB/*Hesse* Vor § 620 Rn. 31; HWK/*Kliemt* Anh. § 9 KSchG Aufhebungsverträge Rn. 16; *Krause* EzA § 312 BGB 2002 Nr. 1, S. 21 (30); BLDH/*Lingemann* Kap. 23 Rn. 24; *S. Müller* DB 2019, 1792 (1794); ErfK/*Müller-Glöge* § 620 BGB Rn. 13; MEL/*Mues* Rn. 990; *Petersen* NWB 2019, 1682 (1687); SPV/*Preis* Rn. 35; *Schmitt-Rolfes* AuA 2021, 14 (14); Tschöpe/*Schulte* 3. Teil C. Rn. 52; *Winter* S. 113; allgemein *Mankowski* S. 1153 **aA** LAG Hamburg 3.7.1991, NZA 1992, 309 (310); ArbG Freiburg 20.6.1991, DB 1991, 2600 (2600); ArbG Hamburg 10.5.1989, AiB 1990, 427 (428); ArbG Hamburg 10.12.1990, BB 1991, 625 (625); ArbG Wetzlar 29.8.1995, NZA-RR 1996, 84 (84); *Becker-Schaffner* BB 1993, 1281 (1282); *Schacht* S. 162 ff.; in diese Richtung auch BAG 27.8.1984, NZA 1985, 455 (458), welches eine Pflicht zur Gewährung einer Bedenkzeit von einer Woche bei Änderungsangeboten anstelle einer Kündigung vorsah.

1418 BAG 7.2.2019, NZA 2019, 688 Rn. 34; LAG Hessen 11.06.2021 – 10 Sa 1221/20, BeckRS 2021, 21456 Rn. 34; LAG Mecklenburg-Vorpommern 19.5.2020, NZA-RR 2020, 520 Rn. 24; LAG Rheinland-Pfalz 27.3.2019 – 7 Sa 421/18, BeckRS 2019, 16038 Rn. 54; LAG Rheinland-Pfalz 14.11.2019 – 2 Sa 164/19, BeckRS 2019, 38069 Rn. 31; LAG Rheinland-Pfalz 3.8.2020 – 3 Sa 90/19, BeckRS 2020, 38974 Rn. 95; ArbG Paderborn 16.2.2011 – 2 Ca 1818/10, BeckRS 2011, 140781 Rn. 36; *Boemke* AP BGB § 123 Nr. 37, S. 1244 (1244R); *Giesing* S. 228; *Hamann* jurisPR-ArbR 30/2020 Anm. 4

Das Gebot fairen Verhandelns begründet lediglich die Pflicht, bei Verhandlungen ein Mindestmaß an Fairness zu wahren, nicht aber pauschal Bedenkzeit einzuräumen. Insofern ist die Befürchtung, dass infolge der Entscheidung des Bundesarbeitsgerichts praktisch häufiger Bedenkzeit gewährt werden wird,[1419] ungerechtfertigt.

Die Ausübung von Zeitdruck durch eine Verweigerung der Bedenkzeit ist jedoch nur so lange für das Gebot fairen Verhandelns unbeachtlich, wie sie kein Teil einer zu missbilligenden Überrumpelungsstrategie ist.[1420] Soll durch das Ausüben von Zeitdruck gezielt eine überstürzte Entscheidung herbeigeführt werden, kann dies, aufgrund seiner tatsächlichen Wirkung für die Entscheidungsfreiheit, als unredliches Verhalten in einer Gesamtschau bei Prüfung einer Verletzung des Gebots fairen Verhandelns zu berücksichtigen sein.[1421]

D.; *Heinkel* ZTR 2020, 261 (267); Schaub/*Linck* § 122 Rn. 7a; *Lingemann/Chakrabarti* NJW 2019, 2445 (2447); *S. Müller* DB 2019, 1792 (1794); *Plum* MDR 2020, 69 Rn. 16; HWK/*Rennpferdt* § 620 BGB Rn. 23; zu § 242 BGB Moll/*Bengelsdorf* § 49 Rn. 353, 419; **aA** ArbG Wetzlar 29.8.1995, NZA-RR 1996, 84 (84).

1419 Dies befürchten *Adam* EzA § 312 BGB 2002 Nr. 4, S. 18 (27); *Schwarze* JA 2019, 789 (790).

1420 BAG 7.2.2019, NZA 2019, 688 Rn. 34; *Becker* S. 178; *Giesing* S. 224 f.; *Lorenz* S. 483; ähnlich *Esser* ArbRB 2019, 164 (165); *Frank* AuA 2019, 616 (616); *Heinkel* ZTR 2020, 261 (267); *Hördt* ArbRAktuell 2019, 289 (290) Gewährung von Bedenkzeit sei hilfreich, aber nicht notwendig; *Krause* EzA § 312 BGB 2002 Nr. 1, S. 21 (32); *Lingemann/Chakrabarti* NJW 2019, 2445 (2447); *S. Müller* DB 2019, 1792 (1794); *Plum* MDR 2020, 69 Rn. 16; *Reinecke* NZA 2004 Sonderbeil. 18/2004, 27 (37); aus den gleichen Gründen im Rahmen der Sittenwidrigkeit nach § 138 Abs. 1 BGB und zu § 242 BGB *Schacht* S. 123, 138; allgemeiner *Stoffels* SAE 1995, 176 (181) sowie *Mankowski* S. 1153; **offenlassend** für den Fall, dass um Bedenkzeit gebeten wird LAG Mecklenburg-Vorpommern 4.12.2018 – 2 Sa 143/18, BeckRS 2018, 46462 Rn. 53 f., 59; **zu weitgehend** für den arbeitsrechtlichen Aufhebungsvertrag *Schacht* S. 162 ff., der bereits generell die alleinige Nichtgewährung von Bedenkzeit als Nebenpflichtverletzung einordnet; wiederum **aA** *Otto/Bieder* Rn. 309, die bei einer Überrumpelung beim Abschluss eines arbeitsrechtlichen Aufhebungsvertrag insgesamt eine Fehlerhaftigkeit verneinen (ohne Berücksichtigung der BAG Entscheidung vom 7.2.2019); **fehlgehend** insoweit *Adam* EzA § 312 BGB 2002 Nr. 4, S. 18 (27), da die Bedenkzeit im Normalfall nicht gewährt werden muss.

1421 *Becker* S. 179; *Esser* ArbRB 2019, 164 (165); *Giesing* S. 227, 229; *Krause* EzA § 312 BGB 2002 Nr. 1, S. 21 (32); *S. Müller* DB 2019, 1792 (1794); *Reinecke* NZA 2004 Sonderbeil. 18/2004, 27 (37); *Schmidt* AP BGB § 620 Aufhebungsvertrag Nr. 50, S. 1180 (1183R); *Thüsing* RdA 2005, 257 (269); HWK/*ders.* § 123 BGB Rn. 46; in diese Richtung auch ArbG Schwerin 26.6.2019 – 4 Ca 1702/18, BeckRS 2019, 44159 Rn. 35; im Rahmen anderer Herleitungen: *Benecke* RdA 2004, 147 (151) bei ihrer

d) *Wirkung einer gewährten Bedenkzeit*

Wird eine Bedenkzeit gewährt, so spricht dies deutlich gegen einen Verstoß gegen das Gebot fairen Verhandelns.[1422] Das Gleiche gilt für vertragliche Widerrufs- oder Rücktrittsrechte. Wie bei vorvertraglichen Aufklärungspflichten[1423] kann die Einräumung einer Bedenkzeit andere belastende Verhandlungspraktiken ausgleichen. Denn in der Bedenkzeit kann der eigene Wille ergründet und im Anschluss danach gehandelt werden, sodass die Funktionsvoraussetzungen der Privatautonomie gewahrt sind.

Damit wird durch die Bedenkzeit grundsätzlich die Möglichkeit eigener Abwägungen geschaffen, sodass entgegen *S. Müller* eine Verletzung des Gebots fairen Verhandelns regelmäßig ausscheidet. Die Bedenkzeit steht dann nämlich nicht, wie von *S. Müller* anscheinend angenommen, vor der Aufgabe, den „Makel der Rechtswidrigkeit" durch die Verletzung des Gebots fairen Verhandelns auszugleichen,[1424] sondern die Bedenkzeit verhindert bereits eine unzulässige Beeinflussung der Willensbildung trotz Verwirklichung anderer Faktoren, sodass bereits kein ominöser „Makel der Rechtswidrigkeit" gegeben ist.

Fraglich ist dabei, wie lang eine Bedenkzeit ausfallen muss, um eine Verletzung des Gebots fairen Verhandelns abschließend ausscheiden zu lassen. Eine

---

Lösung über § 123 Abs. 1 BGB; *Flume* § 28/2 im Rahmen der Anfechtung; *C. Müller* S. 130 für eine Berücksichtigung bei einer Gesamtwürdigung im Rahmen des § 123 Abs. 1 BGB, wenn um eine Bedenkzeit gebeten wurde; *Schmidt-Westphal* S. 249 f. für eine Berücksichtigung bei seiner Lösung über ein konkret am Einzelfall festzumachendes Widerrufsrecht; *Winter* S. 112; im Ansatz LG Landau 9.10.1973, MDR 1974, 41 (41); OLG Bamberg 24.9.1996, NJW-RR 1997, 694 (694); *Pauly* ZRP 1997, 228 (230); für eine Berücksichtigung von Zeitdruck im Rahmen des § 138 Abs. 1: BGB BGH 7.6.1988, NJW 1988, 2599 (2602).

1422 ArbG Berlin 30.1.2015 – 28 Ca 12971/14, BeckRS 2015, 66780 zu II. 2. b. ba. (2.) der Gründe; *Plum* MDR 2020, 69 Rn. 27; ansatzweise LAG Hamm 17.5.2021 – 18 Sa 1124/20, BeckRS 2021, 15285 Rn. 73; LAG Rheinland-Pfalz 24.1.2017 – 8 Sa 353/16, BeckRS 2017, 106871 Rn. 72; LAG Rheinland-Pfalz 11.4.2019 – 5 Sa 339/18, BeckRS 2019, 16044 Rn. 50; *Hördt* ArbRAktuell 2019, 289 (291); *Kuby* AiB 12/2018, 40 (41) „In fairen Verhandlungen erhalten die Beschäftigten Bedenkzeit […]"; *Reufels/Pütz* ArbRB 2020, 253 (256); ähnlich beim Schuldanerkenntnis im Rahmen einer Gesamtwürdigung aller Umstände nach § 138 Abs. 1 BGB: BAG 21.4.2016, NZA 2016, 1409 Rn. 35; widersprüchlich *S. Müller* DB 2019, 1792 (1794, 1798), einerseits könne Bedenkzeit nicht den „Makel" eines Verstoßes gegen das Fairnessverbotes beseitigen, andererseits spräche Bedenkzeit gegen einen Verstoß.

1423 S. o., Kap. 5 § 11 B. III. 2. b).

1424 *S. Müller* DB 2019, 1792 (1794).

Minute kann für eine Wiederherstellung der freien Willensbildung in einer intensiven Drucksituation nicht ausreichen. Gleichwohl ist eine Frist von mehreren Tagen, wie teilweise für den arbeitsrechtlichen Aufhebungsvertrag gefordert,[1425] unabhängig vom Vertragsgegenstand aufgrund der Wertung des § 147 Abs. 1 S. 1 BGB ohne eine abweichende spezielle gesetzliche Regelung, auf die sich gestützt werden könnte, zu lang. Im Regelfall wird eine Überlegungsfrist von 30 Minuten ausreichend sein, wenn die betroffene Person dabei in Ruhe eigene Überlegungen anstellen kann.[1426] Dies ist ein Zeitraum, in dem beim Überrumpelten eine gewisse Erholung vom Druck einkehren kann, sodass es diesem möglich ist, sich zu sammeln und sachliche Überlegungen zur Bedeutung des Vertrags und seinem weiteren Vorgehen anzustellen.

Es muss in die Bedenkzeit allerdings auch die möglicherweise notwendige Zeit der Erholung vom vorher aufgebauten Druck einkalkuliert und abgezogen werden. Dies ergibt sich bereits sprachlich aus dem Wort „Bedenkzeit“, im Gegensatz zur bloßen „Zeit“. Eine halbe Stunde in „Schockstarre“ hat auf die Freiheit der Willensbildung keinen förderlichen Einfluss. Das Anstellen eigener

---

1425 Dafür: ArbG Berlin 30.1.2015 – 28 Ca 12971/14, BeckRS 2015, 66780 zu II. 2. b. ba. (2.) der Gründe; *Schacht* S. 162 ff.; in diese Richtung auch *Seel* öAT 2020, 214 (214) „idealerweise einige Tage für die nötige Bedenkzeit“.

1426 Für 20 Minuten beim arbeitsrechtlichen Aufhebungsvertrag *Fischinger* NZA 2019, 729 (732); ähnlich BAG 21.4.2016, NZA 2016, 1409 Rn. 35 beim Schuldanerkenntnis im Rahmen einer Gesamtwürdigung aller Umstände nach § 138 Abs. 1 BGB: Erklärung wurde ohne eine unzulässige Beeinflussung der Entscheidungsfreiheit abgegeben, da die betroffene Person „über etwa eine halbe Stunde und damit über einen nicht unerheblichen Zeitraum im Büro […] alleine gelassen wurde, innerhalb dessen er die Tragweite seines Handelns einschätzen und danach seine Entscheidung treffen konnte“. Es wird jedoch auch darauf abgestellt, dass die Abwägung tatsächlich geschah, wie durch das in der Zeit eigenständig niedergeschriebene, ausführliche Schuldanerkenntnis belegt werden kann; LAG Hamm 17.5.2021 – 18 Sa 1124/20, BeckRS 2021, 15285 Rn. 73 berücksichtigt bereits eine „Schweigepause“ von 10 Minuten positiv; **aA** bei einer Bedenkzeit von 10–20 Minuten selbst bei Möglichkeit der Telefonie ArbG Berlin 30.1.2015 – 28 Ca 12971/14, BeckRS 2015, 66780 zu II. 2. b. bb. (2.) der Gründe; **unklar** BAG 15.12.2005, NZA 2006, 841 Rn. 30 bei einem Zeitraum von drei Stunden im Rahmen der vergleichbaren Widerrechtlichkeit beziehungsweise richtigerweise Kausalität des § 123 Abs. 1 Alt. 2 BGB. Allerdings wirkte die Drohung in dem Fall fort und der Bedrohte musste in den drei Stunden seinen Spind ausräumen sowie seine Arbeitsausrüstung zurückgeben, sodass die Übertragbarkeit auf den Fall der bloßen Überrumpelung mit echter Bedenkzeit tendenziell abzulehnen ist.

Überlegungen, welche das Aufkommen lassen von Bedenken bezüglich des in einer Drucksituation angetragenen Geschäfts erlauben, muss für eine Beachtlichkeit der Bedenkzeit möglich sein. In schwerwiegenden Einzelfällen kann deshalb, abhängig davon, wie intensiv die weitere Druckausübung und wie komplex das Thema ist, eine so kurze Bedenkzeit nicht genügen und stattdessen zusätzlich eine knappe Beratung erforderlich sein, um die Möglichkeit der Verletzung des Gebots fairen Verhandelns final auszuräumen.[1427]

Der Grund für das Ausreichen einer kurzen Bedenkzeit selbst im Fall einer Überrumpelung liegt auch darin, dass es wie gezeigt keine Pflicht zur Gewährung einer Bedenkzeit gibt. Es darf nicht außer Acht gelassen werden, dass das Gebot fairen Verhandelns nur ein Mindestmaß an Fairness sicherstellen und dadurch Raum für Eigenverantwortung schaffen soll. Ebenso verhält es sich bei vertraglich eingeräumten Widerrufs- oder Rücktrittsrechten.[1428]

3. *Keine Beratungsmöglichkeit einer Vertragspartei*

Um die unterlegene Partei zu isolieren und zu verunsichern, kann für diese die Möglichkeit, Rücksprache zu halten oder eine Begleitung mit ins Gespräch zu nehmen, verwehrt werden.[1429]

a) Bedeutung einer Beratung mit Dritten

Ein Einzelner gibt in Drucksituationen mangels Unterstützung deutlich leichter nach. Drucksituationen können deshalb erheblich entschärft werden, wenn dem Unterlegenen gestattet wird, Vertrauenspersonen, wie beispielsweise Rechtsanwälte miteinzubeziehen.[1430] Ein fachkundiger Dritter kann die Situation deutlich versachlichen und den Überrumpelten so vor überstürzten Panikentscheidungen schützen. Es muss sich nicht zwangsweise um eine rechtskundige Person handeln. Unter Umständen kann eine besonnene, konflikterfahrene Person dem Überrumpelten ähnlich zusprechen wie ein Rechtsanwalt oder ein Betriebsratsmitglied für arbeitsrechtliche Fragen.[1431]

1427 S. u. zur Wirkung einer Beratung, Kap. 5 § 11 D. I. 3. d).

1428 Vgl. *Plum* MDR 2020, 69 Rn. 27.

1429 *Adam* EzA § 312 BGB 2002 Nr. 4, S. 18 (20).

1430 Generell nur zur Kompensation der Unterlegenheit *Becker* S. 156 f., 177 f.; ähnlich *Hümmerich* RdA 2005, 315 (315 f.).

1431 Vgl. zum Familienrecht *Lettmaier* FS Koch, 375 (386).

b) *Würdigung des Fehlens einer Beratungsmöglichkeit*

Dass insbesondere der Arbeitnehmer rechtlich in der Regel keinen Anspruch auf Gesprächsteilnehmer auf seiner Seite hat, wurde bereits festgestellt.[1432] Personalgespräche im Arbeitsrecht sind grundsätzlich persönlich zu führen, weshalb der Ausschluss von externer Beratung für sich genommen nicht zu beanstanden ist.[1433] Auch außerhalb des Arbeitsrechts besteht kein Anspruch auf Beratung vor dem Abschluss eines Vertrags. Die Vertragsseite mit Beratungsbedarf hat immerhin die Möglichkeit, den Vertrag abzulehnen.[1434] Grundsätzlich ist im Sinne der Selbstverantwortung davon auszugehen, dass jeder sich in einem „Vier-Augen-Gespräch" behaupten kann, und sei es auch nur soweit, um den Vertragsschluss abzulehnen.[1435] Dies gilt unabhängig davon, ob sich die überlegene Seite beraten lässt.[1436] Der prozessrechtliche Grundsatz der Waffengleichheit[1437] kann aufgrund der Unterschiede zum materiellen Recht nicht auf das Gebot fairen Verhandelns übertragen werden.[1438] Eine Beratungssperre genügt deshalb für sich genommen nicht, um einen Verstoß gegen das Gebot fairen Verhandelns zu begründen.[1439]

1432 S. o., Kap. 4 § 6 B. IV. 1. b) dd) (4).

1433 Vgl. *Franz* S. 397.

1434 *Giesing* S. 225.

1435 Vgl. LAG Hamm 17.5.2021 – 18 Sa 1124/20, BeckRS 2021, 15285 Rn. 75; *Giesing* S. 225.

1436 **AA** für Verletzung des Gebots fairen Verhandelns ArbG Paderborn 16.2.2011 – 2 Ca 1818/10, BeckRS 2011, 140781 Rn. 39 bei Beratung der Gegenseite durch einen externen Rechtsanwalt und wenn keine Bedenkzeit mit der Möglichkeit der Konsultation zugelassen wird (abgeändert durch LAG Hamm 9.6.2011 – 15 Sa 410/11, BeckRS 2011, 79293 zu II. 2. b) bb) (2) der Gründe: jedenfalls keine Nebenpflichtverletzung, solange nicht explizit nach anwaltlicher Beratung verlangt wird); DDW/*Däubler* Einleitung Rn. 155; DDZ/*ders.* Aufhebungsvertrag Rn. 107; HK-ArbR/*ders.* §§ 611, 611a BGB Rn. 630; **offenlassend** LAG Hamm 23.5.2001 – 14 Sa 497/01, BeckRS 2001, 41047 zu 4. der Gründe „erscheint denkbar".

1437 Vgl. dazu LAG Hamm 23.5.2001 – 14 Sa 497/01, BeckRS 2001, 41047 zu 4. der Gründe.

1438 *S. Müller* DB 2019, 1792 (1796); ähnlich LAG Hamm 9.6.2011 – 15 Sa 410/11, BeckRS 2011, 79293 zu II. 2. b) bb) (2) (b) der Gründe; **aA** im Allg. LAG Hamm 23.5.2001, MDR 2001, 1361 (1362).

1439 LAG Hamm 9.6.2011 – 15 Sa 410/11, BeckRS 2011, 79293 zu II. 2. b) bb) der Gründe; LAG Hamm 17.5.2021 – 18 Sa 1124/20, BeckRS 2021, 15285 Rn. 76; *Giesing* S. 225; *S. Müller* DB 2019, 1792 (1796); *Thüsing* RdA 2005, 257 (269); **weitergehend** ArbG Berlin 30.1.2015 – 28 Ca 12971/14, BeckRS 2015, 66780 zu II. 2. ba. (1.) der Gründe, wenn zusätzlich keine Bedenkzeit gewährt wird, nimmt es einen

Eine Beratungssperre wird in aller Regel jedoch mit der Verweigerung einer Bedenkzeit kombiniert.[1440] Es kommt für das Gebot fairen Verhandelns darauf an, ob die Beratungssperre Teil einer Überrumpelungsstrategie ist.[1441] Eine Überrumpelungsstrategie manifestiert sich aber nicht bereits dann, wenn die unterlegene Seite um die Möglichkeit der Konsultation eines Beraters bittet und diese Bitte verwehrt wird.[1442] Ebenso wie bei der Verweigerung der Bedenkzeit, wiegt die Beratungssperre umso schwerer, je komplexer der Vertrag ist.[1443] Eine stärkere Gewichtung ist vorzunehmen, wenn auf die Hinzuziehung eines Beraters ein Anspruch besteht, sie aber dennoch verweigert wird.[1444] Allerdings führt auch eine solche Verweigerung für sich genommen noch nicht zu einer Verletzung des Gebots fairen Verhandelns.[1445] Dies entspricht der Tatsache, dass auch ein Hinweis auf bestehende Beratungsrechte nicht verlangt ist.[1446] Aufhebungsverträge sind eher einfache Verträge, sodass bei diesen eine Beratungssperre in der Regel minder schwer wiegt.[1447]

Verstoß grundsätzlich an, es lässt gleichwohl eine Entlastung durch den konkreten Gesprächsablauf zu, s. II. 2. ba. (3.) der Gründe; ArbG Paderborn 16.2.2011 – 2 Ca 1818/10, BeckRS 2011, 140781 Rn. 39 nur wenn die Gegenseite nicht selber von einem externen Rechtsanwalt beraten wird und keine Bedenkzeit mit der Möglichkeit der Konsultation zugelassen wird; **aA** DDW/*Däubler* Einleitung Rn. 155; DDZ/*Däubler* Aufhebungsvertrag Rn. 107; HK-ArbR/*ders.* §§ 611, 611a BGB Rn. 630; im Bereich des Familienrechts anscheinend auch *Lettmaier* FS Koch, 375 (385).

1440 Ähnlich *Mankowski* S. 1153, der die fehlende Beratungsmöglichkeit als Folge einer verweigerten Bedenkzeit einordnet.

1441 *Giesing* S. 229; *Krause* EzA § 312 BGB 2002 Nr. 1, S. 21 (32); *S. Müller* DB 2019, 1792 (1796); *Thüsing* RdA 2005, 257 (269); im Ansatz ArbG Berlin 30.1.2015 – 28 Ca 12971/14, BeckRS 2015, 66780 zu II. 2. ba. (1.) und (3.) der Gründe; ArbG Schwerin 26.6.2019 – 4 Ca 1702/18, BeckRS 2019, 44159 Rn. 38; *Reinecke* NZA 2004 Sonderbeil. 18/2004, 27 (37); HWK/*Thüsing* § 123 BGB Rn. 46; ähnlich *Benecke* RdA 2004, 147 (151) bei ihrer Lösung über § 123 Abs. 1 BGB.

1442 LAG Hamm 17.5.2021 – 18 Sa 1124/20, BeckRS 2021, 15285 Rn. 74 ff.; **aA** wohl *S. Müller* DB 2019, 1792 (1797); s. dazu ähnlich bei Anfechtung: Kap. 3 § 5 J. II. 2. a) bb).

1443 *S. Müller* DB 2019, 1792 (1796).

1444 Im Ansatz auch *S. Müller* DB 2019, 1792 (1797).

1445 Vgl. zum arbeitsrechtlichen Aufhebungsvertrag *Giesing* S. 226.

1446 Vgl. zum Arbeitsrecht *S. Müller* DB 2019, 1792 (1797).

1447 Vgl. *S. Müller* DB 2019, 1792 (1796).

c) *Wirkung einer Beratung*

Wurde eine Beratungssperre verhängt, kann dies in der Gesamtabwägung berücksichtigt werden; gleichzeitig spricht die Möglichkeit der Beratung gegen eine Überrumpelung.[1448] Eine Beratung steht einer Verletzung des Gebots fairen Verhandelns aber nur entgegen, wenn die hinzugezogene Unterstützung nicht (verdeckt) der anderen Seite angehörig ist oder selbst an Mängeln in der Entschließungsfreiheit leidet.[1449] Dies ist durch das Mitwirken eines Notars regelmäßig gewährleistet.[1450] Dieser ist nach § 17 Abs. 1 BeurkG dazu verpflichtet, den Willen der Beteiligten zu erforschen, den Sachverhalt zu klären, die Beteiligten über die rechtliche Tragweite des Geschäfts zu belehren und ihre Erklärungen klar und unzweideutig in der Niederschrift wiederzugeben. Dabei soll er darauf achten, dass Irrtümer und Zweifel vermieden sowie unerfahrene und ungewandte Beteiligte nicht benachteiligt werden. Anders kann es deshalb nur liegen, wenn der Notar seinen von Gesetzes wegen bestehenden Pflichten nicht nachkommt.[1451]

Es kommt mithin vornehmlich darauf an, ob die Beratung ein Verhandlungsgleichgewicht, welches Raum für eine eigene Entscheidung lässt, jedenfalls

---

1448 Vgl. zum arbeitsrechtlichen Aufhebungsvertrag *Becker* S. 177; *Giesing* S. 229; *Hördt* ArbRAktuell 2019, 289 (292); *S. Müller* DB 2019, 1792 (1798); *Reufels/Pütz* ArbRB 2020, 253 (256); *Schmidt* AP BGB § 620 Aufhebungsvertrag Nr. 50, S. 1180 (1183R); *Winter* S. 112; ähnlich *Schmidt-Westphal* S. 249 ff. für eine Berücksichtigung bei seiner Lösung über ein konkret am Einzelfall festzumachendes Widerrufsrecht; im Ansatz *Däubler* NZA 2020, 10 (11); *Fischinger* NZA 2019, 729 (732); *Hördt* ArbRAktuell 2019, 289 (291); *Thüsing* RdA 2005, 257 (268); nicht geäußert hat sich dazu das BAG 7.2.2019, NZA 2019, 688.

1449 Zum arbeitsrechtlichen Aufhebungsvertrag *Becker* S. 177 mit Hinweis auf LAG Baden-Württemberg 18.1.1999 – 14 Sa101/98, BeckRS 1999, 30862542: Der Arbeitnehmer wurde überrascht und sah sich drei Vertretern der Gegenseite gegenüber, welche ihn mit dem sofortigen Abschluss eines Aufhebungsvertrags oder einer außerordentlichen Kündigung konfrontieren. Nach mehreren Stunden Gesprächsführung durfte der Arbeitnehmer aufgrund eines Schwächeanfalls seine Ehefrau, welche Krankenschwester war hinzuziehen, in deren Beisein er den Aufhebungsvertrag unterzeichnete. Eine Lösungsmöglichkeit wurde verneint; *Thüsing* RdA 2005, 257 (269) „Fehlen eines neutralen Beistands“.

1450 LAG Hamm 24.2.1995, LAGE § 611 BGB Inhaltskontrolle Nr. 2, S. 7 „‘Überrumpelungseffekt‘ ist mit dem Hinzutreten eines Notars typiserschweise neutralisiert“; **aA** im konkreten Fall OLG München 11.4.2002 – 24 U 428/01, BeckRS 2002, 30252535 zu A. 3. c) der Gründe.

1451 Vgl. LAG Hamm 24.2.1995, LAGE § 611 BGB Inhaltskontrolle Nr. 2, S. 7.

ansatzweise wiederherstellt.[1452] Wird sowohl eine Bedenkzeit als auch die realistische Möglichkeit einer, wenn auch knappen, Beratung in dieser Zeit gewährt, scheidet eine Verletzung des Gebots fairen Verhandelns aus.[1453] In diesen Fällen kann nicht mehr von einer Fremdbestimmung gesprochen werden. Die Gegenseite hat ihre Rücksichtnahmepflicht nach § 241 Abs. 2 BGB auf die Entscheidungsfreiheit dann zweifelsohne erfüllt. Es liegt dann einzig und allein am Angebotsempfänger, frei und selbstbestimmt zu entscheiden.

4. *Drohungen in der Verhandlungssituation*

Wird in Verhandlungsgesprächen eine kausale rechtswidrige Drohung ausgesprochen, so ergibt bereits § 123 Abs. 1 Alt. 2 BGB ein Anfechtungsrecht.[1454] Rechtswidrige Drohungen sind darüber hinaus auch als Verstoß gegen das Gebot fairen Verhandelns zu klassifizieren.[1455] Problematisch sind daneben deshalb vor allem rechtmäßige Drohungen.

a) *Bedeutung von Drohungen*

Diese rechtmäßigen Drohungen, welche noch unterhalb der Schwelle des § 123 Abs. 1 Alt. 2 BGB liegen, sind ein hochrelevanter Faktor für den Druckaufbau und damit für die unzulässige Einflussnahme.[1456] Dass in Verhandlungen oftmals Druck durch Drohungen aufgebaut wird, welche noch nicht den Tatbestand des § 123 Abs. 1 Alt. 2 BGB realisieren, wurde jedenfalls für den höchst praxisrelevanten Fall des arbeitsrechtlichen Aufhebungsvertrags bereits festgestellt.[1457] Gängig ist dort die Drohung mit ordentlicher oder außerordentlicher Kündigung, Strafanzeige, Geltendmachung zivilrechtlicher Ansprüche,

---

1452 In diese Richtung zum arbeitsrechtlichen Aufhebungsvertrag *Becker* S. 177 f.

1453 Zum arbeitsrechtlichen Aufhebungsvertrag womöglich zu kurz *Fischinger* NZA 2019, 729 (732): 20 Minuten Bedenkzeit und Beratungsoption genügen; in diese Richtung auch *S. Müller* DB 2019, 1792 (1798).

1454 S. o., Kap. 3 § 5 J. II. 2.

1455 Ähnlich *Giesing* S. 227; *S. Müller* DB 2019, 1792 (1795).

1456 Vgl. *Kuby* AiB 12/2018, 40 (41); *Lorenz* S. 481 f.; 500, der diese allerdings im Gegensatz zur hier vertretenen Position als eigene Fallgruppe mit Überschneidungen zur Überrumpelung ansieht; *Schmidt-Westphal* S. 251 für eine Berücksichtigung bei seiner Lösung über ein konkret am Einzelfall festzumachendes Widerrufsrecht; *Weiler* S. 639 f.

1457 S. o., Kap. 3 § 5 J. II. 2.

der Ausstellung eines schlechten Arbeitszeugnisses oder dem Streichen einer Abfindung.[1458]

Die Gefahr einer Drohung gilt gleichermaßen für andere Vertragsverhandlungen, denn in aller Regel werden alle erdenklichen Mittel genutzt, um Verhandlungen zum gewünschten Ergebnis zu führen. Dazu gehört auch das Inaussichtstellen negativer Konsequenzen im Falle der Ablehnung des Vertragsschlusses. Bei Dauerschuldverhältnissen spielt insbesondere das Androhen einer Kündigung als Alternative zum Aufhebungsvertrag eine große Rolle. Bei Schuldanerkenntnissen ist eine Drohung mit einer Anzeige wegen strafrechtlich relevanten Verhaltens üblich.[1459] Im Familien- oder Erbrecht kann mit dem Inaussichtstellen eines Kontaktabbruches Druck aufgebaut werden.

b) *Würdigung von Drohungen*

Einleitend ist festzuhalten, dass Drohungen unterhalb der Schwelle des § 123 Abs. 1 Alt. 2 BGB aufgrund der Wertung des § 123 Abs. 1 Alt. 2 BGB niemals alleine eine Verletzung des Gebots fairen Verhandelns begründen können.[1460] § 123 Abs. 1 Alt. 2 BGB zeigt vielmehr, dass die Aussprache von Drohungen in bestimmten Fällen erlaubt ist. Deshalb kann eine nicht widerrechtliche Drohung nur im Zusammenspiel mit anderen Methoden der Überrumpelung berücksichtigt werden.[1461] Dafür, dass auch nicht widerrechtliche Drohungen nach Ansicht des Gesetzgebers die Willensbildung auf unzulässige Weise beeinträchtigen

---

1458 *Adam* EzA § 312 BGB 2002 Nr. 4, S. 18 (20); *Becker* S. 171.

1459 S. dazu beispielsweise LAG Mecklenburg-Vorpommern 4.12.2018 – 2 Sa 143/18, BeckRS 2018, 46462 Rn. 52 ff.

1460 S. *Müller* DB 2019, 1792 (1795); **unklar** DDZ/*Däubler* Aufhebungsvertrag Rn. 107; HK-ArbR/*ders.* §§ 611, 611a BGB Rn. 630, der im Androhen von nicht „einigermaßen abgesicherte Forderungen" eine Verletzung des Gebots fairen Verhandelns sieht; unklar auch *Lorenz* S. 481 ff., 500 ff., der auch auf Zeitdruck abstellt, aber nicht klarifiziert, ob es sich bloß um eine gängige Kombination handelt oder ob dieser auch notwendig ist, um eine Pflichtverletzung zu begründen. Er geht wohl davon aus, dass eine von § 123 BGB und § 138 BGB nicht erfasste Drohung, die kein „minus", sondern ein „aliud" zu dieser ist, auch für sich genommen eine Pflichtverletzung konstituieren kann, sobald diese zum Fehlen der Entscheidungsfreiheit führt; **aA** *Weiler* S. 639 f. „subtile Formulierungen und Äußerungen die für sich genommen keine Drohung darstellen" bei einer analogen Anwendung des § 123 Abs. 1 BGB.

1461 *Thüsing* RdA 2005, 257 (269) „besondere Betonung möglicher Folgen der Verzögerung" kann zu berücksichtigen sein; **aA** LAG Hamm 17.5.2021 – 18 Sa 1124/20, BeckRS 2021, 15285 Rn. 81: bei rechtmäßigen Drohungen ist prinzipiell keine Berücksichtigung möglich, da § 123 Abs. 1 BGB eine Spezialregelung darstelle.

können, kann sich auf § 4a Abs. 2 S. 1 Nr. 2 UWG[1462] gestützt werden. Zudem ist die tatsächliche Wirkung auch von rechtmäßigen Drohungen auf die Willensbildung nicht abzustreiten. Es kann unterschieden werden zwischen Drohungen, die in der Gesamtabwägung stets außen vor bleiben müssen, solchen die teilweise und solchen die stets Beachtung finden müssen.

aa) Unbeachtliche Drohungen

In Fällen, in denen mit einer Kündigung gedroht wurde und der Empfänger dieser Drohung dann von sich aus einen Aufhebungsvertrag vorschlägt, liegt kein Anknüpfungspunkt für eine unzulässige Einflussnahme vor; vielmehr zeigt sich bei Abschluss des Aufhebungsvertrags die ursprünglich die Kündigung androhende Seite zu einem beidseitig vorteilhaften Kompromiss bereit.[1463] Erfolgt die Drohung mit einem offensichtlich rechtmäßigen Mittel, so ist auch diese in der Gesamtabwägung nicht zu berücksichtigen.[1464] Darunter fällt zum Beispiel die Androhung der Rücknahme einer Zusage, auf die kein Anspruch besteht.[1465] Hier kommt besonders die Drohung mit einer eindeutig rechtmäßigen Kündigung oder erfolgreichen Strafanzeige in Betracht. Zwar erfolgt auch dann die Ausübung von psychischem Druck, doch besteht dann für den Bedrohten tatsächlich keine andere Möglichkeit als der Vertragsschluss, um der Bredouille zu entgehen.[1466] Die Entscheidungsfreiheit wird nicht künstlich eingeengt.

Auch die Nichtzahlung einer Abfindung bei Abschluss eines arbeitsrechtlichen Aufhebungsvertrags ist als Negativfaktor in der Beurteilung der Fairness irrelevant, da es auf die Zahlung einer Abfindung keinen Anspruch gibt.[1467] Gleichzeitig vertreten Teile der Literatur, dass eine angemessene Abfindung durchaus einen Indikator gegen Zwangslagen darstellen kann.[1468] Eine angemessene

---

1462 S. dazu Kap. 3 § 5 P. I. Zur Möglichkeit der Berücksichtigung der Wertungen des UWG im Willensschutz des BGB: Kap. 5 § 11 C. III.

1463 *Becker* S. 172; s. vertiefend Kap. 5 § 11 D. I. 8.

1464 Ähnlich *Becker* S. 393; *Lorenz* S. 501.

1465 **AA** wohl DDW/*Däubler* Einleitung Rn. 155; DDZ/*ders.* Aufhebungsvertrag Rn. 107; HK-ArbR/*ders.* §§ 611, 611a BGB Rn. 630.

1466 *Becker* S. 393 f.

1467 S. o., Kap. 3 § 5 J. II. 2. a) aa) und *Becker* S. 171; Moll/*Bengelsdorf* § 49 Rn. 391; **unklar** LAG Hamm 17.5.2021 – 18 Sa 1124/20, BeckRS 2021, 15285 Rn. 76; **aA** *Wank* AP SGB III § 144 Nr. 3, S. 529 (531R).

1468 *Becker* S. 171; *Gamillscheg* S. 223 zur Inhaltskontrolle; *Hromadka* FS Zöllner, 785 (792) zur Drohung; *Wank* AP SGB III § 144 Nr. 3, S. 529 (531R); ähnlich bezgl. anderer inhaltlicher Aspekte LAG Hamm 17.5.2021 – 18 Sa 1124/20, BeckRS 2021, 15285 Rn. 76.

Abfindung ist allerdings keineswegs von gehobener Bedeutung, da aus dem Inhalt des Vertrags keine positiven Schlüsse auf die relevante Abschlusssituation gezogen werden können. Vielfach wird der Überrumpelnde einen Standardvertrag mit gängigem Inhalt verwenden, um dem Vertragspartner das Angebot als guten Deal zu präsentieren, welchen dieser schnell abschließt. Dies kann beim arbeitsrechtlichen Aufhebungsvertrag regelmäßig eine Abfindung bedeuten.

Eine Drohung mit einem Unterlassen ist nur dann im Rahmen einer Gesamtabwägung zu beachten, wenn ein Anspruch auf die das Übel abzuwendende Handlung besteht.[1469] Das bedeutet in Bezug auf Arbeitszeugnisse, dass ein Anspruch auf ein Zeugnis mit entsprechend gutem Inhalt bestehen muss.[1470]

bb) Beachtliche Drohungen

Der Unterfall der Belästigung ist als Drohung im Rahmen der Gesamtabwägung aufgrund der besonderen Intensität stets zu berücksichtigen. In dieser Fallgruppe liegt ohnehin häufig bereits eine widerrechtliche Drohung vor, welche nach § 123 Abs. 1 Alt. 2 BGB zu beachten ist.[1471] Wird dem Verhandlungspartner unter Androhung eines Übels untersagt, den Raum zu verlassen oder Rat zu suchen und die Anweisung erteilt, den Vertrag zu unterzeichnen, kann darin eine widerrechtliche Drohung nach § 123 Abs. 1 Alt. 2 BGB zu sehen sein.[1472] Liegt das angedrohte Übel jedoch lediglich darin, den Vertragsschluss bei Verlassen des Raumes oder bei Inanspruchnahme von Konsultation nicht mehr anzubieten, so liegt keine widerrechtliche Drohung im Sinne des § 123 Abs. 1 Alt. 2 BGB vor.[1473] Stattdessen handelt es sich um einen Fall der Verweigerung der Bedenkzeit.[1474] *Kamanabrou* betont treffend, dass in diesen Fällen durchaus die Möglichkeit besteht, den Raum zu verlassen oder sich zu beraten und dadurch nur die Möglichkeit einer verzögerten Annahme (Bedenkzeit) entfällt.[1475] Entsprechend ist zunächst auf die Ausführungen zur Bedenkzeit zu

---

1469 *Becker* S. 171.

1470 *Becker* S. 171 f.; Moll/*Bengelsdorf* § 49 Rn. 392.

1471 Ebenso für den arbeitsrechtlichen Aufhebungsvertrag *Kamanabrou* RdA 2020, 201 (203); so beispielsweise auch in LAG Köln 21.4.1994, LAGE § 123 BGB Nr. 20, S. 4 f.

1472 Vgl. für den arbeitsrechtlichen Aufhebungsvertrag *Bengelsdorf* DB 1997, 874 (879); *Kamanabrou* RdA 2020, 201 (203).

1473 Ebenso für den arbeitsrechtlichen Aufhebungsvertrag *Kamanabrou* RdA 2020, 201 (203).

1474 *Kamanabrou* RdA 2020, 201 (203); *Mankowski* S. 1153.

1475 *Kamanabrou* RdA 2020, 201 (203).

rekurrieren. Infolgedessen kann allein deshalb keine Verletzung des Gebots fairen Verhandelns angenommen werden.[1476]

Gleichwohl liegt aber ein typischer Fall der Druckerhöhung vor, wenn eine Seite durch Drohungen dafür sorgt, dass die andere Seite sich dem Gespräch physisch und oder psychisch nicht entziehen kann, indem die überlegene Seite der anderen Partei verbietet, den Verhandlungsraum zu verlassen, bis eine Entscheidung herbeigeführt wurde.[1477]. Zur Erzeugung von Synergieeffekten werden mehrere Mittel, hier Zeitdruck und Drohung kombiniert. Darum ist diese Konstellation gegenüber der schlichten Verweigerung einer Bedenkzeit verschärft für die Feststellung einer unzulässigen Einflussnahme zu berücksichtigen.[1478]

Miteinzubeziehen für eine Verletzung des Gebots fairen Verhandelns ist auch die Drohung, dass pro Stunde, in der das Angebot nicht angenommen wird, sich die Vertragskonditionen verschlechtern.[1479] Auch dies stellt faktisch eine Beschneidung der Bedenkzeit in Kombination mit einer Drohung dar und kann für das Gebot fairen Verhandelns beachtet werden. Dazu kann die Verweigerung der Nahrungszunahme, des Trinkens, des Toilettengangs oder der Raucherpause

1476 **AA** zu weitgehend DDW/*Däubler* Einleitung Rn. 152; DDZ/*ders.* Aufhebungsvertrag Rn. 107; HK-ArbR/*ders.* §§ 611, 611a BGB Rn. 630.

1477 Dies kommt in aller Regel nur in Sachverhalten mit arbeitsrechtlichen Bezügen vor, s. beispielsweise LAG Thüringen 10.9.1998, NZA-RR 1999, 399 (399 ff.); LAG Köln 21.4.1994, LAGE § 123 BGB Nr. 20; siehe auch AG Nürtingen 29.6.1995, NJW-RR 1996, 40 (40); *S. Müller* DB 2019, 1792 (1794) Fallbeispiel 3.

1478 *Becker* S. 178, 395 zum arbeitsrechtlichen Aufhebungsvertrag; *Giesing* S. 229; *Heinkel* ZTR 2020, 261 (266); *Lorenz* S. 483, 499; iE *S. Müller* DB 2019, 1792 (1795, 1796); *Plum* MDR 2020, 69 Rn. 13; *Weiler* S. 637 ff. für die Berücksichtigung bei der analogen Anwendung des § 123 Abs. 1 BGB; ähnlich ist *Schmidt-Westphal* S. 251 für eine Berücksichtigung von fehlenden Unterbrechungen des Gesprächs bei seiner Lösung über ein konkret am Einzelfall festzumachendes Widerrufsrecht; vgl. auch DDW/*Däubler* Einleitung Rn. 155; DDZ/*ders.* Aufhebungsvertrag Rn. 107; HK-ArbR/*ders.* §§ 611, 611a BGB Rn. 630; *Franz* S. 397; LAG Mecklenburg-Vorpommern 6.7.1995, NZA 1996, 535 (539): Treuwidrigkeit durch § 242 BGB, wenn verboten wird den Raum zu verlassen, der Wunsch nach Beendigung des Gesprächs ignoriert wird oder keine Bedenkzeit eingeräumt wird. Anfechtungsrecht nach § 123 Abs. 1 Alt. 2 BGB: LAG Köln 21.4.1994, LAGE § 123 BGB Nr. 20, S. 4 f. Zu § 138 BGB: LAG Thüringen 10.9.1998, NZA-RR 1999, 399 (400).

1479 *S. Müller* DB 2019, 1792 (1794) sieht es für die Verletzung des Gebots fairen Verhandelns als ausreichend an, wenn bei dem Angebot eines Aufhebungsvertrags sich die Abfindungshöhe stündlich verringert; **aA** *Kamanabrou* RdA 2020, 201 (208).

trotz Nikotinsucht treten.[1480] Je nach Fallgestaltung kann dadurch bereits eine widerrechtliche Drohung nach § 123 Abs. 1 Alt. 2 BGB verwirklicht sein.[1481] Eine Anknüpfung an § 136 a StPO wie von *Bachmann/Ponßen*[1482] vorgeschlagen ist für den Unterfall der Belästigung jedoch verfehlt.[1483]

Als unzulässige Verhandlungsmethode kann auch das Verhindern des Vorbringens von entlastenden Tatsachen gegenüber angedrohten Rechtsmitteln zu berücksichtigen sein.[1484] Dass der Arbeitgeber nicht verhindern darf, dass der Arbeitnehmer Verdachtsfälle entkräftet, ist für das Arbeitsrecht in Bezug auf Aufhebungsverträge anerkannt.[1485] Der zugrunde liegende Rechtsgedanke muss dabei für das gesamte Zivilrecht gelten.

Darüber hinaus gilt: Je größer das angedrohte Übel ist, desto mehr spricht für eine Berücksichtigung als unzulässige Einflussnahme auf die Willensbildung des Ziels. Der Grund liegt im Ziel des Gebots fairen Verhandelns, die Entscheidungsfreiheit zu wahren. Für diese kommt es letztlich auf die tatsächliche Druckintensität an.

5. *Kein Verhandlungsspielraum*

Eine Überrumpelungssituation wird zudem verstärkt, indem jeglicher Verhandlungsspielraum von vornherein ausgeschlossen wird und stattdessen die Vorlage eines ausformulierten Vertrags erfolgt.[1486] Dies führt in Verbindung mit der Ausübung von Zeitdruck zu einer Drucksituation, in welcher der Abschluss des inhaltlich feststehenden Vertrags oftmals als einzige Lösung der Zwangslage gesehen wird.[1487]

1480 *Plum* MDR 2020, 69 Rn. 13; im Ansatz LAG Hamm 17.5.2021 – 18 Sa 1124/20, BeckRS 2021, 15285 Rn. 81.

1481 Dafür *S. Müller* DB 2019, 1792 (1795).

1482 *Bachmann/Ponßen* NJW 2019, 1966 (1970).

1483 Ebenso *Kamanabrou* RdA 2020, 201 (203) Fn. 20.

1484 Zum arbeitsrechtlichen Aufhebungsvertrag *Becker* S. 173.

1485 BAG 13.9.1995, NJW 1996, 540 (542).

1486 Exemplarisch *Adam* EzA § 312 BGB 2002 Nr. 4, S. 18 (20).

1487 Ähnlich *Schmidt-Westphal* S. 248 ff. für eine Berücksichtigung des „take it or leave it" bei seiner Lösung über ein konkret am Einzelfall festzumachendes Widerrufsrecht; allgemein das „take it or leave it" unter Einbezug der Inhaltsfreiheit als kritisch einstufend *Wiedenmann* S. 105 f.

Aus dem Gebot fairen Verhandelns folgt jedoch keine allgemeine Verhandlungspflicht.[1488] Das Gebot fairen Verhandelns ist zum einen nur dann anzuwenden, wenn es zu einer Vertragsanbahnung kommt, denn erst dann greifen die Rücksichtnahmepflichten des § 241 Abs. 2 BGB.[1489] Außerhalb einer solchen Situation müssen bereits keine Verhandlungen geführt werden.[1490] Der Ausschluss von Verhandlungsspielraum ist zum anderen darüber hinaus kein überaus ungewöhnlicher Vorgang, der eine Seite grundsätzlich schutzwürdiger erscheinen lässt.[1491] In typisierter Weise wird dies durch das AGB-Recht anerkannt und geregelt. Für sich genommen ist es mithin grundsätzlich zulässig, von vornherein jeglichen Verhandlungsspielraum auszuschließen.[1492] Ebenso besteht schließlich auch kein Anspruch auf die Unterbreitung eines Angebots an sich. Die Vertragsfreiheit setzt nicht zwingend voraus, dass beide Seiten den Inhalt des Vertrags beeinflussen konnten, solange sie im Vertragsschluss selbst („Ob") frei waren.[1493]

Ein Ausschluss jeglichen Verhandlungsspielraums durch Vorlage des Vertrags „zur Unterschrift" kann wegen seiner Wirkung auf die Entschlussfreiheit aber in der Gesamtschau mit zu beachten sein.[1494] Das Erwecken des Anscheins, der Vertragsgegner müsse dem Vertrag zustimmen, kann darüber hinaus für sich genommen eine vorvertragliche Pflichtverletzung[1495] oder eine arglistige Täuschung nach § 123 Abs. 1 Alt. 1 BGB darstellen.

6. *Numerisch-personelles Ungleichgewicht in der Verhandlungssituation*

Ein anderes typisches Merkmal von Überrumpelungssituationen ist, dass die überrumpelnde Seite zahlenmäßig überlegen ist. Dies kann sich sowohl darin niederschlagen, dass der überrumpelnde Gesprächspartner lediglich einen

---

1488 *Bachmann/Ponßen* NJW 2019, 1966 (1970); LAG Hamm 17.5.2021 – 18 Sa 1124/20, BeckRS 2021, 15285 Rn. 70 f.; **aA** zu weitgehend DDW/*Däubler* Einleitung Rn. 155; DDZ/*ders.* Aufhebungsvertrag Rn. 107; HK-ArbR/*ders.* §§ 611, 611a BGB Rn. 630.

1489 *Bachmann/Ponßen* NJW 2019, 1966 (1970).

1490 *Bachmann/Ponßen* NJW 2019, 1966 (1970).

1491 Vgl. LAG Hamm 17.5.2021 – 18 Sa 1124/20, BeckRS 2021, 15285 Rn. 71 (offenlassend jedoch für die Vorlage besonders komplexer Verträge); *Franz* S. 398.

1492 *Zöllner* Privatrechtsgesellschaft S. 43 f.; **aA** deutlich zu weitgehend DDW/*Däubler* Einleitung Rn. 155; DDZ/*ders.* Aufhebungsvertrag Rn. 107; HK-ArbR/*ders.* §§ 611, 611a BGB Rn. 630.

1493 Vgl. *Zöllner* Privatrechtsgesellschaft S. 44.

1494 Vgl. zum arbeitsrechtlichen Aufhebungsvertrag *Giesing* S. 229.

1495 *Drygala* NJW 1994, 3260 (3266).

Assistenten dabei hat als auch darin, dass eine Mehrzahl von Personen mit unterschiedlichen Funktionen im Führungsapparat der überrumpelnden Seite einschließlich eines Rechtsanwalts die Vertreter der zahlenmäßig überlegenen Partei sind.[1496] Die Vielzahl von Personen auf der Gegenseite erhöhen den psychischen Druck auf den Einzelnen,[1497] indem sie auf diesen einschüchternd wirken.

Dieser Faktor ist allerdings nicht von solch gesteigerter Relevanz, dass dem Vertrag nur deshalb die Wirksamkeit zu versagen wäre.[1498] Eine bloße Mehrzahl von Vertretern der Gegenseite führt für sich genommen nicht zu einer unzulässigen Einflussnahme auf die Willensentschließungsfreiheit des anderen Teils.[1499] Das Verhandeln in ausgeprägter Personalstärke wird von der Rechtsordnung an keiner Stelle missbilligt und ist zu einem gewissen Grade vorhersehbarer Alltag. Es kann jedoch aufgrund seiner faktischen Beeinflussung der Willensbildung Bestandteil einer zu missbilligenden Strategie der unzulässigen Einflussnahme

---

1496 Zum arbeitsrechtlichen Aufhebungsvertrag: In LAG Köln 27.6.1997, LAGE § 123 BGB Nr. 24 sind es fünf Vertreter des Arbeitgebers; ebenso fünf in LAG Köln 21.4.1994, LAGE § 123 BGB Nr. 20; in LAG Baden-Württemberg 18.1.1999 – 14 Sa101/98, BeckRS 1999, 30862542 nur drei; ArbG Berlin 29.6.2006, NZA-RR 2007, 19 (19) ebenfalls drei; ArbG Berlin 30.1.2015 – 28 Ca 12971/14, BeckRS 2015, 66780 zu II. 2. b. bb. (2.) (a.) der Gründe ebenfalls drei; deutlich häufiger dürften es zwei sein wie in LAG Düsseldorf 26.1.1993, NZA 1993, 702 (702 f.); *Adam* EzA § 312 BGB 2002 Nr. 4, S. 18 (21); *Hümmerich* NZA 2004, 809 (810, 815); *Reinecke* Sonderbeil. NZA 18/2004, 27 (34); *ders.* FS Küttner, 327 (328); *ders.* FS Düwell, 410 (412).

1497 *Adam* EzA § 312 BGB 2002 Nr. 4, S. 18 (21); *Becker* S. 176 f., 394 vergleicht dies unzutreffenderweise mit der Drohung mit einer Kündigung; *S. Müller* DB 2019, 1792 (1796); den psychischen Druck würdigt LAG Köln 27.6.1997, LAGE § 123 BGB Nr. 24 Ls. 3 nicht hinreichend.

1498 LAG Hamm 17.5.2021 – 18 Sa 1124/20, BeckRS 2021, 15285 Rn. 68 ff.; LAG Mecklenburg-Vorpommern 4.12.2018 – 2 Sa 143/18, BeckRS 2018, 46462 Rn. 55, 59 zu einer Tribunalsituation; *Hamann* jurisPR-ArbR 30/2020 Anm. 4 D.; *Kamanabrou* RdA 2020, 201 (208) betont darüber hinaus in Fn. 63, dass bei einem Gespräch zuhause eine Ankündigung und die Zustimmung des Besuchten für jeden Teilnehmer erforderlich sei; *Mengel* BB 2004, 1859 (1860); **zu weitgehend** *Becker* S. 177, 394 bereits für den Fall, dass allein die bloße „Präsenz" mehrerer Vertreter der Arbeitgeberseite Druck ausübt.

1499 Stattdessen kann u. U. auch durch das einseitige Hinzuziehen von Experten den Interessen beider Seiten besser Rechnung getragen werden, vgl. LAG Hamm 17.5.2021 – 18 Sa 1124/20, BeckRS 2021, 15285 Rn. 69.

sein.[1500] Nicht ausreichend dürfte es im Regelfall sein, wenn die personell stärker besetzte Seite zusätzlich nur noch eine Beratungssperre verhängt.[1501]

7. *Gesprächsatmosphäre*

Auch die Atmosphäre des Gesprächs lässt Rückschlüsse darüber zu, ob eine unzulässige Überrumpelungsstrategie vorlag.[1502] Ein ruhiger und sachlicher Gesprächsablauf spricht gegen eine Verletzung des Gebots fairen Verhandelns.[1503] Besonders raue Umgangsformen hingegen können in einer Gesamtschau zu berücksichtigen sein. Geschuldet ist aber keineswegs die Schaffung einer „besonders angenehmen Gesprächsatmosphäre".[1504] Sachlich geäußerte

---

1500 Vgl. zum arbeitsrechtlichen Aufhebungsvertrag *Giesing* S. 228 f.; *Heinkel* ZTR 2020, 261 (267); *Krause* EzA § 312 BGB 2002 Nr. 1, S. 21 (32); *S. Müller* DB 2019, 1792 (1796 f.); *Reinecke* NZA 2004 Sonderbeil. 18/2004, 27 (37); *ders.* FS Düwell, 410 (416); *Schmidt* AP BGB § 620 Aufhebungsvertrag Nr. 50, S. 1180 (1183R); *Schmidt-Westphal* S. 249 ff. für eine Berücksichtigung bei seiner Lösung über ein konkret am Einzelfall festzumachendes Widerrufsrecht; *Thüsing* RdA 2005, 257 (269); HWK/*ders.* § 123 BGB Rn. 46; *Winter* S. 112; im Ansatz LAG Rheinland-Pfalz 3.8.2020 – 3 Sa 90/19, BeckRS 2020, 38974 Rn. 96; für eine Berücksichtigung im Rahmen des § 123 BGB verhalten *Bengelsdorf* DB 1997, 874 (879).

1501 Vgl. LAG Hamm 17.5.2021 – 18 Sa 1124/20, BeckRS 2021, 15285 Rn. 68 ff.; a**A** wohl für den arbeitsrechtlichen Aufhebungsvertrag *S. Müller* DB 2019, 1792 (1797).

1502 In diese Richtung zum arbeitsrechtlichen Aufhebungsvertrag ArbG Berlin 30.1.2015 – 28 Ca 12971/14, BeckRS 2015, 66780 zu II. 2. b. bb. (3.) der Gründe; *Fischinger* NZA-RR 2020, 516 (517); *Giesing* S. 229; zu einem Verstoß gegen Treu und Glauben *Haller* BB 1994, 787 (789); sehr verhalten ebenfalls *Bengelsdorf* DB 1997, 874 (879); vgl. auch *Benecke* RdA 2004, 147 (151) bei ihrer Lösung über § 123 Abs. 1 BGB; **krit**. *Fischinger* NZA 2019, 729 (731).

1503 Vgl. LAG Hamm 17.5.2021 – 18 Sa 1124/20, BeckRS 2021, 15285 Rn. 73; *Fischinger* NZA-RR 2020, 516 (517); *Giesing* S. 229; vgl. auch *Haller* BB 1994, 787 (789) zu einem Verstoß gegen Treu und Glauben; ähnlich bereits BAG 30.9.1993, NZA 1994, 209 (210) zur Ablehnung des § 123 Abs. 1 BGB bei einem ruhigen sachlichen Gespräch „weil jedenfalls keine Rede davon sein kann, daß […] die Möglichkeit einer freien Entscheidung genommen [wurde].

1504 BAG 7.2.2019, NZA 2019, 688 Rn. 34; zust. LAG Hamm 17.5.2021 – 18 Sa 1124/20, BeckRS 2021, 15285 Rn. 69; LAG Hessen 11.06.2021 – 10 Sa 1221/20, BeckRS 2021, 21456 Rn. 34; LAG Mecklenburg-Vorpommern 19.5.2020, NZA-RR 2020, 520 Rn. 24; LAG Rheinland-Pfalz 3.8.2020 – 3 Sa 90/19, BeckRS 2020, 38974 Rn. 95; ArbG Schwerin 26.6.2019 – 4 Ca 1702/18, BeckRS 2019, 44159 Rn. 35; *Bachmann/Ponßen* NJW 2019, 1966 (1970); *Fischinger* NZA 2019, 729 (731); *Heinkel* ZTR 2020, 261 (266); *Plum* MDR 2020, 69 Rn. 9.

Kritik ist für eine Verletzung des Gebots fairen Verhandelns deshalb nicht zu berücksichtigen.[1505] Auch ist es für eine Verletzung des Gebots fairen Verhandelns unbeachtlich, wenn beispielsweise beim Abschluss eines arbeitsrechtlichen Aufhebungsvertrags lediglich darauf hingewiesen wird, dass der Betriebsrat bemerkenswerterweise der Kündigung schon zugestimmt habe oder es dem Arbeitgeber sonst wie an Empathie und Mitgefühl mangelt.[1506]

Ebenfalls ist es für sich genommen nicht relevant, ob dem Gesprächsteilnehmer in einer länger dauernden Verhandlung bei gehobenen Temperaturen eine Sitzgelegenheit oder etwas zu trinken angeboten wird.[1507] Dies kann jedoch womöglich als Drohung berücksichtigt werden.[1508] Inwieweit die Gesprächsatmosphäre einen ansonsten vorliegenden Verstoß gegen das Gebot fairen Verhandelns ausgleichen kann, hängt vom Einzelfall ab.

8. *Initiative zum Vertragsschluss*

Geht die Initiative vom grundsätzlich unterlegenen Vertragsteil aus, so ist der Maßstab für eine unzulässige Einflussnahme deutlich entschärft. Der Initiator hatte im Vorfeld bereits die Gelegenheit, das Für und Wider des angedachten Vertrags abzuwägen, sich zu beraten und eine eigene Taktik für die Verhandlung zu entwickeln.[1509] Allein schon dadurch, dass in solchen Fällen keine durchgreifenden Gründe mehr für eine Bedenkzeit sprechen,[1510] fällt das für die Verletzung des Gebots fairen Verhandelns nahezu konstitutive Element des Zeitdrucks weg. Zudem scheidet auch eine Überraschung aus. Im Fall der Initiative durch

---

1505 Zurecht *Fischinger* NZA-RR 2020, 516 (517 f., 520) in Bezug auf die fragwürdige Entscheidung des LAG Mecklenburg-Vorpommern 19.5.2020, NZA-RR 2020, 520 Rn. 28; ähnlich auch *Eufinger* DB 2020, 2695 (2695).

1506 *Fischinger* NZA 2019, 729 (731 f.). Dies wurde lediglich mitberücksichtigt von ArbG Berlin 30.1.2015 – 28 Ca 12971/14, BeckRS 2015, 66780 zu II. 2. b. bb. (3.) (bb.) und (bc.) die Gründe (von Staudinger/*Richardi/Fischinger* (2020) § 611a Rn. 1961 als „absurd" bezeichnet, obwohl das ArbG Berlin sich keinesfalls ausschließlich auf die Gesprächsatmossphäre stützt, sondern diese nach Prüfung der vorliegenden Überraschung, Beratungssperre und kurzen Bedenkzeit als Negativkriterium prüft, also, ob sich ein „gegenläufiges Bild" aufgrund der Gesprächsatmosphäre ergibt).

1507 Dies befürchtet *Fischinger* NZA 2019, 729 (732).

1508 S. o., Kap. 5 § 11 D. I. 4. b) bb).

1509 Bereits allgemein in diese Richtung zum Haustürwiderruf Begr. BR-Entwurf BT-Drucks. 10/2876 S. 6; ähnlich *Schacht* S. 55 f., 154.

1510 Vgl. allgemein zum Haustürwiderruf Begr. BR-Entwurf BT-Drucks. 10/2876 S. 6; ähnlich *Schacht* S. 55 f.

den angeblich Überrumpelten ist deshalb eine Verletzung des Gebots fairen Verhandelns in aller Regel ausgeschlossen.[1511]

Es ist in Ausnahmefällen aber durchaus möglich, dass der Initiator im Rahmen der Verhandlungen durch unzulässige Einflussnahme doch zu einem anderen als dem gewollten Vertragsschluss gedrängt wird.[1512] Eine Initiierung des Vertragsschlusses von der anderen Seite wiederum nimmt für sich genommen keinesfalls die Möglichkeit, eine eigenständige Entscheidung zu treffen.[1513]

Problematisch kann zuweilen sein, ob die Initiative tatsächlich Folge der eigenständigen Willensbildung des Initiators war. Wird der Wunsch ein bestimmtes Rechtsergebnis zu erzielen von einer Seite geäußert und folgt daraufhin der Vorschlag eines konkreten, zur Zielerreichung geeigneten Rechtsgeschäfts von der anderen Seite, so ging die Initiative grundsätzlich zunächst von der Seite aus, welche das Rechtsergebnis als solches zuerst wünschte. Vor dem Hintergrund des Schutzzwecks des Gebots fairen Verhandelns ist jedoch eine genauere Betrachtung erforderlich.

Dies lässt sich am Beispiel eines Aufhebungsvertrags verdeutlichen. Tritt eine Partei mit dem Wunsch der Auflösung des Verhältnisses an die andere heran und schlägt die andere Seite daraufhin den Abschluss eines Aufhebungsvertrags vor, so ging die Initiative grundsätzlich von der zuerst tätigen Partei aus.[1514] Im Rahmen eines Aufhebungsvertrags stellt sich die Frage nach der Initiative besonders dann, wenn vorher eine Kündigung an- oder ausgesprochen wurde. Hier ist eine differenzierende Beurteilung notwendig. Wird lediglich eine Kündigung erklärt oder für weiteres Fehlverhalten angedroht, ohne dass eine Beeinflussung zur Abgabe eines Angebots für einen Aufhebungsvertrag vorliegt, so ist das Angebot eines Aufhebungsvertrags durch den Kündigungsempfänger auf dessen eigene Initiative zurückzuführen.[1515]

1511 Zum arbeitsrechtlichen Aufhebungsvertrag *Giesing* S. 224; *S. Müller* DB 2019, 1792 (1798); *Winter* S. 112 f.; für einen gänzlichen Ausschluss *Becker* S. 180, 396; allgemein statuiert *Schacht* S. 55 im Fall der Initiative eine geringere Schutzbedürftigkeit; **aA** allg. zur Bedeutung der Initiative *Thies* S. 19 f.; **krit.** wohl auch *Däubler* NZA 2020, 10 (11), der eine Beratung und Bedenkzeit wegen der Bedeutung der Entscheidung auch bei Initiative des „Überrumpelten" empfiehlt.

1512 *Winter* S. 113 zum arbeitsrechtlichen Aufhebungsvertrag.

1513 Vgl. *Schwarze* LAGE § 611 BGB Aufhebungsvertrag Nr. 9, S. 26 (37).

1514 BAG 11.12.2001, NZA 2002, 1150 (1152); MEL/*Mues* Rn. 765; BeckOGK/*Sutschet* (1.9.2021) § 620 BGB Rn. 388.

1515 Für den arbeitsrechtlichen Aufhebungsvertrag *Becker* S. 180.

Zwar geht die allgemeine Initiative zur Beendigung des Verhältnisses von der kündigenden Seite aus, doch die konkrete Initiative zur Beendigung durch Vertrag erfolgt von der anderen Seite. Diese hatte vorher Gelegenheit diesbezüglich einen Entschluss zu fassen. Das Gebot fairen Verhandelns zielt auf den Schutz der Willensbildung vor dem Vertragsschluss ab, sodass es entscheidend auf den Entschluss und die Vorbereitungsmöglichkeit für eine vertragliche Vereinbarung ankommt.

9. *Ergebnis: Kumulation der Merkmale*

Ziel der Überrumpelung ist es, eine Überforderung des Verhandlungspartners herbeizuführen, damit dieser nachgibt, um sich der Notsituation zu entziehen. Die jeweils genannten Faktoren sind für sich genommen wie gezeigt in aller Regel keine unzulässige Einflussnahme.[1516] Es handelt sich damit bei einzelner Verwirklichung dieser Methoden nicht um eine Nebenpflichtverletzung. Die genannten Merkmale sind separat betrachtet stattdessen Ausdruck einer legitimen Verhandlungstaktik, die mit dem System der Privatautonomie, nämlich Druck und Gegendruck und dem Abzielen auf persönliche Vorteile, in Einklang stehen. Es ist schließlich grundsätzlich die Angelegenheit jedes Vertragspartners selbst zu entscheiden, ob er sich auf den Vertrag einlässt oder nicht. Solange nur einzelne der vorgenannten Elemente vorliegen, ist es dem schwächeren Vertragsteil zuzumuten, sich ihnen zu widersetzen.[1517]

1516 Zum arbeitsrechtlichen Aufhebungsvertrag *Frank* AuA 2019, 616 (616); *Giesing* S. 225, 229 f., *Hamann* jurisPR-ArbR 30/2020 Anm. 4 D.; *Reinecke* NZA 2004 Sonderbeil. 18/2004, 27 (37); *Winter* S. 113; **weiter** ArbG Berlin 30.1.2015 – 28 Ca 12971/14, BeckRS 2015, 66780 zu II. 2. b. der Gründe „mehrere typisierbar problematische Begleitumstände, die *spätestens* in ihrer Kombination die Intervention einer auf den Schutz der Privatautonomie verpflichteten Rechtsordnung herausfordert" (*kursiv:* hiesige Hervorhebung); **aA** *Becker* S. 177, 183, 392 ff.; *Kamanabrou* RdA 2020, 201 (206 ff.) genügt beim arbeitsrechtlichen Aufhebungsvertrag die Überraschung, s. o., Kap. 5 § 11 D. I. 1. g) aa); *S. Müller* DB 2019, 1792 (1793) sieht Überraschung an völlig ungewöhnlichen Orten und Zeiten für sich genommen als ausreichend an, stellt jedoch auch primär auf Kumulation ab. Jedoch sieht er zu weitgehend auch auf S. 1796 f. eine Verknüpfung von zahlenmäßiger Unterlegenheit mit Beratungssperre als Verletzung an, ebenso scheint ihm auf S. 1797 eine Beratungssperre u. U. allein als ausreichend; *Schacht* S. 162 ff. sieht im Arbeitsrecht stets das Erfordernis der Gewährung einer dreitägigen Bedenkzeit.

1517 *Giesing* S. 225.

Eine Verletzung des Gebots fairen Verhandelns kommt deshalb erst bei einer Kumulation der oben genannten Faktoren in Betracht.[1518] Das die Willensfreiheit beeinträchtigende Ergebnis folgt aus dem Zusammenspiel der Faktoren. Durch die dadurch auftretenden Synergieeffekte kann der Vertragsmechanismus der Privatautonomie versagen,[1519] ohne dass einer der klassischen Schutzmechanismen des BGB Abhilfe gewährt. Leider sind solche Situationen keine außergewöhnliche Seltenheit.[1520] Die Lösung ist dann das Gebot fairen Verhandelns.

Mit dem Erfordernis der Kumulation und der Zulässigkeit der einzelnen Komponenten bei eigenständiger Betrachtung kann eine Parallele zur Mobbing-Rechtsprechung des Bundesarbeitsgerichts[1521] gezogen werden. Auch dort sind

---

1518 BAG 7.2.2019, NZA 2019, 688 Rn. 34; *Fischinger* NZA 2019, 729 (732); *Giesing* S. 227, 229 f.; *Hamann* jurisPR-ArbR 30/2020 Anm. 4 D.; *Reinecke* NZA 2004 Sonderbeil. 18/2004, 27 (37) fordert einen wichtigen Vertrag der von einer Mehrzahl von Personen auf der Gegenseite ohne Bedenkzeit und Betratung angetragen wird; im Ansatz *Petersen* NWB 2019, 1682 (1692); *Schmidt* AP BGB § 620 Aufhebungsvertrag Nr. 50, S. 1180 (1183R); prinzipiell bereits bei einzelnen Faktoren, aber erst recht bei Kumulation *Becker* S. 183.

1519 *Giesing* S. 230; *Thüsing* RdA 2005, 257 (269); ähnlich HWK/*Thüsing* § 123 BGB Rn. 46; vgl. weiter auch zur Notwendigkeit der Berücksichtigung von Mitteln in einer Gesamtbetrachtung bei § 138 BGB, die eingesetzt worden sind, um den Vertragsschluss zu erzielen: „Das gilt auch und gerade dann, wenn der Einsatz solcher Mittel, für sich allein betrachtet, rechtlich folgenlos bleiben müßte und daher hinzunehmen wäre.", BGH 24.11.1992, BGHZ 120, 272 (276). Dabei setzt der BGH freilich auch inhaltliche Störungen voraus.

1520 ArbG Berlin 30.1.2015 – 28 Ca 12971/14, BeckRS 2015, 66780 zu II. 2. a. der Gründe „Fälle […] sind Legion"; *Becker* S. 183; *Dieterich* DB 1995, 1813 (1814); *Franz* S. 8, 345 f.; *Hümmerich* NZA 2004, 809 (815); *Reinecke* NZA 2004 Sonderbeil. 18/2004, 27 (37); *Richter/Richter* AiB 1998, 140 (141, 145); *Waltermann* Rn. 291; im Ansatz *Kamanabrou* Rn. 1500; **aA** *Giesing* S. 245.

1521 Dazu BAG 16.5.2007, NZA 2007, 1154 (1159) „Denn die rechtliche Besonderheit der als Mobbing bezeichneten tatsächlichen Erscheinungen liegt darin, dass *nicht eine einzelne, abgrenzbare Handlung, sondern die Zusammenfassung mehrerer Einzelakte* in einem Prozess zu einer Verletzung des Persönlichkeitsrechts oder der Gesundheit des betroffenen Arbeitnehmers führen kann, *wobei die einzelnen Teilakte jeweils für sich betrachtet rechtlich wiederum „neutral" sein können*. Rechtlich betrachtet geht es damit zunächst um die *Qualifizierung eines bestimmten Gesamtverhaltens als Verletzungshandlung im Rechtssinne*. Die Zusammenfassung der einzelnen Verhaltensweisen erfolgt dabei durch die ihnen zu Grunde liegende Systematik und Zielrichtung, Rechte und Rechtsgüter – im Regelfall das Persönlichkeitsrecht und/oder die Gesundheit des Betroffenen – zu beeinträchtigen" (*kursiv:* hiesige Hervorhebung); BAG

die Anforderungen hoch anzusetzen, sodass ein rauer Tonfall oder einfacher Druck nicht genügen.[1522]

II. Abwägung der Wirkung der Überrumpelungsmethoden im Einzelfall

Ob die Überrumpelungsmethoden zusammengenommen einen Verstoß gegen das Gebot fairen Verhandelns begründen, ergibt sich erst im Rahmen einer Gesamtbetrachtung. Die genannten Methoden müssen dafür in ihrer kumulativ verstärkten Wirkung in einer Gesamtabwägung unter Einbezug aller Umstände des Einzelfalls betrachtet werden.[1523] Dabei sind insbesondere das Vertrauensverhältnis zwischen den Parteien, die Wichtigkeit des Vertrags und der Zustand des Vertragspartners zu berücksichtigen. Hierbei kann eine Orientierung an den für die Bestimmung der vergleichbaren, ebenfalls aus § 241 Abs. 2 BGB stammenden, vorvertraglichen Aufklärungspflichten gefundenen Kriterien erfolgen.[1524]

1. Vertrauensverhältnis zwischen den Vertragsparteien

Die Reichweite und Intensität von Nebenpflichten hängen generell von der Art des Vertrags und der daraus erwachsenden Verbindung der Parteien ab.[1525] Letztlich handelt es sich bei dem Gebot fairen Verhandelns auch um Vertrauensschutz. Denn das Vertrauen des Erklärenden, nicht gegen seinen Willen in Rechtsgeschäfte gedrängt zu werden, ist schutzwürdig.[1526] Wie durch die „undue influence" anerkannt wird, sind Vertrauensverhältnisse und sich eventuell daraus ergebende Abhängigkeitsgefüge für die materielle Entscheidungsfreiheit von großer Bedeutung.[1527] Eine Machtposition wird dementsprechend durch den Gesetzgeber gem. § 4a Abs. 2 S. 3 UWG als relevant für die Frage, ob eine

---

25.10.2007, NZA 2008, 223 (225); BAG 28.10.2010, NZA-RR 2011, 378 Rn. 17; zust. Staudinger/*Oechsler* (2018) § 826 Rn. 148 f.

1522 Vgl. die Zusammenfassung bei Staudinger/*Oechsler* (2018) § 826 Rn. 148 f.

1523 In diese Richtung auch LAG Hamm 17.5.2021 – 18 Sa 1124/20, BeckRS 2021, 15285 Rn. 79 ff.; ArbG Berlin 30.1.2015 – 28 Ca 12971/14, BeckRS 2015, 66780 zu II. 2. der Gründe; *Reufels/Pütz* ArbRB 2020, 253 (255).

1524 Vgl. Kap. 5 § 11 B. III. 2. c), e), f).

1525 S. o., Kap. 5 § 7 B. I., III. 2. d).

1526 Vgl. zum fehlenden Erklärungsbewusstsein *Bydlinski* System S. 166.

1527 S. o., Kap. 5 § 9 A. II. 2.

Einflussnahme zulässig oder unzulässig ist, berücksichtigt.[1528] Aufgrund der Wirkung von Vertrauensverhältnissen sind die Anforderungen in Sachen Fairness umso strenger, je näher sich die Parteien stehen und desto länger sie schon miteinander kontrahieren.[1529] Hieraus erklärt sich auch die schwerpunktmäßige Entwicklung des Gebots fairen Verhandelns im Arbeitsrecht.[1530]

Dabei darf allerdings nicht außer Acht gelassen werden, dass das Gebot fairen Verhandelns lediglich das Mindestmaß an Fairness[1531] gewährleisten soll. Deshalb ist die Modifikation des Maßstabs aufgrund des Vertrauensverhältnisses grundsätzlich gering. Sie muss aber den tatsächlichen Gegebenheiten zwischen den Parteien Rechnung tragen. Das Vertrauensverhältnis ist im Rahmen der Gesamtabwägung mithin zwingend miteinzubeziehen.

Setzt demnach beispielsweise ein Arbeitgeber gezielt seine Vorgesetztenstellung oder eine andere Vertrauensperson das Näheverhältnis ein, um ein ihm genehmes Ergebnis zu erzielen, ist dieses besondere Verhältnis für einen Verstoß gegen das Gebot fairen Verhandelns relevant.[1532] Insbesondere im Bereich familienrechtlicher Verträge ist die Vertrauenskomponente, welche sich aus der emotionalen Verbundenheit ergibt, von erheblicher Relevanz.[1533] Wer aufgrund einer familiären Bindung oder längeren Zusammenarbeit ein engeres Verhältnis zur anderen Verhandlungspartei hat, hat regelmäßig ein höheres Vertrauen auf eine ordnungsgemäße Verhandlungsführung und wird von einer Abweichung härter getroffen. Entsprechend ist bei besonders zerrütteten, oder nicht existierenden Vorverhältnissen ein geringerer Maßstab für die vorvertraglichen Rücksichtnahmepflichten nach § 241 Abs. 2 BGB anzulegen.[1534]

1528 S. dazu Kap. 3 § 5 P. I. Zur Möglichkeit der Berücksichtigung der Wertungen des UWG im Willensschutz des BGB: Kap. 5 § 11 C. III.

1529 Vgl. dazu schon o., Kap. 5 § 11 B. III. 2. e).

1530 S. dazu bereits Kap. 5 § 8 B., § 10 B.

1531 BAG 7.2.2019, NZA 2019, 688 Rn. 34; LAG Rheinland-Pfalz 3.8.2020 – 3 Sa 90/19, BeckRS 2020, 38974 Rn. 95; *Reinecke* FS Düwell, 410 (410).

1532 *Giesing* S. 229; in diese Richtung auch *Weiler* S. 640 als Fallgruppe der seelischen Zwangslage bei persönlicher Zuneigung oder Abhängigkeit zu § 123 Abs. 1 BGB analog.

1533 *Lettmaier* FS Koch, 375 (384 ff.).

1534 S. o., Kap. 5 § 11 B. III. 2. e).

2. *Wichtigkeit des Geschäfts*

Auch die (wirtschaftliche) Bedeutung des Geschäfts ist in der Gesamtabwägung zu berücksichtigen.[1535] Dies gilt, obwohl das Gebot fairen Verhandelns ein Instrument der Abschlusskontrolle ist. Durch die Bedeutsamkeit des Inhalts des Vertrags wird der Pflichtenmaßstab im vorvertraglichen Bereich konkretisiert.[1536] Generell ist die Pflicht, sich redlich zu verhalten, deshalb von umso höherer Intensität, je mehr der Vertrag in die Existenzgrundlage eingreift.[1537] Soweit *Lorenz* die Bedeutsamkeit des Vertrags als ein rein negatives Kriterium einordnet, welches nur Bagatellfälle ausschließen soll,[1538] ist diese Sichtweise als zu eng abzulehnen. Da die Entscheidungsfreiheit als solche geschützt wird, ist die Wichtigkeit des Vertrags aber nur von untergeordneter Bedeutung.

3. *Zustand der Vertragspartner*

Als Hilfskriterium ist in die Abwägung auch der Zustand des Vertragspartners miteinzubeziehen.[1539] Dabei können sowohl vorübergehende als auch dauerhafte

---

1535 So bereits LG Landau 9.10.1973, MDR 1974, 41 (42); OLG Bamberg 24.9.1996, NJW-RR 1997, 694 (694); OLG München 11.4.2002 – 24 U 428/01, BeckRS 2002, 30252535 zu A. 3. a) der Gründe; *Lettmaier* FS Koch, 375 (385); *Lorenz* S. 502; *Reinecke* NZA 2004 Sonderbeil. 18/2004, 27 (37); *ders.* FS Düwell, 410 (411, 416); in diese Richtung allgemein auch *Hönn* S. 260 „Ohne wichtige Vertragsinteressen gibt es keine unangemessenen Zwänge"; *Preis* FS Dieterich, 429 (446 f.) „Je fundamentaler der betroffene Rechtskreis ist, um so sorgfältiger und enger ist die Rechtskontrolle anhand des Verhältnismäßigkeitsprinzips durchzuführen."; *Singer* S. 34 "Eingriffe in die formale Vertragsfreiheit [sind] bei existenziell wichtigen Interessen des Unterlegenen [...] eher zu rechtfertigen" exemplarisch nennt er das Arbeits-, Miet- und Konsumentenkreditrecht; *Wolf* S. 140 ff., 164 ff. stellt auf das Interesse am Vertrag und der Vertragsleistung ab; lediglich angedeutet „Tragweite und existenzielle Bedeutung" *Schmidt-Westphal* S. 249 für eine Berücksichtigung einem konkret am Einzelfall festzumachenden Widerrufsrecht; im Ansatz im Ansatz *Pauly* ZRP 1997, 228 (230).

1536 Vgl. *Lorenz* S. 503 f.; ähnlich *Reinecke* FS Düwell, 410 (411).

1537 *Becker* S. 143 f.; *Gottwald* JuS 1982, 877 (882); *Medicus* ZIP 1989, 817 (822); *Reinecke* FS Düwell, 410 (411 f.); ähnlich *ders.* NZA 2004 Sonderbeil. 18/2004, 27 (37) „Abschluss eines existenziell wichtigen Vertrages".

1538 *Lorenz* S. 503

1539 BAG 7.2.2019, NZA 2019, 688 Rn. 9, 34 „Ausnutzen einer objektiv erkennbaren körperlichen oder psychischen Schwäche"; zust. *Esser* ArbRB 2019, 164 (165); *Heinkel* ZTR 2020, 261 (266 f.); *Hördt* ArbRAktuell 2019, 289 (290 f.); BeckOKArbR/*Joussen* § 611a Rn. 309; *Kamanabrou* RdA 2020, 201 (209), stellt jedoch auch auf § 138 BGB ab; *Lorenz* NJW 1997, 2578 (2579); *S. Müller* DB 2019, 1792 (1793 ff.); *Plum* MDR 2020, 69 Rn. 14 f.; *Reufels/Pütz* ArbRB 2020, 253 (255); *Steinrau-Steinrück/Benkert*

Faktoren berücksichtigt werden, die den Verhandlungspartner zum Zeitpunkt des Vertragsschlusses beeinträchtigen. Die Berücksichtigung des Zustands ergibt sich bereits daraus, dass es für die Reichweite der Rücksichtnahmepflichten des § 241 Abs. 2 BGB stets auf den konkreten Einzelfall ankommt. Auch der Gesetzgeber bezieht bei § 4a Abs. 2 S. 1 Nr. 3, S. 2 UWG richtigerweise ein bereits im Vorfeld beeinträchtigtes Urteilsvermögen des Verbrauchers als Kriterium für die Bestimmung einer unzulässigen Einflussnahme hilfsweise hinzu.[1540]

a) *Konkrete, der Einflussnahme entzogene Beeinträchtigungen der Entscheidungsfreiheit*

Wird der Zustand des Vertragspartners betrachtet, können nur intensivere Beeinträchtigungen, die außerhalb des Normalen liegen, von Bedeutung sein. Darunter können Krankheit,[1541] Alkoholisierung,[1542] Schlafentzug,[1543] beziehungsweise Erschöpfung[1544] sowie depressive Verstimmungen[1545] fallen. Bei einer Krankheit ist notwendig, dass diese sich auf die Entscheidungsfähigkeit auswirkt.[1546] Darum kann beispielsweise ein „verstauchter Fuß"[1547] ebenso wie

---

NJW Spezial Heft 12, 2019, 370 (371); HWK/*Thüsing* § 123 BGB Rn. 46; *Zimmer* JZ 2019, 897 (900); lediglich ansprechend *Giesing* S. 228; **aA** *Weiler* S. 640 f.

1540 S. dazu Kap. 3 § 5 P. I. Zur Möglichkeit der Berücksichtigung der Wertungen des UWG im Willensschutz des BGB: Kap. 5 § 11 C. III.

1541 BAG 7.2.2019, NZA 2019, 688 Rn. 9, 34; LAG Hamm 17.5.2021 – 18 Sa 1124/20, BeckRS 2021, 15285 Rn. 81; LAG Rheinland-Pfalz 7.3.2019 – 5 Sa 301/18, BeckRS 2019, 6831 Rn. 35; LAG Rheinland-Pfalz 11.4.2019 – 5 Sa 339/18, BeckRS 2019, 16044 Rn. 49; zust. *Eckert* DStR 2019, 1213 (1218); *Heinkel* ZTR 2020, 261 (267); *Hördt* ArbRAktuell 2019, 289 (290 f.); *Langkamp/Ruckh* RÜ 2019, 485 (489); Schaub/*Linck* § 122 Rn. 7a; *Lingemann/Chakrabarti* NJW 2019, 2445 (2447); *S. Müller* DB 2019, 1792 (1793, 1797); *Plum* MDR 2020, 69 Rn. 14; *Reufels/Pütz* ArbRB 2020, 253 (255); *Steinrau-Steinrück/Benkert* NJW Spezial Heft 12, 2019, 370 (371); HWK/*Thüsing* § 123 BGB Rn. 46; *Zimmer* JZ 2019, 897 (900); **krit.** wegen Rechtsunsicherheit *Bauer* ArbRAktuell 2019, 93 (93); *Fischinger* NZA 2019, 729 (732); *Holler* NJW 2019, 2206 (2209); *Martin* IBR 2019, 1118 (1118).

1542 *Tiedemann* ArbRB 2020, 61 (63); vgl. BAG 14.2.1996, NZA 1996, 811 (812) (Alkoholikerfall), in dem eine Prüfung nahegelegen hätte, so auch *Giesing* S. 228; *Lorenz* JZ 1997, 277 (282); *S. Müller* DB 2019, 1792 (1797); *Reinecke* FS Küttner, 327 (336).

1543 *S. Müller* DB 2019, 1792 (1794); HWK/*Thüsing* § 123 BGB Rn. 46.

1544 LAG Hamm 17.5.2021 – 18 Sa 1124/20, BeckRS 2021, 15285 Rn. 81; *Plum* MDR 2020, 69 Rn. 14.

1545 *Kamanabrou* RdA 2020, 201 (209).

1546 Ebenso *Fischinger* NZA-RR 2020, 516 (517).

1547 *Hördt* ArbRAktuell 2019, 289 (291); ähnlich *Fischinger* NZA-RR 2020, 516 (517).

ein Schnupfen,[1548] mittelschwere Kopfschmerzen[1549] oder einfache Müdigkeit[1550] keinesfalls genügen.[1551]

b) Generelle Defizite einer Seite

Ebenfalls wird speziell beim Gebot fairen Verhandelns das Ausnutzen unzureichender Sprachkenntnisse vorgebracht.[1552] Das Ausnutzen mangelnder Sprachkenntnisse muss jedoch primär über den Inhaltsirrtum nach § 119 Abs. 1 Alt. 1 BGB oder nach den anerkannten Grundsätzen für vorvertragliche Aufklärungspflichten berücksichtigt werden.[1553] Das Gebot fairen Verhandelns kann hierfür im Normalfall keine Lösung sein.[1554] Das Ausnutzen von unzureichenden Sprachkenntnissen ist als alleinstehende Fallgruppe des Gebots fairen Verhandelns deshalb abzulehnen. Werden fehlende Sprachkenntnisse aber zum Zweck der Druckerhöhung gezielt ausgenutzt, so kann dies in die Gesamtabwägung bezüglich der Feststellung der Verletzung des Gebots fairen Verhandelns miteinbezogen werden.

Ansonsten kann insgesamt eine Parallele zu den vorvertragliche Aufklärungspflichten begünstigenden Umständen gezogen werden.[1555] Im Einzelfall kann für

---

1548 *Fischinger* NZA-RR 2020, 516 (517); dies befürchten aber anscheinend *Bauer* ArbRAktuell 2019, 93 (93); *Martin* IBR 2019, 1118 (1118).

1549 *Bauer* ArbRAktuell 2019, 93 (93); *Fischinger* NZA 2019, 729 (732).

1550 *Tiedemann* ArbRB 2020, 61 (63).

1551 *Bauer/Romero* ZfA 2019, 608 (615); *Fischinger* NZA 2019, 729 (732); *ders.* NZA-RR 2020, 516 (517); *Heinkel* ZTR 2020, 261 (267); *Hördt* ArbRAktuell 2019, 289 (291); *Plum* MDR 2020, 69 Rn. 14; *Tiedemann* ArbRB 2020, 61 (62).

1552 BAG 7.2.2019, NZA 2019, 688 Rn. 34; LAG Hessen 11.06.2021 – 10 Sa 1221/20, BeckRS 2021, 21456 Rn. 34; LAG Rheinland-Pfalz 14.11.2019 – 2 Sa 164/19, BeckRS 2019, 38069 Rn. 32; LAG Rheinland-Pfalz 3.8.2020 – 3 Sa 90/19, BeckRS 2020, 38974 Rn. 95; ArbG Schwerin 26.6.2019 – 4 Ca 1702/18, BeckRS 2019, 44159 Rn. 35; zust. *Esser* ArbRB 2019, 164 (165); *Heinkel* ZTR 2020, 261 (267); BeckOKArbR/*Joussen* § 611a Rn. 309; Schaub/*Linck* § 122 Rn. 7a; *Lingemann/Chakrabarti* NJW 2019, 2445 (2447); BeckOGK/*Maties* (1.8.2021) § 611a BGB Rn. 1857; *Plum* MDR 2020, 69 Rn. 10, 15; HWK/*Rennpferdt* § 620 BGB Rn. 23; *Reufels/Pütz* ArbRB 2020, 253 (254 f.); vgl. bereits *Becker* S. 391; *Lorenz* S. 487.

1553 Mit falschem Ansatz LAG Rheinland-Pfalz 14.11.2019 – 2 Sa 164/19, BeckRS 2019, 38069 Rn. 33.

1554 Ähnlich *Kamanabrou* RdA 2020, 201 (209), welche auf § 123 Abs. 1 Alt. 1 BGB abstellt; **aA** *Zimmer* JZ 2019, 897 (900), der anscheinend im Gebot fairen Verhandelns zu weitgehend das Potenzial sieht, Flüchtlinge mit geringen Deutschkenntnissen vor gewieften Handyvertragsvertretern zu bewahren.

1555 S. o., Kap. 5 § 11 B. III. 2. c).

eine Intensivierung der Rücksichtnahmepflichten des § 241 Abs. 2 BGB deshalb unterstützend auf eine intellektuelle Unterlegenheit, den Bildungsstand oder ein insgesamt geringes Alter abgestellt werden. Auch eine Geschäftsunerfahrenheit kann mit zu berücksichtigen sein.[1556] Dabei ist aber restriktiv zu beachten, dass beim Gebot fairen Verhandelns nicht an pauschale Imparitäten oder abstrakte Schutzüberlegungen,[1557] sondern immer an eine konkrete Beeinträchtigung der Selbstbestimmung im Einzelfall angeknüpft wird.

c) *Anforderungen für die Vorteilsnahme an Defiziten und Auswirkungen*

Problematisch ist bei Einbeziehung des Zustands des Vertragspartners, ob ein bloßes Ausnutzen einer bereits bestehenden Beeinträchtigung genügen kann, um bereits eine Verletzung des Gebots fairen Verhandelns zu konstituieren. Gemeint sind solche Fälle, in denen der Überlegene die Beeinträchtigung in der Abschlusssituation nicht verschärft, sondern schlicht von ihrem Vorhandensein in der Abschlusssituation profitiert.

aa) *Die Ansicht des Bundesarbeitsgerichts zur Ausnutzung von Defiziten*

Dem Bundesarbeitsgericht genügt für die Berücksichtigung der bereits vorhandenen Defizite aufseiten des Gegenübers ein schuldhaftes Ausnutzen der Lage, ein Herbeiführen derselben ist nach seiner Ansicht nicht erforderlich.[1558] Die Entscheidungsbeeinträchtigung müsse lediglich objektiv für den die Situation ausnutzenden Verhandlungspartner erkennbar sein.[1559]

1556 *Lorenz* NJW 1997, 2578 (2579).

1557 Ebenso *Lorenz* FS Canaris, 777 (787).

1558 BAG 7.2.2019, NZA 2019, 688 Rn. 9, 34; ebenso LAG Berlin-Brandenburg 19.12.2019 – 10 Sa 1319/19, BeckRS 2019, 38121 Rn. 36; LAG Hessen 11.06.2021 – 10 Sa 1221/20, BeckRS 2021, 21456 Rn. 34; LAG Rheinland-Pfalz 27.3.2019 – 7 Sa 421/18, BeckRS 2019, 16038 Rn. 55; LAG Rheinland-Pfalz 11.4.2019 – 5 Sa 339/18, BeckRS 2019, 16044 Rn. 49; LAG Rheinland-Pfalz 3.8.2020 – 3 Sa 90/19, BeckRS 2020, 38974 Rn. 95; ArbG Schwerin 26.6.2019 – 4 Ca 1702/18, BeckRS 2019, 44159 Rn. 35 f.; *Dütz/Thüsing* Rn. 348; *Heinkel* ZTR 2020, 261 (266 f.); BeckOKArbR/*Hesse* § 620 BGB Rn. 85a; BeckOKArbR/*Joussen* § 611a Rn. 309; *Kamanabrou* RdA 2020, 201 (209); Schaub/*Linck* § 122 Rn. 7a; BeckOGK/*Maties* (1.8.2021) § 611a BGB Rn. 1857; *S. Müller* DB 2019, 1792 (1797); *Plum* MDR 2020, 69 Rn. 12; *Schmitt-Rolfes* AuA 2021, 14 (14); *Schwarze* JA 2019, 789 (790); HWK/*Thüsing* § 123 BGB Rn. 46; wohl auch *Reufels/Pütz* ArbRB 2020, 253 (255).

1559 BAG 7.2.2019, NZA 2019, 688 Rn. 34; LAG Hessen 11.06.2021 – 10 Sa 1221/20, BeckRS 2021, 21456 Rn. 34; *Bauer/Romero* ZfA 2019, 608 (615); *Fischinger* NZA

Dafür ist im Arbeitsverhältnis eine entsprechende Krankmeldung zu berücksichtigen.[1560]

Darüber hinaus lässt das Bundesarbeitsgericht aber auch das schuldhafte Ausnutzen einer Krankheit für sich genommen für einen Verstoß gegen das Gebot fairen Verhandelns genügen.[1561] Es schreibt: „Das Gebot fairen Verhandelns wäre schon für sich genommen – aber erst recht in Verbindung mit einer Überrumpelung – verletzt, wenn sich die Kl. bei den Vertragsverhandlungen erkennbar in einem körperlich geschwächten Zustand befunden und der Lebensgefährte der Bekl. diese Situation ausgenutzt hätte."[1562] Das Bundesarbeitsgericht führt in seiner Entscheidung sodann als weiterhin zu berücksichtigenden Punkt die Zumutbarkeit des Abwartens der Genesung der anderen Seite im Falle von deren Erkrankung an.[1563] Hierfür zieht es einen Vergleich zum arbeitsrechtlichen Weisungsrecht, wonach bei Erkrankung des Arbeitnehmers dieses nur unter Berücksichtigung des „wohlverstandenen Interesse[s] des Arbeitnehmers" auszuüben ist.[1564]

bb) Ähnliche Ansichten in der Literatur

Ähnlich wird stellenweise in der Literatur davon ausgegangen, dass bereits das Vorliegen von Schwächen auf der gegenüberliegenden Seite für sich genommen die Pflicht, eine Bedenkzeit zu gewähren, begründen kann. Würde dies

---

2019, 729 (732); *Heinkel* ZTR 2020, 261 (266); BeckOKArbR/*Joussen* § 611a Rn. 309; Schaub/*Linck* § 122 Rn. 7a; BeckOGK/*Maties* (1.8.2021) § 611a BGB Rn. 1857; *S. Müller* DB 2019, 1792 (1797); *Plum* MDR 2020, 69 Rn. 14; *Zimmer* JZ 2019, 897 (900); ähnlich *Langkamp/Ruckh* RÜ 2019, 485 (489); wohl auch LAG Rheinland-Pfalz 27.3.2019 – 7 Sa 421/18, BeckRS 2019, 16038 Rn. 56; **schärfer** *Kamanabrou* RdA 2020, 201 (209): positives Wissen erforderlich.

1560 LAG Rheinland-Pfalz 27.3.2019 – 7 Sa 421/18, BeckRS 2019, 16038 Rn. 56 f.; ähnlich ArbG Schwerin 26.6.2019 – 4 Ca 1702/18, BeckRS 2019, 44159 Rn. 36; *Reufels/Pütz* ArbRB 2020, 253 (255).

1561 Vgl. für den arbeitsrechtlichen Aufhebungsvertrag BAG 7.2.2019, NZA 2019, 688 Rn. 45; ebenso LAG Rheinland-Pfalz 27.3.2019 – 7 Sa 421/18, BeckRS 2019, 16038 Rn. 55; *Hördt* ArbRAktuell 2019, 289 (290 f.); *Kamanabrou* RdA 2020, 201 (209) zum Ausnutzen einer Depression; **unklar** *S. Müller* DB 2019, 1792 (1797) in dessen vergleichbaren Beispiel 6 noch zusätzliche Faktoren zur Alkoholisierung vorlagen.

1562 BAG 7.2.2019, NZA 2019, 688 Rn. 45; zust. *Gundel/Sartorius* ZAP 2019, 1241 (1243).

1563 BAG 7.2.2019, NZA 2019, 688 Rn. 46; als Praxistipp *Reufels/Pütz* ArbRB 2020, 253 (255).

1564 BAG 7.2.2019, NZA 2019, 688 Rn. 46 unter Verweis auf BAG 2.11.2016, NZA 2017, 183 Rn. 32.

nicht geschehen, soll eine Verletzung der Rücksichtnahmepflichten nach § 241 Abs. 2 BGB vorliegen. So geht *Becker* davon aus, dass bei Minderjährigkeit, Unerfahrenheit oder sozialen Schutzbedürftigkeit des Vertragspartners eine Verpflichtung zur Gewährung einer Bedenkzeit besteht.[1565]

Auch *Lorenz* sieht im Falle von besonderen gesetzlichen oder vertraglichen Rücksichtnahmepflichten (beispielsweise § 1353 Abs. 1 S. 2 BGB oder § 1618a BGB) oder einem besonderen Vertrauensverhältnis die Pflicht, vom Vertragsschluss abzusehen, wenn die andere Seite in ihrer Entscheidungsfreiheit beeinträchtigt ist.[1566] Er erkennt dabei gleichwohl an, dass diese Pflicht, die Entscheidungsfreiheit wiederherzustellen „wesentlich schwieriger“[1567] zu begründen sei, als die Pflicht, die Entscheidungsfreiheit nicht durch eigenes Tun zu beeinträchtigen.[1568] Infolgedessen schließt er, dass aufgrund des strengen Maßstabs solche Pflichten in aller Regel nicht aus der culpa in contrahendo folgen können, sondern vornehmlich über § 138 Abs. 2 BGB und dessen Anforderungen an den Inhalt des Rechtsgeschäfts zu fassen sein.[1569]

Der Maßstab des § 138 Abs. 2 BGB, „daß nur die Ausbeutung, nicht aber die bloße Nutzung einer Notlage zur Vertragsnichtigkeit führt“[1570], würde deshalb weiterhin für den Fall der nicht selbst herbeigeführten Beeinträchtigung der Entscheidungsfreiheit seine Geltung behalten.[1571] Darum soll nach seiner Ansicht die Pflicht, vom Vertragsschluss abzusehen, bei in der Sphäre des Gegenüber liegenden Gründen nur in Ausnahmefällen bestehen.[1572] Dennoch befürwortet er im Einzelfall beim arbeitsrechtlichen Aufhebungsvertrag eine solche Pflicht zum Abhalten vom Vertragsschluss beziehungsweise zur Gewährung einer Bedenkzeit, auch wenn vonseiten des Arbeitgebers keine Beeinflussung vorliegt.[1573]

cc) Stellungnahme

Die Ansicht des Bundesarbeitsgerichts und die ihr folgenden oder ähnlichen Stimmen aus der Literatur können nicht überzeugen. Bei dieser Ansicht, nach der schon das bloße Vorliegen einer Krankheit für eine schadensrechtliche

---

1565 *Becker* S. 391.
1566 *Lorenz* S. 508 f.
1567 *Lorenz* S. 508.
1568 *Lorenz* S. 508.
1569 *Lorenz* S. 509.
1570 *Lorenz* S. 509.
1571 *Lorenz* S. 509.
1572 *Lorenz* S. 508.
1573 *Lorenz* S. 509 Fn. 1658.

Rückabwicklung genügen kann, ist es bereits höchst problematisch, eine konkrete Grenze für die Intensität der Krankheit zu benennen. Dies gilt insbesondere in Anbetracht der Tatsache, dass es entscheidend auf die Glaubhaftmachung im Prozess ankommt.[1574] Infolgedessen würde die Rechtsunsicherheit beim Kontrahieren mit physisch oder psychisch Kranken auf unzulässige Weise erhöht.[1575]

Dem Bundesarbeitsgericht ist zwar zuzugestehen, dass Krankheiten oder ähnliche Beeinträchtigungen eine Verhandlungssituation durchaus wesentlich verschärfen können und deshalb in die Abwägung miteinzubeziehen sind. Indes liegen Beeinträchtigungen, die eine Seite bereits in die Verhandlung „mit hineinnimmt", nicht im Verantwortungsbereich des anderen Vertragspartners. Dies ist der Unterschied zu den vorher diskutierten Überrumpelungstaktiken,[1576] und auch der Grund dafür, warum der Zustand des Verhandlungspartners erst in der Gesamtabwägung und nicht bereits bei den Überrumpelungsmethoden diskutiert wurde.

Beeinträchtigungen des Vertragspartners, die aus dessen eigener Sphäre folgen, sind grundsätzlich an § 105 Abs. 2 BGB zu messen. Sofern sie dessen Grenze nicht überschreiten, sind sie für sich genommen irrelevant. Nur eine Krankheit für eine Verletzung des Gebots fairen Verhandelns genügen zu lassen, wie das Bundesarbeitsgericht es gedenkt, würde es entsprechen, eine rechtmäßige Drohung alleine für eine Verletzung des Gebots fairen Verhandelns als ausreichend anzusehen. Letzteres ist zweifelsfrei nicht zulässig.[1577] In beiden Fällen würde gegen die gesetzlichen Wertungen (§ 105 Abs. 2 BGB beziehungsweise § 123 Abs. 1 Alt. 2 BGB) verstoßen werden. Denn bei isoliertem Vorliegen ist jeweils noch kein Fall gegeben, den die Schutzmechanismen des BGB nicht vorhergesehen haben und der die Selbstbestimmung verhindert. Es stellt sich damit in dieser Hinsicht die gleiche Notwendigkeit einer Kumulation wie bei den anderen typischen Merkmalen einer unzulässigen Einflussnahme.

Auch eine die Entscheidungsfreiheit oftmals intensiver beeinträchtigende objektive Zwangslage ist nicht durch den sie ausnutzenden Vertragspartner verursacht.[1578] Dennoch soll vor einer Ausnutzung von bereits bestehenden

---

1574 *Fischinger* NZA 2019, 729 (732); ähnlich *Kamanabrou* RdA 2020, 201 (209), die jedoch auf die Möglichkeit von Aussagen von Dritten verweist.

1575 Vgl. nur zum arbeitsrechtlichen Aufhebungsvertrag *Zimmermann/Völkerding* DB 2019, 1628 (1628).

1576 S. o., Kap. 5 § 11 D. I.

1577 S. o., Kap. 5 § 11 D. I. 4. b).

1578 Vgl. *Mankowski* S. 1163, der zurecht eine „Verlagerung des allgemeinen Lebensrisikos des Erklärenden auf den Erklärungsadressaten" befürchtet; ebenso *Weiler* S. 640 f.

Beeinträchtigungen konzeptionell nur durch § 138 Abs. 2 BGB geschützt werden,[1579] welcher neben der Zwangslage noch einen besonders nachteiligen Vertragsinhalt fordert. Der Schluss von *Lorenz*,[1580] dass der Maßstab des § 138 Abs. 2 BGB für solche Konstellationen anzuwenden sei, ist deshalb korrekt. Es muss jedoch deutlich klargestellt werden, dass darum die alleinige Vorteilsnahme jenseits des Ausnutzens von aufklärungsbedürftigen Unkenntnissen nicht zur Verletzung des Gebots fairen Verhandelns führen kann. Diese Klarstellung ist deshalb notwendig, da *Lorenz* seine restriktiven Vorgaben selbst missachtet, wenn er beim arbeitsrechtlichen Aufhebungsvertrag auch „ohne Vorliegen aktiver Beeinflussungen" abhängig vom Einzelfall eine Bedenkzeit verlangt.[1581] Es bleibt bei dem Grundsatz, dass der Einzelne für sich selbst verantwortlich ist.[1582]

Das bloße Ausnutzen einer Krankheit kann deshalb entgegen der Ansicht des Bundesarbeitsgerichts für eine Verletzung des Gebots fairen Verhandelns nicht genügen. Das vom Bundesarbeitsgericht geforderte Abwarten der Genesung als Ausprägung des Weisungsrechts nach § 106 GewO, könnte ohnehin nur im Arbeitsrecht berücksichtigt werden. Darüber hinaus ist ein Abwarten eines nicht selbst verursachten Zustands grundsätzlich nicht notwendig. Vielmehr kann ein „Ausgleich" durch vorige Ankündigung, Einräumung einer Bedenkzeit oder der Gestattung der Beratung erfolgen.[1583]

Die vor und während der Verhandlung bestehende Beeinträchtigung einer Seite kann gleichwohl eine Intensivierung der Nebenpflichten nach § 241 Abs. 2 BGB bedeuten. Entsprechend sind bereits bestehende Beeinträchtigungen einer Vertragsseite in die Gesamtabwägung miteinzubeziehen. Diese Intensivierung der Nebenpflichten ist dabei aber nicht gleichzeitig ein Verstoß gegen sie. Es muss ein zusätzliches Verhalten der Einflussnehmenden hinzutreten, um eine Verletzung des Gebots fairen Verhandelns zu begründen. Das bloße Ausnutzen

---

1579 Darum allgemein gegen eine Berücksichtigung *Mankowski* S. 1162; *Weiler* S. 641; vgl. auch ebenso im Grundsatz Lorenz S. 497 mit dem gleichen Argument nur auf § 138 Abs. 1 BGB gestützt mit rechtsvergleichendem Hinweis auf den niederländischen Art. 3:44 IV B. W., welcher für eine Vertragsaufhebung nur einen Missbrauch von Umständen, nicht aber die Verursachung voraussetzt; *ders.* S. 509.

1580 *Lorenz* S. 509; vgl. oben, Kap. 5 § 11 D. II. 3. c) bb).

1581 *Lorenz* S. 509 Fn. 1658; **anders** wiederum *ders.* JZ 1997, 277 (282) „konkrete, nachzuweisende Einflussnahmen".

1582 Darauf weist in diesem Kontext auch *Kamanabrou* RdA 2020, 201 (209) hin.

1583 *S. Müller* DB 2019, 1792 (1797).

der gefundenen Situation ist schließlich keine „Einflussnahme".[1584] Beim Interessenausgleich muss jedoch berücksichtigt werden, ob die von der Beeinträchtigung profitierende Seite gezielt eine Situation schuf, in der sie aus den Nachteilen der anderen Seite Vorteile ziehen konnte. Gepaart mit der Intensität der Beeinträchtigung richtet sich danach die Gewichtung der Verhandlung trotz nachteiliger, in der Person des Anderen liegender Ausgangslage.

4. *Abwägungsmaßstab für das Gebot fairen Verhandelns*

Die erarbeiteten Überrumpelungsmethoden und die sonstigen, für die Rücksichtnahmepflichten relevanten, Faktoren müssen schließlich einer Gesamtabwägung zugeführt werden. Die Abwägung hat konkret nach dem Einzelfall zu erfolgen.[1585] Zwar dient das Gebot fairen Verhandelns einerseits der Verwirklichung der Vertragsfreiheit des einen Teils, doch erfolgt dies andererseits stets durch Beschränkung der Vertragsfreiheit des anderen Teils. Auch bei einem kumulativen Vorliegen verschiedener Druckausübungstaktiken muss der Vertragsfreiheit des anderen Teils deshalb in der Gesamtabwägung Rechnung getragen werden. Im Grundsatz sind Druck und Gegendruck Funktionsvoraussetzung der Privatautonomie und ausdrücklich erwünscht.[1586] Dies gilt aber nur, soweit sie die Funktionalität der Privatautonomie fördern und nicht, wenn sie diese aushebeln und einer Partei der Wille der anderen aufgedrängt wird.[1587] Es kommt für das Gebot fairen Verhandelns deshalb nicht auf das „Ob" der Beeinflussung an. Einflussnahme ist auch im vorvertraglichen Stadium grundsätzlich zulässig.[1588]

Vielmehr ist auf das „Wie" der Einflussnahme abzustellen.[1589] Dabei muss beachtet werden, dass die culpa in contrahendo nicht zum „Reuerecht" werden

---

1584 Vgl. *Weiler* S. 641; krit. auch *Zimmermann/Völkerding* DB 2019, 1628 (1628), die mit Bezug auf die Pressemitteilung jedenfalls objektiv klare Merkmale und mindestens bewusstes Ausnutzen fordern.

1585 BAG 7.2.2019, NZA 2019, 688 Rn. 34; *Esser* ArbRB 2019, 164 (165); *Frank* AuA 2019, 616 (616); *Giesing* S. 219; *Gundel/Sartorius* ZAP 2019, 1241 (1243); *Heinkel* ZTR 2020, 261 (266); *Hördt* ArbRAktuell 2019, 289 (290); *Lorenz* S. 502; *Plum* MDR 2020, 69 Rn. 10; *Tiedemann* ArbRB 2020, 61 (63); ähnlich *Winter* S. 113; allgemein zur Herstellung praktischer Konkordanz beim arbeitsrechtlichen Aufhebungsvertrag *Gamillscheg* S. 222.

1586 Ähnlich *Becker* S. 393; *Lorenz* FS Canaris, 777 (788).

1587 In diese Richtung auch *Lorenz* S. 487.

1588 S. o., Kap. 2 § 2 E.

1589 *Becker* S. 393; *Lorenz* S. 488; *ders.* FS Canaris, 777 (788).

darf.[1590] Das Gebot fairen Verhandelns soll nur Fälle der Fremdbestimmung durch Verletzung der durch § 241 Abs. 2 BGB geschützten Entscheidungsfreiheit verhindern. Mit dem Gebot fairen Verhandelns muss deshalb streng restriktiv umgegangen werden.[1591] Ausgehend von dem dem BGB zugrunde gelegten Bild des mündigen Bürgers, ist eine hohe Hürde zu nehmen.[1592] Nur bei behutsamer Anwendung kann die Balance der Vertragsfreiheit für beide Seiten gewahrt werden.[1593] Entsprechend ist nicht jeder übereilt geschlossene Vertrag wegen einer Verletzung des Gebots fairen Verhandelns rückabzuwickeln.[1594] Genauso ist menschlich zu missbilligendes Verhalten nicht mit rechtlich beachtlichen Verhalten gleichzusetzen.[1595] Ein „Verhandeln auf Augenhöhe“[1596] wird durch das Gebot fairen Verhandelns nicht gefordert.

1590 Vgl. BAG 7.2.2019, NZA 2019, 688 Rn. 34; LAG Berlin-Brandenburg 19.12.2019 – 10 Sa 1319/19, BeckRS 2019, 38121 Rn. 36; LAG Hessen 11.06.2021 – 10 Sa 1221/20, BeckRS 2021, 21456 Rn. 34; *Becker* S. 397; *Heinkel* ZTR 2020, 261 (266); BeckOK ArbR/*Joussen* § 611a Rn. 309; *Krause* EzA § 312 BGB 2002 Nr. 1, S. 21 (32); Schaub/*Linck* § 122 Rn. 7a; *Lorenz* S. 452; *Reinecke* NZA 2004 Sonderbeil. 18/2004, 27 (37); *ders.* FS Küttner, 327 (335); *Reufels/Pütz* ArbRB 2020, 253 (254); *Tiedemann* ArbRB 2020, 61 (62); allgemein *Gamillscheg* S. 222 „Die Güterabwägung darf nicht zu einem Reuerecht ausarten“; ein Reuerecht befürchten *Fischinger* NZA 2019, 729 (731) und APS/*Rolfs* AufhebVtr Rn. 108b.

1591 LAG Hamm 17.5.2021 – 18 Sa 1124/20, BeckRS 2021, 15285 Rn. 80; *Eufinger* DB 2020, 2695 (2695); *Frank* AuA 2019, 616 (616); *Franz* S. 396; *Fischinger* NZA 2019, 729 (732); *ders.* NZA-RR 2020, 516 (516); *Krause* EzA § 312 BGB 2002 Nr. 1, S. 21 (32); *Reinecke* FS Küttner, 327 (335 f.); Staudinger/*Richardi/Fischinger* (2020) § 611a Rn. 1960; *Schmidt* AP BGB § 620 Aufhebungsvertrag Nr. 50, S. 1180 (1183R); *Steinrau-Steinrück/Benkert* NJW Spezial Heft 12, 2019, 370 (371); *Thüsing* RdA 2005, 257 (269); *Tiedemann* ArbRB 2020, 61 (63); *Zimmermann/Völkerding* DB 2019, 1628 (1628) „angemessene Eingrenzung der Fallgruppen“. Deshalb muss auch nicht bereits der „Anschein von ungewöhnlichen Umständen“ vermieden werden, um reuigen Vertragsparteien die Möglichkeit der Beseitigung zu versperren, wie *Ostermaier* GWR 2019, 350 (350) befürchtet.

1592 Vgl. *Fischinger* NZA 2019, 729 (732), in diese Richtung auch LAG Mecklenburg-Vorpommern 6.7.1995, NZA 1996, 535 (538).

1593 Ähnlich *Tiedemann* ArbRB 2020, 61 (63).

1594 BAG 7.2.2019, NZA 2019, 688 Rn. 34; *S. Müller* DB 2019, 1792 (1794); *Thüsing* RdA 2005, 257 (269); *Winter* S. 114; zu § 242 BGB LAG Mecklenburg-Vorpommern 6.7.1995, NZA 1996, 535 (538).

1595 *Fischinger* NZA 2019, 729 (732); ähnlich *Tiedemann* ArbRB 2020, 61 (63), der auf eine „gewisse List“ und Überraschungen abstellt.

1596 Dafür anscheinend aber *Langkamp/Ruckh* RÜ 2019, 485 (488, 489).

Deshalb ist nicht bereits dann, wenn von vornherein keine paritätischen Voraussetzungen vorliegen und diese Ausgangslage ausgenutzt wird, eine Verletzung des Gebots fairen Verhandelns zu bejahen. Das Gebot fairen Verhandelns soll eben nicht jede Ungleichheit in der Verhandlungsstärke ausgleichen,[1597] sondern nur das „Mindestmaß an Fairness“[1598] im Sinne eines Mindestmaßes der Entscheidungsfreiheit sicherstellen. Deshalb genügt regelmäßig die Verknüpfung einzelner Drucktaktiken noch nicht für eine Verletzung des Gebots fairen Verhandelns, solange sich daraus keine überwältigende Überrumpelungsstrategie ergibt.[1599] Je mehr der oben genannten Überrumpelungsmethoden realisiert werden, desto eher ist eine unzulässige Einflussnahme zu bejahen. Es ist dabei allerdings auch auf den Zustand des Betroffenen,[1600] das Näheverhältnis und die Bedeutsamkeit des Geschäfts[1601] einzugehen.[1602]

Die Grenze zur unzulässigen Einflussnahme ist überschritten, sobald Mittel eingesetzt werden, die sachlich nicht gerechtfertigt sind, welche das Vertrauensverhältnis zwischen den Parteien verletzen und zur Folge haben, dass psychologisch aufgrund der erzeugten Drucksituation eine hochgradige Zwangswirkung eintritt.[1603] Im Rahmen der Abwägung ist deshalb ausschlaggebend, ob das Ablehnen des Ansinnens der anderen Seite in der vorvertraglichen Situation bei realer Betrachtung noch eigenständig erfolgen konnte.[1604] In dieser Hinsicht ist an die bereits erwähnte Möglichkeit des einfachen „Nein“[1605] anzuknüpfen.[1606] Von jedem Geschäftsfähigen kann im Ansatz ein gewisser Widerstand erwartet werden,[1607] um seine eigenen Interessen zu schützen. Es darf bei der Abwägung

---

1597 So auch *Franz* S. 397.

1598 BAG 7.2.2019, NZA 2019, 688 Rn. 34; LAG Hessen 11.06.2021 – 10 Sa 1221/20, BeckRS 2021, 21456 Rn. 34; LAG Rheinland-Pfalz 3.8.2020 – 3 Sa 90/19, BeckRS 2020, 38974 Rn. 95; *Plum* MDR 2020, 69 Rn. 9; ähnlich *Thüsing* RdA 2005, 257 (268) „Pflicht, das Gegenüber in den Gesprächen zum Abschluss des Vertrags nicht ‚über den Tisch zu ziehen‘“.

1599 Zu weitgehend deshalb beispielsweise *S. Müller* DB 2019, 1792 (1796 f.).

1600 So auch *Lorenz* S. 502.

1601 *Lorenz* S. 502.

1602 S. o., Kap. 5 § 11 D. II. 1. – 3.

1603 Ähnlich *Becker* S. 393 ohne speziell auf das Vertrauensverhältnis einzugehen.

1604 *Becker* S. 396 f. spricht von der „Zumutbarkeit des Selbstschutzes“ für die „der Grad der Wehrlosigkeit“ ausschlaggebend ist.

1605 S. o., Kap. 4 § 6 B. IV. 1. b) bb).

1606 *Becker* S. 397; *S. Müller* DB 2019, 1792 (1794, 1796).

1607 *Becker* S. 396; *Hübner* FS Börner, 727 (726); *Lorenz* S. 452; *Wolf* S. 130, 133 f., 138 f.; ähnlich LAG Mecklenburg-Vorpommern 6.7.1995, NZA 1996, 535 (538);

nicht außer Acht gelassen werden, dass grundsätzlich jede Seite nur für sich selbst verantwortlich ist und das System der Privatautonomie ad absurdum geführt werden würde, wenn jeder alle seine Vorteile aufgeben müsste.[1608]

Entscheidend für eine Verletzung des Gebots fairen Verhandelns ist mithin, ob infolge des ausgeübten Drucks eine vernünftige Abwägung und Ausübung der eigenen Interessen für den Überrumpelten noch möglich ist.[1609] Die Möglichkeit, die Vor- und Nachteile des Vertrags eigenständig abzuwägen und nach

---

zu weitgehend *Weiler* S. 426 „wer von einem anderen, sei es auch unvorsätzlich oder nicht einmal fahrlässig in eine Zwangslage versetzt wird, von dem verlangt die Selbstverantwortung keinen Widerstand [...]", wenngleich sich der Maßstab durch die Anforderungen an die Zwangslage anpassen lässt.

1608 S. o., Kap. 2 § 2 E.

1609 *Lorenz* S. 446; *ders.* NJW 1997, 2578 (2579); ähnlich BAG 7.2.2019, NZA 2019, 688 Rn. 34 „[P]sychische Drucksituation [...], die eine freie und überlegte Entscheidung [...] erheblich erschwert oder sogar unmöglich macht"; LAG Berlin-Brandenburg 19.12.2019 – 10 Sa 1319/19, BeckRS 2019, 38121 Rn. 36; LAG Hessen 11.06.2021 – 10 Sa 1221/20, BeckRS 2021, 21456 Rn. 34; LAG Mecklenburg-Vorpommern 4.12.2018 – 2 Sa 143/18, BeckRS 2018, 46462 Rn. 58; LAG Mecklenburg-Vorpommern 19.5.2020, NZA-RR 2020, 520 Rn. 24; LAG Rheinland-Pfalz 27.3.2019 – 7 Sa 421/18, BeckRS 2019, 16038 Rn. 53; ArbG Schwerin 26.6.2019 – 4 Ca 1702/18, BeckRS 2019, 44159 Rn. 35; LAG Rheinland-Pfalz 3.8.2020 – 3 Sa 90/19, BeckRS 2020, 38974 Rn. 95; ähnlich bereits BAG 30.9.1993, NZA 1994, 209 (210) zur Ablehnung des § 123 Abs. 1 BGB bei einem ruhigen sachlichen Gespräch „weil jedenfalls keine Rede davon sein kann, daß [...] die Möglichkeit einer freien Entscheidung genommen [wurde]"; ähnlich aus der Literatur *Bachmann/Ponßen* NJW 2019, 1966 (1970); *Dütz/Thüsing* Rn. 348; *Eckert* DStR 2019, 1213 (1218); *Heinkel* ZTR 2020, 261 (266); BeckOKArbR/*Hesse* § 620 BGB Rn. 85a; BeckOKArbR/*Joussen* § 611a Rn. 309; *S. Müller* DB 2019, 1792 (1793, 1796); Schaub/*Linck* § 122 Rn. 7a; *Lorenz* JZ 1997, 277 (282); BeckOGK/*Maties* (1.8.2021) § 611a BGB Rn. 1857; *Plum* MDR 2020, 69 Rn. 11; HWK/*Rennpferdt* § 620 BGB Rn. 23; *Schmitt-Rolfes* AuA 2021, 14 (14); Tschöpe/*Schulte* 3. Teil C. Rn. 58; im Ansatz sympathisierend *Eidenmüller* Störungen S. 103 (114); *Steinrau-Steinrück/Benkert* NJW Spezial Heft 12, 2019, 370 (371); *Thüsing* RdA 2005, 257 (269); *Weiler* S. 536, der losgelöst von einer bestimmten Rechtsfigur die Selbstbestimmung und damit Bindung ablehnt, „wenn die Einflußnahmen zu einer erheblichen Entscheidungsreduzierung im Sinne einer Zwangslage geführt haben"; vgl. ähnlich im Allgemeinen *Bengelsdorf* BB 1995, 978 (981); **zu weitgehend** *Schacht* S. 50 ff., der die sachgerechte Willensbildung bei einem arbeitsrechtlichen Aufhebungsvertrag bereits dann für unmöglich hält, wenn nach Ablauf einer normalen Tagesschicht zwar ohne Ankündigung aber in sachlicher Atmosphäre mit zwei Vorgesetzten ein vorgefertigter Aufhebungsvertrag ohne Bedenkzeit oder Widerrufsrecht wegen mangelnder Leistung abgeschlossen wird.

der Erkenntnis zu handeln, muss durch die vorvertraglichen Taktiken in der Abschlusssituation von der anderen Seite bereits im Ansatz vereitelt werden.[1610] Das „einfache Nein“ muss aufgrund der konkreten Verhandlungssituation zur Fiktion werden.[1611] Es kann darum vereinfacht gefragt werden, ob dem Überrumpelten realistisch eine alternative Handlung zugemutet werden konnte.[1612] So wie im Rahmen von vorvertraglichen Aufklärungspflichten auf den Grundsatz der Eigenverantwortlichkeit abgestellt werden kann, um zu begründen, dass es konsequenterweise tatsächlich möglich sein muss, die erforderlichen Informationen überhaupt einzuholen,[1613] kann für das Gebot fairen Verhandelns darauf abgestellt werden, dass die eigenständige Willensbildung überhaupt möglich sein muss, um der Selbstverantwortung zu genügen.

Gleichzeitig muss einschränkend gefragt werden, ob die Wahrung der Grundsätze des fairen Verhandelns für die überrumpelnde Seite eine unangemessene

---

1610 Ähnlich *Becker* S. 393; vgl. auch AG Nürtingen 29.6.1995, NJW-RR 1996, 40 (40) „Vorvertragliche Geschehnisse sind eine Form gesteigerten sozialen Kontaktes. Hieraus entspringen Pflichten zur Rücksicht und Loyalität. Eine Mindestanforderung ist, hier Raum und Zeit für eigenständige Willensbildung zu gestatten“.

1611 Im Ansatz *Giesing* S. 238; *Heinkel* ZTR 2020, 261 (265).

1612 Ähnlich *Becker* S. 396 f.; *Lorenz* S. 446, 502; für eine Berücksichtigung in § 123 Abs. 1 Alt. 2 BGB *Wisskirchen/Worzalla* DB 1994, 577 (582); vgl. allg. *Bydlinski* System S. 755 zur Frage, wann das Abstellen auf die formale Vertragsfreiheit nicht mehr genügt und die Wirksamkeit des Vertrags sich nach der materiellen Vertragsfreiheit richtet: „[Es] muß bei der Abwagung entscheidend darauf abgestellt werden, ob auf einer Seite bloß „formale“ Vertragsfreiheit bestand oder reale und zumutbare Entscheidungsalternativen existierten.“; im Ansatz auch noch *Hönn* S. 261, der sich aber auf einen Vertrag bezieht, der von der schwächeren Seite gebraucht wird „Von einer Störung der Entscheidungsfreiheit […] kann dort keine Rede sein, […] wo […] von einem rational entscheidenden Vertragsinteressenten erwartet werden darf, daß er sich derartigen Zwangen nicht unterwirft“; sehr allgemein zur materiellen Selbstbestimmung *ders.* S. 89; *Wolf* S. 75 f.: „Möglichkeit [des] richtigen Verhaltens [wird vorausgesetzt]“, 81, 138 ff.; weitergehend *Weiler* S. 631, der für seine Lösung über § 123 Abs. 1 BGB analog lediglich verlangt, „daß alternative Entscheidungsmöglichkeiten nicht ausgeschlossen werden müssen, sondern der Entscheidung zugunsten der Abgabe der Willenserklärung so erhebliches Gewicht beigelegt wird, daß andere Entscheidungen zwar durchaus als möglich, aber eben nicht mehr als wünschenswert erscheinen.“ Gleichzeitig spricht *Weiler* S. 631 dazu im Widerspruch jedoch auch von einer Zwangslage, und „daß [die] Wahl als schlechthin unzumutbar und daher unvertretbar erscheinen [muss].“.

1613 S. o., Kap. 5 § 11 B. III. b).

Benachteiligung darstellt.[1614] Grundsätzlich bleibt die Möglichkeit des Abschlusses eines Vertrags allerdings auch bei Achtung des Gebots fairen Verhandelns gegeben. Da das Gebot fairen Verhandelns nur restriktiv anzuwenden ist, ergibt sich für den redlichen Vertragspartner keine Einschränkung.[1615]

III. Typusbegriff für die Feststellung einer Verletzung des Gebots fairen Verhandelns

Rechtssicherheit und das Gebot der Verhältnismäßigkeit verlangen, dass der Anwendungsbereich des Gebots fairen Verhandelns eng gefasst und die Kriterien der unzulässigen Einflussnahme klar sind.[1616] Eine eng umrissene Eingrenzung durch Fallgruppenbildung ist deshalb notwendig,[1617] sie kann aber nicht abschließend sein. Eine abschließende Fallgruppenbildung stünde im Widerspruch dazu, dass es für eine Verletzung des Gebots fairen Verhandelns stets auf den konkreten Einzelfall ankommt.[1618]

Die Verletzung des Gebots fairen Verhandelns lässt sich aber nicht, wie in der Literatur teilweise nach der Entscheidung des Bundesarbeitsgerichts in Anlehnung an diese versucht,[1619] in vier verschiedene feste Fallgruppen aufteilen. Nach diesem Ansatz soll zwischen dem Herbeiführen besonders unangenehmer Rahmenbedingungen, dem Ausnutzen einer erkennbaren physischen oder psychischen Schwäche, dem Ausnutzen von unzureichenden Sprachkenntnissen des Verhandlungspartners oder dem Ausnutzen eines Überraschungsmoments unterschieden werden.[1620]

1614 In Anlehnung an *Gamillscheg* S. 210 f. zu Aufklärungspflichten im Arbeitsrecht; ähnlich BAG 7.2.2019, NZA 2019, 688 Rn. 33: keine Verleugnung der eigenen Interessen erforderlich; allg. zum arbeitsrechtlichen Aufhebungsvertrag *Schacht* S. 162; allg. zu Rücksichtnahmepflichten BeckOGK/*Herresthal* (1.1.2021) § 311 BGB Rn. 313 f.

1615 Vgl. *Krause* EzA § 312 BGB 2002 Nr. 1, S. 21 (32).

1616 *Winter* S. 112; **krit.** deshalb *Fischinger* NZA 2019, 729 (732), der den relevanten Faktoren zurecht einen Interpretationsspielraum innewohnen sieht; **ablehnend** deshalb *Adam* EzA § 312 BGB 2002 Nr. 4, S. 18 (27).

1617 *Bachmann/Ponßen* NJW 2019, 1966 (1970); *Lorenz* NJW 1997, 2578 (2580); *ders.* S. 448; *Thüsing* RdA 2005, 257 (269); *Winter* S. 112; *Zimmermann/Völkerding* DB 2019, 1628 (1628) „Für die Praxis sind diese Fallgruppen noch unzureichend präzisiert".

1618 *Heinkel* ZTR 2020, 261 (266).

1619 BAG 7.2.2019, NZA 2019, 688 Rn. 34.

1620 So u. a. *Bauer/Romero* ZfA 2019, 608 (614 f.); *Plum* MDR 2020, 69 Rn. 13 ff.; Staudinger/*Richardi/Fischinger* (2020) § 611a Rn. 1956.

Die eigenen „Fallgruppen" der physischen oder psychischen Schwäche sowie der mangelnden Sprachkenntnis sind jedoch wie gezeigt abzulehnen.[1621] Sie können jeweils nur als unterstützende Kriterien berücksichtigt werden. Bei einer restriktiven, mit der beiderseitigen Vertragsfreiheit zu vereinbarenden Ausgestaltung des Gebots fairen Verhandelns kann auch nicht separat auf die beiden dann noch verbliebenen vorgeschlagenen Fallgruppen, also die Überraschung oder das Schaffen unangenehmer Rahmenbedingungen abgestellt werden. Diese müssen vielmehr kumulativ auftreten, damit eine relevante Beeinträchtigung der Entscheidungsfreiheit angenommen werden kann.[1622] Denn sowohl eine Überraschung mit anschließend ruhiger Verhandlungsführung als auch eine detailliert angekündigte und dann besonders rücksichtslos durchgeführte Verhandlung stellen grundsätzlich keine Verletzung des Gebots fairen Verhandelns dar.

Als Prüfstein kann sich stattdessen daran orientiert werden, dass für eine Verletzung des Gebots fairen Verhandelns eine gezielte Überrumpelungssituation geschaffen werden muss,[1623] welche die Möglichkeit selbstbestimmt zu handeln erheblich beeinträchtigt. Eine subsumptionsfähige Definition mit klar definierten Tatbestandsmerkmalen lässt sich indes nicht finden.[1624] Dies liegt gleichzeitig allerdings in der Natur der culpa in contrahendo, welche als weite Generalklausel einer solchen Anwendung genauso wie abgeschlossenen Fallgruppen entgegensteht. Bereits die allgemeine Definition der Pflichtverletzung nach § 280 Abs. 1 BGB bereitet der Rechtswissenschaft erhebliche Schwierigkeiten, sodass auch dort an einem abstrakt subsumierbaren Inhalt gezweifelt wird.[1625]

Da sich beim Gebot fairen Verhandelns eine schematische Betrachtung verbietet,[1626] muss stattdessen auf einen Typusbegriff abgestellt werden.[1627] Die verschiedenen Elemente sind danach „weder hinreichende, noch notwendige

---

1621 S. o., Kap. 5 § 11 D. II. 3.

1622 S. o., Kap. 5 § 11 D. I. 9.

1623 *Giesing* S. 227; *Schwarze* JA 2019, 789 (790); *Winter* S. 113.

1624 *Lorenz* FS Canaris, 777 (788); HWK/*Thüsing* § 123 BGB Rn. 47; vgl. auch *Reinecke* NZA 2004 Sonderbeil. 18/2004, 27 (37) „es gibt […] kein […] passendes griffiges ‚Schema'".

1625 Dazu m. w. N. MüKoBGB/*Ernst* § 280 Rn. 11.

1626 *Hördt* ArbRAktuell 2019, 289 (290) sieht in dem Verbot der schematischen Betrachtung eine generelle Tendenz des Rechts und verweist auf BGH 22.5.2019, BGHZ 222, 133 Rn. 37 ff. zur Abwägung des Eigenbedarfs im Mietrecht.

1627 *Heinkel* ZTR 2020, 261 (267); *Thüsing* RdA 2005, 257 (269); HWK/*ders.* § 123 BGB Rn. 47; zur Kritik. wegen der Rechtsunsicherheit s. u., Kap. 7 § 18 B. V.

Bedingungen"[1628] für die Verletzung des Gebots fairen Verhandelns. Wie bei vorvertraglichen Aufklärungspflichten[1629] ist damit letztlich auf ein „bewegliches System" zu rekurrieren, in dem die verschiedenen Elemente in ihrem Gesamteindruck zu würdigen sind.[1630] Typusbegriffe sind dem Recht nicht fremd.[1631]

Eine Verletzung des Gebots fairen Verhandelns kommt danach typischerweise bei einer Einleitung der Verhandlung als Initiator an einem ungewöhnlichen Ort oder Zeitpunkt ohne aussagekräftige Ankündigung und ohne durchgreifendes Interesse an der sofortigen Verhandlung in Betracht, wobei im Rahmen der Gesprächsführung durch Zeitdruck, den Ausschluss von Beratung und Verhandlungsspielraum unter Zuhilfenahme von Drohungen in rauer Gesprächsatmosphäre in numerisch-personeller Überlegenheit ein nicht unwichtiger Vertragsschluss womöglich unter Ausnutzung von bereits existierenden Beeinträchtigungen[1632] des Verhandlungspartners forciert wird. Die Verletzung des Gebots fairen Verhandelns lässt sich mithin an einer pervertierten Verhandlungsführung erkennen, bei der sich objektiven Dritten aufdrängt, dass eine unzulässige Beeinträchtigung der Entscheidungsfreiheit vorliegt.

1628 HWK/*Thüsing* § 123 BGB Rn. 47.

1629 S. o., Kap. 5 § 11 B. I.

1630 *Heinkel* ZTR 2020, 261 (267); *Lorenz* JZ 1997, 277 (282); *Reinecke* Sonderbeil. NZA 18//2004, 27 (37).

1631 *Heinkel* ZTR 2020, 261 (267). Beispielhaft sei die sehr wichtige Einordnung als Arbeitnehmer genannt, welche sich ebenfalls aus einer Gesamtbetrachtung ergibt, s. dazu Jauernig/*Mansel* § 611a Rn. 3 ff.; ErfK/*Preis* § 611a BGB Rn. 46; HK-BGB/*Schreiber* § 611a Rn. 3; MüKoBGB/*Spinner* § 611a BGB Rn. 88.

1632 Dazu zählt bei weitem Verständnis auch eine erhöhte Beeinflussbarkeit wegen eines Vertrauensverhältnisses.

Kapitel 6: Einbettung in die culpa in contrahendo als Schadensersatzanspruch

Eine Verletzung des Gebots fairen Verhandelns muss für die gerichtliche Geltendmachung in einen Schadensersatzanspruch wegen vorvertraglichen Verschuldens eingekleidet werden. Seit der Schuldrechtsmodernisierung 2002 ist das Rechtsinstitut der culpa in contrahendo in den §§ 280 Abs. 1, 311 Abs. 2, 241 Abs. 2 BGB gesetzlich verankert. Dieses räumt bei einer Verletzung von vorvertraglichen Pflichten einen Schadensersatzanspruch nach § 280 Abs. 1 BGB ein. Praktisch ist für das Gebot fairen Verhandelns dieser Anspruch auf Schadensersatz nach § 280 Abs. 1 BGB entscheidend.[1633]

§ 12 Der Tatbestand der vorvertraglichen Pflichtverletzung

Für eine schadensrechtliche Rückabwicklung des Vertrags nach §§ 280 Abs. 1, 311 Abs. 2 Nr. 1, 241 Abs. 2 BGB ist zunächst die schuldhafte Verletzung einer Pflicht aus dem vorvertraglichen Schuldverhältnis erforderlich. Durch die schuldhafte Pflichtverletzung muss ein Schaden entstanden sein.[1634]

A. Vorvertragliches Schuldverhältnis

Das in Betracht kommende Schuldverhältnis bei Verletzungen des Gebots fairen Verhandelns ist primär das vorvertragliche Schuldverhältnis, welches gemäß § 311 Abs. 2 Nr. 1 BGB mit Aufnahme von Vertragsverhandlungen entsteht.[1635] Vertragsverhandlungen sind gegeben, wenn zwei oder mehr Personen mit dem Ziel verhandeln, einen rechtskräftigen Vertrag abzuschließen.[1636] Es handelt sich

1633 Vgl. *Plum* MDR 2020, 69 Rn. 18, ausführlich Rn. 29 f. zu den Alternativen nach § 284 BGB und § 280 Abs. 3 BGB i. V. m. § 282 BGB. Jedoch geht *Plum* in Rn. 30 auch von § 324 BGB als Alternative aus. Dies ist jedoch abzulehnen, s. o., Kap. 3 § 5 H. II. Auch § 282 BGB scheidet bei der Verletzung vorvertraglicher Rücksichtnahmepflichten aus, Staudinger/*Schwarze* (2019) § 282 Rn. 10, 32; Jauernig/*Stadler* § 311 Rn. 36. Auch der § 284 BGB erscheint im Fall der Verletzung des Gebots fairen Verhandelns in tatsächlicher Hinsicht wenig sinnvoll.

1634 *Becker* S. 389; MüKoBGB/*Emmerich* § 311 Rn. 200; *Franz* S. 515.

1635 S. zur Anknüpfung bereits Kap. 5 § 7 B. III. 3.

1636 Staudinger/*Feldmann* (2018) § 311 Rn. 107; *Plum* MDR 2020, 69 Rn. 8.

dabei um einen Realakt, weshalb jedes Handeln erfasst ist, welches zu einem Vertragsschluss führen soll.[1637] Erfasst sind sämtliche rechtsgeschäftliche Kontakte, wie Vertragsentwurfs- oder bloßer Informationsaustausch sowie einfache Vorgespräche.[1638] Die vorvertraglichen Nebenpflichten greifen damit bereits vor der Abgabe von Willenserklärungen.[1639] Für ein vorvertragliches Schuldverhältnis genügt auch einseitiges Vorgehen, welches die andere Seite zum Vertragsschluss bewegen soll.[1640] Dabei kann offenbleiben, ob rein einseitige Maßnahmen unter § 311 Abs. 2 Nr. 2 BGB oder Nr. 1 fallen.[1641] Eine trennscharfe Einteilung ist aufgrund der gleichen Rechtsfolge nicht erforderlich.[1642] Außerdem erfolgt bei einer Verletzung des Gebots fairen Verhandelns immer ein Vertragsschluss, sodass es nie bei einseitigen Maßnahmen bleibt. Es handelt sich nur um ein Durchgangsstadium.

Insbesondere ist zu beachten, dass es sich bei abstrakten Schuldanerkenntnissen auch um Verträge handelt.[1643] Damit sind die denkbaren Fallgestaltungen von Überrumpelungen grundsätzlich im Schutzumfang der culpa in contrahendo inbegriffen.[1644] Allerdings bestehen geringe Schutzlücken bei der Herbeiführung von Erklärungen, welche keine vertraglichen Beziehungen begründen oder modifizieren.[1645] Einseitige Erklärungen können demnach grundsätzlich nicht berücksichtigt werden. Das im Rahmen der „undue influence" bemühte Beispiel der aufgedrängten Eigenkündigung[1646] ist danach vom deutschen Gebot fairen Verhandelns scheinbar nicht erfasst. Ein anderes Ergebnis kann allerdings

---

1637 Erman/*Dieckmann* § 311 Rn. 20; *Plum* MDR 2020, 69 Rn. 8; BeckOKBGB/*Sutschet* § 311 Rn. 47.

1638 *Plum* MDR 2020, 69 Rn. 8.

1639 MüKoBGB/*Emmerich* § 311 Rn. 43; BeckOGK/*Herresthal* (1.1.2021) § 311 BGB Rn. 285; Erman/*Dieckmann* § 311 Rn. 20; *Plum* MDR 2020, 69 Rn. 8; BeckOKBGB/*Sutschet* § 311 Rn. 47.

1640 *Becker* S. 390; BeckOGK/*Herresthal* (1.1.2021) § 311 BGB Rn. 293; Erman/*Dieckmann* § 311 Rn. 20; MüKoBGB/*Emmerich* § 311 Rn. 43; Palandt/*Grüneberg* § 311 Rn. 22; HK-BGB/*Schulze* § 311 Rn. 15.

1641 Für Nr. 2: MüKoBGB/*Emmerich* § 311 Rn. 43; Erman/*Dieckmann* § 311 Rn. 20; **aA** für Nr. 1: HK-BGB/*Schulze* § 311 Rn. 15.

1642 Palandt/*Grüneberg* § 311 Rn. 23; BeckOGK/*Herresthal* (1.1.2021) § 311 BGB Rn. 205.

1643 BeckOGK/*Albers* (1.1.2021) § 781 BGB Rn. 19; BeckOKBGB/*Gehrlein* § 781 Rn. 1, 3; MüKoBGB/*Habersack* § 781 Rn. 3 ff. Jauernig/*Stadler* §§ 780, 781 Rn. 6.

1644 Vgl. *Weiler* S. 593.

1645 Ebenso *Weiler* S. 593, der außerhalb von Willenserklärungen zum Abschluss oder der Ausgestaltung von Verträgen Schutzlücken sieht.

1646 S. o., Kap. 5 § 9 A. IV.

erzielt werden, wenn statt an ein möglicherweise aufgrund der Rechtsnatur des Geschäfts nicht bestehendes vorvertragliches Schuldverhältnis, an ein bereits bestehendes vertragliches Verhältnis zwischen den Parteien angeknüpft werden kann. Dies ist bei bereits bestehenden Beziehungen möglich, sodass auch die Herbeiführung einer Eigenkündigung unter Umständen durch das Gebot fairen Verhandelns aufgefangen werden kann.

B. Pflichtverletzung durch Missachtung des Gebots fairen Verhandelns

Es muss zudem eine Nebenpflicht aus § 241 Abs. 2 BGB verletzt worden sein. Die Pflichtverletzung ist die Verletzung des Gebots fairen Verhandelns,[1647] welches die Verletzung eines „Interesses" nach § 241 Abs. 2 BGB bedeutet. Das Interesse erfasst auch die Entscheidungsfreiheit.[1648] Eine Pflichtverletzung liegt demnach vor, wenn nach Beginn der Vertragsanbahnung die Entscheidungsfreiheit auf eine unzulässige Art und Weise beeinträchtigt wurde.[1649] Insofern beschreibt der Begriff „Gebot fairen Verhandelns" als Überrumpelungsschutz nur plakativ eine Fallgruppe innerhalb der culpa in contrahendo,[1650] ohne ein eigenes Rechtsinstitut darzustellen. Dennoch handelt es sich wegen der grundlegenden Bedeutung um eine Rechtsmaxime, die in allen Bereichen des Vertragsrechts Geltung beansprucht. Letztlich handelt es sich dabei um eine Unterlassungspflicht,[1651] gegen die durch aktives Tun verstoßen wird.[1652]

Soweit vertreten wird, dass die Möglichkeit einer rechtmäßigen Kündigung als Alternative zu einem unter Verletzung des Gebots fairen Verhandelns zustande gekommenen Aufhebungsvertrags bereits eine Pflichtverletzung ausscheiden lässt,[1653] ist dies abzulehnen. Das Verhalten stellt zunächst weiterhin

---

1647 *Plum* MDR 2020, 69 Rn. 20.

1648 S. o., Kap. 5 § 7 B. III. 1.

1649 S. zu den Anforderungen hieran Kap. 5 § 11 D.; vgl. *Lorenz* S. 497.

1650 Gegen das Gebot fairen Verhandelns als eigene Fallgruppe *Kamanabrou* RdA 2020, 201 (209).

1651 *Lorenz* S. 498 mit Verweis auf *Erman* AcP 139 (1934), 273 (276 f.), der bereits 1934 von einer Unterlassungspflicht bezüglich falschen Verhandelns sprach; allg. zur Verletzung von Rücksichtnahmepflichten Staudinger/*Schwarze* (2019) § 280 Rn. C 41.

1652 Siehe auch *Becker* S. 390; *Lorenz* S. 496; vgl. Staudinger/*Schwarze* (2019) § 280 Rn. C 41.

1653 Becker S. 400; **aA** zurecht Giesing S. 234 f.

eine Pflichtverletzung dar. Es entfällt möglicherweise lediglich seine Kausalität für den Schaden.[1654]

C. Vertretenmüssen der Pflichtverletzung

Der Anspruch setzt des Weiteren Verschulden nach § 276 Abs. 1 BGB voraus.[1655]

I. Eigenes Vertretenmüssen

Nach § 276 Abs. 1 BGB hat der Anspruchsgegner sowohl Vorsatz als auch Fahrlässigkeit zu vertreten. Es genügt, wenn der Überrumpelnde die beeinflussende Wirkung seines Handelns, also auch deren Kausalität billigend in Kauf nimmt. Eine Überrumpelung erfolgt absichtlich als taktisches Mittel, um den Vertragsschluss zu verwirklichen.[1656] Hier ergibt sich deshalb kein Problem.[1657] Ein besonderes, von § 276 BGB abweichendes Ausnutzungsbewusstsein braucht es auch dann nicht, wenn entgegen der hier vertretenen Ansicht,[1658] das Ausnutzen einer bereits bestehenden Beeinträchtigung als ausreichend für eine Verletzung des Gebots fairen Verhandelns angesehen wird.[1659] Eine Einschränkung der zu weitgehenden Ansicht des Bundesarbeitsgerichts hat bereits bei der Pflichtverletzung und nicht erst beim Vertretenmüssen anzusetzen.

II. Zurechenbarkeit der Handlungen Dritter

Häufig schließt der Vertragspartner den Vertrag allerdings nicht persönlich ab, sondern bedient sich Vertretern. Diese führen dann die Verhandlungsgespräche und üben die unzulässige Einflussnahme aus. Das vorvertragliche Schuldverhältnis besteht nach § 311 Abs. 2 BGB dann aber gegenüber dem künftigen Vertragspartner, nicht gegenüber dem Verhandlungspartner.

1. Erfüllungsgehilfen und gesetzliche Vertreter

Der Schädiger muss sich das Verschulden seiner Erfüllungsgehilfen und gesetzlichen Vertreter auch bei der vorvertraglichen Haftung gemäß § 278 BGB

1654 S. u., Kap. 6 § 12 E. II.

1655 MüKoBGB/*Emmerich* § 311 Rn. 39, 184; Staudinger/*Feldmann* (2018) § 311 Rn. 165; *Giesing* S. 231.

1656 Ähnlich *Becker* S. 398; *Lorenz* S. 453.

1657 Ebenso *Plum* MDR 2020, 69 Rn. 20.

1658 S. o., Kap. 5 § 11 D. II. 3. c).

1659 **Krit.** aber *Holler* NJW 2019, 2206 (2209).

zurechnen lassen.[1660] Die Pflichtverletzung wird ebenfalls nach § 278 BGB analog zugerechnet.[1661] § 278 BGB gilt auch für Unterlassungspflichten.[1662] Erfüllungsgehilfe ist, wer mit Wissen und Wollen des Schuldners in dessen Pflichtenkreis tätig wird.[1663] Das erfasst alle Personen, denen sich der Vertragspartner bei der Vertragsverhandlung bedient.[1664] Ausschlaggebend ist, dass der Erfüllungsgehilfe bei der Verhandlung im Rahmen seiner Aufgaben tätig war.[1665]

Sofern ein innerer Zusammenhang zur aufgetragenen Tätigkeit nach außen hin besteht und die Handlung nicht nur „bei Gelegenheit“ der Tätigkeit, sondern zur Ausübung erfolgt, sind auch Missachtungen von Weisungen irrelevant.[1666] Bei groben Überschreitungen sind aber Ausnahmen zu erwägen.[1667] Denkbar ist die Missachtung direkter Anweisungen, um den Gegenüber durch Überrumpelung zum Vertragsschluss zu bewegen.[1668] Nicht relevant ist das Innenverhältnis zwischen Verhandlungsgehilfen und Vertragspartner, insbesondere die Ausgestaltung im vertretungsrechtlichen Sinn.[1669] Dies gilt auch für den Fall, dass der Vertragspartner die öffentliche Hand ist, soweit es um das negative Interesse geht.[1670] Eine Haftung des Vertragspartners nach culpa in contrahendo tritt auch

---

1660 BGH 26.4.1991, BGHZ 114, 263 (269); *Becker* S. 389; Erman/*Dieckmann* § 311 Rn. 26; MüKoBGB/*Emmerich* § 311 Rn. 184; Staudinger/*Feldmann* (2018) § 311 Rn. 168; *Lorenz* S. 505; *Winter* S. 177.

1661 *Sack* S. 27; *ders.* WRP 1974, 445 (455).

1662 BGH 14.2.1957, BGHZ 23, 319 (322); BGH 22.1.1998, NJW 1998, 3342 (3343); MüKoBGB/*Grundmann* § 278 Rn. 22; BeckOKBGB/*Lorenz* § 278 Rn. 22; Jauernig/*Stadler* § 278 Rn. 10.

1663 BGH 21.4.1954, BGHZ 13, 111 (113); BGH 27.3.1968, BGHZ 50, 32 (35); MüKoBGB/*Grundmann* § 278 Rn. 20; BeckOKBGB/*Lorenz* § 278 Rn. 11.

1664 *Becker* S. 399; MüKoBGB/*Emmerich* § 311 Rn. 184; *Lorenz* S. 507.

1665 BGH 14.2.1957, BGHZ 23, 319 (323); BGH 3.7.1985, BGHZ 95, 170 (180); BGH 8.2.1989, NJW-RR 1989, 1183 (1184); BGH 26.4.1991, BGHZ 114, 263 (270); *Becker* S. 399; vgl. auch Erman/*Dieckmann* § 311 Rn. 26.

1666 BGH 27.6.1963, NJW 1963, 2166 (2167); BGH 4.2.1997, NJW 1997, 1360 (1361); BGH 29.1.1997, NJW 1997, 1233 (1235); BGH 19.3.2013, NJW 2013, Rn. 15, 21; Erman/*Dieckmann* § 311 Rn. 26; MüKoBGB/*Emmerich* § 311 Rn. 184.

1667 *Becker* S. 399; MüKoBGB/*Emmerich* § 311 Rn. 184.

1668 Dann eine Enthaftung annehmend *Becker* S. 399 mit Verweis auf BGH 27.6.1963, NJW 1963, 2166 (2167).

1669 BGH 27.6.1963, NJW 1963, 2166 (2167); BGH 3.7.1985, BGHZ 95, 170 (180); BGH 26.4.1991, BGHZ 114, 263 (270); *Becker* S. 399; MüKoBGB/*Emmerich* § 311 Rn. 184.

1670 MüKoBGB/*Emmerich* § 311 Rn. 184; weiter auch BGH 20.9.1984, BGHZ 92, 164 (175); BGH 11.6.1992, NJW-RR 1992, 1435 (1436); BGH 6.7.1995, NJW 1995, 3389 (3390); BGH 18.7.2001, NJW-RR 2001, 1524 (1525).

ein, wenn er einen von einem Dritten ohne Vertretungsmacht unzulässig herbeigeführten Vertrag nachträglich genehmigt.[1671]

2. *Organe juristischer Personen*

Organe juristischer Personen und ihnen Gleichgestellte sind keine gesetzlichen Vertreter im Sinne des § 278 BGB.[1672] Sie unterfallen stattdessen dem Haftungsregime der §§ 31, 89 BGB, welches den § 278 BGB grundsätzlich verdrängt.[1673] Die oben skizzierten Grundsätze gelten aber entsprechend.[1674]

3. *Außenstehende Dritte*

Offen sind demnach lediglich die Fälle, in denen eine unzulässige Einflussnahme von dritter Seite ausgeübt wird. Anders als bei der Drohung nach § 123 Abs. 1 Alt. 2 BGB kann eine Zurechnung auch bei Kenntnis oder fahrlässiger Unkenntnis der unzulässigen Einflussnahme im Rahmen der culpa in contrahendo nicht begründet werden.[1675] In Betracht kommt deshalb nur das Ausnutzen der so entstandenen Zwangslage als eigene Pflichtverletzung.[1676]

So wird im Rechtskreis der „undue influence" bei Bankgeschäften das Ausnutzen der unzulässigen Einflussnahme nahestehender Personen, die weder Vertragspartner noch deren Erfüllungsgehilfe sind, über die „undue influence" gelöst.[1677] Die Bank kann dort eine eigene Pflichtverletzung verhindern, indem sie auf eine ihr zumutbare Weise das freie Handeln des Vertragspartners, beispielsweise durch eine Aufklärung über die Risiken des Geschäfts und die Empfehlung sich unabhängigen Rat zu holen, sicherstellt.[1678] Im deutschen Recht drängt sich bei Kreditgeschäften zunächst § 138 Abs. 1 BGB auf. Dieser regelt allerdings den Fall, dass die Bank das Näheverhältnis zwischen dem Sicherungsgeber und dem

---

1671 BGH 13.11.1954, NJW 1955, 297 (297); MüKoBGB/*Emmerich* § 311 Rn. 184.

1672 BGH 18.1.1973, NJW 1973, 456 (457); MüKoBGB/*Grundmann* § 278 BGB Rn. 10; Jauernig/*Mansel* § 31 Rn. 1; Jauernig/*Stadler* § 278 BGB Rn. 17; *Winter* S. 177.

1673 BGH 8.12.1989, BGHZ 109, 327 (332); BGH 14.6.2004, BGHZ 159, 280 (292); MüKoBGB/*Grundmann* § 278 BGB Rn. 10; Soergel/*Hadding* § 31 Rn. 4; Jauernig/*Stadler* § 278 BGB Rn. 17; *Winter* S. 177; **aA** HK-BGB/*Dörner* § 31 Rn. 1.

1674 *Becker* S. 399.

1675 Erman/*Dieckmann* § 311 Rn. 26; *Lorenz* S. 505, 507.

1676 *Lorenz* S. 507.

1677 S. o., Kap. 5 § 9 A. III.; vgl. ausführlich *Lorenz* S. 469 ff.

1678 S. o., Kap. 5 § 9 A. III.; *Lorenz* S. 474 f.

Hauptschuldner ausnutzt,[1679] nicht aber den Fall einer unzulässigen Einflussnahme durch Dritte, wie beispielsweise den Hauptschuldner.

Darüber hinaus besteht hinsichtlich der unzulässigen Einflussnahme durch Dritte vor dem Vertragsschluss aber ohnehin keine nennenswerte Schutzlücke, die zu schließen ist. Der Vertragspartner ist vor rechtswidrigen Drohungen Dritter bereits allgemein durch § 123 Abs. 1 Alt. 2 BGB geschützt. Eine weitergehende oder andersartige Druckausübung durch eine gezielte Überrumpelungssituation erübrigt sich regelmäßig dadurch, dass zwischen der unzulässigen Einflussnahme durch den Dritten und dem Vertragsschluss mit der an der unzulässigen Einflussnahme unbeteiligten Partei für den Beeinflussten genügend Zeit besteht, eine eigene Position zu bilden und sich beraten zu lassen. Dieser Szenewechsel spricht bereits deutlich gegen ein „Fortwirken" der Überrumpelungssituation zulasten des Beeinträchtigten zum Zeitpunkt des Vertragsschlusses.

Außerdem liegt so wie bei einer Krankheit eine Beeinträchtigung des anderen Vertragspartners vor, die aus dessen eigener Sphäre stammt. Ein bloßes Ausnutzen kann nach hier vertretener Ansicht deshalb für sich genommen nicht für eine Pflichtverletzung genügen.[1680] Es braucht das Hinzutreten einer Überrumpelungstaktik. Dies ergibt sich aus einer Abwägung beider Interessen und dem Maßstab des § 138 Abs. 2 BGB. Das Ausnutzen als Pflichtverletzung müsste darüber hinaus auch bei anderer Ansicht zu vertreten sein, also mindestens fahrlässig erfolgen,[1681] was den Anwendungsbereich weiter einengt. Erfolgt eine unzulässige Einflussnahme durch Personen, deren Handlungen dem Vertragspartner nicht zugerechnet werden können, scheidet eine Pflichtverletzung durch Vertragsschluss deshalb aus.

D. Schaden

Für einen Schadensersatzanspruch muss außerdem ein Schaden vorliegen. Ein Schaden nach § 249 Abs. 1 BGB ist zunächst jede Beeinträchtigung eines Interesses.[1682] Darunter fällt grundsätzlich die freie rechtsgeschäftsbezogene Willensbildung.[1683] Der Schaden durch die Pflichtverletzung, also den Verstoß gegen das Gebot fairen Verhandelns, besteht in dem für eine Partei ungewollten

---

1679 MüKoBGB/*Armbrüster* § 138 Rn. 154 ff..
1680 Vgl. oben., Kap. 5 § 11 D. II. 3. c) cc).
1681 S. o., Kap. 5 § 11 D. II. 3. c) aa).
1682 MüKoBGB/*Oetker* § 249 BGB Rn. 16.
1683 *Becker* S. 400.

Vertragsschluss.[1684] Problematisch ist es in Abgrenzung zu § 123 Abs. 1 BGB jedoch, wenn die Pflichtverletzung zu keinen wirtschaftlichen Nachteilen führt, also der Wert der Leistung und der Gegenleistung sich entsprechen (keine Äquivalenzstörung). Umstritten ist deshalb, ob im Rahmen der vorvertraglichen Haftung ein Vermögensschaden vorliegen muss.

I. Vermögensschaden im Rahmen der culpa in contrahendo erforderlich

Nach der Rechtsprechung des Bundesgerichtshofs muss zur Vermeidung von Wertungswidersprüchen zwischen der Anfechtung nach § 123 BGB und dem Schadensersatz über die culpa in contrahendo ein Vermögensschaden vorliegen.[1685] Der Bundesgerichtshof argumentiert, dass § 123 BGB die freie Selbstbestimmung des Übergangenen unabhängig von einem Schaden schütze, die culpa in contrahendo hingegen nur das Vermögen.[1686] Entsprechend müsste mehr als nur eine Beeinträchtigung der Willensfreiheit vorliegen, damit die Haftung über culpa in contrahendo greifen könne, um die Anfechtung nach § 123 BGB nicht zu übergehen.[1687] Dem haben sich Teile der Literatur angeschlossen.[1688] Zwar würde § 249 Abs. 1 BGB für sich genommen keinen Vermögensschaden fordern, doch solle dieser nur den vom Tatbestand vorgegebenen Rahmen ausfüllen; § 280 Abs. 1 BGB würde jedoch nicht die Entscheidungsfreiheit schützen wollen.[1689]

1684 BAG 7.2.2019, NZA 2019, 688 Rn. 39; *Becker* S. 400; *Giesing* S. 231; vgl. allgemein BGH 20.9.1996, NJW-RR 1997, 144 (145); *Grigoleit* S. 20.

1685 BGH 5.12.1980, WM 1981, 309 (310); BGH 26.9.1997, NJW 1998, 302 (304); BGH 19.12.1997, NJW 1998, 898 (898); BGH 22.12.1999, NJW 2000, 1254 (1256); BGH 18.9.2001, NJW-RR 2002, 308 (310); BGH 30.3.2007, NJOZ 2007, 2044 (2045); BGH 11.7.2012, BGHZ 194, 39 Rn. 64; BGH 28.6.2017, BGHZ 215, 126 Rn. 37; BGH 13.12.2017, NJOZ 2018, 101 Rn. 14; vgl. auch BAG 7.2.2019, NZA 2019, 688 Rn. 36.

1686 BGH 26.9.1997, NJW 1998, 302 (304).

1687 BGH 26.9.1997, NJW 1998, 302 (304); zust. *Mankowski* S. 203.

1688 *Bork* Rn. 886; *Fischer* jurisPR-ArbR 23/2019 Anm. 5 unter C.; *Franz* S. 516 f.; *Heinkel* ZTR 2020, 261 (267); *Krüger* FS Kollhosser II, 329 (334 f.); *Lieb* FS 600 J. Uni. Köln, 251 (259 f.); *ders.* FS Medicus, 337 (342 ff.); *Mankwoski* S. 202 f.; *Paefgen* S. 22, 24; *Plum* MDR 2020, 69 Rn. 21; *Pohlmann* S. 114, der sich auf den subjektiven Einschlag des BGH beruft; *Schumacher* S. 24; *Tiedtke* DNotZ 1998, 355 (357 ff.).

1689 *Franz* S. 516; *Mankowski* S. 195, 202; *Paefgen* S. 21 f.; ähnlich *Stoll* FS Riesenfeld, 275 (281 f.); dediziert **dagegen** *Becker* S. 407.

Der Grund für diese Ansicht liegt zum einen in den unterschiedlichen Fristen der Rechtsinstitute.[1690] § 124 BGB setzt für die Anfechtung nach § 123 BGB eine Jahresfrist, wohingegen bei der vorvertraglichen Haftung die längere, reguläre Verjährungsfrist nach § 195 BGB gilt.[1691] Zum anderen gibt es Unterschiede bezüglich der subjektiven Voraussetzungen.[1692] § 123 Abs. 1 fordert vorsätzliches Handeln, aber für §§ 280 Abs. 1, 311 Abs. 2, 241 Abs. 2 BGB genügt nach § 276 BGB bereits die Fahrlässigkeit. Durch das Erfordernis des Vermögensschadens soll die grundsätzliche Anwendbarkeit der vorvertraglichen Haftung neben dem Anfechtungsrecht eingeschränkt werden, da das Anfechtungsrecht ansonsten an Bedeutung verlieren würde.

Ob ein Vermögensschaden vorliegt, bestimmt sich sodann nach der Differenzhypothese. Er ergibt sich also aus einem Vergleich zwischen der tatsächlichen Vermögenslage nach der haftungsbegründenden Beeinträchtigung und der hypothetischen Vermögenslage ohne eben jene.[1693] Ein Vermögensschaden liegt vor, wenn durch den Vertrag das Vermögen des Überrumpelten reduziert worden ist.[1694] Wenn die andere Vertragsseite unzulässiges Verhalten verwendet, um einen Vertragsschluss herbeizuführen, wurde womöglich bereits ein für die überrumpelte Seite wirtschaftlich nachteiliger Vertrag geschlossen.[1695] In diesen Fällen folgt ein Vermögensschaden aus der bloßen Anwendung der Differenzhypothese.[1696]

Ist der einzige Schaden jedoch in einem durch Überrumpelung zustande gekommenen, subjektiv nicht gewollten, objektiv aber äquivalenten Vertrag zu sehen, so liegt bei strikter Anwendung der Differenzhypothese kein Vermögensschaden vor.[1697] Es ist durchaus vorstellbar, dass gerade Aufhebungsverträge

---

1690 Dazu *Giesing* S. 232.

1691 Vertiefend zur Verjährung s. u., Kap. 6 § 15.

1692 Dazu *Giesing* S. 232.

1693 BGH 30.9.1963, NJW 1964, 542 (543); BGH 9.7.1986, NJW 1987, 40 (51); BGH 4.3.1977, NJW 1978, 262 (263 f.); BGH 30.11.1979, NJW 1980, 775 (776); BGH 15.12.1982, NJW 1983, 444 (445); BGH 26.9.1997, NJW 1998, 302 (304); zust. *Lorenz* ZIP 1998, 1053 (1055).

1694 *Weiler* S. 594. In Betracht kommen hier auch solche Verträge, die schon aus ihrer Natur heraus nachteilig für die Vermögenslage einer Seite sind, also insbesondere Verzichtsverträge und Schuldanerkenntnisse.

1695 *Winter* S. 183 in Bezug zu Aufklärungspflichtverletzungen bei arbeitsrechtlichen Aufhebungsverträgen.

1696 *Winter* S. 183; ähnlich *Giesing* S. 231.

1697 Vgl. BGH 26.9.1997, NJW 1998, 302 (304); *Weiler* S. 595.

wegen ihrer Vorteile, insbesondere des Wegfalls von Kündigungsfristen (miet- oder arbeitsrechtlicher Natur), für sich betrachtet in einem nicht zu beanstandenden äquivalenten Wertverhältnis zueinanderstehen.[1698] Selbiges gilt beispielsweise für Immobiliengeschäfte, bei denen es dem Überrumpelnden lediglich um den marktüblichen Gewinn geht. Dementsprechend genügt der Rechtsprechung in solchen Fällen der einfache Vertrag zunächst nicht.[1699]

Die Rechtsprechung bezieht jedoch in einer Modifikation der Differenzhypothese auch subjektive Faktoren in den Vergleich der Lage vor und nach dem schädigenden Ereignis mit ein. Deshalb soll ein Vermögensschaden auch dann gegeben sein, wenn die andere Seite den Vertrag ohne die Beeinflussung nicht geschlossen hätte, weil das Vertragsergebnis für die den Schaden geltend machende Seite nach objektiven Maßstäben nicht (voll) „brauchbar" sei.[1700] Damit kann nach der Rechtsprechung „auch bei objektiver Werthaltigkeit von Leistung und Gegenleistung" ein Vermögensschaden vorliegen.[1701] Dies ist eine Parallele zur Rechtsprechung im Strafrecht bei § 263 StGB (Betrug).[1702]

Es reiche dafür aber nicht aus, dass der Vertrag aus rein subjektivem Empfinden als unbrauchbar angesehen würde, vielmehr müsste auch aus Sicht der Verkehrsanschauung der Vertragsschluss unter Berücksichtigung der ihm zugrunde liegenden Umstände als unvernünftig und damit als nachteilig anzusehen sein.[1703] Dann genüge aber jeder wirtschaftliche Nachteil, der mit dem durch die Pflichtverletzung eingegangenen Vertrag verbunden ist.[1704] Es reiche letztlich die nachteilige Beeinträchtigung der wirtschaftlichen Dispositionsfreiheit

1698 **AA** *Giesing* S. 233, der im arbeitsrechtlichen Aufhebungsvertrag anscheinend stets einen Vermögensschaden erblickt.

1699 BGH 18.9.2001, NJW-RR 2002, 308 (310)

1700 BGH 26.9.1997, NJW 1998, 302 (304); BGH 11.7.2012, BGHZ 194, 39 Rn. 64; BAG 10.2.2004, NZA 2004, 606 (610); zust. *Heinkel* ZTR 2020, 261 (267); *Tiedtke* DNotZ 1998, 355 (357); **kritisch** *Krüger* FS Kollhosser II, 329 (340 f.); *Mankowski* S. 204 f.

1701 BGH 11.7.2012, BGHZ 194, 39 Rn. 64.

1702 So auch BGH 26.9.1997, NJW 1998, 302 (304), siehe aus dem Strafrecht beispielsweise BGH 16.8.1961, NJW 1962, 309 (310 f.); sehr **krit**. zur strafrechtlichen Parallele *Lieb* FS Medicus, 337 (340), da dem eine „genuin" strafrechtliche Ausrichtung zugrunde liege; *Weiler* S. 596.

1703 BGH 26.9.1997, NJW 1998, 302 (304); **aA** *Paefgen* S. 22 f. will subjektiv darauf abstellen, ob das Erhaltene dem Erwarteten wertmäßig entspricht.

1704 BGH 11.7.2012, BGHZ 194, 39 Rn. 64; BGH 28.6.2017, BGHZ 215, 126 Rn. 37; BGH 13.12.2017, NJOZ 2018, 101 Rn. 14; BAG 7.2.2019, NZA 2019, 688 Rn. 36; zust. *Heinkel* ZTR 2020, 261 (267).

aus.[1705] Dem folgen Teile der Literatur, die nicht nur den Bestand des Vermögens, sondern auch dessen konkrete Zusammensetzung, den subjektiven Wert und die Disposition darüber geschützt sehen.[1706]

Deshalb stellt nach dieser Ansicht der Verlust des Arbeitsplatzes und damit der Verdienstmöglichkeiten durch einen Aufhebungsvertrag wegen unzulässiger Verhandlungsführung, wenn der Vertrag ohne die unzulässige Einflussnahme nicht zustande gekommen wäre, einen wirtschaftlichen Schaden dar.[1707] Im Fall der unzulässigen Einflussnahme kann mithin ein Vermögensschaden angenommen werden.[1708]

II. Kein Vermögensschaden bei culpa in contrahendo erforderlich

Dem Erfordernis eines Vermögensschadens wird entgegengehalten, dass die unzulässige Beeinträchtigung der Entscheidungsfreiheit für sich genommen bereits zur Aufhebung des daraus resultierenden Vertrags genügen würde. Ein Vermögensschaden sei darüber hinaus nicht erforderlich.[1709] Sinn der

---

1705 BGH 30.3.2007, NJOZ 2007, 2044 Rn. 8; BGH 11.7.2012, BGHZ 194, 39 Rn. 64; BGH 23.4.2012 – II ZR 211/09, NJW-RR 2012, 937 Rn. 33; BGH 23.4.2012 – II ZR 75/10, NJW-RR 2012, 1312 Rn. 24.

1706 *Plum* MDR 2020, 69 Rn. 21; *Schumacher* S. 117 f.

1707 BAG 7.2.2019, NZA 2019, 688 Rn. 38; *Fischer* jurisPR-ArbR 23/2019 Anm. 5 unter C.; *Giesing* S. 231, 233; *Heinkel* ZTR 2020, 261 (267); *Schacht* S. 166; vgl. auch *Winter* S. 183 in Bezug zu Aufklärungspflichtverletzungen.

1708 Vgl. auch Staudinger/*Singer/v. Finckenstein* (2017) § 123 Rn. 104: Vermögensschaden bei nicht in freier Selbstbestimmung geschlossenem Vertrag.

1709 *Becker* S. 406; MüKoBGB/*Emmerich* § 311 BGB Rn. 78; Staudinger/*Feldmann* (2018) § 311 Rn. 154, 178; *Fikentscher/Heinemann* Rn. 96; *Fleischer* S. 448; *ders.* AcP 200 (2000), 91 (111 ff.); *Giesing* S. 233; *Grigoleit* NJW 1999, 900 (901 f.); *ders.* S. 67 f., 148, *Grunsky* EWiR 1998, 727 (728); Palandt/*Grüneberg* § 311 BGB Rn. 13; BeckOGK/*Herresthal* (1.1.2021) § 311 BGB Rn. 241, 338; Erman/*Dieckmann* § 311 Rn. 79; *Lettmaier* FS Koch, 375 (387); *Looschelders* § 8 Rn. 16; *Lorenz* S. 73 f., 390; *ders.* ZIP 1998, 1053 (1055); *ders.* NZM 1998, 359 (361 f.); *ders./Riehm* Rn. 381 ff.; *ders.* FS Canaris, 777 (785 f.); Erman/*Martens* § 241 Rn. 16; *Medicus/Petersen* BGB AT Rn. 450; BeckOGK/*Rehberg* (1.9.2021) § 123 BGB Rn. 108.1, 110.2, 194.3; *Reinicke* JA 1982, 1 (3); *Schwab* JuS 2002, 773 (774 f.); Staudinger/*Schwarze* (2019) § 280 Rn. C 61; *ders.* S. 86 f.; Jauernig/*Stadler* § 311 Rn. 62; PWW/*Stürner* § 311 Rn. 57; *Wagner* NJW 2005, 2956 (2958 f.); Wiedemann JZ 1998, 1176 (1176 f.); *Winter* S. 182; nur hilfsweise darauf abstellend *Giesing* S. 233 f.; mit Bedenken *Weiler* S. 597 ff.; **sympathisierend** Erman/*Arnold* § 123 Rn. 9; **diff.** *Canaris* AcP 200 (2000), 273 (314), der zwar kein Vermögensschaden verlangt, aber eine „inhaltliche Unangemessenheit“

vorvertraglichen Pflichten sei es, die störungsfreie Willensbildung zu ermöglichen.[1710] Der Haftungsgrund sei deshalb die rechtswidrige Beeinflussung der Willensbildung,[1711] weshalb der Vertrag selbst ohne Weiteres den Schaden darstelle.[1712] Mit der Anerkennung der Willensentschließungsfreiheit als von § 249 Abs. 1 BGB geschütztem Interesse würde die (negative) Abschlussfreiheit als Pfeiler der Privatautonomie auch schadensrechtlich gewürdigt.[1713]

Seit der Schuldrechtsreform 2002 wird verstärkend das Argument angeführt, dass die Rücksichtnahmepflicht des § 241 Abs. 2 BGB explizit auf allgemeine Interessen ausgeweitet wurde, wozu auch die Entscheidungsfreiheit zählt.[1714] Gemäß §§ 311 Abs. 2, 241 Abs. 2 BGB sei daher auf die rechtsgeschäftliche Entscheidungsfreiheit als geschütztes Interesse Rücksicht zu nehmen.[1715] Wenn nach § 249 Abs. 1 BGB jede Beeinträchtigung eines Interesses einen ersatzfähigen Schaden darstelle, sei eben auch der durch Beeinträchtigung der rechtsgeschäftlichen Entscheidungsfreiheit erwirkte Vertrag ein nach § 249 Abs. 1 BGB zu ersetzender Schaden.[1716]

Vor allem setzt die Naturalrestitution nach § 249 BGB, wie sich aus § 253 BGB im Umkehrschluss ergibt, keinen Vermögensschaden voraus.[1717] In § 253 BGB

---

des Vertrags, um den Unterschied zu § 123 BGB zu wahren; **krit**: *Stoll* FS Deutsch, 361 (367); **aA** *Singer* FS 50 J. BGH I, 380 (403).

1710 *Becker* S. 406.

1711 *Lorenz* S. 390; ähnlich *Fleischer* S. 443 f.; *Grigoleit* NJW 1999, 900 (902); ähnlich *Wiedemann* JZ 1998, 1176 (1177).

1712 *Lorenz* S. 390; *ders.* NZM 1998, 359 (362); ähnlich *Lettmaier* FS Koch, 375 (387); **aA** *Mankowski* S. 203 f.

1713 *Grigoleit* NJW 1999, 900 (902); *Winter* S. 183.

1714 Erman/*Arnold* § 123 Rn. 9; *Becker* S. 406; Palandt/*Grüneberg* § 311 BGB Rn. 13; Erman/*Dieckmann* § 311 Rn. 79; *Lorenz* FS Canaris, 777 (785 f.); *ders./Riehm* Rn. 381; *Looschelders* § 8 Rn. 16; vgl. Begr. RegE. BT-Drucks. 14/6040 S. 126; bereits vorher *Lorenz* NZM 1998, 359 (362).

1715 *Becker* S. 406; *Winter* S. 183; ähnlich *Grunsky* EWiR 1998, 727 (728).

1716 *Becker* S. 406; Staudinger/*Feldmann* (2018) § 311 Rn. 178; *Schwarze* S. 86; *Winter* S. 182.

1717 *Becker* S. 405 f.; Staudinger/*Feldmann* (2018) § 311 Rn. 178; *Fleischer* S. 442; *ders.* AcP 200 (2000), 91 (111 f.); *Giesing* S. 233; *Grigoleit* NJW 1999, 900 (901); *ders.* S. 19 f., 68 f., 148; *Grunsky* EWiR 1998, 727 (728); Erman/*Dieckmann* § 311 Rn. 79; *Lorenz* S. 73; *ders.* ZIP 1998, 1053 (1055); *ders.* NZM 1998, 359 (362); BeckOGK/*Rehberg* (1.9.2021) § 123 BGB Rn. 108.1, 110.2, 194.3; *Schwab* JuS 2002, 773 (775); *Schwarze* S. 86; Staudinger/*Singer/v. Finckenstein* (2017) § 123 Rn. 104; PWW/*Stürner* § 311 Rn. 57; *Weiler* S. 594; *Winter* S. 182; ähnlich *Wiedemann* JZ 1998, 1176 (1177); allg.

wird nur für die Entschädigung in Geld eine Beschränkung für Nichtvermögensschäden festgelegt.[1718] Darüber hinaus sei dem Bundesgerichtshof entgegenzuhalten, dass er selbst nicht zwischen Vermögensschutz und dem Schutz der freien Willensbildung trenne, wenn er trotz einer bestehenden Wertäquivalenz auf die „Brauchbarkeit" abstellt, um einen Vermögensschaden zu begründen.[1719] Ein Vermögensschaden liege wegen der Wertäquivalenz grundsätzlich nicht vor. Diesen mit einer objektiv nachvollziehbaren, subjektiv fehlenden Sinnhaftigkeit zu überprüfen, sei umständlich und konstruiert.[1720] Die Rechtsprechung stelle dadurch derartig geringe Anforderungen an den „Vermögensschaden", dass auf dieses Erfordernis verzichtet werden könne.[1721]

Schließlich sei der Schutz der Dispositionsfreiheit über das Vermögen dem Schutz der Willensfreiheit selbst und nicht dem des Vermögens zuzuordnen, da der Betroffene nicht mehr so über sein Vermögen verfügen kann, wie er es will.[1722] Die vom Bundesgerichtshof vorgenommene Trennung zwischen Vermögensschutz (culpa in contrahendo) und Willensentschließungsfreiheit (Anfechtung) sei deshalb abzulehnen.[1723] Zudem hat der Bundesgerichtshof in der Vergangenheit die Anfechtung nach § 123 BGB als einen besonderen Fall der vorvertraglichen Haftung beurteilt, was die fehlende Überzeugungskraft dieser Auffassung aufzeige.[1724]

III. Ergebnis

Es ist nach beiden Ansichten möglich, dass ein unter Verletzung des Gebots fairen Verhandelns zustande gekommener Vertrag einen für die culpa in contrahendo

---

zur Irrelevanz der Abgrenzung von Vermögens- und Nichtvermögensschäden bei der Naturalresitution MüKoBGB/*Oetker* § 249 Rn. 24, 321.

1718 *Becker* S. 406; *Fleischer* S. 442; *ders.* AcP 200 (2000), 91 (112); *Giesing* S. 233; *Lorenz* S. 73; *ders.* ZIP 1998, 1053 (1055); *Schwarze* S. 86; *Winter* S. 182.

1719 *Fleischer* AcP 200 (2000), 91 (113); *Winter* S. 183 mit Verweis auf BGH 26.9.1997, NJW 1998, 302 (304); ähnlich *Paefgen* S. 23; *Weiler* S. 597.

1720 In diese Richtung *Grigoleit* NJW 1999, 900 (902); *Lorenz* ZIP 1998, 1053 (1055, 1057); *ders.* NZM 1998, 359 (361); *Weiler* S. 596 f.; *Winter* S. 183.

1721 *Becker* S. 407; *Grigoleit* NJW 1999, 900 (902); ähnlich *Grunsky* EWiR 1998, 727 (728); *Lorenz* FS Canaris, 777 (787).

1722 *Lorenz* ZIP 1998, 1053 (1055); *Weiler* S. 596 f.; ähnlich *Paefgen* S. 23.

1723 *Fleischer* S. 443; *Winter* S. 183.

1724 *Winter* S. 183 mit Verweis auf BGH 17.4.1986, NJW-RR 1987, 59 (60); BGH 8.12. 1989, NJW 1990, 1661 (1662); s. dazu auch *Schubert* AcP 168 (1968), 470 (504 ff.).

relevanten Schaden begründen kann. Ein Streitentscheid ist deshalb entbehrlich und kann dahinstehen.[1725]

E. Kausalität zwischen Pflichtverletzung und Schaden

Ein Schadensersatzanspruch über die culpa in contrahendo ist nur dann gegeben, wenn die unzulässige Einflussnahme für den Abschluss des Vertrags kausal gewesen ist. Kausalität liegt vor, wenn der Überrumpelte ohne die unzulässige Einflussnahme den Vertrag nicht oder nur unter anderen Konditionen geschlossen hätte.[1726] Das bedeutet, dass wenn ohne die Überrumpelung der Vertrag ebenfalls in der geschlossenen Form entstanden wäre, keine Kausalität vorliegt und die Pflichtverletzung unerheblich ist. Aufgrund der Frage nach dem psychischen Kausalitätsverlauf und der alternativen hypothetischen Entscheidung ist die Feststellung der Kausalität zuweilen problematisch.[1727]

I. Ausschluss der Kausalität

In Parallele zu § 123 Abs. 1 BGB[1728] wäre eine Kausalität zwischen unzulässiger Einflussnahme und Vertragsschluss bei Gewährung von Bedenkzeit oder der Beratungsmöglichkeit mit einer sachkundigen Person möglicherweise abzulehnen.[1729] Allerdings ist in diesen Konstellationen für das Gebot fairen Verhandelns bereits die Pflichtverletzung zu verneinen.[1730]

1725 Im Ansatz BeckOGK/*Herresthal* (1.1.2021) § 311 BGB Rn. 240, 338; BeckOKBGB/*Sutschet* § 311 Rn. 44 sieht allgemein ebenfalls kaum eine praktische Relevanz des Streits; **aA** im Allgemeinen wohl Soergel/*Ekkenga/Kuntz* Vor § 249 Rn. 67, nach denen nur ein immaterieller Schaden die Vertragsrückabwicklung erlaubt, während ein Vermögensschaden entgegen der Rechtsprechung in Geld auszugleichen sei; **unklar** HWK/*Thüsing* § 123 BGB Rn. 46, der davon ausgeht, dass „[b]ei einem nach objektiven Maßstäben vorteilhaften Aufhebungsvertrag […] man nicht von einem Schaden ausgehen" kann, sodass eine Rückabwicklung ausscheidet.

1726 Vgl. allgemein *Becker* S. 398; Staudinger/*Feldmann* (2018) § 311 Rn. 172; zum unlauteren Wettbewerb *Sack* S. 26; *ders.* WRP 1974, 445 (454 f.)

1727 Vgl. *Lorenz* S. 75. S. zur Darlegungs- und Beweislast Kap. 6 § 14 E.

1728 S. o., Kap. 3 § 5 J. II. 2. c).

1729 Dafür *Becker* S. 398.

1730 S. o., Kap. 5 § 11 D. I. 2 d), 3. c).

II. *Einwand des rechtmäßigen Alternativverhaltens und das Gebot fairen Verhandelns*

Insbesondere beim Abschluss von Aufhebungsverträgen ist der Einwand des rechtmäßigen Alternativverhaltens ein Problem.[1731] Dort macht der Schädiger geltend, dass er den Schaden auch auf eine rechtmäßige Weise hätte herbeiführen können, weshalb die Ersatzpflicht wegen fehlender Einschlägigkeit des Schutzzwecks der Norm ausscheide.[1732] Bei Dauerschuldverhältnissen stehen als alternative Beendigungsmöglichkeiten zum Aufhebungsvertrag je nach Fallgestaltung primär die Kündigung oder andere Gestaltungsrechte wie die Anfechtung zur Verfügung. Entscheidend ist deshalb, ob der Schaden auch bei einer anderen Beendigungsweise eingetreten wäre, sodass eine Geltendmachung ausscheidet. Im Unterschied zu der Verletzung von vorvertraglichen Aufklärungspflichten liegt das Hauptaugenmerk beim Überrumpelungsschutz auf dem Vertragsschluss selbst und nicht in begleitenden Umständen wie beispielsweise im Bereich des Arbeitsrechts dem Verlust von Altersvorsorge.

Voraussetzung für den Einwand des rechtmäßigen Alternativverhaltens ist, dass nach dem Schutzzweck der Norm diese nur eine bestimmte Verletzungsart ausschließen will, nicht aber den Verletzungserfolg als solchen.[1733] Zielt die Norm hingegen auf den Schutz vor dem Erfolg schlechthin ab, ist die Berufung auf rechtmäßiges Alternativverhalten nicht möglich.[1734] Auch bei einer Kündigung wird das Verhältnis beendet, doch beim Einsatz unfairer Verhandlungsmethoden wird zudem die Willensentschließungsfreiheit beeinträchtigt. Beim Schutz der Entscheidungsfreiheit durch das Gebot fairen Verhandelns geht es um den Schutz vor Überrumpelung und nicht um die Verhinderung des Abschlusses eines Vertrags per se. Speziell bei Aufhebungsverträgen soll durch das Gebot

---

1731 Vgl. allg. dazu Palandt/*Grüneberg* Vorb v § 249 Rn. 64 ff.; MüKoBGB/*Oetker* § 249 Rn. 217 ff.; Staudinger/*Schiemann* (2017) § 249 Rn. 102 ff.

1732 BGH 24.10.1985, BGHZ 96, 157 (172 f.); BGH 25.11.1992, NJW 1993, 520 (521); BGH 26.10.1999, NJW 2000, 661 (663); BAG 23.3.1984, NJW 1984, 2846 (2847); Erman/*Ebert* Vor § 249 Rn. 77; Soergel/*Ekkenga/Kuntz* Vor § 249 Rn. 223; *Giesing* S. 234; Palandt/*Grüneberg* Vorb v § 249 Rn. 64; BeckOKBGB/*J. W. Flume* § 249 Rn. 327; *Looschelders* § 45 Rn. 27; MüKoBGB/*Oetker* § 249 Rn. 217; Staudinger/*Schiemann* (2017) § 249 Rn. 102.

1733 BGH 24.10.1985, BGHZ 96, 157 (173); BGH 25.11.1992, NJW 1993, 520 (521); BAG 23.3.1984, NJW 1984, 2846 (2847); *Giesing* S. 234; Staudinger/*Schiemann* (2017) § 249 Rn. 105; Jauernig/*Teichmann* Vor §§ 249–253 Rn. 56; *Winter* S. 187.

1734 BGH 24.10.1985, BGHZ 96, 157 (173); *Giesing* S. 234; Staudinger/*Schiemann* (2017) § 249 Rn. 105; Jauernig/*Teichmann* Vor §§ 249–253 Rn. 56.

fairen Verhandelns also nicht die Beendigung des Verhältnisses als solche verhindert werden, sondern nur die Beendigung aufgrund eines durch Überrumpelung herbeigeführten Vertrags. Das Gebot fairen Verhandelns dient deshalb zum Schutz vor einer bestimmten Verletzungsart und nicht eines Erfolges.[1735] Damit ist der Einwand des rechtmäßigen Alternativverhaltens bei einer Verletzung des Gebots fairen Verhandelns zunächst grundsätzlich möglich.

Teilweise wird für die Zulässigkeit des Einwands des rechtmäßigen Alternativverhandelns jedoch weitergehend gefordert, dass keine wesentlichen Verfahrensgarantien oder Verhaltenspflichten in besonders schwerwiegendem Maße durch den Schädiger verletzt wurden, und infolgedessen nicht festgestellt werden kann, wie der Ausgang eines ordnungsgemäß durchgeführten Verfahren gewesen wäre.[1736] Die Verletzung des Gebots fairen Verhandelns stellt zwar eine schwerwiegende Missachtung von Verhaltenspflichten dar. Allerdings ist eine Kündigung des Vertragsverhältnisses bei Vorliegen entsprechender Gründe grundsätzlich ohne vorangehende Verhandlung möglich, weshalb eine Berufung auf das rechtmäßige Alternativverhalten, trotz intensiver Verletzung einer Verhaltenspflicht, möglich bleibt.[1737] Die Verfahrenspflicht muss gerade darauf abzielen, dass der Schaden erst nach der Verhandlung entstehen kann,[1738] ansonsten steht ihr Schutzzweck einer Berücksichtigung nicht entgegen.

Bei sozialrechtlichen Bezügen scheidet der Einwand des rechtmäßigen Alternativverhaltens in der Regel aus, da die Sanktionen (Sperrzeit) mit Ausnahme der alternativen verhaltensbedingten Kündigung an die einvernehmliche Aufhebung des Arbeitsverhältnisses geknüpft werden.[1739] Die Kündigung oder Anfechtung muss als Alternative zum entsprechenden Zeitpunkt rechtlich durchführbar gewesen sein,[1740] ansonsten kann nicht von einem „rechtmäßigen"

1735 Vgl. zur Beendigung des Arbeitsverhältnisses durch Aufhebungsvertrag *Giesing* S. 234.

1736 BGH 6.11.1961, BGHZ 36, 144 (154); Soergel/*Ekkenga/Kuntz* Vor § 249 Rn. 229; Erman/*Ebert* Vor § 249 Rn. 80; Palandt/*Grüneberg* Vorb v § 249 Rn. 65; **diff.** *Gebauer* S. 344 f. Fn. 246; **aA** BeckOKBGB/*J. W. Flume* § 249 Rn. 329; MüKoBGB/*Oetker* § 249 Rn. 223, 227 stattdessen für eine widerlegbare Vermutung; Staudinger/*Schiemann* (2017) § 249 Rn. 106.

1737 Zum arbeitsrechtlichen Aufhebungsvertrag *Giesing* S. 234 f.

1738 *Giesing* S. 234 f.

1739 Vertiefend zu Aufklärungspflichtverletzungen bei arbeitsrechtlichen Aufhebungsverträgen *Burkardt* S. 116 f.; *Franz* S. 519; *Winter* S. 188.

1740 Vgl. zu arbeitsrechtlichen Aufhebungsverträgen *Giesing* S. 235; *S. Müller* DB 2019, 1792 (1798); zu Aufklärungspflichtverletzungen *Burkardt* S. 116; *Franz* S. 519; *Winter* S. 187.

Alternativverhalten gesprochen werden. Es genügt deshalb nicht, dass im Arbeitsrecht die Möglichkeit der Wirksamkeit nach §§ 4, 7 KSchG besteht.[1741]

F. Ergebnis

Wird das Gebot fairen Verhandelns verletzt, liegen die übrigen Tatbestandsvoraussetzungen für einen Schadensersatzanspruch aus culpa in contrahendo regelmäßig vor. Lediglich in den seltenen Fällen, in denen eine Überrumpelung durch einen nicht zurechenbaren Dritten erfolgt, kann das Gebot fairen Verhandelns keine schützende Wirkung entfalten. Dies ist jedoch ohnehin nicht notwendig, da eine Fortwirkung der Drucksituation üblicherweise nicht gegeben ist und darüber hinaus ein Schutz der Entscheidungsfreiheit durch § 123 Abs. 1 Alt. 2 BGB sichergestellt ist. Ein relevanter Schaden lässt sich sowohl nach der Rechtsprechung durch die Modifikation der Differenzhypothese als auch nach der herrschenden Lehre durch den Verzicht auf das Erfordernis eines Vermögensschadens bejahen. Ein Berufen auf rechtmäßiges Alternativverhalten ist grundsätzlich möglich.

§ 13 Die Rechtsfolge einer Verletzung des Gebots fairen Verhandelns

Für den Inhalt eines Schadensersatzanspruches wegen der Verletzung einer vorvertraglichen Pflicht gelten die §§ 249 ff. BGB.[1742] Danach gilt der Grundsatz der Naturalrestitution (§ 249 Abs. 1 BGB), wonach der Geschädigte verlangen kann, so gestellt zu werden, wie er ohne das schädigende Ereignis stünde.[1743]

1741 Vgl. zu Aufklärungspflichtverletzungen bei arbeitsrechtlichen Aufhebungsverträgen *Franz* S. 519.

1742 BGH 11.11.1987, NJW-RR 1988, 744 (745); BAG 7.2.2019, NZA 2019, 688 Rn. 36; *Becker* S. 401; *Burkardt* S. 117; MüKoBGB/*Emmerich* § 311 Rn. 200; *Giesing* S. 231; *Heinkel* ZTR 2020, 261 (267).

1743 Speziell für das Gebot fairen Verhandelns: LAG Rheinland-Pfalz 24.9.2020 – 2 Sa 5/20, BeckRS 2020, 42475 Rn. 58; *Giesing* S. 231; *S. Müller* DB 2019, 1792 (1798); *Plum* MDR 2020, 69 Rn. 21; *Schacht* S. 168; *Steinrau-Steinrück/Benkert* NJW Spezial Heft 12, 2019, 370 (371); vgl. **allg.** BGH 31.1.1962, NJW 1962, 1196 (1198); BGH 25.5.1977, NJW 1977, 1536 (1537); BGH 1.4.1981, NJW 1981, 2050 (2051); BGH 11.11.1987, NJW-RR 1988, 744 (745); BGH 20.9.1996, NJW-RR 1997, 144 (145); BGH 19.1.2018, NJW-RR 2018, 752 Rn. 12; BGH 6.2.2018, NJW 2018, 1675 Rn. 9; BGH 25.9.2018 – II ZR 27/17, BeckRS 2018, 26239 Rn. 9; BAG 18.1.2000, NJW 2001, 92 (93); BAG 4.10.2005, NZA 2006, 549 Rn. 53; *Burkardt* S. 117; MüKoBGB/*Emmerich* § 311 Rn. 200; *Grigoleit* S. 111; *Heinkel* ZTR 2020, 261 (267); BeckOGK/

Im Fall der Verletzung von Pflichten nach § 241 Abs. 2 BGB bedeutet dies, dass der Gläubiger so zu stellen ist, als wäre der Rücksichtnahmepflicht entsprochen worden.[1744]

A. Zulässigkeit der schadensrechtlichen Rückabwicklung bei Verletzung des Gebots fairen Verhandelns

Ohne das schädigende Ereignis in Form der Verletzung des Gebots fairen Verhandelns wäre es regelmäßig nicht zum Vertragsschluss gekommen.[1745] Es ist demnach das negative Interesse zu ersetzen.[1746] Dieses entspricht dem Vertrauensschaden, also dem Schaden, den der Geschädigte in seinem Vertrauen auf die Nichtschädigung erfährt.[1747] Der Überrumpelte ist dann so zu stellen, als ob er den Vertrag nicht geschlossen hätte.[1748] Dementsprechend kann der Inhalt des Schadensersatzanspruchs nach allgemeiner Ansicht grundsätzlich die Aufhebung des Vertrags im Wege der Naturalrestitution nach § 249 Abs. 1 BGB sein.[1749]

Herresthal (1.1.2021) § 311 BGB Rn. 336; *Horn* JuS 1995, 377 (382); MüKoBGB/*Oetker* § 249 Rn. 323; *Pohlmann* S. 108; *Weiler* S. 593.

1744 *Looschelders* § 8 Rn. 15; Staudinger/*Olzen* (2019) § 241 Rn. 550.

1745 S. zum hier vertretenen Anscheinsbeweis bezüglich der Kausalität der Verletzung des Gebots fairen Verhandelns für den Vertragsschluss Kap. 6 § 14 E. II.

1746 *Becker* S. 401; *Plum* MDR 2020, 69 Rn. 21 f.; vgl. **allg.** BGH 1.4.1981, NJW 1981, 2050 (2051); BGH 20.9.1996, NJW-RR 1997, 144 (145); BAG 4.10.2005, NZA 2006, 549 Rn. 53; MüKoBGB/*Emmerich* § 311 Rn. 201; vgl. zu Aufklärungspflichtverletzungen *Pohlmann* S. 111.

1747 Vgl. nur *Horn* JuS 1995, 377 (382 f.).

1748 LAG Mecklenburg-Vorpommern 19.5.2020, NZA-RR 2020, 520 Rn. 25; *S. Müller* DB 2019, 1792 (1798).

1749 Speziell für Gebot fairen Verhandelns: *Becker* S. 401; *Giesing* S. 231; *Grigoleit* NJW 1999, 900 (900); *Heinkel* ZTR 2020, 261 (267); *Krause* EzA § 312 BGB 2002 Nr. 1, S. 21 (32); *Lorenz* FS Canaris, 777 (791); *ders./Riehm* Rn. 381; *Plum* MDR 2020, 69 Rn. 21 f.; *Schmitt-Rolfes* AuA 2019, 207 (207); vgl. **allg.** BGH 24.5.1993, NJW 1993, 2107 (2107); BGH 11.2.1999, NJW 1999, 2032 (2034); BAG 4.10.2005, NZA 2006, 549 Rn. 53; BGH 4.12.2015, NZM 2016, 582 Rn. 18; BGH 19.1.2018, NJW-RR 2018, 752 Rn. 12; BGH 6.2.2018, NJW 2018, 1675 Rn. 12; BGH 25.9.2018 – II ZR 27/17, BeckRS 2018, 26239 Rn. 12; BGH 14.3.2019, NJW 2019, 2383 Rn. 14; MüKoBGB/*Bachmann* § 241 Rn. 65; Erman/*Dieckmann* § 311 Rn. 29b, 79; Staudinger/*Feldmann* (2018) § 311 Rn. 177; *Grigoleit* S. 153; Palandt/*Grüneberg* § 311 BGB Rn. 55; *Lehmann* S. 377 f.; *Looschelders* § 8 Rn. 15; *Lorenz* JZ 1997, 277 (280); *Mertens* ZGS 2004, 67 (68); *Schacht* S. 168; HK-BGB/*Schulze* § 311 Rn. 26; allg. **krit.** Staudinger/*Schiemann* (2017) § 249 Rn. 195.

I. Kein Verbot der vertraglichen Rückabwicklung über die culpa in contrahendo

Dagegen wurde teilweise eingewandt, dass bei Beeinträchtigungen der Willensfreiheit ein Anspruch im Rahmen der culpa in contrahendo in Abgrenzung zu § 123 BGB lediglich auf Schadensersatz in Geld statt auf Rückabwicklung des Vertrags bestehen könne.[1750] Dieses Problem wurde vornehmlich in Bezug auf die schuldhafte, fahrlässige Täuschung wegen der Kollision mit dem Vorsatzerfordernis bei § 123 Abs. 1 BGB erörtert.[1751]

Eine solche Sichtweise widerspricht jedoch dem Grundsatz der Naturalrestitution nach § 249 Abs. 1 BGB und ist nicht haltbar.[1752] Darüber hinaus hat der Gesetzgeber die Möglichkeit der Rückabwicklung des Vertrags im Wege des Schadensersatzes über die culpa in contrahendo im Wege der Schuldrechtsmodernisierung nunmehr ausdrücklich anerkannt.[1753] Auch, dass die vorvertragliche Verschuldenshaftung die Entscheidungsfreiheit schützt, folgt mittlerweile unmittelbar aus den Materialien.[1754] Die Ansicht, welche die Vertragsaufhebung als mögliche Rechtsfolge der culpa in contrahendo ablehnte, ist damit überkommen und abzulehnen. Von dem gleichen Ergebnis ging der Bundesgerichtshof in ständiger Rechtsprechung schon vor der Schuldrechtsreform aus.[1755] Denn zwischen culpa in contrahendo und § 123 Abs. 1 BGB besteht

1750 *Brox/Walker* SchuldR AT § 25 Rn. 18 beschränkt auf die Täuschung; *Canaris* ZGR 1982, 395 (416 ff.); *Kaiser* EzA § 611 BGB Aufhebungsvertrag Nr. 13, S. 11 (20); *Lieb* FS 600 J. Uni. Köln, 251 (261 ff.); *Medicus* JuS 1965, 209 (214); *ders.* JuS 1988, 1 (3 f.); *Stoll* FS Riesenfeld, 275 (280 ff., 283); in diese Richtung auch *Sack* WRP 1974, 445 (446, 455 f.); **krit.** auch Erman/*Arnold* § 123 Rn. 8; **anders**: *Stoll* FS v. Caemmerer, 435 (472); *ders.* FS Deutsch, 361 (368) für eine Rückabwicklung; **aA** allg. Staudinger/*Feldmann* (2018) § 311 Rn. 154, 177; *Lorenz* S. 71 f.; *Pohlmann* S. 114 f.; *Schwarze* S. 87.

1751 Diese Einschätzung teilt auch *Schacht* S. 167.

1752 *Giesing* S. 231; *Grigoleit* S. 20.

1753 Begr. RegE BT-Drucks. 14/6040 S. 162 f.; deshalb ebenso *Giesing* S. 231; *Wagner* NJW 2005, 2956 (2958 f.).

1754 Begr. RegE BT-Drucks. 14/6040 S. 126.

1755 BGH 31.1.1962, NJW 1962, 1196 (1198); BGH 28.2.1968, NJW 1968, 986 (987); BGH 11.5.1979, NJW 1979, 1983 (1983 f.); BGH 22.2.1984, NJW 1984, 2814 (2815); BGH 12.5.1995, NJW 1995, 2361 (2362); BGH 26.9.1997, NJW 1998, 302 (303); BGH 18.9.2001, NJW-RR 2002, 308 (309 f.); nach der Schuldrechtsreform: BGH 10.1.2006, BGHZ 165, 363 (371).

kein Spezialitätsverhältnis.[1756] Beide Vorschriften schützen die freie Willensbildung vor unzulässiger Einflussnahme.[1757] Sie haben aber unterschiedliche Rechtsfolgen.[1758]

Ein Anfechtungsrecht schließt einen Anspruch aus culpa in contrahendo mit der Möglichkeit der Vertragsrückabwicklung deshalb nicht aus.[1759] Soweit von *Lieb* durch eine Rückabwicklung über das Schadensrecht ein „Reuerecht" befürchtet wird,[1760] ist dem entgegenzuhalten, dass es sich nicht um ein voraussetzungsloses Lösungsrecht handelt, weil eine kausale Pflichtverletzung des Vertragspartners vorliegen muss.[1761] Nach dieser Logik würde § 123 BGB ebenfalls ein „Reuerecht" darstellen, was jedoch zurecht nicht als problematisch empfunden wird.[1762] Das Anfechtungsrecht steht der Rückabwicklung als Inhalt eines Schadensersatzanspruches wegen einer vorvertraglichen Pflichtverletzung deshalb grundsätzlich nicht entgegen.

II. Teilweise keine Rückabwicklung bei vorvertraglichen Aufklärungspflichtverletzungen

Im dem Gebot fairen Verhandelns in seiner Form als Überrumpelungsschutz nahestehenden Bereich der Verletzung von vorvertraglichen Aufklärungspflichten wird ein auf Aufhebung des Vertrags gerichteter Schadensersatzanspruch bei arbeitsrechtlichen Aufhebungsverträgen vielfach abgelehnt und stattdessen auf eine Entschädigung in Geld hingewiesen.[1763]

1756 BGH 11.5.1979, NJW 1979, 1983 (1983); BGH 12.5.1995, NJW 1995, 2361 (2362); BGH 18.9.2001, NJW-RR 2002, 308 (309); *Schumacher* S. 24; HK-BGB/*Schulze* § 311 Rn. 30.

1757 BGH 18.9.2001, NJW-RR 2002, 308 (309)

1758 BGH 26.9.1997, NJW 1998, 302 (304); *Pohlmann* S. 114.

1759 BGH 18.9.2001, NJW-RR 2002, 308 (309 f.); *Köhler* § 7 Rn. 67.

1760 *Lieb* FS 600 J. Uni. Köln, 251 (255) „fast mühelos"; *ders.* FS Medicus, 337 (345); zust. *Weiler* S. 599.

1761 *Lorenz* JZ 1997, 277 (282); *Winter* S. 184; ähnlich *Lorenz* S. 74, 390.

1762 *Winter* S. 184.

1763 BAG 10.3.1988, NZA 1988, 837 (837); BAG 14.2.1996, NZA 1996, 811 (811); BAG 24.2.2011, NZA-RR 2012, 148 Rn. 61 ff.; LAG Hamm 9.6.2011 – 15 Sa 410/11, BeckRS 2011, 79293 zu II. 2. b) cc) der Gründe; *Bauer* AnwBl 1993, 58 (61); *Ehrich* DB 1992, 2239 (2242); WEBF/*ders.* Teil 1 Rn. 116, Teil 3 Rn. 93; *Fischinger* NZA 2019, 729 (733); *Heinkel* ZTR 2020, 261 (269); *Hoß/Ehrich* DB 1997, 625 (627); LKB/*Krause* § 1 Rn. 17; Schaub/*Linck* § 122 Rn. 33; MEL/*Mues* Rn. 796; Staudinger/*Oetker* (2019) Vorbem. zu §§ 620 ff. Rn. 67; Küttner/*Schmidt* Aufhebungsvertrag Rn. 21; NK-GA/

Infolgedessen kann dort die Fortsetzung eines beendeten Vertrags nicht verlangt werden.[1764]

1. Begründung für die Nichtrückabwicklung bei Verletzung vorvertraglicher Aufklärungspflichten beim arbeitsrechtlichen Aufhebungsvertrag

Der Grund hierfür liegt darin, dass nur der Schaden im Wege der Naturalrestitution ersatzfähig ist, welcher nach Art und Entstehung aus dem Gefahrenbereich stammt, welchen die verletzte Pflicht abschirmen sollte.[1765] Bei vorvertraglichen Aufklärungspflichten kommt es für den Inhalt des Schadensersatzanspruchs demnach darauf an, worauf sich die Aufklärungspflichten beziehen und was deren Zweck ist.[1766] In der Regel richtet sich der Schutz der vorvertraglichen Aufklärungspflichten beim arbeitsrechtlichen Aufhebungsvertrag nur auf spezifische Einzelfolgen und nicht auf die Verhinderung des Vertragsschlusses als solchen.[1767] Es kann dann argumentiert werden, dass der Vertrag stattdessen

---

Schöne § 611 BGB Rn. 1038; *Schwarze* LAGE § 611 BGB Aufhebungsvertrag Nr. 9, S. 26 (38 f.); *Stoll* FS Deutsch, 361 (365 ff.); *Weber/Ehrich* NZA 1997, 414 (420); **aA**, wenn die jeweilige Aufklärungspflicht dem Vertragsschluss insgesamt entgegen stand ArbG Freiburg 20.6.1991, DB 1991, 2600 (2600); DHZ/*Bachner/Callsen* § 86 Rn. 108; *Bengelsdorf* AuA 1993, 46 (48); *Brors* S. 186; *Burkardt* S. 118; DDW/*Däubler* Einleitung Rn. 141, 153; DDZ/*ders.* Aufhebungsvertrag Rn. 104; HK-ArbR/*ders.* §§ 611, 611a BGB Rn. 620; *Ernst* S. 129 Fn. 378; *Franz* S. 520 f.; *Giesing* S. 239; MüKoBGB/*Hesse* Vor § 620 Rn. 46; *Holler* NJW 2019, 2206 (2210); *Hromadka/Maschmann* § 10 Rn. 19; *Krause* EzA § 312 BGB 2002 Nr. 1, S. 21 (30 f.); BeckOGK/*Sutschet* (1.9.2021) § 620 BGB Rn. 389 ff.; *Thies* S. 80 f.; HWK/*Thüsing* § 611a BGB Rn. 402; *Welslau* LAGE § 611 BGB Aufhebungsvertrag Nr. 9, S. 13 (21 f.); *Winter* S. 190, 193; **wohl ausnahmsweise** auch BAG 10.2.2004, NZA 2004, 606 (610); zust. BeckOKArbR/*Hesse* § 620 BGB Rn. 85.

1764 BAG 24.2.2011, NZA-RR 2012, 148 Rn. 61; *Ehrich* DB 1992, 2239 (2242); WEBF/*ders.* Teil 1 Rn. 116, Teil 3 Rn. 93; *Hoß/Ehrich* DB 1997, 625 (627); LKB/*Krause* § 1 Rn. 17; NK-GA/*Schöne* § 611 BGB Rn. 1038.

1765 BGH 31.1.1962, NJW 1962, 1196 (1198); BGH 27.2.1994, NJW 1974, 849 (852); BGH 9.2.1977, DB 1977, 766 (767); BGH 25.6.1985, NJW 1985, 2749 (2751); BGH 9.7.1985, BGHZ 95, 199 (209 f.); BGH 3.12.1991, BGHZ 116, 209 (212); *Glahe* S. 147; *Heinkel* ZTR 2020, 261 (268); *Holler* NJW 2019, 2206 (2210); *Winter* S. 191.

1766 *Hemming* S. 137 f.; *Hoß/Ehrich* DB 1997, 625 (627); *Winter* S. 191; iE DDW/*Däubler* Einleitung Rn. 153.

1767 BAG 7.2.2019, NZA 2019, 688 Rn. 42; zust. *Gundel/Sartorius* ZAP 2019, 1241 (1243); *Heinkel* ZTR 2020, 261 (268 f.); NK-GA/*Schöne* § 611 BGB Rn. 1038; *Thies* S. 80; *Welslau* LAGE § 611 BGB Aufhebungsvertrag Nr. 9, S. 13 (21 f.); *Winter* S. 191; vgl.

schlicht zu anderen Konditionen zustande gekommen wäre,[1768] sodass lediglich die Nachteile des schlechteren Vertragsschlusses zu ersetzen sind.

Dagegen wird im allgemeinen Zivilrecht nach der Rechtsprechung des Bundesgerichtshofs und großen Teilen der Literatur eine Rückabwicklung des durch Aufklärungspflichtverletzung herbeigeführten Vertrags im Wege des Schadensersatzes bei einer vorvertraglichen Pflichtverletzung regelmäßig als möglich erachtet.[1769] Der Grund liegt darin, dass der Schutzzweck der Aufklärungspflicht dann dem Vertragsschluss insgesamt entgegenstand.

2. *Keine Übertragbarkeit auf das Gebot fairen Verhandelns*

Ob die begrenzte Möglichkeit der Rückabwicklung durch einen Schadensersatzanspruch auch auf Verletzungen des Gebots fairen Verhandelns übertragbar ist, hängt also vom Schutzzweck des Gebots fairen Verhandelns ab. Im Unterschied zu vorvertraglichen Aufklärungspflichten bei arbeitsrechtlichen Aufhebungsverträgen soll das Mindestmaß an Fairness die Willensentschließungsfreiheit als solche und damit insgesamt einen eigenständig überlegten Vertragsschluss sicherstellen. Der Schutzzweck ist damit ein anderer als bei arbeitsrechtlichen vorvertraglichen Aufklärungspflichten,[1770] denn das Gebot fairen Verhandelns bezieht sich auf die Abschlusssituation und nicht auf inhaltliche Modalitäten des Vertrags.[1771] Die Pflicht zum fairen Verhandeln schützt demnach vor dem Vertragsschluss selbst, weshalb bei einer Verletzung der Schadensersatzanspruch

ebenfalls *Glahe* S. 148 f.; **aA** *Burkardt* S. 115 sieht die Vertragsaufhebung immer als möglich an, da der Vertragsschluss stets ein Schaden darstelle.

1768 *Glahe* S. 148; ähnlich *Hoß/Ehrich* DB 1997, 625 (627); NK-GA/*Schöne* § 611 BGB Rn. 1038.

1769 BGH 31.1.1962, NJW 1962, 1196 (1198); BGH 11.5.1979, NJW 1979, 1983 (1984); BGH 24.5.1993, NJW 1993, 2107 (2107); BGH 20.9.1996, NJW-RR 1997, 144 (145); BGH 23.4.2012 – II ZR 211/09, NJW-RR 2012, 937 Rn. 33; BGH 23.4.2012 – II ZR 75/10, NJW-RR 2012, 1312 Rn. 24; BGH 19.1.2018 – V ZR 256/16, NJW-RR 2018, 752 Rn. 12; BGH 6.2.2018, NJW 2018, 1675 Rn. 12; BGH 25.9.2018 – II ZR 27/17, BeckRS 2018, 26239 Rn. 12; *Giesing* S. 231; BeckOGK/*Herresthal* (1.1.2021) § 311 BGB Rn. 344; *Lehmann* S. 377 f.; PWW/*Stürner* § 311 Rn. 56, 66.

1770 BAG 7.2.2019, NZA 2019, 688 Rn. 42; zust. *Gundel/Sartorius* ZAP 2019, 1241 (1243); *Heinkel* ZTR 2020, 261 (268).

1771 BAG 7.2.2019, NZA 2019, 688 Rn. 42; *Heinkel* ZTR 2020, 261 (269); *Plum* MDR 2020, 69 Rn. 2; HWK/*Thüsing* § 123 BGB Rn. 46.

dahingeht, den Vertrag zu beseitigen.[1772] Mithin kann bei einer Verletzung des Gebots fairen Verhandelns eine Rückabwicklung über das Schadensrecht verlangt werden.

B. Umsetzung der Rückabwicklung bei der Verletzung des Gebots fairen Verhandelns

Über die rechtliche Umsetzung der Vertragsaufhebung besteht allerdings Uneinigkeit.

I. Nichtigkeit des Vertrags und Wiederaufleben eines beendeten Verhältnisses (BAG)

Das Bundesarbeitsgericht vertritt, dass die unmittelbare Rechtsfolge eines Verstoßes gegen das Gebot fairen Verhandelns die Unwirksamkeit des Vertrags ist.[1773] Das durch einen Aufhebungsvertrag beendete Verhältnis setze sich infolgedessen zu unveränderten Bedingungen fort.[1774] Ein Anspruch auf Neuabschluss des durch Aufhebung beendeten Vertrags sei aufgrund des Automatismus nicht gegeben[1775] und auch nicht

---

1772 Ebenso BAG 7.2.2019, NZA 2019, 688 Rn. 40 ff.; zust. *Heinkel* ZTR 2020, 261 (269); ähnlich *Fischinger* NZA 2019, 729 (733); vgl. auch LAG Rheinland-Pfalz 24.9.2020 – 2 Sa 5/20, BeckRS 2020, 42475 Rn. 57.

1773 BAG 7.2.2019, NZA 2019, 688 Rn. 35, 37; ebenso LAG Rheinland-Pfalz 27.3.2019 – 7 Sa 421/18, BeckRS 2019, 16038 Rn. 55; *Gundel/Sartorius* ZAP 2019, 1241 (1243); *Heinkel* ZTR 2020, 261 (267 f.); explizit **offenlassend** LAG Rheinland-Pfalz 14.11.2019 – 2 Sa 164/19, BeckRS 2019, 38069 Rn. 30.

1774 BAG 7.2.2019, NZA 2019, 688 Rn. 37 f.; zust. *Heinkel* ZTR 2020, 261 (267 f.).

1775 BAG 7.2.2019, NZA 2019, 688 Rn. 37, 39 unter **missverständlicher** Berufung auf BAG 18.1.2000, NZA 2000, 1157 (1159), dort heißt es: „Auf den ‚Zwischenschritt' einer Vertragsaufhebung wird allerdings regelmäßig verzichtet und als zulässig erachtet, die sich aus der fiktiven Aufhebung des Vertrags ergebenden Folgeansprüche unmittelbar durch Klage […] geltend zu machen." Diese Entscheidung missversteht widerum *Lorenz* ZIP 1998, 1053 (1054), welcher aus § 249 BGB lediglich die Folge zieht, dass der Gläubiger den Schuldner nicht in Anspruch nehmen darf (unter treffender Berufung auf BGH 17.3.1994, NJW 1994, 2146 (2148)). Im Urteil vom 18.1.2000 geht es jedoch mehr um Prozessökonomie als um materiellrechtsdogmatische Erwägungen. Der „Zwischenschritt" ist rechtsdogmatisch zwingend, vgl. *Schmidt* AP BGB § 620 Aufhebungsvertrag Nr. 50, S. 1180 (1184); dem BAG aber **zust.** *Heinkel* ZTR 2020, 261 (267 f.) insb. Fn. 94.

erforderlich. Diese direkte Wirkung soll dem Zweck der Naturalrestitution dienen.[1776]

Bei einem Verstoß gegen das Gebot fairen Verhandelns sei die Naturalrestitution letztlich auf den Entfall der Rechtsbindung an den Vertrag gerichtet.[1777] Nach Ansicht des Bundesarbeitsgerichts ist es deshalb nicht überzeugend, wenn die Naturalrestitution erst nach einer über § 894 ZPO fingierten Willenserklärung ihre Wirkung entfalten kann.[1778] Schließlich würde der Wille des Überrumpelnden ohnehin gebrochen werden.[1779] Die Vertragsaufhebung als Schadensersatz würde damit zumindest bei arbeitsrechtlichen Aufhebungsverträgen im Ergebnis einer Anfechtung entsprechen.[1780] Eine solche auf das Ergebnis abzielende Herangehensweise sei auch nicht vom Anfechtungsrecht ausgeschlossen.[1781] Im Vergleich zur Verletzung von vorvertraglichen Aufklärungspflichten, bei denen häufig lediglich eine Entschädigung in Geld zuzusprechen sei, würde es dem Gebot fairen Verhandelns nur gerecht werden, wenn dem Vertrag „im Wege der Naturalrestitution die Rechtswirkungen genommen werden."[1782] Einige Entscheidungsbesprechungen scheinen dem Bundesarbeitsgericht zu folgen.[1783]

1776 BAG 7.2.2019, NZA 2019, 688 Rn. 39 unter **unverständlicher** Berufung auf BGH 28.1.2014, BGHZ 200, 110 Rn. 13 zur Anrechnung von Steuervorteilen; zust. aber *Heinkel* ZTR 2020, 261 (267); dem Verweis ebenfalls sehr **kritisch** gegenüber stehend *Fischinger* NZA 2019, 729 (733); *Schmidt* AP BGB § 620 Aufhebungsvertrag Nr. 50, S. 1180 (1184).

1777 BAG 7.2.2019, NZA 2019, 688 Rn. 39.

1778 BAG 7.2.2019, NZA 2019, 688 Rn. 39; zust. *Heinkel* ZTR 2020, 261 (267).

1779 BAG 7.2.2019, NZA 2019, 688 Rn. 39.

1780 BAG 7.2.2019, NZA 2019, 688 Rn. 39 unter **abzulehnender** Berufung auf BGH 24.10.1996, NJW 1997, 254 (254), wo es heißt: „Der Schadensersatzanspruch auf Befreiung von der Vertragspflicht führt wirtschaftlich zum gleichen Ergebnis wie die Anfechtung". In dem Urteil ging es um die Frage der Verletzung von Pflichten aus dem Anwaltsvertrag, wenn statt einer Anfechtung ein Schadensersatzanspruch beraten wird. Es ging dort deshalb nur um die wirtschaftlichen Ergebnisse, nicht um die rechtliche Wirkung, vgl. ebenfalls **kritisch** *Fischinger* NZA 2019, 729 (733); *Schmidt* AP BGB § 620 Aufhebungsvertrag Nr. 50, S. 1180 (1184).

1781 BAG 7.2.2019, NZA 2019, 688 Rn. 39 unter **fragwürdiger** Berufung auf BGH 18.9.2001, NJW-RR 2002, 308 (309 f.) und BAG 24.2.2011, NZA-RR 2012, 148 Rn. 52 f. In beiden Urteilen wird lediglich festgestellt, dass ein Schadensersatzanspruch wegen vorvertraglicher Pflichtverletzung nicht durch ein ebenfalls bestehendes Anfechtungsrecht ausgeschlossen wird.

1782 BAG 7.2.2019, NZA 2019, 688 Rn. 42.

1783 BeckOGK/*Herresthal* (1.1.2021) § 311 BGB Rn. 344; BeckOKArbR/*Hesse* § 620 BGB Rn. 85a: „Schadensersatzanspruch […] der im Ergebnis die Unwirksamkeit des

II. Anspruch auf Rückabwicklung und Neubegründung eines beendeten Vertrags

Nach zutreffender Ansicht kann eine Verletzung des Gebots fairen Verhandelns unter keinen Umständen zu einer unmittelbaren Unwirksamkeit des Rechtsgeschäfts führen.

1. Keine „ipso iure" Wirkung des § 249 Abs. 1 BGB

Bei vorvertraglichen Pflichtverletzungen folgt eine Haftung auf Schadensersatz nach den allgemeinen Regeln. Der Vertrag wäre bei korrekter Vorgehensweise nicht abgeschlossen worden, sodass der Überrumpelte nach § 249 Abs. 1 BGB

Aufhebungsvertrags bewirkt"; *Schubert* EWiR 2019, 537 (538); Tschöpe/*Schulte* 3. Teil C. Rn. 58 „Aufhebungsvertrag ist unwirksam"; **unklar,** ob Wiedergabe des Urteils oder eigene Meinung: BeckOKBGB/*Baumgärtner* § 611a Rn. 70 „Aufhebungsvertrag [kann] wegen schuldhaftem Verstoß gegen § 241 Abs. 2 unwirksam sein"; *Gundel/Sartorius* ZAP 2019, 1241 (1243) „Aufhebungsvertrag im Regelfall unwirksam. Der Schadensersatzanspruch [...] führt unmittelbar zu einem Entfall der Rechtswirkungen des Aufhebungsvertrages und damit zu einer Fortsetzung des ursprünglichen Arbeitsverhältnisses zu unveränderten Bedingungen."; *Eckert* DStR 2019, 1213 (1218) „Arbeitsverhältnis [würde] weiter bestehen"; *Esser* ArbRB 2019, 164 (165) „Aufhebungsvertrag [ist] unwirksam"; *Fischer* jurisPR-ArbR 23/2019 Anm. 5 unter C. „Es bedarf [...] keines Neuabschlusses des (alten) Arbeitsvertrages mehr. Dieser lebt sozusagen wieder auf"; *Krause* § 20 Rn. 7 „Rechtsfolge [...] besteht dann in einem Recht des Arbeitnehmers, sich im Wege der schadensrechtlichen Naturalrestitution (§ 249 BGB) unmittelbar vom Aufhebungsvertrag zu lösen und das ursprüngliche Arbeitsverhältnis fortzusetzen"; *Langkamp/Ruckh* RÜ 2019, 485 (489) „Aufhebungsvertrag ist [...] unwirksam"; *Ley* BB 2019, 1600 (1600) „faktisch eine Anfechtung"; *S. Müller* DB 2019, 1792 (1798) „führt unmittelbar zum Wegfall der Rechtswirkungen des Aufhebungsvertras und damit zum unveränderten Fortbestand des Arbeitsverhältnisses"; *Petersen* NWB 2019, 1682 (1691) „Rechtswirkung des Aufhebungsvertrags [entfällt], sodass kein neuer Arbeitsvertrag abgeschlossen, sondern das ursprüngliche Arbeitsverhältnis zu unveränderten Bedingungen fortgesetzt wird"; HWK/*Rennpferdt* § 620 BGB Rn. 23 „Aufhebungsvertrag ist [...] unwirksam"; Küttner/*Schmidt* Aufhebungsvertrag Rn. 22 „ist unwirksam"; *Schmitt-Rolfes* AuA 2021, 14 (14); *Steinrau-Steinrück/Benkert* NJW Spezial Heft 12, 2019, 370 (371) „Bei Feststellung eines Verstoßes entfallen somit die Rechtswirkungen des Aufhebungsvertrags und das Arbeitsverhältnis besteht fort"; **offenlassend** noch *Schmitt-Rolfes* AuA 2019, 207 (207) „[es] ist offen, wie die Beseitigung des Aufhebungsvertrags durch das Schadensersatzrecht bewerkstelligt werden soll".

lediglich Rückabwicklung verlangen kann.[1784] Zwar sieht § 249 Abs. 1 BGB die Herstellung des Zustands, wie er ohne das schädigende Ereignis wäre vor, doch hat die Norm gerade keine Wirkung „ipso iure".[1785] Die Unwirksamkeit des Vertrags selbst kann deshalb nicht mit dem Grundsatz der Naturalrestitution begründet werden;[1786] dies würde der gesetzlichen Wertung vielmehr widersprechen, schließlich liegt kein Unwirksamkeitsgrund vor.[1787]

Aus der Drucksache ergibt sich, dass der Geschädigte durch § 249 BGB die Lösung vom Vertrag „verlangen"[1788] kann. Dies steht sprachlich im Gegensatz zum automatischen Entfall der Wirkung.[1789] Allgemein entsteht

1784 *Adam* EzA § 312 BGB 2002 Nr. 4, S. 18 (25 f.); *Becker* S. 409; *Boemke* JuS 2019, 1204 (1205); DDW/*Däubler* Einleitung Rn. 155a; DDZ/*ders.* Aufhebungsvertrag Rn. 108; *ders.* NZA 2020, 10 (11); *Fischinger* NZA 2019, 729 (732 f.); *ders.* NZA-RR 2020, 516 (516); *Giesing* S. 234; *Hamann* jurisPR-ArbR 30/2020 Anm. 4 C. I.; *Holler* NJW 2019, 2206 (2210); *Kamanabrou* RdA 2020, 201 (210); *Krause* EzA § 312 BGB 2002 Nr. 1, S. 21 (32); TRL/*Lembke* § 623 BGB Rn. 71; *Lettmaier* FS Koch, 375 (387); *Lingemann/Chakrabarti* NJW 2019, 2445 (2447); *Schacht* S. 168; *Schmidt* AP BGB § 620 Aufhebungsvertrag Nr. 50, S. 1180 (1184 f.); *Schwarze* JA 2019, 789 (791); KR/*Spilger* AufhebungsV Rn. 30; ähnlich LCK/*Klumpp* Rn. 663; BeckOGK/*Maties* (1.8.2021) § 611a BGB Rn. 1857; *Röß* NZA 2021, 675 (680); wohl auch *Ernst* S. 129; vgl. zu Aufklärungspflichtverletzungen bei arbeitsrechtlichen Aufhebungsverträgen *Burkardt* S. 118; *Franz* S. 520; **allgemein** BGH 16.1.1985, NJW 1985, 1769 (1772); BGH 11.2.1999, NJW 1999, 2032 (2034); BGH 4.12.2015, NZM 2016, 582 Rn. 18; Staudinger/*Feldmann* (2018) § 311 Rn. 154, 177; sympathisierend ErfK/*Müller-Glöge* § 620 BGB Rn. 15.

1785 BGH 31.1.1962, NJW 1962, 1196 (1198); *Adam* EzA § 312 BGB 2002 Nr. 4, S. 18 (25 f.); *Boemke* JuS 2019, 1204 (1205); *Burkardt* S. 118; *Fischinger* NZA 2019, 729 (733); *ders.* NZA-RR 2020, 516 (516); *Franz* S. 520; *Hamann* jurisPR-ArbR 30/2020 Anm. 4 C. I.; *Holler* NJW 2019, 2206 (2210); *Kamanabrou* RdA 2020, 201 (210); *Lorenz* S. 68; *ders.* ZIP 1998, 1053 (1054); *ders.* NZM 1998, 359 (360); Staudinger/*Richardi/Fischinger* (2020) § 611a Rn. 1960; *Schmidt* AP BGB § 620 Aufhebungsvertrag Nr. 50, S. 1180 (1184); *Winter* S. 193.

1786 *Adam* EzA § 312 BGB 2002 Nr. 4, S. 18 (25 f.); *Fischinger* NZA 2019, 729 (733); vgl. zu Aufklärungspflichten bei arbeitsrechtlichen Aufhebungsverträgen *Burkardt* S. 118; *Franz* S. 520; *Winter* S. 193.

1787 *Adam* EzA § 312 BGB 2002 Nr. 4, S. 18 (26); *Fischinger* NZA 2019, 729 (733) mit Verweis auf §§ 134, 138, 142 Abs. 1 BGB; ähnlich *Boemke* JuS 2019, 1204 (1205); vgl. zu Aufklärungspflichten bei arbeitsrechtlichen Aufhebungsverträgen *Burkardt* S. 118; *Franz* S. 520; *Winter* S. 193.

1788 Begr. RegE BT-Drucks. 14/6040 S. 162.

1789 *Fischinger* NZA 2019, 729 (733).

demnach grundsätzlich ein schuldrechtlicher Anspruch auf die Befreiung von der eingegangenen Verpflichtung.[1790] Dogmatisch korrekt handelt es sich genau genommen um einen Anspruch auf Zustimmung zum Abschluss eines Aufhebungsvertrags.[1791] Ein Anspruch gibt nach § 194 Abs. 1 BGB jedoch immer nur das Recht, „von einem anderen ein Tun oder Unterlassen zu verlangen."[1792]

Die Belege des Bundesarbeitsgerichts zur Unwirksamkeit als Rechtsfolge einer Verletzung des Gebots fairen Verhandelns sind irreführend, nicht einschlägig und vom Ergebnis kommend gedacht.[1793] Der Vergleich mit der Rechtsfolge von der Verletzung von vorvertraglichen Aufklärungspflichten[1794] erklärt zwar die Möglichkeit der Rückabwicklung des Vertrags über § 249 BGB, aber nicht dessen Umsetzung als automatische Unwirksamkeit, wie vom Bundesarbeitsgericht behauptet.[1795]

Eine automatische Unwirksamkeit ohne Gestaltungserklärung ginge dabei sogar über das Anfechtungsrecht hinaus.[1796] Dies kann auch angesichts der Tatsache, dass das Gebot fairen Verhandelns § 123 Abs. 1 BGB nähersteht als § 138 Abs. 1 oder Abs. 2 BGB, indem es ausschließlich auf das Zustandekommen des Vertrags, nicht aber auf dessen Inhalt abstellt, nicht überzeugen. Darüber hinaus muss der Überrumpelte die Möglichkeit haben, den Vertrag gelten zu lassen, um ein Höchstmaß an Vertragsfreiheit sicherzustellen.[1797]

Zwar folgt aus der vergleichbaren „undue influence" ein Gestaltungsrecht („recission") zur Aufhebung des Vertrags,[1798] doch kann dies aufgrund der deutschen Lösung über die §§ 280 Abs. 1, 311 Abs. 2, 241 Abs. 2 BGB nicht übertragen werden.[1799] Die vom Bundesarbeitsgericht behauptete Rechtsfolge ist nach alledem rechtsdogmatisch nicht vertretbar.[1800] Ein Anspruch auf den Abschluss

---

1790 BGH 31.1.1962, NJW 1962, 1196 (1198); *Lorenz* S. 68; *ders.* ZIP 1998, 1053 (1054); ähnlich *Holler* NJW 2019, 2206 (2210) „Schadensersatzanspruch setzt allein auf der schuldrechtlichen Ebene an"; *Kamanabrou* RdA 2020, 201 (210).

1791 *Mankowski* S. 206.

1792 *Boemke* JuS 2019, 1204 (1205 f.).

1793 S. dazu Fn. 1775; Fn. 1776; Fn. 1780; Fn. 1781.

1794 S. o., Kap. 6 § 13 B. I.

1795 *Fischinger* NZA 2019, 729 (733).

1796 *Hamann* jurisPR-ArbR 30/2020 Anm. 4 C. I.; *Schwarze* JA 2019, 789 (791).

1797 Vgl. *Schwarze* JA 2019, 789 (791); im Ansatz *Hamann* jurisPR-ArbR 30/2020 Anm. 4 C. I.

1798 S. o., Kap. 5 § 9 A. I. 1.

1799 *Schmidt* AP BGB § 620 Aufhebungsvertrag Nr. 50, S. 1180 (1184R).

1800 *Fischinger* NZA 2019, 729 (734); *ders.* NZA-RR 2020, 516 (516); Staudinger/*Richardi/Fischinger* (2020) § 611a Rn. 1960.

des rückabwickelnden Vertrags muss demnach geltend gemacht werden und entweder vom Gegenüber selbst oder durch das Gericht über § 894 S. 1 ZPO erfüllt werden.[1801]

Die Motivation des Bundesarbeitsgerichts könnte es gewesen sein, dem Kläger das Erfordernis der klageweisen Geltendmachung des Anspruchs und dessen Durchsetzung über § 894 ZPO nehmen zu wollen.[1802] Es ist jedoch unerheblich, ob die Unwirksamkeit des Vertrags oder die Ersetzung der Zustimmung zur Rückabwicklung eingeklagt wird, wenn die Gegenseite die Verletzung des Gebots fairen Verhandelns bestreitet, wie es üblicherweise geschehen wird.[1803] Es muss in beiden Fällen bis zum Eintritt der Rechtskraft prozessiert werden, wobei es keinen Unterschied macht, ob dies per Leistungsklage (Zustimmung zur Rückabwicklung des Vertrags) mit Fiktion des § 894 ZPO oder durch Feststellungsklage (Feststellung der Unwirksamkeit des Vertrags) geschieht.[1804]

2. *Alternative zur Rückabwicklung: „Kleiner Schadensersatz"*

Teilweise wird eine Rückabwicklung des gesamten Vertrags den Interessen des überrumpelten Teils nicht entsprechen, indem sie beispielsweise bei dem Abschluss eines Arbeitsvertrags oder Mietvertrags unter unzulässiger Einflussnahme zulasten des Überrumpelten gehen würde.[1805] In diesen Fällen erscheint ein Schadensersatz in Geld bei Festhalten am Vertrag möglich.[1806] Dieser ist aufgrund der Beeinträchtigung der Privatautonomie des anderen Teils bei einer Vertragsanpassung beziehungsweise Teilrückabwicklung vorzugswürdig. Ein Recht auf Anpassung des Vertrags besteht deshalb nach Auffassung des Bundesgerichtshofs im Allgemeinen nicht.[1807]

1801 So auch *Adam* EzA § 312 BGB 2002 Nr. 4, S. 18 (26); DDZ/*Däubler* Aufhebungsvertrag Rn. 108; *Hamann* jurisPR-ArbR 30/2020 Anm. 4 C. I.; *Kamanabrou* RdA 2020, 201 (210).

1802 *Fischinger* NZA 2019, 729 (733).

1803 *Fischinger* NZA 2019, 729 (733); ähnlich *Hamann* jurisPR-ArbR 30/2020 Anm. 4 C. I.

1804 *Fischinger* NZA 2019, 729 (733); ähnlich *Hamann* jurisPR-ArbR 30/2020 Anm. 4 C. I.

1805 Zum Arbeitsvertrag: *Fischinger* NZA 2019, 729 (734); *Holler* NJW 2019, 2206 (2210); allg. Staudinger/*Feldmann* (2018) § 311 Rn. 179.

1806 *Plum* MDR 2020, 69 Rn. 21.

1807 Vgl. zu Aufklärungspflichtverletzungen BGH 19.5.2006, BGHZ 168, 35 Rn. 21; Palandt/*Grüneberg* § 311 Rn. 57; noch restriktiver MüKoBGB/*Emmerich* § 311 Rn. 214 m. w. N.; allg. MHdBArbR/*Benecke* § 34 Rn. 6; **aA** speziell zum Gebot fairen Verhandelns *Fischinger* NZA 2019, 729 (734).

Beim Festhalten an den Vertrag wird der Vertrauensschaden dann insoweit angepasst, wie wenn er den berechtigten Erwartungen des Überrumpelten entsprechen würde.[1808] Das entspricht den günstigeren Vertragskonditionen, die bei pflichtgemäßer, fairer Verhandlungsführung vorgelegen hätten.[1809] Ob der Überrumpelnde sich darauf eingelassen hätte, ist irrelevant.[1810] Jedoch wird in den Fällen, in denen neben eine Verletzung des Gebots fairen Verhandelns objektiv nachteilige Vertragskonditionen treten, möglicherweise auch Sittenwidrigkeit nach § 138 Abs. 1 BGB zu bejahen seien, sodass diese Fälle zu vernachlässigen sind.

3. Besonderheiten bei Aufhebungsverträgen in der Naturalrestitution

Bei Aufhebungsverträgen ist die Beendigung des Dauerschuldverhältnisses der Schaden, nicht der Aufhebungsvertrag selbst.[1811] Es ist der Zustand herzustellen, welcher ohne den unfair ausgehandelten Vertrag bestand.[1812]

a) Umgang mit dem Aufhebungsvertrag

Beim Umgang mit unter Verletzung des Gebots fairen Verhandelns zustande gekommenen Aufhebungsverträgen ist zwischen Aufhebungsverträgen, deren Gestaltungswirkung bereits eingetreten ist und solchen, bei denen die Wirkung noch aussteht, zu differenzieren.

1808 *Plum* MDR 2020, 69 Rn. 21; vgl. allg. zu Aufklärungspflichtverletzungen BGH 19.1.2018, NJW-RR 2018, 752 Rn. 12; BGH 25.9.2018 – II ZR 27/17, BeckRS 2018, 26239 Rn. 12.

1809 *Plum* MDR 2020, 69 Rn. 21; vgl. allg. BGH 19.5.2006, BGHZ 168, 35 Rn. 22; BGH 11.6.2010 – V ZR 144/09, BeckRS 2010, 17953 Rn. 9; BGH 19.1.2018, NJW-RR 2018, 752 Rn. 12; BGH 6.2.2018, NJW 2018, 1675 Rn. 12; BGH 25.9.2018 – II ZR 27/17, BeckRS 2018, 26239 Rn. 12; Erman/*Dieckmann* § 311 Rn. 28; Palandt/*Grüneberg* § 311 Rn. 57.

1810 *Plum* MDR 2020, 69 Rn. 21; vgl. allg. BGH 19.5.2006, BGHZ 168, 35 Rn. 22; BGH 11.6.2010 – V ZR 144/09, BeckRS 2010, 17953 Rn. 9; BGH 19.1.2018 – V ZR 256/16, NJW-RR 2018, 752 Rn. 12; BGH 6.2.2018, NJW 2018, 1675 Rn. 13; Palandt/*Grüneberg* § 311 Rn. 57; **krit.** BeckOGK/*Herresthal* (1.1.2021) § 311 BGB Rn. 346 ff. m. w. N.

1811 *Holler* NJW 2019, 2206 (2210); im Ansatz *Kamanabrou* RdA 2020, 201 (210); vgl. zu Aufklärungspflichten bei arbeitsrechtlichen Aufhebungsverträgen *Franz* S. 520; *Winter* S. 193.

1812 *Schmidt* AP BGB § 620 Aufhebungsvertrag Nr. 50, S. 1180 (1184 f.); ähnlich *Kamanabrou* RdA 2020, 201 (210).

aa) Gestaltungswirkung des Aufhebungsvertrags noch ausstehend

Ist der Aufhebungsvertrag mit einer Auslauffrist vereinbart worden, so genügt vor Eintritt des Fristendes die Beseitigung des Aufhebungsvertrags, da die Verfügung dann noch nicht eingetreten ist.[1813] Einen Neuabschluss des Verhältnisses bedarf es bei rechtzeitiger Geltendmachung also nicht.[1814]

bb) Gestaltungswirkung des Aufhebungsvertrags bereits eingetreten

Die Beseitigung des unfair ausgehandelten Aufhebungsvertrags ist aber dann gegenstandslos, wenn das vorgehende Vertragsverhältnis bereits durch die gestaltende Wirkung des unter unzulässigem Einfluss geschlossenen Vertrags beendet wurde.[1815] Die Aufhebung eines bereits gestaltend wirkenden Aufhebungsvertrags genügt nicht, um das beendete Verhältnis wiederaufleben zu lassen.[1816] Eine solche Wirkweise stünde im Widerspruch zum deutschen Zivilrecht.[1817]

Deshalb wird zurecht überwiegend davon ausgegangen, dass in diesen Konstellationen der Aufhebungsvertrag unberührt bleibt,[1818] eine Rückabwicklung hat

---

1813 Vgl. zum arbeitsrechtlichen Aufhebungsvertrag *Becker* S. 409.

1814 Vgl. zum arbeitsrechtlichen Aufhebungsvertrag *Becker* S. 409.

1815 *Becker* S. 409; ähnlich *Holler* NJW 2019, 2206 (2210) „[Arbeitsverhältnis] wird nicht lediglich durch den Aufhebungsvertrag ‚überlagert'."; im Ansatz Palandt/*Gruneberg* § 311 Rn. 3 aE; vgl. zu Aufklärungspflichten bei arbeitsrechtlichen Aufhebungsverträgen *Burkardt* S. 118; *Franz* S. 520; *Glahe* S. 113 ff., 150. Ein ähnliches Problem besteht beim **Rücktritt** vom Aufhebungsvertrag, vgl. *Schmidt* AP BGB § 620 Aufhebungsvertrag Nr. 50, S. 1180 (1184R): Dort zurecht für einen **Anspruch** auf Wiedereinstellung: LAG Düsseldorf 19.3.2010, ZIP 2010, 1099 (1100); LAG Niedersachsen 15.12.2010 – 2 Sa 742/10, BeckRS 2011, 73473; ArbG Siegburg NZA-RR 2010, 345 (346); *Besgen/Velten* NZA-RR 2010, 561 (562 f.); *Glahe* S. 112 f.; BeckOKBGB/*Plum* § 620 Rn. 82; ähnlich *Rieble/Klumpp* ZIP 2002, 2153 (2160); BeckOGK/*Sutschet* (1.9.2021) § 620 BGB Rn. 518 ff.; für ein **Wiederaufleben** mit Beseitigung des Aufhebungsvertrags: *Bauer* FS Däubler, 143 (143 f.); Schaub/*Linck* § 122 Rn. 38; *Reinfelder* NZA 2013, 62 (66); wohl auch Moll/*Bengelsdorf* § 49 Rn. 398.

1816 *Glahe* S. 113 ff., 150; *Holler* NJW 2019, 2206 (2210); *Schmidt* AP BGB § 620 Aufhebungsvertrag Nr. 50, S. 1180 (1184R); wohl ebenso *Kamanabrou* RdA 2020, 201 (210); **aA** wohl *Hamann* jurisPR-ArbR 30/2020 Anm. 4 C. I.

1817 Vgl. *Glahe* S. 76, 114 spricht von einer unzulässigen „Quasiverfügung" über eine Verfügung; *Schmidt* AP BGB § 620 Aufhebungsvertrag Nr. 50, S. 1180 (1184R).

1818 *Burkardt* S. 118; *Franz* S. 520; ausführlich *Glahe* S. 74, 115 f.; *Schacht* S. 168; *Schneider* AcP 175 (1975), 279 (295 f.); vgl. zum Rücktritt *Besgen/Velten* NZA-RR 2010, 561 (562 f.); **aA** *Becker* S. 409: Aufhebungsvertrag muss nur dann weiter existieren, wenn er angepasst wird. Ansonsten ist er aufzuheben; wohl auch *Bengelsdorf* LAGE § 611 BGB Aufhebungsvertrag Nr. 6, S. 11 (22), welcher in der Neubegründung des

schließlich keine Wirkung. Ist die gestaltende Wirkung des Aufhebungsvertrags eingetreten, braucht es mithin einen weitergehenden Schritt als die Beseitigung des Aufhebungsvertrags zur Neubegründung des Vertragsverhältnisses. Aus § 249 Abs. 1 BGB folgt im Wege der Naturalrestitution deshalb ein Kontrahierungszwang bei unter unzulässigem Einfluss geschlossenen Aufhebungsverträgen,[1819] wonach das beendete Verhältnis zu gleichen Bedingungen fortzusetzen ist.[1820] Alle Rechte, welche an die Dauer des Verhältnisses geknüpft sind, müssen in der vor der forcierten Aufhebung bestehenden Form fortwirken.[1821]

Im Gegenzug muss der Überrumpelte etwaige durch den Vertrag erlangte Vorteile, wie zum Beispiel eine Abfindung, herausgeben; hat er diese noch nicht erhalten, so erlischt sein Anspruch auf diese.[1822] Denkbar ist im Mietrecht auch die Situation mit einer Kaution. Der Überrumpelte darf am Ende nicht besser stehen, als er bei einer ordnungsgemäßen Verhandlungsführung stünde.[1823]

Der Vertragsschluss zur Neubegründung des Vertragsverhältnisses kann, soweit keine Dritten betroffen sind, auch für die Vergangenheit durch schuldrechtliche Nachbildung fingiert werden.[1824] Die Rückwirkung tritt dann jedoch

---

Verhältnisses sogleich die Aufhebung des Aufhebungsvertrags sieht; *Däubler* NZA 2020, 10 (11); **unklar** *Krause* § 20 Rn. 7.

1819 *Becker* S. 409; *Bengelsdorf* LAGE § 611 BGB Aufhebungsvertrag Nr. 6, S. 11 (22); *Germelmann* NZA 1997, 236 (240); *Giesing* S. 234; zur Verletzung von Aufklärungspflichten bei arbeitsrechtlichen Aufhebungsverträgen: *Burkardt* S. 118; *Franz* S. 520; *Winter* S. 193; ähnlich *Schacht* S. 168.

1820 *Becker* S. 409; *Bengelsdorf* LAGE § 611 BGB Aufhebungsvertrag Nr. 6, S. 11 (22); *Giesing* S. 234; *Glahe* S. 113 ff., 150; *Holler* NJW 2019, 2206 (2210); *Schmidt* AP BGB § 620 Aufhebungsvertrag Nr. 50, S. 1180 (1184 f.); im Ansatz *Kamanabrou* RdA 2020, 201 (210); für eine rückwirkende, nahtlose Fortsetzung ab Zeitpunkt der Aufhebung *Fischinger* NZA 2019, 729 (733 f.); vgl. zu Aufklärungspflichten bei arbeitsrechtlichen Aufhebungsverträgen: *Bengelsdorf* AuA 1993, 46 (48); *Burkardt* S. 118; *Schacht* S. 168; *Winter* S. 193; ähnlich BAG 10.2.2004, NZA 2004, 606 (611).

1821 Vgl. zum arbeitsrechtlichen Aufhebungsvertrag *Becker* S. 409; *Schmidt* AP BGB § 620 Aufhebungsvertrag Nr. 50, S. 1180 (1184 f.); vgl. allg. *Glahe* S. 113 ff., 150.

1822 Vgl. zum Arbeitsrecht: *Becker* S. 410 f.; HWK/*Kliemt* Anh. § 9 KSchG Aufhebungsverträge Rn. 31; *S. Müller* DB 2019, 1792 (1798); vgl. zu Aufklärungspflichtverletzungen bei arbeitsrechtlichen Aufhebungsverträgen: *Bauer* FS Däubler, 143 (153); *Burkardt* S. 119; *Franz* S. 520; vgl. allgemein zur vorvertraglichen Haftung: BGH 24.5.1993, NJW 1993, 2107 (2107); BGH 26.9.1997, NJW 1998, 302 (305); BAG 4.10.2005, NZA 2006, 545 Rn. 65; *Lorenz* S. 68 f.; vgl. allg. *Glahe* S. 72 f.

1823 *Becker* S. 410; vgl. allgemein BGH 16.11.1967, BGHZ 49, 77 (82 f.).

1824 *Fischinger* NZA 2019, 729 (733 f.); *Glahe* S. 81 ff., 150; *Holler* NJW 2019, 2206 (2210); vgl. allg. BAG 15.10.2013, NZA-RR 2014, 119 Rn. 24 bei Verletzung eines

nur ex nunc ein, lediglich der Inhalt der Abrede knüpft an die Vergangenheit an, indem sie diese behandelt, „als wäre die Vergangenheit eine andere gewesen".[1825] Eine echte Rückwirkung ist nicht möglich.[1826] Bei einer schuldrechtlichen Nachbildung steht einer Rückabwicklung auch § 251 BGB nicht entgegen.[1827] Da durch die schuldrechtliche Nachbildung der Lage, wie sie ohne Verletzung der Rücksichtnahmepflicht gewesen wäre, dem Grundsatz der Naturalrestitution Rechnung getragen wird, hat dieser dann keinen Anwendungsbereich.[1828]

b) Ersetzbarkeit von zwischenzeitlich entstandenen Schäden

Liegt zwischen Beendigung und Neuabschluss des Vertrags ein Zeitraum, in welchem dem Überrumpelten aufgrund der Aufhebung des Vertrags ein Schaden entstanden ist, könnte auch dieser Schaden zu ersetzen sein. Das Bundesarbeitsgericht musste im Fall des arbeitsrechtlichen Aufhebungsvertrags nicht über eine etwaige Vergütungsforderung für die Zwischenzeit entscheiden.

aa) Schadensersatz nach § 280 Abs. 1 BGB

Nach einer Ansicht ist dem Überrumpelten auch der zwischenzeitlich entstandene Schaden über § 280 Abs. 1 BGB zu ersetzen.[1829] Es gäbe dann einen Schadensersatz in Geld nach § 251 Abs. 1 Alt. 1 BGB.[1830] Erfasst sei darin auch der entgangene Gewinn nach § 252 BGB, zu dem die entgangene Vergütung zähle.[1831] Ein Rückgriff auf andere Vorschriften neben den §§ 249 ff. BGB sei deshalb überflüssig.[1832] Auf den Schadensersatzanspruch anzurechnen wären im Arbeitsrecht allerdings die zwischenzeitlich erzielten Einnahmen bei

---

Rückkehrangebots kann die Fiktion jedoch nicht vor den Zeitpunkt des Angebots zurückwirken; *Schneider* AcP 175 (1975), 279 (286 f.); ähnlich beim Rücktritt vom arbeitsrechtlichen Aufhebungsvertrag *Besgen/Velten* NZA-RR 2010, 561 (563).

1825 *Glahe* S. 82; ähnlich *Rieble* NZA 2004, 1 (4).

1826 Vgl. *Glahe* S. 80 ff.; allg. Staudinger/*Bork* (2020) § 159 Rn. 11; *Rieble* NZA 2004, 1 (4); *Schneider* AcP 175 (1975), 279 (286 f.); MüKoBGB/*Westermann* § 159 Rn. 5.

1827 *Glahe* S. 150.

1828 *Glahe* S. 150.

1829 Vgl. zum Arbeitsrecht *Becker* S. 411; mit Verweis auf § 615 BGB *Fischinger* NZA 2019, 729 (733); zu Aufklärungspflichten bei arbeitsrechtlichen Aufhebungsverträgen: *Burkardt* S. 119; *Franz* S. 520; *Winter* S. 193.

1830 *Holler* NJW 2019, 2206 (2210).

1831 Zum Arbeitsrecht *Becker* S. 411; vgl. auch *Bauer* FS Däubler, 143 (153).

1832 *Becker* S. 411.

Anschlussarbeitsverhältnissen.[1833] Darüber hinaus komme der Überrumpelte bei Erkrankung während des Zeitraums, in dem das Arbeitsverhältnis nicht bestand, unter Umständen in den Genuss der Entgeltfortzahlung.[1834]

bb) Fortbestehen der Schuld nach § 326 Abs. 2 S. 1 Alt. 1 BGB

Nach anderer Ansicht ist die Arbeitsleistung wegen ihrer Einordnung als Fixschuld gemäß § 275 Abs. 1 BGB unmöglich geworden, weshalb sie nicht über § 280 Abs. 1 BGB ersetzt werden könne, da § 283 S. 1 BGB nur einen Anspruch für den Gläubiger der unmöglich gewordenen Leistung begründe.[1835] Stattdessen sei auf § 326 Abs. 1 S. 1 Alt. 1 BGB zu rekurrieren, welcher über § 275 Abs. 4 BGB gilt.[1836] Nach umstrittener Ansicht des Bundesarbeitsgerichts steht § 615 BGB der allgemeinen Regel des § 326 BGB nicht entgegen, vielmehr würden sich die Vorschriften ergänzen.[1837] § 615 BGB gilt danach im Fall der Unmöglichkeit nur, wenn sich der Arbeitgeber bei Eintritt der Unmöglichkeit im Annahmeverzug befand, ansonsten ist § 326 Abs. 2 S. 1 BGB anwendbar.[1838]

Unter Annahme der Ansicht des Bundesarbeitsgerichts ist deshalb für die Vergütungsforderung entscheidend, ob ein Annahmeverzug des Arbeitgebers zum Zeitpunkt des Eintritts der Unmöglichkeit vorlag. Ob ein Annahmeverzug vorliegt, bestimmt sich dabei nicht nach § 615 S. 1 BGB selbst, sondern nach den §§ 293 ff. BGB.[1839] Nach diesen allgemeinen Regeln ist grundsätzlich ein tatsächliches Angebot der Leistung gem. § 294 BGB erforderlich, um einen Annahmeverzug herbeizuführen. Unter Umständen kann ein wörtliches

---

1833 *Becker* S. 411; vgl. zu Aufklärungspflichten bei arbeitsrechtlichen Aufhebungsverträgen *Bauer* FS Däubler, 143 (153); *Bengelsdorf* LAGE § 611 BGB Aufhebungsvertrag Nr. 6, S. 11 (23); *Burkardt* S. 119; *Franz* S. 521.

1834 Vgl. allg. und für weitere Beispiele *Glahe* S. 73.

1835 *Spilger* NZA 2020, 357 (358); zust. anscheinend BeckOKArbR/*Hesse* § 620 BGB Rn. 85a.

1836 *Spilger* NZA 2020, 357 (358).

1837 BAG 23.9.2015, NZA 2016, 293 Rn. 25 ff.; BAG 28.9.2016, NZA 2017, 124 Rn. 33; *Spilger* NZA 2020, 357 (358); **aA** exemplarisch MüKoBGB/*Henssler* § 615 Rn. 8; ErfK/*Preis* § 615 BGB Rn. 7; Staudinger/*Richardi/Fischinger* (2019) § 615 Rn. 36 jeweils m. w. N.; wohl auch APS/*Rolfs* AufhebVtr Rn. 111.

1838 BAG 23.9.2015, NZA 2016, 293 Rn. 26; *Spilger* NZA 2020, 357 (358); im Ansatz BAG 28.9.2016, NZA 2017, 124 Rn. 33; unklar ErfK/*Müller-Glöge* § 620 BGB Rn. 15: Schadensersatz verdrängt nicht die Regeln über Unmöglichkeit und Annahmeverzug, erfasst also nicht die Vergütung ohne Arbeitsleistung.

1839 APS/*Rolfs* AufhebVtr Rn. 109; s. auch ErfK/*Preis* § 615 BGB Rn. 3.

Angebot gem. § 295 S. 1 BGB ausreichen. Ausnahmsweise kann aber auch dies nach § 296 S. 1 BGB entbehrlich sein. Von der Anwendung des § 296 S. 1 BGB geht das Bundesarbeitsgericht im Falle einer unwirksamen Kündigung aus, da der Arbeitgeber kalendermäßig für jeden Arbeitstag dafür verantwortlich ist, die Möglichkeit der Leistung für den Arbeitnehmer zu schaffen, indem er ihm einen Arbeitsplatz anbietet.[1840]

Eine Übertragung der Anwendung des § 296 S. 1 BGB wird bei strittigen Aufhebungsverträgen wegen des ursprünglichen Einvernehmens des Arbeitnehmers bezüglich der Beendigung des Verhältnisses im Gegensatz zur einseitigen Kündigung jedoch zurecht abgelehnt.[1841] Der Arbeitgeber kann wegen des ursprünglich erklärten Einverständnisses grundsätzlich nicht wissen, dass der Arbeitnehmer weiterhin leistungsbereit ist.[1842] Deshalb ist ohne Hinzutreten weiterer Umstände ein tatsächliches Angebot nach § 294 BGB erforderlich, um nach dem Abschluss eines in seiner Wirksamkeit umstrittenen Aufhebungsvertrags einen Annahmeverzug herbeizuführen.[1843] Weil der Arbeitgeber durch den bloßen Abschluss eines Aufhebungsvertrags danach nicht im Annahmeverzug ist, ist nicht auf § 615 BGB abzustellen.[1844] Infolgedessen kann der allgemeine § 326 Abs. 2 S. 1 Alt. 1 BGB angewandt werden. Die überrumpelnde Seite ist für die Unmöglichkeit der Arbeitsleistung verantwortlich, weshalb der Vergütungsanspruch fortbesteht.[1845] Auch hier muss sich der Überrumpelte gemäß § 326 Abs. 2 S. 2 BGB das anrechnen lassen, was er infolge der Befreiung von

---

1840 BAG 9.8.1984, NZA 1985, 119 (120); BAG 24.11.1994, NZA 1995, 263 (264); BAG 19.1.1999, NZA 1999, 925 (926); BAG 13.7.2005, NZA 2005, 1348 (1350); vgl. auch APS/*Rolfs* AufhebVtr Rn. 110.

1841 BAG 7.12.2005, NZA 2006, 435 (435); *Bauer* FS Däubler, 143 (154); APS/*Rolfs* AufhebVtr Rn. 111; ähnlich *Richardi/Annuß* NJW 2000, 1231 (1234) zur Verletzung des § 623 BGB beim arbeitsrechtlichen Aufhebungsvertrag.

1842 BAG 7.12.2005, NZA 2006, 435 (435); APS/*Rolfs* AufhebVtr Rn. 111; ähnlich *Richardi/Annuß* NJW 2000, 1231 (1234) zur Verletzung des § 623 BGB beim arbeitsrechtlichen Aufhebungsvertrag.

1843 BAG 7.12.2005, NZA 2006, 435 (435); APS/*Rolfs* AufhebVtr Rn. 111. Ausnahme, wenn dies beispielsweise wegen eines Hausverbotes unzumutbar wäre, dann genügt ein wörtliches Angebot nach § 295 S. 1 BGB; ähnlich *Richardi/Annuß* NJW 2000, 1231 (1234) zur Verletzung des § 623 BGB beim arbeitsrechtlichen Aufhebungsvertrag: mindestens ein mündliches Angebot.

1844 Vgl. *Spilger* NZA 2020, 357 (358).

1845 *Spilger* NZA 2020, 357 (358).

der Leistung erspart oder durch anderweitige Verwendung seiner Arbeitskraft erwirbt oder zu erwerben böswillig unterlässt.

cc) Stellungnahme

Unter Zugrundelegung der Ansicht des Bundesarbeitsgerichts zum Verhältnis von § 615 BGB zu § 326 BGB können nach beiden Lösungsmöglichkeiten die Schäden, welche im Zeitraum zwischen Beendigung und Neubegründung des Vertrags entstehen, im gleichen Umfang ersetzt werden. Gleichwohl ist eine Abwicklung über den § 280 Abs. 1 BGB zu präferieren. Der Grund hierfür liegt in der Tatsache, dass im Falle einer Verletzung des Gebots fairen Verhandelns der Aufhebungsvertrag zunächst wirksam geschlossen wurde. Demnach bestand fürs Erste keine Vergütungspflicht. Entsprechend ist die Abgrenzung von Annahmeverzug und Unmöglichkeit nicht relevant. Da bereits nie ein Anspruch für die Zeit bestand, konnte keine Unmöglichkeit oder ein Annahmeverzug eintreten.

Der Ansicht, welche eine Vergütung über § 326 Abs. 2 BGB erreichen möchte, kann deshalb nur bei Anwendung der vom Bundesarbeitsgericht angenommenen Rechtsfolge der automatischen Nichtigkeit gefolgt werden. Da diese Position hier abgelehnt wird, ist die Vergütung Teil des regulären Schadensersatzanspruches über die culpa in contrahendo. Erst durch Geltendmachung der Verletzung des Gebots fairen Verhandelns erwächst ein Schadensersatzanspruch, welcher sodann über § 280 Abs. 1 BGB nach den allgemeinen Regeln der §§ 249 ff. BGB auch den entgangenen Gewinn abdeckt.

c) Die Beachtlichkeit von Kündigungen im Rahmen der Naturalrestitution

Regelmäßig stehen als Alternative zu Aufhebungsverträgen Kündigungen im Raum. Dabei muss zwischen solchen Kündigungen, mit denen lediglich gedroht wurde und solchen Kündigungen, die tatsächlich rechtswirksam erklärt worden sind, unterschieden werden.

aa) Wirkung einer Drohung mit Kündigung in der Naturalrestitution

Wurde bei Dauerschuldverhältnissen im Rahmen des Druckaufbaus mit der Erklärung einer Kündigung gedroht, so könnte dies Auswirkungen auf die Naturalrestitution haben. Die Rückgängigmachung des Aufhebungsverhältnisses durch die Neubegründung des Dauerschuldverhältnisses führt aber nicht zu einer Kündigungserklärung ipso iure.[1846] Auch eine nachträgliche

1846 Vgl. für den arbeitsrechtlichen Aufhebungsvertrag *Becker* S. 411.

Kündigungserklärung für den Zeitpunkt des Aufhebungsvertrags ist nicht zulässig.[1847] Die Kündigung muss ausdrücklich erklärt werden und wirkt erst von dem Zeitpunkt ihrer Erklärung an. Sie wird deshalb nicht über § 249 Abs. 1 BGB fingiert.[1848]

bb) Wirkung einer bereits erfolgten Kündigung in der Naturalrestitution

Erfolgt hingegen die Rückabwicklung eines Aufhebungsvertrags, der nach dem Ausspruch einer Kündigung geschlossen wurde, könnte die Kündigung doch noch ihre Wirkung entfalten. Es ist sowohl der Fall denkbar, dass gegen die Kündigung gerichtlich nicht vorgegangen wurde, weil im Anschluss zügig ein Aufhebungsvertrag geschlossen wurde, als auch die Konstellation, in der gerichtlicher Schutz vor der Kündigung ersucht wurde, die Kündigungsschutzklage jedoch im Zuge des Aufhebungsvertrags zurückgenommen wurde. Beide Situationen weisen „ganz erhebliche Probleme“[1849] auf.

Diese würden sich erübrigen, wenn von einer konkludenten und endgültigen Rücknahme einer Kündigung durch den Aufhebungsvertrag ausgegangen werden könnte.[1850] Dagegen spricht aber, dass das Ziel, das Verhältnis zu beenden, im Vordergrund steht und entsprechend bei Unwirksamkeit der vertraglichen Beendigung wenigstens die Gestaltungserklärung wirksam sein soll.[1851]

Im Rahmen des vergleichbaren Rücktritts von einem Aufhebungsvertrag wird jedenfalls für das Arbeitsrecht bei vorheriger Kündigung von einschneidenden Folgen ausgegangen. Durch den Rücktritt gelangt die Kündigung dort wieder zur Geltung.[1852] Auch bei einer anderweitigen Beseitigung des Aufhebungsvertrags, wie zum Beispiel durch Anfechtung wegen § 123 Abs. 1 BGB wird von einem Wiederaufleben der Kündigung ausgegangen.[1853]

1847 Vgl. für den arbeitsrechtlichen Aufhebungsvertrag *Becker* S. 411.

1848 Vgl. allgemein BAG 18.1.2000, NJW 2001, 92 (94); *Becker* S. 411.

1849 Nur zum Fall der zurückgenommenen Kündigungsschutzklage WEBF/*Ehrich* Teil 3 Rn. 125; *Weber/Ehrich* DB 1995, 2369 (2370).

1850 Andenkend WEBF/*Ehrich* Teil 3 Rn. 127; *Weber/Ehrich* DB 1995, 2369 (2370).

1851 LAG Hamburg 7.4.1994 – 2 Sa 96/93, BeckRS 1994, 30459145 zu II.

1852 BLDH/*Lingemann* Kap. 23 Rn. 26; *ders./Chakrabarti* NJW 2019, 2445 (2448); ähnlich *Bauer* FS Däubler, 143 (144); vertiefend *ders./Haußmann* BB 1996, 901 (901 ff.) zu verschiedenen Konstellationen wenn die Kündigung angegriffen wurde; in diese Richtung auch *Besgen/Velten* NZA-RR 2010, 561 (562); **zweifelnd** *Reinfelder* NZA 2013, 62 (66).

1853 LAG Hamburg 7.4.1994 – 2 Sa 96/93, BeckRS 1994, 30459145 zu II.; LAG Hamm 18.12.1996 – 2 Sa 340/96, BeckRS 1996, 30459909 zu 1.; WEBF/*Ehrich* Teil 3 Rn. 127; *Weber/Ehrich* DB 1995, 2369 (2370).

Infolgedessen wird, wenn im Zeitpunkt des Rücktritts vom Vertrag bereits die Drei-Wochen-Frist nach § 4 S. 1 KSchG abgelaufen ist, eine Kündigungsschutzklage nicht mehr nach § 5 KSchG nachträglich zugelassen.[1854] Denn für eine nachträgliche Zulassung müsste der Arbeitnehmer nach erfolgter Kündigung trotz Anwendung aller ihm nach Lage der Umstände zuzumutenden Sorgfalt verhindert gewesen sein, die Klage innerhalb der Frist zu erheben, § 5 Abs. 1 S. 1 KSchG. Wurde eine Kündigungsschutzklage ursprünglich fristkonform erhoben, diese aber im Zuge des Aufhebungsvertrags zurückgenommen, zeigt sich allerdings, dass die Erhebung der Klage möglich war.[1855] Eine Ausnahme wird lediglich dann vertreten, wenn der Arbeitgeber den Arbeitnehmer arglistig von der Geltendmachung einer Klage abgehalten hat.[1856] Insbesondere lässt sich die Prozesserklärung der Rücknahme einer eventuell erhobenen Kündigungsschutzklage nicht anfechten.[1857]

Möglicherweise ist das Wiederaufleben der Kündigung auf eine Rückabwicklung des Aufhebungsvertrags wegen Verletzung des Gebots fairen Verhandelns zu übertragen. Dem steht scheinbar entgegen, dass bei einem Verstoß gegen das Gebot fairen Verhandelns dem Überrumpelten aufgrund der Fremdbestimmung die Willenserklärung nicht zugerechnet werden kann, wenn er nicht an ihr festhalten möchte. Das Verstreichen der Klagefrist bei der Kündigungsschutzklage könnte deshalb, anders als bei einem frei geschlossenen Aufhebungsvertrag, von dem sich aufgrund einer nachträglichen Pflichtverletzung durch Rücktritt gelöst werden soll, nicht in seinen Verantwortungsbereich fallen.

Gleichwohl ist es dem Überrumpelten zuzumuten, nach Beendigung der Drucksituation, also bei einer Verletzung des Gebots fairen Verhandelns dem Ende der Verhandlung, gegen die Beendigung des Verhältnisses vorzugehen.

1854 *Bauer* FS Däubler, 143 (144); *ders./Haußmann* BB 1996, 901 (902); Moll/*Bengelsdorf* § 49 Rn. 398; ausführlich für den Fall der Klagerücknahme bei zuvor erhobener Kündigungsschutzklage WEBF/*Ehrich* Teil 3 Rn. 128 f.; *Lingemann/Chakrabarti* NJW 2019, 2445 (2448); *Weber/Ehrich* DB 1995, 2369 (2370); ähnlich *Besgen/Velten* NZA-RR 2010, 561 (562); **krit.** *Reinfelder* NZA 2013, 62 (66), der stattdessen einen Neubeginn der Kündigungsschutzfrist nach Erklärung des Rücktritts anspricht.

1855 WEBF/*Ehrich* Teil 3 Rn. 129; *Weber/Ehrich* DB 1995, 2369 (2370).

1856 LAG Baden-Württemberg 26.3.1965, BB 1965, 669 (669); *Bauer* FS Däubler, 143 (144) beispielsweise, wenn der Arbeitgeber vorspiegelt, dass er die Abfindung noch zahlt, selber davon aber nicht ausgeht; ebenso *Bauer/Haußmann* BB 1996, 901 (901); WEBF/*Ehrich* Teil 3 Rn. 129; *Weber/Ehrich* DB 1995, 2369 (2370).

1857 WEBF/*Ehrich* Teil 3 Rn. 129; *Weber/Ehrich* DB 1995, 2369 (2370); allg. BGH 27.5.1981, NJW 1981, 2193 (2193).

Dabei liegt es, genauso wie beim Rücktritt, in seiner Sphäre, die Konsequenzen einer Beseitigung des Aufhebungsvertrags, wie das Wiederaufleben einer ordnungsgemäßen Kündigung, zu bedenken. Dazu tritt, dass auch bei einer Anfechtung nach § 123 Abs. 1 BGB ein Wiederaufleben der Kündigung bejaht wird.[1858] In diesem Fall ist eine der Verletzung des Gebots fairen Verhandelns vergleichbare unzulässige Einflussnahme gegeben. Deshalb ist ein Wiederaufleben einer Kündigung mit Wirkung der Präklusion auch bei Verletzungen des Gebots fairen Verhandelns zu beachten.

Um unbillige Härten zu vermeiden, wird für den Fall des Wiederauflebens der Kündigung nach Beseitigung des Aufhebungsvertrags und Ablauf der Drei-Wochen-Frist allerdings eine analoge Anwendung des § 5 Abs. 1 S. 1 KSchG erwogen.[1859] Komme es aufgrund des Aufhebungsvertrags zu einer Klagerücknahme, so habe der Arbeitgeber diese veranlasst.[1860] Sinn und Zweck des § 5 KSchG liegt gerade darin, enorme Härten für den betroffenen Arbeitnehmer wegen der Fiktion der Wirksamkeit der Kündigung nach § 7 KSchG zu verhindern.[1861] Eine solche Härte sei jedoch im geschilderten Fall gegeben, wenn der Arbeitnehmer auf die Wirksamkeit des geschlossenen Vertrags vertraut.[1862] Dabei ist jedoch die zeitliche Grenze des § 5 Abs. 3 KSchG zu beachten.[1863] Diese Erwägungen sollten auch auf den Fall übertragen werden, in dem keine Kündigungsschutzklage erhoben wurde, weil der Aufhebungsvertrag zeitnah geschlossen wurde.

Kannte oder musste der Arbeitnehmer die potenziellen Wirksamkeitsmängel des Aufhebungsvertrags jedoch kennen, wird die analoge Anwendung des § 5 KSchG mangels unbilliger Härte zurecht verneint.[1864] So liegt der Fall bei einer Verletzung des Gebots fairen Verhandelns. Dort drängt sich dessen Verletzung geradezu auf, sodass eine analoge Anwendung des § 5 KSchG ausscheidet.

Das Problem stellt sich nicht, wenn der Anspruch auf Wiedereinstellung unabhängig von einer Kündigung besteht.[1865] Zur Begründung wird darauf abgestellt,

---

1858 LAG Hamburg 7.4.1994 – 2 Sa 96/93, BeckRS 1994, 30459145 zu II.; LAG Hamm 18.12.1996 – 2 Sa 340/96, BeckRS 1996, 30459909 zu 1.; WEBF/*Ehrich* Teil 3 Rn. 127; *Weber/Ehrich* DB 1995, 2369 (2370).

1859 Dafür WEBF/*Ehrich* Teil 3 Rn. 130 ff.; *Weber/Ehrich* DB 1995, 2369 (2370 f.).

1860 WEBF/*Ehrich* Teil 3 Rn. 131.

1861 WEBF/*Ehrich* Teil 3 Rn. 131.

1862 WEBF/*Ehrich* Teil 3 Rn. 131.

1863 WEBF/*Ehrich* Teil 3 Rn. 132; *Weber/Ehrich* DB 1995, 2369 (2370 f.).

1864 Für die Anfechtbarkeit unter Berufung auf § 142 Abs. 2 BGB WEBF/*Ehrich* Teil 3 Rn. 131; *Weber/Ehrich* DB 1995, 2369 (2370 f.).

1865 Dafür beim Rücktritt BeckOGK/*Sutschet* (1.9.2021) § 620 BGB Rn. 520.

dass zwischen Aufhebung des Verhältnisses als Verfügung und der Beseitigung des dieser Verfügung zugrunde liegenden Kausalgeschäfts nach dem Abstraktionsprinzip zu differenzieren sei.[1866] Infolgedessen bliebe die bloße Verfügung der Aufhebung des Verhältnisses von der Beseitigung des kausalen Aufhebungsvertrags unberührt.[1867] Dagegen spricht jedoch, dass die Naturalrestitution alle Umstände mit einbeziehen muss und eine ausgesprochene Kündigung deshalb zu berücksichtigen ist. Wurde eine Kündigung ausgesprochen, ist bei Beseitigung des sie „überholenden" Aufhebungsvertrags mithin zu prüfen, ob die Kündigung wieder zur Geltung gelangt ist und mit welchen Fristen sie wirkt.

d) Besonderheit im Arbeitsrecht: Bereits anderweitig besetzter Arbeitsplatz

Bei der Rückgängigmachung eines Aufhebungsvertrags können entgegenstehende Interessen des Arbeitgebers zu beachten sein, welche bei Überwiegen einer Wiederaufnahme des Verhältnisses grundsätzlich im Weg stehen können.[1868] Ist keine Beschäftigungsmöglichkeit für den Arbeitnehmer gegeben, so kann er möglicherweise lediglich Schadensersatz in Geld nach § 252 Abs. 2 S. 1 BGB verlangen.[1869] Dagegen spricht jedoch, dass der Arbeitgeber derjenige ist, der die Pflichtverletzung begangen hat, weshalb seine Interessen prinzipiell zurücktreten müssen. Der Arbeitgeber kann wegen seines schuldhaften, pflichtwidrigen Vorverhaltens keinen Vertrauensschutz geltend machen.[1870] Er kann infolgedessen keine treuwidrige Besetzung der Stelle einwenden, vgl. § 162 BGB.[1871] Damit ist bei schuldrechtlicher Nachbildung § 251 Abs. 2 S. 1 BGB nicht einschlägig, wenn über den Arbeitsplatz bereits neu verfügt wurde, dieser also neu besetzt ist.[1872] Zwar hat dies eine Überbesetzung der Arbeitsplätze zur Folge, doch begründet die Wiederbesetzung im Zuge der Naturalrestitution bei wertender Betrachtung keine unverhältnismaßigen Kosten.[1873] Auch der Wegfall der Stelle

---

1866 Vgl. zum Rücktritt BeckOGK/*Sutschet* (1.9.2021) § 620 BGB Rn. 520.

1867 Vgl. zum Rücktritt BeckOGK/*Sutschet* (1.9.2021) § 620 BGB Rn. 520.

1868 BAG 10.2.2004, NZA 2004, 606 (611) zur Aufklärungspflichtverletzung; grundlegend BAG 27.2.1985, NZA 1985, 702 (703, 707 f.); *Becker* S. 410.

1869 *Becker* S. 410.

1870 *Becker* S. 410.

1871 *Becker* S. 410; vgl. allgemein zu Kündigungen BAG 21.9.2000, NZA 2001, 255 (258); BAG 21.9.2000, NZA 2001, 535 (540); BAG 25.2.2022, NZA 2003, 605 (607).

1872 *Glahe* S. 150.

1873 *Glahe* S. 150.

kann der Weiterbeschäftigung nicht entgegenstehen, wenn nach § 106 GewO eine andere Beschäftigung möglich ist.[1874]

4. *Besonderheiten im Familienrecht für die Rückabwicklung*

Wird ein unter unzulässiger Einflussnahme geschlossener familienrechtlicher Vertrag in einem gleichbleibenden Statusverhältnis rückabgewickelt, ergeben sich keine Besonderheiten. Es treten an seine Stelle schlicht die gesetzlichen Regelungen beispielsweise zum Pflichtteilsrecht oder den Scheidungsfolgen.[1875]

Schwierigkeiten ergeben sich dagegen, wenn eine Statusänderung nach dem Vertragsschluss eingetreten ist. Prägnantestes Beispiel ist der Abschluss eines vorsorgenden Ehevertrags unter Verletzung des Gebots fairen Verhandelns, auf den sodann die Heirat folgt.[1876] Das Problem folgt daraus, dass ohne den unter Missachtung der vorvertraglichen Pflichten geschlossenen vorsorgenden Ehevertrag auch die Eheschließung (dann aber aufgrund Ablehnung der anderen Seite) möglicherweise nicht passiert wäre.[1877] Infolgedessen ist der durch den Grundsatz der Naturalrestitution geschuldete Zustand nicht der Eintritt des gesetzlichen Statusrechts im jetzigen Status, sondern der Zustand, der ohne die Eheschließung bestünde.[1878]

C. Mitverschulden und Schadensminderungspflicht des Überrumpelten

Ein Mitverschulden des Überrumpelten nach § 254 Abs. 1 BGB kommt nicht in Betracht.[1879] Der Überrumpelte wird durch die Verwendung unfairer Verhandlungsmethoden gerade darin verhindert, selbstverantwortlich zu handeln. Zudem kann ein Mitverschulden bei einem Anspruch auf Zustimmung zu Rückgängigmachung des Vertrags rechtstechnisch nicht sinnvoll berücksichtigt werden.[1880] Allerdings ist die Schadensminderungspflicht des § 254 Abs. 2 BGB zu

1874 *S. Müller* DB 2019, 1792 (1798).
1875 *Lettmaier* FS Koch, 375 (387).
1876 *Lettmaier* FS Koch, 375 (387).
1877 *Lettmaier* FS Koch, 375 (387).
1878 *Lettmaier* FS Koch, 375 (387 f.).
1879 *Becker* S. 402; *Lorenz* S. 510; ähnlich zum fehlenden Mitverschulden im Rahmen der c. i. c. beim Nachgeben gegenüber einer Drohung: BGH 13.9.2001, NJW 2001, 3779 (3779); *Emmerich* § 7 Rn. 20; BeckOGK/*Herresthal* (1.1.2021) § 311 BGB Rn. 236 („nur ganz ausnahmsweise"); **aA** ungenau zum Gebot fairen Verhandelns *Franz* S. 521, 537.
1880 Vgl. *Mankowski* S. 207; *Medicus* FS Lange, 539 (555) Fn. 64.

beachten. Danach muss, nachdem der Vertrag geschlossen wurde, möglichst schnell Abhilfe geschaffen werden. Beim Verstoß gegen das Gebot fairen Verhandelns liegt der Schwerpunkt zunächst in der Beseitigung des durch unzulässige Verhandlungsmethoden erzielten Vertrags. Entstehen dem Überrumpelten infolge des Vertrags zusätzliche Nachteile, so kann ein Verstoß gegen die Schadensminderungspflicht vorliegen, wenn der Überrumpelte nicht zeitnah gegen den Vertragsschluss vorgeht.[1881] Es kann den Überrumpelten zudem im Arbeitsrecht nach dem Abschluss eines Aufhebungsvertrags die Obliegenheit treffen, schnellstmöglich eine andere Tätigkeit zu ergreifen.[1882] Hierfür kommt es auf die Zumutbarkeit an.[1883]

D. Ergebnis

Die Rückabwicklung des Vertrags wegen einer Verletzung des Gebots fairen Verhandelns erfolgt nach den allgemeinen Regeln des Schadensrechts und ist als solche grundsätzlich unproblematisch. Es ergeben sich bei der hier vertretenen Ansicht damit im Ergebnis keine Nachteile gegenüber der vom Bundesarbeitsgericht angenommenen Rechtsfolge der automatischen Unwirksamkeit des Vertrags.[1884]

§ 14 Darlegungs- und Beweislast im Prozess

Die Darlegungs- und Beweislast ist in der Praxis von höchster Relevanz für das Urteil über den zugrunde liegenden Sachverhalt.

1881 *Bengelsdorf* LAGE § 611 BGB Aufhebungsvertrag Nr. 6, S. 11 (23); vgl. zu Aufklärungspflichten bei arbeitsrechtlichen Aufhebungsverträgen *Franz* S. 521; *Winter* S. 194; ähnlich BAG 12.12.2002, NJOZ 2003, 1601 (1605).

1882 *Becker* S. 411; *Bengelsdorf* LAGE § 611 BGB Aufhebungsvertrag Nr. 6, S. 11 (23); vgl. zu Aufklärungspflichten bei arbeitsrechtlichen Aufhebungsverträgen *Burkardt* S. 119; *Franz* S. 502; generell bei Unterlassen der Ausübung einer anderen Tätigkeit: BGH 24.2.1983, NJW 1984, 354 (354); BGH 9.10.1990, NJW 1991, 1412 (1413); MüKoBGB/*Oetker* § 254 Rn. 83 ff.

1883 Vgl. BGH 23.1.1979, NJW 1979, 2142 (2142); *Becker* S. 411; MüKoBGB/*Oetker* § 254 Rn. 84.

1884 *Fischinger* NZA 2019, 729 (733).

A. Schuldverhältnis

Die Existenz des vorvertraglichen Schuldverhältnisses ist vom Überrumpelten darzulegen und zu beweisen.[1885]

B. Pflichtverletzung

Die Darlegungs- und Beweislast für eine Pflichtverletzung trägt nach allgemeinen Grundsätzen derjenige, der die Verletzung geltend macht.[1886] Es liegt damit am unzulässig Beeinflussten, die unzulässige Einflussnahme der Gegenseite nachzuweisen.[1887] Die Partei, welche die Überrumpelung behauptet, ist der Natur der Sache folgend allerdings bei unfair geführten Verhandlungen in aller Regel allein und ohne Zeugen. Dies führt in Bezug auf die Pflichtverletzung zu großen praktischen Hürden.[1888] Deshalb ist die freie richterliche Beweiswürdigung[1889] von gesteigerter Relevanz.[1890]

I. Vermutung der Pflichtverletzung aufgrund einer Nähebeziehung

Wie oben gezeigt gibt es bei der „undue influence" Fallgruppen, in denen diese bei erklärungsbedürftigen Vertragsinhalten vermutet wird („presumed

1885 *Plum* MDR 2020, 69 Rn. 25.

1886 Begr. RegE BT-Drucks. 14/6040 S. 136; BAG 7.2.2019, NZA 2019, 688 Rn. 43; Staudinger/*Feldmann* (2018) § 311 Rn. 159; *Giesing* S. 230; *Heinkel* ZTR 2020, 261 (269); *Lorenz* S. 510; *Plum* MDR 2020, 69 Rn. 24; vgl. zu Aufklärungspflichten BGH 16.10.1984, NJW 1985, 264 (265); BGH 5.2.1987, NJW 1987, 1322 (1323); BGH 2.4.1987, NJW-RR 1987, 869 (871); BGH 3.12.1992, NJW 1993, 1139 (1140); *Becker* S. 412; *Burkardt* S. 111; Palandt/*Grüneberg* § 280 Rn. 34.

1887 *Bauer/Romero* ZfA 2019, 608 (616); *Becker* S. 412 f.; *Boemke* JuS 2019, 1204 (1206); *Esser* ArbRB 2019, 164 (165); *Fischer* jurisPR-ArbR 23/2019 Anm. 5 unter C.; *Franz* S. 391; *Gundel/Sartorius* ZAP 2019, 1241 (1243); *Kamanabrou* RdA 2020, 201 (209); *Lorenz* JZ 1997, 277 (282); *ders.* S. 510; *S. Müller* DB 2019, 1792 (1798); *Plum* MDR 2020, 69 Rn. 25; *Reinecke* Sonderbeil. NZA 18/2004, 27 (37).

1888 *Becker* S. 412; *Holler* NJW 2019, 2206 (2209); *Reinecke* FS Küttner, 327 (335); vgl. auch Begr. BR-Entwurf BT-Drucks. 7/4078 S. 8, Begr. BR-Entwurf BT-Drucks. 8/130 S. 8 und Begr. BR-Entwurf BT-Drucks. 10/2876 S. 7, welche wegen der Beweisproblematik bei nicht typisierten Widerrufsrechten im Rahmen des HtWiG davon sprachen, dass bei einer individualisierten Lösung bei Überrumpelung wegen der Beweisprobleme diese „nahezu wertlos" sei.

1889 S. dazu vertiefend MüKoZPO/*Prütting* § 286 Rn. 13.

1890 *Lorenz* S. 510.

undue influence").[1891] Bei einer Übertragung dieser Vermutung in das deutsche Recht[1892] könnten relevante Fälle insbesondere Verträge im Bereich des Arbeitsrechts, gefolgt vom Familienrecht darstellen. Soweit diese nicht bereits mit „Class 2A" eine grundlegende Vermutung der „undue influence" begründen, wären diese Konstellationen eventuell über „Class 2B" erfasst.[1893] Dort genügt es, ein tatsächliches Vertrauensverhältnis und einen erklärungsbedürftigen Vertrag nachzuweisen, damit die „undue influence" vermutet wird.[1894] Die besondere Vertrauensbeziehung könnte durch die intensivierten Nebenpflichten nach § 241 Abs. 2 BGB nachgewiesen werden.[1895] Ein arbeitsrechtlicher Aufhebungsvertrag ohne die Möglichkeit einer alternativen Kündigung und ohne Abfindung könnte sodann als nachteilig und damit als erklärungsbedürftig angesehen werden.[1896]

Die Aufteilung zwischen „Class 1" („actual undue influence") und „Class 2" („presumed undue influence") kann jedoch nicht in das deutsche Recht übertragen werden.[1897] Die culpa in contrahendo erlaubt es nicht, dass die Vermutung einer Pflichtverletzung in Form der Verletzung des Gebots fairen Verhandelns aufgestellt wird, bloß weil ein Näheverhältnis und ein ungewöhnlicher Vertragsinhalt vorliegen.[1898] Dies gilt generell, mithin auch für das Arbeitsverhältnis.[1899] Es ist deshalb unerheblich, dass das Arbeitsverhältnis bereits im Rahmen der „undue influence" keine vermutungsbegründende Wirkung nach „Class 2A" hat.[1900] Auch auf einen objektiv nachteiligen Vertrag kann grundsätzlich keine

1891 S. o., Kap. 5 § 9 A. II. 2.

1892 Sympathisierend *Wagner* NJW 2005, 2956 (2959); s. dazu auch *Giesing* S. 222 f. zum arbeitsrechtlichen Aufhebungsvertrag.

1893 Hier kommt es auf den Einzelfall an. Das Arbeitsverhältnis begründet keine Vermutung nach „Class 2A", kann aber unter „Class 2B" fallen, vgl. Credit Lyonnais Bank Nederland NV vs. Burch [1997] 1 All ER 144; *Giesing* S. 223; *Schmidt-Westphal* S. 150 f.

1894 S. o., Kap. 5 § 9 A. II. 2.

1895 *Giesing* S. 223.

1896 *Giesing* S. 223; s. o. zu den Nachteilen, Kap. 3 § 4 A.

1897 *Giesing* S. 223 zum arbeitsrechtlichen Aufhebungsvertrag; iE *Barnert* S. 242 f.

1898 So auch in Bezug zum arbeitsrechtlichen Aufhebungsvertrag *Becker* S. 383; ähnlich *Giesing* S. 223, der jedoch den arbeitsrechtlichen Aufhebungsvertrag abgrenzt vom Fall der Bürgschaft des Arbeitnehmers für den Arbeitgeber. Doch auch im Bürgschaftsfall ist eine Übertragung der Vermutung nach den Maßstäben der „undue influence" unzulässig.

1899 Vgl. zum Arbeitsverhältnis *Becker* S. 383.

1900 *Giesing* S. 223.

Vermutung für unzulässige Verhandlungsmethoden gestützt werden.[1901] Die Gründe für einen solchen Vertragsschluss können auch in anderen Faktoren liegen.[1902] Eine Vermutung der Pflichtverletzung aufgrund eines Näheverhältnisses in Anlehnung an die „presumed undue influence“ ist deshalb abzulehnen.

II. Darlegungs- und Beweislasterleichterung für die Pflichtverletzung bei Geltendmachung einer Verletzung des Gebots fairen Verhandelns

Möglicherweise ist jedoch eine andere Erleichterung der Darlegungs- und Beweislast anzuerkennen.

1. Gründe für eine Darlegungs- und Beweislasterleichterung im Rahmen der Pflichtverletzung

Eine Darlegungs- und Beweislasterleichterung ist von Verfassungs wegen geboten, wenn ansonsten grundrechtlich geschützte Positionen einer Partei „leer laufen“ würden.[1903] Der gerichtlichen Durchsetzung von Grundrechtspositionen dürfen keine praktisch nicht überwindbaren Hindernisse entgegenstehen.[1904] Die Wirksamkeit einer materiellen Schutznorm hängt entscheidend von ihrer tatsächlichen, also prozessualen Durchsetzbarkeit ab.[1905] Hierfür ist die Verteilung der Darlegungs- und Beweislast essenziell.[1906] Sie muss deshalb so verteilt werden, dass die Schutznormen weitgehend Wirkung entfalten können.[1907] Das kann unter Umständen eine gerechtfertigte Abweichung von der Rosenberg'schen Formel bedeuten.[1908]

Bei einer Verletzung des Gebots fairen Verhandelns sind stets grundrechtlich geschützte Positionen betroffen. Es geht immer um die Verletzung der Privatautonomie, welche abhängig von der Fallgestaltung ihren Schutz aus unterschiedlichen Grundrechten bezieht.[1909] Die Tatsache, dass der Betroffene alleine und

1901 Vgl. zum arbeitsrechtlichen Aufhebungsvertrag *Giesing* S. 223.
1902 Vgl. zum arbeitsrechtlichen Aufhebungsvertrag *Giesing* S. 223
1903 BVerfG 6.10.1999, NZA 2000, 110 (111); *Becker* S. 412; *Huster* NJW 1995, 112 (113); *Oetker* AuR 1997, 41 (53).
1904 BVerfG 6.10.1999, NZA 2000, 110 (111).
1905 Vgl. *Oetker* AuR 1997, 41 (53).
1906 Ähnlich *Oetker* AuR 1997, 41 (53).
1907 *Oetker* AuR 1997, 41 (53).
1908 *Oetker* AuR 1997, 41 (53).
1909 S. o., Kap. 2 § 2 A.

ohne aussagekräftige Beweismöglichkeiten ist, erschwert die Erbringung der Beweise einer unzulässigen Einflussnahme in besonderem Maße. Dem Betroffenen könnte, bei einer im Raum stehenden Verletzung des Gebots fairen Verhandelns, deshalb eine Erleichterung der Darlegungs- und Beweislast zuzugestehen sein.[1910]

2. *Keine fruchtbare Parallele zur Darlegungs- und Beweislasterleichterung bei vorvertraglichen Aufklärungspflichtverletzungen*

Hierbei kann sich möglicherweise an der abgestuften Darlegungs- und Beweislast bei vorvertraglichen Aufklärungspflichtverletzungen orientiert werden. Beide Pflichtverletzungen geschehen im vorvertraglichen Stadium und in beiden Fällen hat der Betroffene regelmäßig keine andere Beweismöglichkeit als seine Aussage. Die Situation ist dadurch grob vergleichbar.[1911] Bei vorvertraglichen Aufklärungspflichtverletzungen ist es gefestigte Meinung, dass, wenn das Bestehen einer Aufklärungspflicht nachgewiesen und eine Verletzung dieser behauptet wird, die andere Seite aufgrund der Schwierigkeit eines negativen Tatsachenbeweises darlegen muss, inwieweit sie der vorvertraglichen Aufklärungspflicht ordnungsgemäß nachgekommen ist.[1912] Die bei vorvertraglichen Aufklärungspflichten bestehende Erleichterung kann auf das Gebot fairen Verhandelns als Überrumpelungsschutz jedoch nicht ohne Weiteres übertragen werden. Das Gebot der Fairness gilt als solches in Verhandlungsverhältnissen immer. Das Bestehen von vorvertraglichen Aufklärungspflichten hängt hingegen von der konkreten Fallgestaltung ab. Darüber hinaus stellt sich bei dem Gebot fairen Verhandelns für die überrumpelte Seite nicht das Problem des Negativbeweises bezüglich der Pflichtverletzung.

1910 So auch für den arbeitsrechtlichen Aufhebungsvertrag *Becker* S. 413; **aA** *Giesing* S. 223 ebenfalls zum arbeitsrechtlichen Aufhebungsvertrag; *Reinecke* Sonderbeil. NZA 18/2004, 27 (37).

1911 *Becker* S. 413.

1912 Vgl. Begr. RegE. BT-Drucks. 14/6040 S. 136 („Sphärentheorie"); BGH 22.1.1986, NJW 1986, 2570 (2570); BGH 5.2.1987, NJW 1987, 1322 (1323); BGH 4.6.1996, NJW 1996, 2571 (2572); BGH 10.12.1998, NJW-RR 1999, 641 (642); BGH 24.1.2006, BGHZ 166, 56 Rn. 15; *Burkardt* S. 112; *Emmerich* § 8 Rn. 6; MüKoBGB/*ders.* § 311 Rn. 206; BeckOGK/*Herresthal* (1.1.2021) § 311 BGB Rn. 470; BeckOKBGB/*Lorenz* § 280 Rn. 84; MüKoBGB/*Oetker* § 249 Rn. 218; BeckOGK/*Riehm* (1.4.2021) § 280 BGB Rn. 359.

3. *Keine Übertragung der Rechtsprechung zur Angehörigenbürgschaft*

Stattdessen könnte auf die Rechtsprechung des Bundesgerichtshofs zur Angehörigenbürgschaft zurückzugreifen sein.[1913] Dort besteht immer dann, wenn bürgende Angehörige mit der Bürgschaft finanziell krass überfordert sind, die Vermutung einer sittenwidrigen Ausnutzung der Situation und, dass sich die Bürgen von Emotionen haben lenken lassen.[1914] Diese Vermutung lässt sich jedoch nicht auf das Gebot fairen Verhandelns übertragen.[1915] Verträge, die unter unzulässiger Einflussnahme zustande kommen, sind nicht unbedingt objektiv nachteilig.[1916] Außerdem kann auch ein objektiv nachteiliger Vertrag von den Parteien in freier Selbstbestimmung aus subjektiven Gründen gewollt gewesen sein.[1917]

4. *Abgestufte Darlegungs- und Beweislast für das Geltendmachen einer Pflichtverletzung*

Es kann stattdessen mit einer abgestuften Darlegungs- und Beweislast nach den allgemeinen Grundsätzen gearbeitet werden.[1918] Die abgestufte Darlegungs- und Beweislast hat zur Folge, dass der Betroffene zunächst einen schlüssigen Vortrag halten muss, in welchem er die Verletzung des Gebots fairen Verhandelns darlegt. Der Überrumpelte genügt den Anforderungen eines substanziierten Darbringens, wenn er sich schlüssig im Detail zu Inhalt, Ort und Zeit der Vertragsverhandlungen, etwaigen eigenen, die Entscheidungsfreiheit beeinträchtigenden Schwächen, deren Erkennbarkeit und dem Verhalten des Überrumpelnden äußert.[1919] Auf einen ausreichend substanziierten und plausiblen Vortrag des Überrumpelten muss wiederum der Überrumpelnde substanziiert und plausibel darlegen, dass keine Verletzung

---

1913 Dafür im Rahmen der culpa in contrahendo bei Bankgeschäften *Wagner* NJW 2005, 2956 (2959); vgl. zu diesem Gedanken auch *Becker* S. 412.

1914 BGH 18.9.1997, BGHZ 136, 347 (351); BGH 14.11.2000, BGHZ 146, 37 (42); BGH 14.5.2002, BGHZ 151, 34 (37); BGH 11.7.2002, BGHZ 151, 316 (319).

1915 Im Ergebnis, aber aus anderen Gründen für den arbeitsrechtlichen Aufhebungsvertrag ebenso *Becker* S. 413.

1916 S. o., Kap. 3 § 5 K.

1917 Vgl. *Ritgen* JZ 2002, 114 (120).

1918 *Plum* MDR 2020, 69 Rn. 27; vgl. für den arbeitsrechtlichen Aufhebungsvertrag *Hamann* jurisPR-ArbR 30/2020 Anm. 4 D.; *S. Müller* DB 2019, 1792 (1798); vgl. im Ansatz allg. *Hübner* FS Börner, 717 (726).

1919 *Plum* MDR 2020, 69 Rn. 27 f.

des Gebots fairen Verhandelns vorliegt.[1920] Kann der Überrumpelnde mit seiner eigenen Erklärung der dann qualifizierten Darlegungs- und Beweislast nicht entsprechen, gilt der schlüssige Vortrag des Überrumpelten nach § 138 Abs. 3 ZPO als zugestanden.[1921] Der Überrumpelnde kann demnach nicht schlicht die Pflichtverletzung abstreiten.

Stattdessen sind die Anforderungen an ihn dergestalt, dass der Überrumpelnde detailliert die Gesprächssituation und die sonstigen Umstände der Anbahnung des Vertrags aufschlüsselt und konkret vorträgt. Hierbei gilt auch für den Vortrag des Überrumpelnden nur das Zumutbare.[1922] Es folgt daraus keine Protokollpflicht.[1923] Gelingt dem Überrumpelnden das qualifizierte Bestreiten, so liegt die weitere Darlegungs- und Beweislast wieder beim Überrumpelten.[1924] Die Darlegungs- und Beweisschwierigkeiten bezüglich der Pflichtverletzung sprechen bei dieser Lösung deshalb nicht gegen die Anerkennung des Gebots fairen Verhandelns.[1925] Sie entsprechen letztlich der gleichen Problematik wie bei einem Vertragsabschluss unter Einwirkung einer widerrechtlichen Drohung nach § 123 Abs. 1 Alt. 2 BGB.[1926]

C. Vertretenmüssen

Das Verschulden nach §§ 276, 278 BGB wird gemäß § 280 Abs. 1 S. 2 BGB vermutet. Der Überrumpelnde trägt mithin die Beweislast für ein fehlendes Vertretenmüssen.[1927]

1920 *Plum* MDR 2020, 69 Rn. 27; vgl. zum arbeitsrechtlichen Aufhebungsvertrag *Becker* S. 413; *S. Müller* DB 2019, 1792 (1798) mit fehlgehendem Verweis auf *Giesing* S. 231, der sich nur für eine abgestufte Beweislast im Rahmen der Kausalität der Pflichtverletzung für den Schaden ausspricht.

1921 *Plum* MDR 2020, 69 Rn. 27.

1922 Vgl. insgesamt *Becker* S. 415.

1923 Vgl. allg. BGH 24.1.2006, BGHZ 166, 56 Rn. 17; insoweit unklar *Becker* S. 414.

1924 *Plum* MDR 2020, 69 Rn. 27 f.

1925 **AA** *Holler* NJW 2019, 2206 (2209).

1926 So auch *Holler* NJW 2019, 2206 (2209); s. o. zu den Problemen und dem Meinungsbild zum Beweis der Drohung, Kap. 3 § 5 J. II. 2. e).

1927 *Heinkel* ZTR 2020, 261 (269); *S. Müller* DB 2019, 1792 (1798); *Plum* MDR 2020, 69 Rn. 25.

D. Schaden

Das Vorliegen eines Schadens muss vom Überrumpelten dargelegt und bewiesen werden.[1928]

E. Kausalität der Pflichtverletzung für den Schaden

Grundsätzlich liegt die Beweislast für den Ursachenzusammenhang zwischen haftungsbegründendem Ereignis und dem Schaden beim Gläubiger des Schadensersatzanspruchs,[1929] also dem Überrumpelten.[1930] Der Kausalitätsnachweis ist aufgrund der unklaren inneren Zugänge dem Beweis allerdings nur schwer zugänglich.[1931] Für den Nachweis der Kausalität ist wegen dieser Problematik im Allgemeinen grundsätzlich anerkannt, dass lediglich eine überwiegende Wahrscheinlichkeit für den Ursachenzusammenhang notwendig ist; das Beweismaß wird damit schon eingangs abgesenkt.[1932] Diese Erleichterung steht auch normativ im Einklang mit der Schutzrichtung des Gebots fairen Verhandelns.[1933]

Möglicherweise ist darüber hinaus dem Überrumpelten die Vermutung des „fair" beeinflussten Verhaltens, vergleichbar zum „aufklärungsrichtigen Verhalten" bei der Verletzung von Aufklärungs- oder Beratungspflichten,[1934] zuzugestehen.

1928 *Plum* MDR 2020, 69 Rn. 25; vgl. allg. MüKoBGB/*Ernst* § 280 Rn. 144; Staudinger/*Schiemann* (2017) Vorbem. zu §§ 249 ff. Rn. 88.

1929 BGH 1.10.1987, NJW 1988, 200 (203); BGH 8.6.1989, NJW 1989, 2945 (2946); MüKoBGB/*Ernst* § 280 Rn. 146; Staudinger/*Feldmann* (2018) § 311 Rn. 172; *Giesing* S. 230; BeckOGK/*Herresthal* (1.1.2021) § 311 BGB Rn. 458; *Mankowski* S. 210; *Plum* MDR 2020, 69 Rn. 24; Staudinger/*Schwarze* (2019) § 280 Rn. F 41; Palandt/*Grüneberg* § 280 Rn. 38; *Sack* S. 26; *ders.* WRP 1974, 445 (455).

1930 *Bauer/Romero* ZfA 2019, 608 (616); *Becker* S. 414; *Esser* ArbRB 2019, 164 (165); *Fischer* jurisPR-ArbR 23/2019 Anm. 5 unter C; *Gundel/Sartorius* ZAP 2019, 1241 (1243); *Heinkel* ZTR 2020, 261 (269); *Plum* MDR 2020, 69 Rn. 25.

1931 Die gilt gleichwohl für beide Seiten, vgl. instruktiv BeckOGK/*Herresthal* (1.1.2021) § 311 BGB Rn. 458.

1932 MüKoZPO/*Prütting* § 286 Rn. 48.

1933 Vgl. zum arbeitsrechtlichen Aufhebungsvertrag *Becker* S. 415; in diese Richtung auch *Giesing* S. 230 f.

1934 Vgl. dazu BGH 5.7.1973, BGHZ 61, 118 (121 f.); BGH 19.2.1975, BGHZ 64, 46 (51 f.); BGH 22.11.1983, BGHZ 89, 95 (103); BGH 22.5.1985, BGHZ 94, 356 (363); BGH 28.3.1989, NJW 1989, 2320 (2321); BGH 19.12.1989, NJW-RR 1990, 918 (920); BGH 3.4.1990, NJW 1990, 1907 (1909); BGH 13.11.1990, NJW 1991, 694 (695); BGH 16.11.1993, NJW 1994, 512 (513 f.); BGH 20.9.1996, NJW-RR 1997, 144 (145); BGH 26.9.1997, NJW 1998, 302 (303); BGH 4.4.2001, NJW 2001, 2163 (2165); BGH

I. Beweislasterleichterung bei vorvertraglichen Aufklärungspflichtverletzungen

Die herrschende Meinung geht bei der Verletzung von vorvertraglichen Aufklärungspflichten davon aus, dass bei einer sachgemäßen Belehrung der nicht korrekt Aufgeklärte „seine Eigeninteressen in vernünftiger Weise gewahrt hätte".[1935] Demnach ist derjenige, der nicht ordnungsgemäß aufklärt, verpflichtet zu beweisen, dass der Schaden auch bei korrekter Aufklärung so zustande gekommen wäre. Früher nahm die Rechtsprechung hierfür einen Anscheinsbeweis („prima facie") an.[1936] Dieser ist als Beweiswürdigungsregel generell anerkannt.[1937]

7.5.2002, NJW 2002, 2703 (2704); BGH 9.2.2006, NJW-RR 2006, 685 (688); BGH 11.6.2010, BeckRS 2010, 17953 Rn. 8; BGH 9.3.2011, NJW 2011, 3227 Rn. 33; BGH 8.5.2012, BGHZ 193, 159 Rn. 28; BGH 26.2.2013, NJW 2013, 1801 Rn. 19; BGH 11.2.2014, NZG 2014, 432 Rn. 10; BGH 15.7.2016, NZG 2017, 542 Rn. 18; BGH 19.1.2018, NJW-RR 2018, 752 Rn. 12; BAG 18.12.1984, NVwZ 1985, 941 (942); BAG 17.12.1991, NZA 1992, 973 (974); BAG 17.10.2000, NZA 2001, 206 (209); BAG 17.4.2002, NZA 2002, 1096 (1098 f.); BAG 10.2.2004, NZA 2004, 606 (610); BAG 4.10.2005, NZA 2006, Rn. 74; BAG 21.2.2017, NZA 2017, 944 Rn. 45; zust. DDW/*Däubler* Einleitung Rn. 153; DDZ/*ders.* Aufhebungsvertrag Rn. 104; HK-ArbR/*ders.* §§ 611, 611a BGB Rn. 620; Erman/*Dieckmann* § 311 Rn. 27b (Beweislastumkehr); *Emmerich* § 7 Rn. 19, § 8 Rn. 9 (Beweislastumkehr); *Ernst* S. 129 f.; MüKoBGB/*ders.* § 280 Rn. 149 (Beweislastumkehr); Staudinger/*Feldmann* (2018) § 311 Rn. 172 (Beweislastumkehr); *Gottwald* § 116 Rn. 29; *Grigoleit* S. 168 ff.; *ders.* NJW 1999, 900 (903) (Beweislastumkehr); Palandt/*Grüneberg* § 311 Rn. 39; *Grunewald* ZIP 1994, 1162 (1165) (Anscheinsbeweis); *Kunst* S. 165; Laumen/Prütting/*Laumen* Kap. 17 Rn. 58, 85, 92 (Anscheinsbeweis); BeckOKBGB/*Lorenz* § 280 Rn. 57, 91 f.; *Mankowski* S. 210 f.; *Mertens* ZGS 2004, 67 (68) (Beweislastumkehr); MüKoBGB/*Oetker* § 249 Rn. 494 (Anscheinsbeweis); Laumen/Prütting/*Prütting* Kap. 25 Rn. 45 (Anscheinsbeweis); Staudinger/*Schiemann* (2017) Vorbem. zu §§ 249 ff. Rn. 97; NK-GA/*Schöne* § 611 BGB Rn. 1038; Staudinger/*Schwarze* (2019) § 280 Rn. F 42 ff.; *ders.* S. 314 f.; Jauernig/*Stadler* § 280 Rn. 24 (Beweislastumkehr); PWW/*Stürner* § 311 Rn. 77; *Winter* S. 185 f.; für einen zurückhaltenden Umgang mit dem Anscheinsbeweis und gegen eine Beweislastumkehr *Lorenz* S. 77; **krit.** *Stoll* FS v. Caemmerer, 435 (472 f.).

1935 Formulierung aus BAG 18.12.1984, NVwZ 1985, 941 (942).

1936 BGH 19.12.1989, NJW-RR 1990, 918 (920); BGH 13.11.1990, NJW 1991, 694 (695); BAG 18.12.1984, AP BetrAVG § 1 Zusatzversorgungskassen Nr. 3; BAG 17.12.1991, NZA 1992, 973 (974); BAG 21.2.2017, NZA 2017, 944 Rn. 45; ähnlich BAG 10.2.2004, NZA 2004, 606 (610).

1937 Laumen/Prütting/*Laumen* Kap. 17 Rn. 5; MüKoZPO/*Prütting* § 286 Rn. 50 ff.; Staudinger/*Schiemann* (2017) Vorbem. zu §§ 249 ff. Rn. 99.

Bei einem Anscheinsbeweis wird nach der allgemeinen Lebenserfahrung von einem typischen Geschehensablauf auf eine typische Folge geschlossen.[1938] Damit handelt es sich um nichts anderes als die Anwendung von Erfahrungssätzen im Rahmen der freien richterlichen Beweiswürdigung,[1939] sodass er nicht anders als ein Indizienbeweis zu bewerten ist.[1940] Genau genommen handelt es sich deshalb nicht um eine Beweislastregel.[1941] Aufgrund des gesenkten Beweismaßstabs im Rahmen der Kausalität kann ein Anscheinsbeweis hier auch auf nur einfache Erfahrungssätze gestützt werden.[1942] Einem Anscheinsbeweis kann durch das Vorbringen von konkreten Tatsachen, welche einen anderen Geschehensablauf nachdrücklich als möglich aufzeigen, entgegen getreten werden.[1943]

Problematisch sind Vermutungsregeln wie ein Anscheinsbeweis jedoch dann, wenn es eine Vielzahl von möglichen vernünftigen Handlungsoptionen für den nicht Aufgeklärten gibt.[1944] Damit eine Vermutung sinnvoll ist, darf es für den Übervorteilten nur eine mögliche sinnvolle Reaktion auf unterstelltes korrektes Verhalten geben.[1945] Liegt stattdessen typischerweise ein echter

---

1938 Vgl. BGH 16.11.1993, NJW 1994, 512 (514); *Becker* S. 414; *Giesing* S. 230; *Gottwald* § 114 Rn. 17, 21; *Grigoleit* S. 168; *Kunst* S. 165 f.; Laumen/Prütting/*Laumen* Kap. 17 Rn. 10 ff.; MüKoBGB/*Oetker* § 249 Rn. 492; MüKoZPO/*Prütting* § 286 Rn. 50; Staudinger/*Schiemann* (2017) Vorbem. zu §§ 249 ff. Rn. 100.

1939 *Gottwald* § 114 Rn. 35; Laumen/Prütting/*Laumen* Kap. 17 Rn. 9; Staudinger/*Schiemann* (2017) Vorbem. zu §§ 249 ff. Rn. 99.

1940 *Gottwald* § 114 Rn. 18; MüKoBGB/*Oetker* § 249 Rn. 496; MüKoZPO/*Prütting* § 286 Rn. 50; Staudinger/*Schiemann* (2017) Vorbem. zu §§ 249 ff. Rn. 99; **aA** Laumen/Prütting/*Laumen* Kap. 17 Rn. 3, Kap. 18 Rn. 16 ff.

1941 Laumen/Prütting/*Laumen* Kap. 17 Rn. 6; MüKoZPO/*Prütting* § 286 Rn. 53, 67.

1942 MüKoZPO/*Prütting* § 286 Rn. 63; vertiefend zu einfachen Erfahrungssätzen, welche eine „gewisse Wahrscheinlichkeit" verlangen: Laumen/Prütting/*Laumen* Kap. 17 Rn. 27 f.

1943 *Gottwald* § 114 Rn. 39; Laumen/Prütting/*Laumen* Kap. 17 Rn. 36; MüKoZPO/*Prütting* § 286 Rn. 67.

1944 BGH 30.9.1993, NJW 1993, 3259 (3259 f.); BGH 19.5.1994, NJW 1994, 2541 (2542); BGH 6.4.2001, NJW 2001, 2021 (2022); *Gottwald* § 114 Rn. 25; *Grunewald* ZIP 1994, 1162 (1165); Laumen/Prütting/*Laumen* Kap. 17 Rn. 92 f.; *Mankowski* S. 211; in diese Richtung auch *Giesing* S. 230, 240; insg. **krit**. für den Fall von Willensentschlüssen MüKoZPO/*Prütting* § 286 Rn. 82; für eine grundsätzliche Anwendbarkeit des Anscheinsbeweises auch bei individuellen Willensentschlüssen Laumen/Prütting/*Laumen* Kap. 17 Rn. 59.

1945 BGH 3.4.1990, NJW 1990, 1907 (1909); BGH 30.9.1993, NJW 1993, 3259 (3260); BGH 19.5.1994, NJW 1994, 2541 (2542); BGH 6.4.2001, NJW 2001, 2021 (2022); BGH 7.5.2002, NJW 2002, 2703 (2704); *Becker* S. 415.

Entscheidungskonflikt bei unterstelltem korrekten Verhalten des Schuldners vor, so kann die Vermutungsregel über den Anscheinsbeweis nicht zum Tragen kommen.[1946]

Daran knüpfen einige Stimmen aus der Literatur konsequent an, nach denen bei der Verletzung von vorvertraglichen Aufklärungspflichten abhängig von den Umständen des jeweiligen Falls nicht nur die Möglichkeit des Nichtabschlusses des Vertrags, sondern auch die Möglichkeit des Vertragsschlusses zu anderen Konditionen besteht.[1947] In diesen Fällen soll nach dieser Ansicht ohne eine Vermutungsregel auf den Einzelfall abgestellt werden,[1948] in welchem es dem Unaufgeklärten unbenommen ist, den Zusammenhang zwischen Nichtaufklärung und Schaden zu belegen.[1949]

Seit Kurzem hat sich die Rechtsprechung jedoch von der Annahme eines Anscheinsbeweises abgewandt und geht stattdessen von einer Beweislastumkehr bezüglich der Vermutung des aufklärungsrichtigen Verhaltens aus.[1950] Hierfür wurde bereits vorher teilweise in der Literatur gestritten.[1951] Der Bundesgerichtshof argumentiert seitdem aus Wertungsgesichtspunkten in Bezug auf Unklarheiten im hypothetischen Verhalten des Getäuschten mit dem Zweck der

1946 Vgl. BGH 16.11.1993, BGHZ 124, 151 (161); BGH 19.5.1994, NJW 1994, 2541 (2542); BGH 11.3.1997, NJW 1997, 2171 (2172); BGH 9.6.1998, NJW-RR 1998, 1271 (1272); zust. *Emmerich* § 8 Rn. 9; *Franz* S. 518; *Grigoleit* S. 169; *Mankowski* S. 211; Staudinger/*Schiemann* (2017) Vorbem. zu §§ 249 ff. Rn. 97; *Schwarze* S. 315; *Winter* S. 186 zu Aufklärungspflichten.

1947 *Franz* S. 518; *Giesing* S. 240; *Thies* S. 79 f.; *Winter* S. 186; dabei ist zu beachten, dass nur bei Fehlen der Voraussetzungen für die Vermutung des aufklärungsrichtigen Verhaltens auf den Einzelfall abgestellt wird, vgl. *Grigoleit* S. 170 f.

1948 *Franz* S. 518; *Giesing* S. 240 f.; *Winter* S. 186; **aA** *Burkardt* S. 114 sieht stets den Vertrag als möglichen Schaden an.

1949 *Giesing* S. 240 für eine abgestufte Darlegungs- und Beweislast; *Winter* S. 186.

1950 BVerfG 8.12.2011, NJW 2012, 443 Rn. 20; BGH 9.3.2011, NJW 2011, 3227 Rn. 33; BGH 8.5.2012, BGHZ 193, 159 Rn. 29; BGH 26.2.2013 – XI ZR 318/10, BeckRS 2013, 05056 Rn. 19; BGH 26.2.2013 – XI ZR 498/11, NJW 2013, 1801 Rn. 19; BGH 28.5.2013 – XI ZR 148/11, BeckRS 2013, 10421 Rn. 18; BGH 24.9.2013, NJW 2013, 3574 Rn. 38; BGH 15.7.2014, NJW 2014, 2951 Rn. 26; **offenlassend** ob Anscheinsbeweis oder Beweislastumkehr BGH 11.2.2014, NZG 2014, 432 Rn. 10; BGH 15.7.2016, NZG 2017, 542 Rn. 21.

1951 Vgl. Erman/*Dieckmann* § 311 Rn. 27b; *Emmerich* § 7 Rn. 19, § 8 Rn. 9; MüKoBGB/*Ernst* § 280 Rn. 149; Staudinger/*Feldmann* (2018) § 311 Rn. 172; *Grigoleit* NJW 1999, 900 (903); BeckOKBGB/*Lorenz* § 280 Rn. 92; *Mertens* ZGS 2004, 67 (68); *Schwab* NJW 2012, 3274 (3275 f.); Jauernig/*Stadler* § 280 Rn. 24.

vorvertraglichen Aufklärungspflicht: Dieser Zweck würde nur dann erreicht, wenn Unklarheiten, welche sich aus der Verletzung der Aufklärungspflichten ergeben, zulasten des Pflichtverletzenden gehen.[1952]

II. Übertragbarkeit auf das Gebot fairen Verhandelns

Für eine Übertragung der neueren Beweislastumkehr auf die Verletzung des Gebots fairen Verhandelns spricht zunächst die Ähnlichkeit der Situation.

1952 BGH 8.5.2012, NJW 2012, 2427 Rn. 30 ff.; BGH 19.2.2013, NZG 2013, 502 Rn. 12; BGH 28.5.2013 – XI ZR 148/11, BeckRS 2013, 10421 Rn. 19; BGH 15.10.2013 – XI ZR 51/11, BeckRS 2013, 19537 Rn. 25; BGH 15.7.2014, NJW 2014, 2951 Rn. 26; zust. Staudinger/*Feldmann* (2018) § 311 Rn. 172; Erman/*Dieckmann* § 311 Rn. 27b; BeckOKBGB/*Lorenz* § 280 Rn. 92; *Schwab* NJW 2012, 3274 (3275 f.); ähnlich schon BAG 17.10.2000, NZA 2001, 206 (209). Diese Argumentation entspricht den für die Beweislastumkehr bei groben Behandlungsfehlern im Arzthaftungsrecht (nunmehr in § 630h Abs. 5 BGB geregelt) vorgebrachten Gründen, wonach der Arzt durch seinen Behandlungsfehler die Aufklärungsschwierigkeiten bei der Kausalität schließlich selbst zu verantworten habe, vgl. BGH 21.9.1982, BGHZ 85, 212 (216); *Heilmann* NJW 1990, 1513 (1519). **Dagegen** BeckOGK/*Herresthal* (1.1.2021) § 311 BGB Rn. 461; Laumen/Prütting/*Laumen* Kap. 17 Rn. 85, Kap. 19 Rn. 42; Laumen/Prütting/*Prütting* Kap. 25 Rn. 44 ff. jeweils m. w. N.: Es besteht ein Unterschied zwischen dem Beweis der Kausalität von allgemeinen Aufklärungspflichtverletzungen für den Vertragsschluss und der Kausalität von Aufklärungspflichtverletzungen im Arzthaftungsrecht, wo die Beweislastumkehr bezüglich der ordnungsgemäßen Aufklärung mittlerweile gem. § 630h Abs. 2 S. 1 BGB gesetzlich geregelt ist. Dieser Unterschied liegt darin, dass es bei der Kausalität der Pflichtverletzung bei allgemeinen Aufklärungspflichtverletzungen mangels unterschiedlicher fachlicher Kenntnisse zur Relevanz der Pflichtverletzung für den Schaden anders als im Arzthaftungsrecht keine typischerweise gegebene Beweisnot für den Anspruchsteller gibt (zur Beweisnot des Patienten als Grund für die Beweislastverschiebungen des § 630h BGB: BeckOKBGB/*Katzenmeier* § 630h Rn. 10; MüKoBGB/*Wagner* § 630h Rn. 2; speziell zu Abs. 2 Begr. RegE BT-Drucks. 17/10488 S. 29) und bei allgemeinen Aufklärungspflichtverletzungen zudem in Bezug auf die Kausalität über den Anscheinsbeweis ähnliche Ergebnisse erzielt werden können. Es kann noch ein weiterer Gedanke bemüht werden: § 630h Abs. 2 S. 1 BGB regelt gerade keine Beweislastumkehr hinsichtlich der Kausalität der Aufklärungspflichtverletzung für einen Schaden (vgl. BeckOKBGB/*Katzenmeier* § 630h Rn. 31). Aus diesem Grund kann sich ohnehin nicht am Arzthaftungsrecht orientiert werden. § 630h BGB regelt lediglich in Abs. 5 eine Beweislastumkehr bzgl. der Kausalität von groben Behandlungsfehlern für den Schaden. S. außerdem die Befürworter des Anscheinsbeweises in Fn. 1934.

Sowohl die fehlerhafte Information vor dem Vertragsschluss als auch die unzulässige Einflussnahme durch Überrumpelung zielen darauf ab, die Entscheidungsfreiheit zu beeinträchtigen.[1953] Wenn das Risiko der Unaufklärbarkeit der Kausalität wertungsmäßig beim Schädiger liegt, spricht dies nach allgemeinen Grundsätzen für eine Beweislastumkehr.[1954] Bei einer Verletzung des Gebots fairen Verhandelns geht die Pflichtverletzung vom Überrumpelnden aus. Dieser verfolgte dadurch das Ziel, ein bestimmtes Verhalten des Überrumpelten herbeizuführen. Es ist deshalb aus normativen Gründen jedenfalls vertretbar, dem Überrumpelnden, der aus der Manipulation Vorteile zieht, die Beweislast aufzubürden.[1955] Es würde dadurch eine Beweislastumkehr bezüglich der Kausalität der Pflichtverletzung für den Schaden vorliegen. Eine Beweislastumkehr entfaltet jedoch erst in einer „non liquet" Situation ihre Wirkung, also wenn der Sachverhalt trotz Ausschöpfung aller Beweismittel nicht aufgeklärt werden konnte.[1956]

Bei einer richterlichen Beweislastumkehr handelt es sich um eine Rechtsfortbildung, welche nicht contra legem erfolgen darf und deshalb nur in eng umrissenen Ausnahmefällen möglich ist.[1957] Eine methodisch korrekte Rechtsfortbildung in Form einer Beweislastumkehr setzt voraus, dass eine abstrakt-generelle Regel gebildet werden kann, wonach die Abweichung von der gesetzlichen Beweislast aufgrund einer Gesetzeslücke zwingend erforderlich ist.[1958] Der „non liquet" Situation zulasten des Überrumpelten kann jedoch bereits mit der Anerkennung des Anscheinsbeweises entgangen werden,[1959] sodass es keinen zwingenden Grund für die Entwicklung einer Beweislastumkehr bei der Verletzung des Gebots fairen Verhandelns gibt.

Mit dem Bundesarbeitsgericht kann deshalb im Ergebnis davon ausgegangen werden, dass der Überrumpelte ohne die unzulässige Beeinflussung seine

1953 *Becker* S. 415.

1954 MüKoBGB/*Ernst* § 280 Rn. 150.

1955 Vgl. zu Aufklärungspflichtverletzungen BGH 5.7.1973, BGHZ 61, 118 (121); *Grigoleit* NJW 1999, 900 (903 f.); vgl. zu unlauterem Wettbewerb *Sack* S. 26; *ders.* WRP 1974, 445 (455).

1956 Vgl. Laumen/Prütting/*Laumen* Kap. 17 Rn. 34.

1957 Dazu: Laumen/Prütting/*Laumen* Kap. 17 Rn. 85; Kap. 19 Rn. 42; Laumen/Prütting/*Prütting* Kap. 25 Rn. 8 ff.

1958 Laumen/Prütting/*Prütting* Kap. 25 Rn. 8 f.

1959 Ausdrücklich im Allgemeinen *Gottwald* § 114 Rn. 36; vgl. auch Laumen/Prütting/*Laumen* Kap. 17 Rn. 85, Kap. 19 Rn. 42; Laumen/Prütting/*Prütting* Kap. 25 Rn. 9, 45.

Interessen insofern gewahrt hätte, als dass er den Vertrag nicht abgeschlossen hätte.[1960] Das Bundesarbeitsgericht hat sich allerdings nicht zur rechtlichen Einordnung dieser Vermutung geäußert. Rechtsdogmatisch ist hierfür nicht auf die problematische Beweislastumkehr, sondern auf die Grundsätze des Anscheinsbeweises zurückzugreifen. Nach der allgemeinen Lebenserfahrung führt eine intensive Überrumpelung typischerweise zu an sich ungewollten Vertragsschlüssen, weil die Willensbildung der anderen Seite im Verhandlungsstadium auf unzulässige Weise zu dem Vertragsschluss manipuliert wurde. Die Bedeutung einer Überrumpelung für die Willensbildung bewegte den Gesetzgeber schließlich auch zur Anerkennung des Widerrufsrechts bei außerhalb von Geschäftsräumen geschlossenen Verträgen.[1961] Auch die Vielzahl von Fällen, in denen gerichtlich gegen einen in einer Drucksituation geschlossenen Vertrag vorgegangen wird, belegt, dass der Vertragsschluss im Fall einer Überrumpelung regelmäßig nicht erwünscht war. Der Überrumpelnde hat infolgedessen vorzutragen, wieso seine unzulässige Einflussnahme die Willenserklärung des Betroffenen für den Vertrag nicht verursacht hat.[1962]

Der bei vorvertraglichen Aufklärungspflichten teilweise eingewandte Vertragsschluss zu veränderten Bedingungen ohne die haftungsbegründende Einflussnahme[1963] kann für den Anscheinsbeweis der Kausalität beim Gebot fairen Verhandelns von vornherein nur bei Äquivalenzstörungen im Vertrag ein Problem darstellen.[1964] Ohne Äquivalenzstörungen kann aus oben genannten Gründen im Wege des Anscheinsbeweises grundsätzlich davon ausgegangen werden, dass der Vertrag ohne die Pflichtverletzung gar nicht geschlossen

---

1960 BAG 7.2.2019, NZA 2019, 688 Rn. 38; *Becker* S. 415; DDW/*Däubler* Einleitung Rn. 155a; DDZ/*ders.* Aufhebungsvertrag Rn. 108; HK-ArbR/*ders.* §§ 611, 611a BGB Rn. 620; *Gundel/Sartorius* ZAP 2019, 1241 (1243); *Heinkel* ZTR 2020, 261 (269); *Plum* MDR 2020, 69 Rn. 21, 25 für nachteilige Verträge; für eine **abgestufte Beweislast**, wonach auf einen plausiblen Vortrag ein substantiiertes Bestreiten folgen müsse *Giesing* S. 230 f., 240; **aA** *Adam* EzA § 312 BGB 2002 Nr. 4, S. 18 (28) aufgrund der individuellen Entscheidung; *Bengelsdorf* LAGE § 611 BGB Aufhebungsvertrag Nr. 6, S. 11 (21) stellt darauf ab, dass der Schutzzweck von Aufklärungspflichten anders sei. Eine Überrumpelung würde im Unterschied dazu kein Schadensrisiko schaffen oder erhöhen, denn der Überrumpelte könnte im Gegensatz zum Nichtaufgeklärten einfach „Nein“ sagen und der Schaden bliebe aus.

1961 S. dazu oben., Kap. 3 § 5 G. I.

1962 *Becker* S. 415 zum arbeitsrechtlichen Aufhebungsvertrag.

1963 S. o., Kap. 6 § 14 E. I.

1964 Vgl. *Lorenz* S. 78.

worden wäre. Liegen neben einer Verletzung des Gebots fairen Verhandelns auch Äquivalenzstörungen vor, spricht zunächst aber weiterhin ein Anschein für die Kausalität der Pflichtverletzung für den Vertragsabschluss insgesamt. Im Zweifel ist auch dann davon auszugehen, dass der Vertrag als solcher nicht abgeschlossen worden wäre.[1965] Unsicherheiten bezüglich des „Obs" des Vertragsschlusses ohne unzulässige Einflussnahme gehen im Wege des Anscheinsbeweises deshalb grundsätzlich zulasten des Überrumpelnden.

Die oben dargestellte vereinzelte Kritik aus der Literatur zur pauschalen Anwendung des Anscheinsbeweises bei Aufklärungspflichtverletzungen[1966] ist letztlich nichts anderes, als die stringente Anwendung des Anscheinsbeweises selbst. Genauso wie bei der Verletzung von Aufklärungspflichten können deshalb auch bei einer Verletzung des Gebots fairen Verhandelns schon eingangs atypische Umstände des Einzelfalls gegen die Annahme eines Anscheinsbeweises sprechen. Wie bei der Verletzung von vorvertraglichen Aufklärungspflichten kommt es dafür auf einen echten Entscheidungskonflikt des Überrumpelten an. Dieser liegt nahe, wenn es mehrere vernünftige Optionen für ihn gibt. Ist dies der Fall, ist ein Anscheinsbeweis abzulehnen.

III. Rechtmäßiges Alternativverhalten

Beruft sich der Überrumpelnde auf rechtmäßiges Alternativverhalten, trägt er die Darlegungs- und Beweislast dafür, dass der Schaden auf jeden Fall eingetreten wäre.[1967] Ihm wird der Nachweis, dass eine Kündigung zum gleichen Zeitpunkt rechtlich sicher möglich war, in der Regel aber nicht gelingen.[1968] Aufhebungsverträge werden schließlich häufig geschlossen, wenn eine Kündigung rechtlich fragwürdig ist, weshalb sie oft einen Vergleichscharakter haben.[1969] Ist dies der

---

1965 Vgl. zum arbeitsrechtlichen Aufhebungsvertrag *Becker* S. 415; *Giesing* S. 230 f.

1966 S. o., Kap. 6 § 14 E. I.

1967 Zum arbeitsrechtlichen Aufhebungsvertrag *Giesing* S. 189, 235; *S. Müller* DB 2019, 1792 (1798); *Winter* S. 187; allg. zur Darlegungs- und Beweislast rechtmäßigen Alternativverhalten BGH 25.11.1992, NJW 1993, 520 (521 f.); Erman/*Ebert* Vor § 249 Rn. 81; Soergel/*Ekkenga/Kuntz* Vor § 249 Rn. 232; Palandt/*Grüneberg* Vorb v § 249 Rn. 66; BeckOKBGB/*J. W. Flume* § 249 Rn. 330; BeckOGK/*Herresthal* (1.1.2021) § 311 BGB Rn. 475; MüKoBGB/*Oetker* § 249 Rn. 218, 224; Jauernig/*Teichmann* Vor §§ 249–253 Rn. 57.

1968 Vgl. zu arbeitsrechtlichen Aufhebungsverträgen *Giesing* S. 235; zu Aufklärungspflichtverletzungen *Winter* S. 189.

1969 Vgl. zu Aufklärungspflichtverletzungen bei arbeitsrechtlichen Aufhebungsverträgen *Winter* S. 189.

Fall, kann davon ausgegangen werden, dass eine rechtmäßige Kündigung als Alternative nicht sicher möglich gewesen wäre.[1970] Darum spielt das rechtmäßige Alternativverhalten beim Abschluss von Aufhebungsverträgen nur eine geringe praktische Rolle.

F. Schadensminderung

Zuletzt trifft für eine Verletzung der Schadensminderungsobliegenheit den Schädiger die Darlegungs- und Beweislast.[1971]

G. Ergebnis

Dem Überrumpelten ist somit sowohl eine abgestufte Darlegungs- und Beweislast bezüglich der Pflichtverletzung als auch ein Anscheinsbeweis bezüglich der Kausalität der Pflichtverletzung für den Schaden zuzugestehen. Darüber hinaus wird das Vertretenmüssen der Pflichtverletzung nach § 280 Abs. 1 S. 2 BGB vermutet. Ansonsten gilt der Grundsatz, dass jeder die für ihn vorteilhaften Umstände darlegen und beweisen muss.

§ 15 Die Frist des Schadensersatzanspruchs bei Verletzung des Gebots fairen Verhandelns

Es handelt sich bei dem Anspruch auf schadensrechtliche Rückabwicklung wegen Verletzung des Gebots fairen Verhandelns um einen Anspruch aus vorvertraglicher Pflichtverletzung. Dieser unterliegt grundsätzlich der regulären Verjährungsfrist von drei Jahren nach § 195 BGB.[1972] Die Frist beginnt nach § 199 Abs. 1 BGB regelmäßig mit Ablauf des Jahres, in welchem der Vertrag geschlossen wurde. Die überrumpelte Vertragsseite hat normalerweise von den anspruchsbegründenden Umständen und von der Person des Schuldners Kenntnis,[1973] vgl. § 199 Abs. 1 Nr. 2 BGB.

1970 Vgl. zum arbeitsrechtlichen Aufhebungsverträgen BAG 13.11.1984, AP BetrAVG § 1 Zusatzversorgungskassen Nr. 5; *Burkardt* S. 116; *Winter* S. 189.

1971 BGH 23.1.1979, NJW 1979, 2142 (2142); *Becker* S. 411; *Bengelsdorf* LAGE § 611 BGB Aufhebungsvertrag Nr. 6, S. 11 (23).

1972 *Bauer/Romero* ZfA 2019, 608 (617); *Giesing* S. 235; *Schmidt* AP BGB § 620 Aufhebungsvertrag Nr. 50, S. 1180 (1184R); vgl. allg. Palandt/*Ellenberger* § 195 Rn. 4; MüKoBGB/*Emmerich* § 311 Rn. 216.

1973 Ebenso für den arbeitsrechtlichen Aufhebungsvertrag *Giesing* S. 235.

A. Die Problematik der Fristbestimmung

Allerdings ist die einjährige Ausschlussfrist des § 124 BGB kürzer. Um Wertungswidersprüche innerhalb des Schutzes der Willensbildung zu vermeiden, könnte eine Anpassung der Verjährungsfrist der culpa in contrahendo an die des § 124 BGB von Nöten sein.[1974] Schließlich besteht beim Gebot fairen Verhandelns eine Ähnlichkeit zu der durch § 123 Abs. 1 Alt. 2 BGB verbotenen Beeinflussung der Willensbildung durch Drohung. Dabei kann der Meinungsstand zur Frist bei vorvertraglichen Aufklärungspflichtverletzungen hilfsweise hinzugezogen werden. Auch dort besteht ein Spannungsverhältnis zur Frist des § 124 BGB aufgrund der Behandlung der arglistigen Täuschung in § 123 Abs. 1 Alt. 1 BGB. Alternativ könnte auch § 121 BGB für ein Höchstmaß an Rechtssicherheit bemüht werden.

Weiterhin ist eines der relevantesten Anwendungsgebiete des Gebots fairen Verhandelns der arbeitsrechtliche Aufhebungsvertrag, weshalb dort § 4 KSchG von Relevanz sein könnte. § 4 KSchG, welcher einen Drei-Wochen-Zeitraum vorgibt, ist zeitlich ebenfalls mit § 195 BGB kaum vergleichbar. Das Bundesarbeitsgericht musste sich in seiner Entscheidung vom 7.2.2019[1975] zur Frist nicht äußern.

B. Regelmäßige Verjährung nach § 195 BGB

Bei der Verletzung von vorvertraglichen Aufklärungspflichten gehen Rechtsprechung und Teile der Literatur von der direkten Anwendung der Verjährungsfrist des § 195 BGB aus.[1976] Auch im Bereich der widerrechtlichen Drohung ist vom

1974 Vgl. *Giesing* S. 235; *Schmidt* AP BGB § 620 Aufhebungsvertrag Nr. 50, S. 1180 (1185).
1975 Vgl. BAG 7.2.2019, NZA 2019, 688 ff.
1976 BGH 31.1.1962, NJW 1962, 1196 (1198 f.); BGH 5.12.1980, WM 1981, 309 (310); BGH 22.2.1984, NJW 1984, 2814 (2815); BGH 11.11.1987, NJW-RR 1988, 744 (745) alle vor der Schuldrechtsreform sogar noch mit 30-jähriger Verjährungsfrist nach § 195 a. F.; BGH 22.10.2003, NJW-RR 2004, 628 (630); BGH 10.1.2006, BGHZ 165, 363 (371); BGH 17.1.2008, NJW-RR 2008, 564 Rn. 11; BGH 7.2.2013, NJW 2013, 1591 Rn. 9; BAG 24.2.2011, NZA-RR 2012, 148 Rn. 53; *Bauer* FS Däubler, 143 (153); HK-BGB/*Dörner* § 124 Rn. 4; Palandt/*Ellenbeger* § 123 Rn. 27, § 124 Rn. 1; *Emmerich* § 7 Rn. 19; MüKoBGB/*ders.* § 311 BGB Rn. 77; *Fikentscher/Heinemann* Rn. 95, 103; Soergel/*Hefermehl* § 124 Rn. 9; BeckOGK/*Herresthal* (1.1.2021) § 311 BGB Rn. 236; *Horn* JuS 1995, 377 (383); Erman/*Dieckmann* § 311 BGB Rn. 31, 82; *Lorenz* S. 332 ff., insb. S. 337, welcher § 123 BGB im Anschluss an *Schubert* AcP 168 (1968), 470 (481, differenzierend 506), als Sonderfall der culpa in contrahendo einordnet und deshalb § 124 BGB als Sonderregel versteht, welche nicht für den allgemeinen Fall (c. i. c.) gilt

Bundesgerichtshof eine Anwendung der culpa in contrahendo neben dem § 123 Abs. 1 Alt. 2 BGB nach der Verjährungsregel des § 195 BGB anerkannt.[1977] Dies wird mit der unterschiedlichen Schutzrichtung und Wirkung[1978] von § 123 BGB und der vorvertraglichen Haftung begründet.[1979] Auch die zusätzliche Voraussetzung des Schadens gegenüber dem Anfechtungsrecht soll rechtfertigen, dass die reguläre Verjährungsfrist beibehalten wird.[1980] Die Verletzung des Gebots fairen Verhandelns stellt sich in verjährungsrechtlicher Hinsicht insbesondere wegen des Bezuges zu § 123 Abs. 1 BGB nicht wesentlich anders als die Verletzung von vorvertraglichen Aufklärungspflichten dar. Darum wird auch speziell bei einer Verletzung des Gebots fairen Verhandelns befürwortet, § 195 BGB anzuwenden.[1981]

C. Analoge Anwendung der Anfechtungsfrist des § 124 BGB

In Bezug auf vorvertragliche Aufklärungspflichtverletzungen wird die Anwendung des § 195 BGB in der Literatur teilweise zurückgewiesen. Stattdessen wird gefordert, die Frist des § 124 Abs. 1 BGB analog anzuwenden.[1982] Dadurch soll

---

(so auch allg. BGH 17.4.1986, NJW-RR 1087, 59 (60); BGH 8.12.1989, NJW 1990, 1661 (1662)); BeckOKBGB/*ders* § 280 Rn. 59, 75; *ders.* JZ 1997, 277 (280); *Paefgen* S. 30 f.; Jauernig/*Stadler* § 311 Rn. 62; *Tiedke* DNotZ 1998, 355 (356); allg. bei culpa in contrahendo immer § 195 BGB Staudinger/*Feldmann* (2018) § 311 Rn. 154, 182; **aA** OLG Hamm 28.9.1993, NJW-RR 1995, 205 (206) wenn eine den Tatbestand des § 123 BGB erfüllende Handlung vorliegt.

1977 BGH 11.5.1979, NJW 1979, 1983 (1983 f.); BGH 18.9.2001, NJW-RR 2002, 308 (309 f.); zust. *Emmerich* § 7 Rn. 20; MüKoBGB/*ders.* § 311 BGB Rn. 77; **aA** OLG Hamm 28.9.1993, NJW-RR 1995, 205 (206).

1978 Dazu bereits oben, Kap. 6 § 13 A. I.

1979 BGH 5.12.1980, WM 1981, 309 (310); zust. bei Aufklärungspflichten bei arbeitsrechtlichen Aufhebungsverträgen *Franz* S. 522.

1980 *Heinkel* ZTR 2020, 261 (268): Wenn nicht ein Schaden gegeben wäre, würde ein „andernfalls nicht auflösbare[r] Wertungswiderspruch" vorliegen.

1981 *Becker* S. 417; *Franz* S. 522; *Heinkel* ZTR 2020, 261 (268); *S. Müller* DB 2019, 1792 (1798); *Plum* MDR 2020, 69 Rn. 23; *Reinecke* FS Küttner, 327 (335).

1982 *Brors* S. 186; *Canaris* AcP 200 (2000), 273 (319), der ebenfalls darauf verweist, dass § 123 BGB einen Fall der c. i. c. darstellt; *Fleischer* S. 448 f.; *ders.* AcP 200 (2000), 91 (119); *Grigoleit* S. 157 ff.; *ders.* NJW 1999, 900 (903); *Heinrich* AcP 162 (1963), 88 (104); *Lieb* FS Medicus, 337 (342); *Mankowski* S. 188 f., 1078; *Pohlmann* S. 115; BeckOGK/*Rehberg* (1.9.2021) § 123 BGB Rn. 109; *Reinicke* JA 1982, 1 (6); *Sack* S. 27 f. ; *ders.* WRP 1974, 445 (455 f.); *Schumacher* S. 30 f.; *Schwab* JuS 2002, 773 (775); *Schwarze* S. 310; *Singer* S. 238; Staudinger/*Schiemann* (2017) § 249 Rn. 195;

ein Wertungswiderspruch zwischen der Ausschlussfrist des § 124 BGB und der Verjährungsfrist des § 195 BGB vermieden werden. Es wird argumentiert, dass bei einer fahrlässigen Irreführung zwar die vorvertragliche Haftung greife, aber nicht § 123 Abs. 1 Alt. 1 BGB, wohingegen bei einer vorsätzlichen Irreführung nach § 124 BGB die Geltendmachung der Anfechtung nach einem Jahr ausgeschlossen sei. Würde die gesetzgeberische Wertung des § 124 BGB, welcher Rechtsklarheit und -sicherheit verfolgt, nicht auf die culpa in contrahendo übertragen, würde sie unterlaufen werden.[1983]

Auch bei der Verletzung des Gebots fairen Verhandelns wird in Anknüpfung hieran eine analoge Anwendung des § 124 BGB vertreten.[1984] Bei dem Gebot fairen Verhandelns würde primär der Schutz der Willensfreiheit bezweckt werden.[1985] Wenn die vom Gesetzgeber als am schlimmsten wahrgenommene Form der Beeinträchtigung der Willensfreiheit (§ 123 Abs. 1 BGB) mit der Ausschlussfrist des § 124 BGB bedacht wird, müsse dies auch für die Schwelle des § 123 BGB nicht erreichenden Fälle gelten (argumentum a maiore ad minus).[1986] Es sei abzulehnen, dass ein „leichteres“ rechtlich missbilligtes Verhalten, welches nicht die Schwelle des § 123 Abs. 1 BGB überschreitet, länger geltend gemacht werden kann, als das schwerere des § 123 BGB. Jedenfalls sei trotz eigener Pflichtverletzung des Überrumpelnden diesem die regelmäßige Verjährungsfrist des § 195 BGB „unzumutbar“.[1987] Darüber hinaus stünde bei Aufhebungsverträgen das Beschleunigungsinteresse einer drei Jahre dauernden Verjährungsfrist und damit einer noch Jahre später verlangten Fortsetzung des Verhältnisses, entgegen.[1988]

---

sympathisierend Erman/*Arnold* § 123 Rn. 8; *Krause* EzA § 312 BGB 2002 Nr. 1, S. 21 (32); ErfK/*Müller-Glöge* § 620 BGB Rn. 15.

1983 *Winter* S. 198.

1984 *Giesing* S. 235 f.; *Schmidt* AP BGB § 620 Aufhebungsvertrag Nr. 50, S. 1180 (1185).

1985 *Giesing* S. 236.

1986 Zum arbeitsrechtlichen Aufhebungsvertrag *Giesing* S. 236; *Schmidt* AP BGB § 620 Aufhebungsvertrag Nr. 50, S. 1180 (1185); vgl. bei Aufklärungspflichtverletzungen *Fleischer* S. 448; Staudinger/*Schiemann* (2017) § 249 Rn. 195; *Winter* S. 198.

1987 Zum arbeitsrechtlichen Aufhebungsvertrag *Giesing* S. 235.

1988 Zum arbeitsrechtlichen Aufhebungsvertrag *Giesing* S. 235; dieses Argument verwenden auch *Bauer/Romero* ZfA 2019, 608 (617).

D. Analoge Anwendung der Anfechtungsfrist des § 121 BGB

Von anderen Autoren wird bei einer Anwendung des § 195 BGB für das Gebot fairen Verhandelns auf einen Wertungswiderspruch zu § 121 Abs. 1 BGB hingewiesen.[1989] Nach § 121 Abs. 1 BGB hat die Anfechtung unverzüglich zu erfolgen. Wenn das Gebot fairen Verhandelns, so wie vom Bundesarbeitsgericht vorgebracht, unterhalb der Schwelle der §§ 119 ff. BGB die Willensfreiheit schütze,[1990] müsse auch eine Frist des Anfechtungsrechts gelten.[1991] Sodann müsse die Frist des § 121 Abs. 1 BGB angewandt werden, da die längere Frist des § 124 BGB für schwerwiegendere Fälle als die der „milderen" Verletzung des Gebots fairen Verhandelns gelten würde.[1992] Auch aus Gründen der Rechtssicherheit müsse die Erklärung bei einer Verletzung des Gebots fairen Verhandelns unverzüglich erfolgen.[1993]

E. Differenzierte analoge Anwendung der Anfechtungsfristen von § 124 BGB oder § 121 BGB

Bei vorvertraglichen Aufklärungspflichtverletzungen wird darüber hinaus vorgeschlagen, je nach Situation die Ausschlussfristen nach § 121 BGB (Fahrlässigkeit) oder § 124 BGB (Vorsatz) analog anzuwenden, um eine angemessene Fristenangleichung zu erzielen.[1994] Dieser Gedanke könnte auf das Gebot fairen Verhandelns zu übertragen sein.

F. Analoge Anwendung der Widerrufsfrist nach § 355 Abs. 2 BGB

In Betracht kommt auch die Anwendung der 14-tägigen Frist des Widerrufsrechts.[1995] Dieser Zeitraum wird vom Gesetzgeber zum typisierten Schutz der

---

1989 *Bauer/Romero* ZfA 2019, 608 (617); BLDH/*Lingemann* Kap. 23 Rn. 27t; ähnlich *Lingemann/Chakrabarti* NJW 2019, 2445 (2447); ErfK/*Müller-Glöge* § 620 BGB Rn. 15.

1990 BAG 7.2.2019, NZA 2019, 688 Rn. 32.

1991 *Bauer/Romero* ZfA 2019, 608 (617); BLDH/*Lingemann* Kap. 23 Rn. 27t; ähnlich *Lingemann/Chakrabarti* NJW 2019, 2445 (2447); dediziert **dagegen** *Plum* MDR 2020, 69 Rn. 23.

1992 *Bauer/Romero* ZfA 2019, 608 (617); ähnlich BLDH/*Lingemann* Kap. 23 Rn. 27t; *ders./Chakrabarti* NJW 2019, 2445 (2447).

1993 *Lingemann/Chakrabarti* NJW 2019, 2445 (2447).

1994 *Gottwald* JuS 1982, 877 (881); MüKoBGB/*Armbrüster* § 123 Rn. 104; Staudinger/*Singer/v. Finckenstein* (2017) § 123 Rn. 104; ähnlich *Singer* JZ 1999, 342 (346); zur Drohung BeckOGK/*Rehberg* (1.9.2021) § 123 BGB Rn. 194.5.

1995 Andenkend *Bauer/Romero* ZfA 2019, 608 (617).

Entscheidungsfreiheit als angemessen angesehen, sodass er eventuell auch für das Gebot fairen Verhandelns zu berücksichtigen sein könnte.

G. Fristbestimmung durch Einzelfallbetrachtung

Zuletzt wird für Verletzungen des Gebots fairen Verhandelns eine Ermittlung der Frist abhängig von den Gegebenheiten des Einzelfalls vorgeschlagen.[1996]

H. Stellungnahme

Bereits aus Gründen der Rechtssicherheit muss eine am Einzelfall ausgerichtete Frist außerhalb des Ausschlusses nach den im Rahmen von § 242 BGB anerkannten Fallgruppen ausscheiden. Auch die analoge Anwendung des § 355 Abs. 2 BGB ist abzulehnen. § 123 Abs. 1 BGB und damit die Fristenregelung des § 124 BGB ist dem Gebot fairen Verhandelns aufgrund der Einzelfallbezogenheit und generellen Anwendbarkeit konzeptionell näher als das Widerrufsrecht. Bei weitem Verständnis des Gebots fairen Verhandelns ist § 123 Abs. 1 BGB sogar ein Teil von ihm.[1997] Darüber hinaus liegt keine für die Analogie erforderliche Vergleichbarkeit zwischen dem Widerrufsrecht und dem Gebot fairen Verhandelns vor.[1998] Das Gebot fairen Verhandelns ist eine vom Einzelfall abhängige nebenvertragliche Rücksichtnahmepflicht. Dies steht im Gegensatz zum gesetzlich im Detail geregelten typisierten Widerrufsrecht.

Ebenfalls ist eine differenzierte analoge Anwendung von § 121 BGB und § 124 BGB aufgrund ihres speziellen Zuschnitts auf Aufklärungspflichtverletzungen zurückzuweisen. Bei Aufklärungspflichtverletzungen ist die Abgrenzung zwischen Fahrlässigkeit und Arglist praktisch besonders relevant. Dies soll sich nach der dort vertretenen Ansicht in unterschiedlichen Fristen niederschlagen. Bei der Verletzung des Gebots fairen Verhandelns kommt es hingegen auf die Abgrenzung zur Drohung an. Eine fahrlässig herbeigeführte Verletzung des Gebots fairen Verhandelns ist jedoch kaum vorzustellen.[1999]

Gleichermaßen ist die alleinige analoge Anwendung des § 121 BGB abzulehnen. Sie überzeugt mangels Vergleichbarkeit zwischen der vorvertraglichen Pflichtverletzung und einer Anfechtungsberechtigung, welche zu einer

---

1996 *Schubert* EWiR 2019, 537 (538); *Hamann* jurisPR-ArbR 30/2020 Anm. 4 D.; wohl auch *Weiler* S. 602 f.

1997 S. o., Kap. 5 § 7 III. 2. b).

1998 *Bauer/Romero* ZfA 2019, 608 (617).

1999 Vgl. vertiefend Kap. 7 § 17 F. II. 2. b) bb) (3).

Frist nach § 121 BGB führt, nicht: Im Falle der Anfechtbarkeit mit Frist nach § 121 BGB muss keine Seite eine Verantwortlichkeit für den zur Anfechtung berechtigenden Umstand treffen, bei einer vorvertraglichen Pflichtverletzung allerdings schon.[2000] Außerdem ist die Verletzung des Gebots fairen Verhandelns bei restriktivem Verständnis nicht als weniger schwerwiegend als die rechtswidrige Drohung nach § 123 Abs. 1 Alt. 2 BGB anzusehen. Sie ist schlicht als anders, aber mit gleicher Intensität, einzuordnen.[2001] Eine Fristangleichung mit § 121 BGB kommt deshalb nicht in Betracht.[2002]

Zuletzt bleibt damit die Entscheidung zwischen der analogen Anwendung des § 124 BGB oder der Anwendung des § 195 BGB. Seit der Schuldrechtsreform hat sich der extreme Unterschied zwischen der Frist des § 124 BGB und der vormals 30 jährigen regelmäßigen Verjährungsdauer erübrigt, sodass die andere Vertragsseite nun nicht mehr auf eine nahezu unbestimmte Zeit klagen kann.[2003] Der zeitliche Unterschied zwischen den Vorschriften ist zwar weiterhin nicht von der Hand zu weisen, doch eine so enorme Differenz wie noch vor 2002 besteht nicht mehr.

Der Unterschied zwischen den Fristen nach § 124 BGB und § 195 BGB ist im Vergleich zu vorvertraglichen Aufklärungspflichtverletzungen beim Gebot fairen Verhandelns in tatsächlicher Hinsicht von geringerer Relevanz. Der Überrumpelte kann im Gegensatz zum falsch Aufgeklärten die Verletzung der Rücksichtnahmepflicht nach § 241 Abs. 2 BGB faktisch deutlich schneller rügen und wird es infolgedessen auch tun. Dieser Unterschied ist darin begründet, dass Aufklärungsfehler eventuell erst Jahre nach dem Vertragsschluss vollumfänglich bekannt werden. Demgegenüber sind Verstöße gegen das Gebot fairen Verhandelns bereits mit Abschluss der Verhandlungen offenbar. In der Praxis wird sich der Fristunterschied deshalb kaum bemerkbar machen, zumal die Frist in beiden Fällen erst mit entsprechender Kenntnis beginnt, vgl. §§ 124 Abs. 2, 199 Abs. 1 BGB. Aufgrund der praktisch im direkten Anschluss an den Vertragsschluss bestehenden Möglichkeit der Geltendmachung der Verletzung des Gebots fairen Verhandelns scheint eine lange Frist im Interesse der Rechtssicherheit jedoch gleichzeitig unerwünscht. Bei einer solchen Sichtweise würden

---

2000 Vgl. *Mankowski* S. 189; *Schwarze* S. 310; *Winter* S. 197.

2001 S. u., Kap. 7 § 17 F. II. 2. b) (bb) (2).

2002 *Plum* MDR 2020, 69 Rn. 23; im Ergebnis ebenso *Becker* S. 416 Fn. 1747; aus anderen Gründen auch *Hamann* jurisPR-ArbR 30/2020 Anm. 4 D.

2003 Vgl. *Becker* S. 417; *Schindler* S. 32; *Winter* S. 196 **gegen** *Schacht* S. 169 und *Grigoleit* NJW 1999, 900 (903).

aber sowohl die Dauer von einem Jahr als auch von drei Jahren zu einem unbefriedigenden Ergebnis führen. Die Möglichkeit der sofortigen Geltendmachung spricht mangels vermuteter praktischer Relevanz der Fristunterschiede darum sowohl für die einfache Anwendung der gesetzlich vorgesehenen längeren Frist des § 195 BGB als auch für eine kurze Frist, also die analoge Anwendung des § 124 BGB. Die praktischen Erwägungen sind mithin unergiebig.

Der Gesetzgeber hat mit § 124 BGB zwar eine Frist von einem Jahr für die Geltendmachung einer widerrechtlichen Drohung als angemessen angesehen. Allerdings hat er eine Diskrepanz zwischen § 124 Abs. 1 BGB und der regelmäßigen Verjährung bei der vorvertraglichen Haftung ausweislich der Materialien erkannt.[2004] Trotzdem hat er bei der Aufnahme der culpa in contrahendo in das BGB keine Anpassung der Verjährungsfrist bei Vertragsaufhebung im Wege des Schadensersatzes vorgenommen. Darin ist eine Billigung der ähnlichen und schon damals herrschenden Anwendung des § 195 BGB im Falle von vorvertraglichen Aufklärungspflichtverletzungen zu sehen.[2005]

Auch sind Anfechtungsrecht und Schadensersatzrecht unterschiedlichen Anforderungen unterworfen und haben verschiedene Rechtsfolgen. Insbesondere die absolute, auch gegenüber Dritten eintretende, rechtsvernichtende Wirkung des § 142 BGB ist verglichen mit der bloß obligatorischen Wirkung der culpa in contrahendo gegen einen Gleichlauf der Frist anzuführen.[2006] Die Unterschiede zwischen Anfechtung und vorvertraglicher Pflichtverletzung rechtfertigen unterschiedliche Fristen und sprechen gegen eine analoge Anwendung des § 124 BGB.[2007] Nicht überzeugend ist indes die Behauptung, dass die Kausalitätsprüfung im Rahmen der vorvertraglichen Pflichtverletzung strenger sei und deshalb die unterschiedlichen Fristen sachgerecht seien.[2008] Zwar ist es

---

2004 Begr. RegE. BT-Drucks. 14/6040, S. 161.

2005 *Emmerich* § 7 Rn. 22; vgl. zur vorherigen Rspr. nur BGH 11.5.1979, NJW 1979, 1983 (1984).

2006 Vgl. zu diesem Argument Staudinger/*Oechsler* (2018) § 826 Rn. 149 zur Frist des § 195 BGB für § 826 BGB in Konkurrenz mit § 124 BGB.

2007 *Becker* S. 417; *Fikentscher/Heinemann* Rn. 95.

2008 Ebenso *Giesing* S. 236 f.; *Krüger* FS Kollhosser II, 329 (335 f.); *Schmidt* AP BGB § 620 Aufhebungsvertrag Nr. 50, S. 1180 (1185) mit Verweis auf BAG 7.2.2019, NZA 2019, 688 Rn. 38, 42, 43: Durch die Vermutung des BAG „der Kausalität zwischen Pflichtverletzung und Abschluss des Aufhebungsvertrages […] werden etwaige strengere Voraussetzungen eines Anspruches aus culpa in contrahendo gegenüber der Anfechtung […] abgemildert.", auch eine Beschränkung durch den Schutzzweckzusammenhang wie bei Aufklärungspflichten erfolge nicht; *Schwarze* S. 309; allg.

grundsätzlich richtig, dass für die Anfechtung aus § 123 Abs. 1 BGB ausreichend ist, dass der Vertrag ansonsten auch unter anderen Bedingungen geschlossen worden wäre, wohingegen eine Vertragsauflösung über § 249 Abs. 1 BGB voraussetzt, dass der Vertrag gar nicht, also auch nicht zu anderen Konditionen geschlossen worden wäre.[2009] Aufgrund des Anscheinsbeweises der Kausalität der unzulässigen Einflussnahme für den Vertragsschluss insgesamt[2010] kann diesem Einwand jedoch regelmäßig keine tragende Bedeutung zugesprochen werden.

Auch zwingt die Interessenlage bei der Verletzung des Gebots fairen Verhandelns nicht zu einer analogen Anwendung des § 124 BGB. Bei einer schuldhaften unzulässigen Einflussnahme ist das Vertrauen auf den Bestand des Vertrags auch nach Ablauf der Frist des § 124 BGB nicht zwingend schützenswert.[2011] Darüber hinaus ergeben sich dadurch Unterschiede, dass § 124 BGB eine Ausschlussfrist ist, wohingegen die Verjährung nach § 195 BGB als Einrede im Prozess geltend gemacht werden muss.[2012] An den Anspruch aus culpa in contrahendo werden außerdem aufgrund der Intensität, die für eine Verletzung des Gebots fairen Verhandelns bei zu befürwortender restriktiver Anwendung erforderlich ist, keine geringeren Anforderungen, sondern andere als an das Gestaltungsrecht nach § 123 Abs. 1 BGB gestellt.[2013]

All dies führt dazu, dass ein Gleichlauf der Fristen nicht notwendig ist. Die Frist des § 195 BGB ist zuletzt vor allem auch vom Gesetz vorgesehen.[2014] Für eine analoge Anwendung anderer Vorschriften über diese Regelung hinweg bräuchte es triftige Gründe, an denen es fehlt. Die Verjährung eines Anspruchs auf vorvertraglicher Pflichtverletzung wegen Verletzung des Gebots fairen Verhandelns richtet sich mithin nach §§ 195, 199 BGB. Eine späte Geltendmachung muss letztlich aber auf der Tatbestandsebene berücksichtigt werden, indem der Schaden und die Kausalität vom Rechtsanwender kritisch zu hinterfragen sind.

Canaris AcP 200 (2000), 273 (305); Staudinger/*Feldmann* (2018) § 311 Rn. 154;. **aA** *Lorenz* S. 372 f.; *ders.* ZIP 1998, 1053 (1056 f.); *ders.* NZM 1998, 359 (363).

2009 *Lorenz* NZM 1998, 359 (363).

2010 S. o., Kap. 6 § 14 E. II.

2011 *Becker* S. 418; **aA** *Giesing* S. 236 f.

2012 Vgl. *Köhler* § 7 Rn. 67.

2013 S. dazu ausführlich Kap. 7 § 17 F. II. 2. b) bb) (2).

2014 Vgl. allg. Staudinger/*Feldmann* (2018) § 311 Rn. 154.

I. Die Beachtlichkeit besonderer Ausschlussfristen

Unabhängig von den gesetzlichen Vorschriften müssen bestehende Ausschlussfristen für den beendeten Vertrag bei Einschlägigkeit auf den Anspruch auf Schadensersatz wegen Verletzung des Gebots fairen Verhandelns Anwendung finden.[2015] Ein Anspruch aus vorvertraglicher Pflichtverletzung steht „im Zusammenhang" mit dem Verhältnis, welches beendet wird.[2016] Es handelt sich allerdings nicht um einen „Anspruch aus dem Verhältnis".[2017]

In der Literatur wird auch die Anwendung des § 242 BGB angedacht, um im Einzelfall bei später Geltendmachung der Vertragsaufhebung eine Einschränkung aus Treu und Glauben herzuleiten.[2018] § 242 BGB ist als Missbrauchsgrenze für den Einzelfall auch für das Gebot fairen Verhandelns anzuerkennen. Zwar darf der Überrumpelnde grundsätzlich kein Vertrauen in den Bestand des Vertrags haben, doch wäre ein Lösungsbegehren nach einer wiederholten, freien Willensäußerung des Überrumpelten, an dem Vertrag festhalten zu wollen rechtsmissbräuchlich und von daher nach § 242 BGB folgenlos.[2019]

J. Besonderheit arbeitsrechtlicher Aufhebungsvertrag: § 4 KSchG

Im Bereich des Arbeitsrechts wird bei vorvertraglichen Pflichtverstößen bei Abschluss eines Aufhebungsvertrags gelegentlich eine Anpassung an die Dreiwochenfrist des § 4 KSchG gefordert, um dessen intendierte Rechtssicherheit sicherzustellen.[2020] § 4 KSchG soll nach dieser Ansicht ein allgemeines Rechtsprinzip normieren, wonach schnellstmöglich Klarheit über den Fortbestand eines Arbeitsverhältnisses zu schaffen sei, weshalb es analog für andere Fälle anzuwenden sei.[2021] Verstärkend könnte auch eine Argumentation aus dem

---

2015 Vgl. zum Arbeitsrecht *Heinkel* ZTR 2020, 261 (268); *S. Müller* DB 2019, 1792 (1798).

2016 Ähnlich für das Arbeitsrecht *Heinkel* ZTR 2020, 261 (268); *S. Müller* DB 2019, 1792 (1798).

2017 Vgl. für den arbeitsrechtlichen Aufhebungsvertrag *Heinkel* ZTR 2020, 261 (268).

2018 *Becker* S. 418; *Schubert* EWiR 2019, 537 (538) sieht dies kurioserweise anscheinend sogar als einzige mögliche Grenze der Verjährung an: „[…] die Geltendmachung der Unwirksamkeit [ist] nicht fristgebunden und kann wohl allenfalls über den Grundsatz der Verwirkung zeitlich untergehen."; zu Aufklärungspflichtverletzungen *Paefgen* S. 30; **aA** *Winter* S. 197 f.

2019 Vgl. zum arbeitsrechtlichen Aufhebungsvertrag *Becker* S. 418

2020 *Schacht* S. 169 f.; ebenso *Gamillscheg* S. 226 f. zur „Klage auf Feststellung […], daß das Arbeitsverhältnis weiter besteht", die sie auf „praktische Konkordanz" stützt.

2021 *Schacht* S. 169 f. Als Argument gegen die reguläre Frist nennt auch ErfK/*Müller-Glöge* § 620 BGB Rn. 15 den § 4 KSchG.

Anfechtungsrecht vorgebracht werden:[2022] Dort wird eingewandt, dass jemand, der lediglich mit einer Kündigung droht, nicht schlechter stehen soll, als jemand, der sie tatsächlich erklärt.[2023]

Allerdings setzt § 4 KSchG keine Pflichtverletzung des Arbeitgebers voraus. Aus diesem Grund hat der gekündigte Arbeitnehmer die kurze Frist des KSchG zugunsten der Rechtssicherheit zu tolerieren. Bei einer Verletzung des Gebots fairen Verhandelns ist dem Arbeitgeber hingegen ein Fehlverhalten vorzuwerfen. Ein Verstoß gegen das Gebot fairen Verhandelns stellt infolgedessen kein „weniger" zur Kündigung dar.[2024] Die vorvertragliche Pflichtverletzung ist qualitativ etwas anderes als eine Kündigung, sodass keine ähnliche Situation besteht.[2025] Eine solche ist für eine Analogie aber erforderlich.

Wegen dieses Unterschiedes ist der Arbeitgeber nicht im gleichen Maße wie bei einer Kündigung zu privilegieren.[2026] Zudem wird in der Literatur berechtigterweise auf § 623 BGB verwiesen, welcher den Aufhebungsvertrag als Beendigungsform genauso wie eine Kündigung der Schriftform unterwirft, wohingegen die §§ 4, 7 KSchG sich nur auf eine Kündigung beziehen.[2027] Weiterhin wurde im Bereich des Befristungsrechts eine spezielle Frist zur Geltendmachung geschaffen (§ 17 TzBfG), beim Aufhebungsvertrag aber nicht.[2028] Der Wille des Gesetzgebers spricht bei einer historischen Betrachtung damit ebenfalls gegen eine planwidrige Regelungslücke und somit gegen eine Analogie.[2029]

Zuletzt ist vorzubringen, dass die herrschende Meinung zurecht auch keinen Anpassungsbedarf der Frist des § 124 BGB an § 4 KSchG sieht,[2030] womit diese Position wertungsmäßig im Einklang steht. Eine analoge Anwendung der Frist des § 4 KSchG ist deshalb bei einer Verletzung des Gebots fairen Verhandelns bei arbeitsrechtlichen Aufhebungsverträgen abzulehnen.[2031]

2022 Diese trägt *Giesing* S. 236 vor, lehnt sie aber ab.

2023 *Hromadka* FS Zöllner, 785 (791).

2024 *Giesing* S. 236.

2025 *Giesing* S. 236; *Winter* S. 196.

2026 Ähnlich *Becker* S. 417; *Giesing* S. 236; vgl. zu diesen Gedanken zur Anfechtung nach § 123 Abs. 1 BGB *Burkardt* S. 232; *Franz* S. 505; bei Aufklärungspflichtverletzungen *Winter* S. 196.

2027 *Franz* S. 522; *Winter* S. 196.

2028 *Giesing* S. 236.

2029 *Franz* S. 522; in diese Richtung auch *Giesing* S. 236.

2030 S. o., Kap. 3 § 5 J. III.

2031 *Becker* S. 417; *Giesing* S. 236; *Franz* S. 522; *Hamann* jurisPR-ArbR 30/2020 Anm. 4 D.; *Krause* EzA § 312 BGB 2002 Nr. 1, S. 21 (32); im allg. auch HWK/*Kliemt* Anh. § 9 KSchG Aufhebungsverträge Rn. 24.

§ 16 Abdingbarkeit des Gebots fairen Verhandelns

Im Bereich der dogmatisch ähnlichen vorvertraglichen Aufklärungspflichten ist anerkannt, dass diese der Dispositionsbefugnis der Parteien unterliegen.[2032] Diesem Gedanken folgend, ist eventuell auch eine Freizeichnung von weiteren, ebenfalls auf § 241 Abs. 2 BGB beruhenden Nebenpflichten, wie dem Gebot fairen Verhandelns, zulässig.[2033] Einerseits ist ein Globalverzicht auf die Rücksichtnahmepflichten des § 241 Abs. 2 BGB nicht möglich.[2034] Andererseits sind nach dem Einzelfall abgewogene Ausschlussklauseln für spezielle Rücksichtnahmepflichten grundsätzlich zulässig.[2035] Ob ein Verzicht auf einzelne Rücksichtnahmepflichten wirksam ist, folgt sodann aus einer Einzelfallabwägung.[2036] Für diese ist im Fall von AGB auf §§ 307 ff. BGB zurückzugreifen.[2037]

Könnte sich die überrumpelnde Seite durch Vereinbarung eines Ausschlusses vom Gebot fairen Verhandelns im Vertrag freistellen lassen, wäre dieses in seiner Wirksamkeit erheblich eingeschränkt. Zwar kann eine gesteigerte Warnung für den Überrumpelten auftreten, wenn (aus Beweisgründen) unterzeichnet werden muss, dass die Gegenseite von ihren Rücksichtnahmepflichten befreit wird. Doch könnte dies auch als einfache Standardklausel abgetan werden. Zudem ist die Dynamik der Überrumpelungssituation zu berücksichtigen. Die Verzichtsklausel würde aus dem gleichen Grund akzeptiert werden, wie der Vertrag

---

2032 MüKoBGB/*Bachmann* § 241 Rn. 154; *Bauer* AnwBl 1993, 58 (61); *Franz* S. 432 f.; WEBF/*Ehrich* Teil 1 Rn. 120; *Hoß/Ehrich* DB 1997, 625 (627); MEL/*Mues* Rn. 797; *Nägele* BB 1992, 1274 (1278); Tschöpe/*Schulte* 3. Teil C. Rn. 51c; im Ansatz Schaub/*Ahrendt* § 106 Rn. 4; allg. zu Nebenpflichten BeckOGK/*Herresthal* (1.1.2021) § 311 BGB Rn. 281, welcher betont, dass es häufig letztlich um einen Verzicht geht, da die Abbedingung der Rücksichtsnahmepflichten im Vertrag erst nach der entstandenen Haftung aus vorvertraglichem Verschulden folge; aA DDZ/*Däubler* Aufhebungsvertrag Rn. 100.

2033 Vgl. *Schacht* S. 170.

2034 MüKoBGB/*Bachmann* § 241 Rn. 54; für arbeitsrechtliche Rücksichtnahmepflicht Schaub/*Ahrendt* § 106 Rn. 4; *Schacht* S. 171; *Welslau* § 611 BGB Aufhebungsvertrag Nr. 9, S. 13 (23).

2035 MüKoBGB/*Bachmann* § 241 Rn. 154 f.; ähnlich Palandt/*Grüneberg* § 311 BGB Rn. 58; für arbeitsrechtliche Fürsorgepflicht *Welslau* LAGE § 611 BGB Aufhebungsvertrag Nr. 9, S. 13 (23).

2036 Vgl. ausführlich für das Arbeitsrecht *Welslau* LAGE § 611 BGB Aufhebungsvertrag Nr. 9, S. 13 (23); im Ansatz im Allg. MüKoBGB/*Bachmann* § 241 Rn. 154 f.

2037 Vgl. BeckOGK/*Herresthal* (1.1.2021) § 311 BGB Rn. 282.

insgesamt[2038] und würde damit den notwendigen Schutz konterkarieren. Aus diesem Grund ist, obgleich wie gezeigt enorme Parallelen zwischen vorvertraglichen Aufklärungspflichten und dem Gebot fairen Verhandelns bestehen, eine Abdingbarkeit von Letzterem bereits prinzipiell nicht möglich.[2039]

2038 Ähnlich *Schacht* S. 171; gleiche Argumentation bei der Abbedingung von Aufklärungspflichten *Franz* S. 434.

2039 Ähnlich für die Überlegungsfrist als Ausfluss der arbeitsrechtlichen Fürsorgepflicht beim Aufhebungsvertrag *Schacht* S. 171.

Kapitel 7: Zulässigkeit des Gebots fairen Verhandelns neben bestehenden Rechtsinstituten

Zuletzt gilt es zu untersuchen, ob das Gebot fairen Verhandelns als Fallgruppe der culpa in contrahendo neben den bestehenden Rechtsinstituten des BGB zum Schutze der Willensbildung zulässig ist. Dabei wird einerseits die Zulässigkeit neben konkreten Schutznormen und andererseits die Zulässigkeit im Gesamtgefüge des BGB untersucht.

§ 17 Konkurrenzen zu einzelnen Schutzvorschriften

Das Gebot fairen Verhandelns muss sich in die Reihe bereits untersuchter anderer Schutzvorschriften eingliedern und neben diesen zulässig sein.

A. Problemstellung

Bisher wurde gezeigt, dass das Gebot fairen Verhandelns über die culpa in contrahendo zu begründen ist und, dass es dort seinen eigenen, von anderen Schutzvorschriften nicht abgedeckten Anwendungsbereich hat. Wie eingangs dargestellt wird die Überrumpelung von den etablierten Schutzmechanismen des BGB nach zutreffender und herrschender Auffassung nicht erfasst.[2040] Doch diese seit jeher bestehende Schutzlücke bietet Anlass zu hinterfragen, ob die erarbeiteten Grundsätze zum Gebot fairen Verhandelns neben den bestehenden und explizit normierten Instituten überhaupt angewendet werden dürfen. Möglicherweise sind die getroffenen Schutzvorschriften des BGB so zu verstehen, dass sie die Beeinflussung der Willensfreiheit abschließend regeln.[2041]

Das Bundesarbeitsgericht statuierte in seinem Urteil vom 7.2.2019 hingegen schlicht: „Das Gebot fairen Verhandelns schützt unterhalb der Schwelle der von §§ 105, 119 ff. BGB erfassten Willensmängel die Entscheidungsfreiheit bei Vertragsverhandlungen."[2042] Ohne Begründung geht das Bundesarbeitsgericht mit diesem Satz von der Zulässigkeit der damit erstmals höchstrichterlich

2040 S. o., Kap. 3 § 5 Q.

2041 Dafür insb. *Fischinger* NZA 2019, 729 (731).

2042 BAG 7.2.2019, NZA 2019, 688 Rn. 32; zust. *Heinkel* ZTR 2020, 261 (266); *Reufels/Pütz* ArbRB 2020, 253 (255).

angewandten und vorher ein Schattendasein führenden Figur des Gebots fairen Verhandelns aus. Diese pauschale Aussage von einem höchstinstanzlichen Gericht ist problematisch und als solche ungenügend.

Die Zulässigkeit des Gebots fairen Verhandelns erfordert vielmehr eine genaue Untersuchung der Konkurrenz zu anderen Schutzvorschriften. Es ist bei der Erörterung des Verhältnisses zu anderen Schutzvorschriften zunächst jeweils zu ergründen, ob die andere Norm dem Gebot fairen Verhandelns abstrakt entgegensteht. Im zweiten Schritt sind Konstellationen zu erörtern, in denen neben der Verletzung des Gebots fairen Verhandelns konkret auch die andere Schutznorm einschlägig ist. Dabei sind die Sittenwidrigkeit nach § 138 Abs. 1 BGB, das Anfechtungsrecht nach § 123 Abs. 1 Alt. 2 BGB und die Widerrufsrechte die relevantesten Konkurrenznormen. Es ist damit abstrakt wie konkret zu untersuchen, ob das Gebot fairen Verhandelns, umgesetzt über die culpa in contrahendo, neben den anderen Schutzvorkehrungen des BGB jeweils zulässig ist.

B. Konkurrenz zu den Regeln über Willenserklärungen

Das Gebot fairen Verhandelns widerspricht nicht den gängigen Vorstellungen zum Zustandekommen einer Willenserklärung. Deren vorläufige Wirksamkeit ist aus Vertrauensschutzgründen im zweigliedrigen Verständnis der Willenserklärung normal. Der Schutz vor ungewollten Erklärungen folgt jenseits der Fälle, in denen bereits der Handlungswille fehlt, typischerweise erst im Nachhinein, wie sich auch aus der eingangs durchgeführten Untersuchung der bestehenden Schutzmechanismen ergibt.

C. Konkurrenz zur Geschäftsunfähigkeit nach den §§ 104 ff. BGB

Zur Sicherstellung selbstbestimmter Erklärungen dienen die §§ 104 ff. BGB als grundlegende Schutzmechanismen. Der Bundesgerichtshof geht korrekterweise davon aus, dass ein Geschäftsfähiger für seine Willenserklärungen grundsätzlich einstehen muss.[2043] Darum sei es nach *Haller* „völlig contra legem, wenn der uneingeschränkt geschäftsfähige ‚mündige' Bürger grundsätzlich alles und jedes jederzeit widerrufen könnte, wenn er sich durch Zeitdruck überrumpelt fühlt."[2044] Die § 104 ff. BGB würden verdeutlichen, dass Willenserklärungen grundsätzlich wirksam sein sollen, da dies für eine funktionierende

2043 BGH 28.2.1989, NJW 1989, 1276 (1278); ähnlich *Bengelsdorf* NZA 1994, 193 (198 f.).
2044 *Haller* BB 1994, 787 (789), allerdings zu einem Widerrufsrecht nach § 242 BGB.

Rechtsordnung notwendig sei.[2045] Eine Korrektur dürfe nur in besonders krassen Fällen erfolgen, wofür eine „erhebliche Verwirrung" aufgrund der Umstände nicht ausreiche.[2046] Infolgedessen könne auch psychische Überforderung keine Unwirksamkeit von Willenserklärungen begründen.[2047] Willensmängel könnten deshalb neben § 104 ff. BGB nur im Anfechtungsrecht berücksichtigt werden.[2048]

Andererseits haben die §§ 104 ff. absoluten Vorrang.[2049] Ihr hoher Stellenwert spricht deshalb vielmehr gegen eine abschließende Wirkung. Stattdessen wird die Schutzwürdigkeit bei fehlerhafter Willensbildung untermauert. Die §§ 104 ff. BGB sind in ihrem Schutz jedoch sehr starr und erlauben keine Abwägung.[2050] Ihre Rechtsfolge ist die Unwirksamkeit der Willenserklärung ipso iure, ohne dass es einer entsprechenden Erklärung bedarf. Das rigorose Schutzsystem der §§ 104 ff. BGB ist dadurch nicht auf Einzelfälle ausgelegt, sondern soll eine größtmögliche Rechtssicherheit für bestimmte Konstellationen schaffen.[2051] Eine so genaue tatbestandliche Ausgestaltung wie bei dem Gebot fairen Verhandelns ist deshalb nicht möglich.

Die §§ 104 ff. BGB setzen vor allem im Gegensatz zum Gebot fairen Verhandelns keine Zurechnung der gestörten Willensbildung an den Vertragspartner voraus und berücksichtigen in keiner Weise ein Vertrags- oder Vertrauensverhältnis zwischen den Parteien. Wie oben gezeigt zielen die §§ 104 ff. BGB vorrangig auf Fehler in der Sphäre des Geschäftsunfähigen selbst ab und nicht auf solche, die Folge externer Beeinflussung sind.[2052] Diese Unterscheidung ist maßgeblich, denn sie bezeugt, dass kein Schutz „unterhalb" der §§ 104 ff. BGB und dort insbesondere § 105 Abs. 2 BGB geschaffen wird.[2053] Die § 104 ff. BGB stellen lediglich einen Mindestschutz dar. Dieser wird von zahlreichen anderen Schutzvorschriften wie §§ 119, 123, 138, 823, 826 BGB und den Widerrufsrechten verstärkt. In diese Reihe ist auch das Gebot fairen Verhandelns einzuordnen. Es ist deshalb neben §§ 104 ff. BGB zulässig.[2054]

2045 *Haller* BB 1994, 787 (789); in diese Richtung auch *Bengelsdorf* NZA 1994, 193 (198).

2046 *Bengelsdorf* NZA 1994, 193 (198); *ders.* DB 1997, 874 (879); *Ehrich* DB 1992, 2239 (2243); *Pauly* MDR 1995, 1081 (1084); im Grundsatz *Haller* BB 1994, 787 (789) bezogen auf die Androhung einer Kündigung.

2047 *Ehrich* DB 1992, 2239 (2243); ähnlich *Bengelsdorf* NZA 1994, 193 (198).

2048 *Bengelsdorf* DB 1997, 874 (879); *Holler* NJW 2019, 2206 (2209).

2049 S. Staudinger/*Klumpp* (2017) Vorbem. zu §§ 104 ff. Rn. 23, § 105 Rn. 3 ff.

2050 Erman/*Müller* Vor § 104 Rn. 1.

2051 *Lorenz* S. 93.

2052 S. o., Kap. 3 § 5 B.

2053 So aber BAG 7.2.2019, NZA 2019, 688 Rn. 32.

2054 IE auch BAG 7.2.2019, NZA 2019, 688 Rn. 32.

Liegt bereits eine Geschäftsunfähigkeit vor, so ist daneben wegen der Unwirksamkeit des Geschäfts qua Gesetz das Gebot fairen Verhandelns nur dann von Belang, wenn sich die Geschäftsunfähigkeit nicht beweisen lässt.

D. Konkurrenz zum Formzwang

Teilweise wird gegen die Entwicklung eines Überrumpelungsschutzes eingewandt, dass zumindest im Arbeitsrecht das Schriftformerfordernis des § 623 BGB einen ausreichenden Übereilungsschutz biete.[2055] Formvorschriften sollen konzeptionell, soweit ist dem zuzustimmen, vor Übereilungen,[2056] d. h. mitunter auch vor Überrumpelungen durch andere Personen schützen. Generell dienen Formvorschriften häufig dem Zweck, die Vertragsfreiheit einer oder aller Vertragsparteien zu wahren, obwohl diese gleichzeitig dadurch beschränkt wird.[2057] Allerdings besteht ein Formzwang nur, wenn er gesetzlich angeordnet oder vertraglich vereinbart wurde. In den meisten Fällen genügen infolgedessen für vertragliche Vereinbarungen mündliche Abreden.

Jedoch ist auch in den Fällen, in denen eine Formvorschrift gegeben ist, der Schutz dieser nicht abschließend. Insbesondere die vergleichsweise verbreitete Schriftform bietet tatsächlich nur einen sehr geringen Schutz vor Überrumpelung.[2058] Zum einen ist die Fehlvorstellung, dass die Schriftform der Regelfall ist, so verbreitet, dass durch sie vielfach keine warnende Wirkung hervorgerufen wird und zum anderen verlangt die Schriftform nur eine Unterschrift und nicht die besonnene Prüfung des darüberstehenden Vertrags.[2059] Formvorschriften sind zum anderen auch nicht speziell darauf ausgerichtet, gezielte

---

2055 Vgl. allg. *Rieble/Klumpp* ZIP 2002, 2153 (2160); *Tschöpe/Pirscher* RdA 2004, 358 (366).

2056 Motive I S. 179: Formzwang fordert zur „besonnenen Überlegung" auf; *Bydlinski* S. 130; HK-BGB/*Dörner* § 125 Rn. 2; MüKoBGB/*Einsele* § 125 Rn. 8; BeckOGK/*Hecht* (15.9.2021) § 125 BGB Rn. 7 ff.; Soergel/*Hefermehl* Vor § 125 Rn. 1; Staudinger/*Hertel* (2017) § 125 Rn. 37, § 126 Rn. 67; Jauernig/*Mansel* § 125 Rn. 3; BeckOKBGB/*Wendtland* § 125 Rn. 1; zur Schriftform: MüKoBGB/*Einsele* § 126 Rn. 1; BeckOGK/*Hecht* (15.9.2021) § 126 BGB Rn. 4; Jauernig/*Mansel* § 126 Rn. 2; *Weiler* S. 232.

2057 *Lorenz* S. 103, 106; *Weiler* S. 232 Fn. 243.

2058 Staudinger/*Hertel* (2017) § 125 Rn. 37, wenn die Erklärung vorgelegt wird, besteht nur ein deutlich geringerer Schutz als wenn die Erklärung erst noch geschrieben werden muss; *Honsell* JZ 1989, 495 (496); *Lorenz* S. 108; *Medicus* ZIP 1989, 817 (820); *ders.* JuS 1999, 833 (833); *Weiler* S. 232; ähnlich *Wiedemann* JZ 1994, 411 (413) zu § 766 BGB; s. auch oben, Kap. 3 § 5 F.; **aA** ErfK/*Müller-Glöge* § 623 BGB Rn. 1.

2059 *Weiler* S. 233.

Überrumpelung zu verhindern, sondern sie sollen vor einer vorrangig durch den Erklärenden selbst herbeigeführten übereilten Entscheidung bewahren.[2060]

Aus der Existenz von Formerfordernissen kann deshalb nicht geschlossen werden, dass der Gesetzgeber hiermit die Entscheidungsfreiheit keinem weiteren Schutz zugänglich machen wollte. Formvorschriften, wie beispielsweise die Schriftform des § 623 BGB bei arbeitsrechtlichen Aufhebungsverträgen stehen dem Gebot fairen Verhandelns mithin nicht konkurrierend gegenüber.[2061] Gleichzeitig wird jedoch in der Regel aus einer notariellen Beurkundung folgen, dass aufgrund der Beratung und der damit einhergehenden Bedenkzeit tatbestandlich keine Verletzung des Gebots fairen Verhandelns vorliegt.[2062]

E. Konkurrenz zum geheimen Vorbehalt nach § 116 S. 1 BGB

Eventuell ist als Konkurrenznorm für das Gebot fairen Verhandelns § 116 S. 1 BGB zu berücksichtigen.[2063] § 116 S. 1 BGB erklärt innere Vorbehalte für die Wirksamkeit der Willenserklärung als unbeachtlich. Der Erklärende hat im Fall einer Überrumpelung aber womöglich genau solche inneren Vorbehalte („Mentalreservation") gegenüber der abgegebenen Erklärung, sodass diese nach § 116 BGB unbeachtlich sein könnten.[2064] Hierfür setzt § 116 BGB bereits beim Wirksamwerden der Willenserklärung an.

Dass jedoch eine ungewollte Willenserklärung im Fall einer unzulässigen Einflussnahme unabhängig von § 116 S. 1 BGB nachträglich wieder beseitigt werden kann, ergibt sich aus § 123 Abs. 1 Alt. 2 BGB. Die Regelung des geheimen Vorbehalts dient zudem dem Vertrauensschutz und der Rechtssicherheit im Fall eigenen Fehlverhaltens des Erklärenden.[2065] Wegen der umgedrehten Interessenlage bei unzulässiger Einflussnahme kann § 116 S. 1 BGB deshalb Schutzvorschriften, die vor solcher Beeinträchtigung behüten wollen, nicht verdrängen. Auch berührt das Gebot fairen Verhandelns die vorläufige Wirksamkeit einer

---

2060 Vgl. *Weiler* S. 233.

2061 IE wohl auch trotz Betonung der Schriftform als Übereilungsschutz *Kamanabrou* RdA 2020, 201 (206); **aA** anscheinend *Holler* NJW 2019, 2206 (2208), der behauptet, dass die Schriftform als gesetzlich normierter Übereilungsschutz übersehen wird.

2062 S. o., Kap. 5 § 11 D. I. 3. c).

2063 Vgl. allg. *Singer* S. 212; in diese Richtung auch *Barnert* S. 277, der bei „Fremdbestimmung" aufgrund des Erfordernisses des Konsens eine unbeachtliche Mentalreservation erblickt.

2064 Dies ist bereits höchstfraglich, s. dazu o., Kap. 3 § 5 E.

2065 S. o., Kap. 3 § 5 E.

unter unzulässiger Einflussnahme abgegebenen Willenserklärung bis zur schadensrechtlichen Rückabwicklung nicht. Mithin steht § 116 S. 1 BGB dem Gebot fairen Verhandelns nicht entgegen.[2066]

F. Konkurrenz zur Anfechtung nach den §§ 119 ff. BGB

Das Verhältnis zwischen culpa in contrahendo und dem Anfechtungsrecht ist bereits bei vorvertraglichen Aufklärungspflichtverletzungen von Spannungen gezeichnet. Der besonderen Bedeutung des § 123 Abs. 1 Alt. 2 BGB wurde schon im Vorfeld bei der tatbestandlichen Gestaltung des Gebots fairen Verhandelns und seiner Umsetzung im Rahmen der vorvertraglichen Pflichtverletzung Rechnung getragen. Problematisch bleibt darüber hinausgehend jedoch die grundsätzliche Zulässigkeit des Gebots fairen Verhandelns neben dem Anfechtungsregime der §§ 119 ff. BGB und dort insbesondere dem § 123 Abs. 1 Alt. 2 BGB.

I. Konkurrenz zu § 119 BGB

Aus § 119 Abs. 2 BGB folgt die grundsätzliche Unbeachtlichkeit des bloßen Motivirrtums,[2067] also eines Fehlers in der Willensbildung. Die Gründe dafür sind die Verkehrssicherheit[2068] und die Selbstverantwortung des Erklärenden im Rechtsleben[2069]. Rechtstechnisch liegt bei einer Willenserklärung, die infolge einer Überrumpelung erfolgt, ein Motivirrtum vor. Nach den benannten Grundsätzen wäre die Überrumpelung als Auslöser eines Motivirrtums rechtlich zunächst ohne Bedeutung.[2070]

Die Verkehrssicherheit muss jedoch zurücktreten, wenn der Fehler von dem Vertragspartner oder in Sonderfällen durch einen Dritten verursacht worden ist, vgl. § 123 BGB.[2071] Genauso funktioniert der Begründungsansatz über die Selbstverantwortung für die Bindung an die Erklärung trotz Motivirrtums dann nicht, wenn keine Selbstbestimmung vorlag.[2072] Bei einer intensiven Beeinflussung

2066 S. dazu bereits oben, Kap. 3 § 5 E.

2067 Vgl. nur Staudinger/*Singer* (2017) § 119 Rn. 2.

2068 *Schmidt-Rimpler* FS Nipperdey, 1 (11); *Weiler* S. 398, 407 f.

2069 *Weiler* S. 400; in eine ähnliche Richtung auf den „Wortbruch“ als Grund für die Unbeachtlichkeit abstellend *Lorenz* S. 281 und *Singer* S. 244.

2070 Deshalb gegen eine Zulässigkeit des Gebots fairen Verhandelns *Barnert* S. 240.

2071 In diese Richtung auch *Weiler* S. 397.

2072 S. dazu ausführlich oben, Kap. 2 § 2 D., E.

durch Andere sind Fehler in der Willensbildung demnach zu berücksichtigen, da es gerade um die Frage nach der Verantwortlichkeit für den Fehler geht.[2073]

Der Einwand, dass das Gebot fairen Verhandelns eine Wiedereinführung der „sogenannten ‚Willenstheorie' des 18. Jahrhunderts"[2074] bedeute, ist wegen der zwingenden Verantwortung der anderen Seite für die Verletzung der Pflicht zur fairen Verhandlungsführung infolgedessen unberechtigt. Das Anfechtungsrecht kann zudem bereits deshalb nicht grundlegend abschließend betreffend der Entscheidungsfreiheit sein, da es keine Regelung zum beiderseitigen Irrtum trifft, welcher nach der herrschenden Meinung[2075] über § 313 BGB gelöst wird.[2076] § 119 BGB steht dem Gebot fairen Verhandelns deshalb nicht im Wege.[2077]

II. Konkurrenz zu § 123 Abs. 1 BGB

§ 123 Abs. 1 BGB bietet wie oben gezeigt keinen Schutz vor allen die Entscheidung beeinflussenden Maßnahmen, insbesondere nicht vor einer Überrumpelung ohne widerrechtliche Drohung.[2078] Möglicherweise ist die Regelung des § 123 Abs. 1 BGB zum Schutz vor Willensbeeinflussungen deshalb gegenüber dem Gebot fairen Verhandelns abschließend.[2079]

2073 Ähnlich *Weiler* S. 401.

2074 So *Barnert* S. 240.

2075 BGH 23.10.1957, BGHZ 25, 390 (392 f.); *Brox/Walker* BGB AT § 20 Rn. 3; Soergel/*Hefermehl* § 119 Rn. 85; *Mankowski* S. 190 f.; Erman/*Arnold* Vor § 116 Rn. 21; *Singer* JZ 1999, 342 (346).

2076 *Mankowski* S. 190; *Wiedemann* JZ 1998, 1176 (1176).

2077 IE BAG 7.2.2019, NZA 2019, 688 Rn. 32; allg. zum Verhältnis von c. i. c. und § 119 BGB BeckOGK/*Herresthal* (1.1.2021) § 311 BGB Rn. 245.

2078 S. o., Kap. 3 § 5 J. II. 3.; *Weiler* S. 533; **aA** *Kienast/Schmidl* DB 2003, 1440 (1442), die den Schutz durch § 123 Abs. 1 BGB als „Grenze eines fairen Verhandelns" ausreichend ansehen.

2079 **Dafür** *Adam* EzA § 312 BGB 2002 Nr. 4, S. 18 (26); *Barnert* S. 237; *Holler* NJW 2019, 2206 (2209) neben § 138 BGB; wohl auch APS/*Rolfs* AufhebVtr Rn. 108b; allg. *Ehrich* DB 1992, 2239 (2244): Lösungsmöglichkeit wegen Überrumpelung würde die Grundsätze der Anfechtungsbestimmungen unterlaufen; *Schubert* AcP 168 (1968), 470 (507), wenn lediglich eine Beeinträchtigung der Entscheidungsfreiheit vorliegt; **krit.** Staudinger/*Oetker* (2019) Vorbem. zu §§ 620 ff. Rn. 61a; **dagegen** BAG 7.2.2019, NZA 2019, 688 Rn. 32, 39; *Becker* S. 403 f., 419; *Giesing* S. 194, 238 (bei analoger Anwendung des § 124 BGB); *Heinkel* ZTR 2020, 261 (268); *Krause* EzA § 312 BGB 2002 Nr. 1, S. 21 (31); *Lorenz* S. 347, 359 f.; *S. Müller* DB 2019, 1792 (1795); *Plum* MDR 2020, 69 Rn. 23; *Thüsing* RdA 2005, 257 (269); *Weiler* S. 533 f., 603; im Ansatz *Bachmann/Ponßen* NJW 2019, 1966 (1970); vgl. allg. zur fehlenden

1. *Die grundsätzliche Vereinbarkeit von § 123 Abs. 1 BGB und der culpa in contrahendo*

Die culpa in contrahendo ist grundsätzlich neben § 123 Abs. 1 BGB anwendbar.[2080] Die Gemeinsamkeit der Rechtsinstitute liegt darin, dass sie letztlich beide den Vertrag beseitigen können.[2081] Dass sie sich dennoch nicht prinzipiell ausschließen, ist in ihren unterschiedlichen Wirkungen und Voraussetzungen begründet. Das Anfechtungsrecht nach § 123 BGB dient ausschließlich dem Schutz der rechtsgeschäftlichen Entscheidungsfreiheit.[2082] Wegen dieser Schutzrichtung ist kein Schaden notwendig, um anfechten zu können.[2083] Zudem muss für eine Anfechtung nach § 123 Abs. 1 BGB die Täuschung oder Drohung vorsätzlich erfolgt sein.[2084] Die Anfechtung wirkt ex tunc und beseitigt die Willenserklärung. Sie wirkt dabei dinglich, indem sie nach § 142 Abs. 1 BGB unmittelbar das Rechtsgeschäft beseitigt.[2085] Es handelt sich um ein Gestaltungsrecht.[2086] Im Unterschied dazu ist der Schadensersatzanspruch wegen vorvertraglicher Pflichtverletzung eine Forderung.[2087] Diese zielt auf eine Rückabwicklung des Vertrags ab.[2088] Wie sich bereits aus der Rechtsnatur „Schadensersatz" ergibt,

---

Ausschlusswirkung des § 123 BGB: *Mankowski* S. 190, 1078 f. (bei analoger Anwendung des § 124 BGB); *Schwarze* S. 307; *Wiedemann* JZ 1998, 1176 (1176 f.).

2080 St. Rechtsprechung BGH 31.1.1962, NJW 1962, 1196 (1198); BGH 28.2.1968, NJW 1968, 986 (987); BGH 11.5.1979, NJW 1979, 1983 (1983 f.); BGH 26.9.1997, NJW 1998, 302 (303); BGH 10.1.2006, BGHZ 165, 363 (371); MHdBArbR/*Benecke* § 34 Rn. 16; Palandt/*Ellenberger* § 123 BGB Rn. 27; *Bork* Rn. 901a; Staudinger/*Feldmann* (2018) § 311 Rn. 154; *Franz* S. 514 f.; Palandt/*Grüneberg* § 311 BGB Rn. 13; Soergel/*Hefermehl* § 123 Rn. 63; BeckOGK/*Herresthal* (1.1.2021) § 311 BGB Rn. 233; *Köhler* § 7 Rn. 67; HK-BGB/*Schulze* § 311 Rn. 14; Jauernig/*Stadler* § 311 Rn. 37; BeckOKBGB/*Sutschet* § 311 Rn. 45; *Winter* S. 179.

2081 Vgl. *Franz* S. 514; *Winter* S. 179.

2082 BGH 11.5.1979, NJW 1979, 1983 (1984); BGH 19.12.1997, NJW 1998, 898 (898); *Fleischer* S. 244; *Franz* S. 514; *Mugdan* I S. 722; *Schubert* AcP 168 (1968), 470 (505 f.); *Winter* S. 179 f.

2083 BGH 19.12.1997, NJW 1998, 898 (898); *Franz* S. 514; *Heinkel* ZTR 2020, 261 (268); *Winter* S. 180.

2084 S. o., Kap. 3 § 5 J. II. 1., 2. d); **aA** zur Täuschung *Grigoleit* NJW 1999, 900 (902 f.).

2085 BGH 31.1.1962, NJW 1962, 1196 (1198 f.); BGH 26.9.1997, NJW 1998, 302 (304); **krit.** bzgl. des tatsächlichen Unterschieds *Schumacher* S. 27 f.

2086 *Franz* S. 514; *Winter* S. 179.

2087 *Franz* S. 514.

2088 S. o., Kap. 6 § 13 B. II.

ist bei der vorvertraglichen Pflichtverletzung ein Schaden zur Geltendmachung zwingend notwendig.[2089]

Anfechtung und culpa in contrahendo sind wegen dieser Unterschiede streng zu trennen.[2090] Es sind zwei prinzipiell unterschiedliche Rechtsinstitute.[2091] Für die weitere Untersuchung ist zu beachten, dass es sich bei der culpa in contrahendo um einen gesetzlichen Haftungstatbestand handelt, welcher gleichberechtigt neben § 123 BGB tritt.[2092]

2. Spannungsfeld zur culpa in contrahendo beim Gebot fairen Verhandelns

Eine Ähnlichkeit zwischen § 123 Abs. 1 Alt. 2 BGB und der Haftung wegen vorvertraglichen Verschuldens durch Verstoß gegen das Gebot fairen Verhandelns ist gleichwohl nicht abzustreiten. Beide Instrumente dienen dazu, die Willensbildungsfreiheit zu schützen. Und in beiden Fällen besteht ein besonderes Schutzinteresse des beeinflussten Teils, ohne dass die Gegenseite wegen der Herbeiführung der Lage Vertrauensschutz in Anspruch nehmen kann.[2093] Eine Lösung vom Vertrag über das Schadensersatzrecht könnte deshalb im Konflikt zu § 123 Abs. 1 BGB stehen, da sie unter weniger strengen tatbestandlichen Voraussetzungen möglich zu sein scheint.[2094] Aus diesem Grund wird eine Umgehung des § 123 Abs. 1 Alt. 2 BGB befürchtet.[2095] Es kann darum bereits eingangs festgehalten werden, dass die culpa in contrahendo mit der längeren Frist und dem Fehlen des Vorsatzes als Voraussetzung in einem problematischen Verhältnis zum Anfechtungsrecht stehen kann.[2096]

a) Keine Zulässigkeit des Gebots fairen Verhandelns neben § 123 Abs. 1 BGB

Für eine ausschließende Wirkung des § 123 BGB wird vorgebracht, dass die Wertungen des § 123 Abs. 1 BGB von grundsätzlicher Bedeutung seien und

2089 BGH 11.5.1979, NJW 1979, 1983 (1984); BGH 26.9.1997, NJW 1998, 302 (304); BGH 19.12.1997, NJW 1998, 898 (898); *Franz* S. 514 ff.; *Winter* S. 180.

2090 *Heinkel* ZTR 2020, 261 (268).

2091 *Franz* S. 514.

2092 Vgl. allg. Staudinger/*Singer/v. Finckenstein* (2017) § 123 Rn. 104.

2093 Eine Ausnahme besteht im Fall der Drohung durch Dritte.

2094 So *Adam* EzA § 312 BGB 2002 Nr. 4, S. 18 (26).

2095 Eine Umgehung sieht *Adam* EzA § 312 BGB 2002 Nr. 4, S. 18 (26 f.).

2096 Vgl. allg. Staudinger/*Singer/v. Finckenstein* (2017) § 123 Rn. 104.

mangels abweichenden Maßstabs auch für das Verschulden bei Vertragsschluss ausschlaggebend sein müssen.[2097] Würde weder eine widerrechtliche Drohung noch eine arglistige Täuschung vorliegen, würde die Einflussnahme unterhalb der Schwelle der durch § 123 Abs. 1 BGB missbilligten Einflussnahme liegen. Weil der Gesetzgeber den nach dieser Ansicht schwerwiegenderen Fall der Beeinträchtigung der Willensfreiheit aber in § 123 BGB für bestimmte Konstellationen geregelt hat, seien andere Beeinträchtigungen absichtlich nicht erfasst. Zudem ist die Verjährungsfrist nach § 195 i. V. m. § 199 Abs. 1 BGB länger als die Ausschlussfrist von § 124 BGB, welche ein Jahr ab der Entdeckung beträgt.[2098] Es würde somit eine geringere Beeinflussung der Entschließungsfreiheit vorliegen, welche aber ein länger währendes Recht zur Lösung gewähren würde.[2099]

Zudem sei das Argument der dinglichen Wirkung der Anfechtung zur Abgrenzung nicht so überzeugend wie anfänglich anzunehmen.[2100] Zwar wirkt die Anfechtung gegenüber jedermann und der Schadensersatzanspruch als obligatorisches Recht nur zwischen den Parteien,[2101] doch würde sich eine Wirkung gegenüber Dritten beim Schadensersatzanspruch teilweise auch über §§ 334, 404, 417, 768, 1137, 1211 BGB und bei vom Bestehen des Vertrags abhängigen Ansprüchen (wie Provisionsansprüchen) begründen lassen.[2102]

2097 *Adam* EzA § 312 BGB 2002 Nr. 4, S. 18 (26 f.); ähnlich *Fischinger* NZA-RR 2020, 516 (519); in diese Richtung bereits *Lieb* FS 600 J. Uni. Köln, 251 (261); *ders.* FS Medicus, 337 (346); im Allgemeinen zu den Maßstäben des § 123 Abs. 1 Alt. 2 BGB *Schindler* S. 25.

2098 S. zur Frist Kap. 6 § 15.

2099 Vgl. zur fahrlässigen Täuschung *Franz* S. 513. Einen Wertungswiderspruch betonen deshalb allgemein: *Horn* JuS 1995, 377 (380); *Kaiser* EzA § 611 BGB Aufhebungsvertrag Nr. 13, S. 11 (20); *Medicus* JuS 1988, 1 (3 f.); *Welslau* EzA § 123 BGB Nr. 38, S. 5 (11); infolgedessen die Anwendung der c. i. c. völlig ablehnend: *Canaris* ZGR 1982, 395 (416 f.); *Lieb* FS 600 J. Uni. Köln, 251 (261 ff.) insb. mit Blick auf die fahrlässige Täuschung; eingeschränkt durch *Lieb* FS Medicus, 341 (352) bei „wirklichen" Vermögensschäden.

2100 *Schumacher* S. 27 ff.; ähnlich *Grigoleit* NJW 1999, 900 (901); in diese Richtung auch BGH 26.9.1997, NJW 1998, 302 (304).

2101 *Schumacher* S. 27 f.

2102 *Schumacher* S. 28; ähnlich *Grigoleit* NJW 1999, 900 (901); grundlegend bereits *Medicus* JuS 1965, 209 (212).

Auch wird vorgebracht, dass das Vorsatzerfordernis des § 123 Abs. 1 BGB bei einer Lösung über das Schadensrecht fehlt.[2103] § 123 BGB würde jedoch zeigen, dass die Selbstbestimmungsfreiheit nur vor vorsätzlichen Beeinträchtigungen geschützt werden würde.[2104] Das Bestandsinteresse des Empfängers der unter Druck abgegebenen Willenserklärung überwiege nach gesetzlicher Wertung deshalb das Lösungsinteresse des Erklärenden, wenn die Druckausübung nicht vorsätzlich erfolgte.[2105] Nur bei der bewussten Ausübung von Druck liege kein schutzwürdiges Vertrauen des Beeinflussenden vor.[2106] Darum würde bei erfolgter Anfechtung wegen § 123 Abs. 1 BGB auch nicht der Vertrauensschaden ersetzt.[2107]

b) Keine abschließende Wirkung des § 123 Abs. 1 BGB

Eine Sperrwirkung des § 123 Abs. 1 BGB für einen weitergehenden Schutz bei Beeinträchtigung der Willensfreiheit gilt nach zutreffender Auffassung jedoch nur für den Bereich der Anfechtung nach § 123 BGB selbst.[2108] § 123 BGB hat keine abschließende Wirkung gegenüber Schutzmechanismen zugunsten der Willensfreiheit außerhalb des tatbestandlichen Anwendungsbereichs des § 123 BGB.

aa) Keine generelle abschließende Wirkung des § 123 Abs. 1 BGB

Sowohl die Art und Weise der Einwirkung auf die Willensfreiheit als auch die Methoden der Ausnutzung einer beeinträchtigten Entscheidungsfreiheit sind zu vielfältig, als dass dem Gesetzgeber eine abschließende Regelung zum Schutz der Willensfreiheit nur für die Fälle der widerrechtlichen Täuschung oder Drohung unterstellt werden könnte.[2109] Auch die Tatsache, dass es weitere Schutzvorschriften wie Widerrufsrechte gibt, ist als Argument gegen eine abschließende Regelung anzuführen.[2110] Eine abschließende Wirkung des § 123 Abs. 1 BGB

2103 Vgl. zu Aufklärungspflichten *Franz* S. 513; *Medicus* JuS 1988, 1 (3 f.); *Singer* S. 237; relativierend *Weiler* S. 601, der das Vorsatzerfordernis der hM als historische Reminiszenz ohne Berechtigung ansieht.

2104 Vgl. zu Aufklärungspflichten *Singer* S. 237; *Weiler* S. 356 sieht darin eine „bemerkenswerte Minderbewertung der Bedeutung der Selbstbestimmung".

2105 Vgl. zur fahrlässigen Täuschung *Medicus* JuS 1965, 209 (212 ff.); *Weiler* S. 356.

2106 Vgl. *Weiler* S. 357.

2107 Vgl. *Weiler* S. 357.

2108 *Giesing* S. 194; *Lorenz* S. 347, 359 f.; allg. *Reinicke* JA 1982, 1 (3).

2109 *Lorenz* S. 359.

2110 *Weiler* S. 533 ff.: Es wäre argumentatorisch verfehlt, hier an die Stellung als Verbraucher anzuknüpfen und deshalb eine Ausweitung des Schutzes der Willensbildung

besteht deshalb lediglich insoweit, dass jenseits von widerrechtlicher Täuschung und Drohung eine Anfechtung wegen Beeinflussung der Willensbildung ausscheidet.[2111] Insbesondere die restriktive Rechtsprechung zur Analogie des § 123 Abs. 1 BGB[2112] ist trotz ihrer allgemeinen Formulierung nur auf die analoge Anwendung des § 123 Abs. 1 BGB bezogen. § 123 Abs. 1 BGB verbietet es mithin nicht, die Entscheidungsfreiheit auch durch andere Rechtsinstitute zu schützen.[2113]

bb) Keine spezielle ausschließende Wirkung gegenüber dem Gebot fairen Verhandelns

Weiterhin darf § 123 Abs. 1 BGB auch nicht speziell gegenüber dem Gebot fairen Verhandelns abschließend sein.

(1) Systematische Stellung des § 123 Abs. 1 BGB

Ein systematischer Schluss für die Zulässigkeit des Gebots fairen Verhandelns neben § 123 Abs. 1 BGB kann nicht daraus gezogen werden, dass das Anfechtungsrecht die allgemeinere Regelung gegenüber der culpa in contrahendo darstelle und Letztere deshalb spezieller sei.[2114] Zwar bezieht sich das Anfechtungsrecht nicht speziell auf das Schuldrecht, sondern stellt eine allgemeine Regel für Willenserklärungen dar. Gleichwohl werden Willenserklärungen in aller Regel im Rahmen von (vor-)vertraglichen Schuldverhältnissen abgegeben, sodass die allgemeinere Stellung sich aus dem Wunsch nach einer grundlegenden Regel erklärt und nicht daraus, dass der Anwendungsbereich der Anfechtung strukturell ein anderer ist und eine abschließende Wirkung des Anfechtungsrechts sich danach nur für den außervertraglichen Bereich ergeben könnte.[2115] Aus der Stellung des § 123 Abs. 1 BGB im Allgemeinen Teil des BGB lässt sich mithin kein systematischer Schluss über die Zulässigkeit anderer Rechtsinstitute in anderen Abschnitten des BGB ziehen.[2116]

---

im Allgemeinen abzulehnen. Vielmehr ist Grund für die Schutzrechte die typisiert bedrohte Selbstbestimmung (S. 535).

2111 *Lorenz* S. 360.

2112 S. o., Kap. 3 § 5 J. II. 2. f).

2113 *Becker* S. 403, 419; *Mankowski* S. 190; *Reinicke* JA 1982, 1 (5); *Schwarze* S. 307; *Wiedemann* JZ 1998, 1176 (1176 f.).

2114 Vgl. ausführlich *Schumacher* S. 25 f. zur fahrlässigen Täuschung.

2115 Vgl. *Schumacher* S. 24 zur fahrlässigen Täuschung.

2116 Vgl. *Schumacher* S. 24 zur fahrlässigen Täuschung.

(2) *Kein Schutz der Willensbildung „unterhalb der Schwelle" des § 123 Abs. 1 BGB*

Entgegen irreführender anderslautender Aussagen von Befürwortern des Gebots fairen Verhandelns schützt dieses nicht „unterhalb der Schwelle" des § 123 Abs. 1 BGB.[2117] Durch das Gebot fairen Verhandelns wird es nicht verboten, durch rechtmäßige Drohungen Druck auf den Vertragspartner auszuüben.[2118] Die eingangs genannten Restriktionen für die Drohungsanfechtung[2119] gelten weiterhin.

Konzeptionell setzt die widerrechtliche Drohung gemäß § 123 Abs. 1 Alt. 2 BGB vis compulsiva voraus.[2120] Den Gegensatz bildet vis absoluta, bei der keinerlei Entscheidungsspielraum mehr bleibt.[2121] Infolgedessen mangelt es bei vis absoluta bereits an einem zurechenbaren Handlungswillen des Erklärenden, sodass von vornherein keine Willenserklärung vorliegt.[2122] Das bedeutet, dass in Abgrenzung zur vis absoluta bei vis compulsiva theoretisch noch ein Entscheidungsspielraum zur Abgabe der Willenserklärung bestand.[2123] Eine Überrumpelung steht insofern nicht qualitativ anders als eine Drohung dar.

Hervorzuheben ist sodann, dass das Gebot fairen Verhandelns für die unzulässige Einflussnahme keine geringeren Anforderungen als § 123 Abs. 1 BGB stellt. § 123 Abs. 1 BGB zielt sowohl mit Alternative 1 als auch Alternative 2 darauf ab, eine einzelne, die Willensbildung für sich genommen besonders intensiv beeinträchtigende Handlung herauszustellen (Drohung beziehungsweise Täuschung) und infolgedessen ein Lösungsrecht einzuräumen. Anstatt die alleinige Hürde der widerrechtlichen Drohung oder arglistigen Täuschung überwinden

---

2117 So aber beispielsweise BAG 7.2.2019, NZA 2019, 688 Rn. 32; ähnlich *Heinkel* ZTR 2020, 261 (266); *Kamanabrou* RdA 2020, 201 (205) „Druck in Verhandlungssituationen, der unter der Schwelle dessen bleibt, was § 123 und § 138 BGB erfassen"; *Krause* EzA § 312 BGB 2002 Nr. 1, S. 21 (34) „unterhalb der Schwelle eindeutig widerrechtlicher Drohungen"; *Reufels/Pütz* ArbRB 2020, 253 (255).

2118 S. o., Kap. 5 § 11 D. I. 4.; *Becker* S. 404.

2119 S. o., Kap. 3 § 5 J. II. 2.

2120 MüKoBGB/*Armbrüster* § 123 Rn. 110; Staudinger/*Singer/v. Finckenstein* (2017) § 123 Rn. 68.

2121 MüKoBGB/*Armbrüster* § 123 Rn. 110; Staudinger/*Singer/v. Finckenstein* (2017) § 123 Rn. 68.

2122 MüKoBGB/*Armbrüster* § 123 Rn. 110; Soergel/*Hefermehl* § 123 Rn. 39; Staudinger/*Singer/v. Finckenstein* (2017) § 123 Rn. 68.

2123 MüKoBGB/*Armbrüster* § 123 Rn. 110; Soergel/*Hefermehl* § 123 Rn. 39; Staudinger/*Singer/v. Finckenstein* (2017) § 123 Rn. 68.

zu müssen, ist beim Gebot fairen Verhandelns eine Gesamtschau aller Umstände der Abschlusssituation vorzunehmen. Diese müssen nach dem jeweiligen Einzelfall in ihrer kumulativen Wirkung auf die Willensbildungsfreiheit gewürdigt werden. Die Druckausübung erweist sich in der Gesamtabwägung dabei erst dann als unzulässig, wenn dem Beeinflussten kein Raum zum Anstellen eigener Überlegungen und dem eigenständigen Handeln nach der jeweiligen Erkenntnis bleibt.[2124] Sind diese Voraussetzungen nicht gegeben, kann aufgrund der massiven Beeinträchtigung der Willensbildung nicht von einem Reuerecht „unterhalb der Schwelle" des § 123 Abs. 1 BGB gesprochen werden.

Das Gebot fairen Verhandelns kann darum nur im singulär für eine Verletzung der Rücksichtnahmepflicht nach § 241 Abs. 2 BGB nicht ausreichenden Bereich der Drohung „unterhalb der Schwelle" des § 123 Abs. 1 Alt. 2 BGB liegen. Hingegen muss der durch die Synergien der einzelnen unfairen Verhandlungsmethoden aufgebaute Druck die Willensbildung letztlich insgesamt in einem ähnlichen Maß wie eine widerrechtliche Drohung beeinträchtigen. Die Beeinträchtigung der Willensbildungsfreiheit ist bei einer Verletzung des Gebots fairen Verhandelns bei tatbestandlicher enger Anwendung (wie in dieser Arbeit vorgeschlagen)[2125] deshalb nicht weniger intensiv als bei einer widerrechtlichen Drohung.[2126] Es handelt sich bei restriktiver Anwendung des Gebots stattdessen um ein „aliud" zur Drohung.[2127] Die Strenge der tatbestandlichen Voraussetzungen der Pflichtverletzung spricht mithin für eine Zulässigkeit des Gebots fairen Verhandelns neben § 123 Abs. 1 BGB.[2128]

Insofern ist es nicht sinnvoll dann davon zu sprechen, dass das Gebot fairen Verhandelns die freie Willensbildung „unterhalb der Schwelle"[2129] des § 123

2124 S. o., Kap. 5 § 11 D. II. 4.

2125 S. o., Kap. 5 § 11 D.

2126 **Zweifelnd** im Kontext einer analogen Anwendung des § 123 Abs. 1 BGB *Schindler* S. 181; in dem Kontext einer analogen Anwendung des § 123 Abs. 1 BGB **ablehnend** DDW/*Däubler* Einleitung Rn. 155; DDZ/*ders.* Aufhebungsvertrag Rn. 107; HK-ArbR/*ders.* §§ 611, 611a BGB Rn. 630. Dabei muss jedoch bedacht werden, dass *Däubler* ein viel zu weites Verständnis vom Anwendungsbereich des Gebots fairen Verhandelns hat. Seine Erwägungen zur Analogie sind deshalb nicht auf das hier angenommene Verständnis übertragbar.

2127 Ebenso *Lorenz* S. 501.

2128 *Giesing* S. 238.

2129 Vgl. BAG 7.2.2019, NZA 2019, 688 Rn. 32; *Heinkel* ZTR 2020, 261 (266); *Kamanabrou* RdA 2020, 201 (205); *Krause* EzA § 312 BGB 2002 Nr. 1, S. 21 (34); *Reufels/Pütz* ArbRB 2020, 253 (255).

Abs. 1 BGB schützt. Stattdessen ist festzustellen, dass durch das Gebot fairen Verhandelns ein Schutz der Willensfreiheit außerhalb des Anwendungsbereichs des § 123 Abs. 1 BGB erfolgt.

(3) Vergleich zur anerkannten fahrlässigen Täuschung

Weiterhin kann die Zulässigkeit des Gebots fairen Verhandelns neben § 123 Abs. 1 BGB mit einem Vergleich zur fahrlässigen Täuschung gezeigt werden. Die Anwendung der culpa in contrahendo bei vorvertraglichen Aufklärungspflichtverletzungen steht in einem ähnlichen Konkurrenzverhältnis zu § 123 Abs. 1 BGB wie der Überrumpelungsschutz des Gebots fairen Verhandelns. Wo das Gebot fairen Verhandelns in seiner Ausprägung[2130] als Überrumpelungsschutz dem § 123 Abs. 1 Alt. 2 BGB (widerrechtliche Drohung) entspricht, entspricht es in seiner Ausprägung als Schutz vor vorvertraglichen Aufklärungspflichtverletzungen dem § 123 Abs. 1 Alt. 1 BGB (arglistige Täuschung).[2131]

Nach der herrschenden Meinung kann sogar der nur fahrlässig Getäuschte über die culpa in contrahendo gemäß § 280 Abs. 1 BGB Schadensersatz und im Zuge dessen möglicherweise eine Rückabwicklung des Vertrags verlangen.[2132]

Für die daraus folgende Zulässigkeit des Gebots fairen Verhandelns als Überrumpelungsschutz neben § 123 Abs. 1 BGB ist ausschlaggebend, dass der Gesetzgeber die Beeinträchtigung der Willensfreiheit durch Drohung mehr als die Beeinträchtigung durch Täuschung missbilligt. Diese Wertung folgt aus § 123 Abs. 2 S. 1 BGB.[2133] Der Schutz des Anfechtungsrechts bei einer widerrechtlichen

---

2130 Zur übergeordneten Einordnung s. o., Kap. 5 § 7 B. III. 2. b).

2131 *Lorenz* S. 392 ff., 445 ff.

2132 BGH 31.1.1962, NJW 1962, 1196 (1198); BGH 28.2.1968, NJW 1968, 986 (987); BGH 23.4.1969, NJW 1969, 1625 (1626); BGH 22.3.1979, BGHZ 74, 103 (110 ff.); BGH 22.2.1991, NJW 1991, 1673 (1675); BGH 26.9.1997, NJW 1998, 302 (303 f.); BGH 6.4.2001, NJW 2001, 2875 (2876); PWW/*Ahrens* § 123 Rn. 44; *Bork* Rn. 886; DDZ/*Däubler* Aufhebungsvertrag Rn. 91; Palandt/*Ellenberger* § 123 BGB Rn. 27; *Emmerich* § 7 Rn. 19; MüKoBGB/*ders.* § 311 BGB Rn. 77; *Fleischer* AcP 200 (2000), 91 (96 ff.), Palandt/*Grüneberg* § 311 Rn. 13; *Giesing* S. 239; BeckOGK/*Herresthal* (1.1.2021) § 311 BGB Rn. 241; Erman/*Dieckmann* § 311 Rn. 46, 82; *Köhler* § 7 Rn. 67; *Lorenz* JZ 1997, 277 (280); instruktiv *Mankowski* S. 187 ff.; BeckOGK/*Rehberg* (1.9.2021) § 123 BGB Rn. 107.1; *Reinicke* JA 1982, 1 (4 f.); Jauernig/*Stadler* § 311 Rn. 62; *Schwab* JuS 2002, 773 (774); *Singer* JZ 1999, 342 (345 f.); BeckOKBGB/*Sutschet* § 311 Rn. 82; *Winter* S. 178 ff.; **aA** *Brox/Walker* BGB AT § 19 Rn. 19; *Brox/Walker* SchuldR AT § 25 Rn. 18; Soergel/*Hefermehl* § 124 Rn. 10; *Medicus/Petersen* BGB AT Rn. 450, 811; **diff.** *Schumacher* S. 118 f.

2133 *Benecke* RdA 2004, 149 (150).

Drohung besteht danach unabhängig davon, von wem die Drohung ausging. Dies steht im Gegensatz zur arglistigen Täuschung, welche dem Vertragspartner zurechenbar sein muss. Die Zurechnung kann sich für die arglistige Täuschung entweder daraus ergeben, dass die Täuschung durch einen Nicht-Dritten erfolgte oder, dass der Vertragspartner die Täuschung kannte beziehungsweise kennen musste, § 123 Abs. 2 S. 1 BGB. Der Grund für den Unterschied zwischen Drohung und Täuschung liegt darin, dass der Bedrohte, anders als der Getäuschte, bereits unfreiwillig am Geschäft selbst teilnimmt.[2134]

Wenn jedoch nur auf der Basis von Zwang kontrahiert wird, fehlt es am Mindestmaß von Selbstverantwortung, da keine zumutbare Möglichkeit besteht, sich dem Vertrag zu entziehen.[2135] Der Gesetzgeber wollte die Selbstbestimmung durch das fehlende Zurechnungserfordernis bei Drohungen besonders stark vor solchen Konstellationen schützen, in denen zwar objektiv andere Entscheidungsmöglichkeiten bestehen, eine bestimmte Entscheidung aber durch externen Druck forciert wird.[2136]

Zwar wird auch bei der Täuschung auf den Willensbildungsprozess eingewirkt. Dies geschieht allerdings nur, indem die Gewichtung der Faktoren verändert und dadurch die Entscheidungsgrundlage verfälscht wird.[2137] Im Fall der Täuschung besteht zudem in vielen Konstellationen die Möglichkeit der Eigeninformation.[2138] Bei einer Täuschung ist die Selbstbestimmung deshalb grundsätzlich nicht so sehr beeinträchtigt wie bei einer Drohung.[2139]

Wenn der herrschenden Meinung also darin gefolgt wird, die fahrlässige Täuschung über die culpa in contrahendo neben § 123 Abs. 1 Alt. 1 BGB zuzulassen, spricht die Wertentscheidung des Gesetzgebers, die Drohung stärker als die Täuschung zu missbilligen umso mehr dafür, eine Anwendung der culpa in contrahendo auch in Drucksituationen zuzulassen, welche der Drohung ähnlich sind. Die Verletzung des Gebots fairen Verhandelns steht der Drohung als Mittel zur Druckausübung besonders nahe.

Im Vergleich kann eine weitere Erwägung sein, dass bei der culpa in contrahendo Fahrlässigkeit als Weniger im Vergleich zum Vorsatzerfordernis des § 123

2134 Staudinger/*Singer/v. Finckenstein* (2017) § 123 Rn. 67; ähnlich *Benecke* RdA 2004, 149 (150).

2135 Staudinger/*Singer/v. Finckenstein* (2017) § 123 Rn. 67.

2136 Vgl. *Flume* § 27/2; *Weiler* S. 284.

2137 Vgl. *Stoll* FS Deutsch, 361 (365); *Weiler* S. 284.

2138 Staudinger/*Singer/v. Finckenstein* (2017) § 123 Rn. 67.

2139 *Weiler* S. 284.

Abs. 1 BGB genügt. Die sehr praxisrelevante Abschwächung des Vorsatzerfordernisses des § 123 Abs. 1 BGB im Bereich der fahrlässigen Täuschung ist bei einer Verletzung des Gebots fairen Verhandelns als Überrumpelungsschutz aber aus praktischen Gründen ausgeschlossen. Bei unzulässiger Einflussnahme kann aufgrund der hohen Intensität der Beeinträchtigung, die für eine Verletzung des Gebots fairen Verhandelns erforderlich ist, vielmehr stets von dolus eventualis ausgegangen werden. Die der Drohung ähnliche Verletzung des Gebots fairen Verhandelns erfolgt damit faktisch immer vorsätzlich, wohingegen bei der fahrlässigen Täuschung ein deutlich größerer Wertungsunterschied zum Vorsatz des Anfechtungsrechts besteht. Auch dieser Unterschied führt bei Zugrundelegung der heute herrschenden Meinung zu einer Zulässigkeit des Gebots fairen Verhandelns als Überrumpelungsschutz neben § 123 Abs. 1 BGB. Einen zu beachtenden Unterschied könnte lediglich das reale Bedürfnis nach einem Schutz vor fahrlässiger Falschinformation darstellen, welches durch § 123 Abs. 1 Alt. 1 BGB wegen des Vorsatzerfordernisses nicht abgedeckt wird. Allerdings wird dieser Unterschied zum Schutz vor Überrumpelung dadurch relativiert, dass auch das Gebot fairen Verhandelns in dieser Ausprägung eine relevante Schutzlücke der Willensbildungsfreiheit über die culpa in contrahendo schließt. Für beide Lösungen bestehen mithin praktische Bedürfnisse.

Zuletzt steht der Vergleichbarkeit nicht entgegen, dass die Verletzung von vorvertraglichen Aufklärungspflichten im Gegensatz zur Verletzung des Gebots fairen Verhandelns als Überrumpelungsschutz je nach Zweck der jeweiligen Aufklärungspflicht nicht zur Rückabwicklung des Vertrags führt. Aufgrund der bei der culpa in contrahendo erfolgenden Differenzierung der Rechtsfolge nach dem jeweiligen Zweck der verletzten Pflicht spricht dies vielmehr für und nicht gegen die Anerkennung der culpa in contrahendo neben § 123 Abs. 1 BGB als ein auf den Einzelfall gerichtetes, austariertes Schutzsystem.

Wird also die Geltendmachung fahrlässiger Aufklärungspflichtverletzungen über das vorvertragliche Verschulden zugelassen, so ist dies ein Argument dafür auch die mindestens mit Eventualvorsatz (und damit dem Leitbild des § 123 Abs. 1 BGB näherstehende) erfolgende Verletzung des Gebots fairen Verhandelns über die culpa in contrahendo zu erfassen.[2140]

2140 IE ebenso aus diesem Grund für eine Zulässigkeit des Gebots fairen Verhandelns neben § 123 BGB: *Heinkel* ZTR 2020, 261 (268); *Lorenz* S. 360 Fn. 874; *ders.* NJW 1997, 2578 (2579); *Thüsing* RdA 2005, 257 (269); im Ansatz *Bachmann/Ponßen* NJW 2019, 1966 (1970).

(4) Schutz der Selbstbestimmung statt striktes Vorsatzdogma

Zum von der Mindermeinung[2141] vertretenen strikten Vorsatzerfordernis bei der Beeinflussung der Willensbildung steht zudem im Widerspruch, dass auch bei der fahrlässigen Unkenntnis einer von einem Dritten durchgeführten Täuschung ein Anfechtungsrecht besteht, vgl. § 123 Abs. 2 S. 1 BGB. Die fahrlässig nicht gekannte Fremdtäuschung eines Dritten ist aber wertungsmäßig nicht anders zu behandeln als die fahrlässige Eigentäuschung.[2142] Für den Beeinträchtigten macht es schließlich keinen Unterschied, ob er Opfer einer fahrlässigen oder vorsätzlichen Willensbeeinflussung ist. Die Abgrenzung fahrlässigen und vorsätzlichen Handelns ist im Rahmen des Gebots fairen Verhandelns im Gegensatz zu den die Diskussion auslösenden vorvertraglichen Aufklärungspflichtverletzungen allerdings ohnehin kein Problem mit praktischer Relevanz.[2143] Die Ausführungen zum Anfechtungsrecht sollen jedoch aufzeigen, dass das gegen die culpa in contrahendo eingewandte Vorsatzerfordernis nicht so schlüssig ist, wie es auf den ersten Blick scheint. Es besteht Raum für andere Ansätze.[2144]

(5) Unterschiede in der Zurechnung

Die Verletzung des Gebots fairen Verhandelns muss dem Vertragspartner für einen Schadensersatzanspruch im Wege der culpa in contrahendo zwingend zurechenbar sein.[2145] § 123 Abs. 1 Alt. 2 BGB stellt in dieser Hinsicht geringere Anforderungen als das Gebot fairen Verhandelns auf, indem er auch bei nicht zurechenbaren Drohungen Dritter ein Lösungsrecht einräumt. Die Anforderungen des Gebots fairen Verhandelns sind in dieser Hinsicht mithin strenger. Diese strengere Anforderung des Gebots fairen Verhandelns weist auf eine Anwendbarkeit neben § 123 Abs. 1 BGB hin.

2141 *Brox/Walker* BGB AT § 19 Rn. 19; *Brox/Walker* SchuldR AT § 25 Rn. 18; Soergel/*Hefermehl* § 124 Rn. 10; *Medicus/Petersen* BGB AT Rn. 450, 811.

2142 Ausführlich *Lorenz* S. 328 f.; *Weiler* S. 357.

2143 S. o., Kap. 7 § 17 F. II. 2. b) bb) (3).

2144 Vgl. *Lorenz* S. 329 für die fahrlässige Täuschung.

2145 *Schindler* S. 179 f. sieht als leitendes Kriterium des § 123 Abs. 1 Alt. 2 BGB die Zurechenbarkeit der Beeinträchtigung. Demgegenüber ist einzuwenden, dass auch Drohungen Dritter ein Anfechtungsrecht begründen.

(6) Andere Schutzrichtung von Anfechtungsrecht und dem Gebot fairen Verhandelns

Der Maßstab, an dem die Interessen beider Seiten anhand einer Vielzahl von Kriterien abgewogen werden, richtet sich für das Gebot fairen Verhandelns stets nach dem konkreten Einzelfall.[2146] Dadurch ist das Gebot fairen Verhandelns deutlich flexibler als das Anfechtungsrecht nach § 123 Abs. 1 BGB. Die Rechtsfolge bei einem Anspruch aus culpa in contrahendo hängt darüber hinaus entscheidend von der verletzten Pflicht ab und ist auch dadurch dem Einzelfall angepasst.[2147] Insofern ist dem Gebot fairen Verhandelns eine individuellere und deshalb andere Schutzrichtung zuzusprechen als dem vergleichsweise starren § 123 Abs. 1 BGB.[2148] Dieser etwas andere Ansatz ist ebenfalls für eine Anwendbarkeit des Gebots fairen Verhandelns neben § 123 Abs. 1 BGB zu berücksichtigen.

(7) Historie der culpa in contrahendo

Zudem kannte der Gesetzgeber das generell problematische Verhältnis von Anfechtungsrecht und vorvertraglicher Verschuldenshaftung und hat darauf im Zuge der Schuldrechtsreform nicht reagiert.[2149] Insbesondere kann aber seit der Schuldrechtsreform nicht mehr damit argumentiert werden, dass § 123 BGB die rechtsgeschäftliche Entscheidungsfreiheit abschließend schütze.[2150] Eine solche Ansicht steht im expliziten Widerspruch zu den Gesetzgebungsmaterialien zur Kodifizierung der culpa in contrahendo.[2151] Die vorvertraglichen Rücksichtnahmepflichten stellen einen allgemeinen Interessenschutz dar, welcher sich auch auf die Entscheidungsfreiheit bezieht.[2152] Aus der Gesetzgebungsgeschichte kann deshalb keine ausschließende Wirkung hergeleitet werden.

(8) Irrelevanz einer faktisch zu weiten Anwendung des Gebots fairen Verhandelns

Teilweise wird befürchtet, dass die Gerichte es sich bei der Prüfung von Drucksituationen in Zukunft leicht machen könnten, indem sie, statt eine ausführliche

2146 S. o., Kap. 5 § 7 B. III. 2. d).
2147 S. o., Kap. 6 § 13 A. II.; vgl. *Lorenz* S. 389.
2148 In die Richtung *Lorenz* S. 389.
2149 *Emmerich* § 7 Rn. 22.
2150 *Wagner* NJW 2005, 2956 (2958).
2151 S. o., Kap. 5 § 7 B. III. 1.
2152 S. o., Kap. 5 § 7 B. III. 1.

Prüfung des § 123 Abs. 1 BGB durchzuführen, im Sinne einer Billigkeitsentscheidung das Gebot fairen Verhandelns anwenden.[2153] Dies wäre allerdings das Resultat einer zu weiten Anwendung der Rücksichtnahmepflichten und unsauberen Prüfung des Falles. Vereinzelt falsche Rechtsanwendung kann nicht zur Unzulässigkeit eines ansonsten zulässigen Rechtsinstituts führen. Derlei Fälle dürften mit weitergehender Präzisierung des Gebots fairen Verhandelns durch Literatur und das Bundesarbeitsgericht ohnehin stetig abnehmen.

3. *Ergebnis zu § 123 Abs. 1 BGB*

Durch eine Anwendung der culpa in contrahendo im Fall der Überrumpelung ist nach alle dem keine Umgehung des Anfechtungsrechts nach § 123 BGB zu befürchten. Die Beeinträchtigung der Willensfreiheit muss eine der Drohung entsprechende Intensität erreichen. Häufig wird sie tatsächlich sogar darüber hinausgehen. Ebenso ist das Vorsatzdogma des § 123 BGB nicht so stringent, wie es scheint. Wenn für die fahrlässige Täuschung eine, letztlich auf der schlichten Anwendung des geltenden Rechts beruhende, Zulässigkeit bejaht wird, so muss dies erst recht für die Verletzung des Gebots fairen Verhandelns gelten, bei welchem sogar von Vorsatz ausgegangen werden kann. Auch die unterschiedlichen Anforderungen an die Zurechnung der Beeinträchtigung streiten für die Anerkennung des Gebots fairen Verhandelns. So wie eine Drohung nicht von vornherein widerrechtlich, also unzulässig ist, sind Beeinträchtigungen der Willensfreiheit außerhalb des Anwendungsbereichs des § 123 Abs. 1 BGB nicht von vornherein stets zulässig.[2154] Dies folgt schon aus dem Wortlaut des § 241 Abs. 2 BGB, wonach Rücksicht auf die Interessen der anderen Seite zu nehmen ist. § 123 Abs. 1 BGB und das Gebot fairen Verhandelns schließen sich mithin nicht gegenseitig aus.[2155]

2153 Zurecht krit. *Eufinger* DB 2020, 2695 (2695); *Fischinger* NZA-RR 2020, 516 (516, 519). So liegt es bei LAG Mecklenburg-Vorpommern 19.5.2020, NZA-RR 2020, 520 ff.; **anders** noch die Vorinstanz ArbG Schwerin 26.6.2019 – 4 Ca 1702/18, BeckRS 2019, 44159 Rn. 20 ff., welches eine Anfechtung nach § 123 Abs. 1 Alt. 2 BGB bejahte; anders auch LAG Hamm 22.11.2020 – 1 Sa 1878/19, BeckRS 2020, 32421 Rn. 22 ff., 37; LAG Rheinland-Pfalz 7.3.2019 – 5 Sa 301/18, BeckRS 2019, 6831; LAG Rheinland-Pfalz 11.4.2019 – 5 Sa 339/18, BeckRS 2019, 16044.

2154 *Lorenz* S. 360.

2155 BAG 7.2.2019, NZA 2019, 688 Rn. 32, 39; *Bachmann/Ponßen* NJW 2019, 1969 (1970); *Becker* S. 403 f., 419; *Giesing* S. 194 (bei analoger Anwendung des § 124 BGB); *Heinkel* ZTR 2020, 261 (268); *Lorenz* S. 347, 359 f.; *S. Müller* DB 2019, 1792 (1795); *Plum*

III. Konkurrenzen im konkreten Fall

Besteht ein Anfechtungsrecht neben einer Verletzung des Gebots fairen Verhandelns, so steht dem Überrumpelten neben dem Anfechtungsrecht auch das Recht zur Vertragsaufhebung wegen vorvertraglicher Pflichtverletzung zu.[2156] Zwischen den Ansprüchen besteht Anspruchskonkurrenz.[2157]

IV. Ergebnis zur Anfechtung

Aufgrund der unterschiedlichen Voraussetzungen und Rechtsfolgen ist das Gebot fairen Verhandelns über die culpa in contrahendo neben dem Anfechtungsrecht zulässig. Es handelt sich in der Rechtsfolge um die bloße Anwendung des allgemeinen Schadensrechts nach § 249 Abs. 1 BGB.[2158] Das Anfechtungsregime der §§ 119 BGB ff. steht dem Gebot fairen Verhandelns nicht entgegen.[2159]

G. Konkurrenz zu den Widerrufsrechten

Früher waren nach Ansicht des Bundesarbeitsgerichts über das Anfechtungs- und Widerrufsrecht hinausgehende Lösungsmöglichkeiten von arbeitsrechtlichen Aufhebungsverträgen als Widerspruch zu den „gesetzlichen Neuregelungen zum Widerrufsrecht“[2160] unzulässig. Scheinbar widersprüchlich wurde gleichwohl bereits damals vom Bundesarbeitsgericht das Gebot fairen Verhandelns als alternatives Lösungsmittel anerkennend genannt.[2161] Zu klären ist deshalb, ob die unterschiedlichen Widerrufsrechte dem Gebot fairen Verhandelns entgegenstehen.

MDR 2020, 69 Rn. 23; *Thüsing* RdA 2005, 257 (269); *Weller* S. 533 f., 603; im Ansatz *Bachmann/Ponßen* NJW 2019, 1966 (1970).

2156 Ebenso *Becker* S. 419; *S. Müller* DB 2019, 1792 (1795); *Schwarze* JA 2019, 789 (790).

2157 *Heinkel* ZTR 2020, 261 (268); allg. Palandt/*Ellenberger* § 123 Rn. 27; Erman/*Dieckmann* § 311 Rn. 82; BeckOGK/*Herresthal* (1.1.2021) § 311 BGB Rn. 233.

2158 *Becker* S. 404.

2159 Ebenso BAG 7.2.2019, NZA 2019, 688 Rn. 32, 39; *Heinkel* ZTR 2020, 261 (268); *Plum* MDR 2020, 69 Rn. 23.

2160 BAG 27.11.2003, NZA 2004, 597 (603).

2161 BAG 27.11.2003 – 2 AZR 135/03, NZA 2004, 597 (603); BAG 27.11.2003 – 2 AZR 177/03, AP BGB § 312 Nr. 2 unter II. 2. b) cc) (5); BAG 22.4.2004, NJOZ 2004, 4096 (4100); BAG 3.6.2004 – 2 AZR 427/03, BeckRS 2004, 30342461; BAG 15.3.2005, NJW 2005, 3164 (3167).

I. *Einführung zu den Widerrufsrechten*

Grundsätzlich sind Widerrufsrechte in verschiedene Kategorien aufzuteilen. Es gibt solche, die den Verbraucher vor einer typisierten Überrumpelung schützen (§ 312b BGB)[2162] und solche, die ihn angesichts der langen Dauer und Abstraktheit des Vertrags mangels direkt zu erbringender Gegenleistung vor sich selbst schützen sollen, ohne dass es eines Zurechnungskriteriums aufseiten des Unternehmers bedarf (§ 495 BGB)[2163]. Zudem gibt es Widerrufsrechte, die davor schützen wollen, dass die Ware beim Vertragsschluss nicht in Augenschein genommen werden kann (§ 312c BGB). Für die Konkurrenz zwischen dem Gebot fairen Verhandelns und den Widerrufsrechten kommt es primär auf den extern durch Überrumpelung herbeigeführten Effekt an. Dennoch sind die anderen Widerrufsrechte als Schutzmittel der Entscheidungsfreiheit vergleichend ebenfalls zu beachten.

II. *Konkurrenz zu dem Widerrufsrecht für Fernabsatzverträge*

Durch das Widerrufsrecht für über Fernabsatz geschlossene Verträge (§ 312c BGB) wollte der Gesetzgeber unter anderem den Gefahren aggressiver Verkaufspraktiken entgegentreten.[2164] Insofern könnte dieses Widerrufsrecht der Zulässigkeit des Gebots fairen Verhandelns abschließend entgegenstehen. Der Gefahr der Überrumpelung beim Fernabsatzvertrag kann sich der Verbraucher aufgrund der räumlichen Distanz aber in aller Regel unproblematisch entziehen,[2165] beispielsweise indem er das Telefonat beendet oder auf E-Mails nicht antwortet. Diese Möglichkeit besteht bei Überrumpelungen im Sinne des Gebots fairen Verhandelns nicht. Lediglich die Gefahr der Beeinflussung der Entscheidungsfreiheit durch Zeitdruck mittels sehr kurz bemessener Angebotszeiträume[2166] kann eine Übereilung im Fernsatz zur Folge haben. Kurzzeitige Angebote (sog. Flash-Sales) können jedoch nur dann für die Entscheidungsbildung relevant sein, wenn sie wenige Minuten dauern, sodass die Überlegungsfrist erheblich eingeschränkt ist.[2167] Bei solchen „jetzt oder nie“ Angeboten

2162 *Lorenz* S. 174 „exogen verursachte Übereilung“.

2163 *Lorenz* S. 174 f. „endogen verursachte Übereilung“ ′.

2164 Begr. RegE BT-Drucks. 14/2658 S. 15 „belästigende Arten von Bestellaufforderungen“; *Weiler* S. 243.

2165 *Weiler* S. 246.

2166 Begr. RegE BT-Drucks. 14/2658 S. 38.

2167 *Weiler* S. 247 f.

handelt es sich allerdings um keine Besonderheit des Fernabsatzgeschäfts. Solche Angebote sind auch außerhalb des Fernabsatzgeschäfts zulässig und bei Verhandlungen oder Versteigerungen verbreitet.[2168]

Der entscheidende Unterschied beim Fernabsatz zu diesen anderen Konstellationen ist deshalb, dass der Verbraucher das Produkt vor dem Vertragsschluss nicht in Augenschein nehmen kann.[2169] Entsprechend soll das Widerrufsrecht nach § 312c BGB nicht primär eine Einflussnahme auf die Willensbildung des Verbrauchers durch die Gegenseite verhindern, sondern hauptsächlich das Informationsdefizit des Verbrauchers im Vergleich zum unter Anwesenden geschlossenen Geschäft ausgleichen.[2170] Die Schutzrichtung des Widerrufsrechts bei Fernabsatzverträgen geht infolgedessen in eine andere Richtung als die des Gebots fairen Verhandelns. Das Widerrufsrecht für den Fernabsatzvertrag steht dem Gebot fairen Verhandelns mithin nicht entgegen.

III. Konkurrenz zu dem Widerrufsrecht für den Verbraucherkredit

Das Widerrufsrecht des § 495 BGB beim Verbraucherdarlehensvertrag schafft nachträgliche Bedenkzeit für den Verbraucher. Damit entsteht sekundär auch ein wirksamer Überrumpelungsschutz.[2171] Jedoch ist der primäre Schutzzweck der Vorschrift, dass der Verbraucher Angebote der Konkurrenz erfragen kann. Es geht deshalb nicht um einen Schutz des Verbrauchers vor einem Verhandlungsungleichgewicht in der Abschlusssituation, sondern um den Schutz des Verbrauchers vor dem eigenen Konsumverlangen und der Komplexität des Geschäfts.[2172] Dementsprechend hat der Gesetzgeber in den §§ 491 ff. BGB auch weitgehende Informations- und Dokumentationspflichten geschaffen.[2173] Hauptsächlich zielen die §§ 491 ff. BGB deshalb auf einen Schutz des Verbrauchers vor sich selbst

---

2168 Ähnlich *Weiler* S. 248.

2169 Vgl. *Weiler* S. 243, 248.

2170 *Bork* Rn. 1851; *Weiler* S. 244, 248; *ders.* SchuldR § 35 Rn. 18; **aA** stellt darauf ab, dass das Fernabsatzwiderrufsrecht die gleiche Schutzrichtung für Abwesende wie das Widerrufsrecht bei außerhalb von geschlossenen Geschäftsräumen für Anwesende hat. Dabei wird sich dennoch maßgeblich auf die fehlende Möglichkeit der Inaugenscheinnahme gestützt: *Bülow/Artz* NJW 2000, 2049 (2053); *v. Koppenfels* WM 2001, 1360 (1368).

2171 Vgl. *Weiler* S. 235.

2172 *Bork* Rn. 1818; *Lorenz* S. 176; *Weiler* S. 236 f.; ähnlich *v. Koppenfels* WM 2001, 1360 (1361); *Medicus* JuS 1988, 1 (4); zum Risiko aufgrund der Komplexität Begr. RegE BT-Drucks. 11/5462 S. 11.

2173 *Weiler* S. 236.

und nicht auf einen Schutz vor der unzulässigen Beeinträchtigung der Entscheidungsfreiheit durch Dritte.[2174] Es handelt sich nach *Lorenz* deshalb um einen Schutz vor einer „endogen" herbeigeführten Übereilung.[2175]

Es zeigt sich anhand dessen, dass der Verbraucherschutz durch Widerrufsrechte sehr weitgehend ist. Er schützt nicht nur vor der fehlenden Möglichkeit, die Ware zu Gesicht zu bekommen oder der typisierten Überrumpelung bei außerhalb von Geschäftsräumen geschlossenen Verträgen, sondern auch vor eigener, übereilter Entscheidung bei finanziell bedeutsamen Geschäften. In diesem Fall fehlt es aber an einem Zurechenbarkeitskriterium für das Widerrufsrecht aufseiten des Unternehmers.[2176] Das Widerrufsrecht wird lediglich durch die Komplexität des Geschäfts und dessen wirtschaftliche Relevanz begründet. So wie bei Verbraucherdarlehensgeschäften, welche ab der Geringfügigkeitsgrenze von § 491 Abs. 2 S. 1 Nr. 1 BGB in Höhe von 200 € wirtschaftlich bedeutsame Geschäfte sind, ist dies beispielsweise bei arbeitsrechtlichen oder mietrechtlichen Aufhebungsverträgen oder auch familienrechtlichen Verzichtsverträgen umso mehr der Fall. Das Arbeitsverhältnis ist der Kern aller wirtschaftlicher Tätigkeit. Darum erscheint es nicht prinzipiell abwegig bei sonstigen bedeutsamen Geschäften einen ähnlichen Maßstab anzulegen.

Es geht beim Gebot fairen Verhandelns jedoch in keinster Weise um ein de lege ferenda zu begründendes Widerrufsrecht, sondern nur um ein „Mindestmaß an Fairness".[2177] Entsprechend knüpft das Gebot fairen Verhandelns im Gegensatz zum Verbraucherkredit nicht zentral an den Vertragsgegenstand an, sondern berücksichtigt diesen nur als Hilfskriterium in einer Gesamtabwägung.[2178] Das Widerrufsrecht beim Verbraucherkredit spricht aufgrund seiner anderen Schutzrichtung nicht gegen die Zulässigkeit des Gebots fairen Verhandelns. Im Vergleich zum sehr weitgehenden Widerrufsrecht des § 495 BGB scheint eine Begrenzung der Vertragsfreiheit in Extremfällen nach den Umständen des Einzelfalls durch das Gebot fairen Verhandelns stattdessen

---

2174 Ausführlich *Weiler* S. 237 ff., der dies mit dem Unterschied zwischen einem zu niedrig angegebenen effektiven Jahreszins, welcher zur Vertragsanpassung führt (§ 494 Abs. 3 BGB) und einem nicht angegebenen effektiven Jahreszins, welcher zur Nichtigkeit führt (§ 494 Abs. 1 BGB) begründet. Hierin ist zu sehen, dass es vornehmlich um Informationen und nicht um Beeinflussung zum Vertragsschluss per se geht.

2175 *Lorenz* S. 174 f.

2176 *Lorenz* S. 177, 198 f.; krit. nicht nur bezügl. des Verbraucherdarlehens, sondern auch des Fernabsatzgeschäfts *Weiler* S. 248 ff.

2177 S. nur BAG 7.2.2019, NZA 2019, 688 Rn. 34.

2178 S. o., Kap. 5 § 11 D. II. 2.

umso zulässiger. Teilweise wird sogar vertreten, dass ein Widerrufsrecht ohne Zurechnungserfordernis nicht mehr mit dem Grundsatz pacta sunt servanda in Einklang zu bringen ist.[2179] Dagegen spricht wiederum die Einschätzungsprärogative des Gesetzgebers. Dies muss allerdings nicht weiter behandelt werden, da das Gebot fairen Verhandelns sich dem Vorwurf der fehlenden Zurechenbarkeit der Beeinträchtigung nicht aussetzen muss.

IV. Konkurrenz zu dem Widerrufsrecht bei außerhalb von Geschäftsräumen geschlossenen Verträgen

Das Widerrufsrecht bei außerhalb von Geschäftsräumen geschlossenen Verträgen nach § 312b BGB zeigt, dass der Gesetzgeber die Überrumpelung als Problem für die Entscheidungsfreiheit grundsätzlich wahrgenommen hat. Er hat mit dem Widerrufsrecht gem. § 312b BGB auf die Gefahr einer „exogen" herbeigeführten Übereilung[2180] reagiert. Das Widerrufsrecht bei außerhalb von Geschäftsräumen geschlossenen Verträgen hat deshalb grundsätzlich eine ähnliche Schutzrichtung wie das Gebot fairen Verhandelns, indem an die Verhandlungssituation als ausschlaggebend für das Maß der Bindung an den Vertrag angeknüpft wird.[2181]

1. Abschließende Wirkung des Widerrufsrechts bei außerhalb von Geschäftsräumen geschlossenen Verträgen

Der Gesetzgeber hat den Anwendungsbereich des Widerrufsrechts auf bestimmte Situationen begrenzt, in welchen er eine besondere Überrumpelungsgefahr gesehen hat.[2182] Da der Überrumpelungsschutz des § 312b BGB nur bei bestimmten außerhalb von Geschäftsräumen geschlossenen Verträgen gilt,[2183] könnte es deshalb die Wertentscheidung des Gesetzgebers sein, dass darüber

---

2179 *Lorenz* S. 211; ebenso *Barnert* S. 108: Widerrufsrecht steht „im Gegensatz" zu pacta sunt servanda, auch wenn die Nichtgeltungmachung des Widerrufsrechts rein formal-juristisch Entstehungsvoraussetzung des Vertrags sei; krit. auch in Bezug auf die Vereinbarkeit der Privatautonomie zum Widerrufsrecht bei Fernabsatzgeschäften *Weiler* S. 248 f.

2180 *Lorenz* S. 174; allg. *Bork* Rn. 1793.

2181 *Kamanabrou* RdA 2020, 201 (207).

2182 BR-Entwurf BT-Drucks. 10/2876 S. 1; Beschlußempfehlung und Bericht BT-Ausschuss für Recht BT-Drucks. 10/4210 S. 1; *Franz* S. 387; *Holler* NJW 2019, 2206 (2208).

2183 S. o., Kap. 3 § 5 G. II. 1.

hinausgehende situative Beeinträchtigungen der Willensfreiheit nicht verhindert werden sollen.[2184] Das Gebot fairen Verhandelns würde die Entscheidung des Gesetzgebers infolgedessen konterkarieren.[2185] Aus diesen Gründen wird teilweise eine ungewollte Schutzlücke und damit die Berechtigung des Gebots fairen Verhandelns verneint.[2186] Der Schutz der Willensfreiheit vor Überrumpelung fände in §§ 312 ff. BGB mithin nicht nur seinen Ansatzpunkt, sondern auch seine Grenze.[2187] Daran würden auch die strengeren Anforderungen eines Schadensersatzanspruches nichts ändern, da sowohl das Verschulden als auch die Kausalität zwischen Pflichtverletzung und Schaden aufgrund der Vermutung[2188] in der Regel bejaht werden würde.[2189] Darüber hinaus könnte auf den Umgehungsschutz des § 312k Abs. 1 S. 2 BGB abgestellt werden, um eine abschließende Wirkung zu begründen.

2. *Keine abschließende Wirkung des Widerrufsrechts bei außerhalb von Geschäftsräumen geschlossenen Verträgen*

Das Widerrufsrecht bezweckt allerdings keinen „absoluten Schutz" der Entscheidungsfreiheit, sondern stellt in § 312b BGB typisiert auf eine abstrakte Situation ab.[2190] Es soll aufgrund seiner formalistischen Wirkweise einen möglichst deutlichen und vorhersehbaren Anwendungsbereich haben.[2191] Im Rahmen des Widerrufsrechts bei außerhalb von Geschäftsräumen geschlossenen Verträgen müssen zwingend Verbraucher und Unternehmer beteiligt sein, § 312b Abs. 1 Nr. 1 BGB. Es handelt sich darum vornehmlich um eine Schutzvorschrift für Situationen eines typischen Machtgefälles im Rahmen des Verbraucherschutzes. Aufgrund der Tatsache, dass die Norm eben nicht an die Überrumpelung, sondern an die Unternehmer- und Verbrauchereigenschaft und eine typisierte Vertragsabschlusssituation anknüpft, ist hauptsächlicher Schutzzweck damit die

---

2184 So für arbeitsrechtliche Aufhebungsverträge *Holler* NJW 2019, 2206 (2208 f., 2010).

2185 Für arbeitsrechtliche Aufhebungsverträge *Holler* NJW 2019, 2206 (2208, 2010).

2186 Für den arbeitsrechtlichen Aufhebungsvertrag *Holler* NJW 2019, 2206 (2208).

2187 *Holler* NJW 2019, 2206 (2209).

2188 S. o., Kap. 6 § 14 C. (289), E. II.

2189 *Holler* NJW 2019, 2206 (2208).

2190 Vgl. *Franz* S. 389 zu einer analogen Anwendung des Widerrufsrechts bei unfairem Verhandeln.

2191 Begr. BR-Entwurf BT-Drucks. 10/2876 S. 9f.; krit. wegen der willkürlichen Begrenzung des Schutzes der Selbstbestimmung *Weiler* S. 317.

Bewahrung vor typischen Ungleichgewichtslagen, welche sich potenziell auf die Entscheidungsfreiheit auswirken können.[2192]

Im Gegensatz dazu behandelt das Gebot fairen Verhandelns nicht abstrakte Ungleichgewichtslagen, sondern konkrete Beeinträchtigungen der Willensbildung. Dafür knüpft das Gebot fairen Verhandelns an den konkreten Einzelfall an. Die Voraussetzungen für das Eingreifen des Gebots fairen Verhandelns sind entgegen der ablehnenden Ansicht dadurch in erheblichem Maße strenger als die des Widerrufsrechts nach § 312b BGB. Erforderlich ist eine tatsächliche und noch dazu äußert intensive Beeinträchtigung der Willensbildung. Dadurch hat das Gebot fairen Verhandelns einen anderen Ansatz als das typisierte Widerrufsrecht nach § 312b BGB.[2193] Das Gebot fairen Verhandelns begründet demzufolge gerade keine Bedenkzeit und auch kein Widerrufsrecht.[2194] Eine solche Wirkung würde tatsächlich im Widerspruch zur gesetzgeberischen Wertung stehen.[2195]

Bei der Schaffung des Widerrufsrechts bei außerhalb von Geschäftsräumen geschlossenen Verträgen ging der Gesetzgeber noch davon aus, dass von den Umständen des Einzelfalls abhängige Schutznormen aufgrund von Beweisproblemen für den Überrumpelten „nahezu wertlos" sind.[2196] Dass diese Probleme durch eine Anpassung der Darlegungs- und Beweislastverteilung jedoch gemindert werden können, wurde gezeigt.[2197] Dennoch stellt die Darlegung und der Beweis der schuldhaften Willensbeeinträchtigung durch die andere Seite und deren Kausalität für die Abgabe der Willenserklärung bei einer Lösung über das vorvertragliche Verschulden trotz Erleichterungen der Darlegungs- und Beweislast praktisch eine erheblich höhere Hürde dar, als der Nachweis von Verhandlungsumständen, die ein Widerrufsrecht begründen.

Zuletzt schließen Verbraucherschutzregeln die Anwendbarkeit allgemeiner Regeln, wie Rücksichtnahmepflichten es sind, nicht aus.[2198] Trotz ähnlichem Ziel tritt das Widerrufsrecht des § 312b BGB mangels Vergleichbarkeit der Umsetzung nicht in Konkurrenz zum Gebot fairen Verhandelns. Das Widerrufsrecht

2192 *Gilles* NJW 1986, 1131 (1138); *Lorenz* S. 144; *Weiler* S. 290.

2193 Vgl. zum arbeitsrechtlichen Aufhebungsvertrag *Kamanabrou* RdA 2020, 201 (207).

2194 S. o., Kap. 5 § 11 D. I. 2.

2195 *Kamanabrou* RdA 2020, 201 (205 f.).

2196 Begr. BR-Entwurf BT-Drucks. 7/4078 S. 8; Begr. BR-Entwurf BT-Drucks. 8/130 S. 8; Begr. BR-Entwurf BT-Drucks. 10/2876 S. 7.

2197 S. o., Kap. 6 § 14.

2198 *Kamanabrou* RdA 2020, 201 (207); vgl. allg. MüKoBGB/*Wendehorst* § 312g Rn. 68.

bei außerhalb von Geschäftsräumen geschlossenen Verträgen steht dem Gebot fairen Verhandelns somit nicht entgegen.[2199]

V. Konkurrenz zum Widerrufsrecht des § 8 VVG

Auch das Widerrufsrecht des Versicherungsnehmers nach § 8 VVG ist nicht an die konkrete Verhandlungssituation geknüpft, sondern lediglich an den Vertragsgegenstand. Dies führt zu einem äußerst weitgehenden Schutz.[2200] Die Beschränkungen auf eine Mindestlaufzeit des Vertrags von einem Monat (§ 8 Abs. 3 Nr. 1 VVG) und den Fall des sofortigen Versicherungsschutzes (§ 8 Abs. 3 Nr. 2 VVG) haben auf das breite Anwendungsfeld kaum Einfluss, zumal der sofortige Versicherungsschutz Teil der Überrumpelung sein kann.[2201] Insgesamt lassen sich die Ausführungen zu den Widerrufsrechten gemäß § 312b BGB und § 495 BGB auf § 8 VVG übertragen. Auch das Widerrufsrecht des § 8 VVG kann mithin nicht gegen das Gebot fairen Verhandelns angeführt werden.

VI. Wirkung des Fehlens eines Widerrufsrechts bei tatsächlichen Drucksituationen

Jedoch könnte gerade das Fehlen von weitergehenden Widerrufsrechten für konkrete Überrumpelungssituationen gegen eine Zulässigkeit des Gebots fairen Verhandelns sprechen.[2202] *Medicus* forderte 1981 die Einführung eines allgemeinen Widerrufsrechts losgelöst vom Vertragstyp, um einen allgemeinen und wirksamen Überrumpelungsschutz sicherzustellen.[2203] Die Wahl eines bestimmten Vertragstyps sei als Zurechnungskriterium zulasten des Unternehmers für ein Widerrufsrecht nicht ausreichend. Es bräuchte darüber hinausgehend eine Überrumpelung oder einen Wettbewerbsverstoß.[2204] Das vorgeschlagene Widerrufsrecht sei in einer vorweggenommen Interessenabwägung dadurch zu rechtfertigen, dass der Überrumpelnde den Vertragspartner überraschen und so zu einer unüberlegten Entscheidung drängen würde. Der dadurch verhinderte Überlegungszeitraum solle dann nach dem Vertragsschluss durch ein

---

2199 Ebenso noch zum HtWiG *Lorenz* S. 448 Fn. 1371; zum arbeitsrechtlichen Aufhebungsvertrag *Kamanabrou* RdA 2020, 201 (207).

2200 *Weiler* S. 332.

2201 Vgl. *Weiler* S. 334.

2202 In diese Richtung *Holler* NJW 2019, 2206 (2210) Fn. 76.

2203 *Medicus* Gutachten S. 479 (531, 534); zust. *Kaiser* NJW 1989, 1717 (1719); *Löwe* BB 1986, 821 (832); *Weiler* S. 584; *A. Wolf* AcP 182 (1982), 80 (87).

2204 *Medicus* Gutachten S. 479 (531).

gesetzliches Widerrufsrecht geschaffen werden. Für besonders überrumpelungsanfällige Fallgestaltungen schlug *Medicus* eine gesetzliche Vermutung der Überrumpelung vor.[2205] Aus der Nichtumsetzung dieser und anderer Vorschläge[2206] wird teilweise geschlossen, dass der Gesetzgeber das Gebot fairen Verhandelns ablehnt.[2207]

Die fehlende Existenz eines allgemeinen Widerrufsrechts steht dem Gebot fairen Verhandelns aber nicht entgegen. Dem entspricht das Bundesarbeitsgericht, welches das typisierte Widerrufsrecht des § 312b BGB ablehnt, aber gerade das Gebot fairen Verhandelns annimmt.[2208] Moderne Widerrufsrechte regeln wegen ihrer Losgelöstheit von der konkreten Einflussnahme im Einzelfall typisierte Situationen. Sie basieren damit grundsätzlich auf dem Gedanken der Gefährdungshaftung.[2209] Konzeptionell und tatbestandlich setzen sie deshalb keine tatsächliche Beeinflussung der Entscheidungsfreiheit voraus. Aus der Schaffung eines gesetzlichen Widerrufsrechts lässt sich deshalb lediglich entnehmen, dass der Gesetzgeber in dem geregelten Fall die Gefahr der Überrumpelung bei typisiert-abstrakter Betrachtung für so gravierend hielt, dass er einen von der Einflussnahme im Einzelfall gelösten Überrumpelungsschutz schuf. Dass es kein allgemeines Widerrufsrecht gibt, kann deshalb nicht als Argument dafür verwendet werden, dass ein Lösungsrecht bei Verträgen, die durch Überrumpelung, also eine tatsächliche Beeinträchtigung der Willensbildung, zustande gekommen sind, ausgeschlossen sei. Stattdessen kann sich daraus nur der Schluss ziehen lassen, dass ein abstraktes, von einer tatsächlichen Beeinträchtigung der Entscheidungsfreiheit unabhängiges Lösungsrecht vom Gesetzgeber nicht gewollt ist.

Beim Gebot fairen Verhandelns handelt es sich gerade nicht um ein allgemeines Widerrufsrecht.[2210] Das Gebot fairen Verhandelns ist wie gezeigt auf den konkreten Einzelfall bezogen und setzt damit eine tatsächliche Beeinträchtigung der Entschließungsfreiheit voraus. Für diese ist ein schuldhaftes, zurechenbares Fehlverhalten der anderen Seite erforderlich, welches weit über die Zurechnung nach dem Gedanken der Gefährdungshaftung hinausgeht. Anders als die gegebenen, rechtssicher durchzusetzenden Widerrufsrechte, welche sowohl ein

---

2205 *Medicus* Gutachten S. 479 (534).

2206 S. beispielsweise auch § 131 Abs. 2 des Gesetzesentwurfs zum Arbeitsvertragsgesetz des Arbeitskreises Deutsche Rechtseinheit im Arbeitsrecht (Verhandlungen des 59. DJT Bd. I: Gutachten D 63).

2207 *Holler* NJW 2019, 2206 (2210) Fn. 76.

2208 BAG 7.2.2019, NZA 2019, 688 Rn. 30 ff.

2209 *Lorenz* S. 164; *Thüsing* RdA 2005, 257 (269).

2210 Ähnlich *Giesing* S. 237.

Über- als auch ein Untermaß an Schutz vermitteln,[2211] wird durch das Gebot fairen Verhandelns immer das im konkreten Einzelfall angemessene Maß an Schutz gewährt. Bei Widerrufsrechten kommt es schließlich nicht auf die tatsächliche Beeinträchtigung der Entscheidungsfreiheit an, sodass ein bloßer Sinneswandel ausreichen kann (Übermaß an Schutz), gleichzeitig sind aber nicht alle Situationen erfasst, in denen tatsächlich eine Überrumpelung gegeben ist (Untermaß an Schutz).[2212]

Eine Abweichung des intendierten Schutzes sowohl nach oben als auch nach unten ist eine nicht zu verhindernde Konsequenz von typisierten Schutzvorschriften.[2213] Das Übermaß folgt aus den vermeintlichen Beweisproblemen.[2214] Das Untermaß hingegen ist Folge der Kompensation des Übermaßes, indem an eine eindeutig erkennbare Situation angeknüpft wird, um Rechtssicherheit zu schaffen.[2215] *Lorenz* fasst dies sehr treffend zusammen, wenn er sagt „Typisierung verlangt Restriktion, Restriktion schafft Schutzlücken".[2216]

2211 Vgl. Stellungnahme Bundesregierung zum BR-Entwurf BT-Drucks. 8/130 S. 16; *Lorenz* S. 167; *Medicus* Gutachten S. 479 (531); *Weiler* S. 318.

2212 *Lorenz* S. 167 ff., 192 ff. (zur Bürgschaft), 196, 200, 210 f. Er verweist auf eine nur begrenzte Schutzmöglichkeit durch § 138 BGB und erblickt darin Schutzlücken, welche willkürlich erscheinen und mit dem Gleichheitssatz deshalb nur schwerlich vereinbar seien.

2213 *Bydlinski* System S. 726, 731 f.; *Lorenz* S. 167, 170; in diese Richtung auch *Knobel* S. 153 f.; *Weiler* S. 318.

2214 Vgl. *Lorenz* S. 167; ähnlich *Bydlinski* System S. 730 zum österreichischen Konsumentenschutz.

2215 Vgl. *Lorenz* S. 167.

2216 *Lorenz* S. 170. Ähnlich wie zum deutschen Recht durch *Lorenz* angestoßen, wurde in Österreich das gesetzliche Widerrufsrecht bei außerhalb von Geschäftsräumen geschlossenen Verträgen (§ 3 österreichisches Konsumentenschutzgesetz) in Hinblick auf dessen eigentlichen Zweck, den Überrumpelungsschutz, als zu eng und zu weit angesehen (Krejci/*Schilcher* S. 277 ff., 284 ff.). Interessanterweise wurde in der österreichischen Regierungsvorlage genau deshalb ungeachtet des abstrakten Wortlauts zur Analogie und teleologischen Reduktion des Widerrufsrechts im Einzelfall aufgerufen, vgl. 744 BlgNR 14. GP S. 15 ff. Aus diesem Grund wurde dort eine analoge Anwendung des Widerrufsrechts auf Fälle der tatsächlichen Überrumpelung vorgeschlagen (Krejci/*Schilcher* S. 294 f.). Dieser Vorschlag wurde aber nicht aufgegriffen, vgl. Keiler/Klauser/*Klausberger* § 3 KSchG Rn. 23. Dennoch wird in Österreich das Widerrufsrecht vergleichsweise weit und über die unionsrechtlichen Vorgaben hinaus angewandt, s. zur Anwendbarkeit des Widerrufsrecht nach § 3 KSchG bei Änderungsverträgen in bestehenden (Miet-) Verhältnissen OGH

Das Gebot fairen Verhandelns ist wegen des Erfordernisses der zurechenbaren Pflichtverletzung darum letztlich besser mit dem Grundsatz der Vertragstreue zu vereinbaren, als die normierten Widerrufsrechte. Zudem ist die Überrumpelung durch § 312b BGB vom Gesetzgeber mit der typisierten Regelung im § 312b BGB als „Sollbruchstelle" für den Grundsatz „pacta sunt servanda" anerkannt.[2217] Das Gebot fairen Verhandelns ist mithin neben den bestehenden Widerrufsrechten zulässig.

VII. Konkurrenzen im konkreten Fall

Ist im konkreten Fall ein Widerrufsrecht einschlägig, etwa weil entgegen der hier vertretenen herrschenden Meinung das Widerrufsrecht für arbeitsrechtliche Aufhebungsverträge angewandt wird, und liegt gleichzeitig eine Verletzung des Gebots fairen Verhandelns vor, könnte das verschuldensunabhängige Widerrufsrecht die vorvertragliche Haftung verdrängen. Im Allgemeinen verdrängen Widerrufsrechte Ansprüche aus vorvertraglicher Pflichtverletzung allerdings nicht.[2218] Wie gezeigt soll das Widerrufsrecht des § 312b BGB aber vor der Gefahr einer typisierten Überrumpelung schützen. Deshalb wurde es früher als spezielle Schutznorm gegenüber der culpa in contrahendo als vorrangig angesehen. Für eine Anwendbarkeit der vorvertraglichen Haftung brauchte es nach teilweise vertretener Ansicht daher über eine Überrumpelung hinaus gehende Umstände.[2219]

Durch die Eingliederung des Haustürwiderrufsrechts in das BGB hat dieses aber seine Stellung als Sonderprivatrecht verloren. Es steht seitdem gleichgeordnet neben den anderen Schutznormen des BGB.[2220] Ein Widerrufsrecht steht deshalb einer schadensrechtlichen Rückabwicklung über die vorvertragliche Haftung auch im konkreten Fall nicht entgegen.[2221] Das Widerrufsrecht wird

---

28.6.2012 – 2 Ob 1/12d, RdW 2012, 559; OGH 27.6.2013 – 8 Ob 130/12v, RdW 2013, 643; Schwimann/Neumayr/*Donath* § 3 KSchG Rn. 1.

2217 In diese Richtung auch *Zimmer* JZ 2019, 897 (899 f.) mit Verweis auf die Schaffung von § 14 Abs. 2 HeimG und § 17 Abs. 2a Nr. 2 BeurkG. Zum Verhältnis von „pacta sunt servanda" und dem Gebot fairen Verhandeln s. u., Kap. 7 § 18 B. II.

2218 BGH 19.9.2006, BGHZ 169, 109 Rn. 16, 27; PWW/*Stürner* § 311 Rn. 57.

2219 *Gottwald* JuS 1982, 877 (882); Staudinger/*Thüsing* (2019) Vorbem. zu §§ 312 ff. Rn. 23; *Mankowski* S. 1079 f.

2220 *Becker* S. 420.

2221 Allg. BGH 5.7.2016, NJW 2017, 61 Rn. 21 f.; *Becker* S. 420; *Brox/Walker* SchuldR AT § 25 Rn. 18; BeckOGK/*Herresthal* (1.1.2021) § 311 BGB Rn. 247 f.; HK-BGB/*Schulze* § 311 Rn. 14; BeckOKBGB/*Sutschet* § 311 Rn. 120; MüKoBGB/*Wendehorst* § 312g Rn. 68.

dem Gebot fairen Verhandelns aber regelmäßig aufgrund der deutlich geringeren Anforderung vorgezogen werden.

VIII. Ergebnis

Die Einführung von Widerrufsrechten hat zunächst die weitere Ausgestaltung anderer Schutzmechanismen im Falle von Überrumpelungen gestoppt.[2222] Sie führte dazu, dass die vorhandenen Rechtsinstitute nicht zu einem individualisierten, vom Einzelfall abhängigen Schutz weiterentwickelt worden sind, um einer unfairen Beeinflussung der Entscheidungsfreiheit entgegentreten zu können.[2223] Die Widerrufsrechte und das Gebot fairen Verhandelns stehen gleichwohl nicht in Konkurrenz zueinander. Der Gesetzgeber hat durch das Widerrufsrecht bei außerhalb von Geschäftsräumen geschlossenen Verträgen vielmehr gezeigt, dass er bereits die bloß abstrakte Gefahr der Überrumpelung in bestimmten Situationen als eine so intensive Bedrohung der Selbstbestimmung wahrnimmt, dass er das abstrakte Widerrufsrecht als angemessene Lösung angesehen hat. Der Gesetzgeber hat der freien Entscheidung aufgrund des schwerwiegenden Eingriffs von Widerrufsrechten in den Grundsatz der Vertragstreue damit zurecht einen sehr hohen Wert eingeräumt.

Daneben bleibt Raum für einen Überrumpelungsschutz im Einzelfall über die vorvertragliche Pflichtverletzung. Durch das Gebot fairen Verhandelns wird dem Untermaß und dem Übermaß an Schutz der Widerrufsrechte auf Kosten der Rechtssicherheit begegnet. Im Gegensatz zu den Widerrufsrechten setzt das Gebot fairen Verhandelns keinen Verbrauchervertrag eines bestimmten Vertragstyps voraus. Insofern ergibt sich für das Gebot fairen Verhandelns ein deutlich größerer persönlicher Anwendungsbereich, mit welchem dem Untermaß an Schutz der Widerrufsrechte begegnet wird. Gleichzeitig verlangt es unter strengen Voraussetzungen die tatsächliche Beeinträchtigung der Willensbildung und begegnet so dem Übermaß an Schutz.

Das Gebot fairen Verhandelns ist aufgrund seiner nuancierten Abhängigkeit vom Einzelfall deshalb kein einfach zu realisierendes Gestaltungsrecht, sondern ein komplexer Schadensersatzanspruch. Durch das Gebot fairen Verhandelns wird dem hohen Wert der Entscheidungsfreiheit auch im Einzelfall Rechnung getragen. Aus dem typisierten Schutz durch die Widerrufsrechte einerseits und dem von einer tatsächlichen Überrumpelung abhängigen Schutz durch das

---

2222 *Lorenz* S. 171, 212.
2223 *Lorenz* S. 212.

Gebot fairen Verhandelns andererseits, folgt ein sich gegenseitig ergänzendes Schutzkonzept vor unzulässiger Einflussnahme. Die Widerrufsrechte stehen dem Gebot fairen Verhandelns mithin nicht entgegen.[2224]

H. Konkurrenz zu den Rücktrittsrechten

Das Rücktrittsrecht regelt wie gezeigt Fälle der Pflichtverletzung, nachdem der Vertrag geschlossen wurde.[2225] Es spricht darum nicht gegen die Zulässigkeit des Gebots fairen Verhandelns, welches auf Pflichtverletzungen vor dem Vertragsschluss reagiert.[2226]

I. Konkurrenz zur Störung der Geschäftsgrundlage

Auch die Vorschriften zur Störung der Geschäftsgrundlage können nicht als konkurrierende Normen angeführt werden. Die Geschäftsgrundlage ändert sich bei Verstößen gegen das Gebot fairen Verhandelns nicht und fällt auch nicht weg. Zudem intendiert § 313 BGB nicht, Beeinflussungen der Willensbildung zu verhindern.

J. Konkurrenz zur Inhaltskontrolle im AGB-Recht

Zwar sollen durch die Vorschriften zu den Allgemeinen Geschäftsbedingungen auch Ungleichgewichtslagen eingeschränkt werden,[2227] doch bezieht sich die AGB-Kontrolle wie oben gezeigt hauptsächlich auf Nebenbestimmungen.[2228] Dafür knüpft die AGB-Kontrolle nicht an konkrete Drucksituationen, sondern an ein partielles Marktversagen an.[2229] Es handelt sich bei der AGB-Kontrolle aber vor allem um eine Inhaltskontrolle. Sie steht aufgrund dieser Unterschiede nicht in Konkurrenz zum Gebot fairen Verhandelns.

K. Konkurrenz zur Sittenwidrigkeit

Möglicherweise erweist sich aber die Sittenwidrigkeit nach § 138 Abs. 1 und Abs. 2 BGB dem Gebot fairen Verhandelns gegenüber als abschließend.

2224 So im Ansatz auch BAG 7.2.2019, NZA 2019, 688 Rn. 39.

2225 S. o., Kap. 3 § 5 H.

2226 Allg. zum Verhältnis von c. i. c. zu Rücktrittsrechten BeckOGK/*Herresthal* (1.1.2021) § 311 BGB Rn. 247, 249.

2227 Vgl. MüKoBGB/*Basedow* Vor § 305 Rn. 4.

2228 S. o., Kap. 3 § 5 K.

2229 MüKoBGB/*Basedow* Vor § 305 Rn. 6 ff.

§ 138 BGB knüpft an sittenwidrige Verträge die Rechtsfolge der Nichtigkeit. Dadurch sollen inhaltlich besonders missbilligte Verträge verhindert werden. Durch die hauptsächliche Anknüpfung an den Vertragsinhalt statt einer primären Anknüpfung an die Verhandlungssituation scheint er zunächst eine andere Schutzrichtung als das Gebot fairen Verhandelns zu haben.

I. Keine Zulässigkeit des Gebots fairen Verhandelns neben § 138 Abs. 1 und Abs. 2 BGB

Allerdings könnte das Gebot fairen Verhandelns neben § 138 Abs. 1 und Abs. 2 BGB gerade wegen dieses Unterschiedes unzulässig sein. So wird teilweise nicht nur davon ausgegangen, dass § 138 Abs. 1 BGB eine Alternative zum Gebot fairen Verhandelns darstellt,[2230] sondern auch, dass der Prüfmaßstab des § 138 BGB und der zurückhaltende Umgang mit der Sittenwidrigkeit durch das Gebot fairen Verhandelns auf unzulässige Weise unterlaufen wird.[2231] Bereits im Wortgebrauch sei der Vorwurf der Unfairness schneller erhoben, als der der Sittenwidrigkeit.[2232] Die damit automatisch einhergehende weite Anwendung des Gebots fairen Verhandelns lasse sich nicht mehr durch eine Eingrenzung desselben verhindern.[2233]

Insbesondere würde § 138 Abs. 2 BGB zeigen, dass es der Wirksamkeit von rechtlichen Handlungen nicht grundlegend entgegensteht, wenn sie Resultat externer Zwänge sind.[2234] Vielmehr brauche es darüber hinaus noch ein auffälliges Missverhältnis zwischen Leistung und Gegenleistung. Gerade dieses ist bei dem Hauptanwendungsfall des Gebots fairen Verhandelns – nämlich wenn

---

2230 S. bereits o., Kap. 3 § 5 M. III. 2. b); *Fischinger* NZA 2019, 729 (730); zust. *Holler* NJW 2019, 2206 (2210); Staudinger/*Richardi/Fischinger* (2020) § 611a Rn. 1959; **sympathisierend** *Bauer/Romero* ZfA 2019, 608 (614); ErfK/*Müller-Glöge* § 620 BGB Rn. 15; APS/*Rolfs* AufhebVtr Rn. 108b; **unklar** LAG Mecklenburg-Vorpommern 4.12.2018 – 2 Sa 143/18, BeckRS 2018, 46462 Rn. 59: „Die aus § 241 Absatz 2 BGB abzuleitenden Maßstäbe unterscheiden sich nicht von dem aus § 138 BGB abzuleitenden Maßstab.".

2231 *Fischinger* NZA 2019, 729 (731); *ders.* NZA-RR 2020, 516 (519); so auch *Adam* EzA § 312 BGB 2002 Nr. 4, S. 18 (28); ähnlich *Holler* NJW 2019, 2206 (2209); sympathisierend BLDH/*Lingemann* Kap. 23 Rn. 27t.

2232 *Fischinger* NZA 2019, 729 (731, 732); ebenfalls der Weite des Begriffs der Fairness kritisch gegenüberstehend *Kamanabrou* RdA 2020, 201 (210).

2233 *Fischinger* NZA 2019, 729 (731).

2234 Vgl. *Franz* S. 83; *Schacht* S. 136; ähnlich *Schindler* S. 178 f.

die unzulässige Beeinflussung lediglich auf das „Ob" des Vertragsschlusses zu marktüblichen Konditionen abzielt[2235] – nicht gegeben.

II. *Zulässigkeit des Gebots fairen Verhandelns neben § 138 Abs. 1 und Abs. 2 BGB*

Wie oben gezeigt, kann Verstößen gegen das Gebot fairen Verhandelns aber nicht durch § 138 Abs. 1 BGB begegnet werden. Das Gebot fairen Verhandelns soll gerade auch die Fälle abdecken, in welchen die Einflussnahme zu keinem objektiv zu missbilligenden Vertragsinhalt, wie beispielsweise eine schwerwiegende Äquivalenzstörung, geführt hat.[2236] Dies ist für § 138 BGB in beiden Absätzen jedoch zwingend.[2237] § 138 Abs. 1 oder Abs. 2 BGB können darum keine Alternative zum Gebot fairen Verhandelns darstellen.

Zudem kann aus § 138 Abs. 1 und Abs. 2 BGB nicht die gesetzgeberische Wertung abgeleitet werden, dass eine Beeinträchtigung der Willensbildung zwingend irrelevant ist, wenn sie sich nicht in einem missbilligten Vertragsinhalt niederschlägt. Vielmehr muss beachtet werden, dass dem Regelungsbereich der § 138 Abs. 1 und Abs. 2 BGB eben nicht die Abschlusssituation, sondern der Inhalt des Vertrags unterfällt.[2238] Neben § 138 BGB ist schließlich § 123 BGB normiert, der den Anwendungsbereich des § 138 BGB auf die Inhaltskontrolle „zurückdrängt".[2239] Das Verhältnis von § 123 Abs. 1 BGB insbesondere zu § 138 Abs. 1 BGB spricht deshalb gegen eine Anwendbarkeit des Maßstabs des § 138 Abs. 1 BGB auf das Gebot fairen Verhandelns, weil dieses wie § 123 Abs. 1 BGB ein Instrument der Abschlusskontrolle darstellt.

Aus den Tatbestandsvoraussetzungen der Inhaltskontrolle des § 138 BGB in Abs. 1 und Abs. 2 können mithin keine Rückschlüsse auf das Niveau einer Abschlusskontrolle gezogen werden. Es zeigt sich stattdessen erneut, dass der Gesetzgeber wie auch die Rechtsprechung und vielfach die Literatur lange Zeit den Inhalt des Vertrags im Zentrum der Aufmerksamkeit von Korrekturbemühungen hatten. Dabei wurde die Abschlusssituation zwar unterstützend, aber nicht entscheidend einbezogen.[2240]

2235 Beispielsweise bei Aufhebungsverträgen.

2236 Deshalb für eine Anwendung der culpa in contrahendo neben § 138 BGB: *Wagner* NJW 2005, 2956 (2959).

2237 S. o., Kap. 3 § 5 M. V.

2238 S. o., Kap. 3 § 5 M. III. 1.

2239 S. o., Kap. 3 § 5 M. III. 1.

2240 S. beispielsweise Kap. 3 § 5 M. III. 2. a) zur Sittenwidrigkeit oder § 310 Abs. 3 Nr. 3 BGB bei der AGB-Kontrolle.

Insbesondere ist bei dem Verhältnis von § 138 Abs. 1 und Abs. 2 BGB zu dem Gebot fairen Verhandelns weiter zu beachten, dass die Rechtsfolge des § 138 BGB mit der Nichtigkeit ipso iure gegen eine abschließende Wirkung gegenüber dem Gebot fairen Verhandelns bei dessen dogmatisch korrekter Anwendung[2241] spricht. Die Rechtsfolge der Verletzung der vorvertraglichen Pflicht, fair zu verhandeln, ist Schadensersatz, welcher vom Überrumpelten geltend gemacht werden muss.[2242] Aufgrund des fundamentalen Unterschieds von Nichtigkeit und Anspruch als Rechtsfolgen der jeweiligen Normen können die Anforderungen des § 138 BGB dem Gebot fairen Verhandelns, von dem ohnehin bestehenden Hindernis des unterschiedlichen Kontrollziels der Normen abgesehen, nicht zugrunde gelegt werden.

Die inhaltliche Missbilligung des Rechtsgeschäfts ist beim § 138 BGB in beiden Absätzen zwingend notwendig, da dieser durch die Nichtigkeit ipso iure einen deutlich schärferen Eingriff in die Vertragsfreiheit bedeutet als der Anspruch auf Rückabwicklung des Vertrags, wie ihn das Gebot fairen Verhandelns gewährt. Die ethische Ablehnung des Geschäfts durch die Rechtsordnung soll sicherstellen, dass kein Interesse der benachteiligten Seite an der Aufrechterhaltung des Vertrags besteht.

Nach diesem Verständnis handelt es sich bei dem Erfordernis der Missbilligung der inhaltlichen Regelung einerseits um einen Schutz des Bevorteilten, dass sein vorteilhaftes Geschäft nicht ohne Weiteres ipso iure beseitigt wird. Andererseits stellt es auch einen Schutz des Übervorteilten dar, dass ihm nicht die Möglichkeit des Festhaltens an einem Vertrag genommen wird, an welchem er trotz Beeinträchtigung der Entscheidungsfreiheit und inhaltlicher Inadäquanz möglicherweise festhalten will. Der Nichtigkeitsgrund des § 138 BGB liegt in beiden Absätzen im von der Rechtsordnung unerwünschten Inhalt des Vertrags, wohingegen das Beseitigungsrecht bei Verletzung des Gebots des fairen Verhandelns in der Beeinträchtigung der Willensfreiheit liegt. Weder der Tatbestand noch die Rechtsfolge des § 138 BGB sprechen deshalb gegen die Zulässigkeit des Gebots fairen Verhandelns.[2243]

2241 S. zum gegenteiligen Vorgehen des BAG bei der Rechtsfolge Kap. 6 § 13 B. I.

2242 S. o., Kap. 6 § 13 B. II.

2243 IE auch *Bachmann/Ponßen* NJW 2019, 1969 (1970); *Kamanabrou* RdA 2020, 201 (206); *Wagner* NJW 2005, 2956 (2959).

III. Konkurrenzen im konkreten Fall

Ist ein Vertrag durch Überrumpelung zustande gekommen und inhaltlich missbilligt, beziehungsweise für eine Seite auffällig nachteilig, so ist dieser nach § 138 Abs. 1 BGB nichtig. Ein Vertragsaufhebungsanspruch im Wege des Schadensersatzes über die culpa in contrahendo und eine Nichtigkeit des Vertrags nach § 138 Abs. 1 oder Abs. 2 BGB schließen sich aber nicht gegenseitig aus.[2244] Neben der Feststellung der Nichtigkeit kann deshalb auch auf Rückabwicklung wegen Verletzung des Gebots fairen Verhandelns geklagt werden.

L. Konkurrenz zu den Vorschriften des Deliktsrechts

§ 823 Abs. 1 BGB schützt wie dargestellt nicht die Entscheidungsfreiheit.[2245] Er steht dem Gebot fairen Verhandelns darum nicht entgegen. Es wird aber vorgebracht, dass § 823 Abs. 2 BGB i. V. m. § 240 StGB gegen ein Lösungsrecht über die culpa in contrahendo spricht, da dort die Drohung mit einem empfindlichen Übel verlangt wird.[2246] Im Allgemeinen wurde dem ähnlich in der Vergangenheit argumentiert, dass § 823 Abs. 2 BGB (in Verbindung mit der Verletzung eines strafrechtlichen Schutzgesetzes wie §§ 240, 253, 263, 266 StGB) und § 826 BGB (sittenwidriges Handeln) als schadensrechtliche Schutznormen strengere Anforderungen als § 123 Abs. 1 BGB haben würden. Infolgedessen wurde eine Unzulässigkeit des schadensrechtlichen Schutzes der Willensfreiheit unterhalb dieser Anforderungen behauptet.[2247] Es ist zwar richtig, dass § 823 Abs. 2 BGB i. V. m. einem strafrechtlichen Schutzgesetz wie §§ 253, 263, 266 StGB einen Vermögensschaden und Vorsatz verlangen.[2248] Allerdings wird auch bei der Umsetzung des Gebots fairen Verhandelns über die vorvertragliche Haftung nach der Rechtsprechung ein Vermögensschaden vorausgesetzt.[2249] Zudem ist eine Verletzung des Gebots fairen Verhandelns ohne mindestens Eventualvorsatz faktisch nicht vorstellbar.[2250]

2244 Undeutlich BGH 16.1.2001, NJW 2001, 1065 (1067); *Becker* S. 419 zum arbeitsrechtlichen Aufhebungsvertrag; BeckOGK/*Herresthal* (1.1.2021) § 311 BGB Rn. 231; *Schwarze* JA 2019, 789 (790).

2245 S. o., Kap. 3 § 5 N. I.

2246 *Adam* EzA § 312 BGB 2002 Nr. 4, S. 18 (27).

2247 *Weiler* S. 605 f.

2248 So auch *Weiler* S. 606.

2249 S. o., Kap. 6 § 12 D. I.

2250 S. o., Kap. 7 § 17 F. II. 2. b) bb) (3).

Außerdem bietet das Deliktsrecht mit seiner durch § 823 Abs. 2 BGB erfolgenden Verknüpfung mit dem Strafrecht keine Grenze für den zivilrechtlichen Schutz der Willensfreiheit. Durch die Anknüpfung an Strafgesetze sollen deren Wertungen als Mindeststandard ins Zivilrecht transformiert werden. Es soll dadurch keine Schutzobergrenze im Zivilrecht begründet werden. Das Deliktsrecht bietet allgemein einen Mindestschutz für jedermann und setzt deshalb keine (vor-)vertragliche Verbindung voraus.[2251] Entsprechend kann und soll der Schutzmaßstab bei Bestehen einer solchen Sonderverbindung höher sein.[2252] Dem entspricht im Vertragsrecht der Schutz auch vor primären Vermögensschäden, die Zurechnung des Verschuldens des Erfüllungsgehilfen nach § 278 BGB und die veränderte Beweislastverteilung durch § 280 Abs. 1 S. 2 BGB.[2253]

So wie das Deliktsrecht grundsätzlich seinen eigenen Regeln unterliegt, ist auch das Vertragsrecht eigenständig. Das Erfordernis der Drohung bei § 823 Abs. 2 BGB i. V. m. § 240 StGB wirkt sich deshalb nicht auf den Schutz der culpa in contrahendo aus. Auch § 826 BGB schließt wegen der oben angeführten Probleme bezüglich des Schädigungsvorsatzes[2254] und seiner deliktischen Natur das Gebot fairen Verhandelns nicht aus. Es liegt stattdessen eine praktische Subsidiarität des § 826 BGB vor.[2255] Ansprüche aus (vor-)vertraglichen Verhältnissen und Delikt bestehen nebeneinander und grundsätzlich unabhängig voneinander.[2256] Aus dem Deliktsrecht lässt sich deshalb keine Sperre des Gebots fairen Verhandelns ableiten.

2251 Vgl. allg. BGH 9.5.1957, BGHZ 24, 188 (191); Staudinger/*Hager* (2017) Vorbem. zu §§ 823 ff. Rn. 37; MüKoBGB/*Wagner* Vor § 823 Rn. 1.

2252 MHdBArbR/*Benecke* § 34 Rn. 2; Staudinger/*Hager* (2017) Vorbem. zu §§ 823 ff. Rn. 38; *Reinicke* JA 1982, 1 (5); Soergel/*Spickhoff* Vor § 823 Rn. 73; ähnlich bereits *Erman* AcP 139 (1934), 273 (274).

2253 Vgl. dazu Staudinger/*Hager* (2017) Vorbem. zu §§ 823 ff. Rn. 37.

2254 S. o., Kap. 3 § 5 N. III.

2255 Vgl. allg. Staudinger/*Oechsler* (2018) § 826 Rn. 135.

2256 Vgl. allg. BGH 28.4.1953, BGHZ 9, 301 (302 f.); BGH 9.5.1957, BGHZ 24, 188 (191); BGH 13.11.1973, NJW 1974, 234 (235); BGH 24.5.1976, BGHZ 66, 315 (319); BGH 11.2.2004, NJW 2004, 1032 (1033); MHdBArbR/*Benecke* § 34 Rn. 16; *Brox/Walker* SchuldR AT § 25 Rn. 18; Staudinger/*Hager* (2017) Vorbem. zu §§ 823 ff. Rn. 38; *Looschelders* § 1 Rn. 23; BeckOKBGB/*Lorenz* § 280 Rn. 15; Soergel/*Spickhoff* Vor § 823 Rn. 68, 73; HK-BGB/*Staudinger* Vorbemerkung zu §§ 823–853 Rn. 13; Jauernig/*Teichmann* Vor § 823 Rn. 3; MüKoBGB/*Wagner* Vor § 823 Rn. 82.

M. Konkurrenz zu § 242 BGB (Treu und Glauben)

Auch das Hilfsinstrument des § 242 BGB vermag keine Sperrwirkung gegenüber dem Gebot fairen Verhandelns zu begründen. Durch die Einkleidung im Rahmen der vorvertraglichen Pflichtverletzung kann extremer Beeinflussung angepasst an den jeweiligen Einzelfall über § 241 Abs. 2 BGB besser Rechnung getragen werden. Durch die Anwendung der bestehenden Strukturen der culpa in contrahendo und des Schadensrechts kann das Gebot fairen Verhandelns dogmatisch überzeugend umgesetzt werden.

N. Konkurrenz zu § 4a UWG

Dass die Verletzung des § 4a UWG durch aggressive geschäftliche Handlungen die Wirksamkeit des Geschäfts nach dem UWG bis zum Inkrafttreten des künftigen § 9 Abs. 2 UWG n.. F. nicht berührt,[2257] ist und war für eine Anerkennung des Gebots fairen Verhandelns, welches sich an den Wertungen des § 4a UWG orientiert, unschädlich.[2258] Das UWG beschränkt das Vertragsrecht des BGB nicht.[2259] Denn neben das UWG als Sonderdeliktsrecht treten selbstständig die Schutzvorschriften des allgemeinen Zivilrechts, insbesondere dort das Vertragsrecht mit den Vorschriften zu Anfechtung, Widerruf und Schadensersatz aus vorvertraglicher Pflichtverletzung, welche unter Umständen das eigenständige Lösen vom Vertrag erlauben.[2260] Dies war auch deshalb erforderlich, weil das UWG dem einzelnen Verbraucher bis zur Einführung des künftigen § 9 Abs. s2 UWG n. F. keine Klagebefugnis einräumte, vgl. § 8 Abs. 3 UWG.[2261] Der

2257 S. o., Kap. 3 § 5 P. II.

2258 **AA** *Burnert* S. 241. Vgl. aber allg. zum offenen, oftmals ergänzenden Verhältnis vom UWG zu anderen Rechtsgebieten und Normen: *Beater* Rn. 72 ff., insb. zum Vertragsrecht im Verhältnis Unternehmer Verbraucher Rn. 87 ff., 799 ff.

2259 Büscher/*Büscher* Einleitung Rn. 330; ähnlich UWG-GK/*Schünemann/Pfeifer* Einleitung Teil G. Rn. 146 ff.

2260 Büscher/*Büscher* Einleitung Rn. 341 ff.; KBF/*Köhler* § 1 UWG Rn. 17, 39, § 4a UWG Rn. 1.2, 1.21; Ohly/Sosnitza/*Ohly* D. Rn. 68 f.; MüKoUWG/*Raue* § 4a Rn. 46; MüKoUWG/*Sosnitza* § 1 Rn. 14; speziell zu § 4a UWG Götting/Nordemann/*Götting* § 4a UWG Rn. 8; im Ansatz Harte/Henning/*Podszun* § 1 UWG Rn. 53; UWG-GK/*Schünemann/Pfeifer* Einleitung Teil G. Rn. 148 „Anspruchskonkurrenz".

2261 S. dazu auch Begr. RegE BT-Drucks. 15/1487 S. 22; *Beater* Rn. 801, 1087; Büscher/*Büscher* § 1 UWG Rn. 29; Götting/Nordemann/*Götting* Einleitung Rn. 61; KBF/*Köhler* § 1 UWG Rn. 39, ebenso KBF/*ders./Feddersen* § 8 UWG Rn. 3.4; Ohly/Sosnitza/*Ohly* D. Rn. 68; UWG-GK/*Paal* (2. Aufl.) § 8 Rn. 193.

Grund lag darin, dass das UWG die Interessen des einzelnen unlauter Beeinflussten nicht einbezog, sondern immer auf die Kollektivinteressen der Abnehmer rekurrierte.[2262] Der Individualschutz von Verbrauchern oblag hingegen allein dem BGB.[2263]

Der Schutz durch das Vertragsrecht des BGB (Individualschutz) und das UWG (Kollektivschutz) war damit bis zur Einführung des künftigen § 9 Abs. 2 UWG n. F. ein fundamental unterschiedlicher, welcher grundsätzlich unabhängig voneinander gewährt wurde.[2264] Entsprechend wurde die Wertung des § 4a UWG, welcher an die unzulässige Einflussnahme selbst keine Unwirksamkeit des Geschäfts knüpfte, durch das allgemein zivilrechtliche Gebot fairen Verhandelns nicht umgangen. Anders als die weiterhin nicht zulässige einfache Übertragung eines UWG-Verstoßes durch §§ 134, 138 Abs. 1 oder 823 Abs. 2 BGB ins Zivilrecht, stellt die culpa in contrahendo umfangreiche eigene Anforderungen für ein Lösungsrecht auf und zieht die Wertungen des UWG nur zur Orientierung auf Ebene der Pflichtverletzung heran.

Auch die Einführung des Schadensersatzanspruchs von Verbrauchern im Falle einer unlauteren Einflussnahme durch den künftigen § 9 Abs. 2 UWG n. F. steht dem Gebot fairen Verhandelns als Instrument des allgemeinen Zivilrechts nicht entgegen. Zum einen ist der Anwendungsbereich des UWG durch die Anknüpfung an eine „geschäftliche Handlung" im Sinne des künftigen § 2 Abs. 1 Nr. 2 UWG n. F. und dem Erfordernis, dass ein Verbraucher betroffen sein muss, im Vergleich zu dem im Zivilrecht universell anwendbaren Gebot fairen Verhandelns stark beschränkt. Zum anderen dient der Schadensersatzanspruch des Verbrauchers der Umsetzung von Unionsrecht (s. Art. 3 Nr. 5 zu Art. 11a Abs. 1 RL 2019/2161),[2265] weshalb er sich nicht in die deutsche Systematik einfügen muss und mit dieser kaum interagiert.[2266] Zudem handelt es sich

---

2262 *Beater* Rn. 87; speziell für den § 4a UWG Götting/Nordemann/*Götting* § 4a UWG Rn. 1; ähnlich KBF/*Köhler* § 1 UWG Rn. 17, § 4a UWG Rn. 1.2; UWG-GK/*Paal* (2. Aufl.) § 8 Rn. 193; Harte/Henning/*Podszun* § 1 UWG Rn. 53; Ohly/Sosnitza/*Ohly* § 8 UWG Rn. 85; Ohly/Sosnitza/*Sosnitza* § 1 UWG Rn. 11, 26.

2263 KBF/*Köhler* § 1 UWG Rn. 17, § 4a UWG Rn. 1.2; UWG-GK/*Paal* (2. Aufl.) § 8 Rn. 193; Harte/Henning/*Podszun* § 1 UWG Rn. 53.

2264 Vgl. *Beater* Rn. 87, 1087 ff.; Ohly/Sosnitza/*Ohly* D. Rn. 65; UWG-GK/*Schünemann/Pfeifer* Einleitung Teil G. Rn. 146 ff.

2265 S. dazu auch Begr. RegE BT-Drucks. 19/27873 S. 39; *Heinze/Engel* NJW 2021, 2609 Rn. 2 f.; *Köhler* WRP 2021, 129 Rn. 1 ff.

2266 S. Art. 3 Nr. 5 zu Art. 11a Abs. 2 RL 2019/2161 „Diese Rechtsbehelfe berühren nicht die Anwendung anderer Rechtsbehelfe, die den Verbrauchern nach dem Unionsrecht

bei dem Schadensersatzanspruch aus dem kommenden § 9 Abs. 2 UWG n. F. um Sonderdeliktsrecht,[2267] sodass dieses nach den allgemeinen Regeln grundsätzlich unabhängig vom Vertragsrecht besteht. Infolgedessen setzt der Schadensersatzanspruch nach dem UWG n. F. weder einen Vertragsschluss noch ein vorvertragliches Schuldverhältnis voraus.[2268] Der neue, spezielle Schutzmechanismus für Verbraucher aus dem UWG, welcher auf Unionsrecht basiert, soll nicht bestehende oder sich in der Entwicklung befindende allgemeinere, vom Unionsrecht unabhängige, Schutzmöglichkeiten beschneiden. Die Haftung aus culpa in contrahendo steht mithin unbeschränkt neben § 9 Abs. 2 UWG n. F., sodass der Verbraucher ein Wahlrecht hat.[2269]

O. Ergebnis zu speziellen Konkurrenzen

Das Gebot fairen Verhandelns ist flexibler und einzelfallgerechter als abstrakte Widerrufsrechte für bestimmte Vertragstypen. Es ist dadurch gleichzeitig auch präziser als die übrigen allgemeinen Schutzvorschriften des BGB. Es schützt die Willensfreiheit, indem es an eine konkrete Überrumpelung im Einzelfall anknüpft. Voraussetzung ist die schuldhafte Beeinträchtigung der Entscheidungsfreiheit durch einen anderen im Rahmen eines (vor-)vertraglichen Schuldverhältnisses. Dadurch unterscheidet es sich konzeptionell von solchen Vorschriften, die lediglich vor Defiziten schützen sollen, welche in der Sphäre des Beeinflussten liegen (§§ 104 ff. BGB und auch 138 Abs. 2 BGB). Der Unterschied zu Normen der Inhaltskontrolle (§§ 138 BGB, 305 ff. BGB) liegt darin, dass das Gebot fairen Verhandelns die Abschlusssituation betrachtet und damit eine andere Schutzrichtung hat.

---

oder dem nationalen Recht zur Verfügung stehen"; vgl. allg. auch *Heinze/Engel* NJW 2021, 2609 Rn. 16 ff.; *Köhler* WRP 2021, 129 Rn. 52, 57 ff.

2267 *Heinze/Engel* NJW 2021, 2609 Rn. 3; *Köhler* WRP 2021, 129 Rn. 51.

2268 Begr. RegE BT-Drucks. 19/27873 S. 39 f. Darum ist der Schadensersatzanspruch des § 9 Abs. 2 UWG n. F. in manchen Situationen weitreichender als das Gebot fairen Verhandelns. Deshalb kann die in der Drucksache auf S. 40 angeführte Schutzlücke, welche „nach geltendem Recht" unter anderem in „Überrumpelungssituationen" bestehe, nicht gegen die Zulässigkeit des sich noch in der Entwicklung befindenden Gebots fairen Verhandelns angeführt werden.

2269 Ausdrücklich *Köhler* WRP 2021, 129 Rn. 65; ebenso Begr. RegE BT-Drucks. 19/27873 S. 40: „Der Schadensersatzanspruch für Verbraucherinnen und Verbraucher steht in freier Anspruchskonkurrenz zu den bereits bestehenden Ansprüchen des bürgerlichen Rechts."

Das Gebot fairen Verhandelns unterläuft zudem nicht den Maßstab des § 123 Abs. 1 BGB. Zum einen muss die Beeinträchtigung der Willensbildungsfreiheit ähnlich intensiv sein, zum anderen ist der Vorsatzmaßstab des § 123 Abs. 1 BGB praktisch kein Problem. Insbesondere mit Blick auf die anerkannte fahrlässige Täuschung ist eine Einschränkung der culpa in contrahendo als Überrumpelungsschutz nicht zu rechtfertigen. Außerdem ist für das Gebot fairen Verhandelns eine Rückabwicklung über das Schadensrecht vorzunehmen, sodass auch rechtsdogmatisch zur ex tunc Nichtigkeit der Anfechtung und insbesondere der Nichtigkeit ipso iure in der Rechtsfolge große Unterschiede bestehen.

Im Unterschied zum ebenfalls dem Schadensrecht zugehörigen Deliktsrecht setzt das Gebot fairen Verhandelns eine vertragsrechtliche Sonderbeziehung voraus, die einen höheren Schutzmaßstab rechtfertigt. Für diesen sprechen die in den Bereichen der Zurechnung, der Vermutung des Vertretenmüssens und der Bewertung eines reinen Vermögensschadens normierten Erleichterungen. Die Schutznormen des BGB schließen das Gebot fairen Verhandelns deshalb jeweils für sich genommen in systematischer Hinsicht nicht aus.

Zuletzt stehen auch die Wertungen des UWG dem allgemein zivilrechtlichen Gebot fairen Verhandelns nicht entgegen. Das Vertragsrecht des BGB wird durch das UWG nicht begrenzt.

§ 18 Gesamtbetrachtung des Regelungssystems des BGB

Allerdings ergibt sich möglicherweise aus einer Gesamtbetrachtung der Schutznormen des BGB unter Hinzuziehung der historischen Entwicklung und Prinzipien des BGB ein Ausschluss des Gebots fairen Verhandelns.

A. Keine Zulässigkeit des Gebots fairen Verhandelns im System des BGB

Der Gesetzgeber hat durch §§ 104 ff., 119 ff., 138 BGB und auch die Verbraucherschutznormen gezeigt, dass nicht jede Beeinträchtigung der psychischen Verfassung während der Vertragsverhandlungen entscheidend ist.[2270] Dementsprechend wird befürchtet, dass das Gebot fairen Verhandelns zu einer

---

2270 *Barnert* S. 107 f.; *Bengelsdorf* BB 1996, 904 (906); *Franz* S. 215; *Pauly* ZRP 1997, 228 (229); *ders.* ZTR 2003, 541 (541); ähnlich *Bengelsdorf* DB 1997, 874 (879); *Schacht* S. 97 f., 136; **krit**. deshalb auch *Tiedemann* ArbRB 2020, 61 (63); allg. krit. gegenüber dem Schutz durch c. i. c. neben §§ 123, 138 BGB Staudinger/*Sack/Fischinger* (2017) § 138 Rn. 227.

„light-version“[2271] der §§ 104 ff., 119 ff., 138 BGB wird, welche das differenzierte System des BGB insgesamt unterläuft. Infolgedessen wird die Zulässigkeit des Gebots fairen Verhandelns teilweise verneint.[2272] Dies wird zusätzlich damit begründet, dass durch das Gebot fairen Verhandelns der Ausgleich zwischen Vertragsabschlussfreiheit und Willensentschließungsfreiheit verloren gehen würde.[2273] Daran anknüpfend wird gewarnt, dass das Gebot fairen Verhandelns in der Praxis zu einem vom BGB nicht erwünschten Reuerecht führe.[2274] Im Interesse der Rechtssicherheit müssten Zwänge unterhalb des § 123 Abs. 1 BGB hingenommen werden.[2275]

In den Grenzen der §§ 134, 138 und 123 BGB dürfe sich deshalb im Vorfeld des Vertragsschlusses jeder rücksichtslos auf seine Interessen konzentrieren und die des Vertragspartners zurücktreten lassen.[2276] Dafür wird zudem die liberale Konzeption des BGB angeführt. Der Staat habe unter Ausübung seiner Entscheidungsprärogative eben nur bestimmte, aber ausreichende Schutzinstrumente für den Schutz der Willensbildung zur Verfügung gestellt, was von der Rechtsprechung zu respektieren sei.[2277] Das Gebot fairen Verhandelns würde deshalb der „Erstzuständigkeit des Gesetzgebers“[2278] widersprechen,[2279] sodass

2271 *Fischinger* NZA 2019, 729 (731); ähnlich BLDH/*Lingemann* Kap. 23 Rn. 27t „Sittenwidrigkeit light“; BeckOGK/*Sutschet* (1.9.2021) § 620 BGB Rn. 496 „Widerrufsrechts light“.

2272 So *Fischinger* NZA 2019, 729 (731); *ders.* NZA-RR 2020, 516 (516, 519); Staudinger/*Richardi/Fischinger* (2020) § 611a Rn. 1959; ähnlich *Adam* EzA § 312 BGB 2002 Nr. 4, S. 18 (26 ff); *Hamann* jurisPR-ArbR 30/2020 Anm. 4 C. I.; *Holler* NJW 2019, 2206 (2209, 2210); APS/*Rolfs* AufhebVtr Rn. 108b; BeckOKBGB/*Sutschet* § 311 Rn. 61; BeckOGK/*ders.* (1.9.2021) § 620 BGB Rn. 496; krit. auch ErfK/*Müller-Glöge* § 620 BGB Rn. 15; **offenlassend** LAG Hamm 17.5.2021 – 18 Sa 1124/20, BeckRS 2021, 15285 Rn. 67.

2273 *Fischinger* NZA 2019, 729 (731); *ders.* NZA-RR 2020, 516 (516); Staudinger/*Richardi/Fischinger* (2020) § 611a Rn. 1959.

2274 Staudinger/*Richardi/Fischinger* (2020) § 611a Rn. 1959; ähnlich APS/*Rolfs* AufhebVtr Rn. 108b.

2275 Ähnlich APS/*Rolfs* AufhebVtr Rn. 108b; allgemein *Bengelsdorf* DB 1997, 874 (879); *Schacht* S. 136.

2276 BeckOKBGB/*Sutschet* § 311 Rn. 61.

2277 *Holler* NJW 2019, 2206 (2208) unter Verweis auf Formerfordernisse und die beschränkte Anwendbarkeit des Widerrufsrechts.

2278 Dieser Terminus stammt aus BVerfG 11.11.1999, BVerfGE 101, 158 (218).

2279 *Holler* NJW 2019, 2206 (2210) mit Berufung auf BAG 30.9.1993, NZA 1994, 209; vgl. ähnlich *Franz* S. 388 zu einer analogen Anwendung des Widerrufsrechts bei unfairem Verhandeln; generell *Singer* S. 33.

es sich im Ergebnis um eine unzulässige Rechtsfortbildung handele.[2280] Zuletzt könnte vorgebracht werden, dass der Gesetzgeber die einseitigen Lösungsmöglichkeiten abschließend geregelt habe, um dem Grundsatz „pacta sunt servanda" Rechnung zu tragen.[2281]

B. Zulässigkeit des Gebots fairen Verhandelns im System des BGB

Die gegen das Gebot fairen Verhandelns erhobenen Einwände überzeugen nicht.

I. Keine grenzenlose Verfolgung der Eigeninteressen

Von der Gegenansicht wird richtig festgestellt, dass es zahlreiche Grenzen für zulässiges Handeln im Rechtsverkehr gibt. Es ist jedoch willkürlich, aus den Grenzen des Erlaubten die nunmehr seit zwanzig Jahren normierte Vorschrift des § 241 Abs. 2 BGB auszuklammern. Es handelt sich dabei genauso wie bei beispielsweise § 123 Abs. 1 BGB um eine Norm des BGB, welche das gleiche Maß an Geltung beansprucht.[2282] § 241 Abs. 2 BGB ergibt eindeutig eine in der Intensität[2283] vom Einzelfall abhängige Pflicht, „auf die Rechte, Rechtsgüter und Interessen" des (künftigen) Vertragspartners Rücksicht zu nehmen. Es kann deshalb keinesfalls davon gesprochen werden, dass jeder innerhalb der „Grenzen der §§ 134, 138, 123 […] seine eigenen Interessen über die des Vertragspartners stellen und sich insoweit rücksichtslos verhalten"[2284] darf.[2285] Die Pflichten

---

2280 BeckOKBGB/*Sutschet* § 311 Rn. 62.

2281 Vgl. allg. *Adomeit* NJW 1994, 2467 (2468), der sich jedoch vornehmlich gegen die Bürgschaftsentscheidung des Bundesverfassungsgerichts zur Wehr setzt und die Anwendung von Generalklauseln ansonsten befürwortet; *Barnert* S. 199 zur analogen Anwendung des HtWiG und S. 277 f. zur generellen Beeinträchtigung der rechtsgeschäftlichen Entscheidungsfreiheit; *Franz* S. 388 zu einer analogen Anwendung des Widerrufsrechts bei unfairem Verhandeln; **aA** im Allgemeinen *Wiedemann* JZ 1998, 1176 (1176).

2282 S. u., Kap. 7 § 18 B. III.

2283 MüKoBGB/*Bachmann* § 241 Rn. 51 zum missverständlichen „kann" in § 241 Abs. 2 BGB; ähnlich Palandt/*Grüneberg* § 241 BGB Rn. 7.

2284 So BeckOKBGB/*Sutschet* § 311 Rn. 61.

2285 S. dazu im Allgemeinen MüKoBGB/*Schubert* § 242 Rn. 236 ff., insb. zum Arbeitsverhältnis „So dürfen Arbeitgeber und Arbeitnehmer ihre Eigeninteressen gegenüber dem jeweils anderen nicht schrankenlos verfolgen", wobei im Kontext der unzulässigen Rechtsausübung nicht auf die offensichtlichen gesetzlichen Schranken abgestellt wird.

aus dem Schuldverhältnis nach § 241 BGB sind vom Gesetzgeber absichtlich offen formuliert, um einer Weiterentwicklung zugänglich zu sein.[2286] In welchen Fällen eine unzulässige Einflussnahme vorliegt, die eine Verletzung des Gebots fairen Verhandelns begründet, ist deshalb freilich von Diskussionsbedürftigkeit.

Allerdings kann nicht pauschal von einer Ausnahme des § 241 Abs. 2 BGB vom Pflichtenkanon des (vor-)vertraglichen Umgangs untereinander ausgegangen werden. Dies steht im Widerspruch zu den heutzutage völlig anerkannten vorvertraglichen Aufklärungspflichten, welche ebenfalls vom konkreten Einzelfall abhängig sind. Es handelt sich bei einer Verneinung des Gebots fairen Verhandelns aus Konkurrenzerwägungen letztlich um eine teleologische Reduktion der culpa in contrahendo, welche eines größeren Begründungsaufwands bedarf, als bisher vorgebracht.[2287] Insbesondere ist dabei auch zu beachten, dass § 241 Abs. 2 BGB eine jüngere Regelung als die genannten Konkurrenznormen darstellt, welche nicht leges speciales sind, sodass dessen Wertungen sogar grundsätzlich vorrangig sind.[2288]

II. Kein Widerspruch zu „pacta sunt servanda" und der Privatautonomie

Die Vertragstreue („pacta sunt servanda") bildet eine Grundlage des Vertragsrechts. Wenn nicht ausnahmsweise eine Lösungsmöglichkeit vorliegt, kann ein Vertrag nicht einseitig aufgegeben werden.[2289] Bei Bejahung des Gebots fairen Verhandelns besteht deshalb argumentatorisch zunächst die Gefahr eines Zirkelschlusses. Bei Annahme desselben würde schließlich ein Lösungsrecht vorliegen. Es kommt darum stattdessen auf die notwendigen Voraussetzungen eines solchen Lösungsrechts an.

Das BGB zeigt gerade durch die von der Gegenmeinung gegen das Gebot fairen Verhandelns angeführten Normen, dass Fehler in der Willensbildung für die Wirksamkeit des Geschäfts berücksichtigt werden können. Der Schutz der Selbstbestimmung durch das BGB im Rahmen dieser Normen erfolgt jedoch uneinheitlich.[2290] Als Grundlinie kann dem Schutz der Willensfreiheit aber

2286 S. o., Kap. 5 § 7 B. III. 1.

2287 Vgl. zu diesem Gedanken BeckOGK/*Herresthal* (1.1.2021) § 311 BGB Rn. 241 zur Zulässigkeit der fahrlässigen Täuschung im Rahmen der culpa in contrahendo.

2288 Vgl. zu diesem Gedanken BeckOGK/*Herresthal* (1.1.2021) § 311 BGB Rn. 242 zur Zulässigkeit der fahrlässigen Täuschung im Rahmen der culpa in contrahendo.

2289 S. o., Kap. 2 § 2 D.; vgl. *Boemke* AP BGB § 123 Nr. 37, S. 1244 (1244); *Burkardt* S. 100.

2290 *Weiler* S. 533.

zugrunde gelegt werden, dass die Selbstbestimmung Voraussetzung für die Bindung an die Erklärung ist, da nur dann Selbstverantwortung vom Erklärenden verlangt werden kann.[2291] Damit steht nur die Lösung von einer fehlerfrei abgegebenen Willenserklärung mit dem Grundsatz der Vertragstreue im Konflikt.[2292] Die Bestandskraft des Vertrags steigt infolgedessen mit dem Maß der Selbstbestimmung der Parteien.[2293] „Pacta sunt servanda" stellt deshalb einen Grundsatz dar, von dem in Einzelfällen abgewichen werden kann und muss.[2294]

Zu berücksichtigen sind hierbei allerdings auch Vertrauensschutzerwägungen und die Rechtssicherheit.[2295] Wer unter Verletzung des Gebots fairen Verhandelns einen Vertrag schließt, darf auf dessen Gültigkeit jedoch nicht vertrauen. Insofern ist der Einwand des sogenannten „April-April-Syndrom[s]"[2296] zurückzuweisen.

Es handelt sich bei dem Gebot fairen Verhandelns aufgrund des Erfordernisses der tatsächlichen und intensiven Beeinträchtigung der Entscheidungsfreiheit mithin nicht um einen Bruch der Privatautonomie und der Vertragsfreiheit. Vielmehr dient es durch einen „schonende[n] Eingriff"[2297] der Verwirklichung eben dieser.[2298] Das Gebot fairen Verhandelns stärkt den Grundsatz „pacta sunt

---

2291 S. o., Kap. 2 § 2 D.

2292 *Weiler* S. 358: „Pacta sunt servanda" kann nur da gelten, wo der Wille fehlerfrei gebildet und fehlerfrei zum Ausdruck gebracht worden ist. „Pacta sunt servanda" ist nur die Folge der Selbstbindung des Erklärenden und liefert keine Anhaltspunkte für den Umgang mit Willenserklärungen, die auf einem fehlerhaften, weil unzulässig beeinträchtigten Willensentschluss beruhen. Ähnlich *ders.* S. 629 zu seiner Lösung über eine Analogie von § 123 Abs. 1 BGB.

2293 *Preis* S. 27; *Schmidt-Westphal* S. 45; ähnlich *Bydlinski* S. 124 „Je besser überlegt und je freier das Versprechen gegeben wurde, umso eher fordert der Grundsatz der Vertragstreue Beachtung und umgekehrt."; *Singer* JZ 1995, 1133 (1139).

2294 In diese Richtung auch *Giesing* S. 238; *Thüsing* FS Wiedemann, 559 (578, 585).

2295 S. dazu auch noch Kap. 7 § 18 B. V.

2296 Zu dem Begriff *Zöllner* FS 100 Jahre GmbH-Gesetz, 85 (116); sich ebenfalls darauf stützend *Boemke* AP BGB § 123 Nr. 37, S. 1244 (1244R); *v Hoyningen-Huene* EWiR 1994, 115 (116).

2297 *Lettmaier* FS Koch, 375 (386).

2298 *Thüsing* RdA 2005, 257 (269); ähnlich *Lorenz* NJW 1997, 2578 (2579); *Schacht* S. 178 f.; allgemein bereits *Rieble* Rn. 844 „Vertragsfunktional gesehen ist die Kompensation von Fehlern des Vertragsmechanismus durch die Vertragsrechtsordnung kein Eingriff in die Privatautonomie, sondern deren Verwirklichung."; ähnlich allg. auch *Preis* FS Dieterich, 429 (442); *Thüsing* FS Wiedemann, 559 (564) und HWK/*ders.* Vor § 611a BGB Rn. 2 zur Bürgschaftsentscheidung des BVerfG.

servanda" letztlich, indem es bei frei zustande gekommenen Verträgen objektiv bestehende inhaltliche Äquivalenzstörungen unberücksichtigt lässt.[2299] Anforderungen an die Vertragsanbahnung statt an den Vertragsinhalt zu stellen, entspricht dem Prinzip der Privatautonomie.[2300]

Das Gebot fairen Verhandelns stellt nach alledem keinen unzulässigen Eingriff in die Vertragsfreiheit dar.[2301] Stattdessen würdigt es die Privatautonomie als „zu den Grundfesten"[2302] unserer Rechtsordnung gehörend.

III. Keine Systemfeindlichkeit des Gebots fairen Verhandelns

Der Gesetzgeber hat bereits bei der Normierung der culpa in contrahendo im Rahmen der Schuldrechtsreform 2002 erkannt, dass die culpa in contrahendo generell in einem schwierigen Rechtsverhältnis zu anderen Rechtsbehelfen steht.[2303] Beispielsweise im Verhältnis zu kaufvertraglichen Mängelrechten, dem Anfechtungsrecht, dem Deliktsrecht und auch der jeweiligen Verjährung hat der Gesetzgeber die Probleme angesprochen, ohne jedoch eine Lösung vorzugeben.[2304] Entscheidend ist, dass der Gesetzgeber durch die Normierung vorvertraglicher Pflichten in §§ 311 Abs. 2 Nr. 1, 241 Abs. 2 BGB anerkannt hat, dass in der Verhandlungssituation vor dem Vertragsschluss eine besondere Nähe und Verantwortung der Vertragsparteien füreinander besteht. Hierbei ist erneut zu betonen, dass unter die zu schützenden Interessen aus § 241 Abs. 2 BGB auch die Entscheidungsfreiheit fällt.[2305] Damit gehört die Entscheidungsfreiheit zum Schutzgut der culpa in contrahendo.[2306]

Die culpa in contrahendo nun ausgerechnet dort einzuschränken, wo der Schaden im Vertragsschluss liegt, überzeugt nicht.[2307] Es handelt sich beim

2299 Vgl. *Lorenz* NJW 1997, 2578 (2579); ähnlich *ders.* FS Canaris, 777 (787).

2300 Vgl. *Bydlinski* S. 103; *Mankowski* S. 1148; *Lorenz* FS Canaris, 777 (791); *Preis* S. 135; *Wackerbarth* AcP 200 (2000), 45 (68).

2301 *Giesing* S. 237; *Lettmaier* FS Koch, 375 (386); *Thüsing* RdA 2005, 257 (269); ähnlich *Lorenz* S. 487; *ders.* FS Canaris, 777 (787); zur Vertragskontrolle allgemein *Rieble* Rn. 844 „Es geht nicht um eine Ausnahme von dem Satz ‚pacta sunt servanda', sondern um seine Erfüllung von Vertrages willen"; **anders** wohl *Hönn* S. 266.

2302 *Lettmaier* FS Koch, 375 (386).

2303 Begr. RegE. BT-Drucks. 14/6040 S. 161.

2304 Begr. RegE. BT-Drucks. 14/6040 S. 161.

2305 S. o., Kap. 5 § 7 B. III. 1.; darauf weisen in diesem Kontext auch *Kamanabrou* RdA 2020, 201 (206) und *Plum* MDR 2020, 69 Rn. 4 hin.

2306 S. o., Kap. 5 § 7 B. III. 1.; vgl. *Becker* S. 404; *Kamanabrou* RdA 2020, 201 (206).

2307 Ähnlich *Becker* S. 404; *Singer* JZ 1999, 342 (346).

Gebot fairen Verhandelns nicht um eine Analogie oder Rechtsfortbildung, sondern um eine Anwendung des geltenden Rechts.[2308] Bei der culpa in contrahendo und speziell den Rücksichtnahmepflichten nach § 241 Abs. 2 BGB handelt es sich zwar nicht um Normen „der ersten Stunde des BGB“[2309], aber als geltendes Recht stehen sie solchen in ihrer Anwendbarkeit nicht nach.[2310] Darum kann auch kein Verstoß gegen die Gewaltenteilung oder die Entscheidungsprärogative des Gesetzgebers eingewandt werden. Das Argument „bekannt und bewährt“ kann in Bezug auf die Schutzmechanismen des BGB nur insofern angeführt werden, als das auch dessen Grenzen beachtet werden: Neuen Entwicklungen darf nicht von vornherein die Möglichkeit der Anwendung abgesprochen werden.[2311]

Die „culpa in contrahendo ist eine Quelle der Rechtsentwicklung für das gesamte Vertragsrecht“[2312] und bringt als solche neue Ansätze wie das Gebot fairen Verhandelns hervor. Die gegen das Gebot fairen Verhandelns angeführten Normen (§§ 104 ff., 119 ff., 138 BGB sowie die Widerrufsrechte) berücksichtigen nur unzureichend die Vielzahl der möglichen Einflussnahmemethoden und deren kumulierte Wirkung.[2313] Durch das Gebot fairen Verhandelns verlieren die anderen Schutzvorschriften nicht ihren Anwendungsbereich.[2314] Denn das Gebot fairen Verhandelns hat keine weniger strengen Anforderungen an die Beeinträchtigung der Willensfreiheit als die anderen Schutznormen. Es erfasst keine Beeinflussung „unterhalb der Schwelle“ des § 123 BGB, sondern solche außerhalb dessen Anwendungsbereich bei gleicher Intensität.[2315] Es knüpft dabei an objektive Gründe an und ist kein subjektives Beseitigungsrecht. Damit fügt es sich in die gesetzliche Konzeption von Beseitigungsrechten ein, welche objektive Gründe als maßgeblich anerkennt.[2316]

2308 Ähnlich *Kamanabrou* RdA 2020, 201 (206): Gebot fairen Verhandelns „nicht aus der Luft gegriffen, sondern normativ angeknüpft.“; **anders** noch *Lieb* FS Medicus, 337 (347) vor der Schuldrechtsreform in Kritik an *Lorenz* Vorschlag.

2309 *Kamanabrou* RdA 2020, 201 (206).

2310 Vgl. *Kamanabrou* RdA 2020, 201 (206) „Anwendungschance“; in diese Richtung im Allgemeinen zur culpa in contrahendo auch Staudinger/*Feldmann* (2018) § 311 Rn. 154; ähnlich bereits *Singer* JZ 1999, 342 (345).

2311 *Kamanabrou* RdA 2020, 201 (206).

2312 *Wiedemann* JZ 1998, 1176 (1177).

2313 S. o., Kap. 3 § 5 Q.

2314 Dies nennt *Kamanabrou* RdA 2020, 201 (206) als Voraussetzung für die Anerkennung.

2315 S. o., Kap. 7 § 17 F. II. 2. b) bb) (2).

2316 Vgl. zur gesetzlichen Konzeption von Beseitigungsrechten *Mankowski* S. 425 Nr. 18.

Durch die Anknüpfung an die konkrete Situation wird dem Ausgleich der negativen Vertragsabschlussfreiheit einer Seite mit der positiven Vertragsabschlussfreiheit der anderen Seite größtmögliche Bedeutung eingeräumt. Es kann deshalb nicht davon gesprochen werden, dass die Balance zwischen den jeweiligen Freiheitspositionen verloren ginge. Vielmehr wird ihr durch das Gebot fairen Verhandelns Rechnung getragen.

Das Gebot fairen Verhandelns unterläuft mithin nicht das System des BGB zum Schutz der Selbstbestimmung, sondern ist als ein Teil von ihm anzuerkennen. Die ausdrücklich normierten Schutzregeln sprechen nicht gegen das Gebot fairen Verhandelns.[2317] Sie beeinflussen aber dessen tatbestandliche Voraussetzungen.[2318]

IV. Ausgleich der Defizite im Schutz des historischen BGB

Dem BGB liegt historisch ein liberales Bürgerbild zugrunde.[2319] Das BGB von 1896 ging von einem denkbar freien und mündigen Bürger aus, der seine Rechtsbeziehungen geschäftskundig, selbstverantwortlich und umsichtig zum größten Vorteil regeln kann und deshalb so wenig wie möglich begrenzt werden sollte.[2320] Dies zeigt sich auch daran, dass zur damaligen Zeit beispielsweise die Einführung des § 138 Abs. 2 BGB umstritten war.[2321] Wie der Gesetzgeber mit der Schaffung von Sonderrechten wie beispielsweise den Widerrufsrechten, dem Arbeitnehmerschutzrecht, dem Lauterkeitsrecht oder dem Wohnraummietrecht

---

2317 *Kamanabrou* RdA 2020, 201 (206); iE auch *Plum* MDR 2020, 69 Rn. 4.

2318 Vgl. *Kamanabrou* RdA 2020, 201 (206) „Das Problem liegt nicht in der grundsätzlichen Anerkennung […], sondern bei der Grenzziehung.“; s. dazu auch oben zur Drohung (Kap. 5 § 11 D. I. 4.) und zum bloßen Ausnutzen einer Beeinträchtigung (Kap. 5 § 11 D. II. 3. c) cc)).

2319 Vgl. ausführlich dazu *Barnert* S. 12 ff.; *Bork* Rn. 101; *Fastrich* FS Kissel, 193 (196 f.); *Köhler* § 3 Rn. 8 ff.; *Wiedenmann* S. 67; im Ansatz BVerfG 19.10.1993, BVerfGE 89, 214 (233).

2320 *Barnert* S. 14 f.; *Bork* Rn. 101; *Köhler* § 3 Rn. 8.

2321 *Barnert* S. 16 mit anschaulichem Verweis auf *Lenzmann* zitiert nach *Mugdan* I S. 1015 (1016) „‘Wer die Augen nicht aufthut, soll den Beutel aufthun‘! Und dieses Sprichwort wirkt außerordentlich erzieherisch. Sie müssen den Schwachen, dessen Schwacheit oft nur in Denkträgheit besteht, nicht überall mit dem Richter schützen wollen; der Einzelne muß im wirtschaftlichen Leben sich selbst schützen und vor Leichtsinn hüten, und wenn ein solcher Leichtsinniger sich einmal verbrennt, so ist das für ihn ganz heilsam, er muß eben seine Erfahrung machen und sich Sachkenntnis erwerben, und hat er dieselbe nicht, so muß er eben von solchen Geschäften fernbleiben.“

gezeigt hat, sind jedoch Modifikationen an der liberalen Grundausrichtung erforderlich, um den tatsächlichen Begebenheiten Rechnung zu tragen.[2322] Die eingangs vorgenommene Untersuchung insbesondere des Anfechtungsrechts, der Sittenwidrigkeit und der Geschäftsunfähigkeit hat gezeigt, dass die Konstellationen, denen mit dem Gebot fairen Verhandelns begegnet werden soll, von den Erschaffern des BGB nicht bedacht wurden.

Es geht um die perfide Vermischung verschiedener Methoden der Druckausübung, welche dem Hervorrufen von Kurzschlussreaktionen dient. Die einzelnen Elemente werden zwar für sich genommen vom BGB geregelt und jeweils im Rahmen der entsprechend dediziert dagegen geschaffenen Schutznormen als zulässig erachtet.

Dabei darf jedoch keinesfalls außer Acht gelassen werden, dass durch die Zusammenfassung der verschiedenen Druckmechanismen eine für den Überrumpelnden nützliche Synergie entsteht. Das bedeutet, dass der daraus entstehende Gesamtdruck höher ist als nur der Druck durch die jeweils zulässigen einzelnen Bestandteile. Diese tatsächliche Wirkung wurde, wie viele andere tatsächliche Probleme, vom historischen BGB nicht beachtet. Hierauf reagiert das Gebot fairen Verhandelns. Es fügt sich dabei in das heutige Verständnis vom BGB ein, welches den Schutz vor Fremdbestimmung etwas höher stellt, als das noch mehr von liberalen Idealvorstellungen ausgehende historische BGB.

V. Keine unzulässige Beeinträchtigung der Rechtssicherheit durch das Gebot fairen Verhandelns

Ein gewisses Maß an Rechtsunsicherheit ist bei Anerkennung des Gebots fairen Verhandelns unumgänglich.[2323] Dies ist als Kompromiss für die hohe Einzelfallgerechtigkeit jedoch hinzunehmen. Bei wertenden Normen mit Abwägungskomponente ist eine Beeinträchtigung der Rechtssicherheit typisch.[2324] So sind

---

2322 Ähnlich *Bork* Rn. 103: „Es muss vor allen Dingen Normen geben, die ein Mindestmaß an Gerechtigkeit, solidarischer Rücksichtnahme und Sozialschutz gewährleisten. Das Bewusstsein für diese Notwendigkeit ist heute freilich sehr viel stärker ausgeprägt als bei Inkrafttreten des Bürgerlichen Gesetzbuches"; *Fastrich* FS Kissel, 193 (197 ff., 202); MüKoBGB/*Säcker* Einl. Rn. 43 ff.; im Ansatz auch BVerfG 19.10.1993, BVerfGE 89, 214 (233); *Köhler* § 3 Rn. 10; *Singer* JZ 1995, 1133 (1140).

2323 *Junker* Rn. 428; wegen der Undeutlichkeit von „Zeitdruck" und „psychologischen Drucks" **gegen** das Gebot fairen Verhandelns *Barnert* S. 239; iE ebenso *Adam* EzA § 312 BGB 2002 Nr. 4, S. 18 (27); *Holler* NJW 2019, 2206 (2209, 2210); APS/*Rolfs* AufhebVtr Rn. 108b.

2324 Vgl. *Benecke* RdA 2004, 149 (151).

offene Rechtsbegriffe wie die arglistige Täuschung durch Unterlassen oder die widerrechtliche Drohung ebenfalls hinlänglich klar.[2325]

Es berechtigt schließlich nicht jede Drohung, sondern nur eine widerrechtliche Drohung zur Anfechtung. Die Ermittlung der Widerrechtlichkeit hat jedoch insbesondere im Bereich der Zweck-Mittel-Relation keinen prima facie eindeutigen Ausgang.[2326] Ebenso verhält es sich bei der Täuschung: Nicht jede Täuschung durch Unterlassen, sondern nur eine Täuschung durch Unterlassen bei Einschlägigkeit einer vorvertraglichen Aufklärungspflicht kann nach § 123 Abs. 1 Alt. 1 BGB oder der culpa in contrahendo von Relevanz sein. Eine vorvertragliche Aufklärungspflicht folgt genauso wie eine Verletzung des Gebots fairen Verhandelns aus einer Gesamtabwägung aller Umstände des Einzelfalls.[2327] Ähnlich liegt es im Fall der unzulässigen Beeinflussung im Lauterkeitsrecht nach § 4a Abs. 1 S. 1 Nr. 3 UWG.

Eine „sichere Subsumtion"[2328] wird deshalb auch durch weitergehende Präzisierung der Voraussetzungen für das Gebot fairen Verhandelns nicht immer möglich sein. Nur weil die Grenzziehung problematisch sein kann, ist eine Rücksichtnahmepflicht aber nicht abzulehnen.[2329] Auch bei vorvertraglichen Aufklärungspflichten wird aufgrund der Abhängigkeit des Bestehens einer Aufklärungspflicht vom Einzelfall explizit von einem Defizit an subsumtionsfähigen Kriterien gesprochen.[2330] Dieses Problem stellt sich bei der culpa in contrahendo generell, weil sie an § 241 Abs. 2 BGB als „Blankettnorm"[2331] anknüpft.

2325 Vgl. *Mankowski* S. 1151 f.; *Weiler* S. 631 f.; ähnlich *Thüsing* RdA 2005, 257 (269), der betont, dass die Gerichte auch mit Generalklauseln sicher arbeiten können.

2326 *Lorenz* FS Canaris, 777 (788); ähnlich *Weiler* S. 632; siehe dazu BGH 6.5.1982, NJW 1982, 2301 (2302) „Gesamtwürdigung aller Umstände des Einzelfalls unter besonderer Berücksichtigung der Belange der Beteiligten"; ebenso *C. Müller* S. 129 f.

2327 S. o., Kap. 5 § 11 B. I., III. 1. *Kunst* S. 175 betont, dass für eine arglistige Täuschung im Rahmen des § 123 Abs. 1 Alt. 1 BGB ein Rückgriff auf das Prinzip von Treu und Glauben notwendig ist.

2328 Dies wünschen sich *Zimmermann/Völkerding* DB 2019, 1628 (1628).

2329 Vgl. das Argument von *Kamanabrou* RdA 2020, 201 (209) zur Frage der Intensität bei Ausnutzung einer Schwäche beim Gebot fairen Verhandeln.

2330 Staudinger/*Singer/v. Finckenstein* (2017) § 123 Rn. 11.

2331 Erman/*Böttcher* § 242 Rn. 88; Palandt/*Grüneberg* § 241 BGB Rn. 7; *Schmitt-Rolfes* AuA 2021, 14 (14); ähnlich *Sabbagh-Farshi* S. 73; zum Ergebnis der Notwendigkeit einer generalklauselartigen Regelung von vorvertraglichen Pflichten im europäischen Vertragsrecht kommt *Lehmann* ZEuP 2009, 693 (709 f.).

Es handelt sich bei der Rechtsunsicherheit deshalb nicht um ein Spezifikum des Gebots fairen Verhandelns.

Durch klare Richtlinien, anhand derer der Einzelfall beurteilt wird, kann der Rechtsunsicherheit entgegen getreten werden.[2332] Eine offene Fallgruppenbildung kann Abhilfe schaffen.[2333] Gerade im Vergleich zu § 242 BGB ist eine „Überrumpelung“ schon im natürlichen Wortsinn relativ eingegrenzt.[2334] Erhebliche Rechtsunsicherheit wird zudem dadurch vermieden, dass für eine Verletzung des Gebots fairen Verhandelns strenge Voraussetzungen verlangt werden. Das Gebot fairen Verhandelns ist restriktiv anzuwenden, es gilt nur für Extremsituationen.[2335] Tatbestandlich ist letztlich das Herbeiführen einer gezielten Überrumpelungssituation erforderlich. Folge daraus ist, dass eine Verletzung des Gebots fairen Verhandelns nicht aus „Versehen“ passieren kann.[2336] Die Rechtssicherheit liegt damit in der Hand der Vertragspartner. Durch die zurückhaltende Handhabung kommt es bei der Beurteilung der Verhandlungssituation nicht auf die „persönliche[n] Wertvorstellungen Einzelner“ an.[2337]

Eine beachtliche Abschwächung der Rechtsunsicherheit erfolgt zuletzt auch dadurch, dass es sich bei dem Schadensersatzanspruch auf Rückabwicklung des Vertrags um ein Recht handelt, welches geltend gemacht werden muss. Es liegt gerade keine stets zu beachtende Nichtigkeit ipso iure vor.[2338] Der Überrumpelte kann seine Interessen durch Geltendmachung der Verletzung oder durch Gelten

---

2332 *Hördt* ArbRAktuell 2019, 289 (290) Rechtsunsicherheit sei eine erhebliche Schwäche des Gebots fairen Verhandelns, welcher aber durch Leitlinien der Abwägung die Schärfe genommen werden kann; **krit**. *Bauer* ArbRAktuell 2019, 93 (93); *ders./Romero* ZfA 2019, 608 (618); *Spitz* jurisPR-ITR 13/2019 Anm. 5 unter C.

2333 *Lorenz* FS Canaris, 777 (791); *Thüsing* RdA 2005, 257 (269); HWK/*ders.* § 123 BGB Rn. 47; ähnlich *Eufinger* DB 2020, 2695 (2695); allg. zur Fallgruppenbildung bei § 241 Abs. 2 BGB MüKoBGB/*Bachmann* § 241 Rn. 55 ff.

2334 *Mankowski* S. 1152.

2335 S. o., Kap. 5 § 11 D. II. 4.

2336 *Krause* EzA § 312 BGB 2002 Nr. 1, S. 21 (32) „nur in klaren Gestaltungen unbotmäßiger Einflussnahme“; in diese Richtung auch *Kamanabrou* RdA 2020, 201 (207), die bei ihrer deutlich weitergehenden Anwendung des Gebots fairen Verhandelns beim arbeitsrechtlichen Aufhebungsvertrag die Rechtsunsicherheit aufgrund ihrer einfachen Vermeidbarkeit als unproblematisch ansieht: Man solle schlicht keine Verträge in „unangemessenem Kontext“ anstrengen, dann wäre die Rechtsunsicherheit kein Problem; ähnlich *Becker* S. 183 f.; *Benecke* RdA 2004, 149 (151) in Bezug auf ihre Lösung im Rahmen des § 123 Abs. 1 BGB.

2337 So aber *Holler* NJW 2019, 2206 (2210); zust. *Fischinger* NZA-RR 2020, 516 (516).

2338 S. o., Kap. 6 § 13 B. II. 1.

lassen des Geschäfts zum Ausdruck bringen. Die Rechtsunsicherheit bietet mithin kein durchgreifendes Argument gegen die Zulässigkeit des Gebots fairen Verhandelns.

C. Ergebnis

Die Gesamtbetrachtung der Schutznormen des BGB, dessen historische Konzeption und die Prinzipien der Vertragstreue und der Rechtssicherheit führen nicht zu einer Unzulässigkeit des Gebots fairen Verhandelns. Es fügt sich bei restriktiver Handhabe in das bestehende Schutzsystem des BGB ein und ist sowohl neben den einzelnen Schutznormen als auch in einer Gesamtbetrachtung des Regelungssystems des BGB zulässig.

§ 19 Widerrufsrecht beim arbeitsrechtlichen Aufhebungsvertrag de lege ferenda und Gebot fairen Verhandelns

Zuletzt stellt sich die Frage nach der Bedeutung des Gebots fairen Verhandelns für das de lege ferenda vielfach gewünschte Widerrufsrecht beim arbeitsrechtlichen Aufhebungsvertrag.[2339] In der Vergangenheit wurde dafür als Argument häufig vorgebracht, dass es nicht einzusehen sei, wenn jeder Verbraucher außerhalb von Geschäftsräumen geschlossene Verträge jederzeit widerrufen kann, während der deutlich bedeutsamere Verlust des Arbeitsplatzes unwiderruflich

---

2339 **Dafür**: § 131 Abs. 2 des Gesetzesentwurfs zum Arbeitsvertragsgesetz des Arbeitskreises Deutsche Rechtseinheit im Arbeitsrecht (Verhandlungen des 59. DJT Bd. I: Gutachten D 63), wonach der Arbeitnehmer entweder eine Überlegungsfrist von mind. drei Tagen eingeräumt bekommt oder aber ein Widerrufsrecht von Dauer einer Woche; *Brox/Rüthers/Henssler* Rn. 679; *Dieterich* RdA 1995, 129 (135); *Ernst* S. 360 f.; *Gamillscheg* S. 215; *B. Grunewald* AuR 1994, 260 (261); *Krause* EzA § 312 BGB 2002 Nr. 1, S. 21 (34); *Pauly* MDR 1995, 1081 (1085); *ders.* ZRP 1997, 228 (231); *Preis* RdA 2003, 65 (76, 80); *Reinecke* FS Küttner, 327 (327); *Richter/Richter* AiB 1988, 140 (145 f.); *Schacht* S. 178 ff.; BeckOGK/*Sutschet* (1.9.2021) § 620 BGB Rn. 434 ff., 496; BeckOKBGB/*ders.* § 311 Rn. 62, *Thies* S. 405 ff.; *Winter* S. 136; *Zwanziger* BB 1996, 903 (904); auch das BAG zeigte sich in der Vegangenheit interessiert BAG 30.9.1993, NZA 1994, 209 (211) „mit beachtlichen Argumenten"; **krit.** jüngst *Glahe* S. 108 ff.; **aA** *Bauer* NJW 1994, 980 (981); *ders.* FS Däubler, 143 (144); *Bengelsdorf* LAGE § 611 BGB Aufhebungsvertrag Nr. 6, S. 11 (34); *ders.* NZA 1994, 193 (199); *ders.* DB 1997, 874 (879); *Giesing* S. 244 ff.; *v Hoyningen-Huene* EWiR 1994, 115 (116); KassHdb/*Welslau* 6.1 Rn. 53; *Wisskirchen/Worzalla* DB 1994, 577 (581).

ist.[2340] Die Alternative eines Widerrufsrechts durch Tarifvertrag[2341] erweise sich als zu schwach, da die Widerrufsrechte dort in der Regel verzichtbar sind.[2342] Ein wirksamer abstrakter Schutz kann darum nur bei zwingender Ausgestaltung gewährleistet werden.

Das Problem der Bindung an durch Überrumpelung herbeigeführte arbeitsrechtliche Aufhebungsverträge stellt sich aufgrund des Gebots fairen Verhandelns jedoch nicht mehr wie zu früheren Zeiten. Durch das Gebot fairen Verhandelns ist die Absicherung der Willensbildung allgemein auf ein Mindestniveau hochgefahren.[2343] Ein Widerrufsrecht erweist sich im Vergleich zum Gebot fairen Verhandelns als sehr weitgehend und stellt eine deutlich intensivere Beeinträchtigung der Privatautonomie dar.[2344] Durch die Beweislasterleichterungen beim Gebot fairen Verhandelns und §§ 141, 445, 448 ZPO sind auch die prozessualen Probleme des Arbeitnehmers gemindert.[2345]

Die Vorteile eines Widerrufsrechts für den Arbeitnehmer sind indes nicht abzustreiten. Doch müssen auch die Nachteile für den Arbeitgeber in die Abwägung mit einbezogen werden. Dann erweist sich das Gebot fairen Verhandelns für beide Seiten als ein fairer Balanceakt, welcher den Anforderungen der Privatautonomie, insbesondere der Selbstverantwortung, im größten Maße entspricht.[2346] Die Einführung eines Widerrufsrechts obliegt gleichwohl dem Ermessen des Gesetzgebers und ist zulässig.

2340 DHZ/*Bachner/Callsen* § 86 Rn. 102; *Burkardt* S. 242 f.; *Franz* S. 554 ff. Fn. 25 m. w. N und Ausblick zu den unterschiedlichen Vorschlägen; *Ernst* S. 360 f.; *Giesing* S. 237, 244 f.; *B. Grunewald* AuR 1994, 260 (261); *Lorenz* JZ 1997, 277 (279); *C. Müller* S. 136; *Reim* DB 2002, 2434 (2438); *Reinecke* Sonderbeil. NZA 18/2004, 27 (35); *Schmidt-Westphal* S. 249; *Schuster* AiB 2002, 274 (275); ähnlich KassHdb/*Welslau* 6.1 Rn. 52.

2341 Beispielsweise § 11 Abs. 10 MTV Einzelhandel NRW vom 20.9.1996; § 23 MTV Einzelhandel Baden-Württemberg vom 10.6.2011.

2342 *Ehrich* DB 1992, 2239 (2242); *Ernst* S. 361; *Lorenz* JZ 1997, 277 (280); *Weber/Ehrich* NZA 1997, 414 (420); **aA** *Kaiser* EzA § 611 BGB Aufhebungsvertrag Nr. 13, S. 11 (19).

2343 Deshalb gegen die Einführung eines Widerrufsrechts bei arbeitsrechtlichen Aufhebungsverträgen *Giesing* S. 244 ff. Ihm ist jedoch insoweit zu widersprechen, als dass ein Widerrufsrecht keine Entmündigung für den Arbeitnehmer bedeutet. In diese Richtung allgemein aber auch *Lorenz* S. 5 f.

2344 Ähnlich *Giesing* S. 245, der in Anknüpfung an *Bengelsdorf* DB 1997, 874 (876, 879) dann die Privatautonomie durch eine Sozialautonomie ersetzt sähe; s. auch o., Kap. 7 § 17 G. VI.

2345 S. o., Kap. 6 § 14; ausführlich *Giesing* S. 246 f., der eine Beweislasterleichterung aber lediglich bei der Kausalität anerkennt.

2346 IE auch *Giesing* S. 244 ff.

Kapitel 8: Schluss

§ 20 Resümee

Das Gebot fairen Verhandelns stellt eine systemgerechte Ergänzung des Schutzes der Willensbildung im BGB dar. Es verwirklicht die Anforderungen der Motive des BGB an den Schutz der Selbstbestimmung. Dort heißt es „Die Rechtsordnung kann nicht gestatten, daß die freie Selbstbestimmung auf rechtsgeschäftlichem Gebiete in widerrechtlicher Weise beeinträchtigt wird.“[2347] Die brisante Frage der widerrechtlichen Beeinflussung beziehungsweise unzulässigen Einflussnahme lässt sich abstrakt nicht beantworten. Anders als ein zu weites allgemeines Widerrufsrecht erlaubt es das Gebot fairen Verhandelns, angemessen auf den Einzelfall einzugehen. Durch das Gebot fairen Verhandelns ist es möglich, jedes Rechtsverhältnis im Einzelfall zu würdigen, ohne dass eine unangemessene Beschneidung der Vertragsfreiheit zu befürchten ist. Es ist ein fein abgestimmtes Instrument zur Realisierung der Selbstbestimmung, sodass es sich um eine Bereicherung der Privatautonomie handelt. Die eigenverantwortliche Bestimmung des rechtsgeschäftlichen Handelns darf weder formell noch materiell in der Hand eines anderen liegen. Ist dies dennoch der Fall, muss es ein Lösungsrecht für die überrumpelte Seite geben. Dies ist auch grundrechtlich geboten.

Dafür bietet die culpa in contrahendo die ideale Lösung.[2348] Das Gebot fairen Verhandelns soll dabei keinen „Schutz vor sich selbst“ begründen, sondern nur vor von außen herbeigeführten unzulässigen Beeinflussungen schützen.[2349] Es zeichnet sich dadurch aus, dass es in dem besonders sensiblen Bereich der Abschlusskontrolle außerhalb der klassischen Schutzmechanismen des BGB ansetzt und die Voraussetzungen der Privatautonomie auch dort wahrt. Dieser Schutz ist über die Pflicht zur Wahrung der Interessen der Gegenseite bei Vertragsverhandlungen über § 241 Abs. 2 BGB dogmatisch stichhaltig[2350] begründet. Im vorvertraglichen Stadium sind nicht nur speziell nach § 123 Abs. 1 BGB sanktionierte Täuschungen und Drohungen, sondern jede Art der unzulässigen Einflussnahme durch Überrumpelungsmethoden verboten. Je intensiver eine

---

2347 Motive I S. 204.

2348 Grundsatz des fairen Verhandelns als „Königsweg“ *Thüsing* RdA 2005, 257 (268); zust. *Giesing* S. 238.

2349 *Lorenz* S. 484 f.

2350 So auch *Giesing* S. 237.

Einflussnahme auf die Willensbildung des anderen Teils ist, desto geringer kann nur das Vertrauen in die Vertragstreue sein und desto höher ist das Lösungsinteresse der beeinflussten Seite.[2351]

Die tatbestandliche Schwierigkeit der abstrakten Grenzziehung liegt in der Natur der Sache, denn Reichweite und Umfang der Nebenpflichten sind stets für den konkreten Einzelfall festzustellen. Es ist davon auszugehen und zu wünschen, dass sich in der Zukunft einige Fallgruppen etablieren. Anzusetzen ist bei einer Überraschung durch eine Vertragsanbahnung mit keiner oder nur vager Ankündigung zu einem ungewöhnlichen Zeitpunkt an ungewöhnlichem Ort. Die Überraschung muss dann unter Einsatz zusätzlicher Druckmittel wie der Verweigerung von Bedenkzeit und Beratung, Drohungen, personeller Übermacht und gegebenenfalls der Ausnutzung bereits vorhandener Schwächen des Überrumpelten zu einer gezielten Überrumpelungssituation führen. Es ist eine Kumulation der genannten Faktoren erforderlich. Nur dann kann davon ausgegangen werden, dass die Willensbildung derart beeinträchtigt wurde, dass eine alternative Handlung in der konkreten Situation nach dem Werteverständnis des BGB und bei realer Betrachtung nicht mehr zumutbar war. Dabei ist das Vertrauensverhältnis der Kontrahenten sowie die Wichtigkeit des Vertrags zu beachten. Solche Drucksituationen dürften besonders häufig im Rahmen von Änderungs-, Aufhebungs- oder Verzichtsverträgen im Arbeitsrecht, Mietrecht und Familien- sowie Erbrecht zu finden sein.

Dennoch ist das Gebot fairen Verhandelns stets auch außerhalb dieser Fallgruppen zu beachten. Es leistet einen wertvollen Beitrag dazu, Beeinflussung im vorvertraglichen Stadium im regulären Rechtsverkehr ernst zu nehmen und echte Selbstbestimmung unabhängig von der Frage der Äquivalenz des Vertragsinhalts zu gewährleisten. Hierdurch sollen die etablierten Fallgruppen nach § 123 Abs. 1 BGB und § 138 Abs. 1 BGB nicht berührt werden.[2352]

Die Korrektur der vom Bundesarbeitsgericht angenommenen Rechtsfolge ist dringend erforderlich. Eine Verletzung des Gebots fairen Verhandelns führt zu einem Anspruch auf Rückabwicklung des Vertrags nach den allgemeinen Regeln des Schadensrechts.

Es ist zu hoffen, dass bereits durch die bloße Anerkennung des Gebots fairen Verhandelns durch ein höchstes Gericht mehr Fairness in den Rechtsalltag einzieht und in Zukunft deshalb die Rechtsstreitigkeiten in solchen Konstellationen abnehmen.[2353] Jedoch ist die restriktive Anwendung zu berücksichtigen, die

---

2351 Siehe allgemein *Lorenz* S. 38 f.

2352 So bereits *Lorenz* S. 486.

2353 Optimistisch *Fischer* jurisPR-ArbR 23/2019 Anm. 5 unter D.

dazu führt, dass nur besonders schwerwiegende Konstellationen erfasst werden, welche zusätzlich noch trotz Erleichterungen die Hürde des Beweises nehmen müssen.[2354]

Es empfiehlt sich, in gezielten Drucksituationen entweder Bedenkzeit zu gewähren oder einen sachkundigen Berater während der Verhandlung zu erlauben.[2355] Indem die Verhandlung zur gewöhnlichen Zeit[2356] und am gewöhnlichen Ort, das heißt, beispielsweise bei arbeitsrechtlichen Verhandlungen am Arbeitsplatz,[2357] geführt wird, kann einer Verletzung des Gebots fairen Verhandelns entgegengewirkt werden. Weiterhin ist es sinnvoll, wenn auch nicht erforderlich, bei „harten Verhandlungen" den Gesprächsinhalt vorher anzukündigen, sodass noch im Vorfeld Beratung erfolgen kann.[2358] Dazu kann es hilfreich sein, gegebenenfalls standardisierte Vertragsunterlagen vorab zu übermitteln.[2359] Das Gespräch sollte ruhig und sachlich geführt werden.[2360] Ist dies der Fall, kommt eine Verletzung des Gebots fairen Verhandelns kaum noch in Betracht. Eine Krankheit sollte nach Möglichkeit abgewartet werden.[2361] Auch der Gesundheitszustand könnte in das Dokument mit aufgenommen werden.[2362]

2354 Aus diesem Grund pessimistisch bei ohnehin bestehender Ablehnung *Adam* EzA § 312 BGB 2002 Nr. 4, S. 18 (28).

2355 *Becker* S. 181; *Däubler* NZA 2020, 10 (11); *Eufinger* DB 2020, 2695 (2695); *Frank* AuA 2019, 616 (616); in die Richtung auch *Bauer/Diller* DB 1995, 1810 (1812); *Franz* S. 99; *Hördt* ArbRAktuell 2019, 289 (292); *Petersen* NWB 2019, 1682 (1692); *Schubert* EWiR 2019, 537 (538); *Seel* öAT 2020, 214 (214); *Zimmermann/Völkerding* DB 2019, 1628 (1628).

2356 *Frank* AuA 2019, 616 (616); *Tiedemann* ArbRB 2020, 61 (63).

2357 *Hamann* jurisPR-ArbR 30/2020 Anm. 4 D.; *Hördt* ArbRAktuell 2019, 289 (290, 292); *Schubert* EWiR 2019, 537 (538); *Tiedemann* ArbRB 2020, 61 (63); ähnlich *Frank* AuA 2019, 616 (616) neutraler Ort; *Petersen* NWB 2019, 1682 (1692); **dagegen** *Franz* S. 98, weil der Arbeitnehmer dort einem besonders hohen Verhandlungsdruck ausgesetzt sei und eine schlechte Verhandlungsposition habe, zumal er sich während der Arbeitszeit dem Gespräch nicht entziehen könne, da er den Arbeitsplatz grundsätzlich nicht ohne Zustimmung des Arbeitgebers verlassen darf.

2358 *Becker* S. 181; generell für eine Ankündigung *Hamann* jurisPR-ArbR 30/2020 Anm. 4 D.

2359 Ebenso für den arbeitsrechtlichen Aufhebungsvertrag *Hamann* jurisPR-ArbR 30/2020 Anm. 4 D.

2360 *Becker* S. 181; *Schubert* EWiR 2019, 537 (538) „mit Bedacht".

2361 *Tiedemann* ArbRB 2020, 61 (63).

2362 *Martin* IBR 2019, 1118 (1118).

Es ist jedoch zu betonen, dass die genannten Vorschläge nicht alle und auch nicht zum größeren Teil umgesetzt werden müssen, um einer fairen Verhandlungssituation zu genügen.[2363] Wer sich grundsätzlich redlich verhält, muss das Gebot fairen Verhandelns auch bei Druckausübung nicht fürchten.[2364] Das Überschreiten der Grenze des Zulässigen muss selbst dem Laien auffallen. Insofern ist bei sachgerechter Anwendung des Gebots fairen Verhandelns nicht davon auszugehen, dass durch die Anerkennung des Gebots die „Vergleichspreise" steigen.[2365]

Stattdessen ist zutreffenderweise bereits 2005 von *Krause* zum Gebot fairen Verhandelns im Bereich des arbeitsrechtlichen Aufhebungsvertrags festgestellt worden: „Für ‚verständige Arbeitgeber' erwachsen aus der sich abzeichnenden Rechtsentwicklung einer ‚Materialisierung des Verhandlungsgeschehen[s]' also keine Nachteile."[2366] Einen zwingenden Anlass dafür, eine Handlungsanweisung für die Fälle des Homeoffice, der Kurzerkrankung und der Langzeiterkrankung zu schreiben,[2367] stellt das Gebot fairen Verhandelns deshalb nicht dar. Es empfiehlt sich dennoch, den Gesprächsablauf zu dokumentieren.[2368] Gerade im Arbeitsrecht gibt es viele Fälle, in denen eine Verletzung der Rücksichtnahmepflicht des § 241 Abs. 2 BGB fair zu verhandeln jedenfalls geprüft werden sollte. Einige Fälle der Vergangenheit wären bei Anwendung des Gebots fairen Verhandelns gegebenenfalls anders zu beurteilen gewesen. Dabei ist das Gebot fairen Verhandelns als Schutzmechanismus schon seit der Anerkennung der culpa in contrahendo denkbar gewesen.

Nunmehr schafft das Gebot fairen Verhandelns einen wichtigen Beitrag zur Verwirklichung der Vertragsfreiheit. Das Gebot fairen Verhandelns fordert Mut zur Privatautonomie. Dieser Mut kann sich auch darin äußern, nicht jeden formal wirksam geschlossenen Vertrag gelten zu lassen, sondern bei schweren Beeinträchtigungen der Selbstbestimmung im Einzelfall korrigierend einzugreifen.

2363 Vgl. *Becker* S. 181.

2364 Treffend *Notzon* öAT 2020, 4 (6): Es gehe darum, extreme Auswüchse einzudämmen und tatsächlich unfaire Verhandlungssituationen zu erfassen.

2365 So aber zum arbeitsrechtlichen Aufhebungsvertrag *Fischinger* NZA 2019, 729 (732); Staudinger/*Richardi/Fischinger* (2020) § 611a Rn. 1959.

2366 *Krause* EzA § 312 BGB 2002 Nr. 1, S. 21 (32).

2367 So aber *Hördt* ArbRAktuell 2019, 289 (290 f.); verhalten *Hamann* jurisPR-ArbR 30/2020 Anm. 4 D.

2368 *Boemke* JuS 2019, 1204 (1206); *Esser* ArbRB 2019, 164 (165); *Notzon* öAT 2020, 4 (5, 6); *Schubert* EWiR 2019, 537 (538).

§ 21 Zusammenfassung

1. Die Privatautonomie wird durch das Grundgesetz geschützt. Die ihr zugehörige Vertragsfreiheit erfasst auch die negative Vertragsfreiheit, also das Recht, Verträge nicht abzuschließen. Aufgrund des für einen Vertragsschluss stets erforderlichen Konsenses ist die Vertragsfreiheit im Fall der Einigung in formeller Hinsicht immer gewahrt. Konzeptionell setzt die Vertragsfreiheit jedoch auch eine materielle Freiwilligkeit zum Zeitpunkt des Vertragsschlusses voraus, um den der Privatautonomie als Leitlinien zugrunde gelegten Prinzipien der Selbstbestimmung und Selbstverantwortung zu genügen. Infolgedessen muss auch auf Störungen der materiellen Vertragsfreiheit durch das BGB reagiert werden. Besondere Schwierigkeiten ergeben sich im Fall der Einflussnahme durch Überrumpelung aufgrund des dann auftretenden Spannungsfeldes zwischen Selbstverantwortung einerseits und beeinträchtigter Selbstbestimmung andererseits.
2. Aufhebungsverträge im Arbeitsrecht sind praktisch höchst bedeutsam. Sie sind regelmäßig Gegenstand nachträglicher Lösungsversuche des Arbeitnehmers. Eine gängige Behauptung von Arbeitnehmern ist, dass der Vertrag nur wegen einer massiven Druckausübung des Arbeitgebers zustande kam, aufgrund derer die Voraussetzungen einer selbstbestimmten Zustimmung zum Vertragsschluss nicht vorlagen.
3. In diesen Konstellationen ist das etablierte Schutzsystem des BGB lückenhaft. Weder kann dann über die Regeln zum Zustandekommen von Willenserklärungen noch über die Geschäftsunfähigkeit Abhilfe geschaffen werden. Auch ein Widerrufsrecht des Arbeitnehmers bei außerhalb von Geschäftsräumen geschlossenen Verträgen scheidet aufgrund der fehlenden Eröffnung des Anwendungsbereiches im Fall des arbeitsrechtlichen Aufhebungsvertrags aus. Ebenfalls kann das Anfechtungsrecht kein Beseitigungsrecht eines lediglich überrumpelten Vertragspartners begründen. Der Drohungsbegriff des § 123 Abs. 1 Alt. 2 BGB ist abschließend und berücksichtigt das Verweigern von Bedenkzeit oder Beratung nicht. Genauso wenig kann auf die Regelungen der Sittenwidrigkeit nach § 138 Abs. 1 und Abs. 2 BGB zur Lösung des Problems zurückgegriffen werden. Diese verlangen stets eine inhaltliche Missbilligung des Vertrags. Die Abschlusssituation kann zwar im Wege einer Gesamtbetrachtung in die Prüfung der Sittenwidrigkeit nach § 138 Abs. 1 BGB mit einbezogen werden. Ein Vertrag, der durch Druck herbeigeführt wurde, kann jedoch in inhaltlicher Hinsicht beanstandungsfrei sein. Weiterhin bietet auch das Deliktsrecht keinen Schutz vor reinen Überrumpelungen. Ferner stellt § 242 BGB keine dogmatisch befriedigende

Lösung für den Umgang mit Drucksituationen dar. Zuletzt ist § 4a UWG trotz seines Lösungsrechts vom Vertrag durch § 9 Abs. 2 UWG n. F. aufgrund seines Zuschnitts auf „geschäftliche Handlungen" gegenüber Verbrauchern nicht geeignet, auf Drucksituationen im Allgemeinen so zu reagieren, dass dadurch den Anforderungen der Privatautonomie an eine selbstbestimmte Entscheidung ausreichend Rechnung getragen wird.

4. Gleichwohl fordert auch das Bundesverfassungsgericht eine selbstbestimmte Entscheidung der Vertragspartner zur Wahrung der Privatautonomie. Aus diesem Grund ordnete es einen besonderen Umgang mit inhaltlich besonders belastenden Verträgen an, welche das Ergebnis einer strukturell ungleichen Verhandlungslage waren. Diese Vorgaben des Bundesverfassungsgerichts können auf die Fälle des Gebots fairen Verhandelns jedoch nicht übertragen werden. Zum einen muss der Inhalt eines unter unzulässigen Druck erzeugten Vertrags nicht besonders nachteilig sein. Zum anderen kann sich die Unterlegenheit einer Vertragsseite in der Verhandlungssituation aus den Umständen des Einzelfalls statt aus einer strukturellen Unterlegenheit ergeben. Nichtsdestotrotz sind die Vorgaben des Bundesverfassungsgerichts nicht abschließend, sodass sie dem Gebot des fairen Verhandelns nicht entgegenstehen. Das Bundesverfassungsgericht bezog sich in seiner „Bürgschaftsentscheidung" auf eine Inhalts- nicht aber auf eine Abschlusskontrolle. Deshalb zeigt sich lediglich, dass das Bundesverfassungsgericht der tatsächlichen Selbstbestimmung richtigerweise eine große Bedeutung beimisst. Diese muss aufgrund der ebenfalls zu berücksichtigenden positiven Vertragsfreiheit der anderen Seite, dem Vertrauensschutz und der Rechtssicherheit in verhältnismäßiger Weise realisiert werden.
5. Einen Schutz vor Überrumpelungen bietet das Gebot fairen Verhandelns gem. §§ 280 Abs. 1, 311 Abs. 2, 241 Abs. 2 BGB. Es handelt sich dabei um eine Fallgruppe der culpa in contrahendo. § 241 Abs. 2 BGB erfasst durch die Verpflichtung zur Rücksichtnahme auf die Interessen des anderen Teils den Schutz der Entscheidungsfreiheit. Diese darf ausweislich des Gesetzes in (vor-)vertraglichen Verhältnissen nicht rücksichtslos beeinträchtigt werden, vgl. §§ 311 Abs. 2, 241 Abs. 2 BGB.
6. Das Gebot fairen Verhandelns folgt im Falle von nicht bereits vorher existierenden vertraglichen Beziehungen aus §§ 311 Abs. 2, 241 Abs. 2 BGB. Dieser Anknüpfungspunkt ist auch dann zu wählen, wenn zwischen den Kontrahenten bereits vertragliche Beziehungen bestehen. Die vorvertraglichen Pflichten, welche durch die Aufnahme von Vertragsverhandlungen entstehen, werden sodann aber durch das schon existierende Vertrags- und Vertrauensverhältnis konkretisiert.

7. Das Gebot fairen Verhandelns kann sich in einem Rechtsvergleich nicht unmittelbar auf Vorbilder in anderen Rechtsordnungen stützen. Aufschlussreich ist aber eine Betrachtung der englischen „undue influence". Diese gewährt ein Lösungsrecht bei unzulässiger Einflussnahme ohne Berücksichtigung des Vertragsinhalts. Dabei wird in besonderer Weise Rücksicht auf die Beeinflussung der freien Willensbildung durch Vertrauensverhältnisse genommen. Aus dieser jahrhundertealten Rechtsfigur ergibt sich, dass eine Abschlusskontrolle losgelöst vom traditionellen westeuropäischen Dreiklang des Willensschutzes (Irrtum, Täuschung und Drohung) restriktiv und gerichtstauglich gehandhabt werden kann.
8. Dieser Ansatz wurde im Rahmen der Vorschläge zur Vereinheitlichung des europäischen Privatrechts (PECL und GEK-E) zurückhaltend berücksichtigt. Art. 4:109 PECL und Art. 51 GEK-E gewähren beide ein Lösungsrecht, wenn eine Schwäche einer Verhandlungspartei, welche sich auch aus dem Vorhandensein einer besonderen Vertrauensbeziehung ergeben kann, derart ausgenutzt wurde, dass der Vertragsinhalt bei subjektiver Betrachtung einer Äquivalenzstörung unterliegt. Durch die Anknüpfung an Vertrauensverhältnisse und dem Genügenlassen einer subjektiven Störung des Äquivalenzgefüges liegt ein Schutz vor, welcher den des § 138 Abs. 2 BGB deutlich überschreitet. Gleichwohl ist wegen der Anknüpfung an bereits bestehende Schwächen einer Seite dogmatisch ein anderer Ansatz als beim Gebot fairen Verhandelns gegeben. Nichtsdestotrotz zeigt sich eine Entwicklung zu einem materielleren Willensschutz, in welche sich das Gebot fairen Verhandelns gut einfügt.
9. Das Gebot fairen Verhandelns ist nicht auf das Arbeitsrecht beschränkt, sondern ist auch im allgemeinen Zivilrecht vollumfänglich anwendbar.
10. Zur Ermittlung des Haftungsmaßstabs beim Gebot fairen Verhandelns kann sich aufgrund des gleichen dogmatischen Ursprungs in §§ 311 Abs. 2, 241 Abs. 2 BGB an den für die Anerkennung vorvertraglicher Aufklärungspflichten relevanten Faktoren orientiert werden.
11. Ebenfalls kann auf § 4a UWG zurückgegriffen werden, um Anhaltspunkte für vom Gesetzgeber missbilligte Verhaltensweisen im vorvertraglichen Stadium zu erhalten. § 4a UWG zielt auf den Schutz der Willensfreiheit des Verbrauchers vor unzulässiger Einflussnahme ab, sodass die Zielrichtung ähnlich wie die des Gebots fairen Verhandelns ist.
12. Die Verletzung des Gebots fairen Verhandelns als vorvertragliche Nebenpflicht bestimmt sich stets nach allen Umständen des Einzelfalls.
13. Zu berücksichtigen ist hierfür, ob eine Überraschung einer Vertragspartei durch fehlende oder nur vage Ankündigung des Gesprächs und die

Aufnahme der Verhandlungen an einem ungewöhnlichen Ort oder Zeitpunkt stattfand. Relevant ist ebenfalls die Verweigerung einer Bedenkzeit oder Beratung. Miteinzubeziehen ist zudem, ob Druck durch Drohungen erzeugt wird. Weiterhin sind der Ausschluss jeglichen Verhandlungsspielraums, ein numerisch-personelles Ungleichgewicht in der Verhandlungssituation und die Gesprächsatmosphäre miteinzubeziehen. Auch von wem die Initiative zum Vertragsschluss ausging, ist beachtlich.

14. Es genügt nicht, wenn nur vereinzelt Druckausübungsmethoden realisiert werden. Vielmehr müssen mehrere Methoden in einer Weise kombiniert werden, dass durch die entstehenden Synergieeffekte eine zu missbilligende Beeinträchtigung der Selbstbestimmung zu bejahen ist.
15. Ob eine unzulässige Einflussnahme gegeben ist, bestimmt sich nach einer restriktiv zu handhabenden Gesamtwürdigung. Entscheidend ist, ob eine vernünftige Abwägung und Ausübung der eigenen Interessen für den Überrumpelten infolge des Drucks bei tatsächlicher Betrachtung noch möglich war. In diese Gesamtbetrachtung sind die Wichtigkeit des Geschäfts, die Beziehung zwischen den Parteien und etwaige bereits vorher existierende Beeinträchtigungen der Entscheidungsfreiheit miteinzubeziehen. Solche Schwächen der Entscheidungsfreiheit, welche unabhängig von der Druckausübung des anderen Teils existieren, können aufgrund der Wertung der §§ 104 f., 138 Abs. 2 BGB entgegen der Ansicht des Bundesarbeitsgerichts für sich genommen auch bei einer schuldhaften Ausnutzung keine Verletzung des Gebots fairen Verhandelns begründen.
16. Eine Verletzung des Gebots fairen Verhandelns ist über die §§ 280 Abs. 1, 311 Abs. 2, 241 Abs. 2 BGB als Schadensersatzanspruch wegen vorvertraglicher Pflichtverletzung geltend zu machen. Die Zurechnung einer unzulässigen Einflussnahme eines Dritten scheidet jenseits der Möglichkeiten der §§ 31, 278 BGB aus. Ob ein Vermögensschaden erforderlich ist, kann dahinstehen. Nach der herrschenden Lehre ist dieser ohnehin entbehrlich. Doch auch nach der Rechtsprechung ergibt sich, dass der Vertragsschluss trotz inhaltlicher Ausgewogenheit im Wege einer Modifizierung der Differenzhypothese als Schaden berücksichtigt werden kann. Die Berufung auf rechtmäßiges Alternativverhalten ist grundsätzlich möglich.
17. Die Rechtsfolge der Verletzung des Gebots fairen Verhandelns bestimmt sich im Wege der Naturalrestitution gem. §§ 249 ff. BGB nach seiner Schutzrichtung und ist demnach ein schuldrechtlicher Anspruch auf Rückgängigmachung des Vertrags. Entgegen der systemwidrigen Ansicht des Bundesarbeitsgerichts liegt keinesfalls eine automatische Unwirksamkeit des Vertrags vor. Wurde ein Aufhebungsvertrag abgeschlossen, besteht ein

Anspruch auf Neubegründung des beendeten Verhältnisses zu den alten Konditionen. Zwischenzeitlich entstandene Schäden sind ebenfalls nach §§ 280 Abs. 1, 311 Abs. 2, 241 Abs. 2 BGB zu ersetzen. Vor Abschluss eines Aufhebungsvertrags ausgesprochene Kündigungen leben mit Beseitigung des Aufhebungsvertrags wieder auf.

18. Die Darlegungs- und Beweislast trifft grundsätzlich denjenigen, der die Verletzung des Gebots fairen Verhaltens geltend macht, also den Überrumpelten. Für die Pflichtverletzung ist eine abgestufte Darlegungs- und Beweislast und für die Kausalität der Pflichtverletzung für den Schaden ein Anscheinsbeweis in Parallele zum „aufklärungsrichtigen Verhalten" bei vorvertraglichen Aufklärungspflichtverletzungen anzuerkennen.
19. Die Verjährung einer Verletzung des Gebots fairen Verhandelns richtet sich nach den vom Gesetz vorgesehenen §§ 195, 199 BGB. Eine analoge Anwendung des § 124 BGB ist mangels planwidriger Regelungslücke abzulehnen. Gleiches gilt für eine analoge Anwendung der §§ 4, 7 KSchG im Fall des arbeitsrechtlichen Aufhebungsvertrags.
20. Das Gebot fairen Verhandelns kann nicht abbedungen werden.
21. Die bestehenden Schutzmechanismen des BGB stehen der Anerkennung des Gebots fairen Verhandelns nicht entgegen. Ihre Wertungen sind bereits auf Tatbestandsebene für die Entwicklung des Gebots fairen Verhandelns zu berücksichtigen. Insbesondere unterläuft das Gebot fairen Verhandelns nicht die Regelungen zur Anfechtung nach § 123 Abs. 1 BGB. Ausschlaggebend ist, dass dem § 123 Abs. 1 BGB eine generelle abschließende Wirkung bezüglich des Willensschutzes fehlt und das Gebot fairen Verhandelns durch die nuancierte Abwägung im Einzelfall unter Einbeziehung aller Umstände einen anderen Ansatzpunkt hat. Zudem sind an die Verletzung derart hohe Anforderungen zu stellen, dass nicht von materiell weniger intensiven Beeinträchtigungen, sondern schlicht von anderen, gleichbedeutenden Beeinträchtigungen der Willensbildung zu sprechen ist. Weiterhin spricht die Anerkennung der „fahrlässigen Täuschung" für das Gebot fairen Verhandelns. Aufgrund des Erfordernisses einer tatsächlichen Beeinträchtigung der Selbstbestimmung stehen auch die Widerrufsrechte als dazu vergleichsweise nachrangige, typisierte Regelungen für abstrakte Gefährdungen dem Gebot fairen Verhandelns nicht entgegen. Ebenso können § 138 Abs. 1 und Abs. 2 BGB als Vorschriften zur Inhaltskontrolle mit der Wirkung einer ipso iure Nichtigkeit eine Abschlusskontrolle mit der Rechtsfolge eines Schadensersatzanspruchs nicht verdrängen.
22. Das Gebot fairen Verhandelns fügt sich in das System des BGB ein. Letztlich handelt es sich nicht um eine Rechtsfortbildung oder Analogie,

sondern um eine schlichte Anwendung des Gesetzes. Durch das Gebot fairen Verhandelns wird nicht gegen den Grundsatz „pacta sunt servanda" verstoßen, da dieser eine fehlerfreien Vertragsschluss voraussetzt. Auch die Rechtssicherheit steht einer Anerkennung des Gebots fairen Verhandelns nicht entgegen. Dieser kann durch eine Fallgruppenbildung und restriktive Handhabung entsprochen werden. Ein gewisses Maß an Rechtsunsicherheit ist bei Generalklauseln jedoch unumgänglich.

Literaturverzeichnis

Ackermann, Thomas/Franck, Jens-Uwe, Defects in Consent: An Assessment of Chapter Five of the Proposal for a Common European Sales Law, ERCL 2012, 113–138

Adam, Roman F., Anmerkung zu BAG 12.8.1999 – 2 AZR 832/98, SAE 2000, 204–210

ders., Anmerkung zu BAG 7.2.2019 – 6 AZR 75/18, EzA BGB 2002 § 312 Nr. 4, 18–29

Adomeit, Klaus, Die gestörte Vertragsparität – ein Trugbild, NJW 1994, 2467–2469

Ascheid, Reiner/Preis, Ulrich/Schmidt, Ingrid (Hrsg.), Kündigungsrecht, 6. Aufl. 2021 (zit. APS/*Bearbeiter*)

Bachmann, Gregor/Ponßen, Tobias, Verletzung des Gebots fairen Verhandelns bei Aufhebungsvertrag, Anmerkung zu BAG 7.2.2019 – 6 AZR 75/18, NJW 2019, 1969–1970

Backmeister, Thomas/Trittin, Wolfgang/Mayer, Udo R. (Hrsg.), Kündigungsschutzgesetz mit Nebengesetzen, 4. Aufl. 2009 (zit. BTM/*Bearbeiter*)

Bader, Peter/Fischermeier, Ernst/Gallner, Inken/Klose, Oliver (Hrsg. u. a.), KR Gemeinschaftskommentar zum Kündigungsschutzgesetz und zu sonstigen kündigungsschutzrechtlichen Vorschriften, 12. Aufl. 2019 (zit. KR/*Bearbeiter*)

Barnert, Thomas, Die formelle Vertragsethik des BGB im Spannungsverhältnis zum Sonderprivatrecht und zur judikativen Kompensation der Vertragsdisparität, 1999

Bauer, Jobst-Hubertus, Beseitigung von Aufhebungsverträgen, NZA 1992, 1015–1018

ders., Der Aufhebungsvertrag, AnwBl 1993, 58–67

ders., Unwirksame Aufhebungsverträge, NJW 1994, 980–981

ders./Diller, Martin, Zur Inhaltskontrolle von Aufhebungsverträgen, DB 1995, 1810–1813

ders./Haußmann, Katrin, Der Rücktritt vom Aufhebungsvertrag, BB 1996, 901–903

ders., Grenzen und Beseitigung arbeitsrechtlicher Aufhebungsverträge, in: Recht und soziale Arbeitswelt. Festschrift für Wolfgang Däubler, 1999, 143–157

ders., Rechtsprechung der Jahre 1996 bis 1998 zu arbeitsrechtlichen Aufhebungsverträgen, NZA-RR 1999, 1–6 *ders.*, Neue Spielregeln für Aufhebungs- und Abwicklungsverträge durch das geänderte BGB?, NZA 2001, 169–173

ders./Kock, Martin, Arbeitsrechtliche Auswirkungen des neuen Verbraucherschutzrechts, DB 2002, 42–46

ders./Arnold, Christian/Zeh, Ricarda, Widerruf von Arbeits- und Aufhebungsverträgen – Wirklich alles neu?, NZA 2016, 449–454

ders., Kein Widerruf von außerhalb der Geschäftsräume abgeschlossenen Arbeitsverträgen, ArbRAktuell 2019, 93

ders./Romero, Sibylle, Kein Widerrufsrecht bei Aufhebungsverträgen – Verletzung des Gebots fairen Verhandelns, ZfA 2019, 608–618

ders./Lingemann, Stefan/Diller, Martin/Haußmann, Katrin (Hrsg.), Anwalts-Formularbuch Arbeitsrecht, 7. Aufl. 2021 (zit. BLDH/*Bearbeiter)*

Beater, Axel, Unlauterer Wettbewerb, 2011

Beck, Marek, LAG Niedersachsen: Kein Widerrufsrecht bei Aufhebungsverträgen, ArbRAktuell 2018, 186

Becker, Gunnar, Die unzulässige Einflussnahme des Arbeitgebers auf die Entscheidungsfreiheit des Arbeitnehmers am Beispiel des arbeitsrechtlichen Aufhebungsvertrags, 2011.

Becker-Schaffner, Reinhard, Umfang und Grenzen der arbeitgeberseitigen Hinweis- und Belehrungspflichten, BB 1993, 1281–1284

Benecke, Martina, Der verständige Arbeitgeber, RdA 2004, 147–152

Bengelsdorf, Peter, Anmerkung zu LAG Hamburg 3.7.1991 – 5 Sa 20/91, LAGE § 611 BGB Aufhebungsvertrag Nr. 6, 11–34

ders., Was beim Abschluß von arbeitsrechtlichen Aufhebungsverträgen beachtet werden muß, AuA 1993, 46–50

ders., Der gesetzes- und verfassungswidrige Zugriff auf die arbeitsrechtliche Beendigungsfreiheit, NZA 1994, 193–200

ders., Arbeitsrechtlicher Aufhebungsvertrag und gestörte Vertragsparität. Konsequenzen aus dem Beschluß des Bundesverfassungsgerichts vom 19.10.1993, BB 1995, 978–984

ders., Der arbeitsrechtliche Aufhebungsvertrag, ZfA 1995, 229–269

ders., Aufhebungsverträge und Vertragsfreiheit, BB 1996, 904–906

ders., Privatautonomie und Aufhebungsvertrag, DB 1997, 874–879

Bernhardt, Marion, Alternativen zur Kündigung, 2. Aufl. 2012

Besgen, Nicolai/Velten, Christian A., Der Rücktritt vom Aufhebungsvertrag in der Insolvenz, NZA-RR 2010, 561–564

Blomeyer, Wolfgang, Anmerkung zu BAG 17.10.2000 – 3 AZR 605/99, SAE 2001, 315–319

Boecken, Winfried/Düwell, Franz Josef/Diller, Martin/Hanau, Hans (Hrsg.), Gesamtes Arbeitsrecht Band 2, 1. Aufl. 2016 (zit. NK-GA/*Bearbeiter*)

Boemke, Burkhard, Privatautonomie im Arbeitsvertragsrecht, NZA 1993, 532–538

ders., Anmerkung zu BAG 30.9.1993 – 2 AZR 268/93, AP BGB § 123 Nr. 37, 1244–1245

ders., Schuldrecht: Widerruf eines Aufhebungsvertrags, JuS 2019, 1204–1206

Bork, Reinhard, Allgemeiner Teil des Bürgerlichen Gesetzbuchs, 4. Aufl. 2016

Breidenbach, Stephan, Die Voraussetzungen von Informationspflichten beim Vertragsschluss, 1989

Brors, Christiane, Die Abschaffung der Fürsorgepflicht, 2002

dies., Das Widerrufsrecht des Arbeitnehmers. Neue Überschneidungsbereiche zwischen Zivil- und Arbeitsrecht, DB 2002, 2046–2048

dies, Die individualarbeitsrechtliche Zulässigkeit von Zielvereinbarungen, RdA 2004, 273–281

Brox, Hans, Fragen der rechtsgeschäftlichen Privatautonomie, JZ 1966, 761–767

ders. (Begr.)/Rüthers, Bernd/Henssler, Martin, Arbeitsrecht, 20. Aufl. 2020

ders. (Begr.)/Walker, Wolf-Dietrich, Allgemeiner Teil des BGB, 45. Aufl. 2021 (zit. *Brox/Walker BGB* AT)

ders. (Begr.)/Walker, Wolf-Dietrich, Allgemeines Schuldrecht, 45. Aufl. 2021 (zit. *Brox/Walker* SchuldR AT)

Bülow, Peter/Artz, Markus, Fernabsatzverträge und Strukturen eines Verbraucherprivatrechts im BGB, NJW 2000, 2049–2056

Bünten, Tobias, Das Recht der Willensmängel im europäischen Wandel, 2015

Burkardt, Nicole, Der arbeitsrechtliche Aufhebungsvertrag, 2004

Burrows, Andrew/McKendrick Ewan/Edelman, James, Cases and materials on the law of restitution, 2. Aufl. 2006, Oxford University Press, Oxford

Busch, Danny/Hondius, Ewoud, Ein neues Vertragsrecht für Europa: Die Principles of European Contract Law aus niederländischer Sicht, ZEuP 2001, 223–247

Busemann, Andreas/Schäfer, Horst, Kündigung und Kündigungsschutz im Arbeitsverhältnis, 5. Aufl. 2006

Büscher, Wolfgang (Hrsg.), Gesetz gegen den unlauteren Wettbewerb, 2. Aufl. 2021

Butz, Andreas, Der arbeitsrechtliche Aufhebungs- und Abwicklungsvertrag im Vergleich. Eine rechtliche Untersuchung der Gemeinsamkeiten und

Unterschiede sowie einer Abwägung der Vor- und Nachteile beider Rechtsinstitute, Universität Bonn, 2002

Bydlinski, Franz, Privatautonomie und objektive Grundlagen des verpflichtenden Rechtsgeschäftes, 1967

ders., System und Prinzipien des Privatrechts, 1996 (zit. *Bydlinski* System)

Canaris, Claus-Wilhelm, Kreditkündigung und Kreditverweigerung gegenüber sanierungsbedürftigen Bankkunden, ZHR 143 (1979), 113–138

ders., Leistungsstörungen beim Unternehmenskauf, ZGR 1982, 395–434

ders., Anmerkung zu BGH 7.6.1984 – IX ZR 66/83, NJW 1984, 2281–2282

ders., Grundrechtswirkungen und Verhältnismäßigkeitsprinzip in der richterlichen Anwendung und Fortbildung des Privatrechts, JuS 1989, 161–172

ders., Wandlungen des Schuldvertragsrechts – Tendenzen zu seiner „Materialisierung", AcP 200 (2000), 273–364

ders., Die Reform des Rechts der Leistungsstörungen, JZ 2001, 499–524

Coester, Michael, Anmerkung zu BAG 12.1.2000 – 7 AZR 48/99, SAE 2001, 223–225

Coester-Waltjen, Dagmar, Die Inhaltskontrolle von Verträgen außerhalb des AGBG, AcP 190 (1990), 1–33

Däubler, Wolfgang, Die Auswirkungen der Schuldrechtsmodernisierung auf das Arbeitsrecht, NZA 2001, 1329–1337

ders./Deinert, Olaf/Walser, Manfred, AGB–Kontrolle im Arbeitsrecht. Kommentar zu den §§ 305 bis 310 BGB, 5. Aufl. 2021 (zit. DDW/*Bearbeiter*)

ders./Hjort, Jens Peter/Schubert, Michael/Wolmerath, Martin (Hrsg.), Arbeitsrecht. Individualarbeitsrecht mit kollektivrechtlichen Bezügen. Handkommentar, 4. Aufl. 2017 (zit. HK-ArbR/*Bearbeiter*)

ders./Deinert, Olaf/Zwanziger, Bertram (Hrsg.), KSchR Kündigungsschutzrecht, 11. Aufl. 2020 (zit. DDZ/*Bearbeiter*)

ders., Einvernehmlicher Personalabbau bei drohender Krise?, NZA 2020, 10–15

Deinert, Olaf/Heuschmid, Johannes/Zwanziger, Bertram (Hrsg.), Arbeitsrecht. Handbuch für die Praxis, 10 Aufl. 2019 (zit. DHZ/*Bearbeiter*)

Deutscher Juristentag, Ständige Deputation, Verhandlungen des neunundfünfzigsten Deutschen Juristentags, Band I, Gutachten Teil D. Welche wesentlichen Inhalte sollte ein nach Art. 30 des Einigungsvertrages zu schaffendes Arbeitsvertragsgesetz haben?, Diskussionsentwurf des Arbeitskreises Deutsche Rechtseinheit im Arbeitsrecht, 1992

Dieterich, Thomas, Grundgesetz und Privatautonomie im Arbeitsrecht, RdA 1995, 129–136 *ders.*, Zur Inhaltskontrolle von Aufhebungsverträgen. Erwiderung, DB 1995, 1813–1815

ders., Die Arbeitsgerichte zwischen Bundesverfassungsgericht und Europäischem Gerichtshof, NZA 1996, 673–681

Drexl, Josef, Die wirtschaftliche Selbstbestimmung des Verbrauchers, 1998.

Drygala, Tim, Wohnungsvermietung als Haustürgeschäft? NJW 1994, 3260–3266

Dütz, Wilhelm/Thüsing, Gregor, Arbeitsrecht, 26. Aufl. 2021

Düwell, Franz Josef/Schubert, Jens M. (Hrsg.), Mindestlohngesetz Handkommentar, 2. Aufl. 2016 (zit. HK-MiLoG/*Bearbeiter*)

Eckert, Michael, Blick ins Arbeitsrecht, DStR 2019, 1213–1218

Ehrich, Christian, Recht des Arbeitnehmers zum Widerruf eines Aufhebungsvertrags wegen „Überrumpelung" durch den Arbeitgeber?, DB 1992, 2239–2245

ders., Unwirksamkeit eines Aufhebungsvertrags wegen „Überrumpelung" durch den Arbeitgeber, NZA 1994, 438–440

Eidenmüller, Horst, Druckmittel in Vertragsverhandlungen, in: Störungen der Willensbildung bei Vertragsschluss, 2007, 103–124 (zit. *Eidenmüller* Störungen)

ders./Jansen, Nils/Kieninger, Eva-Maria/Wagner, Gerhard/Zimmermann, Reinhard, Der Vorschlag für eine Verordnung über ein Gemeinsames Europäisches Kaufrecht, JZ 2012, 269–289

Emmerich, Volker, Das Recht der Leistungsstörungen, 6. Aufl. 2005

ders./Lange, Knut Werner, Unlauterer Wettbewerb, 11. Aufl. 2019

Erman, Walter, Beiträge zur Haftung für das Verhalten bei Vertragsverhandlungen, AcP 139 (1939), 273–336

Ernst, Falk, Aufhebungsverträge zur Beendigung von Arbeitsverhältnissen, 1993

Esser, Patrick, Unwirksamkeit eines Aufhebungsvertrags bei Missachtung des Gebots fairen Verhandelns, ArbRB 2019, 164–165

Eufinger, Alexander, Zum Gebot des fairen Verhandelns beim Aufhebungsvertrag, DB 2020, 2965

Fabricius, Fritz, Stillschweigen als Willenserklärung, JuS 1966, 1–11

Falkenberg, Rolf-Dieter, Der Aufhebungsvertrag – eine Betrachtung aus Sicht eines Arbeitnehmers, ZTR 1994, 410–416

Fastrich, Lorenz, Richterliche Inhaltskontrolle im Privatrecht, 1992

ders., Vom Menschenbild des Arbeitsrechts, in: Arbeitsrecht in der Bewährung. Festschrift für Otto Rudolf Kissel zum 65. Geburtstag, 1994, 193–212

ders., Inhaltskontrolle im Arbeitsrecht nach der Bürgschaftsentscheidung des Bundesverfassungsgerichts vom 19.10.1993, RdA 1997, 65–80

Feuerborn, Andreas, Sachliche Gründe im Arbeitsrecht, 2003

Fikentscher, Wolfgang, Vertrag und wirtschaftliche Macht, in: Neue Entwicklungen im Wettbewerbs- und Warenzeichenrecht. Festschrift für Wolfgang Hefermehl zum 65. Geburtstag, 1971, 41–57

ders. (Begr.)/Heinemann, Andreas, Schuldrecht Allgemeiner und Besonderer Teil, 11. Aufl. 2017

Fischer, Robert, Vertragsfreiheit und Sozialbindung, DRiZ 1974, 209–213

Fischer, Ulrich, Unwirksamkeit von Aufhebungsverträgen wegen Missachtung des Gebots fairen Verhandelns, jurisPR-ArbR 23/2019 Anm. 5

Fischinger, Philipp S./Werthmüller, Christian, Der Aufhebungsvertrag im Irish Pub, NZA 2016, 193–197

ders., Lösungsmöglichkeiten von arbeitsrechtlichen (Aufhebungs-)Verträgen: Widerrufsrecht und „Gebot fairen Verhandelns", NZA 2019, 729–735

ders., Das Gebot fairen Verhandelns als Allzweckwaffe gegen unliebsame Aufhebungsverträge, NZA-RR 2020, 516–520

Fleischer, Holger, Informationsasymmetrie im Vertragsrecht, 2001

ders., Konkurrenzprobleme um die culpa in contrahendo: Fahrlässige Irreführung versus arglistige Täuschung, AcP 200 (2000), 91–120

Flume, Werner, Rechtsgeschäft und Privatautonomie, in: Hundert Jahre Deutsches Rechtsleben. Festschrift zum hunderjährigen Bestehen des Deutschen Juristentages 1860–1960, Band I, 1960, 135–238

ders., Allgemeiner Teil des Bürgerlichen Rechts. Zweiter Band. Das Rechtsgeschäft, 4. Aufl. 1992

Frank, Justus, Kein Widerruf von Aufhebungsverträgen, AuA 2019, 616

Franz, Einiko B., Der Abschluss eines Aufhebungsvertrags, 2006

Fuhlrott, Michael, Gestaltung von Abwicklungsverträgen – Aktuelle Rechtsprechungsvorgaben, GWR 2016, 177–179

ders., Keine Widerruflichkeit von außerhalb der Geschäftsräume abgeschlossenen arbeitsrechtlichen Aufhebungsverträgen, EWiR 2018, 507–508

Galperin, Hans, Die Anfechtung von Willenserklärungen des Arbeitnehmers wegen Drohung mit Entlassung oder Anzeige, DB 1961, 238–242

Gamillscheg, Franz, Zivilrechtliche Denkformen und die Entwicklung des Individualarbeitsrechts. Zum Verhältnis von Arbeitsrecht und BGB, AcP 176 (1976), 197–220

Gamillscheg, Katharina, Die Beendigung des Arbeitsverhältnisses, 2001

Gebauer, Martin, Hypothetische Kausalität und Haftungsgrund, 2007

Germelmann, Claas-Hinrich, Grenzen der einvernehmlichen Beendigung von Arbeitsverhältnissen, NZA 1997, 236–245

Gernhuber, Joachim, Ruinöse Bürgschaften als Folge familiärer Verbundenheit, JZ 1995, 1086–1096

Ghazari-Arndt, Eva, Das Gemeinsame Europäische Kaufrecht. Analyse und Potential eines Kaufrechts der Moderne, 2014

Gierke, Otto von, Die soziale Aufgabe des Privatrechts. Vortrag gehalten am 5. April 1889 in der juristischen Gesellschaft zu Wien, 1889

Giesing, Elmar, Inhaltskontrolle und Abschlusskontrolle arbeitsrechtlicher Aufhebungsverträge, 1. Aufl. 2008

Gilles, Peter, Das Gesetz über den Widerruf von Haustürgeschäften und ähnlichen Geschäften – Anmerkungen zum jüngsten Verbraucherschutzsondergesetz im Zivilrecht unter Berücksichtigung seines rechtspolitischen Gesamtkontextes, NJW 1986, 1131–1147

Glahe, Frederic, Die Rückabwicklung arbeitsrechtlicher Aufhebungsverträge, 2018

Glatzel, Brigitte, Anmerkung zu LAG Niedersachsen 7.11.2017 – 10 Sa 1159/16, NZA-RR 2018, 363–364

Goff, Robert/Jones, Gareth, The law of unjust enrichment, 9. Aufl. 2016, Sweet & Maxwell, London

Gotthardt, Michael, Arbeitsrecht nach der Schuldrechtsreform, 2. Aufl. 2003

Götting, Horst-Peter/Nordemann, Axel (Hrsg.), UWG Handkommentar, 3. Auflage 2016

Gottwald, Peter, Die Haftung für culpa in contrahendo, JuS 1982, 877–885

ders., Zivilprozessrecht, 18. Aufl. 2018

Grigoleit, Hans Christoph, Vorvertragliche Informationshaftung, 1997

ders., Neuere Tendenzen zur schadensrechtlichen Vertragsaufhebung, NJW 1999, 900–904

Beate, Grün, Die Generalklauseln als Schutzinstrumente der Privatautonomie am Beispiel der Kreditmithaftung von vermögenslosen nahen Angehörigen – Zugleich eine Besprechung von BVerfG WM 1993, 2199 sowie BGH WM 1994, 676 und 680, WM 1994, 713–724

Grunewald, Barabara, Die Beweislastverteilung bei der Verletzung von Aufklärungspflichten, ZIP 1994, 1162–1166

dies, Die Loslösung vom nicht erwartungsgerechten Vertrag, in: Festschrift für Herbert Wiedemann zum 70. Geburtstag, 2002, 75–83

Grunewald, Benno, Der arbeitsrechtliche Aufhebungsvertrag und Arbeitnehmerschutz de lege lata und de lege ferenda, AuR 1994, 260–262 (zit. *B. Grunewald*)

Grunsky, Wolfgang, Vertragsfreiheit und Kräftegleichgewicht, Vortrag gehalten vor der Juristischen Gesellschaft zu Berlin am 25.1.1995, 1995, Schriftenreihe der Juristischen Gesellschaft zu Berlin.

ders., Kurzkommentar zu BGH 26.9.1997 – V ZR 29/96, EWiR § 249 BGB 2/98, 727–728

Gsell, Beate/Krüger, Wolfgang/Lorenz, Stephan/Reymann, Christoph (Gesamthrsg.), beck-online.GROSSKOMMENTAR (zit. BeckOGK/*Bearbeiter* (Bearbeitungsstand))

Gundel, Wolfgang/Sartorius, Ulrich, Rechtsprechungsübersicht zum Arbeitsrecht – 1. Halbjahr 2019, ZAP 2019, 1241–1260

Habersack, Mathias, Richtigkeitsgewähr notariell beurkundeter Verträge, AcP 189 (1989), 403–424

ders., Vertragsfreiheit und Drittinteressen, 1991

Haller, Robert, Widerruf von arbeitsrechtlichen Aufhebungsverträgen, BB 1994, 787–790

Hamann, Wolfgang, Unwirksamkeit eines Aufhebungsvertrags wegen Verstoßes gegen das Gebot fairen Verhandelns, jurisPR-ArbR 30/2020 Anm. 4

Hanau, Peter/Adomeit, Klaus, Arbeitsrecht, 14. Aufl. 2007

Hansen, Ralf, Widerrufsrecht bei arbeitsvertraglichen Aufhebungsverträgen nach §§ 312, 355 BGB?, ZGS 2003, 373–377

Harte-Bavendamm, Henning/Henning-Bodewig, Frauke (Hrsg.), Gesetz gegen den unlauteren Wettbewerb (UWG). Mit Preisangabenverordnung. Kommentar, 4. Aufl. 2016 (zit. Harte/Henning/*Bearbeiter*)

Hartung, Dirk, Unfaire Ausnutzung (Art. 51) im Entwurf für ein Gemeinsames Europäisches Kaufrecht (GEKR), Bucerius Law Journal 2014, 73–79 (zit. *Hartung* BLJ 2014, 73)

Hau, Wolfgang/Poseck, Roman (Hrsg.), BeckOK BGB, 59. Edition Stand 1.8.2021 (zit. BeckOKBGB/*Bearbeiter*)

Heermann, Peter W./Schlingloff, Jochen (Hrsg.), Münchener Kommentar zum Lauterkeitsrecht Band 1, 3. Aufl. 2020 (zit. MüKoUWG/*Bearbeiter*)

Heilmann, Joachim, Der Stand der deliktischen Arzthaftung, NJW 1990, 1513–1521

Heinkel, Ronny, Aufhebungsvertrag – Das endgültige Ende des Arbeitsverhältnisses?, ZTR 2020, 261–269

Heinrich, Christian, Formale Freiheit und materiale Gerechtigkeit, 200

Heinrich, Dieter, Die unbewußte Irreführung, AcP 162 (1963), 88–104

Heinze, Christian/Engel, Andreas, Der neue Schadensersatzanspruch für Verbraucher bei UWG-Verstößen, NJW 2021, 2609–2614

Hemming, Thorsten, Die Aufklärungspflichten des Arbeitgebers, 1997

Henssler, Martin, Arbeitsrecht und Schuldrechtreform, RdA 2002, 129–140

ders./Braun, Axel (Hrsg.), Arbeitsrecht in Europa, 3. Aufl. 2011 (zit. Henssler/Braun/*Bearbeiter*)

ders./Willemsen, Heinz Josef/Kalb, Heinz-Jürgen (Hrsg.), Arbeitsrecht Kommentar, 9. Aufl. 2020 (zit. HWK/*Bearbeiter*)

Herschel, Wilhelm, Anmerkung zu BAG 16.2.1983 – 7 AZR 134/81, AP BGB § 123 Nr. 22, 252

Hillgruber, Christian, Grundrechtsschutz im Vertragsrecht, AcP 191 (1991), 69–86

ders., Das Prinzip der Selbstverantwortung – Verfassungsrechtliche Grundlagen und Grenzen, in: Das Prinzip der Selbstverantwortung, 2011, 165–185 (zit. *Hillgruber* Selbstverantwortung)

Höfling, Wolfram, Vertragsfreiheit, 1991

Holler, Daniel E., Das „Gebot fairen Verhandelns" bei der Loslösung von Aufhebungsverträgen, NJW 2019, 2206–2210

Holtkamp, Werner, Der Arbeitnehmer als Verbraucher?, AuA 2002, 250–254

Hönn, Günther, Kompensation gestörter Vertragsparität, 1982

ders., Zu den „Besonderheiten" des Arbeitsrechts, ZfA 2003, 325–359

Honsell, Heinrich, Anmerkung zu BGH 19.1.1989 – IX ZR 124/88, JZ 1989, 495–496

ders., Bürgschaft und Mithaftung einkommens- und vermögensloser Familienmitglieder, NJW 1994, 565–566

Hördt, Michael, Überrumpelung und Druck – Das Gebot fairen Verhandelns und seine Reichweite, ArbRAktuell 2019, 289–292

Horn, Norbert, Culpa in Contrahendo, JuS 1995, 377–387

Hoß, Axel/Ehrich, Christian, Hinweis- und Aufklärungspflichten des Arbeitgebers beim Abschluß von Aufhebungsverträgen, DB 1997, 625–628

Hoyer, Jürgen, Anmerkung zu BAG 16.1.1992 – 2 AZR 412/91, AiB 1992, 356–366

Hoyningen-Huene, Gerrit von, Kurzkommentar zu BAG 30.9.1993 – 2 AZR 268/93, EWiR § 123 BGB 1/94, 115–116

Hromadaka, Wolfgang, Anfechtung von Aufhebungsverträgen und Verwirkung, in: Festschrift für Wolfgang Zöllner zum 70. Geburtstag, Band II, 1998, 785–798

ders./Maschmann, Frank, Arbeitsrecht Band 1. Individualarbeitsrecht, 7. Aufl. 2018

Hübner, Heinz, Rechtsgeschäftslehre und Verbraucherschutz, in: Festschrift für Bodo Börner zum 70. Geburtstag, 1992, 717–727

Hümmerich, Klaus, Erweiterte Arbeitnehmerrechte durch Verbraucherschutz, AnwBl 2002, 671–681

ders., Aufhebungsvertrag und Abwicklungsvertrag, 2. Aufl. 2003

ders., Alea iacta est – Aufhebungsvertrag kein Haustürgeschäft, NZA 2004, 809–817

ders., Aufhebungs- und Abwicklungsvertrag in einem sich wandelnden Arbeitsrecht, NJW 2004, 2921–2931

ders., Anmerkung zu BAG 16.11.2004 – 1 ABR 53/03, RdA 2005, 315–316

Huster, Stefan, Beweislastverteilung und Verfassungsrecht, NJW 1995, 112–113

Isensee, Josef, Vertragsfreiheit im Griff der Grundrechte, in: Festschrift für Bernhard Großfeld zum 65. Geburtstag, 1999, 485–514

Jansen, Nils/Zimmermann, Reinhard, Im Labyrinth der Regelwerke, ZEuP 2017, 761–764

ders./ders. (Hrsg.), Commentaries on European Contract Laws, 2018

Junker, Abbo, Individualwille, Kollektivgewalt und Staatsintervention im Arbeitsrecht, NZA 1997, 1305–1319

ders., Grundkurs Arbeitsrecht, 20. Aufl. 2021

Kaiser, Dagmar, Anmerkung zu BAG 30.9.1993 – 2 AZR 268/93, EzA § 611 BGB Aufhebungsvertrag Nr. 13, 11–21

Kaiser, Mathias, Zum Begriff der „Freizeitveranstaltung" im Haustürwiderrufsgesetz, NJW 1989, 1717–1719

Kamanabrou, Sudabeh, Eindeutig kein Widerrufsrecht bei Aufhebungsverträgen am Arbeitsplatz?, NZA 2016, 919–921

dies., Arbeitsrecht, 1. Aufl. 2017

dies., Das Gebot fairen Verhandelns bei Aufhebungsverträgen, RdA 2020, 201–210

Keiler, Stephan/Klauser, Alexander (Hrsg.), Österreichisches und Europäisches Verbraucherrecht, 5. Lieferung Juli 2019, Verlag Österreich

Keppeler, Frank, Der Aufhebungsvertrag – wirklich ein mitbestimmungsfreier Raum?, AuR 1996, 263–266

Kiel, Heinrich/Lunk, Stefan/Oetker, Hartmut (Hrsg.), Münchener Handbuch zum Arbeitsrecht, Band 1, 5. Aufl. 2021 und Band 2, 4. Aufl. 2018 (zit. MHdBArbR/*Bearbeiter*)

Kienast, Rainer/Schmiedl, Wolfgang, Rechtsprechung zum Widerrufsrecht bei arbeitsrechtlichen Aufhebungsverträgen nach §§ 312, 355 BGB, DB 2003, 1440–1443

Kieninger, Eva-Maria/Zimmermann, Reinhard, 25 Jahre Europäische Privatrechtsentwicklung – 25 Jahre ZEuP, ZEuP 2018, 736–740

Kittner, Michael/Däubler, Wolfgang/Zwanziger, Bertram (Hrsg.), KSchR Kündigungsschutzrecht, 4. Aufl. 1999 (zit. KDZ/*Bearbeiter* (4. Aufl. 1999))

Knobel, Ulrike, Wandlungen im Verständnis der Vertragsfreiheit, 2000

Köhler, Helmut/Bornkamm, Joachim/Feddersen, Jörn/Alexander, Christian, Gesetz gegen den unlauteren Wettbewerb, 39. Aufl. 2021 (zit. KBF/*Bearbeiter*)

ders., BGB Allgemeiner Teil, 45. Aufl. 2021

ders., Der Schadensersatzanspruch der Verbraucher im künftigen UWG, WRP 2021, 129–136

Koppenfels, Katharina v., Das Widerrufsrecht bei Verbraucherverträgen im BGB – eine Untersuchung des § 355 Abs. 1 BGB-RegE, WM 2001, 1360–1369

Kort, Michael, Inhalt und Grenzen der arbeitsrechtlichen Personenfürsorgepflicht, NZA 1996, 854–858

Kramer, Ernst A., Nichtausgehandelter Individualvertrag, notariell beurkundeter Vertrag und AGBG, ZHR 146 (1982), 105–117

Krause, Rüdiger, Anmerkung zu BAG 27.11.2003 – 2 AZR 135/03, EzA § 312 BGB 2002 Nr. 1, 21–34

ders., Arbeitsrecht, 4. Aufl. 2020

Krejci, Heinz (Hrsg.), Handbuch zum Konsumentenschutzgesetz, 1981, Wirtschaftsverlag Dr. Anton Orac, Wien

Krings, Günter, Grund und Grenzen grundrechtlicher Schutzansprüche, 2003

Kroeschell, Cornelius, Die neuen Regeln bei Aufhebungs- und Abwicklungsvereinbarungen, NZA 2008, 560–564

Krüger, Wolfgang, Vertragsrückabwicklung im Wege des Schadensersatzes, in: Recht und Risiko. Festschrift für Helmut Kollhosser zum 70. Geburtstag, Band II, 2004, 329–340

ders./Rauscher, Thomas (Hrsg.), Münchener Kommentar zur Zivilprozessordnung. Band 1. §§ 1–354, 6. Aufl. 2020 (zit. MüKoZPO/*Bearbeiter*)

Kuby, Mechtild, Aufhebungsvertrag – und was jetzt?, AiB 2018, Heft 12, 40–41

Kunst, Heiko, Individualarbeitsrechtliche Informationsrechte des Arbeitnehmers, 2003

Künzl, Reinhard, Widerruf arbeitsrechtlicher Aufhebungsverträge?, ZTR 2004, 16–20

Kursawe, Stefan, Die Aufklärungspflichten des Arbeitgebers bei Abschluß von Arbeitsverträgen, NZA 1997, 245–249

Küttner, Wolfdieter (Begr.), Personalbuch 2021, 28. Aufl. 2021

Lakies, Thomas, Anmerkung zu LAG Potsdam 30.10.2002 – 7 Sa 386/02, NJ 2003, 389

Lando, Ole/Beale, Hugh, Principles of European Contract Law Parts I and II, 2000, Kluwer Law International, Den Haag

ders., Das neue Schuldrecht des Bürgerlichen Gesetzbuchs und die Grundregeln des europäischen Vertragsrechts, RabelsZ 67 (2003), 231–245

Lang, Volker, Einmal mehr: Berufsrecht, Berufspflichten und Berufshaftung, AcP 201 (2001), 451–579

Langkamp, Tobias/Ruckh, Lara, Kein Widerruf bei Aufhebungsvertrag am Krankenbett, es gilt aber das Gebot fairen Verhandelns, RÜ 2019, 485–489

Laskawy, Dirk H./Lomb, Peggy, Kein Verbraucherwiderruf von arbeitsrechtlichen Aufhebungsverträgen, DB 2018, 965

Laumen, Hans-Willi/Prütting, Hanns, Handbuch der Beweislast. Grundlagen, 4. Aufl. 2019

Lehmann, Matthias, Die Zukunft der culpa in contrahendo im Europäischen Privatrecht, ZEuP 2009, 693–715

Lehmann, Michael, Die bürgerliche Haftung für Werbeangaben – Culpa in contrahendo als Haftungsgrundlage für vertragsanbahnende Erklärungen, NJW 1981, 1233–1242

ders., Vertragsanbahnung durch Werbung, 1981

Leible, Stefan/Lehmann, Matthias (Hrsg.), European Contract Law and German Law, 2014

Leinemann, Wolfgang (Hrsg.), Kasseler Handbuch zum Arbeitsrecht Band 2, 2. Aufl. 2000 (zit. KassHdb/*Bearbeiter*)

Lembke, Mark, Das „Aus“ für das Widerrufsrecht des Arbeitnehmers bei arbeitsrechtlichen Aufhebungs- und Abwicklungsverträgen, NJW 2004, 2941–2944

ders., Verbraucherrechtliches Widerrufsrecht des Arbeitnehmers bei Auflösungsvereinbarungen?, BB 2016, 3125–3128

Lettmaier, Saskia, Ein Vorschlag zur Neukonzipierung und Harmonisierung des Schutzes beim Abschluss familiärer Verzichtsverträge, in: Familienrecht zwischen Tradition und Innovation. Festschrift für Elisabeth Koch zum 70. Geburtstag, 2019, 375–388

Lewinson, Sir Kim, Under the influence, Restitution Law Review 19 (2011), 1–14

Ley, Christian, BB-Kommentar. Ein in einer Privatwohnung geschlossener Aufhebungsvertrag ist bei Missachtung des Gebots fairen Verhandelns „anfechtbar", BB 2019, 1600

Lieb, Manfred, Sonderprivatrecht für Ungleichgewichtslagen? Überlegungen zum Anwendungsbereich der sogenannten Inhaltskontrolle privatrechtlicher Verträge, AcP 178 (1978), 196–226

ders., Vertragsaufhebung oder Geldersatz? Überlegungen über die Rechtsfolge von culpa in contrahendo, in: Festschrift der Rechtswissenschaftlichen Fakultät zur 600-Jahr-Feier der Universität zu Köln, 1988, 251–270

ders., Culpa in contrahendo und rechtsgeschäftliche Entscheidungsfreiheit, in: Festschrift für Dieter Medicus zum 70. Geburtstag, 1999, 337–352

Linck, Rüdiger/Krause, Rüdiger/ Bayreuther, Frank, Kündigungsschutzgesetz Kommentar, 16. Aufl. 2019 (zit. LKB/*Bearbeiter*)

Lingemann, Stefan, Allgemeine Geschäftsbedingungen und Aufhebungsvertrag, NZA 2002, 181–192

ders./Chakrabarti, Josefine, Ein Ende, das keines ist – Die Beseitigung von Aufhebungsverträgen, NJW 2019, 2445–2448

Loges, Rainer, Die Begründung neuer Erklärungspflichten und der Gedanke des Vertrauensschutzes, 1991

Looschelders, Dirk, Das allgemeine Vertragsrecht des Common European Sales Law, AcP 212 (2012), 581–693

ders., Schuldrecht Allgemeiner Teil, 19. Aufl. 2021

Lorenz, Stephan, Der Schutz vor dem unerwünschten Vertrag, 1997

ders., Arbeitsrechtlicher Aufhebungsvertrag, Haustürwiderrufsgesetz und „undue influence", JZ 1997, 277–282

ders., Vertragsaufhebung wegen unzulässiger Einflußnahme auf die Entscheidungsfreiheit: Der BGH auf dem Weg zur reinen Abschlußkontrolle?, NJW 1997, 2578–2580

ders., Vertragsaufhebung wegen culpa in contrahendo: Schutz der Entscheidungsfreiheit oder des Vermögens, ZIP 1998, 1053–1057

ders., Vertrauensschaden des Wohnungskäufers bei Verschweigen der Sozialbindung und falschen Finanzierbarkeitsangaben. Was schützt die culpa in contrahendo?, NZM 1998, 359–363

ders., Sittenwidrigkeit und Vertragsanbahnung – „procedural unconsciability" im deutschen Recht?, in: Festschrift für Claus-Wilhelm Canaris zum 70. Geburtstag, 2007, 777–791

ders./Riehm, Thomas, Lehrbuch zum neuen Schuldrecht, 2002

Löwe, Walter, Schutz gegen Überrumpelung beim Vertragsabschluß, BB 1986, 821–832

ders., Bürgen in Sippenhaft dürfen aufatmen, ZIP 1993, 1759

Löwisch, Manfred/Schlünder, Guido/Spinner, Günter/Wertheimer, Frank, Kommentar Kündigungsschutzgesetz, 11. Aufl. 2018 (zit. LSSW/*Bearbeiter*)

ders./Caspers, Georg/Klumpp, Steffen, Arbeitsrecht. Ein Studienbuch, 12. Aufl. 2019 (zit. LCK/*Bearbeiter*)

Maaßen, Stefan, UWG-Ansprüche für Verbraucher – zu § 9 II UWG-E, GRUR-Prax 2021, 7–10

Macdonald, Elizabeth/Atkins, Ruth, Koffman & Macdonald's Law of Contract, 9. Aufl. 2018, Oxford University Press, Oxford

Manigk, Alfred, Das rechtswirksame Verhalten. Systematischer Aufbau und Behandlung der Rechtsakte des Bürgerlichen und Handelsrechts, 1939

Mankowski, Peter, Anmerkung zu BAG 6.11.1997 – 2 AZR 162/97, EzA § 242 BGB Prozeßverwirkung Nr. 2, 9–19

ders., Beseitigungsrechte, 2003

ders., § 324 BGB ist keine Lösung für die fahrlässige Täuschung, ZGS 2003, 91–93

ders. (Hrsg.), Commercial Law. Article-by-Article Commentary, 2019

Marhold, Franz/Friedrich, Michael, Österreichisches Arbeitsrecht, 3. Aufl. 2016

Martens, Klaus-Peter, Die Einheit des Privatrechts und das Arbeitsrecht, JuS 1987, 337–344

Martens, Sebastian A. E., Die Regelung der Willensmängel im Vorschlag für eine Verordnung über ein Gemeinsames Europäisches Kaufrecht, AcP 211 (2011), 845–885

Martin, Frank, Kein Widerruf bei in Privatwohnung abgeschlossenen Aufhebungsverträgen, IBR 2019, 1118

Maschmann, Frank, Die Befristung einzelner Arbeitsbedingungen, RdA 2005, 212–226

Maunz, Theodor/Dürig, Günther (Begr.), Grundgesetz Kommentar Band I, 94. EL Januar 2021 (zit. MD/*Bearbeiter*)

McKendrick, Ewan, Contract Law, 13. Aufl. 2019, Red Globe Press, London

ders., Contract Law. Text, Cases, and Materials, 9. Aufl. 2020, Oxford University Press, Oxford (zit. *McKendrick* Cases)

Medicus, Dieter, Grenzen der Haftung für culpa in contrahendo, JuS 1965, 209–218 *ders.*, Verschulden bei Vertragsverhandlungen, in: Gutachten und Vorschläge zur Überarbeitung des Schuldrechts. Band I, 1981, 479–550 (zit. *Medicus* Gutachten)

ders., Die Lösung vom unerwünschten Schuldvertrag, JuS 1988, 1–8

ders., Leistungsfähigkeit und Rechtsgeschäft, ZIP 1989, 817–824

ders., Ansprüche auf das Erfüllungsinteresse aus Verschulden bei Vertragsverhandlungen?, in: Festschrift für Hermann Lange zum 70. Geburtstag, 1992, 539–560

ders., Schutzbedürfnisse (insbesondere der Verbraucherschutz) und das Privatrecht, JuS 1996, 761–767

ders., Entwicklungen im Bürgschaftsrecht – Gefahren für die Bürgschaft als Mittel der Kreditsicherung?, JuS 1999, 833–839

ders. (Begr.)/Petersen, Jens, Allgemeiner Teil des BGB, 11. Aufl. 2016 (zit. *Medicus/Petersen* BGB AT)

Mengel, Anja, Kein Widerrufsrecht bei Aufhebungsverträgen!, BB 2003, 1278–1280

dies., BB-Kommentar zu BAG 27.11.2003 – 2 AZR 177/03, BB 2004, 1859–1860

Mertens, Bernd, Die Rechtsfolgen einer Haftung aus culpa in contrahendo beim zustande gekommenen Vertrag nach neuem Recht, ZGS 2004, 67–73

Mitsch, Jürgen, Gesetzliche Informationspflichten des Arbeitgebers als Konkretisierung seiner allgemeinen Fürsorgepflicht, 2008

Mittelstein, Rainald, Rücktrittsrecht des beim Hausbesuch überredeten Abzahlungskäufers, MDR 1970, 18

Moll, Wilhelm (Hrsg.), Münchener Anwalts Handbuch, 5. Aufl. 2021 (zit. Moll/*Bearbeiter*)

ders./Reufels, Martin J., Aufhebungsverträge – Abschluss und Zustandekommen, MDR 2001, 361–366

Mues, Werner M./Eisenbeis, Ernst/Laber, Jörg, Handbuch Kündigungsrecht, 2. Aufl. 2010 (zit. MEL/*Bearbeiter*)

Mugdan, Benno, Die gesammelten Materialien zum Bürgerlichen Gesetzbuch für das Deutsche Reich, I. Band, 1899

Müller, Christopher, Arbeitsrechtliche Aufhebungsverträge, 1991

Müller, Stephan, Das Gebot fairen Verhandelns von Aufhebungsverträgen – Inhalt und Reichweite dieser Arbeitgeberpflicht sowie Rechtsfolgen unfairer Verhandlungen, DB 2019 1792–1798 (zit. *S. Müller*)

Müller-Glöge, Rudi/Preis, Ulrich/Schmidt, Ingrid (Hrsg.), Erfurter Kommentar zum Arbeitsrecht, 21. Aufl. 2021 (zit. ErfK/*Bearbeiter*)

Müller-Graff, Peter Christian, Das Prinzip der Selbstverantwortung im heutigen Privatrecht – Europarechtliche Grundlagen, in: Das Prinzip der Selbstverantwortung, 2011, 139–158 (zit. *Müller-Graff* Selbstverantwortung)

Muthers, Christof, Rücktritt vom Vertrag – Verschweigen von Informationen über die Kaufsache, MDR 2004, 491–493

Nägele, Stefan, Aufklärungs- und Hinweispflichten des Arbeitgebers bei Abschluß eines Aufhebungsvertrags, BB 1992, 1274–1278

Neuner, Jörg, Allgemeiner Teil des Bürgerlichen Rechts, 12. Aufl. 2020

Nicklisch, Fritz, Zum Anwendungsbereich der Inhaltskontrolle Allgemeiner Geschäftsbedingungen, BB 1974, 941–949

Notzon, Matthias, Aktuelles zum Aufhebungsvertrag und zur Anfechtung, öAT 2020, 4 -7

Oechsler, Jürgen, Gerechtigkeit im modernen Austauschvertrag, 1997

Oetker, Hartmut, Gibt es einen Kündigungsschutz außerhalb des Kündigungsschutzgesetzes?, AuR 1997, 41–54

Ohly, Ansgar/Sosnitza, Olaf (Hrsg.), Gesetz gegen den unlauteren Wettbewerb mit Preisangabenverordnung. Kommentar, 7. Aufl. 2016

Ostendorf, Patrick, Geplanter neuer Rechtsrahmen für Online-Warenhandel und Bereitstellung digitaler Inhalte im Europäischen Binnenmarkt, ZRP 2016, 69–72

Ostermaier, Christian, Widerruf eines arbeitsrechtlichen Aufhebungsvertrages ist nicht zulässig, GWR 2019, 350

Otto, Hansjörg/Bieder, Marcus, Arbeitsrecht, 5. Aufl. 2020

Paefgen, Walter G., Haftung für mangelhafte Aufklärung aus culpa in contrahendo, 1999

Palandt, Otto (Begr.), Bürgerliches Gesetzbuch, 80. Aufl. 2021

Pauly, Holger, Widerrufsrecht bei arbeitsrechtlichen Aufhebungsverträgen, MDR 1995, 1081–1085

ders., Einräumung eines befristeten Widerrufsrechts de lege ferenda?, ZRP 1997, 228–230

ders., Widerrufsrecht beim arbeitsrechtlichen Aufhebungsvertrag auf Grund neuer Gesetzeslage?, ZTR 2003, 541–544

Pawlowski, Mark, Undue influence: Towards a unifiying concept of unconscionability?, Denning Law Journal 30 (2018), 117–151

Peel, Edwin, The law of contract, 15. Aufl. 2020, Sweet & Maxwell, London

Petersen, Nataly, Hürden beim Abschluss eines arbeitsrechtlichen Aufhebungsvertrags. Das alte/neue Gebot fairen Verhandelns beim Vertragsschluss – BAG 6 AZR 75/18, NWB 2019, 1682–1692

Pfarr, Heide/Bothfeld, Silke/Peuker, Andreas/Ullmann, Karen/Kimmich, Martin, Beendigung von Arbeitsverhältnissen: Wahrnehmung und Wirklichkeit – Vortrag des Projektes „Regulierung des Arbeitsmarktes" im WSI in der Hans Böckler Stiftung auf dem HBS-Forum für Arbeits- und Sozialrecht in Berlin am 13./14.03.2003, abrufbar unter https://www.boeckler.de/pdf/wsi_regam_projektvortrag_forum_13_03_2003.pdf zuletzt abgerufen am 31.10.2021

Pfeifer, Karl-Nikolaus (Hrsg.), Gesetz gegen den unlauteren Wettbewerb. Großkommentar, Band 1 und 2, 3. Aufl. 2020 ff. (zit. UWG-GK/*Bearbeiter*)

Plum, Martin, Das Gebot fairen Verhandelns bei Vertragsverhandlungen, MDR 2020, 69–74

Pohlmann, André, Die Haftung wegen Verletzung von Aufklärungspflichten, 2002

Popp, Gerfried J., Ein kleiner Unterschied. Aufhebungs- oder Abwicklungsvertrag, AuA 2001, 148–150 (zit. *G. Popp*)

Popp, Klaus, Anfechtung der auf Grund Kündigungsdrohung des Arbeitgebers ausgesprochenen Eigenkündigung des Arbeitnehmers, BlStSozArbR 1981, 17–22

Preis, Ulrich, Grundfragen der Vertragsgestaltung im Arbeitsrecht, 1993

ders., Kompensation von Ungleichgewichtslagen in der Rechtsprechung der Arbeitsgerichte und Zivilgerichte – ein Vergleich, AuR 1994, 139–152

ders./Rolfs, Christian, Gestörte Vertragsparität und richterliche Inhaltskontrolle, DB 1994, 261–268

ders., Arbeitsrecht mit Augenmaß, in: Arbeitsrecht und Sozialpartnerschaft. Festschrift für Peter Hanau, 1999, 53–80

ders., Verhältnismäßigkeit und Privatrechtsordnung, in: Richterliches Arbeitsrecht. Festschrift für Thomas Dieterich zum 65. Geburtstag, 1999, 429–462

ders., Reform des Bestandsschutzrechts im Arbeitsverhältnis, RdA 2003, 65–81

ders./Roloff, Sebastian, Die neueste Entwicklung der Vertragsinhaltskontrolle im Arbeitsrecht – Zwischenbilanz und Ausblick, ZfA 2007, 43–86

ders./Temming, Felipe, Arbeitsrecht, 6. Aufl. 2020

Prütting, Hanns/Wegen, Gerhard/Weinreich, Gerd (Hrsg.), Bürgerliches Gesetzbuch. Kommentar, 16. Aufl. 2021 (zit. PWW/*Bearbeiter*)

Rawls, John, A Theory of Justice, revised edition 1991

Rehm, Gebhard M., Aufklärungspflichten im Vertragsrecht, 2003

Reichold, Hermann, Arbeitsrecht, 6. Aufl. 2019

Reim, Uwe, Arbeitnehmer und/oder Verbraucher?, DB 2002, 2434–2438

Reinecke, Gerhard, Vertragskontrolle im Arbeitsrecht nach der Schuldrechtsreform, Sonderbeilage NZA Heft 18/2004, 27–38

ders., Zur Kontrolle von Aufhebungsverträgen nach der Schuldrechtsreform, in: Personalrecht im Wandel. Festschrift für Wolfdieter Küttner zum 70. Geburtstag, 2006, 327–336

ders., Zum Gebot fairen Verhandelns, in: Recht – Politik – Geschichte. Festschrift für Franz Josef Düwell zum 65. Geburtstag, 2011, 410–419

Reinfelder, Waldemar, Der Rücktritt vom Aufhebungsvertrag und Prozessvergleich, NZA 2013, 62–67

Reinhardt, Rudolf, Die Vereinigung subjektiver und objektiver Gestaltungskräfte im Vertrage, in: Festschrift zum 70. Geburtstag von Walter Schmidt-Rimpler, 1957, 115–138

Reinicke, Michael, Das Verhältnis der Auschlußfrist des § 124 zu der Verjährung von Vertragsaushebungsansprüchen aus Delikt und c. i. c, JA 1982, 1–7

Reufels, Martin/Pütz, Laura, Das neue Gebot beim Abschluss von Aufhebungsverträgen: Bedenkzeit geben, ArbRB 2020, 253–256

Reuter, Dieter, Freiheitsethik und Privatrecht, DZWir 1993, 45–53

Richardi, Reinhard/Annuß, Georg, Der neue § 623 BGB – Eine Falle im Arbeitsrecht?, NJW 2000, 1231–1235

Richter, Karin/Richter, Klaus, Aufhebungsvertrag – Möglichkeiten und Grenzen der Rechtskontrolle, AiB 1988, 140–146

Rieble, Volker, Arbeitsmarkt und Wettbewerb, 1996

ders./Klumpp, Steffen, Widerrufsrecht des Arbeitnehmer-Verbrauchers, ZIP 2002, 2153–2161

ders., Widerspruch nach § 613a VI BGB – die (ungeregelte) Rechtsfolge, NZA 2004, 1–9

Riesenhuber, Karl, Das Prinzip der Selbstverantwortung – Grundlagen und Bedeutung im heutigen Privatrecht, in: Das Prinzip der Selbstverantwortung, 2011, 1–20 (zit. *Riesenhuber* Selbstverantwortung)

Ritgen, Klaus, Vertragsparität und Vertragsfreiheit, JZ 2002, 114–121

Rittner, Fritz, Über das Verhältnis von Vertrag und Wettbewerb, AcP 188 (1988), 101–139

Rolfs, Christian/Giesen, Richard/Kreikebohm, Ralf/Udsching, Peter (Hrsg.), BeckOK Arbeitsrecht, 61. Edition Stand 1.9.2021 (zit. BeckOKArbR/*Bearbeiter*)

Rolfs, Christian, Die Inhaltskontrolle arbeitsrechtlicher Beendigungsvereinbarungen, in: Festschrift Dieter Reuter zum 70. Geburtstag, 2010, 825–837

Roos, Christoph/Wulf, Julia, Arbeitsrecht im Notariat, notar 2019, 389–393

Röß, Simon, Die Auskunftspflicht von Arbeitnehmern bei der Aufklärung einer Straftat durch den Arbeitgeber, NZA 2021, 675–681

Röthel, Anne, Verzicht auf den Kindespflichtteil: Plädoyer für mehr Wachsamkeit, NJW 2012, 337–341

Ruffert, Matthias, Vorrang der Verfassung und Eigenständigkeit des Privatrechts, 2001

Rüthers, Bernd, Vom Sinn und Unsinn des geltenden Kündigungsschutzrechts, NJW 2002, 1601–1609

Sabbagh-Fahrsi, Fariba, Die vorvertragliche Haftung im UN-Kaufrecht und in den Unidroit- und Lando-Prinzipien unter Einbeziehung des deutschen und englischen Rechts, 2008

Sack, Rolf, Unlauterer Wettbewerb und Folgeverträge, 1974

ders., Unlauterer Wettbewerb und Folgevertrag – Die Auswirkungen unlauteren Wettbewerbs auf Vertragsabschlüsse, WRP 1974, 445–460

Säcker, Franz Jürgen/Rixecker, Roland/Oetker, Hartmut/Limperg, Bettina (Hrsg.), Münchener Kommentar zum Bürgerlichen Gesetzbuch, Band 1, 9. Aufl. 2021 und Band 2 ff., 8. Aufl. 2018 ff. (zit. MüKoBGB/*Bearbeiter*)

Schacht, Thorsten, Der Übereilungsschutz beim arbeitsrechtlichen Aufhebungsvertrag, 2000

Schaub, Günter (Begr.), Arbeitsrechts-Handbuch, 19. Aufl. 2021 (zit. Schaub/*Bearbeiter*)

Schiefer, Bernd/Köster, Hans-Wilhelm, Pro und Contra des arbeitsrechtlichen Aufhebungsvertrages Teil I: Arbeitsrechtliche Aspekte, WiB 1995, 489–497

Schimansky, Herbert, Bankvertragsrecht und Privatautonomie, WM 1995, 461–467

Schindler, Thomas, Rechtsgeschäftliche Entscheidungsfreiheit und Drohung. Die englische duress-Lehre in rechtsvergleichender Perspektive, 2005

Schleusener, Axel Aino, Zur Widerrufsmöglichkeit von arbeitsrechtlichen Aufhebungsverträgen nach § 312 BGB, NZA 2002, 949–951

Schlüter, Wilfried/Schröder, Ulrich, Anmerkung zu BAG 16.11.1979 – 2 AZR 1041/77, SAE 1981, 123–125

Schmidt, Stephan, Anmerkung zu BAG 7.2.2019 – 6 AZR 75/18, AP BGB § 620 Aufhebungsvertrag Nr. 50, 1180–1185

Schmidt-Kessel, Martin (Hrsg.), Der Entwurf für ein Gemeinsames Europäisches Kaufrecht Kommentar, 2014

Schmidt-Rimpler, Walter, Grundfragen einer Erneuerung des Vertragsrechts, AcP 147 (1941), 130–197

ders., Zum Problem der Geschäftsgrundlage, in: Festschrift für Hans Carl Nipperdey zum 60. Geburtstag, 1955, 1–30

ders., Zum Vertragsproblem, in: Funktionswandel der Privatrechtsinstitutionen. Festschrift für Ludwig Raiser zum 70. Geburtstag, 1974, 3–26

Schmidt-Westphal, Oliver, Der arbeitsrechtliche Aufhebungsvertrag im Rechtsvergleich, Universität Köln, 2005

Schmitt-Rolfes, Günter, Neues vom BAG zu Aufhebungsverträgen, AuA 2019, 207

ders., Aufhebungsvertrag und Gebot fairen Verhandelns, AuA 2021, 14

Schneider, Uwe H., Die Rückdatierung von Rechtsgeschäften, AcP 175 (1975), 279–303

Schoof, Christian, Kleines Lexikon des Arbeitsrechts in der Wirtschaftskrise, AiB 1993, 288–313

Schubert, Andreas, Keine Widerruflichkeit von arbeitsvertraglichen Aufhebungsverträgen, EWiR 2019, 537–538

Schubert, Werner, Unredliches Verhalten Dritter bei Vertragsabschluß, AcP 168 (1968), 470–512

Schumacher, Rolf, Vertragsaufhebung wegen fahrlässiger Irreführung unerfahrener Vertragspartner, 1979

Schulze, Marc-Oliver/Kittel, Raphael/Pfeffer, Julia, Widerrufsrecht des Arbeitnehmers bei Auflösungsvereinbarungen, ArbRAktuell 2017, 105–108

Schulze, Reiner (Hrsg.), Common European Sales Law (CESL). Commentary, 2012

ders. (Schriftenleitung), Bürgerliches Gesetzbuch Handkommentar, 10. Aufl. 2019 (zit. HK- BGB/*Bearbeiter*)

Schürnbrand, Jan, Anwendbarkeit des Rechts der außerhalb von Geschäftsräumen geschlossenen Verträge und des Fernabsatzrechts auf Kreditsicherheiten, WM 2014, 1157–1162

Schuster, Norbert, Arbeits- und Aufhebungsverträge auf dem Prüfstand, AiB 2002, 274–280

ders., Überrumpelung beim Aufhebungsvertrag, JA 2019, 789–791

Schwab, Martin, Grundfälle zu culpa in contrahendo, Sachwalterhaftung und Vertrag mit Schutzwirkung für Dritte nach neuem Schuldrecht, JuS 2002, 773–778

ders., Die Vermutung aufklärungsrichtigen Verhaltens bei mehreren hypothetischen Entscheidungsmöglichkeiten, NJW 2012, 3274–3277

Schwarze, Roland, 2. Anmerkung zu LAG Hamburg 20.8.1992 – 2 Sa 16/92, LAGE § 611 BGB Aufhebungsvertrag Nr. 9, 26–39

ders., Vorvertragliche Verständigungspflichten, 2001

Schwimann, Michael/Neumayr, Matthias (Hrsg.), ABGB Taschenkommentar, 5. Aufl. 2020, LexisNexis ARD ORAC, Österreich

Seel, Henning-Alexander, Anmerkung zu LAG Mecklenburg-Vorpommern 19.5.2020 – 5 Sa 173/19, öAT 2020, 214

Singer, Reinhard, Selbstbestimmung und Verkehrsschutz im Recht der Willenserklärungen, 1995

ders., Vertragsfreiheit, Grundrechte und der Schutz des Menschen vor sich selbst, JZ 1995, 1133–1141

ders., Der Kalkulationsirrtum – ein Fall für Treu und Glauben?, JZ 1999, 342–349

ders., Fehler beim Kauf – Zum Verhältnis von Mängelgewährleistung, Irrtumsanfechtung und culpa in contrahendo, in: 50 Jahre Bundesgerichtshof. Festgabe aus der Wissenschaft, Band I, 2000, 380–405

ders., Arbeitsvertragsgestaltung nach der Reform des BGB, RdA 2003, 194–204

Smith, Stephen A., Atiyah's Introduction to the Law of Contract, 6. Aufl. 2006, Oxford University Press, Oxford

Soergel, Hans Theodor (Begr.), Bürgerliches Gesetzbuch, 13. Aufl. 1999 ff.

Söllner, Alfred, Der verfassungsrechtliche Rahmen für Privatautonomie im Arbeitsrecht, RdA 1989, 144–150

Spieß, Gerhard, Inhaltskontrolle von Verträgen das Ende privatautonomer Vertragsgestaltung? DVBl. 1994, 1222–1229

Spilger, Andreas Michael, Entgeltanspruch bei Unwirksamkeit eines arbeitsrechtlichen Aufhebungsvertrags, NZA 2020, 357–358

Spitz, Klaus, Fairnessgebot bei Verhandlungen über Aufhebungsverträge, jurisPR-ITR 13/2019 Anm. 5

ders., Keine Widerruflichkeit von außerhalb der Geschäftsräume abgeschlossenen arbeitsvertraglichen Aufhebungsverträgen, jurisPR-ITR 9/2018 Anm. 4

Stadler, Astrid, Anwendungsvoraussetzungen und Anwendungsbereich des *Common European Sales Law*, AcP 212 (2012), 473–501

Stahlhacke, Eugen/Preis, Ulrich/Vossen, Reinhard, Kündigung und Kündigungsschutz im Arbeitsverhältnis, 11. Aufl. 2015 (zit. SPV/*Bearbeiter*)

Staudemayer, Dirk, Der Kommissionsvorschlag für eine Verordnung zum Gemeinsamen Europäischen Kaufrecht, NJW 2011, 3491–3498

Staudinger, Julius v. (Begr.), Kommentar zum Bürgerlichen Gesetzbuch, fortlaufende Neuaufl. (zit. Staudinger/*Bearbeiter* (Erscheinungsjahr))

Steinau-Steinrück, Robert von/Benkert, Daniel, Arbeitsrecht, NJW-Spezial Heft 12, 2019 370–371

Stern, Klaus, Das Staatsrecht der Bundesrepublik Deutschland. Band III/1. Allgemeine Lehren der Grundrechte, 1988 (zit. *Stern* III/1)

Stoffels, Markus, Anmerkung zu BAG 16.3.1994 – 5 AZR 339/92, SAE 1995, 176–181

Stoll, Hans, Tatbestände und Funktionen der Haftung für culpa in contrahendo, in: Festschrift für Ernst von Caemmerer zum 70. Geburtstag, 1978, 435–474

ders., Haftungsfolgen fehlerhafter Erklärungen beim Vertragsschluß, in: Ius inter nationes. Festschrift für Stefan Riesenfeld aus Anlass seines 75. Geburtstags, 1983, 275–299

ders., Schädigung durch Vertragsschluss, in: Festschrift für Erwin Deutsch, 1999, 361–372

Stürner, Rolf (Hrsg.), Jauernig Bürgerliches Gesetzbuch, 18. Aufl. 2021 (zit. Jauernig/*Bearbeiter*)

Teichmann, Arndt, Aufklärungs- und Schutzpflichten gegenüber Verbrauchern, in: Festschrift für Alfons Kraft zum 70. Geburtstag, 1998, 629–644

ders., Strukturveränderungen im Recht der Leistungsstörungen nach dem Regierungsentwurf eines Schuldrechtsmodernisierungsgesetzes, BB 2001, 1485–1492

Teplitzky, Otto/Pfeifer, Karl-Nikolaus/Leistner, Matthias (Hrsg.), Gesetz gegen den unlauteren Wettbewerb. Großkommentar, Band 3, 2. Aufl. 2013 ff. (zit. UWG-GK/*Bearbeiter* (2. Aufl.))

Thies, Christoph T., Der Schutz des Arbeitnehmers bei Abschluss arbeitsrechtlicher Aufhebungsverträge, 2007

Thüsing, Gregor, Gedanken zur Vertragsautonomie im Arbeitsrecht, in: Festschrift für Herbert Wiedemann zum 70. Geburtstag, 2002, 559–585

ders./Leder, Tobias, Neues zur Inhaltskontrolle von Formulararbeitsverträgen. Ein Streifzug durch die Rechtsprechung nach der Schuldrechtsreform, BB 2004, 42–47

ders., Angemessenheit durch Konsens. Zu den Grenzen der Richtigkeitsgewähr arbeitsvertraglicher Vereinbarungen, RdA 2005, 257–270

ders./Rachor, Stephanie/Lembke, Mark (Hrsg.), Kündigungsschutzgesetz Praxiskommentar, 4. Aufl. 2018 (zit. TRL/*Bearbeiter*)

Tiedemann, Jens, Das sog. Gebot fairen Verhandelns. „Taschenspielertrick" oder Rechtsprechung mit klaren Konturen?, ArbRB 2020, 61–63

Tiedtke, Klaus, Anmerkung zu BGH 26.9.1997 – V ZR 29/96, DNotZ 1998, 355–360

Tödtmann, Ulrich/Schauer, Michael, Der arbeitsrechtliche Aufhebungsvertrag, AiB 2005, 357–361

Tschöpe, Ulrich (Begr.), Arbeitsrecht Handbuch, 12. Aufl. 2021 (zit. Tschöpe/*Bearbeiter*)

ders./Pirscher, Andrea, Der Arbeitnehmer als Verbraucher im Sinne des § 13 BGB? Eine immer noch offene Frage, RdA 2004, 358–367

UNIDROIT International Institute for the Unification of Private Law, UNIDROIT Principles of International Commercial Contracts, 2016 (zit. UNIDROIT)

Virgo, Graham, The Principles of the Law of Restitution, 3. Aufl. 2015, Oxford University Press, Oxford

Vogenauer, Stefan (Hrsg.), Commentary on the UNIDROIT Principles of International Commercial Contracts (PICC), 2. Aufl. 2015, Oxford University Press, Oxford

Wackerbarth, Ulrich, Unternehmer, Verbraucher und die Rechtfertigung der Inhaltskontrolle vorformulierter Verträge, AcP 200 (2000), 45–90

Wagner, Gerhard, Die soziale Frage und der Gemeinsame Referenzrahmen, ZEuP 2007, 180–211

Wagner, Stephan, Die Sittenwidrigkeit von Angehörigenbürgschaften nach Einführung der Restschuldbefreiung und Kodifizierung der c. i. c., NJW 2005, 2956–2959

Waltermann, Raimund, Arbeitsrecht, 19. Aufl. 2018

Wank, Rolf, Die Reform des Kündigungsrechts und der Entwurf eines Arbeitsvertragsgesetzes 1992, RdA 1992, 225–234

ders., Anmerkung zu BAG 14.2.1996 – 2 AZR 234/95, EzA § 611 BGB Aufhebungsvertrag Nr. 21, 5–8.

ders., Anmerkung zu BSG 18.12.2003 – B 11 AL 35/03 R, AP SGB III § 144 Nr. 3, 529–534

ders., Juristische Methodenlehre, 2020

Weber, Ulrich (Begr.)/Ehrich, Christian/Burmester, Anja/Fröhlich, Oliver, Handbuch der arbeitsrechtlichen Aufhebungsverträge, 5. Aufl. 2009 (zit. WEBF/*Bearbeiter*)

ders./ders., Anfechtung eines Aufhebungsvertrags – der verständig denkende Arbeitgeber, NZA 1997, 414–422

ders./ders., Prozessuale Folgen der Unwirksamkeit von Aufhebungsvereinbarungen bei Kündigungsschutzklagen, DB 1995, 2369–2371

Wedde, Peter, Schuldrechtsmodernisierung, AiB 2002, 267–273

ders. (Hrsg.), Arbeitsrecht. Kompaktkommentar zum Individualarbeitsrecht mit kollektivrechtlichen Bezügen, 6. Aufl. 2018 (zit. Wedde/*Bearbeiter*)

Weiler, Frank, Die beeinflußte Willenserklärung, 2002

ders., Schuldrecht Allgemeiner Teil, 5. Aufl. 2019 (zit. *Weiler* SchuldR)

Welslau, Dietmar, 1. Anmerkung zu LAG Hamburg 20.8.1992 – 2 Sa 16/92, LAGE § 611 BGB Aufhebungsvertrag Nr. 9, 13–25

ders., Anmerkung zu ArbG Rheine 25.6.1993 – 2 Ca 606/93, EzA § 123 BGB Nr. 38, 5–12

Wendland, Mathias, Vertragsfreiheit und Vertragsgerechtigkeit, 2019

Westermann, Harm Peter/Grunewald, Barbara/Maier-Reimer, Georg (Hrsg.), Erman. Bürgerliches Gesetzbuch, 16. Aufl. 2020 (zit. Erman/*Bearbeiter*)

Wieacker, Franz, Das bürgerliche Recht im Wandel der Gesellschaftsordnungen, in: Festschrift Hundert Jahre Deutsches Rechtsleben, 1960, 1–18

Wiedemann, Herbert, Anmerkung zu BVerfG 7.2.1990 – 1 BvR 26/84, JZ 1990, 695–697

ders., Anmerkung zu BVerfG 19.10.1993 – 1 BvR 567 und 1044/89, JZ 1994, 411–413

ders., Anmerkung zu BGH 26.9.1997 – V ZR 29/96, JZ 1998, 1176–1177

Wiedenmann, Kai-Udo, Verbraucherleitbilder und Verbraucherbegriff im deutschen und europäischen Privatrecht, 2004

Wiese, Günther, Der personale Gehalt des Arbeitsverhältnisses, ZfA 1996, 439–479

Winter, Kathleen, Aufklärungspflichten beim Aufhebungsvertrag, 1. Aufl. 2010

Wisskirchen, Alfred/Worzalla, Michael, Aktuelle Fragen zu arbeitsrechtlichen Aufhebungsverträgen, DB 1994, 577–582

Witz, Claude, Französisches Schuldrecht und Principles of European Contract Law: Gemeinsamkeiten und Unterschiede, ZEuP 2004, 503–514

Wolf, Alfred, Die Überarbeitung des Schuldrechts, AcP 182 (1982), 80–100

Wolf, Manfred, Rechtsgeschäftliche Entscheidungsfreiheit und vertraglicher Interessenausgleich, 1970

Zeller-Müller, Linus, Auswirkungen der Schuldrechtsreform auf die Inhaltskontrolle von Arbeitsverträgen und Aufhebungsverträge, 2004

Zimmer, Maximilian, Anmerkung zu BAG 7.2.2019 – 6 AZR 75/18, JZ 2019, 897–900

Zimmermann, Andre/Völkerding, Hendrik, Das BAG prägt Fallgruppen zur Eingrenzung des Gebots fairen Verhandelns, DB 2019, 1628

Zimmermann, Reinhard, Die Principles of European Contract Law als Ausdruck und Gegenstand europäischer Rechtswissenschaft (Teil I), JURA 2005, 289–297

ders., Die Principles of European Contract Law als Ausdruck und Gegenstand europäischer Rechtswissenschaft (Teil II), JURA 2005, 441–447

ders., Die Unidroit-Grundregeln der internationalen Handelsverträge 2004 in vergleichender Perspektive, ZEuP 2005, 264–290

Zöllner, Wolfgang, Privatautonomie und Arbeitsverhältnis. Bemerkungen zu Parität und Richtigkeitsgewähr beim Arbeitsvertrag, AcP 176 (1976), 221–246

ders., Inhaltsfreiheit bei Gesellschaftsverträgen, in: Festschrift 100 Jahre GmbH-Gesetz, 1992, 85–116

ders., Regelungsspielräume im Schuldvertragsrecht. Bemerkungen zur Grundrechtsanwendung im Privatrecht und zu den sogenannten Ungleichgewichtslagen, AcP 196 (1996), 1–36

ders., Die Privatrechtsgesellschaft im Gesetzes- und Richterstaat, 1996 (zit. *Zöllner* Privatrechtsgesellschaft)

ders./Loritz, Karl-Georg/Hergenröder, Curt Wolfgang, Arbeitsrecht, 7. Aufl. 2015 (zit. ZLH/*Bearbeiter*)

Zwanziger, Bertram, Arbeitsrechtliche Aufhebungsverträge und Vertragsfreiheit, DB 1994, 982–984

ders., Aufhebungsverträge und Vertragsfreiheit, BB 1996, 903–904

www.ingramcontent.com/pod-product-compliance
Ingram Content Group UK Ltd.
Pitfield, Milton Keynes, MK11 3LW, UK
UKHW022106051026
15623UKWH00003B/709

9 783631 870587